10 Avril 1866

LIBRAIRIE JACQUES LECOFFRE ET CIE

A PARIS, 90, RUE BONAPARTE

A LYON, ancienne maison PERISSE FRÈRES

NOTA. — En France et en Algérie, on expédie immédiatement et sans frais les ouvrages dont le prix est adressé FRANCO en un mandat sur la poste ou sur une maison de banque, sauf ceux indiqués à *prix nets*, dont le port devra être payé à part. Toutefois on n'est pas responsable des erreurs commises dans les bureaux de la poste, ni des pertes qui en sont la suite.

HISTOIRE
DE LA
RESTAURATION

PAR

M. Alfred NETTEMENT

EN VENTE TOMES I, II, III, IV & V

Restauration de 1814. — **Cent-Jours.** 2 beaux vol. in-8° de 1,300 pages. 14 fr.

Règne de Louis XVIII. — **Chambre de 1815.** 1 beau vol. in-8° de 668 pages. 7 fr.

Règne de Louis XVIII : Ministère Richelieu-Decazes. — **Ministère Dessolle Decazes.** — **Decazes président du Conseil.** — **Second ministère Richelieu** 2 beaux vol. in-8°. 14 fr.

SOUS PRESSE

RÈGNE DE LOUIS XVIII
Ministère de M. de Villèle. 1 vol.

RÈGNE DE CHARLES X
Ministère de M. de Villèle. 1 vol.

Ministères de M. de Martignac et de M. de Polignac. 1 vol.

L'ouvrage complet aura 8 volumes in-8°, sur beau papier fort et glacé. Nous ne mettrons en vente que des parties complètes; elles se vendent séparément.

Les tomes quatrième et cinquième de l'*Histoire de la Restauration*, par M. Alfred Nettement viennent de paraître. Ces deux volumes embrassent une des phases les plus intéressantes, les plus curieuses, et l'on peut ajouter les plus dramatiques du règne de Louis XVIII. Ils s'ouvrent au commencement du mois de mai 1816, sur la conspiration de Didier et sur les délibérations du conseil d'où sortit l'ordonnance du 5 septembre, qui brisa la chambre de 1815; ils se ferment à la fin de décembre 1821, sur la chute du second ministère Richelieu, qui fit place au ministère Villèle. C'est donc le tableau complet de l'administration des ministères sortis de centres pendant plus de cinq ans. L'abondance des documents, l'importance des matières, la variété des questions traitées, n'a pas permis à l'auteur de renfermer ces cinq années en un seul volume, comme il l'aurait voulu; l'ouvrage complet aura donc huit volumes, chiffre qui ne sera pas dépassé.

L'*Histoire de la Restauration*, par M. Nettement, a un triple caractère qui a fait rechercher les deux premières parties et qui fera encore rechercher ces deux nouveaux volumes; elle est complète, impartiale; enfin, à l'aide de documents nouveaux, elle éclaire sur plusieurs points importants les problèmes de l'histoire contemporaine.

Dans les deux premiers volumes (31 mars 1814-4 août 1815), l'auteur a répandu de vives lumières sur les causes de la chute de l'Empire, sur les causes de la Restauration et sur la manière dont elle fut faite; sur les origines de la Charte et sur les circonstances au milieu desquelles elle fut rédigée; sur les négociations secrètes au sujet de Naples; sur le retour de l'île d'Elbe; sur toute la période du séjour du Roi à Gand, épisode mal connu et pour la première fois exposé avec une abondance de documents authentiques qui ne laissent pas de place au doute; sur les Cent-Jours, Waterloo, la seconde abdication de l'Empereur, et son départ pour Sainte-Hélène.

Parmi les questions sur lesquelles le troisième volume, qui renferme tous les événements écoulés du 4 août 1815 jusqu'à la veille de l'ordonnance du 5 septembre 1816, répand la lumière, on peut signaler : les négociations qui ont précédé la rentrée de Louis XVIII à Paris, et la nomination de Fouché comme ministre du Roi; les procès politiques et entre autres celui du maréchal Ney, dont l'auteur présente l'impartial et dramatique tableau; la réaction du Midi, qu'il explique avec de nouveaux documents; mais surtout la composition, les travaux, les aspirations de la Chambre de 1815. L'auteur, pour aider la postérité à juger une question controversée, a évoqué cette Chambre elle-même; il a fait assister le lecteur, non-seulement à ses travaux, à sa vie publique, mais à sa vie intime, au moyen des correspondances journalières de M. de Villèle avec sa famille où le travail des commissions, leurs rapports particuliers avec le ministère, les débats intérieurs de la droite, sont jour par jour exposés et relatés.

Les quatrième et cinquième volumes n'ont pas un intérêt moins vif. L'auteur y a exposé le tableau complet de l'origine, des progrès, du déclin et de l'échec définitif de la politique dont M. Decazes fut le promoteur, et qui consistait à gouverner en se plaçant dans le centre droit et en s'appuyant sur le centre gauche et sur la gauche même, sans la droite et contre la droite rejetée de plus en plus dans l'opposition.

Le quatrième volume, qui va du 16 mai 1816 jusqu'à la fin du congrès d'Aix-la-Chapelle, marquée par la retraite du duc de Richelieu dans les derniers jours de décembre 1818, renferme des détails très-curieux sur la conspiration de Didier, un de ces problèmes qui surnagent dans l'histoire, et sur les troubles de Lyon. Il donne les renseignements les plus complets et les plus intéressants sur la manière dont fut préparée et signée l'ordonnance du 5 septembre, et sur la position que cette ordonnance fit à la droite dans la Chambre de 1817. Jamais la question du Concordat de 1817 n'avait été élucidée d'une manière aussi satisfaisante, à l'aide de documents originaux et authentiques; aux pièces justificatives l'auteur reproduit textuellement les documents parmi lesquels se trouve la lettre du Pape au comte de Marcellus, qui produisit une péripétie : *Summi Pontificis diploma ad comitem de Marcellus*, ainsi que l'allocution pontificale, *Allocutio habita in consistorio secreto*, les lettres apostoliques, la convention, la bulle de la nouvelle circonscription, etc., etc. Ce volume, après avoir redit le grand rôle de tribune joué par M. de Serre, ses efforts généreux pour réconcilier la gauche avec la dynastie par la loi du recrutement et la loi électorale, expose la prétendue conspiration dite *du bord de l'eau*, attribuée à la droite, la note secrète du congrès d'Aix-la-Chapelle, la délivrance du territoire et la crise ministérielle dans laquelle disparut le duc de Richelieu.

Le cinquième volume contient l'histoire des progrès de la situation sous deux ministères, le ministère Dessolle-Decazes, et M. Decazes président du conseil. L'auteur donne des renseignements nouveaux puisés aux sources les plus authentiques sur l'origine de la proposition Barthélemy, qui provoqua la grande fournée des soixante-trois pairs. Il suit M. de Serre dans la mémorable session où il défendit avec une admirable éloquence la loi la plus libérale qui ait été donnée à la presse. Il montre la gauche insensible à tant d'avances, et y répondant par l'élection du régicide Grégoire, et M. de Serre désespérant d'elle, même avant le 13 février 1820. L'assassinat du duc de Berry, la naissance du duc de Bordeaux, la chute de M. Decazes, donnent à ce volume plein de péripéties l'intérêt d'un drame. L'avénement du second ministère Richelieu, qui se rapproche de la droite, les congrès de Troppau et de Laybach, par lesquels l'histoire générale de l'Europe fait irruption dans l'histoire de France, les troubles dans les rues de Paris, la conspiration militaire du 19 août 1820, les révolutions de Naples, de Piémont et d'Espagne, la généreuse insurrection de la Grèce, la gravité et l'ardeur des débats parlementaires, jettent dans ce cinquième volume une variété et un mouvement qui soutiennent l'attention du lecteur, déjà éveillée par l'importance des solutions qu'apporte l'auteur aux problèmes de l'histoire contemporaine. A la fin de ce cinquième volume, l'historien rencontre Napoléon mourant sur le rocher de Sainte-Hélène.

Le sixième volume s'ouvrira sur l'avénement du ministère Villèle.

L'auteur, dont l'ouvrage avance vers son terme, peut répéter ici ce qu'il disait dans l'avant-propos de son premier volume, car il est resté fidèle à toutes ses promesses :

« J'ai cru, avec d'autres écrivains contemporains, que le moment d'écrire l'histoire définitive de la Restauration était venu, et, après avoir suivi, dans un premier ouvrage, l'essor de l'esprit humain dans les différentes sphères de la littérature française pendant cette période je me suis laissé tenter par la pensée de compléter ma tâche en ajoutant l'histoire des événements à celle des idées.

« J'ai porté dans cette étude nouvelle la même disposition que dans la première ; j'ai cherché, avec un cœur sincère et sympathique, avec un esprit attentif, la vérité sur les faits comme sur les hommes, et, toutes les fois que j'ai cru l'avoir trouvée, je l'ai dite. Je ne prétend cependant pas, à Dieu ne plaise ! m'être séparé des idées et des sentiments auxquels j'ai voué ma vie. S'il fallait être indifférent pour écrire l'histoire, on serait réduit à laisser la plume de l'historien aux sceptiques, et je ne sais pas ce qu'y gagneraient la morale et l'intérêt public. Mais, sans être indifférent, j'ai voulu être, et je crois avoir été équitable et impartial. C'es d'abord un devoir pour l'historien ; c'était en outre un besoin au point de vue auquel je m'éta placé. Je n'ai, en effet, cherché, dans l'époque que j'étudiais, ni des apologies, ni des excuses encore moins des récriminations. Fidèle au but le plus élevé de l'histoire, j'y ai cherché, j viens de le dire, la vérité d'abord, quelle qu'elle fût, ensuite des leçons. J'en ai trouvé pou tous les partis sincères. Les adversaires de mes idées, que je ne veux pas appeler des ennemi: me pardonneront la liberté d'esprit et de parole avec laquelle j'ai signalé les fautes de leu parti, en considérant celle avec laquelle j'ai parlé des fautes des hommes dont les principe sont les miens. Mes amis, à leur tour, s'ils sont quelquefois tentés d'être offensés de ma fran chise, songeront que, si je n'avais pas parlé avec autant de liberté des fautes commises d notre côté, je n'aurais pu parler avec justice ni avec autorité des fautes commises dans le autres camps.

« Du reste, quand on songe aux difficultés au milieu desquelles la Restauration s'ouvrit, l'inexpérience des hommes jetés sans préparation aucune dans le gouvernement représentatif aux engagements préalables et aux préventions mutuelles des partis récemment sortis de l grande révolution de 1789, et surtout à la gravité des circonstances après 1815, on n'est poin surpris que, de tous côtés, il y ait eu des fautes et des torts ; on se trouve donc disposé accorder à tous les hommes et à tous les partis sincères l'indulgence dont on éprouve pour so même le besoin. Seulement, et c'est parce que cette conviction ne m'a point paru partagée pa les historiens qui m'ont précédé que j'ai entrepris cette histoire, après une étude approfondie je suis resté convaincu que la Restauration n'était pas tombée par le fait de tel ou tel parti mais sous l'ensemble des fautes de tous les partis admis à jouir du gouvernement représentati Je n'en donnerai qu'une preuve : si un seul parti devait être responsable de tout, ce parti sera seul tombé ; or le gouvernement représentatif, celui du moins qu'on avait prétendu fonder, aussi disparu.

« Il me reste peu de chose à dire. J'ai lu tout ce qui a été écrit sur la Restauration, mais j'ai surtout puisé aux documents originaux français, allemands et anglais.

« Je citerai parmi ces documents inédits :

« Les Papiers politiques et les correspondances de M. le duc de Blacas;

« Les Mémoires du baron de Vitrolles ;

« Les Papiers politiques de M. de Villèle et ses nombreuses correspondances;

« La Correspondance du comte de Marcellus sur le concordat de 1817 ;

« Les Papiers politiques du baron d'Haussez, qui embrassent toute la Restauration ;

« La Correspondance de M. le prince de Polignac avec M. de Villèle et avec M. le comte de la Ferronays, et tous les papiers politiques du dernier ministre de la Restauration, que son fils, M. le duc de Polignac, a bien voulu me confier ;

« La Correspondance intime du duc de Montmorency avec M. de Villèle pendant le congrès de Vienne;

« Les Papiers politiques de M. de Guernon-Ranville, des lettres inédites de M. de Serre.

« La publication des *Mémoires pour servir à l'histoire de mon temps* de M. Guizot, etc., des *Mémoires du duc de Raguse*, de quelques parties des Mémoires de M. Beugnot, de plusieurs fragments importants puisés dans les archives du duc Decazes par M. Duvergier de Hauranne, la communication d'une partie des Mémoires de M. le comte d'Andigné, de quelques fragments des Mémoires du prince d'Eckmuhl, des notes communiquées par M. le duc des Cars, la *Vie politique de M. Royer-Collard*, par M. de Barante, etc., etc., m'ont fourni des lumières précieuses. »

AUTRES OUVRAGES DE M. ALFRED NETTEMENT

HISTOIRE DE LA LITTÉRATURE FRANÇAISE SOUS LA RESTAURATION
1814-1830
Deuxième édition. 2 vol. in-8°. — Prix : 10 fr.

HISTOIRE DE LA LITTÉRATURE FRANÇAISE SOUS LE GOUVERNEMENT DE JUILLET
1830-1848
Deuxième édition. 2 forts vol. in-8°.— Prix : 11 fr.

POÈTES ET ARTISTES CONTEMPORAINS
1 beau vol. in-8°.—Prix : 5 fr. 50

LE ROMAN CONTEMPORAIN
1 vol. in-8°. — Prix : 5 fr. 50

ÉTUDES CRITIQUES SUR LE FEUILLETON-ROMAN
Deuxième édition. 1847. 2 vol. in-8. — Prix : 5 fr.

HISTOIRE DE LA CONQUÊTE D'ALGER
ÉCRITE SUR LES DOCUMENTS INÉDITS ET AUTHENTIQUES, SUIVIE DU TABLEAU DE LA CONQUÊTE DE L'ALGÉRIE
1 fort vol. in-8, avec une carte topographique des environs d'Alger et une carte de l'Algérie. — Prix : 7 fr. 50

VIE DE MARIE-THÉRÈSE DE FRANCE
FILLE DE LOUIS XVI
Nouvelle édition, revue et considérablement augmentée. 1 vol. in-8° de près de 600 pages. — Prix : 6 fr.

SOUVENIRS DE LA RESTAURATION
1 beau vol. in-18 jésus. — Prix : 3 fr.

MADAME LA DUCHESSE DE PARME
1 vol. in-18 raisin. — Prix : 3 fr.

VIE DE MADAME DE LA ROCHEJAQUELEIN
1 vol. in-18 jésus. — Prix : 3 fr.

APPEL AU BON SENS, AU DROIT ET A L'HISTOIRE
EN RÉPONSE A LA BROCHURE LE PAPE ET LE CONGRÈS
In-8°. — Prix : 1 fr.

Édition populaire in-18 raisin, contenant l'encyclique de Notre Saint-Père le Pape Pie IX. — Prix : 60 c.

NOTRE SAINT-PÈRE LE PAPE, LES SCRIBES, LES ORATEURS ET LES POLITIQUES
In-8° de 208 pages. — Prix : 2 fr. 50

PARIS. — IMPRIMERIE P.-A. BOURDIER ET Cⁱᵉ, 6, RUE DES POITEVINS.

AVIS IMPORTANT.

Messieurs les souscripteurs à l'HISTOIRE DE LA RESTAURATION, par M. Alfred Nettement, recevront, avec le troisième volume, une carte topographique de la bataille de Waterloo.

HISTOIRE

DE LA

RESTAURATION

Paris. — Typ. P.-A. Bourdier et Cie, rue Mazarine, 30.

HISTOIRE
DE LA
RESTAURATION

PAR

M. ALFRED NETTEMENT

TOME PREMIER

RESTAURATION DE 1814 — CENT-JOURS

I

PARIS
JACQUES LECOFFRE ET Cⁱᵉ, LIBRAIRES-ÉDITEURS
RUE DU VIEUX-COLOMBIER, 29

1860

AVANT-PROPOS

Nous sommes aujourd'hui séparés de la Restauration par un intervalle de temps assez grand pour qu'il soit possible de la juger avec impartialité, sans en être assez éloignés cependant pour être privés de ces impressions personnelles et de ces témoignages contemporains que rien ne remplace, quand il s'agit d'apprécier une époque. Trente années seulement se sont écoulées depuis la fin de ce gouvernement, qui eut l'honneur d'inaugurer la liberté politique en France, qui rétablit les finances, abolit la confiscation et le divorce, fit succéder une paix féconde aux longues guerres de la République et de l'Empire, et ne porta pas sans gloire l'épée de la France en Espagne, en Morée, devant Alger, mais trente années si remplies qu'on peut dire qu'elles comptent double dans l'histoire. L'établissement de Juillet, la République, le second Empire, trois régimes différents, en s'interposant entre nous et le régime tombé en 1830, produisent une illusion d'optique qui nous permet de juger les hommes et les choses du temps de Louis XVIII et de Charles X, comme s'ils étaient déjà entrés dans la lumière sereine d'un passé plus lointain.

J'ai cru, avec d'autres écrivains contemporains, que le moment d'écrire l'histoire définitive de la Restauration était venu, et, après avoir suivi, dans un premier ouvrage, l'essor de l'esprit humain dans les différentes sphères de la littérature française pendant cette période, je me suis laissé tenter par la pensée de compléter ma tâche en ajoutant l'histoire des événements à celle des idées.

J'ai porté dans cette étude nouvelle la même disposition que dans la première; j'ai cherché, avec un cœur sincère et sympathique, avec un esprit attentif, la vérité sur les faits comme sur les hommes, et toutes les fois que j'ai cru l'avoir trouvée, je l'ai dite. Je ne prétends cependant pas, à Dieu ne plaise! m'être séparé des idées et des sentiments auxquels j'ai voué ma vie. S'il fallait être indifférent pour écrire l'histoire, on serait réduit à laisser la plume de l'historien aux sceptiques, et je ne sais pas ce qu'y gagneraient la morale et l'intérêt public. Mais sans être indifférent, j'ai voulu être, et je crois avoir été équitable et impartial. C'est d'abord un devoir pour l'historien; c'était en outre un besoin au point de vue auquel je m'étais placé. Je n'ai, en effet, cherché dans l'époque que j'étudiais ni des apologies, ni des excuses, encore moins des récriminations. Fidèle au but le plus élevé de l'histoire, j'y ai cherché, je viens de le dire, la vérité d'abord, quelle qu'elle fût, ensuite des leçons. J'en ai trouvé pour tous les partis sincères. Les adversaires de mes idées, que je ne veux pas appeler des ennemis, me pardonneront la liberté d'esprit et de parole avec laquelle j'ai signalé les fautes de leur parti, en considérant celle avec laquelle j'ai parlé des fautes des hommes dont les principes sont les miens. Mes amis, à leur tour, s'ils sont quelquefois tentés d'être offensés de ma franchise, songeront que si je n'avais pas parlé avec autant de liberté des fautes commises de notre côté, je n'aurais pu parler avec justice ni avec autorité des fautes commises dans les autres camps.

Du reste, quand on songe aux difficultés au milieu desquelles la Restauration s'ouvrit, à l'inexpérience des hommes jetés sans préparation aucune dans le gouvernement représentatif, aux engagements préalables et aux préventions mutuelles des partis récemment sortis de la grande révolution de 1789, et surtout à la gravité des circonstances après 1815, on n'est point surpris que, de tous côtés, il y ait eu des fautes et des torts ; on se trouve donc disposé à accorder à tous les hommes et à tous les partis sincères l'indulgence dont on éprouve pour soi-même le besoin. Seulement, et c'est parce que cette conviction ne m'a point paru partagée par les historiens qui m'ont précédé, que j'ai entrepris cette histoire; après une étude approfondie, je suis resté convaincu que la Restauration n'était pas tombée par le fait de tel ou tel parti, mais sous l'ensemble des fautes de tous les partis admis à jouir du gouvernement représentatif. Je n'en donnerai qu'une preuve : si un seul parti devait être responsable de tout, ce parti serait seul tombé; or, le gouvernement représentatif, celui du moins qu'on avait prétendu fonder, a aussi disparu.

Il me reste peu de chose à dire. J'ai lu tout ce qui a été écrit sur la Restauration, mais j'ai surtout puisé aux documents originaux français, allemands et anglais.

J'ai dépouillé de volumineux dossiers politiques qui m'ont été confiés par les héritiers des hommes d'État de la Restauration, qui ont compris qu'à l'époque où nous sommes ces documents appartiennent à l'histoire.

Je citerai parmi ces documents inédits :

Les Papiers politiques et les correspondances de M. le duc de Blacas ;

Les Mémoires du baron de Vitrolles ;

Les Papiers politiques de M. de Villèle et ses nombreuses correspondances ;

La correspondance du comte de Marcellus sur le concordat de 1817 ;

Les Papiers politiques du baron d'Haussez, qui embrassent toute la Restauration ;

La correspondance de M. le prince de Polignac avec M. de Villèle et avec M. le comte de Laferronays ;

La correspondance intime du duc de Montmorency avec M. de Villèle pendant le congrès de Vienne ;

Les Papiers politiques de M. de Guernon-Ranville, etc.;

La publication des *Mémoires pour servir à l'histoire de mon temps* de M. Guizot, des *Mémoires du duc de Raguse*, de quelques parties des Mémoires de M. Beugnot, de plusieurs fragments importants puisés dans les archives du duc Decazes par M. Duvergier de Hauranne, la communication d'une partie des Mémoires de M. le comte d'Andigné, de quelques fragments des Mémoires du prince d'Eckmühl, des notes communiquées par M. le duc des Cars, etc., etc., m'ont fourni des lumières précieuses.

Les deux premiers volumes que je publie contiennent l'histoire d'une époque qui, tout en faisant partie de la Restauration, forme un tout complet. Ils renferment en effet la chute du premier Empire, le rétablissement de la maison de Bourbon en France, la discussion et la promulgation de la Charte, les premiers essais du gouvernement représentatif, le traité de Paris et le congrès de Vienne, le retour de l'île d'Elbe, la chute de la première Restauration, les Cent-Jours, la rapide et désastreuse campagne de 1815, Waterloo, la seconde abdication de Napoléon et son départ pour Sainte-Hélène, événements si divers, si extraordinaires et si multipliés qu'ils semblent s'être pressés pour tenir dans le cadre étroit mesuré entre ces deux dates : 31 mars 1814 et 4 août 1815.

HISTOIRE
DE LA
RESTAURATION

LIVRE PREMIER

CHUTE DE L'EMPIRE

I

CAUSES GÉNÉRALES DE LA CHUTE DE NAPOLÉON.

Depuis la funeste campagne de Russie, l'Empire tombait comme un de ces édifices gigantesques, mais bâtis trop à la hâte et mal construits, dans lesquels l'architecte n'a pas proportionné les résistances aux pesanteurs. Venu à la suite d'une révolution qui avait provoqué, par l'excès de l'anarchie, une réaction en faveur des idées de pouvoir, il avait été le résultat de la rencontre de l'esprit d'indépendance nationale de la France, exalté par des circonstances extraordinaires et mêlé bientôt à l'esprit militaire et à l'esprit de conquête, avec le génie d'un homme. Cet homme avait jeté la France sur l'Europe comme sur une proie, et, aspirant à faire toujours marcher les frontières de ses États déjà agrandis de quarante nouveaux départements, et plus encore son influence, il avait remanié tous les territoires européens, détrôné et établi des rois, visité militairement toutes les capitales, décidé souverainement du sort de l'Italie, de la Suisse, de l'Allemagne, de la Pologne, de l'Espagne, tant qu'enfin il y eut un moment où il ne resta plus debout devant lui qu'une puissance, et une puissance assise sur un autre élément que le sien, l'Angleterre. Mais le temps, qui construit seul les choses durables, manquait à ces improvisations du succès. Au milieu même des triomphes de Napoléon, il y avait toujours eu un symptôme menaçant pour l'avenir de sa domination : pendant toutes ses guerres, les neutres et même les alliés de sa fortune étaient demeurés ses ennemis secrets. Le monde l'attendait au premier revers. La coalition de tous les gouvernements et de tous les peuples, sans cesse au moment d'être nouée, se trouvait ce jour-là naturellement formée.

C'est une terrible nécessité que celle d'être toujours heureux. Napoléon cessa de l'être à Moscou. A partir de ce moment, il fut inévitablement perdu. Plusieurs le prévirent, quelques-uns l'annoncèrent. Chateaubriand, entre autres, s'écria : « C'est Crassus chez les Parthes. » Le premier effet du désastre de cette campagne fut d'obliger l'Empereur de reculer de toute la largeur de l'Europe. Il n'avait rien de sûr derrière lui. Les peuples ne lui étaient pas moins hostiles que les gouvernements. L'Allemagne, sans cesse foulée aux pieds des armées napoléoniennes, froissée dans ses intérêts, humiliée dans son indépendance et sa dignité, avait fini par être prise, comme l'Espagne, d'une de ces colères redoutables qui changent les guerres politiques en guerres nationales, et mettent les peuples derrière les armées. Le sentiment de la liberté, si puissant sur les âmes, le culte de la patrie, la haine de la conquête étrangère, toutes ces passions morales qui avaient fait notre force au commencement de la lutte étaient passées du côté de nos adversaires. Tandis que l'Espagne luttait avec l'énergie de la religion, du patriotisme et du désespoir contre la domination napoléonienne, les universités allemandes s'étaient levées en masse, en chantant leur hymne national : « Quelle est la patrie de l'Allemand ? Nommez-moi cette grande patrie ? Aussi loin que résonne la langue allemande, aussi loin que les chants allemands se font entendre pour louer Dieu, là doit être la patrie de l'Allemand. »

C'était surtout au sein de la Prusse, ruinée, écrasée, morcelée, et de toutes les nations allemandes la plus mortellement offensée par la politique impériale, que ce mouvement, qui rayonnait sur tous les points de la circonférence, avait son centre d'action. La noblesse, la bourgeoisie, les classes populaires s'enrôlaient à l'envi. Le commerce s'arrêtait ; il avait fallu suspendre les cours dans les universités désertées pour les camps. Les patriotes allemands, exilés naguère sur l'injonction de Napoléon, convoquaient à Kœnigsberg les états de la vieille Prusse ; le baron de Stein était à leur tête. Les anciennes sociétés secrètes, à l'exemple du Tugend-Bund (*Union de la vertu*), la principale d'entre elles, laissaient tomber leurs voiles, et prêchaient ouvertement l'unité de la nation allemande et le soulèvement général de l'Allemagne contre l'étranger. Alexandre était salué par elles comme le sauveur de l'Allemagne. Honte et malheur à qui ne se réunissait pas à lui dans une coalition universelle pour rétablir l'indépendance de la patrie ! Alexandre acceptait passionnément le grand rôle de protecteur des nations asservies et de libérateur de l'Europe opprimée par Napoléon. Le traité de Kalich (28 février 1813) avait réuni à la coalition, dont le Czar se proclamait le chef, le roi de Prusse, Frédéric-Guillaume, déterminé par l'échec des Français obligés d'évacuer Berlin, et assuré par ce traité de la reconstitution de la Prusse sur ses anciennes bases. Les proclamations des deux puissances appelaient tous les rois et tous les peuples à l'affranchissement de la patrie commune, en menaçant de la perte de ses États tout prince qui resterait sourd à cet appel. Les rôles étaient donc intervertis. Au début, nous faisions une guerre nationale aux cabinets qui nous faisaient une guerre d'ambition ; sur la fin, Napoléon faisait des guerres politiques, et c'étaient les peuples coalisés qui lui déclaraient une guerre nationale.

Restait encore l'Autriche, attachée à Napoléon par les liens du sang depuis que son archiduchesse Marie-Louise était montée sur le trône de France. Le gouvernement autrichien avait longtemps balancé, et M. de Metternich, suprême régulateur de la politique extérieure de son pays, avait habilement préparé la transition qui devait conduire son gouvernement de la situation d'allié intime de la France au rôle de médiateur armé et par conséquent d'ennemi possible de Napoléon si celui-ci ne consentait pas aux conditions raisonnables arrêtées dans la pensée de M. de Metternich, et indiquées dans ses conversations : l'Espagne aux Bourbons, les villes anséantiques réunies à l'Allemagne, la Confédération du Rhin supprimée, le grand-duché de Varsovie partagé entre la Russie, la Prusse et l'Autriche, la frontière de cette dernière puissance sur l'Inn améliorée, l'Illyrie ajoutée à ses possessions. Dans l'infatuation de ses anciens succès, Napoléon repoussa avec un intraitable dédain toutes les insinuations, toutes les ouvertures du cabinet de Vienne, qui voulait le laisser encore si grand ; il ne supportait pas les conseils, il dictait des ordres. Il blessa mortellement M. de Metternich dans la dernière conversation qu'il eut avec lui à Dresde, s'aliéna l'Autriche après les combats de Lutzen et de Bautzen, derniers éclairs de sa fortune militaire, et finit, à force de hauteur, d'aveuglement sur sa situation et sur celle de l'Europe, par ranger contre lui la force médiatrice, et par jeter l'Autriche dans les bras de la coalition qui comprit l'Europe entière [1].

---

[1]. M. de Metternich avait fait pressentir ce résultat à M. de Narbonne, suc-

L'issue de cette lutte d'un seul contre tous ne pouvait être longtemps douteuse. Après le désastre de Leipsick, où notre dernier allié, la Saxe, nous abandonna sur le champ de bataille, la guerre devait franchir nos anciennes frontières. Les circonstances étaient bien changées. Au lieu d'avoir devant lui l'Europe divisée par ses intérêts, ses jalousies, ses appréhensions, incertaine dans ses desseins et ses mouvements, Napoléon rencontrait l'Europe réunie et coalisée par la longue communauté de ses souffrances et de ses injures; enhardie par ses premiers succès, instruite à vaincre par ses défaites mêmes, et résolue à faire un effort suprême pour reconquérir à la fois son indépendance et le repos. Au lieu d'avoir derrière lui la France dans toute l'ardeur de ses espérances, dans l'intégrité de ses forces, dans la ferveur de son aspiration vers un idéal de gloire et de puissance qu'elle croyait réalisable, il n'avait plus derrière lui que les restes de ses phalanges désorganisées par la désastreuse retraite de Moscou, suivie de la désastreuse retraite de Leipsick[1]. La France, dépeuplée, écrasée par l'arbitraire administratif, tremblante devant la police, tombée de ses rêves de gloire dans la sinistre réalité d'une invasion, désespérée de

---

cesseur de M. Otto à l'ambassade de Vienne. M. de Narbonne, qui voyait combien les pensées politiques du ministre autrichien étaient éloignées des visées secrètes de l'Empereur, voulut le pousser à bout pour savoir ce qu'il fallait craindre ou espérer de l'Autriche. « Si les conditions de la paix n'étaient pas telles que vous les entendez, dit M. de Narbonne, que feriez-vous? comment entendriez-vous votre rôle de médiateur? Emploieriez-vous vos forces contre nous? » M. de Metternich chercha à éluder la question; puis, comme M. de Narbonne insistait : — Eh bien, oui, répliqua le ministre autrichien, poussé à bout. Le médiateur, son titre l'indique, est un arbitre impartial; le médiateur armé, son titre l'indique encore, est un arbitre qui a entre les mains la force nécessaire pour faire respecter la justice dont on l'a constitué ministre. » (*Histoire de l'Empire* par M. Thiers, tome XV.)

1. « La retraite avait présenté le spectacle de la même confusion que celle de Russie. L'armée n'était plus que l'ombre d'elle-même. Des soixante mille hommes environ qui avaient atteint le Rhin, à peine quarante mille avaient des armes. » (*Mémoires du duc de Raguse*, tome VI, p. 3.)

tant de guerres, découragée et appauvrie, n'aspirait plus qu'au repos.

Le régime impérial avait été glorieux au dehors, mais pesant à l'intérieur. Le décret promulgué à Berlin, à la date du 12 novembre 1806, pour déclarer tous les Français de vingt à soixante ans susceptibles d'être requis pour le service militaire, avait été largement appliqué, et les familles étaient fatiguées de cet impôt du sang levé à outrance, au moyen de rigueurs qui augmentaient d'année en année avec les répugnances et les résistances passives qu'il provoquait. Le décret du 3 mars 1810 instituait des prisons d'État où l'on détenait sans jugement ceux qui excitaient les soupçons d'une police ombrageuse. C'était une chose étrange, qu'après une révolution dont le premier acte avait été le renversement de la Bastille, un simple décret établît huit bastilles nouvelles dont le bon plaisir du pouvoir ouvrait et fermait les portes à son gré. La constitution impériale proclamait l'inviolabilité de la liberté individuelle ; il y avait dans le Sénat une commission de la liberté de la presse et de la liberté individuelle, et, sous ces pompeuses étiquettes, voici quelle était la réalité : à côté de la justice ordinaire qui, agissant au grand jour, reconnaissait aux prévenus toutes les immunités de la défense, appliquait la loi et acceptait la responsabilité morale de ses arrêts publiquement rendus, la justice administrative, c'est ainsi qu'on l'appelait, irresponsable, silencieuse, agissant dans l'ombre, sans instructions publiques, sans débats, sans défense, condamnait sans entendre, ou plutôt, ne reconnaissant ni lois ni jurisprudence, frappait sans condamner. L'Empereur avait tracé lui-même le code de cette nouvelle justice dans les paroles suivantes, qui servaient de préambule au décret du 3 mars 1810 : « Considérant, disait-il, qu'il est un certain nombre de nos sujets détenus dans les prisons de l'État, sans qu'il soit convenable de les faire traduire devant les tribunaux, ni de les faire remettre en liberté[1].... » Il y avait donc des Français pour lesquels les lois, la justice existaient, et d'autres Français pour lesquels il n'y avait ni lois ni justice, et comme le gouvernement décidait souverainement dans quelle catégorie chacun serait placé, le décret du 3 mars 1810 tourmentait, comme une menace perpétuelle, ceux-là mêmes qu'il n'atteignait pas. Chacun sentait que sa liberté, son honneur, sa vie étaient à la merci d'une dénonciation, d'une colère ou d'un soupçon[2].

La gloire et les succès obtenus au début n'étaient plus une compensation suffisante pour ce régime intérieur. L'étendue toujours croissante de la France avait affaibli le sentiment de la nationalité. Ce n'était plus pour les limites naturelles du sol français que l'on combattait, mais pour les limites indéterminées d'un empire napoléonien, dont les entreprises et les succès de l'Empereur reculaient, chaque année, les bornes. La France avait fini par se désintéresser de ces guerres lointaines, entreprises sans son assentiment, et pour un autre intérêt que le sien. Elle les suivait d'un œil distrait, comme on suit les affaires d'autrui, sur lesquelles on n'exerce ni initiative, ni influence, attendant des victoires, parce que le génie de Napo-

---

1. Voir ce décret au *Moniteur* du 3 mars 1810.
2. Pour se faire une idée de ce qu'étaient ces prisons d'État, il suffira de lire une pétition présentée à la Chambre de 1814 par dix-neuf officiers, dans la séance du 24 décembre de cette année. « Ces dix-neuf pétitionnaires, parmi lesquels se trouve le maréchal de camp de Sol de Grisolles, disait le rapporteur, M. Sarleton, exposent à la Chambre qu'ils ont été détenus dans diverses prisons d'État pendant un espace de temps considérable. La détention de quelques-uns a été de dix, onze, douze et treize ans consécutifs; celle d'un d'entre eux a duré quinze ans. Les pétitionnaires ont été pour la plupart détenus en commençant au château de Vincennes; mais les huit châteaux forts désignés n'ayant pas suffi pour contenir le nombre immense de prisonniers de leur classe, plusieurs ont été répartis dans diverses prisons ordinaires. Les pétitionnaires ont été dirigés sur Sainte-Pélagie et Bicêtre. Là, ils ont été réduits au pain des prisons et à la paille. Plusieurs de leurs infortunés camarades sont morts de misère, etc., etc. » (Voir le *Moniteur* du 24 décembre 1814.)

léon l'y avait accoutumée. Les victoires avaient cessé de venir ; elle s'en était étonnée d'abord, puis inquiétée ; enfin, déshabituée d'agir, elle s'en était encore remise du soin de la défendre à celui qui l'avait réduite au rôle d'instrument, et qui l'avait jetée dans une situation si critique. Dès le commencement de l'année 1813, le mécontentement public se manifestait à Paris en présence de l'Empereur lui-même[1]. Un jour qu'il était allé visiter à cheval le faubourg Saint-Antoine, un jeune homme, atteint par la conscription, se plaça sur ses pas, et lui tint le langage le plus offensant. Des gens de police ayant voulu l'arrêter, la foule ameutée s'y opposa. Il arriva plusieurs fois que des jeunes gens, saisis par la police, ayant crié qu'ils étaient des conscrits qu'on emmenait de force, quoiqu'ils fussent en réalité des malfaiteurs, furent délivrés par le peuple. Les propos tenus sur Napoléon allaient au delà de ce qu'on peut imaginer. Le mécontentement des populations rurales était plus profond encore que celui des populations urbaines[2].

C'était sous ces auspices que Napoléon devait ouvrir la campagne de 1814. Déjà des signes avant-coureurs de sa chute avaient entr'ouvert devant les regards clairvoyants le rideau qui cachait l'avenir. La conspiration de Mallet, par son succès d'un instant et l'oubli où les serviteurs les plus dévoués de Napoléon, en apprenant la fausse nouvelle de sa mort, avaient laissé son fils, annonçait déjà, à la fin de 1812, que l'Empire, viager et précaire, pouvait périr par un accident, et tenait à la personne de l'Empereur. En revenant de la cam-

---

[1]. « Peindre le découragement et le mécontentement des esprits dans l'armée et dans toute la France, à la vue de tant de maux, dire le triste avenir que chacun entrevoyait, ce me serait impossible. » (*Mémoires du duc de Raguse*, tome VI, page 5.)

[2]. Nous empruntons ces détails au quinzième volume de l'*Histoire de l'Empire* par M. Thiers. Il ajoute, en les donnant, page 242 : « Je ne fais pas des tableaux de fantaisie, je ne rapporte que ce que j'ai lu dans les bulletins de la police impériale adressés à Napoléon. »

pagne de Leipsick, à la fin de 1813, Napoléon avait lui-même constaté, par ses premières paroles au sénat, le changement qui s'était opéré dans sa fortune et dans la situation du monde. « Toute l'Europe marchait avec nous, il y a un an, avait-il dit, toute l'Europe marche aujourd'hui contre nous[1]. » Puis était venue l'adresse du Corps législatif, qui avait mis en lumière le changement des idées en France, de sorte que les périls de la situation intérieure coïncidaient avec ceux du dehors.

Le Corps législatif avait été, comme à l'ordinaire, choisi par le Sénat sur les listes électorales parmi les hommes tranquilles, modérés, timides, et présumés dévoués à l'Empire. Mais les gouvernements oublient que les circonstances, en changeant, changent les hommes, et que la même assemblée, sous l'influence de situations différentes, peut montrer des esprits très-divers. Ce n'est donc pas une garantie pour un gouvernement absolu, que d'avoir un parlement composé d'hommes dociles et obséquieux devant sa toute-puissance ; si les circonstances tournent contre lui, ils subissent l'impulsion des circonstances, comme ils ont subi la sienne, parce que, étant faibles, ils plient devant la force, quelque part qu'elle soit, dans les hommes ou dans les choses. Le gouvernement impérial ne pouvait s'en prendre qu'à lui-même de ce que la vérité lui était dite si tard et dans des circonstances où, loin de le servir, elle lui nuisait. C'est le propre des gouvernements absolus de ne point tolérer la vérité, tant qu'ils sont en possession de toute leur vigueur ; on ne la leur dit donc que lorsqu'ils s'affaiblissent, et comme ils ont eu soin de ne laisser arriver que les hommes sans résistance devant la force, ils les trouvent sans ménagement pour la faiblesse, et peu disposés à s'arrêter devant ces considérations tirées de l'ordre moral, qui font que les esprits fiers et généreux respectent l'adversité. Il

---

[1]. 14 novembre 1813.

y avait, en outre, depuis 1808, un mauvais souvenir dans la mémoire du Corps législatif contre l'Empereur qui avait retiré à ses membres, par une note offensante, insérée au *Moniteur,* le titre de représentants de la nation que l'Impératrice leur avait donné [1]. Le temps n'avait point cicatrisé la blessure que cet outrage impolitique avait laissé au cœur de cette assemblée. C'est ainsi qu'au dedans comme au dehors Napoléon allait recueillir les fruits amers des fautes commises pendant ses longues prospérités.

Napoléon pressentit, jusqu'à un certain point, ces dispositions du Corps législatif, et, pour paralyser, autant que possible, ces dispositions, il lui enleva, par un sénatus-consulte, le droit qu'on lui avait jusque-là impunément laissé de présenter cinq candidats, parmi lesquels l'Empereur choisissait son président. Le chef de l'État, s'attribuant ce droit, en vertu du sénatus-consulte présenté par M. Molé, nommé ministre de la justice en 1813, désigna le duc de Massa, ce qui compliquait une mesure fâcheuse par un choix malheureux [2]. Il voulait se réserver par là la direction de l'assemblée. Mais il la mécontentait en lui témoignant une défiance mal déguisée sous des motifs puérils tirés de l'étiquette dont un président désigné par l'assemblée pouvait, selon les ministres,

---

1. « Sa Majesté l'Impératrice n'a point dit cela ; elle connaît trop bien nos constitutions ; elle sait bien que le premier représentant de la nation est l'Empereur, car tout pouvoir vient de Dieu et de la nation.

« Dans l'ordre de nos constitutions, après l'Empereur est le Sénat; après le Sénat est le conseil d'État; après le conseil d'État est le Corps législatif. »

2. M. d'Hauterive, ministre par intérim des affaires étrangères, écrivait à ce sujet à l'Empereur : « Le grand mal dans cette affaire et dans toutes les affaires un peu difficiles qui pourront survenir est le peu de confiance qu'inspire le président du Corps législatif; avec des manières communes, des formes épaisses, un esprit naturellement lent et borné, affecté comme il l'est d'une maladie qui imprime à sa physionomie un caractère permanent d'inattention et de stupidité, il est impossible que le président, qui est d'ailleurs savant dans les lois et un bon et un galant homme, puisse désormais empêcher aucun mal et produire aucun bien. » (*Vie et travaux d'Hauterive* par Artaud, page 317.)

ignorer les formes, et de l'inconvénient qu'il y aurait à ce qu'un homme qui n'aurait point l'honneur d'être connu personnellement de l'Empereur arrivât à la présidence. Le souci de leur dignité vient aux assemblées les plus faciles avec le sentiment de leur influence, et il était impolitique à l'Empereur de mécontenter le Corps législatif, puisqu'il croyait en avoir besoin. Il savait combien la paix était universellement désirée en France ; il voulait donc convaincre le Corps législatif, et par lui la France, qu'il n'avait rien omis pour conclure une paix honorable, afin d'obtenir un concours énergique pour la guerre qu'il allait faire, et qu'il cherchait à faire accepter par tous comme une de ces guerres de défense nationale pour lesquelles les peuples donnent leur dernier homme et leur dernier écu.

Après la bataille de Leipsick, il y avait eu un commencement de négociation. Au mois de novembre 1813, les puissances coalisées avaient fait dicter à M. de Saint-Aignan, ministre de France à Weimar, et enlevé par une bande de partisans, une note dans laquelle elles offraient d'ouvrir, dans une ville neutralisée sur le Rhin, des conférences qui ne suspendraient pas les opérations militaires; mais elles exigeaient que l'empereur Napoléon consentît d'abord à accepter les bases posées par elle. « La France devait, d'après cette note, se renfermer dans ses limites naturelles, c'est-à-dire entre le Rhin, les Alpes et les Pyrénées, et renoncer à toute souveraineté en Allemagne, en Espagne, en Italie. » L'Empereur, informé de ces propositions le 14 novembre 1813, avait fait répondre, dès le 16, qu'il acceptait l'idée des conférences, et qu'il faisait choix de Manheim comme lieu de réunion et du duc de Vicence pour l'y représenter; mais il avait gardé un silence absolu sur les bases proposées, ce qui ôtait toute valeur à son acceptation. Ce ne fut que le 2 décembre suivant que, sur l'observation faite par M. de Metternich à l'occasion de ce silence, l'Empereur fit annoncer qu'il adhérait aux bases proposées. Mais alors les événements marchaient dans le sens des intérêts des coalisés qui différèrent à leur tour de répondre.

Les mois de novembre et de décembre virent, en effet, décliner sur tous les points les affaires de Napoléon. La Hollande se sépara de lui et proclama son indépendance, en accueillant les Prussiens; Wellington, franchissant les Pyrénées, commença à pénétrer dans nos départements du Midi; Murat, qui depuis la campagne de Russie était séparé de cœur de Napoléon contre lequel il avait éclaté en murmures, négocia son traité avec les Anglais et les Autrichiens. Les coalisés, voyant que le temps était pour eux, le laissaient courir. Napoléon, qui avait retardé jusqu'au 19 décembre 1813 la réunion du Corps législatif, fixée d'abord au 2 décembre, dans l'espoir qu'il pourrait annoncer l'ouverture des conférences de Manheim, ordonna que l'on communiquât à une commission tirée de son sein toutes les pièces originales contenues au portefeuille des affaires étrangères : « J'avais conçu, disait-il dans ce discours, de grands projets pour la prospérité et le bonheur du monde. Monarque et père, je sens ce que la paix ajoute à la sécurité du trône et à celle des familles. Des négociations ont été entamées avec les puissances coalisées. J'ai adhéré aux bases préliminaires qu'elles ont présentées. J'avais donc l'espoir qu'avant l'ouverture de cette session le congrès de Manheim serait réuni. Mais de nouveaux retards, qui ne peuvent être attribués à la France, ont différé ce moment que presse le vœu du monde. »

Les commissaires du sénat furent MM. de Lacépède, de Talleyrand, de Fontanes, de Saint-Marsan, Barbé-Marbois et Beurnonville; ceux du Corps législatif, MM. le duc de Massa, Raynouard, Lainé, Flaugergues et Maine de Biran, MM. de Lacépède et de Massa faisaient partie de droit de la commission, comme présidents du Sénat et du Corps législatif; les autres membres avaient été élus par les deux assemblées. Les choix du Corps législatif étaient des choix d'opposition : tous les membres appartenaient à la fraction dite constitutionnelle. Quelque effacée qu'eût été cette assemblée devant les prospérités de l'Empereur, le principe d'élection d'où elle sortait faisait arriver jusqu'à elle un souffle de l'opinion, et la lassitude des départements où résidaient la plupart de ses membres, les mécontentements qu'elle avait ressentis, en 1808, de la note offensante du *Moniteur*, et récemment de la nomination directe de son président par l'Empereur, concoururent à la disposer à s'emparer du rôle que lui présentaient les circonstances pour se relever de sa longue humiliation, en devenant l'interprète du vœu public. Ce vœu était si manifeste et si impérieux, que le Sénat, dont la commission était moins hostile et plus prudente, crut lui-même nécessaire de l'exprimer. Il supplia l'Empereur, dans son adresse, de faire un nouvel effort pour obtenir la paix. « C'est le vœu de la France et le besoin de l'humanité, disait le Sénat. Si l'ennemi persiste dans ses refus, eh bien, nous combattrons pour la patrie entre les tombeaux de nos pères et les berceaux de nos enfants. »

La commission du Corps législatif devait naturellement parler un langage plus accentué. Après avoir pris communication des pièces mises à sa disposition par M. d'Hauterive, qui tenait l'intérim des affaires étrangères, en l'absence du duc de Vicence, nommé plénipotentiaire à Manheim, la commission, dans le sein de laquelle les plus vives paroles, provoquées par la maladresse du duc de Massa, avaient été prononcées sur la « nécessité de relever le Corps législatif, si longtemps déprimé, de faire entendre le cri du peuple pour la paix, et son gémissement contre l'oppression, » adopta le rapport de M. Lainé, qui fut lu, le 28 décembre 1813, au Corps législatif.

Dans ce rapport, la commission faisait devant le Corps législatif l'historique des dépêches échangées entre M. de Metternich et le gouvernement impérial; puis elle ajoutait : « Comme le Corps législatif attend de sa commission des réflexions propres à préparer une réponse digne de la nation française et de l'Empereur, nous nous permettrons de vous exposer quelques-uns de nos sentiments. Le premier est celui de la reconnaissance pour une communication qui appelle en ce moment le Corps législatif à prendre connaissance des intérêts politiques de l'État. On éprouve ensuite un sentiment d'espérance en voyant, au milieu des désastres de la guerre, les rois et les nations prononcer à l'envi le nom de paix. Les déclarations solennelles et réitérées des puissances belligérantes s'accordent, en effet, avec le vœu universel de l'Europe pour la paix, avec le vœu si généralement exprimé autour de chacun de nous dans son département, et dont le Corps législatif est l'organe naturel…. Cette paix, qui peut donc en retarder les bienfaits? Les puissances coalisées rendent à l'Empereur l'éclatant témoignage qu'il a adopté les bases essentielles au rétablissement de l'équilibre et de la tranquillité de l'Europe. Nous avons pour premier garant de ses desseins pacifiques et cette adversité, conseil véridique des rois, et le besoin des peuples hautement exprimé, et l'intérêt même de la couronne. »

Le rapport insistait ensuite sur la nécessité d'opposer à la déclaration des puissances alliées une déclaration propre à désabuser le pays. « On verrait d'une part des puissances protestant qu'elles ne veulent pas s'approprier un territoire dont l'indépendance est nécessaire à l'équilibre de l'Europe, et, de l'autre, un monarque se déclarant animé de la seule volonté de défendre ce même territoire. Si l'Empire français restait seul fidèle à ces principes libéraux, la guerre deviendrait nationale, et la France saurait déployer, pour le maintien de ses droits, l'énergie dont elle avait donné d'assez éclatantes preuves. »

Le rapport disait en terminant : « D'après les lois, c'est au gouvernement de proposer les moyens qu'il croira les plus prompts et les plus sûrs pour repousser l'ennemi et asseoir la paix sur des bases durables. Ces moyens seront efficaces si les Français sont persuadés que le gouvernement n'aspire plus qu'à la gloire de la paix ; ils le seront si les Français sont convaincus que leur sang ne sera plus versé que pour défendre une patrie et des lois protectrices. Mais ces mots consolateurs de paix et de patrie retentiraient en vain si l'on ne garantit les institutions qui promettent les bienfaits de l'une et de l'autre. Il paraît donc indispensable à votre commission, qu'en même temps que le gouvernement proposera les mesures les plus promptes pour la sûreté de l'État, Sa Majesté fût suppliée de maintenir l'entière et constante exécution des lois qui garantissent aux Français les droits de la liberté, de la sûreté et de la propriété, et à la nation le libre exercice de ses droits politiques. Cette garantie a paru à votre commission le plus efficace moyen de rendre aux Français l'énergie nécessaire à leur propre défense. Ces idées ont été suggérées à votre commission par le désir et le besoin de lier intimement le trône et la nation, afin de réunir leurs efforts contre l'anarchie, l'arbitraire et les ennemis de notre patrie. Si la première pensée de Sa Majesté, en de grandes circonstances, a été d'appeler autour du trône les députés de la nation, leur premier devoir n'est-il pas de répondre dignement à cette convocation, en portant au monarque la vérité et le vœu du peuple pour la paix ? »

La lecture de ce rapport produisit une vive impression sur l'assemblée. Pour la première fois depuis longues années, le Corps législatif *des muets,* comme l'avait surnommé le mépris populaire, redevenait un parlement. La puissance morale y rentrait avec la liberté des opinions et la passion politique. Plusieurs membres demandèrent la parole, appuyèrent les conclusions du rapport, et en réclamèrent l'impression. Une minorité peu nombreuse, formée des fonctionnaires les plus ardents de l'Empire, protestait par des clameurs violentes, et même par des injures. Des épithètes empruntées au vocabulaire des guerres civiles s'échangeaient dans la salle ordinairement calme et silencieuse, maintenant bruyante et animée. On voyait sortir, de temps à autre, des émissaires qui allaient porter au maître la nouvelle des progrès du débat. Enfin on en vint au vote dans la séance du lendemain, et le 30 décembre, les conclusions du rapport furent adoptées par une majorité de deux cent trois voix contre cinquante et une, et son impression ordonnée à six exemplaires pour chaque membre du Corps législatif : c'était le maximum autorisé par le règlement.

Le chiffre de cette majorité est significatif. Dans une assemblée élue comme l'avait été celle-ci, sous l'influence du gouvernement impérial, et formée de propriétaires regardés comme sympathiques à l'ordre de choses existant, et d'esprits modérés, ce ne pouvait être ni une intrigue ni une conspiration ; c'était l'explosion du sentiment public. La force de compression qui refoulait les opinions dans les âmes venant à diminuer, les deux grandes lassitudes du pays, la lassitude de la guerre et celle de l'arbitraire, se faisaient jour. Qu'à ce sentiment vinssent se mêler les rancunes personnelles du Corps législatif, cela est incontestable, car les corps, comme les individus, oublient rarement les injures. Mais jamais la commission n'aurait osé prendre l'initiative qu'elle prenait, jamais le Corps législatif ne l'aurait soutenue, s'ils n'avaient senti derrière eux le souffle de l'esprit public. Ce réveil de l'assemblée dénonçait l'avénement d'une situation nouvelle qui devait devenir fatale à l'Empereur.

La manifestation de cette situation était un coup fâcheux pour la puissance de Napoléon, et une révélation pour l'Europe. Elle apprenait une chose que les esprits perspicaces avaient pu soupçonner, mais que les cabinets étrangers ne savaient pas, c'est que la puissance défensive de l'Empire n'était pas comparable à sa force offensive. Il y a des conséquences qui dérivent de la nature des choses, et qu'aucune volonté humaine ne peut changer, que le génie lui-même ne parvient pas à modifier. La Providence a voulu que la piété filiale fût rémunérée dans les familles sociales, comme dans les familles individuelles. Lorsque, dans une monarchie, les générations du présent, adoptant pieusement l'œuvre des générations précédentes, apportent leur pierre à la construction de l'édifice social, au lieu de prétendre le construire en entier, et concourent à la consolidation de ce puissant instrument de toute chose qu'on appelle un gouvernement national, sans essayer de faire tout dater de leur époque, alors la force matérielle d'une nation est doublée par la force morale qui résulte de l'harmonie parfaite, de l'union indissoluble établie entre la nation et la famille incontestée. Alors ni les intrigues ni l'épée de l'étranger ne sauraient trouver le défaut de la cuirasse, tant, dans une nation ainsi constituée, tout est cohérent, uni, homogène et fort. Mais une société où le travail des siècles passés a été compté pour rien, où chaque génération aspire à se faire elle-même sa destinée, où les gouvernements, nouveaux de date et fils des circonstances, peuvent disparaître avec elles, ressemble à une famille régie par la loi du divorce, et où, par conséquent, la porte est ouverte à la dissolution. C'était la situation de l'Empire, et c'est par là que la position de Napoléon se trouvait beaucoup moins forte que celle de Louis XIV qui, dans les revers de son auguste vieillesse, avait eu également à résister à l'Europe coalisée. Pendant la période ascendante de sa fortune, l'Empereur avait fait taire toutes les résistances, mais ces résistances subsistaient dans les cœurs, et se retrouvaient au jour où Dieu lui envoyait des adversités. Les partis qu'il avait obligés à se retirer et à se cacher sur l'arrière-plan, pour occuper à lui seul le premier plan tout entier, c'est-à-dire les hommes du principe monarchique, qui ne pouvaient croire que l'existence d'une dictature de treize ans eût aboli les droits d'une monarchie de huit siècles, et les partisans de libertés politiques réalisées sur une échelle plus ou moins étendue, reprenaient leurs espérances et leur aspiration vers leur idéal. La nation, de son côté, qui n'avait point avec le pouvoir existant ces attaches indissolubles qui font que les peuples et les gouvernements vivent et meurent ensemble, commençait à chercher à l'horizon quelles destinées se lèveraient pour elle, et les intérêts particuliers ralliés à l'Empire n'étaient pas les derniers à interroger les chances possibles de l'avenir.

Napoléon sentit instinctivement que toutes ces idées se remuaient dans le rapport de la commission du Corps législatif, et dans le vote de cette assemblée. Il fit arrêter l'impression du rapport, détruire les formes, lacérer les exemplaires tirés, et ferma la salle des séances. Le lendemain, un sénatus-consulte ajourna le Corps législatif. Le motif allégué était la nécessité de laisser à des élections nouvelles le temps de compléter la série des membres dont les pouvoirs expirés avaient été prorogés par le sénatus-consulte du 15 novembre 1813. Cette mesure était à la fois irritante et inefficace. Le coup était porté. Il n'était pas au pouvoir de l'Empereur d'empêcher qu'un fait connu de plus de trois cents personnes circulât dans le public, en France et même en Europe. D'ailleurs, la suppression du rapport lu au Corps législatif, et la prorogation de ce Corps avant qu'il eût voté son adresse, tandis que celle du Sénat avait été présentée à l'Empereur, disaient assez qu'il n'avait point obtenu des députés le concours qu'il en attendait. Il voulut au moins imprimer à ce fait la couleur qui lui était le plus favorable. Le 1ᵉʳ janvier 1814, les membres du Corps législatif prorogé s'étant rendus aux Tuileries pour présenter leurs hommages à l'Empereur, sa colère éclata dans une de ces scènes habilement mêlées de calcul et de passion, par lesquelles il savait parler à l'opinion et jeter l'odieux sur ceux qui lui faisaient obstacle.

Au moment où les membres du Corps législatif passèrent devant le trône, il les arrêta du regard et du geste, et d'une voix tonnante : « Députés du Corps législatif, leur cria-t-il, vous pouviez faire beaucoup de bien, et vous avez fait beaucoup de mal. Les onze douzièmes d'entre vous sont bons, les autres sont des factieux. Je vous avais appelés pour m'aider, et vous êtes venus dire et faire ce qu'il fallait pour seconder l'étranger. Au lieu de nous réunir, vous nous divisez. Votre rapport est rédigé avec une astuce et des intentions perfides dont vous ne vous doutez pas. Deux batailles perdues en Champagne auraient fait moins de mal. Votre commission a été dirigée par l'esprit d'Auteuil et de la Gironde. M. Lainé est un traître vendu à l'Angleterre, avec laquelle il correspond par l'intermédiaire de l'avocat de Sèze. C'est un méchant homme que je suivrai de l'œil. J'ai sacrifié mes passions, mon ambition, mon orgueil à l'intérêt de la France. Je m'attendais que vous m'en sauriez quelque gré, et lorsque j'étais disposé à faire tous les sacrifices, j'espérais que vous m'engageriez à ne point faire ceux qui ne seraient pas compatibles avec l'honneur de la nation. Loin de là; dans votre rapport, vous avez mis l'ironie la plus sanglante à côté des reproches. Vous dites que l'adversité m'a donné des conseils salutaires. Comment pouvez-vous me reprocher mes malheurs? Je les ai supportés avec honneur, parce que j'ai reçu de la nature un caractère fort et fier. C'est cette fierté dans l'âme qui m'a élevé au premier trône de l'univers. Cependant j'avais besoin de consolations, et je les attendais de vous. Vous avez voulu me couvrir de boue, mais je suis de ces hommes qu'on tue et qu'on ne déshonore pas. Ignorez-vous que dans une monarchie le trône et la personne du monarque ne se séparent pas? Qu'est-ce que le trône? Un morceau de bois couvert d'un morceau de velours; mais, dans la langue monarchique, le trône, c'est moi. Vous parlez du peuple; ignorez-vous que c'est moi qui le représente par-dessus tout? On ne peut m'attaquer sans attaquer la nation elle-même. S'il y a quelques abus, est-ce le moment de me faire des remontrances, quand deux cent mille Cosaques franchissent les frontières? Est-ce le moment de venir disputer sur des libertés et des sûretés individuelles, quand il s'agit de sauver la liberté politique et l'indépendance nationale? Vos idéologues demandent des garanties contre le pouvoir; dans ce moment, toute la France ne m'en demande que contre les ennemis. N'êtes-vous pas contents de la Constitution? il y a quatre ans qu'il fallait m'en demander une autre, ou attendre deux ans après la paix. Pourquoi parler, devant l'Europe armée, de nos débats domestiques? Il faut laver son linge sale en famille. Vous voulez donc imiter l'Assemblée constituante, et recommencer une révolution? Mais je n'imiterai pas le roi qui existait alors, et j'aimerais mieux faire partie du peuple souverain que d'être son esclave. »

Ainsi parla l'Empereur, d'une voix stridente et saccadée, et ses paroles firent sur les témoins de cette scène une impression si profonde, que plusieurs en sortant saisirent, sinon le texte exact, au moins les phrases les plus saillantes de cette allocution tour à tour injuste jusqu'à la calomnie, sensée, passionnée, dérisoire, éloquente et triviale. M. Lainé, particulièrement atteint par les insultes outrageantes de l'Empereur, y répondit en homme de cœur. Au lieu de quitter Paris, comme le lui conseillaient quelques amis timides, il y demeura et écrivit au ministre de la police pour se mettre à sa disposition. Il avait déjà répondu à quelques phrases pleines de hauteur que lui adressa le duc de Rovigo, lorsque les membres de la commission se rendirent chez le ministre de la police, qui les avait mandés : « Ma conscience me parle plus haut que vous. » Tout se borna là; M. Lainé ne fut pas inquiété. L'Empereur ne voulait produire qu'un éclat, un effet d'opinion. Il avait cherché à donner au gouvernement absolu qu'il avait fondé les appuis qu'un gouvernement tempéré et vivant en bon voisinage avec les libertés publiques trouve, dans les temps critiques, chez les grands corps élus par la nation. Il devait échouer, parce qu'il demandait une chose contre la nature des choses; il échoua en effet. Dès qu'il reconnut au Corps législatif la faculté d'élever la voix pour exprimer le vœu de la nation, deux gémissements, l'un contre la guerre, l'autre contre l'arbitraire, sortirent de cette bouche qu'il venait d'ouvrir. Alors l'Empereur lui reprocha de ne pas avoir parlé quatre ans plus tôt, c'est-à-dire quand Napoléon tenait toute bouche close, ou de ne pas avoir attendu deux ans pour parler, c'est-à-dire de ne pas avoir laissé revenir une époque où la fortune renaissante du maître eût permis à celui-ci de replacer les scellés sur les lèvres du Corps législatif.

Cela dit, l'Empereur rentra dans le pouvoir absolu. Il laissa de côté le Corps législatif, comme un rouage qui avait voulu avoir son mouvement propre, au lieu d'obéir aveuglément à la main du tout-puissant machiniste, et agit dictatorialement. Un décret impérial doubla les contributions; des levées en masse furent ordonnées administrativement. En même temps, on prit une mesure qui, rapprochée des sentiments connus de l'Empereur, achevait de révéler l'extrémité des circonstances : la garde nationale fut rétablie, danger pour le pouvoir impérial à l'intérieur, faible ressource au dehors contre l'ennemi. L'Empereur s'en réserva le commandement en chef, mesure entre la défiance et la faveur, et le commandement en second fut confié au général Moncey.

L'Empereur paraissait compter bien peu sur la défense de la capitale. La manière dont il composa l'état-major de la garde nationale, et l'absence de tous préparatifs sérieux pour fortifier la grande cité, révélaient assez sa pensée à ce sujet. « De simples palissades, a dit un de ses confidents les plus dévoués qui tous les soirs conversait intimement avec lui à cette époque, enveloppaient assez ridiculement les barrières de Paris ; c'était tout simplement un obstacle contre les Cosaques qui seraient venus toucher barre jusque-là. Il ne voulait pas effrayer les Parisiens et les distraire de leurs plaisirs par un appareil de fortifications et par une composition guerrière de la garde nationale. Il pensait sans doute que s'il ne pouvait pas battre l'ennemi, il était inutile de penser à défendre une ville qui présentait si peu de moyens de résistance et tant de ressources à la révolte[1]. »

Ainsi les faits, plus puissants que les paroles, qui, chez les historiens, sont souvent inventées pour le besoin de la cause, établissent que l'Empereur ne comptait point, en quittant Paris, que Paris serait défendu. Il savait qu'il ne le laissait pas en état de défense, il n'avait fait faire aucun préparatif pour l'y mettre ; il avait placé à la tête des légions de la garde nationale des citadins incapables de les conduire à la bataille. Il ne s'était donc pas dissimulé la vérité, et on peut ajouter que ses meilleurs amis ne la lui avaient pas dissimulée. M. de Lavalette raconte que, dans ses entretiens du soir avec l'Empereur, il lui donna son opinion avec une franchise et une vérité qui frappent rarement l'oreille des souverains : « Nos entretiens, dit-il, avaient surtout pour objet la situation de la France ; je lui disais, avec une franchise dont la naïveté pou-

[1]. *Mémoires de M. de Lavalette*, tome II, page 78.

vait seule faire pardonner la rudesse, que la France était fatiguée à l'excès, qu'il était impossible qu'elle pût longtemps encore supporter l'intolérable fardeau dont elle était accablée, et qu'elle se déroberait à son joug pour se livrer, selon son triste usage, à la nouveauté, sa divinité favorite[1]. »

M. d'Hauterive, chargé de l'intérim des affaires étrangères par suite de l'absence de M. de Caulaincourt nommé plénipotentiaire de l'Empire au congrès projeté de Manheim, eut avec l'Empereur une conversation plus significative encore : « Nous nous promenions dans son cabinet, dit-il; il ne parlait guère, ni moi non plus. C'était le moment où il allait partir pour la campagne de 1814. Tout à coup il s'arrête, et me dit, en plongeant son regard si perçant et si sûr dans mes yeux : — Est-ce qu'on ne pourrait pas enfin jeter du phlogistique dans le sang de ce peuple devenu si endormi, si apathique? — Sire, lui dis-je, il y a longtemps que tout ceci dure. Il y a eu une guerre de vingt et un ans; il y a eu, dans deux de vos campagnes, plus d'argent dépensé, plus de sang répandu que dans cette guerre, qui fut la plus acharnée des vingt-deux derniers siècles. Nos vingt et un ans de batailles ont été un siècle de désastres et de souffrances, et l'on est impatient de le voir finir. D'ailleurs, vous avez fait la guerre noblement. Vous avez régné sur toutes les capitales de l'Europe, et voici ce que diront les bourgeois de Paris : *Quand l'empereur Napoléon entra dans Vienne et dans Berlin, les habitants n'avaient aucune peur de lui; ils se portèrent sur son passage pour le voir. Tant qu'il y resta, ils firent tout ce qu'ils faisaient avant qu'il y vînt : ils déjeunaient, ils dînaient, etc.... Il en sera ainsi quand l'empereur Alexandre entrera dans Paris.*

« Napoléon ne me laissa pas poursuivre. Un mouvement de contraction que je vis sur sa figure m'annonça que j'en avais

---

[1]. *Mémoires de M. de Lavalette*, tome II, page 76.

assez dit. Ses yeux quittèrent les miens, et il les leva au ciel, frappant fortement le parquet de son pied ; puis, jetant un de ces *ah !* plaintifs que Talma tirait du fond de sa poitrine, il s'écria avec l'accent le plus amer : « Ah ! si j'avais brûlé Vienne ! »

Napoléon ne mettait donc pas ses espérances dans une défense de Paris, qu'il jugeait impossible, qu'il n'avait rien fait pour préparer et qui, tout le monde le lui déclarait, ne serait pas même essayée. Il mettait ses espérances dans une grande victoire. — « Il faut la gagner ! » dit-il avec un accent profond à M. de Lavalette, qui lui répétait, la veille de son départ pour l'armée, que c'était le seul moyen qui lui restât de tout rétablir[1]. Il avait fait les plus grands efforts afin de se préparer des ressources pour cette suprême campagne ; mais le pays était épuisé : c'était la troisième armée qu'on lui demandait depuis moins de deux ans. La confiance s'éteignait, le zèle même des fonctionnaires commençait à se ralentir. Les arsenaux, vidés par la guerre, étaient en retard ; les levées se faisaient péniblement, et il ne se présentait point de volontaires. On cherchait, par les nouvelles publiées dans les journaux, à faire illusion à l'Europe coalisée, et à relever les espérances de la France, tactique permise ; mais on n'augmentait point ses forces sur le terrain en les enflant sur le papier[2]. Napoléon, malgré ses efforts pour se hâter, ne put être prêt à entrer en campagne que pour la fin du mois de janvier 1814, et, bien que les gazettes eussent constaté un mouvement de deux cent mille hommes traversant Paris pour se rendre à l'ar-

---

1. *Mémoires de M. de Lavalette*, tome II, page 79.
2. Napoléon faisait écrire par Berthier, le 13 janvier 1814, au duc de Raguse et au duc de Bellune : « Les maréchaux peuvent faire des proclamations pour repousser les invectives des généraux ennemis. Ils doivent faire connaître que deux cent mille hommes de gardes nationales se sont formés en Normandie, en Bretagne, en Picardie et dans les environs de Paris, et qu'ils avancent sur Châlons, indépendamment d'une armée de réserve de plus de cent mille hommes. » (*Mémoires du duc de Raguse*.)

mée¹, il n'avait réuni à cette époque que quarante mille hommes pour lutter contre toutes les forces de la coalition, sur son principal point d'attaque. La réduction de notre effectif à ce chiffre s'explique, lorsque l'on songe que notre armée, recrutée naguère dans toute l'Europe, par l'extension de nos frontières, ne conservait plus dans ses rangs que les soldats nés sur le territoire de la vieille France, et qu'une grande partie de nos forces était retenue au delà de nos frontières².

Avant de partir pour cette campagne, Napoléon voulut réunir aux Tuileries les officiers qu'il venait de donner à la garde nationale. Il aimait ces scènes théâtrales qui parlent aux imaginations des peuples, et dans lesquelles il excellait à jouer le premier rôle. D'ailleurs, il savait par le préfet du département, M. de Chabrol, que, parmi les chefs de la garde civique, il y en avait qui, partageant les sentiments de la grande cité, étaient froids à son égard, et que même il y avait eu à l'hôtel de ville de fâcheuses paroles prononcées et des symptômes de division, dans une réunion préalable des officiers supérieurs de la garde nationale. Le 23 janvier, veille de son départ, il reçut donc l'état-major des légions dans la salle des Maréchaux, et, s'avançant au milieu d'eux, entre l'Impératrice, à laquelle il venait de confier la régence, et son fils, le roi de Rome, âgé de trois ans, il leur annonça que, par suite des manœuvres qu'il allait exécuter, il était possible que l'ennemi trouvât l'occasion de s'approcher de Paris. Il ajouta que le danger n'aurait, dans ce cas, rien de sérieux, parce qu'il serait toujours en mesure d'accourir au secours de la capitale et de la délivrer. — « Je vous recommande d'être unis entre

---

1. Ce fait est signalé dans le *Manuscrit de 1814* du baron Fain, page 29.
2. Le duc de Raguse raconte dans ses *Mémoires* que, le 7 janvier 1814, son infanterie se composait encore de huit mille cinq cents hommes; le 13, elle n'en comptait plus que six mille, tous les soldats qui n'appartenaient pas à l'ancienne France ayant quitté leurs drapeaux. Le 11ᵉ hussards, composé en grande partie de Hollandais, se fondit en un moment.

vous, continua Napoléon; on ne manquera pas de chercher à vous désunir, à ébranler votre fidélité à vos devoirs; je compte sur vous pour repousser toutes ces coupables instigations. Je vous laisse l'Impératrice et le roi de Rome... ma femme et mon fils! Je partirai l'esprit dégagé de toute inquiétude, parce qu'ils sont sous votre sauvegarde. Ce que j'ai de plus cher au monde après la France, je le remets dans vos mains! »

La grandeur des circonstances, cette scène, ces paroles, le geste dramatique dont l'Empereur les accompagna, car, en prononçant ces derniers mots, il prit son fils entre ses bras et le présenta à l'assemblée, produisirent une commotion électrique. De longs cris de *Vive l'Empereur* éclatèrent. Un des confidents intimes de Napoléon, celui dont la prévoyance pessimiste lui annonçait chaque soir des malheurs[1], sentit un moment ses espérances se ranimer. « La réflexion me ramena aux tristes vérités dont j'étais pénétré, dit-il. Je revis l'Empereur le soir; il me parla du mouvement du matin. Je lui dis toute ma pensée : que cette disposition des esprits était bonne pendant la campagne, si la guerre n'approchait pas de Paris; mais qu'il ne fallait pas les mettre à l'épreuve de l'approche de l'ennemi. Il sourit, et me tirant l'oreille, suivant sa coutume : — Vous n'avez plus d'illusion, monsieur le Romain[2]. »

II

CAMPAGNE DE 1814. — PREMIÈRE PHASE.

Il importe d'exposer la situation des parties belligérantes au moment où la campagne de 1814 allait s'ouvrir. Les forces de la coalition étaient échelonnées, à la fin de 1813, sur les trois

---

1. Lavalette.
2. *Mémoires de M. de Lavalette*, tome II, page 79.

lignes principales de communication qui de Berlin, de Varsovie et de Vienne aboutissaient au Rhin[1]. Ces forces actives étaient évaluées à six cent mille hommes; on évaluait à près de six cent mille hommes encore les armées en voie de formation que les coalisés pourraient, dans le cours de la campagne, faire arriver sur le théâtre de la lutte. Mais ce n'était là qu'un futur contingent dont l'Empereur n'avait pas à tenir immédiatement compte. Les six cent mille hommes de forces actives, alors en marche, ne pouvaient même arriver en bloc sur le théâtre des opérations, et Napoléon calculait que, par suite de la longueur de la route et des difficultés que l'ennemi rencontrerait en chemin, à cause des places nombreuses encore occupées par les troupes françaises, et dont il faudrait faire le blocus, les coalisés ne pourraient développer que deux cent cinquante mille hommes au plus, au début de la campagne, tandis qu'au bout de trois mois le chiffre des troupes étrangères arrivées au centre de la France s'élèverait à cinq cent mille. Il n'avait pu réunir sur la fin de janvier au delà de quarante à cinquante mille hommes[2]. Il espérait qu'en manœuvrant avec vivacité au centre de leurs marches, il rencontrerait les corps ennemis isolés les uns des autres, et que, suppléant par la rapidité des mouvements à l'infériorité du nombre, il remporterait quelque victoire signalée dont l'effet serait désastreux pour l'ennemi engagé dans l'intérieur de la France.

1. Nous suivons ici le *Manuscrit de 1814*.
2. C'est le chiffre que donne le duc de Raguse, un des lieutenants les plus actifs de l'Empereur dans cette campagne. « Jamais, dans le cours de cette mémorable campagne, dit-il, jamais Napoléon n'eut à sa disposition, entre la Seine et la Marne, plus de quarante mille hommes. Les efforts continus que l'on ne cessa de faire pour opérer des levées et nous les envoyer n'eurent d'autre résultat que d'entretenir le nombre des combattants à peu près de même force. Les détachements arrivant journellement à l'armée remplaçaient à peine les pertes causées par les combats, les marches et la désertion, dont l'effet se fit toujours plus ou moins sentir. » (*Mémoires du duc de Raguse.*)

Deux circonstances morales manquaient à ce plan militaire pour qu'il fût complétement juste : les coalisés n'étaient point disposés à mettre bas les armes après une défaite partielle ; la France n'était point disposée, on l'a vu, à faire une de ces guerres nationales qui rendent une défaite irrémédiable pour une armée vaincue sur un territoire qui n'est pas le sien.

Pour exécuter son plan, Napoléon avait marqué pour point de réunion aux forces destinées à faire la campagne de France les plaines de Châlons-sur-Marne. Il n'avait pu se résoudre à évacuer les divers points qu'il occupait en Europe, et voici les raisons que l'annaliste dépositaire de sa pensée allègue pour motiver sa conduite dans cette grave circonstance [1]. Napoléon avait deux cent mille Français ainsi dispersés : cinquante mille sur l'Elbe, depuis Dresde jusqu'à Hambourg, cent mille au pied des Pyrénées, cinquante mille au delà des Alpes. Ces troupes, si elles ne concouraient pas à l'action principale, faisaient au moins des diversions utiles. Sur l'Elbe, elles retenaient les réserves russes, les Suédois, le corps prussien de Taventzein, et les milices insurgées de Hesse et de Hanovre. En Hollande, nos garnisons occupaient les Anglais. Du côté des Pyrénées, les armées françaises du duc d'Albufera et du duc de Dalmatie arrêtaient sur l'Adour deux cent mille Anglais, Espagnols et Portugais prêts à déborder sur nos départements du Midi. En Italie, le prince Eugène, avec son armée de quatre-vingt mille Franco-Italiens, arrêtait sur l'Adige une armée autrichienne de quatre-vingt mille hommes, commandée par le général Bellegarde. Ces armées lointaines retenaient dans notre alliance des auxiliaires prêts à se tourner contre nous, si nous sortions des places où nous les tenions enfermés avec nous [2]. « D'ailleurs, ajoute l'interprète

1. Fain, *Manuscrit de 1814*.
2. Il y a ici une question historique qui reste douteuse : Napoléon donna-t-il au prince Eugène l'ordre de continuer à occuper l'Italie ? Le duc de Raguse le

de la pensée napoléonienne, les négociations ne se nourrissent que de restitutions, de compensations et d'échanges; peut-être ce qui nous reste de la possession de l'Europe entrera-t-il en déduction des sacrifices qu'il faudra faire à la paix[1]. »

Ici apparaît la véritable pensée de Napoléon. Il ne voulait pas encore s'avouer la portée et le caractère de ses revers. Après la journée de Leipsick, il était indiqué que la France allait avoir à se défendre chez elle. C'était à cette époque que le mouvement nécessaire pour couvrir nos frontières aurait pu être fait utilement. L'armée d'Italie eût couvert la France du côté des Alpes. Les garnisons laissées sur l'Elbe et de l'autre côté du Rhin auraient couvert notre frontière de l'Est et du Nord. Quant à l'armée de Soult, elle avait été ramenée par les événements de la guerre sur la ligne de l'Adour, où elle était utilement placée pour défendre nos départements du Midi. Si les deux autres frontières eussent été ainsi couvertes, la campagne de 1814 n'aurait point commencé au cœur de la France, et Napoléon aurait eu le temps de former derrière ce

---

nie formellement. Il allègue le témoignage du lieutenant général d'Anthouard, premier aide de camp du prince Eugène, venant à l'appui des confidences de Napoléon lui-même qui, en arrivant de Vitry, dit au duc de Raguse qu'il avait donné l'ordre au prince Eugène d'évacuer l'Italie, après avoir fait un armistice ou trompé les Autrichiens et fait sauter toutes les places, excepté Mantoue, Alexandrie et Gênes. Ces paroles de Napoléon n'ont rien de concluant, parce que, obligé d'avouer que le camp de Châlons, sur lequel le duc de Raguse avait compté, n'existait que sur le papier, il pouvait chercher à lui donner une autre espérance, en faisant briller à ses yeux l'arrivée prochaine de l'armée du prince Eugène. Le témoignage du général d'Anthouard aurait une tout autre valeur, mais cet officier n'a rien laissé d'écrit. Jusqu'à ce que des documents plus décisifs viennent trancher cette question, la version la plus conforme à l'ensemble des faits, la plus vraisemblable, à en juger par les illusions que Napoléon conserva dans toute cette campagne, est celle qui présente le prince Eugène comme ayant reçu l'ordre de ne pas quitter l'Italie. Qu'au moment de la chute de l'Empire, le prince Eugène ait cherché à agir pour son compte et à se faire proclamer souverain indépendant en Italie, c'est là une autre question distincte de la première, et qu'il est difficile de ne pas résoudre affirmativement après avoir lu sa proclamation.

1. *Manuscrit de* 1814.

rideau de baïonnettes une armée nouvelle, au lieu d'être pris au dépourvu, comme il le fut au mois de janvier. Il sacrifia ces avantages positifs à la conservation du prestige de ses armes et au désir de révéler le plus tard possible le secret de sa faiblesse. Mais puisqu'il ne traitait pas, ce prestige ne lui servit à rien qu'à retarder un moment le dernier choc, en le privant de forces précieuses pour le soutenir. Or ce qui importait, ce semble, ce n'était point d'avoir des garnisons dans des places que nous devions perdre inévitablement, si nous avions le dessous dans l'action principale, mais d'avoir l'avantage dans cette action principale dont le dénoûment devait exercer une influence souveraine sur les conditions de la paix.

A la faveur de cette situation, deux grandes armées ennemies, celles de Bohême et de Silésie, étaient entrées sur notre territoire, du 20 décembre 1813 au 1ᵉʳ janvier 1814. L'armée de Bohême, débouchant par la Suisse, dont elle viola la neutralité, et par le haut Rhin, entra dans les vallées du Doubs et de la Saône. L'armée de Silésie avait franchi le Rhin à Manheim. Les points de réunion qui leur avaient été marqués étaient Nancy et Langres. De là, elles devaient se diriger sur Paris. Elles formaient un effectif de trois cent quatre-vingt-cinq mille combattants, sous le commandement de Schwarzenberg et de Blücher[1]; l'empereur de Russie, l'empereur d'Autriche, le roi de Prusse marchaient avec leur état-major général. A leur entrée en France, les coalisés, qui avaient été obligés de mettre des garnisons dans les villes qu'ils avaient prises, et de détacher des troupes pour faire le blocus de celles qu'ils avaient laissées en arrière sans les attaquer, ne comptaient plus, dans

---

[1]. L'armée de Schwarzenberg comptait deux cent cinquante mille hommes, dont : cent trente mille Autrichiens, cinquante mille Russes, vingt-cinq mille Bavarois; le reste, du Wurtemberg et de l'Empire. L'armée de Blücher comptait : quarante mille Prussiens, cinquante mille Russes, quarante-cinq mille Allemands.

les armées de Bohême et de Silésie, qu'un effectif de deux cent quatre-vingt mille hommes. C'était plus du quintuple des forces que Napoléon avait à leur opposer.

A cette disproportion des forces sur le point d'entrer en lutte, il faut ajouter la disproportion des réserves. Le prince Eugène allait se trouver tenu en échec en Italie, et hors d'état d'envoyer les divisions que l'Empereur lui demandait. Le maréchal Soult pouvait envoyer quelques secours, en s'affaiblissant devant le duc de Wellington, déjà plus fort que lui. Les coalisés, au contraire, avaient des corps d'armée tout entiers en marche derrière les armées de Silésie et de Bohême. L'armée du Nord, conduite par Bernadotte, comptait cent quatre-vingt mille hommes[1]. La réserve générale des coalisés s'élevait à deux cent cinquante mille hommes. Il faut rappeler, en outre, pour mémoire, l'armée de Bellegarde qui surveillait et contenait le prince Eugène en Italie, et l'armée anglo-espagnole de Wellington qui débouchait par le Midi. Quatre cent trente mille hommes étaient donc en marche pour appuyer les armées qui avaient envahi notre territoire par la frontière de l'Est. Si le présent était plein de péril, l'avenir était plus menaçant encore. Le temps était pour les coalisés, et les chances de Napoléon diminuaient à mesure que la campagne se prolongeait.

Il est temps qu'il parte. Schwarzenberg a forcé les passages des Vosges; les combats de Rambervilliers, de Saint-Dié et de Charmes n'ont pu arrêter sa marche. Il étend sa gauche le long de la Saône, dirige son centre sur Langres, sa droite sur Nancy, premier rendez-vous marqué à l'armée de Silésie, commandée par Blücher. Blücher, de son côté, a pénétré dans

---

1. Nous empruntons tous ces chiffres aux Mémoires inédits de M. de Vitrolles, qui put les connaître exactement au quartier général des coalisés. L'armée de Bernadotte se décomposait ainsi : vingt mille Suédois, trente mille Prussiens sous Bulow, soixante mille Allemands, dix mille Hollandais, dix mille Danois, dix mille Anglais.

la Lorraine; un de ses lieutenants, York, s'est présenté devant Metz, que le duc de Raguse, après s'y être arrêté un moment pour assurer sa défense, en y plaçant le général Durutte comme commandant supérieur chargé de dresser et d'instruire les conscrits assemblés dans cette ville, a été obligé de quitter. Sacken, un autre des lieutenans de Blücher, est entré à Nancy, que le maréchal Ney a évacué le 14 janvier.

Le 16 janvier 1814, le duc de Trévise a évacué Langres; le 18 janvier, le duc de Raguse, qui a quitté Metz le 17[1], arrive à Verdun, en se retirant devant les soixante mille hommes de Blücher, auxquels il n'a à opposer que sept mille hommes d'infanterie et quinze cents sabres[2]. Au moment où l'Empereur arrive à Châlons, un tiers de la France est déjà envahi. Ses généraux ont exécuté ses ordres, qui étaient de retarder le plus longtemps possible la marche de l'ennemi; mais l'extrême disproportion des forces les a obligés à se replier. « Les circonstances étaient trop impérieuses, on ne recevait d'ordres que d'elles, » dit Fabvier. Schwarzenberg, poussant devant lui le duc de Trévise et le corps de la vieille garde qu'il commande, dirige sa plus forte colonne sur Troyes. Blücher a dépassé la Lorraine, il occupe Saint-Dizier et s'avance diagonalement sur l'Aube. Nos troupes sont autour de Châlons. Le duc de Bellune et le prince de la Moskowa, après avoir évacué Nancy, où ils ont opéré leur jonction, se sont retirés, en reculant lentement, jusqu'à Vitry-le-Français. Le duc de Raguse est derrière la Meuse, à Heitz-le-Hutier, également en avant de Vitry. Ces retraites forcées ont amené un mouvement de concentration.

Quand Napoléon arriva à Châlons, le 26 janvier 1814, le duc de Raguse accourut à son quartier général. « Le *Moni-*

---

[1]. C'est la date donnée par le colonel Fabvier. (*Opérations du sixième corps.*)
[2]. Chiffres donnés par Fabvier, page 18. (*Journal des opérations du sixième corps.*)

teur, dit-il dans ses Mémoires, avait annoncé la formation d'un camp à Châlons. Je parlai à l'Empereur des renforts que sans doute il nous amenait. Il me répondit : « Aucun. Il n'y avait pas un seul homme à Châlons. — Mais avec quoi allez-vous combattre? — Nous allons tenter la fortune avec ce que nous avons; peut-être nous sera-t-elle favorable? » Le maréchal ajoute : « C'était à ne pas se croire éveillé. » A la même date, le duc de Vicence qui, retenu à Lunéville par les avant-postes qui lui barraient le chemin, a été obligé de rétrograder avec nos troupes jusqu'à Saint-Dizier, reçoit dans cette ville les lettres du prince de Metternich, qui lui désignent Châtillon comme le lieu où doivent s'ouvrir, le 3 février, des conférences pour la paix. Ainsi les grands efforts pour la guerre et les dernières tentatives pour la paix vont commencer parallèlement.

Tant que les frontières de la France n'avaient pas été franchies, et que nos armées avaient occupé la ligne du Rhin, les coalisés avaient mis en avant, comme l'expression de leur pensée, les propositions de Francfort. Ils offraient la paix, à condition que la France abandonnerait l'Allemagne, la Hollande, l'Italie, et se retirerait derrière ses frontières naturelles, les Alpes, les Pyrénées et le Rhin. C'est là l'ultimatum un peu vague de la fin de la campagne de 1813; mais rien ne prouve que ces conditions fussent sérieusement offertes. Dès que la campagne de 1814 commence, un nouvel ultimatum apparaît. L'Europe, qui semblait offrir la paix en 1813, ne l'accordera plus désormais qu'à condition que la France rentrera dans ses anciennes limites, telles qu'elles étaient en 1792. Napoléon doit renoncer non-seulement à ses conquêtes, mais à celles de la République : ce sera le premier et le dernier mot des conférences de Châtillon.

Napoléon est toujours en arrière de la concession qui peut lui faire obtenir la paix, devenue pour lui une nécessité. Il a encore trop d'espérance, tant qu'il occupe l'Italie, la ligne du Rhin et plusieurs places au delà, pour accepter les Alpes, le Rhin, les Pyrénées comme frontières naturelles. Dans la campagne de 1814, les succès qui viennent interrompre ses revers lui nuisent, en ceci qu'ils ne lui laissent pas voir toute l'extrémité de son péril. Il ne peut se résoudre à croire que sa fortune et l'Europe aient dit leur dernier mot. Il espère toujours qu'un heureux événement de guerre lui permettra d'obtenir des conditions meilleures. Il cherche à maintenir la porte des négociations ouverte à Châtillon, et c'est pour cela qu'il y a envoyé le duc de Vicence; mais il ne veut pas conclure. Il demande au champ de bataille des arguments pour son plénipotentiaire, et ne lui envoie l'autorisation de traiter aux conditions posées que pour la lui retirer aussitôt.

Sa pensée vraie se trouve dans une lettre écrite à la date du 13 janvier 1814, au duc de Vicence : « Le système de ramener la France à ses anciennes frontières, dit-il, est inséparable du rétablissement des Bourbons, parce qu'eux seuls pouvaient offrir une garantie de ce système [1]. » Dans une réponse postérieure à celle-ci, la pensée deviendra plus claire, et Napoléon avouera que la difficulté extérieure se complique ici pour lui de la difficulté intérieure de régner en se dépouillant du prestige de gloire et de conquête qui est son véritable titre. Plus tard encore, à la fin de la campagne de 1814, il cédera à la nécessité des circonstances, mais alors il sera trop tard.

La campagne de 1814 se compose de plusieurs phases; cependant, au milieu de ces phases diverses, on retrouve un caractère invariable qui est le trait distinctif de cette campagne : c'est l'impuissance où se voit Napoléon d'attaquer de front les masses coalisées. Un simple grenadier a dit le mot

---

1. *Manuscrit de* 1814, page 76. (Pièces justificatives.)

de la campagne : « Ils sont trop! » Le général Drouot l'a reproduit et confirmé lorsque, interpellé par Napoléon, qui lui disait : « Il me faudrait cent hommes comme vous, » il lui répondit : « Non, sire, il vous en faudrait cent mille [1]. » Les armées coalisées avancent d'abord lentement, ensuite plus rapidement sur Paris. Elles éprouvent des échecs partiels, reculent quelquefois, mais se rallient bientôt, en trouvant derrière elles des renforts qui leur arrivent, et elles recommencent leur mouvement sur la capitale. Napoléon cherche à suppléer, par la rapidité et la prestesse de ses mouvements, à l'insuffisance de ses forces. Il frappe à coups redoublés, blesse ses adversaires, mais ne les abat pas. Sans compter les corps particuliers, il a affaire à deux grandes armées : l'armée du maréchal Blücher et celle du prince de Schwarzenberg. Il va de l'une à l'autre; mais la nécessité impérieuse de courir à celle qu'il a quittée et qui continue de marcher pendant qu'il combat ailleurs, la faiblesse numérique du corps d'expédition avec lequel il agit, l'empêchent de pousser aucun succès à fond [2]. Il recommence sans cesse la même manœuvre. C'est un va-et-vient perpétuel de l'armée de Blücher à celle de Schwarzenberg.

Au commencement de la campagne, il a trouvé ces deux armées réunies dans la plaine qui s'étend entre Bar-sur-Aube et Brienne, et il a éprouvé une première fois, le 31 janvier, l'impossibilité de briser les masses de la coalition. L'avantage leur est resté à la Rothière. Il a fallu que Napoléon effectuât sa retraite sur Troyes, qu'il a été bientôt obligé d'évacuer pour reculer sur Nogent. C'est dans ce moment qu'il fait écrire au duc de Vicence, son plénipotentiaire au congrès de Châtillon

---

1. Cité par le duc de Raguse.
2. « Les mouvements de l'Empereur d'une rivière à l'autre avec une partie de ses forces, sa garde et ses réserves d'artillerie, portaient momentanément l'armée où il se trouvait à environ trente mille hommes. Une semblable force se trouvait toujours insuffisante pour combattre les ennemis réunis. » (*Mémoires du duc de Raguse*, tome VI, page 209.)

qui s'ouvre, afin « de lui donner carte blanche pour conduire les négociations à une heureuse fin, sauver la capitale et éviter une bataille où sont les dernières espérances de la nation [1]. » Mais cette dépêche, par sa latitude même et le vague des expressions, laisse le duc de Vicence dans le doute sur les circonstances où l'Empereur se trouve et sur l'étendue des sacrifices auxquels son plénipotentiaire doit souscrire pour obtenir un armistice, et ensuite la paix. Il s'en plaint dans sa réponse [2]. Il écrit à Berthier : « Parlez-moi clair, mon prince ; avez-vous encore une armée [3] ? » Il hésite à souscrire aux conditions imposées ; il louvoie, comme il dit, entre deux écueils.

Ce n'est pas sans raison qu'il hésite. Le 7 février, Napoléon est à Nogent : c'est là qu'il reçoit, le 8, le protocole de Châtillon du 7 février, ainsi conçu : « Les puissances alliées, réunissant le point de vue de la sûreté et de l'indépendance future de l'Europe avec le désir de voir la France dans un état de possession analogue au rang qu'elle a toujours occupé dans le système politique, et considérant la situation dans laquelle l'Europe se trouve placée à l'égard de la France, à la suite des succès obtenus par leurs armes, les plénipotentiaires des cours alliées ont ordre de demander : « que la France rentre dans les « limites qu'elle avait avant la Révolution... ; qu'en consé- « quence, elle abandonne toute influence directe hors de ses « limites futures, et que la renonciation à tous les titres qui « ressortent des rapports de souveraineté et de protectorat sur

---

1. Ce sont les termes de la lettre du duc de Bassano, datée de Troyes le 5 février 1814. Le ministre s'exprime ainsi : « Au moment où Sa Majesté va quitter cette ville, elle me charge de vous faire connaître en propres termes que Sa Majesté vous donne carte blanche. »
2. Cette réponse est datée du 6 février 1814 : « On me retenait, et l'on m'aiguillonne. Cependant on me laisse ignorer les motifs de ce changement. Ignorant la vraie situation des choses, je ne peux juger ce qu'elle exige et ce qu'elle permet. Cet état d'anxiété aurait pu m'être épargné par des informations que votre lettre ne contient pas. »
3. Cité dans la *Vie d'Hauterive*.

« l'Italie, l'Allemagne et la Suisse soit une suite immédiate de
« cet arrangement. »

Le prince de Neuchâtel et le duc de Bassano supplient en vain Napoléon d'autoriser le duc de Vicence à traiter sur ces bases. « Quoi! leur dit-il, vous voulez que je signe un pareil traité, que je foule aux pieds mon serment [1]! Des revers inouïs ont pu m'arracher la promesse de renoncer aux conquêtes que j'ai faites; mais que j'abandonne aussi celles qui ont été faites avant moi, que je viole le dépôt qui m'a été remis avec tant de confiance, que, pour prix de tant d'efforts, de sang et de victoires, je laisse la France plus petite que je l'ai trouvée; jamais! Le pourrais-je sans trahison et sans lâcheté? Vous êtes effrayés de la continuation de la guerre, et moi je le suis des dangers plus certains que vous ne voyez pas. Si nous renonçons à la limite du Rhin, ce n'est pas seulement la France qui recule, c'est l'Autriche et la Prusse qui s'avancent. La France a besoin de la paix; mais celle qu'on veut lui imposer entraînera plus de malheurs que la guerre la plus acharnée. Songez-y! que serai-je pour les Français, quand j'aurai signé leur humiliation? Que pourrai-je répondre aux républicains du Sénat, quand ils viendront me demander leur frontière du Rhin? Dieu me préserve de tels affronts! Répondez à Caulaincourt, puisque vous le voulez; mais dites-lui que je rejette ce traité. Je préfère courir les chances les plus rigoureuses de la guerre [2]! »

La première pensée de Napoléon, lorsqu'il s'était agi, le 13 janvier 1814, des anciennes limites de la France avant 1792, avait été celle-ci : « Les Bourbons seuls peuvent donner des

---

1. Le serment que Napoléon avait prononcé à son couronnement était ainsi conçu : « Je jure de maintenir l'intégrité du territoire de la République, et de gouverner dans le seul but de l'intérêt, du bonheur et de la gloire du peuple français. »

2. *Manuscrit de 1814*, par le baron Fain, page 110.

garanties du maintien de ce système. » Cette pensée s'explique dans la scène violente du 9 février devant Berthier et Maret. Napoléon reconnaît qu'il ne peut pas régner à l'intérieur, en signant le traité, parce qu'il y perd le véritable titre de sa puissance, son titre de victorieux et de conquérant. « Que répondrai-je aux républicains du Sénat? » Tout est là. Son droit, c'est la victoire ; s'avouer vaincu, c'est abdiquer.

Vivement pressé par le prince de Neuchâtel et le duc de Bassano, il permet enfin qu'on réponde à son plénipotentiaire de manière à lui laisser la faculté au moins de continuer la négociation. Mais cette concession, plus apparente que réelle, est bientôt retirée. Napoléon sait qu'après la bataille de la Rothière les deux grandes armées coalisées se sont bientôt disjointes. La coalition, avec ses forces énormes, a, en effet, les inconvénients inhérents à toutes les coalitions : l'unité de conseils, de direction, d'impulsion, d'efforts lui manque. Blücher pousse l'impatience d'agir jusqu'à l'impétuosité, la confiance jusqu'à la témérité ; Schwarzenberg est excessif dans la prudence, comme Blücher dans l'ardeur. La diversité de la politique des deux cabinets concourt avec la diversité des caractères des deux généraux à rendre plus difficile une action commune. La politique de la Prusse, c'est la guerre à outrance jusqu'au renversement de Napoléon ; la politique de l'Autriche, c'est une guerre méthodique pour arriver à une paix qui restreigne la puissance de la France. Entre deux hommes dont l'un se précipite, tandis que l'autre ralentit son pas, la marche en commun est impossible. C'est ce qui a décidé la séparation du lent et circonspect Schwarzenberg et de l'impétueux Blücher. Le second, après avoir rallié les différents corps de son armée entre Arcis-sur-Aube et Châlons, s'avance vers Paris, en descendant le cours de la Marne. Il est entré dans la Brie champenoise ; le duc de Tarente se retire sur la Ferté-sous-Jouarre ; les fuyards de son armée arrivent à

Meaux. Les Autrichiens, partis de Troyes, descendent plus lentement le cours de la Seine. Ce sont comme deux grandes avalanches de baïonnettes qui roulent vers Paris. Calculant son plan de campagne sur cette séparation, Napoléon transporte son armée comme une digue mobile sur le point qui lui semble le plus menacé. C'est Blücher qui s'avance le plus vite, et qui menace de plus près la capitale. Penché sur ses cartes, Napoléon étudie les chemins qui doivent le conduire contre Blücher. C'est dans cette occupation que le duc de Bassano le trouve, quand, le 9 février 1814, au matin, il lui présente les dépêches pour le duc de Vicence : « Ah! vous voilà, lui dit Napoléon. Il s'agit bien maintenant d'autre chose! Je battais Blücher de l'œil, et je le tiens; s'il avance par la route de Montmirail, je le battrai demain, je le battrai après-demain. Si ce mouvement a le succès qu'il doit avoir, l'état des affaires va changer, et nous verrons alors! En attendant, laissez Caulaincourt avec les pouvoirs qu'il a. »

Alors il commence à exécuter cette suite de mouvements croisés qui doit finir, quoi qu'il fasse, par le perdre. C'est un tour de force que d'arrêter, avec une seule armée, deux armées très-supérieures en nombre, qui marchent par des chemins différents, c'est-à-dire d'être à la fois où l'on est et où l'on n'est pas, plus fort que deux ennemis, quand chacun d'eux est plus fort que vous. Mais il ne faut abuser des tours de force nulle part, surtout à la guerre. Ces deux armées, auxquelles il arrive sans cesse des renforts sur leurs derrières, peuvent perdre des hommes et marcher toujours en avant, même après un échec. Un moment viendra où elles se rejoindront à peu de distance de Paris, et alors l'armée de Napoléon, usée par ses combats continuels, sera moins en mesure que jamais de les arrêter. Or, il ne faut pas l'oublier, pendant qu'il use ses forces et ses journées dans ces mouvements sur les flancs des alliés, Paris reste à découvert et se sent menacé. Les idées fermentent, les intérêts s'inquiètent, les espérances s'agitent. L'Empereur doit savoir qu'il ne peut compter sur personne pour organiser la défense de Paris, et pour mettre en valeur les ressources des départements situés de l'autre côté de cette ville. Il connaît, et ses plus dévoués serviteurs ne le lui ont pas caché, la lassitude publique, l'ardeur avec laquelle on appelle la paix. Il doit penser que s'il n'organise pas la défense de Paris, Paris ne sera pas défendu. Si Paris lui échappe, il ne doit point se cacher qu'avec le système de centralisation qu'il a lui-même contribué à pousser si loin, sa cause est perdue. Il en a la conscience au début de la campagne [1].

Il n'appartient qu'aux hommes de l'art de juger les fautes militaires ; les fautes contre la raison générale des choses relèvent de tous les juges. Se séparer de Paris sans organiser, sans assurer sa défense, c'était le perdre ; perdre Paris, c'était tout perdre. Le vice de la conception de la campagne de 1814, trop louée par les historiens, est là.

Napoléon, dans les journées des 10, 11, 12, 13 février, bat les divers corps de l'armée prussienne à Champaubert, à Montmirail, où il a trouvé Blücher lui-même. Mais il apprend que, depuis qu'il a quitté Nogent, Schwarzenberg a passé la Seine. Paris est toujours dans l'épouvante ; seulement, au lieu de craindre l'arrivée des Prussiens, il craint l'arrivée des Autrichiens. Il faut se hâter de quitter Blücher, et courir sus aux Autrichiens. Parti de Montmirail le 14 février, l'Empereur les atteint le 16 à Guignes, sur la petite rivière de Yères, entre

---

1. Le duc de Raguse rapporte dans ses *Mémoires* le fait suivant : « Avant le départ de l'Empereur pour l'armée, M. Mollien lui dit : « Le peu de moyens « avec lesquels vous commencez la campagne peut faire redouter que l'ennemi « ne vienne dans le cœur de la France, et que les Cosaques ne gênent les com- « munications avec Paris. Ne serait-il pas convenable de transporter le trésor « sur la Loire, afin que le service ne pût pas manquer ? » — L'Empereur lui répondit en lui frappant sur l'épaule : « Mon cher, si les Cosaques viennent « devant Paris, il n'y a plus ni empire ni empereur. » (Tome VI, page 53.)

Melun et Meaux, et leur fait éprouver un grave échec. Les Autrichiens reculent au delà de Troyes et demandent un armistice; on nomme des deux côtés des généraux chargés d'en négocier les conditions dans des conférences ouvertes à Lusigny. En rentrant à Troyes, Napoléon apprend qu'il y a eu dans cette ville une manifestation en faveur des Bourbons. Un assez grand nombre d'habitants ont arboré la cocarde blanche; d'anciens chevaliers de Saint-Louis ont repris leurs croix; deux d'entre eux, M. de Gault, maire de la ville, et le marquis de Widranges, sont allés, à la tête d'une députation, haranguer l'empereur Alexandre, et lui demander le retour des Bourbons. Napoléon ordonne qu'un conseil de guerre soit réuni, et que MM. de Gault et de Widranges lui soient livrés. M. de Widranges, qui a quitté la ville pour se rendre auprès de *Monsieur*, comte d'Artois, n'est jugé que par contumace, et échappe à la mort; mais M. de Gault, condamné à être fusillé, subit sa peine sur la grande place de Troyes. C'est en vain que sa famille a voulu parvenir jusqu'à Napoléon pour lui demander sa vie, cette démarche était prévue; les parents de M. de Gault ont trouvé les voies fermées. La pensée de Napoléon, cette exécution l'indique, se portait de plus en plus sur les Bourbons, dont il avait parlé déjà à M. de Caulaincourt dans sa correspondance. Cette exécution est destinée à arrêter, par la terreur, l'essor renaissant d'une opinion qui peut créer un grave danger à l'Empereur. Le sang royaliste recommence à couler parce que la royauté des Bourbons redevient une des chances de la situation.

Les conférences de Lusigny ne purent aboutir. Napoléon voulait faire sortir de ces pourparlers une trêve générale et une paix particulière avec l'Autriche; les Autrichiens n'avaient besoin que d'une suspension d'armes, et, quoique plus circonspects et moins ardents contre Napoléon, ils n'entendaient point se séparer de la coalition. Les conférences de

Lusigny furent donc naturellement rompues, parce qu'on ne réussit point à s'entendre, et celles de Châtillon, un moment suspendues, reprirent leur cours.

Le temps avait marché cependant, et il avait marché contre Napoléon. Pendant qu'il négocie avec les Autrichiens, les Prussiens sont redevenus menaçants. Blücher a rallié à lui les corps de Sacken et d'York. Les Russes, qui marchent derrière Blücher, sont entrés à Soissons le 13 février. Dès le 18 février, Blücher, qu'on se flattait d'avoir mis hors d'état de nuire, est en mesure d'envoyer des secours au prince de Schwarzenberg. Napoléon, dont l'armée est échelonnée autour de Troyes, apprend, quelques jours après, que la grande armée prussienne descend de nouveau les deux rives de la Marne, et marche sur Paris. Elle chasse devant elle, sur la rive gauche, le duc de Raguse, obligé, le 24 février, d'abandonner Sézanne et de se retirer, par la Ferté-Gaucher, sur la Ferté-sous-Jouarre, où va le rejoindre, en reculant sur la rive droite, le duc de Trévise, venu de Soissons qu'il a repris, et où il a laissé garnison. Ce terrible échec à Paris, qui est le coup de partie de la campagne, est donc posé de nouveau. Napoléon, à qui cette nouvelle arrive à Troyes, dans la nuit du 26 au 27 février, est obligé de changer tous ses plans. Il faut lâcher l'armée autrichienne, comme on a lâché quelques jours plus tôt l'armée de Blücher, et abandonner la Seine pour courir à la Marne, comme on a abandonné la Marne pour courir à la Seine.

Il ne laisse, en avant de Troyes, que le corps du duc de Reggio et celui du duc de Tarente, chargés de masquer le mouvement de l'Empereur, et de contenir les Autrichiens, s'ils peuvent y parvenir avec des forces si réduites, et il quitte précipitamment Troyes, le 27 février au matin, pour se porter, par Arcis-sur-Aube et Sézanne, sur les traces de l'armée prussienne. Le 28 février au matin, il apprend à la Fère-

Champenoise que les corps des ducs de Raguse et de Trévise, trop faibles, malgré leur jonction à la Ferté-sous-Jouarre, pour résister à Blücher, continuent leur mouvement rétrograde vers Meaux. Pendant qu'il se dirige à marches forcées vers eux par le chemin de la Ferté-Gaucher, un courrier lui apporte la nouvelle que les deux corps qu'il a laissés devant les Autrichiens ont été obligés, après un sanglant combat, de se replier sur Troyes. Les Autrichiens ont réuni leurs forces qui n'étaient que dispersées, et vont reprendre leur marche sur Paris. C'est toujours le même résultat, le même inconvénient du plan de Napoléon. Il disperse les corps qui lui sont opposés, il ne les détruit pas. Comme il est appelé ailleurs par un danger plus pressant, ces corps se reforment derrière lui, et il faut recommencer sans plus d'utilité la même manœuvre, qui ne conduit pas à un succès plus décisif.

Néanmoins Napoléon continue son mouvement contre les Prussiens qui sont, en ce moment, le péril le plus menaçant, car ils sont aux portes de Meaux, ce faubourg de Paris, et les soixante mille hommes de Blücher n'ont devant eux que les corps des ducs de Trévise et de Raguse, réduits ensemble, à cause de leurs détachements, à cinq mille cinq cents baïonnettes[1]. A la nouvelle de l'arrivée de l'Empereur, Blücher s'est occupé à rétrograder; il se met, le 2 mars, en retraite par les plaines de Gandelu et d'Oulchy-le-Château, situées entre le cours de la Marne et celui de l'Aisne. Les Prussiens laissent la Marne derrière eux, et s'avancent sur l'Aisne. Napoléon espérait pouvoir couper la retraite à leurs corps, pressés à droite par son armée, à gauche par les ducs de Raguse et de Trévise, auxquels il avait prescrit de reprendre l'offensive; il calculait qu'ils trouveraient la route où ils étaient engagés barrée par la ville de Soissons, dont les remparts, il le croyait du moins, les arrêteraient.

1. *Journal du sixième corps*, page 45.

L'imprévu, dans cette guerre, était toujours en faveur des coalisés, chose facile à prévoir du reste, à cause de la supériorité matérielle de leurs forces et des renforts continuels qui leur arrivaient. On les rencontrait sur les points où l'on ne s'attendait pas à les trouver, parce qu'ils étaient partout. Un corps prussien, celui de Bulow, arrivant de Belgique à travers la Picardie, a fait sa jonction avec le corps russe du général Winzengerode, dans les environs de Soissons, sur l'autre rive de l'Aisne, et le commandant français chargé de la défense de cette ville n'a pas cru pouvoir tenir contre des forces aussi considérables, et leur a ouvert les portes le 3 mars, après avoir signé une capitulation qui lui laisse la liberté de rejoindre avec sa garnison l'armée de l'Empereur.

C'est à cet incident fortuit, disent douloureusement les chefs militaires de cette époque, qu'a tenu le sort de la campagne; que Soissons eût lutté trente-six heures, l'armée de Blücher, découragée, acculée à une rivière et entourée par les dix ou douze mille hommes de Marmont et de Mortier, et par les dix-huit mille hommes de Napoléon, qui arrivaient, aurait été détruite[1] : la cause de Napoléon triomphait. Affirmation d'une exactitude douteuse. Le sort général de la campagne ne tenait pas à un incident. D'ailleurs ces hasards de la guerre, comme on les appelle, tiennent plus qu'on ne le pense aux causes générales. Quand la fortune d'un parti monte, il y a un niveau d'audace et de confiance qui, s'établissant parmi ses défenseurs, élève les âmes les plus vulgaires au-dessus d'elles-mêmes, et la valeur de chacun se trouve décuplée par cette foi de tous dans le succès. Quand la fortune d'un parti descend, le niveau descend avec elle; les meilleurs valent moins, et alors les hommes médiocres, qui sont le grand nombre, tombent au-dessous d'eux-mêmes. C'est ce qui amena la prise

1. *Mémoires du duc de Raguse*, tome V, page 207.

de Soissons. L'Empereur n'apprit qu'à Fismes, entre Soissons et Reims, dans une position à cheval sur la route qui relie ces deux villes, la prise de la première, sur laquelle il comptait pour arrêter les Prussiens. Le plan dont il poursuivait l'exécution est manqué, les Prussiens lui échappent. Pour les suivre, il faut qu'il s'écarte encore de sa position centrale entre la Marne et la Seine, qui lui a permis jusque-là, et encore au prix de marches prodigieuses et de fatigues surhumaines, de se porter successivement sur les points menacés, soit par l'armée prussienne, soit par l'armée autrichienne, aujourd'hui sur la Marne, demain sur la Seine. L'armée française se trouve transportée aux débouchés des Ardennes.

Que se passe-t-il, pendant ce temps, au congrès de Châtillon, aux conférences militaires de Lusigny, devant Troyes ? Quelle est la situation du faible corps de troupes laissé, dans cette direction, devant la grande armée de Schwarzenberg ? Ces préoccupations assombrissaient les esprits et les visages dans les bivacs français. Cependant Napoléon ne veut pas être venu jusque-là sans infliger un échec à l'armée prussienne. Il pousse plus avant encore son mouvement pour l'atteindre, laisse Fismes derrière lui, passe l'Aisne à Berry-au-Bac, à l'endroit où la route de Reims à Laon traverse cette rivière sur un pont, envoie des courriers jusqu'à Mézières, Verdun et Metz, avertir les garnisons de l'approche de son armée et leur prescrire de se mettre en mouvement pour fermer les routes aux corps qu'elle poursuit.

C'est évidemment le plan qui a manqué à cause de la reddition de Soissons qu'il veut transférer de l'autre côté de l'Aisne, en remplaçant Soissons par Mézières, Verdun et Metz. Le 6 mars, il se met en marche sur Laon; mais à Corbeny il apprend que l'ennemi vient lui présenter la bataille. Ce sont les corps russes de Winzengerode, de Woronsow et de Sacken, qui s'interposent entre lui et l'armée prussienne pour donner à celle-ci le temps de se rallier autour de Laon. Le 7 mars, à la pointe du jour, il engage la bataille de Craonne contre le corps de Woronsow. C'est une de ces batailles disputées et meurtrières qui ne décident rien. Les Russes nous abandonnent, le soir, le champ de bataille couvert de nos morts et des leurs, et se retirent lentement et sans désordre sur Laon, où ils concentrent leurs forces. L'armée française les suit jusqu'au petit village de Chavignon, situé entre Laon et Soissons, à une égale distance de ces deux villes; mais les Russes ont tenu pendant plusieurs heures pour défendre la route de Soissons à Laon, afin de donner aux Prussiens le temps d'évacuer Soissons et de les rejoindre. Plus loin, ils nous ont arrêtés encore à deux lieues de Laon, en défendant la route resserrée entre deux marais qui en font un défilé. Ce n'est que le lendemain, 9 mars, qu'on pourra songer à forcer ce passage, disputé avec ténacité pendant toute la journée du 8 mars. Pendant ces délais, les forces ennemies ont eu le temps de se concentrer. Blücher ne recule plus. Il est plus fort que lorsque Napoléon est venu le chercher aux portes de Meaux. Les forces russes et prussiennes ont fait leur jonction. Bernadotte les a rejointes avec un corps suédois. Bulow forme son centre; les corps de Langeron, de Sacken et de Winzengerode sa droite; les corps de Kleist et d'York sa gauche. En poursuivant Blücher, Napoléon n'a obtenu qu'un résultat, c'est de le rabattre sur des renforts qui le rendent plus redoutable que jamais[1].

Cette pointe sur Soissons, puis sur Laon, n'a donc produit, de ce côté, que de fâcheuses conséquences pour la cause de Napoléon. Il apprend sur le champ de bataille même de Craonne que les conséquences ont été plus fâcheuses encore

---

1. « Attaquer Blücher quand l'armée du Nord venait de le joindre et que ses forces réunies s'élevaient certainement à cent mille hommes, était folie. » (*Mémoires du duc de Raguse*, tome VII, page 209.)

sur le point dont il s'est éloigné. Une dépêche du duc de Vicence l'avertit que les Autrichiens ont rompu les conférences militaires de Lusigny, dont ils n'avaient plus besoin; que le congrès de Châtillon a repris ses séances, suspendues pendant quelques jours. Les coalisés ont signifié au plénipotentiaire français que le projet de traité préliminaire du 17 février 1814 devait être accepté et ratifié dans un délai de quatre jours au plus, faute de quoi les conférences de Châtillon seraient rompues, et les plénipotentiaires retourneraient au quartier général.

Les conditions sont dures. Il faut accepter immédiatement les anciennes limites de la France avant 1792; renoncer à toutes les acquisitions faites depuis cette époque; reconnaître d'avance les distributions que les puissances coalisées feront entre elles des territoires rétrocédés; remettre en leurs mains, dans un délai qui ne pourra pas excéder six jours, Mayence, Hambourg, Anvers, dans l'état où ils se trouvent, avec leur artillerie, munitions de guerre et de bouche, etc.; Mantoue, Venise, Palma-Nova, Peschiera, et les places de l'Oder et de l'Elbe dans l'espace de quinze jours; livrer, comme dépôt et comme gage, les places de Besançon, Belfort et Huningue pour être restituées seulement lors de la signature de la paix définitive. Ce n'est plus une paix discutée, c'est une paix imposée. On la signifie au duc de Vicence, en lui intimant qu'on n'admettra aucune modification qui s'écarte sensiblement des propositions européennes. Si, le 10 mars, la réponse du gouvernement français n'est pas arrivée, les conférences de Châtillon seront regardées comme terminées, et la fortune des armes décidera. C'est un ultimatum à jour fixe.

Le duc de Vicence, en envoyant ces nouvelles, insiste sur la nécessité de traiter sans retard. « S'il répète le mot de paix, dit-il, c'est qu'il la croit indispensable et même pressante pour ne pas tout perdre. » Puis il ajoute : « Votre Majesté me reproche de voir partout les Bourbons, dont, peut-être à tort, je ne parle qu'à peine. Votre Majesté oublie que c'est elle qui en a parlé la première dans les lettres qu'elle a écrites ou dictées. Prévoir, comme elle, les chances que peuvent leur présenter les passions d'une partie des alliés, celles que peuvent faire naître des événements malheureux, et l'intérêt que pourrait inspirer dans ce pays leur haute infortune, si la présence d'un prince et un parti réveillaient ces vieux souvenirs dans un moment de crise, ne serait pas cependant si déraisonnable, si les choses sont poussées à bout. Dans la situation où sont les esprits, dans l'état de fièvre où est l'Europe, dans celui d'anxiété et de lassitude où se trouve la France, la prévoyance doit tout embrasser[1]. »

Le lendemain, 6 mars, le duc de Vicence écrit encore à l'Empereur : « Je vois tous les dangers qui menacent la France et le trône de Votre Majesté, et je la conjure de les prévenir. Il faut des sacrifices, il faut les faire à temps. Comme à Prague, si nous n'y prenons garde, l'occasion va nous échapper. A Prague, la paix n'a pas été faite, et l'Autriche s'est déclarée contre nous, parce qu'on n'a pas voulu croire que le terme fixé fût de rigueur. Ici les négociations vont se rompre, parce que l'on ne se persuade point qu'une question d'une aussi haute importance puisse tenir à telle ou telle réponse que nous ferons, et à ce que cette réponse soit faite avant tel ou tel jour. Cependant, plus je considère ce qui se passe, plus je suis convaincu que si nous ne remettons pas le contre-projet demandé, et qu'il ne contienne pas des modifications aux bases de Francfort, tout est fini. Les négociations une fois rompues, que Votre Majesté ne croie pas les renouer, comme on a pu faire dans d'autres occasions. On ne veut qu'un prétexte, et, faute de prendre le

---

[1]. Dépêches du 5 mars 1814.

parti qu'exigent les circonstances, tout nous échappera[1]. »

Napoléon était averti par le duc de Vicence dans la campagne de France, comme il avait été averti, avant la rupture avec l'Autriche, par M. de Narbonne. Le duc de Vicence demandait des instructions promptes et précises. Fallait-il accepter les conditions posées? S'il fallait présenter un contre-projet, quelles devaient en être les bases? Ni sur ce point, ni sur le premier, le courrier du cabinet, Rumigny, n'emporta les instructions précises qu'attendait le négociateur français. Il était clair que Napoléon ne voulait point accepter le projet des coalisés. Quant à présenter un contre-projet, il s'y refusa, en employant une de ces phrases triviales qui se rencontraient quelquefois dans sa bouche : « S'il faut recevoir les étrivières, dit-il, c'est bien le moins qu'on me fasse violence. » Sa véritable pensée, divulguée depuis par ses confidents[2], c'est que puisque les coalisés avaient hâte de conclure, il fallait différer, tâcher de pénétrer leur pensée véritable, et attendre, pour faire des sacrifices, qu'on vît d'une manière plus claire quelle était l'étendue de ceux que l'Europe exigeait, de peur de lui offrir plus qu'elle n'espérait obtenir.

C'était précisément la disposition que le duc de Vicence combattait dans ses lettres, comme fatale. En arrêtant les négociations, Napoléon n'arrêtait ni les armées ni les événements. Il laissait passer les heures de grâce qui restaient à sa fortune, et, faute de savoir ou de pouvoir descendre, il allait être précipité.

Il avait sans doute l'espoir qu'un retour de succès militaires le placerait dans de meilleures conditions pour traiter. Le lendemain, il devait livrer bataille aux armées prussienne et

---

1. Dépêche du 6 mars. (Voir ces deux dépêches dans le *Manuscrit de 1814*, où elles sont *in extenso*.)
2. Le baron Fain, dans le *Manuscrit de 1814*.

russe réunies devant Laon. S'il remportait la victoire, les situations seraient changées. C'était la même erreur qui revenait toujours. Il y a des circonstances où les victoires elles-mêmes ne changent rien, parce qu'elles ne peuvent être décisives, et que le courant général emporte dans ses grandes eaux tous les incidents particuliers. Cette bataille que Napoléon espérait gagner, il ne put pas même la livrer. Le 10 mars, au matin, au moment où il donnait l'ordre de marcher à l'ennemi, il apprit que, pendant la nuit, les bivacs du duc de Raguse avaient été surpris, et que son corps d'armée était hors d'état de prendre part à l'affaire[1]. Dans ce moment même, l'ennemi, encouragé par son succès de la nuit, venait attaquer l'armée française. Il fut repoussé; mais c'est en vain qu'on essaya de le débusquer de la position qu'il occupait devant Laon. Il fallut y renoncer, et se résigner à la retraite.

Ainsi les rôles changeaient. Depuis Meaux, les Prussiens se retiraient devant nous; à Laon, loin d'être détruits, ils reprenaient l'offensive avec le concours des Russes, et nous contraignaient à nous retirer devant eux. C'était là le résultat auquel aboutissait ce mouvement prolongé jusqu'aux Ardennes, et

1. Voici l'explication que donne le colonel Fabvier de ce grave échec où le duc de Raguse perdit, selon ses calculs, de mille à douze cents hommes et quarante pièces de canon, et après lequel il fut obligé d'effectuer sa retraite, par le défilé de Fethieux, sur Corbeny : « On doit attribuer notre défaite, 1° à l'inconcevable disposition de l'Empereur, qui attaqua avec toutes ses forces par un défilé qu'il ne put forcer, tandis qu'il nous faisait déboucher avec une poignée de monde dans une plaine immense ; 2° à la faute du général qui abandonna les fermes et le village d'Atys sans combattre ; 3° à la trop grande quantité d'artillerie et à l'inexpérience d'une partie des soldats qui la servaient (c'étaient des matelots), et surtout au mauvais emplacement de la grande batterie, qui n'était pas appuyée; 4° au trop grand désir du maréchal de prendre part à l'affaire (à l'affaire de la veille : il avait envoyé mille hommes pour tâcher de joindre l'Empereur). A l'entrée de la nuit, quand il put juger qu'il ne pouvait plus rien et que sa position était des plus critiques, n'aurait-il pas dû regagner le défilé, ou du moins placer toute son artillerie sur la route en amont du petit bois? La retraite aurait pu alors s'effectuer sans pertes. » (*Journal des opérations du sixième corps*, page 52.)

qui avait éloigné l'armée française de la position centrale de ses opérations, située entre la Marne et la Seine. Il faut que le duc de Trévise défende avec énergie Soissons, pour laisser le temps à l'armée française d'opérer son mouvement de retraite, et Napoléon doit marcher en personne pour reprendre Reims, qui vient d'être occupé par un nouveau corps d'armée russe, afin d'empêcher la position du duc de Trévise à Soissons d'être tournée, et les communications entre l'armée prussienne et l'armée autrichienne d'être rétablies.

III

HALTE DE NAPOLÉON A REIMS. — SA SITUATION A LA MI-MARS 1814. MOUVEMENT DE BORDEAUX.

Napoléon passa à Reims les journées des 14, 15 et 16 mars, et les dépêches qui lui arrivèrent dans cette ville lui permirent de jeter un rapide et dernier regard sur l'immense échiquier où la guerre se déployait depuis les Pyrénées jusqu'au Rhin, depuis les Alpes jusqu'à l'Océan. Il faut profiter de cette courte halte pour regarder derrière lui la grande partie qui se joue, en ajoutant les faits qui se produisaient à cette époque, sans qu'il les connût, à ceux qui étaient arrivés à sa connaissance.

Au nord Anvers, défendu par Carnot, tient toujours ; le général Maison manœuvre entre Tournay, Lille et Courtray, mais sans pouvoir s'en éloigner. Au midi, le maréchal Soult a été obligé de reculer devant lord Wellington, après la perte de la bataille d'Orthez. Il opère son mouvement de retraite sur Toulouse, en laissant Bordeaux à découvert. Cette situation nouvelle a déterminé à Bordeaux un mouvement royaliste que Napoléon n'apprendra que quelques jours plus tard, à Épernay. Le duc d'Angoulême est entré à Bordeaux, où

Louis XVIII a été proclamé. Il y a de la fermentation dans les provinces de l'Ouest; les conscrits insoumis y sont nombreux, ils se retirent dans les bois et font le coup de fusil avec les gendarmes. On a dû renoncer, sur ce point, aux réquisitions ruineuses qui pèsent sur le reste de la France, pour ne pas pousser les populations de l'Ouest à une insurrection générale.

Il convient de donner ici, sur le mouvement de Bordeaux, quelques détails. Ce fait est grave : c'est le drapeau blanc levé de nouveau en France après tant d'années, c'est une solution qui apparaît à l'horizon.

La cause royale avait conservé des partisans secrets à Bordeaux comme dans un assez grand nombre de villes du Midi; une association royaliste y était formée depuis plusieurs années. Dans les temps où la puissance de l'Empire était entière, ce n'était qu'un foyer où s'entretenait une flamme qui ne brillait point au dehors; mais depuis la retraite de Moscou, l'Empire venant à chanceler, ce foyer, comme il arrive toujours, s'était ravivé et agrandi. Des rapports avaient été noués avec Louis XVIII en 1813, des moyens d'action réunis et organisés. L'esprit de Bordeaux était peu favorable au pouvoir impérial. La jeunesse s'était jetée dans une ardente opposition, et le traitement qu'avait récemment éprouvé M. Lainé, député de cette ville, avait excité de vifs mécontentements. L'esprit de liberté, renaissant par l'excès même du pouvoir absolu, se rencontrait avec les souvenirs de l'ancienne dynastie, le sentiment de lassitude causé par les souffrances générales, et la détresse particulière des intérêts de Bordeaux, dont le commerce maritime était ruiné, pour disposer la population à un changement.

M. de Taffard Saint-Germain, qui remplissait secrètement, depuis quelques mois, les fonctions de commissaire du roi, développait ces éléments à l'aide de MM. Queyriaux, de Mondenard, de Gombauld, de Puységur, Marmajoux et plusieurs autres ; il avait des intelligences dans le conseil municipal et préparait les éléments d'une organisation royaliste. Il était en rapport avec le marquis Louis de la Rochejaquelein, auquel Louis XVIII avait fait dire à la même époque (1813) qu'il comptait sur lui pour la Vendée [1]. M. de la Rochejaquelein avait visité les provinces de l'Ouest, et, parcourant successivement la Touraine, l'Anjou, la Vendée, il s'était mis en rapport sur tous ces points avec des hommes restés fidèles aux sentiments de ces provinces. Les héritiers des noms des vieilles guerres, Charette, Suzannet, Sesmaisons, s'agitaient. Des arrestations avaient eu lieu, mais aucune révélation n'avait été faite. Dans les Deux-Sèvres, des bandes de conscrits insoumis s'étaient jetés, sous la conduite d'un paysan, dans la forêt de Vezin, où ils passèrent l'hiver de 1814 sans qu'on osât les y inquiéter. Les habitants leur portaient pendant la nuit les vivres dont ils avaient besoin. Partout apparaissaient des symptômes de résistance. Quand M. de la Rochejaquelein revint à Bordeaux vers le mois de novembre 1813, il fut averti par M. Lynch, ancien président au parlement de Bordeaux et maire de cette ville [2], que l'ordre de l'arrêter était donné. Il fut obligé, pour échapper aux recherches, de demeurer caché à Bordeaux, où il devint l'âme des associations royalistes. MM. de Tauzia et de Mondenard, membres de la municipalité de Bordeaux, veillaient à sa sûreté, et M. de Grivel, gentilhomme franc-comtois, qui demeurait à deux lieues de Bordeaux, entre la Garonne et la Dordogne, avait prié qu'on l'avertît si l'arrestation ordonnée avait lieu, parce qu'il était en mesure de se porter sur la route de Paris avec cinquante hommes déjà organisés, pour délivrer le prisonnier.

1. Nous empruntons la plupart de ces détails aux *Mémoires de la marquise de la Rochejaquelein*, page 508 et suivantes.
2. M. Lynch était fort lié avec la marquise de Donnissan, mère de madame de la Rochejaquelein.

'M. Lynch, maire de la ville, s'était rendu dans le mois de novembre 1813 à Paris avec une députation dont il faisait partie, et s'était trouvé ainsi conduit à faire parade, dans des paroles officielles, de son dévouement à la cause impériale; mais, sous les pouvoirs absolus, la parole humaine devient, chose triste à dire, un leurre avec lequel on trompe les tout-puissants qui s'y confient. M. Lynch avait des sentiments royalistes. Il avait profité de son voyage à Paris pour s'introduire dans la maison de santé où étaient détenus MM. de Polignac, et leur avait donné sa parole que, si Bordeaux se soulevait un jour pour le roi, il serait le premier à prendre la cocarde blanche. Il avait appris par eux qu'il devait se mettre en rapport avec MM. de la Rochejaquelein et Gombauld. Dès qu'il fut de retour à Bordeaux, M. de la Rochejaquelein demanda à le voir pour le remercier de l'avis utile qu'il avait reçu de lui. Il profita de cette occasion pour lui confier le secret de l'organisation royaliste, et l'avertit, en même temps, qu'il allait partir dans deux jours sur un vaisseau qui appareillait pour Saint-Sébastien, afin de rejoindre M. le duc d'Angoulême, dont la présence dans l'armée anglaise paraissait certaine. M. Lynch renouvela entre ses mains la promesse de servir la cause royale.

Parti dans la nuit du 17 février 1814, M. de la Rochejaquelein parvint jusqu'à Saint-Jean-de-Luz, où était le duc d'Angoulême, arrivé depuis quelques jours seulement en Espagne avec MM. des Cars et de Damas. Il lui exposa les projets des royalistes bordelais, la situation de la Vendée, le mouvement de l'opinion générale, qui se déclarait de plus en plus, lui dit-il, contre Napoléon. Dès ce jour, le duc d'Angoulême déclara que, coûte que coûte, il ne quitterait plus la France.

Cette résolution une fois connue, les allées et venues entre Bordeaux et le lieu où se trouvait le prince furent continuelles. Les royalistes de cette ville demandaient à lord Wellington d'envoyer trois mille hommes à Bordeaux pour déterminer l'évacuation de la ville par les troupes et les autorités impériales; ils se chargeaient, disaient-ils, du reste. Lord Wellington hésitait; il suivait son plan de campagne, sans s'inquiéter des opinions qui se combattaient en France. Comme homme privé, il témoignait beaucoup de respect au duc d'Angoulême; comme homme public, il ne montrait ni préférence ni antipathie pour aucune cause, et il avait récemment fait inviter le neveu de Louis XVIII à se tenir sur les derrières de l'armée, parce que ce prince avait adressé aux Français une proclamation dont l'effet pouvait devenir un obstacle à la conclusion de la paix à Châtillon. Dans la proposition qui lui était faite, il ne considérait que l'inconvénient d'éloigner un corps d'armée de sa base d'opération, et d'entraver les négociations du congrès; il alléguait en outre, scrupule honorable, qu'il ne voulait pas contribuer à compromettre d'honnêtes gens que les événements de la guerre l'obligeraient peut-être à laisser exposés sans défense aux vindictes impériales.

Cependant, après la bataille d'Orthez, livrée au commencement de mars, lord Wellington, vainqueur du maréchal Soult dans cette journée, porta son quartier général à Saint-Sever, et commença à prendre en considération l'échec grave qu'il pouvait infliger à Napoléon en occupant une ville comme Bordeaux. Il détacha donc, le 7 mars, après avoir traversé le gave d'Oléron, le maréchal Beresford à la tête d'un corps de quinze mille hommes, avec l'ordre d'occuper Bordeaux, que le maréchal Soult laissait à découvert par sa retraite sur Toulouse. Le duc d'Angoulême était à Saint-Sever; les instructions qu'il envoyait à M. de Taffard Saint-Germain pouvaient se résumer ainsi : « Si l'on était sûr de faire déclarer la ville et d'arborer le drapeau blanc sans coup férir, le plus tôt serait le mieux; dans le cas contraire, il fallait éviter une démarche prématurée qui pourrait amener l'effusion du sang français. »

Les chefs de l'organisation royaliste ne doutèrent pas du succès. Le 11 mars au matin, dès que l'approche des troupes anglaises eut obligé les autorités bonapartistes et le général de division Lhuillier, qui commandait une faible garnison de cinq cents hommes, à se retirer, M. de Taffard Saint-Germain réunit la majorité du conseil municipal à l'hôtel de ville, et prenant possession de Bordeaux, au nom de Louis XVIII, il reçut les serments des conseillers. Il avait été convenu, entre lui et M. de la Rochejaquelein, de retour à Bordeaux, qu'on proclamerait le roi à l'hôtel de ville le 12 mars, au moment où il serait proclamé aux portes. M. de Puységur demeura à cet effet à l'hôtel de ville; plusieurs royalistes, au nombre desquels était le menuisier Hagry, devaient arborer en même temps le drapeau blanc sur le clocher Saint-Michel, où ils prirent leur poste au commencement de la nuit.

Ces dispositions arrêtées, la municipalité se mit en marche pour aller au-devant du maréchal Beresford, qui approchait à la tête d'une avant-garde de huit cents hommes. Le cortége était plus considérable et plus animé que ne l'est de coutume, dans ces sortes de circonstances, la députation qui va recommander une ville à l'humanité d'un vainqueur. De nombreux cavaliers, parmi lesquels étaient MM. de la Rochejaquelein, Bontemps-Bubarry et Lur-Saluces, escortaient la municipalité; une foule d'habitants marchait à la suite. On remarquait dans les rangs des hommes affairés, qui semblaient échanger des paroles convenues et répondre à une consigne donnée; c'étaient les volontaires royalistes qui, suivant les instructions de leurs chefs, s'étaient mêlés au cortége, en portant sous leurs habits des armes cachées. Les habitants des campagnes environnantes affluaient sur la route. Bientôt la nouvelle de la proclamation de l'autorité de Louis XVIII à Bazas circula de bouche en bouche.

Quand on fut arrivé à la hauteur du pont de la Maye, le

maréchal Beresford avec sa troupe étant en vue, le maire de Bordeaux et le corps municipal descendirent de voiture. M. Lynch déclara à ses adjoints qu'il avait pris la résolution de proclamer Louis XVIII, et de faire arborer le drapeau blanc dans la ville. MM. Both de Tauzia [1], Grammont et Labroue demeurèrent, un seul des quatre adjoints se retira. Aussitôt M. Lynch reçut, des mains de M. Queyriaux, l'écharpe blanche, et les volontaires royaux, confondus dans le cortége, arborèrent leur cocarde au cri de *Vive le Roi!* répété par tout le peuple. Un coup de canon ayant donné à la ville le signal convenu, on vit un immense drapeau blanc se dresser sur le clocher Saint-Michel, le plus élevé de tout Bordeaux. Ce fut comme un coup de théâtre. A l'instant des cocardes blanches, distribuées de main en main, parurent à tous les chapeaux. Le maire de Bordeaux marcha au-devant du maréchal Beresford, qui arrivait à l'autre extrémité du pont, et lui montrant de la main la ville abritée par le drapeau blanc et la foule pavoisée des mêmes couleurs : « Général, lui dit-il, vous entrez dans une ville soumise à son roi légitime, Louis XVIII, l'allié de Sa Majesté Britannique; vous serez témoin de l'allégresse de cette grande cité en se replaçant sous l'autorité paternelle d'un Bourbon. »

La réponse de lord Beresford fut froide jusqu'à la dureté, et pleine des préoccupations qu'avait exprimées lord Wellington : « Faites ce que vous voudrez, répondit-il, vos dissensions intérieures ne me regardent pas. Je ne suis ici que pour protéger le peuple et les propriétés. Je prends possession de la ville au nom de Sa Majesté Britannique. »

Ceux qui entendirent ces paroles s'en indignèrent. Au lieu de satisfaire leur sentiment royaliste, elles froissaient leur sentiment national. L'exaspération fut telle autour de M. Lynch,

---

[1] M. de Tauzia appartenait au culte protestant.

qu'une voix s'écria : « Ouvrons les bras au prince, et chassons l'Anglais à coups de fusil. » Lord Beresford lut sur les visages le fâcheux effet de ses paroles et se hâta d'ajouter qu'il entrerait dans Bordeaux comme dans une ville amie. Le cortége se mit alors en marche vers la ville. M. Lynch précédait de cent pas le maréchal Beresford. Une collision faillit s'élever au moment où il entrait dans Bordeaux. Deux compagnies de la garde urbaine, choisies, autant que possible, par les autorités impériales, parmi les partisans de l'Empire, et commandées surtout par des officiers bonapartistes, étaient en bataille sur la place d'Aquitaine. M. de Martignac, déjà célèbre parmi les avocats de Bordeaux, était à leur tête. A la vue de M. Lynch, revenant avec la cocarde et l'écharpe blanches, elles mirent en joue le cortége; trois officiers royalistes, qui étaient dans le secret du mouvement, firent relever les fusils, et le maire put rentrer dans Bordeaux sans qu'aucun conflit ensanglantât la journée. Il conduisit lord Beresford à l'hôtel de ville, où l'attendait M. Taffard de Saint-Germain. Celui-ci, en qualité de commissaire du roi, confirma le maire et les adjoints dans leurs fonctions, et harangua le général anglais. Lord Beresford, froid, soucieux et embarrassé, répondit par quelques paroles sans suite.

Cette scène pénible se prolongeait, lorsque le duc de Guiche arriva, annonçant que dans deux heures le duc d'Angoulême serait à Bordeaux. Lord Beresford se retira dans le logement qui lui avait été préparé, et M. Lynch avec ses adjoints, portant cette fois les clefs de la ville, qu'il n'avait pas voulu présenter au général anglais, se dirigea vers les portes de Bordeaux, précédé, entouré, suivi d'une foule immense.

L'arrivée du duc d'Angoulême venait comme une diversion utile. Cette population méridionale se précipitait avec l'ardeur de son sang, de son caractère et de son climat au-devant du prince : la joie tenait du délire. On s'embrassait, on pleurait, on se jetait à genoux; il semblait que tous les maux de la France fussent finis. « Celui-là est de notre sang ! » criait-on. Le duc d'Angoulême, objet de tous les regards, s'avançait au milieu de ces mains étendues, de ces acclamations enthousiastes qui semblaient vouloir élever jusqu'au ciel l'expression de l'allégresse publique. C'était à qui toucherait ses habits ou son cheval. Il fut, pour ainsi dire, porté dans la cathédrale, sur le seuil de laquelle l'archevêque, entouré de son clergé, l'attendait pour le conduire à l'autel. Sa première visite avait été pour Dieu, sa seconde fut pour Bordeaux, qu'il alla remercier dans son hôtel de ville. Il y prit le gouvernement de la province au nom de Louis XVIII, et l'on répétait avec ivresse dans la foule les paroles qu'il y avait prononcées : « Plus de guerre, plus de conscription, plus de droits réunis, plus d'impôts vexatoires. » C'était le résumé des vœux généraux de la France et des vœux particuliers de Bordeaux. Le soir, à la lueur des illuminations générales, on lisait une proclamation de M. Lynch, qui félicitait ses administrés d'avoir les premiers donné un grand exemple à la France.

Trois jours après, le 15 mars, le duc d'Angoulême remerciait, dans la proclamation suivante, les Bordelais de leur chaleureux accueil.

« Ce ne sont pas les Bourbons, disait-il, qui ont attiré sur votre territoire les puissances alliées ; elles s'y sont précipitées pour préserver leurs États de nouveaux malheurs. Comme elles sont convaincues qu'il n'y a de repos pour leurs peuples et pour la France que dans une monarchie tempérée, elles ouvrent les voies du trône aux successeurs de saint Louis. Ce n'est que par vos vœux que le roi mon oncle aspire à être le restaurateur d'un gouvernement paternel et libre ; jusqu'à cette époque, il ne veut rien innover dans la forme de votre administration. Comme lui, satisfait de vos vœux et de votre amour, je déclare que rien ne sera changé par moi ; seulement, j'aime à vous répéter que ma plus consolante mission est de proclamer, au nom du roi, qu'il n'y aura plus de conscription ni d'impôts odieux ; que la liberté des cultes sera maintenue ; que le commerce et l'industrie, véritable source de la prospérité publique, seront encouragés; qu'il ne sera porté aucune atteinte à la propriété des domaines qu'on appelait nationaux. Si je n'ai pas dû retenir le premier élan de vos âmes, je dois vous conjurer, ô Français! de vous abstenir de tout esprit de parti, et d'éviter ainsi un malheur pire encore que la tyrannie. »

Ainsi parlait le duc d'Angoulême, et ses paroles étaient confirmées par celles de M. Lainé, qui avait accepté les fonctions de préfet provisoire du département. Son allocution se terminait ainsi : « Sous des princes dont le caractère est pour la nation une garantie plus grande encore que les institutions politiques et libérales qu'ils veulent consacrer, nous pouvons enfin jouir avec sécurité d'une sage liberté et de l'exercice de nos facultés, de notre industrie, et, s'il est permis de le dire, de la liberté de famille et du bien-être de la conscience. »

Tels étaient les événements qui s'étaient accomplis vers la moitié du mois de mars, pendant que Napoléon, obligé de renoncer à entamer les Prussiens, séjournait à Reims.

Ce n'est pas le seul dommage qu'ait éprouvé la cause impériale : les nouvelles de Lyon sont mauvaises, l'armée que le maréchal Augereau commande dans cette partie de la France, et sur laquelle l'Empereur comptait pour seconder ses mouvements, se trouve en ce moment tenue en échec. Elle a suivi trop loin le comte de Bubna, qu'elle a obligé de se renfermer dans Genève; mais, pendant ce temps, deux corps, détachés de la grande armée autrichienne, et commandés par les généraux Bianchi et Hesse-Hombourg, se sont dirigés à marches forcées sur Dijon, pour occuper les routes de la Saône et protéger les armées coalisées qui opèrent à l'intérieur. Les communications avec Augereau sont interceptées. Murat qui, depuis le mois de novembre 1813, avait ouvert des négociations avec l'Autriche et l'Angleterre, a passé aux coalisés le 6 janvier 1814; il a livré la flotte de Naples aux Anglais, et, le 11 janvier de la même année, il a signé avec les Autrichiens un traité en vertu duquel il marche contre le prince Eugène, vice-roi d'Italie. Le temps où celui-ci aurait pu se replier sur la France est passé. Eugène, menacé par Murat sur le Taro, par les Autrichiens sur le Mincio, ne peut plus détacher aucun secours pour fortifier l'armée de Lyon qui, à son tour, ayant en tête le général Bubna, qui occupe Genève, et, en queue, les généraux Hesse-Hombourg et Bianchi, qui occupent Dijon, ne peut envoyer aucun renfort à Napoléon. Dans le sud-ouest de la France, lord Wellington, franchissant notre frontière après la bataille d'Orthez, a suivi, on l'a vu, le maréchal Soult sur Toulouse.

Ainsi, ni du côté des Alpes et de Lyon, ni du côté du Rhin, ni du côté des Pyrénées, Napoléon n'a de secours à espérer. Dans deux de ces directions, les Alpes et les Pyrénées, il y a des armées qui s'observent et s'équilibrent, quoique l'avantage soit aux coalisés; sur la troisième, le Rhin, le chemin reste ouvert, et de nouveaux flots d'ennemis pénètrent en France. Pendant que hors de la France et sur les frontières les armées se neutralisent, les coups décisifs vont être portés dans la campagne de l'intérieur. Au dedans, le drapeau blanc est relevé à Bordeaux, où se trouve le duc d'Angoulême; la présence du comte d'Artois à Vesoul a été signalée. Les prévisions du duc de Vicence commencent à se réaliser : l'extrémité des souffrances de la France et la gravité toujours croissante de la crise font songer à la maison de Bourbon. A Troyes, le sang royaliste a coulé pour eux. L'Ouest s'émeut, ses bois se peuplent de réfractaires; la ligne de la Loire, cette seconde ligne de défense de la monarchie française, menace de faire défaut à l'Empire, trop nouveau pour être incontesté.

Tandis que l'Empereur exécutait contre les Prussiens cette pointe qui, loin d'améliorer sa situation, achevait de la compromettre, les coalisés avaient signé le traité de Chaumont. Dans ce traité, conclu à la date du 1er mars, et motivé surtout par les conférences de Lusigny, qui avaient fait craindre que l'Autriche ne traitât isolément, les quatre grandes puissances prenaient les engagements suivants, dans le cas où Napoléon refuserait d'accepter la paix sur les bases proposées le 17 février, c'est-à-dire les limites de la France avant la guerre de 1792 : « L'Autriche, la Prusse et la Russie tiendraient en campagne active chacune cent cinquante mille hommes, et l'Angleterre fournirait un subside de cinq millions sterling (cent vingt-cinq millions) jusqu'à la fin de la guerre; aucune négociation séparée n'aurait lieu avec l'ennemi commun; la guerre serait poursuivie avec un parfait concert, jusqu'à ce qu'on fût arrivé au résultat désiré. »

C'était l'Angleterre qui avait pris l'initiative du traité de Chaumont. En se résolvant à doubler les subsides, portés à cinq millions sterling, elle déjouait la tentative faite par Napoléon pour obtenir la conservation des ports et des côtes de la Belgique, y compris Anvers, question capitale pour le cabinet de Saint-James, qui avait fait tant d'efforts afin de nous enlever cette redoutable position d'offensive. Plus on marchait, plus la partie se nouait étroitement entre les coalisés. Du côté de l'Europe, les limites de 1792 devenaient une condition *sine qua non* de paix, et Napoléon étant encore résolu à ne pas les accepter, la continuation de la guerre et, par suite, la rupture des conférences de Châtillon, devenaient inévitables.

Depuis le commencement de cette campagne, Napoléon était obligé d'abandonner l'utile pour courir à l'essentiel. Les Prussiens, loin d'être détruits, s'étaient fortifiés en se rapprochant de leurs renforts; il fallait renoncer à les attaquer. S'ils n'étaient pas vaincus, ils étaient du moins éloignés de Paris; il devenait urgent de marcher aux Autrichiens qui s'en rapprochaient. Le plan de Napoléon est de prendre leur armée en queue; il trouve ses forces trop peu nombreuses pour les attaquer de front. Pour exécuter ce mouvement, l'armée française se mettant en marche le 17 mars au matin, se dirige presque en droite ligne du nord au midi, de Reims sur Méry, en passant par Épernay et par la Fère-Champenoise. On suppose, en effet, que l'armée du prince de Schwarzenberg est arrivée à Nogent. Le corps d'armée du prince de la Moskowa, qui doit seconder le mouvement de l'armée impériale, suivra la grande route de Châlons à Troyes. Le rendez-vous général est sur les bords de l'Aube.

En prenant ces dernières dispositions, Napoléon écrit à son frère Joseph pour lui enjoindre de faire sortir de Paris l'Impératrice et son fils à la moindre apparence de danger, et de les envoyer avec les ministres sur la Loire[1]. Il ne peut se dissimuler que le mouvement qu'il commence contre les Autrichiens laisse la route de Paris ouverte à Blücher, qui envoie des partis jusqu'à Compiègne. C'est là le vice de sa manœuvre, et peut-être plus encore le vice de sa position : il ne couvre Paris d'un côté qu'en le découvrant de l'autre. L'ordre qu'il donne d'en faire sortir, à la moindre apparence de danger, Marie-Louise et le roi de Rome, indique d'avance qu'il ne compte pas sur la défense de cette ville, et contribue à la livrer. On ne conserve point les capitales que l'on quitte. Quoi d'étonnant si les motifs qui décident Napoléon à faire sortir sa femme et son fils de Paris décident ceux qui ne peuvent en faire sortir leurs femmes et leurs enfants à se rendre?

Le duc de Trévise demeure à Reims avec son corps d'armée, augmenté de deux mille chevaux, et il doit combiner ses opérations avec le duc de Raguse, dont l'infanterie se rallie à Berry-au-Bac, sur l'Aisne, un peu au-dessous de Craonne; la cavalerie sur la Suippe, un des affluents de l'Aisne. Leur mission est d'arrêter, le plus longtemps possible, les masses des coalisés prussiens, russes, suédois,

---

1. *Manuscrit de* 1814, page 201.

qui, maîtresses de Laon et de Craonne, vont les déborder.

Le 17 mars au soir, en arrivant à Épernay, Napoléon apprend le mouvement royaliste qui a éclaté à Bordeaux le 12 mars. Il avait fait envoyer, le matin, au duc de Vicence de nouvelles instructions; mais les dépêches du 17 mars, pas plus que les précédentes, ne contiennent l'adoption de l'ultimatum posé par les coalisés. Napoléon veut biaiser et temporiser encore. Il ordonne à son plénipotentiaire de chercher à connaître l'ultimatum européen; il n'admet point que celui qui a été signifié soit sérieux. « L'abandon de tout ce que les Anglais nous ont pris pendant la guerre, dit-il, est une véritable concession que Sa Majesté approuve, surtout si elle doit avoir pour résultat de nous laisser Anvers. Sa Majesté aurait désiré, comme elle le désirerait encore si les circonstances le permettent, lorsque cette lettre vous parviendra, que vous remissiez une nouvelle note pour demander aux alliés de s'expliquer d'une manière précise sur les deux questions suivantes : 1° Le traité préliminaire ou définitif à conclure aura-t-il pour résultat immédiat l'évacuation de notre territoire? 2° Le projet remis par les plénipotentiaires alliés est-il leur ultimatum? Vous insisteriez sur la seconde question, en déclarant que si le projet des alliés est leur ultimatum, nous ne pouvons pas traiter, ce qui obligera les alliés à répondre que leur projet n'est pas leur ultimatum, et nous mettra dans le cas de le leur demander [1]. »

---

[1]. Il est difficile de comprendre que le baron Fain, qui cite cette dépêche *in extenso*, dans les documents annexés au *Manuscrit de* 1814, ait pu dire dans le texte même où il renvoie à ces documents : « Napoléon écrit à son plénipotentiaire à Châtillon; et, dans ce dernier moment de la crise, il n'hésite plus sur les concessions, quelles qu'elles puissent être, pourvu que l'évacuation immédiate du territoire fût la première conséquence du traité. » Cette assertion, on le voit, est démentie par les paroles textuelles de la dépêche. Napoléon, le 17 mars, hésite encore. Il est vrai que quelques lignes plus bas on trouve ce qui suit : « Toutefois, monsieur le duc, Sa Majesté ayant pris en considération vos deux lettres du 13, vous laisse toute la latitude convenable, non-seulement

Les Autrichiens étaient moins près de Paris que Napoléon ne l'avait supposé, d'après les nouvelles alarmantes qui lui étaient arrivées de la capitale. Leur avant-garde seule s'était avancée jusqu'à Provins, en poussant devant elle les ducs de Tarente et de Reggio ; le gros de leur armée s'était peu éloigné de Troyes. La nouvelle du retour de Napoléon déterminant un nouveau mouvement de retraite, l'avant-garde a reçu l'ordre de se replier sur Nogent, puis sur Villenoxe. Platow, qui était à Sézanne avec ses Cosaques, s'est rabattu, le 17 mars, sur Arcis ; les ponts de Nogent ont été levés. Le grand quartier général s'est replié sur Troyes ; les gros bagages ont reculé plus loin. Napoléon, arrivé à Épernay le 17 mars au soir, s'est remis en route le 18 au matin, en suivant la lisière qui sépare la Champagne de la Brie. Le 18 au soir, il est à la Fère-Champenoise. Il croit encore Schwarzenberg en marche sur Paris, et continue son mouvement. Le 19 mars au matin, après avoir traversé l'Aube à Plancy, on rencontre au hameau de Chatres des bagages, des pontons autrichiens ; on fait quelques prisonniers, et l'on obtient des notions exactes sur la position vraie de l'ennemi. Napoléon, qui croyait avoir tourné l'armée autrichienne, trouve son plan déconcerté. S'il poursuit sa route, il va se heurter contre les masses autrichiennes. Le seul avantage qu'il recueille de sa marche rapide, c'est sa jonction avec les corps des ducs de Tarente et de Reggio, qui arrivent de Villenoxe à Plancy sur la ligne de Provins à Arcis[1]. Il n'aban-

---

pour le mode de démarches qui vous paraîtrait à propos, mais aussi pour faire, par un contre-projet, les cessions que vous jugerez indispensables pour empêcher la rupture de la négociation. Sa Majesté pense que la latitude qu'elle vous donne vous fournira les moyens de parvenir à connaître l'*ultimatum* des alliés, et quels sont les sacrifices que la France ne peut éviter de faire. » Mais ces paroles mêmes n'impliquaient en aucune façon l'autorisation de faire les concessions exigées par les alliés. Caulaincourt ne se crut pas autorisé à les faire, et ne les fit pas.

1. *Manuscrit de* 1814, page 206.

donne cependant pas son premier plan. Malgré sa jonction avec les deux maréchaux, il trouve la disproportion de ses forces avec celles des Autrichiens trop grande pour les attaquer de front en se plaçant entre eux et Paris. Il a tourné trop court en rabattant de la Fère-Champenoise sur Plancy; il élargira le tour du compas pour replacer son armée sur les derrières des ennemis. S'il le faut, il ira jusqu'à Bar-sur-Aube.

Manœuvre savante au point de vue militaire peut-être, téméraire au point de vue politique. Cette fois, ce n'est plus seulement devant une des deux armées ennemies qu'il laisse le chemin ouvert, c'est devant les deux armées. Or on ne peut pas séparer, surtout dans cet instant, la guerre de la politique, et Napoléon n'est pas seulement un général, c'est un chef de gouvernement. Les alarmes de Paris n'ont pas cessé de retentir à ses oreilles. Il connaît les dispositions de cette ville, centre de luxe, d'affaires, d'intrigues, et siége d'immenses intérêts, son épouvante toutes les fois que les coalisés ont fait un pas pour se rapprocher de ses murs. Qu'arrivera-t-il si les coalisés, au lieu de le suivre dans son mouvement vers Bar-sur-Aube, marchent par la route qu'il laisse ouverte vers Paris en poussant devant eux des corps trop faibles pour les arrêter? Il n'y a là rien d'impossible, rien d'improbable même. Il a été déjà obligé de se retirer devant Blücher qui lui présentait la bataille, il va se retirer devant Schwarzenberg. Ces retraites forcées achèvent de détruire son prestige et enhardissent ses adversaires : ce qu'ils n'auraient pas osé au temps de ses succès, ils peuvent l'oser en présence de ses revers.

Napoléon doit prendre d'autant plus en considération cette chance redoutable, que les conférences de Châtillon viennent d'être rompues. N'est-il pas à prévoir qu'à Paris les hommes qui désirent passionnément la paix, perdant l'espoir de la faire de son consentement, songeront à la faire en se séparant de lui? Le duc de Vicence, chose facile à concevoir, n'a pu, d'après ses instructions, accepter l'ultimatum des coalisés, et le contre-projet qu'il présente, dans la séance du 15 mars, ne peut être accepté par eux. Dans ce contre-projet, l'empereur Napoléon renonce, il est vrai, à tous droits de souveraineté et de possession sur les provinces illyriennes et sur les territoires formant les départements français au delà des Alpes, l'île d'Elbe exceptée, et les départements français au delà du Rhin. » Mais il dispose « de la couronne d'Italie en faveur de son héritier désigné, le prince Eugène Napoléon et ses descendants. » Il veut annexer à ce royaume d'Italie les îles Ioniennes. Il excepte des restitutions faites au pape le duché de Bénévent; il conserve à sa sœur, la princesse Élisa, Lucques et Piombino; à Berthier, la principauté de Neuchâtel; au fils de Louis Bonaparte, le grand-duché de Berg. Il stipule des indemnités aux rois et aux princes dépossédés, et, chose grave, il se réserve d'être partie active au congrès, et de discuter la distribution des territoires auxquels il renonce. Enfin il ne parle point de la Belgique et d'Anvers, qu'il compte par conséquent conserver.

Le 18 mars, les plénipotentiaires des cours alliées ont déclaré, au nom et par l'ordre de leurs souverains, que, d'après le contre-projet, « la France garderait une force territoriale infiniment plus grande que ne le comporte l'équilibre de l'Europe; qu'elle conserverait des positions offensives et des points d'attaque au moyen desquels son gouvernement a effectué tant de bouleversements. Les cessions qu'elle ferait ne seraient qu'apparentes. Les principes annoncés à la face de l'Europe par le souverain actuel de la France, et l'expérience de plusieurs années ont prouvé que les États intermédiaires sous la domination des membres de la famille régnante en France ne sont indépendants que de nom. En déviant de l'esprit qui a dicté les bases du traité du 17 février, les puissances n'eussent rien fait pour le salut de l'Europe. L'Europe et la France

même deviendraient bientôt victimes de nouveaux déchirements ; l'Europe ne ferait pas la paix, mais elle désarmerait. »
En conséquence, les plénipotentiaires des puissances coalisées sont chargés de déclarer que, « fidèles à leurs principes et en conformité avec leurs déclarations antérieures, les puissances alliées regardent les négociations entamées à Châtillon comme terminées par le gouvernement français. Ils ont ordre d'ajouter à cette déclaration celle que les puissances alliées, indissolublement unies pour le grand but qu'avec l'aide de Dieu elles espèrent atteindre, ne font pas la guerre à la France ; qu'elles regardent les justes dimensions de cet empire comme une des premières conditions de l'équilibre politique, mais qu'elles ne poseront pas les armes avant que leurs principes aient été reconnus et admis par son gouvernement[1]. »

A la suite de cette rupture, le prince de Metternich, qui n'a cessé d'entretenir avec le duc de Vicence des relations amicales et confidentielles, lui écrit de Troyes, à la date du 18 mars : « Je ne crois pas que la déclaration qui vous a été faite puisse vous surprendre, quand, après six semaines de réunion, le premier contre-projet présenté par la France diffère totalement de l'esprit qui a dicté le projet des puissances. Elles n'ont pu entrevoir dans ce fait qu'une recherche, de la part de votre cabinet, de traîner les négociations en longueur. Nous ne poserons pas les armes sans avoir atteint le seul fruit de la guerre que nous croyions digne de notre ambition, la certitude de jouir, pendant des années, d'un repos qui ne vous est pas moins nécessaire qu'à nous. »

Le prince de Metternich écrit encore au duc de Vicence, le même jour : « Les affaires tournent bien mal, monsieur le duc. Le jour où l'on sera tout à fait décidé pour la paix, avec les sacrifices indispensables, venez pour la faire, mais non

[1]. Protocole des conférences de Châtillon-sur-Seine, séance du 18 mars 1814.

pour être l'interprète de projets inadmissibles. Les questions sont trop fortement placées pour qu'il soit possible de continuer à écrire des romans, sans de grands dangers pour l'empereur Napoléon. Que risquent les alliés? En dernier résultat, après de grands revers, on peut être forcé de quitter le territoire de la vieille France. Qu'aura gagné l'empereur Napoléon? Les peuples de la Belgique font d'énormes efforts dans le moment actuel. On va placer toute la rive gauche du Rhin sous les armes. La Savoie, ménagée jusqu'à cette heure pour la laisser à toute disposition, va être soulevée, et il y aura des attaques très-personnelles contre l'empereur Napoléon, qu'on n'est plus maître d'arrêter... Je vous ai voué, mon cher duc, la confiance la plus entière : pour mettre un terme aux dangers qui menacent la France, il dépend encore de votre maître de faire la paix. Le fait ne dépendra plus peut-être de lui sous peu. Le trône de Louis XIV, avec les ajoutés de Louis XV, offre d'assez belles chances, pour ne pas être joué sur une carte. Je ferai tout ce que je pourrai pour retenir lord Castlereagh quelques jours. Ce ministre parti, on ne fera plus la paix[1]. »

Ces documents intimes achèvent d'éclairer la situation et de mettre en lumière la faute commise par Napoléon. Le duc de Vicence ne le rejoint, il est vrai, que le 23 mars à Saint-Dizier, où l'a conduit le mouvement commencé le 20; mais la rupture des conférences de Châtillon lui est connue; le duc de Vicence ne lui a pas dissimulé les dispositions des coalisés; celles de ses serviteurs les plus dévoués à Paris, celles de Paris même lui ont été révélées par les dépêches qui n'ont cessé de se succéder. Son conseil privé, consulté sur l'ultimatum européen du 17 février, a déclaré à l'unanimité, moins une voix, qu'il fallait l'accepter; enfin il connaît les événements

---

1. Cité dans les documents du *Manuscrit de* 1814, page 336.

du 12 mars, à Bordeaux. Malgré les lumières qui jaillissent de tous côtés de la situation, il s'éloigne de Paris, au moment où la rupture des conférences de Châtillon fait disparaître la dernière chance de paix qui soutenait les espérances du pays, et il laisse le chemin de cette capitale, où tout le monde, même ses partisans dévoués, aspirait à la paix, ouvert aux coalisés qui ne cessent de répéter qu'ils viennent l'apporter, et qu'ils ne font pas la guerre à la France. Depuis le commencement de la campagne, toutes les fois que la route de cette ville ne leur a pas été fermée, ils y ont marché, et tout son plan est fondé sur l'espoir que les deux armées européennes, dont chacune est trop forte pour qu'il puisse l'attaquer de front, abandonneront un chemin resté ouvert et menant au cœur de la France, pour le suivre dans son mouvement vers la frontière !

C'était trop présumer de l'ancien prestige de son nom, et de la terreur que son génie militaire inspirait à ses adversaires. La raison veut que, dans les choses humaines, on calcule sur le probable, et non sur le possible. Or le calcul des probabilités le plus simple indiquait que les coalisés marchaient sur Paris, dont la route restait ouverte, et que la prise de Paris entraînerait la chute de Napoléon. Les lieutenants de l'Empereur étaient frappés de ce péril, que seul il ne voulait pas voir [1].

---

1. « L'Empereur me dit qu'il voulait, après avoir combattu l'armée autrichienne, prendre presque toutes les garnisons avec lui, et manœuvrer sur les derrières de l'ennemi. Pendant ce temps, il me laisserait en avant de Paris et me chargerait de la défense de la capitale. Je lui représentai que le rôle contraire me paraissait plus convenable. La défense de Paris exigeait le concours des pouvoirs civils, dont lui seul pouvait faire usage. Sa présence à Paris et son action immédiate sur cette ville valaient une armée, tandis que moi je n'y compterais que par le nombre de mes soldats. Il devait donc prendre pour lui dans ce moment le rôle défensif et me laisser le rôle offensif. Il me disait qu'il voulait aller lui-même à Verdun et à Metz, mais qu'il manœuvrerait de manière à être plus près de Paris que l'ennemi, ce qui, dans la condition donnée, paraissait difficile. » (*Mémoires du duc de Raguse*, tome VI, page 220.)

IV

SUITE DE LA CAMPAGNE DE FRANCE. — MARCHE DES COALISÉS SUR PARIS.

Nous avons pris jusqu'ici notre point de vue dans les conseils de Napoléon ; le moment est venu de pénétrer dans le conseil des coalisés, et de voir quels projets y étaient agités pendant qu'il commençait cette dangereuse manœuvre. Les souverains étaient entrés sur notre territoire sans parti pris contre Napoléon ; ils n'espéraient pas le renverser, ils ne le désiraient pas. Toute leur ambition se réduisait à diminuer sa puissance et à lui ôter les moyens de troubler la paix du monde, en ramenant son empire à des proportions plus étroites et en organisant territorialement l'Europe contre lui. La pensée du retour des Bourbons ne leur était pas venue. Ils ne le croyaient ni désiré, ni désirable, ni possible. Le 22 janvier, l'empereur Alexandre, en entrant à Langres, disait à son hôte le baron de Chalancey, qui cherchait à lui suggérer cette pensée, que « la France ne désirait point le retour des Bourbons, et que les souverains coalisés n'avaient point le projet de favoriser leur rentrée en France [1]. » Comme M. de Chalancey insistait en disant que les Français verraient avec bonheur les Bourbons régner sur la France Alexandre reprit : « Vous le désirez, un certain nombre de gentilshommes comme vous peuvent le désirer aussi ; mais je suis convaincu que la majorité de la France ne veut pas des Bourbons, le peuple surtout n'en veut pas. » Alors un ouvrier menuisier, qui achevait de monter un lit dans l'alcôve où devait coucher Alexandre

[1]. Ce fait et les détails qui suivent nous ont été communiqués et certifiés par M. Théodore de S.-F., neveu de M. de Chalancey.

arrivé à l'improviste, se releva vivement : « Sire, dit-il à l'empereur, vous pensez que le peuple ne veut pas du retour des Bourbons; je suis un pauvre ouvrier, père de plusieurs enfants, je n'ai que mes bras pour gagner leur pain et le mien; s'il fallait donner mon bras droit pour que les Bourbons remontassent sur le trône, je le donnerais à l'instant[1]. »

Quelle impression produisit sur l'esprit d'Alexandre cette première manifestation du royalisme populaire dans le pays d'où Jeanne d'Arc était sortie pour sauver la monarchie? Nul ne le sait. Toujours est-il que cette impression ne dura pas longtemps, car un mois plus tard, à Troyes, Alexandre tenait à peu près le même langage à MM. de Gault et de Widranges. Lord Wellington de son côté, quels que fussent d'ailleurs ses sentiments personnels, n'avait laissé qu'à grand'peine, on l'a vu, le duc d'Angoulême se diriger vers Bordeaux, et lord Beresford, son lieutenant, avait durement averti les Bordelais qu'ils agissaient à leurs risques et périls, sans aucune espérance de protection contre les vindictes impériales si les conférences de Châtillon aboutissaient à un traité. Les Autrichiens étaient naturellement encore moins favorables aux Bourbons à cause de leur archiduchesse Marie-Louise. C'est à peine si *Monsieur*, comte d'Artois, était toléré à Vesoul; il y était sans relations politiques, sans appui; on avait mis pour condition à sa présence qu'il ne porterait ni uniforme, ni cocarde, ni armes. Les émissaires qu'il avait envoyés au quartier général, le comte François des Cars et le comte de Polignac, n'avaient pas été reçus. A Dijon, à Chaumont, occupés par les troupes

---

1. M. Théodore de S. F. ajoute : « Ce menuisier s'appelait Claude Vincent. Le fait que je viens de raconter fut redit quelques mois plus tard au duc de Berry, à son passage à Langres. Il se fit présenter Vincent, lui donna une pension et un brevet de menuisier de sa maison. Une enseigne sur laquelle on lisait : *Vincent, menuisier de S. A. R. Monseigneur le duc de Berry*, fut dès lors placée au-dessus de la porte de son atelier et y resta jusqu'à sa mort. Une fille de Vincent habitait encore Langres en 1856. »

coalisées, il fallait, en février et mars 1814, user de subterfuge pour introduire des proclamations de Louis XVIII[1].

La coalition faisait donc une guerre d'intérêt et non de principe. Cette guerre avait eu ses vicissitudes. Les coalisés avaient longtemps délibéré, hésité. Divisés dans la pensée et dans l'action, ils s'étaient montrés inégaux en audace et en ardeur, et la difficulté de faire subsister une multitude immense d'hommes sur le même point venant s'ajouter aux inconvénients des plans de campagne discutés dans un conseil de guerre nombreux, de la diversité des politiques et des incompatibilités de caractère et de génie militaire entre les généraux, la coalition avait commis des fautes chèrement payées. L'ignorance profonde où elle était sur les dispositions du pays où elle opérait ne lui avait pas permis de faciliter son œuvre militaire par l'habileté de sa politique. Elle avait pourtant résisté à ses fautes par ses forces prodigieuses, et, si l'on peut s'exprimer ainsi, par sa masse qui la rendait indestructible malgré tous les échecs partiels. Il devait arriver avec le temps, qu'éclairée par ses fautes et avertie par ses échecs, elle recevrait des lumières sur la véritable situation du pays.

C'est ici qu'il faut placer le récit de la mission que se donna à lui-même un homme d'un esprit clairvoyant, avisé, d'un caractère hardi jusqu'à l'aventure, qui éprouvait pour Napoléon une de ces haines vigoureuses assez communes sur la fin de l'Empire. Le baron de Vitrolles, du haut de ses montagnes des Alpes, avait vu venir de loin la chute de l'Empire. C'était un ancien condéen, mais qui s'était résigné au gouvernement

---

1. Mademoiselle Rebillot (de Vesoul) se servit du moyen suivant pour introduire les proclamations de Louis XVIII à Dijon : elle enveloppa un grand nombre de pains de sucre avec cette proclamation, et les vendit au-dessous du cours. La foule, avertie par des affiches de cette vente, accourut, et le sucre et les proclamations furent à l'instant enlevés.

nouveau et avait même accepté de lui les fonctions de maire et le titre de baron. Les souffrances inouïes de la France pendant les dernières années de Napoléon, le désir de les voir finir, la conviction profonde qu'elles ne pouvaient avoir un terme qu'avec le règne d'un homme chez qui les revers ne diminuaient point l'enivrement de ses anciens succès, lui avaient rendu tous ses sentiments d'opposition contre Napoléon ; les événements lui avaient rendu toutes ses anciennes espérances de royaliste. Dès le commencement de 1813, il était accouru à Paris dans l'espoir d'y trouver des lumières sur les desseins de l'Europe, et quelque partie nouée contre l'Empereur. Rien ne bougeait encore. Il repartit pour les Alpes. Mais après la bataille de Leipsick, ce coup de massue frappé sur la puissance de Napoléon, il revint à Paris en octobre 1813. Il y trouva quelques mécontents de fortune ou d'opinion : le duc de Dalberg, le baron Louis, M. de Pradt qui recevait les journaux anglais, dans lesquels on trouvait les nouvelles, chose si rare alors à Paris, où il n'était pas plus permis de savoir que de vouloir. Il y retrouva aussi d'anciennes amitiés, quelques-uns de ces royalistes dont la foi et les affections politiques persistent à travers toutes les révolutions, comme le marquis et la marquise de Durfort. Dans ce centre d'opposition naquit, grandit le projet que M. de Vitrolles confia à trois personnes seulement, le duc de Dalberg et le marquis et la marquise de Durfort ; il le réalisa en partant à la fin de la première semaine de mars, dans l'espoir de parvenir jusqu'au comte d'Artois que l'on jugeait devoir être à Bâle, d'après ce qu'avaient dit les journaux anglais en annonçant son départ d'Angleterre. Le but de son voyage était de savoir quelque chose sur les dispositions de l'Europe, et de porter au prince des lumières sur la situation de la France. M. de Talleyrand connaissait par le duc de Dalberg le départ de M. de Vitrolles, il avait promis de l'accréditer auprès de MM. de Metternich et de Stadion ; mais il hésita au dernier moment et refusa, dans la crainte de se commettre, de donner à l'audacieux voyageur aucun signe de reconnaissance. Celui-ci partit donc comme un ambassadeur de roman, emportant deux lignes écrites à l'encre sympathique sur une gaze de soie par la marquise de Durfort pour M. le comte d'Artois, les noms de deux femmes de Vienne, souvenir de jeunesse, et un cachet de cornaline avec des armes allemandes, talisman qui devait prouver à M. de Stadion qu'il venait de la part du duc de Dalberg, enfin deux lignes de ce dernier qui entraient plus avant dans le sens des affaires, et qu'il devait remettre à M. de Nesselrode. Les hasards d'un voyage aventureux, tenté à travers un pays en état de guerre, le conduisirent à Châtillon, où se tenaient les conférences. Là, il conversa d'abord avec M. de Stadion; puis, appelé à Troyes, au grand quartier général, où il arriva le 11 mars 1814, il eut plusieurs conférences avec MM. de Metternich et de Nesselrode. Enfin l'empereur Alexandre désira lui-même l'entendre[1].

La vivacité intelligente de sa conversation, la nouveauté hardie de ses aperçus, l'ardeur et l'énergie de ses convictions, les renseignements qu'il apportait de Paris, produisirent une grande impression sur tous ses interlocuteurs. La thèse qu'il développait était toujours la même. « La France, disait-il, voulait la stabilité et le repos, et désirait se retrouver en société avec les autres nations européennes. Elle ne pouvait obtenir ces avantages avec Bonaparte. Point de paix avec lui, point de France sans les Bourbons. Si la France ne les demandait point, c'est que la terreur comprimait l'expression de ses vœux. Il y avait deux choses également impossibles pour les coalisés :

---

1. Plusieurs personnes vinrent apporter au quartier général des idées analogues à celles de M. de Vitrolles. Pour ne pas multiplier les détails, nous résumons toutes les missions clandestines que se donnèrent plusieurs esprits entreprenants dans le récit de l'intervention de M. de Vitrolles.

traiter sûrement avec Bonaparte, conquérir la France. Ils n'avaient donc qu'un parti à prendre : rompre les conférences de Châtillon et ôter ainsi la force qu'ils donnaient à Napoléon, et embrasser une cause française. » M. de Vitrolles résumait ainsi ses longues et fréquentes conversations : rupture du congrès de Châtillon; déclaration qu'on ne traiterait pas avec Bonaparte; reconnaissance du roi de France sous l'autorité duquel seraient placées les provinces occupées par les armées coalisées; formation de trois quartiers généraux, *Monsieur*, le comte d'Artois, à Lunéville, le duc d'Angoulême à Bordeaux, le duc de Bourbon à Lyon.

M. de Stadion, dont les sentiments personnels étaient sympathiques aux Bourbons, l'avait écouté avec faveur; M. de Metternich avec intérêt, mais comme un homme prudent et sage, d'un esprit plus avisé qu'inventif, et plus accoutumé à employer les événements qu'à les faire naître. Il les attendait donc, en répétant à M. de Vitrolles, pour le consoler, que peut-être ils lui apporteraient des arguments. Jusque-là, il se retranchait dans un thème invariable : c'était à la France à faire ses destinées. Si elle voulait les Bourbons, Marie-Louise ne serait pas un obstacle; mais il n'appartenait point aux coalisés de s'immiscer dans ses affaires intérieures. Depuis deux mois qu'ils étaient en France, aucun symptôme n'était venu leur révéler les tendances d'opinion signalées par M. de Vitrolles. La coalition, jusqu'à ce que des événements nouveaux se produisissent, n'avait donc à se préoccuper que des intérêts de l'Europe. Son but était le rétablissement de l'équilibre par une balance de population, de force, de puissance, entre la France, la Russie, l'Autriche et la Prusse agrandie; la construction d'un royaume hollando-belge, qui servirait de barrière, et l'Allemagne placée comme un bastingage entre les grands États. C'était à l'époque où M. de Metternich avait ces entretiens avec M. de Vitrolles qu'il écrivait au duc de Vicence :

« L'empereur Napoléon laisse passer les dernières heures qu'il a pour traiter, et il ne les retrouvera plus. » Coïncidence remarquable qui éclaire ce point d'histoire et confirme le témoignage de M. de Vitrolles.

L'empereur Alexandre ajouta aux objections de M. de Metternich des objections nouvelles, tirées des préventions qu'il nourrissait contre les Bourbons. Les obstacles qui les séparaient du trône lui paraissaient désormais insurmontables. « Ils reviendraient aigris par le malheur. Alors même qu'ils sacrifieraient leurs ressentiments, ils ne pourraient modérer ceux des hommes qui avaient souffert pour eux et par eux. L'armée, les générations nouvelles, les protestants leur étaient opposés. L'esprit du temps était contre eux. Tout cela avait été pesé. Il serait encore plus difficile de les soutenir que de les établir. » C'était dans l'après-midi du 17 mars 1814 que l'empereur Alexandre s'exprimait ainsi relativement au retour des Bourbons. Il ajouta qu'on avait songé à Bernadotte, mais qu'on y avait renoncé. Le prince Eugène, agréable à l'armée, pourrait convenir. Qui sait si une république, sagement organisée, n'irait pas mieux à l'esprit français ?

Ainsi la république elle-même avait de meilleures chances que les Bourbons au quartier général des coalisés.

La froideur glaciale et les préventions de l'empereur Alexandre n'avaient point déconcerté M. de Vitrolles. Il avait réussi, sinon à faire accueillir, du moins à faire entendre ses idées ; chose toujours importante, car les idées, comme une graine invisible, germent dans les intelligences quand les circonstances favorisent leur développement et que la raison, qui finit toujours par avoir raison, les avoue. M. de Vitrolles avait fait apparaître devant l'Agamemnon de la coalition une nouvelle force à laquelle il n'avait pas songé, la force des choses, la nécessité logique de la situation qui ramenait les Bourbons. L'Europe voulait la paix ; la France, la paix et des garanties ;

Napoléon ne pouvait donner ni l'une ni les autres. Aucun nom propre ne pouvait ce que ne pouvait pas Napoléon. La famille en qui se personnifiait le droit héréditaire était seule à la hauteur de cette double tâche par la puissance de son principe. Il n'y avait qu'un dénoûment digne de la croisade européenne, le rétablissement de l'inviolabilité des trônes. Hors de là, rien de possible. Des idées de conquête ou de morcellement trouveraient la France résolue à vaincre ou à mourir. « Si l'on renonce à traiter avec Bonaparte, et si l'on marche sur Paris, résolu à donner toute liberté à l'opinion, elle se prononcera. Je laisse ma tête entre les mains de Votre Majesté, répéta avec chaleur M. de Vitrolles, et je consens à ce qu'elle tombe sur le billot si, à Paris, l'opinion ne se prononce pas. »

A ces paroles, les yeux d'Alexandre étincelèrent. En exprimant ses opinions, M. de Vitrolles venait d'apporter un argument à une opinion soutenue en toute occasion par le Czar avec une persistance qui avait fini par importuner ses alliés : la marche sur Paris. « Le jour où je serai à Paris, interrompit le Czar, je ne reconnaîtrai plus d'autre allié que la nation française. Je pars demain pour le quartier général du prince de Schwarzenberg. Cette conversation aura de grands résultats. »

Ainsi toutes les choses arrivaient à point, comme lorsque la Providence a résolu de faire intervenir le dénoûment. Les idées et les faits marchaient du même pas. Le Czar et son interlocuteur se séparèrent. Celui-ci allait continuer cette ambassade intellectuelle qu'il s'était donnée, et, introduit dans le conseil des ministres dirigeants qui préparaient les solutions auxquelles les armées ouvraient la voie en combattant, il faisait accueillir par MM. de Metternich, Nesselrode, Schwarzenberg, Castlereagh, le 19 mars, à Bar-sur-Seine, ses idées sur la nécessité de ne plus traiter avec Bonaparte, et de reconnaître les

Bourbons. Les événements, ces auxiliaires que M. de Metternich lui avait fait espérer, étaient venus. Les conférences de Châtillon étaient rompues, et la situation, en faisant un grand pas, avait atteint les idées qui avaient paru téméraires quand elles n'étaient que prévoyantes. L'on avait eu, au quartier général des coalisés, la nouvelle des événements de Bordeaux. Un courrier du duc de Rovigo, ayant été intercepté, avait mis les souverains à même de reconnaître, par les lettres qu'on adressait à Napoléon, le mouvement des opinions devenu, à Paris, contraire à l'Empire, la nullité des moyens de défense, le découragement de la capitale; de sorte que les dépêches écrites pour rappeler Napoléon à Paris allaient contribuer à y appeler les coalisés, qui connaissaient le but et l'objet de la marche de Napoléon sur leurs derrières.

L'empereur Alexandre, auquel toutes ces circonstances réunies donnaient l'avantage, n'hésita plus à prendre une initiative que, depuis longtemps, un de ses conseillers intimes, M. Pozzo di Borgo, lui suggérait[1], et qui devait tout entraîner. Dans un premier conseil de guerre où siégeaient seulement les généraux Barclay de Tolly, Diebitsch et Wolkonsky, cette détermination fut arrêtée. Puis, le même jour, il y eut un conseil général tenu sur un grand chemin entre l'empereur de Russie, le roi de Prusse et le prince de Schwarzenberg que le Czar venait de rencontrer. Alexandre développa avec la décision et la fermeté d'un parti pris sa résolution de marcher sur Paris. Il demanda que les deux grandes armées de la coalition fissent leur jonction dans les plaines de Châlons pour opérer ce mouvement décisif, et déclara que, s'il n'était pas suivi, il marcherait avec ses propres forces.

A la nouvelle de l'approche de Napoléon, il y avait eu de

---

1. M. de Chateaubriand dit dans ses *Mémoires* (tome III, page 233) : « J'ai entendu le général Pozzo raconter que c'était lui qui avait déterminé l'empereur Alexandre à marcher en avant. »

l'hésitation dans l'esprit circonspect de Schwarzenberg; il avait même songé un moment à se retirer sur le Rhin. Mais tout plia devant l'avis de hardiesse raisonnée soutenu avec autorité par l'empereur Alexandre. Le mouvement sur Paris fut résolu. A l'instant même, des ordres furent expédiés à Blücher pour qu'il eût à conduire son armée au rendez-vous fixé dans ces immenses plaines où, bien des siècles auparavant, Attila avait vu les hordes innombrables de ses Huns vaincues par l'effort combiné des Francs, des Bourguignons et des Goths. Après deux mois de campagne, l'Europe retrouvait une inspiration commune. La lenteur de Schwarzenberg se mettait au pas de l'impétuosité de Blücher. Le dénoûment se faisait proche. Au reçu de la dépêche qui lui annonçait cette grave résolution, Blücher accourut, et Schwarzenberg se mit en mouvement sur Châlons pour aller au-devant de lui.

On était au 20 mars. L'armée du prince Schwarzenberg, se dirigeant de Troyes vers Châlons par la route d'Arcis, arrivait par la rive gauche de l'Aube sous les murs de cette ville. L'armée française, qui avait quitté Chatres dans la nuit pour se porter sur Chaumont, remontait la rive droite de l'Aube sous la conduite de Napoléon, après avoir franchi le pont de Plancy. A midi, les deux armées se trouvèrent en présence sans s'être cherchées; l'Aube seule les séparait. Cette rencontre fortuite amena une bataille acharnée. Napoléon, qui ne savait point à quel corps ennemi il avait affaire, fit pousser rapidement une reconnaissance de l'autre côté du pont qui continue la route de Troyes à Châlons; ses éclaireurs, qui avaient traversé la ville, rencontrant une résistance imprévue, il les fit soutenir. Comme l'ennemi recevait à chaque instant des renforts, nos troupes pliaient, lorsque Napoléon, reconnaissant, au déploiement des forces ennemies et à l'intensité de la canonnade, la présence de toute l'armée de Schwarzenberg, passa rapidement le pont à la tête du gros de son armée. Il courut de grands dangers dans cette lutte opiniâtre, et plusieurs fois, enveloppé dans le tourbillon des charges de cavalerie, il paya de sa personne et dut mettre l'épée à la main pour se dégager. On remarqua que, loin d'éviter le péril, comme doivent le faire les généraux en chef, comme il le faisait lui-même dans les circonstances ordinaires, il semblait plutôt le chercher. Il comprenait sans doute la nécessité de soutenir le moral de l'armée, dans l'extrémité à laquelle sa fortune était réduite. Un obus étant tombé à peu de distance du front des troupes, et un mouvement de fluctuation s'étant fait sentir dans les rangs, il poussa son cheval sur le projectile fumant et le lui fit flairer. L'obus éclata et Napoléon disparut un moment dans un nuage de feu et de fumée. Quand ce tourbillon tomba, il s'était déjà relevé, et, abandonnant le cadavre de son cheval tué sur le coup, il montait sur un autre cheval pour courir à de nouveaux dangers.

Les Autrichiens, dont les forces augmentaient de moment en moment par l'arrivée de nouveaux renforts, formaient autour d'Arcis-sur-Aube un immense fer à cheval qui, se rétrécissant peu à peu, tendait à enfermer l'armée française dans un cercle de feu. Sa résistance s'était prolongée jusqu'à la nuit, mais elle ne pouvait durer longtemps. Cette bataille épisodique, qui n'entrait pas dans les plans de Napoléon, et qu'il avait acceptée du hasard, dont les chances tournaient depuis quelque temps contre lui, n'aboutissait qu'à éclaircir les rangs de son armée déjà si réduite. C'était la troisième fois qu'il recommençait une tentative que les hommes du métier ont qualifiée de faute : celle d'assaillir, sans aucun avantage de terrain, les masses de la coalition avec des forces tellement disproportionnées que le résultat de la lutte devait infailliblement tourner contre lui[1]. Le combat d'Arcis-sur-Aube venait, après la

---

1. « L'Empereur déboucha le 21 mars, à deux heures du matin, en avant

Rothière et Craonne, comme une troisième épreuve et une épreuve chèrement payée de beaucoup de sang inutilement versé, établir une vérité déjà hors de doute, c'est que l'armée française n'était plus en mesure d'attaquer de front les coalisés là où leurs forces étaient concentrées.

Se décidant enfin à donner l'ordre de la retraite, Napoléon profita de la nuit pour faire jeter un nouveau pont sur l'Aube, et fit commencer l'évacuation de la ville. Il fallut livrer un second combat le lendemain pour assurer la retraite, et ce combat fut meurtrier pour notre armée, obligée d'opérer son mouvement sous le feu de l'artillerie ennemie. Napoléon, cette fois, convaincu que son armée était trop faible pour lutter corps à corps contre les masses de l'ennemi, renonçait à leur disputer le chemin de la capitale. « Il ne voulut point reculer devant Schwarzenberg jusqu'aux barrières de Charenton, » dit l'interprète autorisé de sa pensée[1]. Ce que l'Empereur ne pouvait faire avec la meilleure et la plus nombreuse armée qui combattît sous nos drapeaux, comment des lieutenants auraient-ils pu le faire avec des forces moins nombreuses? Qui réussirait à arrêter les masses ennemies qu'il renonçait à arrêter lui-même? Si, dans la position qu'il quittait, il ne restait plus qu'à reculer jusqu'aux barrières de Charenton, les lieutenants placés par lui dans cette position pouvaient-ils faire autre

---

d'Arcis, dans la direction de Troyes. Arrivé sur la crête du plateau, il découvrit toute l'armée ennemie formée sur trois lignes, présentant à la vue toutes ses forces réunies, et ayant sa droite à l'Aube et sa gauche à Barbuisse. Malgré cet état de choses, l'Empereur fit engager l'affaire; mais, peu après, des observations réitérées lui ayant été faites sur les résultats infaillibles d'un combat véritable dans une situation semblable, avec des forces si disproportionnées, et qui donnaient à l'ennemi le moyen, en opérant par sa droite, de s'emparer de nos ponts et de notre ligne de retraite, il se décida à faire cesser l'attaque. La retraite fut ordonnée; mais l'exécution était difficile et le danger imminent. La destruction de l'armée aurait été l'effet de la moindre vigueur de la part des alliés. » (*Mémoires du duc de Raguse*, tome VI, page 227.)

1. Le baron Fain, *Manuscrit de 1814*, page 211.

chose que ce qu'aurait fait l'Empereur? Après avoir laissé à Reims et sur la ligne de l'Aisne les ducs de Trévise et de Raguse dans une position où ils ne peuvent arrêter l'armée prussienne, il laisse l'armée autrichienne libre de ses mouvements, et, abandonnant la route de Paris, il opère sa retraite par les chemins de traverse qui conduisent du côté de Vitry-le-Français et de la Lorraine. Le plan de la campagne de 1814 a dès lors définitivement échoué.

Il faut désormais laisser Napoléon suivre la route qui l'éloigne du centre du mouvement et du théâtre de l'action où doit s'accomplir le dénoûment du drame. Tandis qu'il chemine par Saint-Dizier en se croyant suivi par la grande armée de Schwarzenberg, la jonction de l'armée anglo-prussienne et de l'armée autrichienne s'est accomplie. Celle-ci a forcé le passage de l'Aube à la hauteur d'Arcis. Blücher a rejeté les corps des ducs de Raguse et de Trévise sur Château-Thierry qui forme l'angle aigu d'un triangle renversé dont la base s'appuierait sur Soissons et sur Reims, et il est arrivé sur les bords de la Marne en conquérant tout l'espace contenu entre cette rivière et l'Aisne. Le 23 mars, les deux armées coalisées sont au rendez-vous fixé; elles s'élèvent au moins à cent quatre-vingt mille hommes. Les deux maréchaux, autre inconvénient du changement de plan, n'ont reçu aucun des courriers que Napoléon leur a envoyés pour les avertir du nouveau plan d'opération qu'il a adopté. Ils manœuvrent jusqu'au 23 mars à l'aventure, dans la conviction que l'Empereur persiste dans son mouvement sur Troyes, et, pour l'appuyer, ils quittent Château-Thierry, et, pensant se retirer sur lui, ils opèrent dans la direction de Vitry-le-Français. Dans la soirée du 24 mars seulement, le duc de Raguse apprend par des officiers envoyés en éclaireurs la manœuvre qui conduisait l'Empereur de l'autre côté de la Marne, vers Saint-Dizier, la concentration des armées ennemies à

Châlons, et la résolution des coalisés de marcher sur Paris[1].

Le 25 mars, à la pointe du jour, avant que le corps du duc de Trévise eût rejoint celui du duc de Raguse, à Soudé-la-Croix, lieu marqué pour le rendez-vous commun, les coalisés, déployant des masses énormes d'infanterie, précédées par vingt mille chevaux, marchèrent contre le duc de Raguse. Quand l'avant-garde ennemie fut à portée de canon, il commença son mouvement de retraite, et marcha sans être entamé jusqu'à Sommesous. Là il dut attendre les troupes du duc de Trévise, à qui cette direction avait été donnée. Quitter la position avant leur arrivée, c'était les livrer à l'ennemi. Il fallut donc accepter contre la cavalerie ennemie un engagement que l'extrême disproportion des forces rendait très-dangereux. Enfin les troupes du duc de Trévise parurent, et le duc de Raguse reprit immédiatement son mouvement de retraite, en soutenant les charges sans cesse renouvelées de la cavalerie. Les deux corps français, qui montaient ensemble à douze mille hommes, éprouvèrent des pertes sensibles en tra-

---

1. *Journal des opérations du sixième corps*, par le colonel Fabvier. Le duc de Raguse dit dans ses *Mémoires* : « Le 25 mars nous partîmes de Vertus, le duc de Trévise et moi, pour Vitry, dans l'espérance d'opérer notre jonction avec l'Empereur. Nous savions par les habitants que l'on s'était battu à Sommesous les 22 et 23 ; il y avait eu des coups de canon tirés près de la Marne ; ainsi il était clair que l'Empereur était près de cette rivière ; mais nous ignorions s'il l'avait passée. Les deux armées ennemies opéraient leur réunion, mais il n'était pas certain qu'elle fût complétement effectuée. Dans un pareil état de choses, et avec les ordres reçus, il fallait opérer suivant les circonstances. Le point convenu entre nous pour notre établissement du 24 au soir fut le village de Soudé ; nos deux corps ainsi campés ensemble pourraient immédiatement prendre le parti qui serait commandé par les événements. Si l'Empereur était à portée et si nous pouvions communiquer avec lui, nous le rejoindrions et nous enverrions prendre ses ordres ; si l'Empereur avait passé la Marne, l'ennemi pouvait faire trois choses : le suivre ; nous étions bien placés nous-mêmes pour suivre l'ennemi et faire une diversion ; marcher sur Paris ; nous étions bien placés pour le précéder, évacuer sans perte les grandes plaines jusqu'à Sézanne, et ensuite résister dans toutes les positions favorables. Nous pouvions nous retirer d'abord pour revenir ensuite. »

versant le défilé qui vient après Sommesous; une brigade de la jeune garde, faisant partie du corps de Mortier, fut enfoncée et prise; quatre mille trois cents hommes tués, blessés ou prisonniers, et trente pièces de canon aux mains de l'ennemi, tel fut le résultat de cette journée, qui aurait fini par l'entière destruction des deux corps si l'infanterie des coalisés avait eu le temps d'arriver. Ce fut avec des peines infinies que les deux maréchaux opérèrent leur retraite, toujours en combattant.

Pendant que ce combat est dans toute sa vivacité, deux divisions de gardes nationales, commandées par les généraux Pacthod et Amey, chargés de mener à l'Empereur, de Meaux à Sézanne, un convoi considérable d'artillerie, sont arrêtées devant le Morin par l'avant-garde des coalisés. Elles se replient, lorsque, entendant sur leur droite une forte canonnade, elles veulent se diriger du côté du canon, mais elles tombent dans les réserves russes; ces gardes nationales, égalant l'héroïsme de nos vieilles bandes, ne succombent qu'après une résistance dont l'énergie a forcé l'admiration de l'ennemi lui-même, qui, les entourant de forces quintuples, a pu les détruire, mais sans les obliger à accepter quartier. Ainsi la bravoure française éclate dans un désastre. La résistance héroïque de ces paysans, la plupart appartenant aux provinces de l'Ouest, a permis au moins aux corps de Raguse et de Mortier de se dégager, et d'opérer leur retraite. Le soir de cette sanglante journée qui nous a coûté plus de dix mille hommes, les deux maréchaux ont pris position sur les hauteurs du village d'Allement, situé dans une position élevée, attenant au même plateau que Sézanne. Le 26 mars, au soir, ils ont trouvé la route de la ville de la Ferté-Gaucher barrée par les corps de Kleist et d'York, et le maréchal de Trévise a dû s'ouvrir un chemin sur Paris par un effort désespéré, à la pointe de ses baïonnettes, tandis que le duc de Raguse contenait les corps ennemis qui nous pressaient, et les arrêtait à un défilé. Cessant enfin d'être poursuivis, ils ont pu, après avoir pris un instant de repos, dans une bonne position, à Provins, précipiter leur marche par Rosoy et Brie-sur-Yères, où ils sont arrivés le 18 mars, pour gagner les approches de Paris. Il en était temps. Le même jour, les armées coalisées, après avoir descendu la rive gauche de la Marne, passaient sur la rive droite par le pont de Tripon, et s'emparaient de Meaux.

L'arrivée des masses ennemies à Meaux posait naturellement la question prévue dans la lettre écrite par Napoléon le 16 mars, et datée de Reims. L'ennemi n'était qu'à neuf lieues, à deux journées de la capitale; on n'avait plus, on ne pouvait avoir aucune nouvelle de l'Empereur; les communications étaient interceptées. Les débris des corps de Mortier et de Marmont étaient le seul obstacle à la marche des coalisés, obstacle que l'héroïsme de nos soldats n'empêchait pas d'être impuissant. Joseph Bonaparte convoqua le conseil de régence; d'après la teneur de la lettre de l'Empereur, il ne pouvait s'en dispenser. Ce conseil, présidé par l'Impératrice, se composait de seize membres: Joseph Bonaparte, Cambacérès, Lebrun, Talleyrand, Regnier (duc de Massa), président du Corps législatif; Gaudin (duc de Gaëte), ministre des finances; Savary (duc de Rovigo), ministre de la police; Clarke (duc de Feltre), ministre de la guerre; Champagny (duc de Cadore); Mollien, ministre du trésor; Montalivet, ministre de l'intérieur; Daru, Boulay (de la Meurthe), Regnaud de Saint-Jean d'Angély, Defermont et Sussy.

La question posée par Joseph Bonaparte, au nom de l'Impératrice, fut celle-ci : « L'Impératrice et le roi de Rome doivent-ils rester à Paris ou se retirer à Blois? » Une vive discussion s'engagea dans le conseil. Joseph, Cambacérès et Clarke soutenaient le parti du départ avec une grande insistance. Boulay (de la Meurthe) et Talleyrand le combattaient.

Lebrun, Regnier, Montalivet, Sussy et Regnault de Saint-Jean d'Angély se rangeaient au premier avis; les ducs de Gaëte et de Rovigo, MM. Daru, Mollien, Defermont, au second. Il y avait partage. Mais, peu à peu, quelques voix se détachèrent de la fraction qui opinait pour le départ, et se rangèrent à l'opinion de ceux qui demandaient que l'Impératrice restât. La majorité du conseil devenait donc favorable au séjour de l'Impératrice dans la capitale, malgré l'approche des armées ennemies.

Évidemment cette majorité était formée d'éléments divers, et les motifs qui déterminaient M. de Talleyrand n'étaient point ceux qui déterminaient MM. Daru et Boulay (de la Meurthe). M. de Talleyrand voyait dans la présence de l'Impératrice à Paris une pièce de plus sous sa main pour jouer, selon les hasards de la lutte, la partie de ses intérêts. On a pensé, non sans vraisemblance, que sa préférence eût été pour une régence napoléonienne qui l'eût laissé le premier homme de l'État. Lorsque le duc de Dalberg l'avait pressenti, de la part de M. de Vitrolles, quelques mois auparavant, sur le retour possible des Bourbons, il avait répondu à cette question par une question où se peint toute sa pensée, et pour laquelle son interlocuteur n'avait pas de réponse : « Comment seront-ils pour nous? » Le séjour de l'Impératrice à Paris était commode pour M. de Talleyrand, sa présence dans la capitale le dispensait de la suivre à Blois, ce qu'il ne voulait pas, ou de rester à Paris malgré son départ, ce qui pouvait le compromettre. Le comte Daru, homme de fermeté et de sens, voyait dans ce séjour un moyen de maintenir, aussi longtemps que possible, le gouvernement de l'Empereur : l'absence de ses représentants devait, en effet, livrer Paris aux influences contraires. M. Boulay (de la Meurthe), avec ces souvenirs de l'histoire que les esprits courts prennent souvent pour des espérances, déclamait sur l'exemple légué par Marie-Thérèse, et conseillait à l'Impératrice de prendre son fils dans ses bras, et de le porter à l'hôtel de ville. Singulière confusion des temps, des situations et des personnages! Comment, en effet, assimiler un gouvernement tout personnel, posé sur le sol, et que Mallet avait failli renverser d'un souffle avec la nouvelle de la mort de l'Empereur, à ces vieux gouvernements enracinés dans les mœurs, dans les souvenirs et dans les cœurs, et les multitudes urbaines qui songent à vivre avec le fait de la journée, à ces mâles et fortes populations hongroises, s'écriant, en brandissant leurs épées : « Mourons pour notre roi Marie-Thérèse! »

Les membres qui soutenaient l'opinion contraire cédaient aussi à des mobiles de plusieurs genres. Quelques-uns, sans doute, écoutaient la voix de la prudence, qui porte les hommes à fuir l'approche du danger; mais d'autres, serviteurs personnels de l'Empereur encore plus que de l'Empire, appréhendaient que la présence de l'Impératrice et du roi de Rome à Paris ne devînt une arme entre les mains des étrangers. Ne pouvaient-ils pas, en effet, en acceptant la régence de Marie-Louise et le gouvernement de son fils, fermer les portes de Paris à Napoléon, détacher de lui les populations fatiguées, jeter de l'incertitude dans son armée elle-même, et réduire ainsi sa fortune à une situation désespérée[1]? L'insistance de M. de Talleyrand pour faire demeurer l'Impératrice et le roi de Rome à Paris augmentait ces appréhensions, car, ne pouvant l'attribuer au dévouement, on l'attribuait au calcul.

Au milieu de ces tiraillements en sens contraires, Joseph produisit la lettre de l'Empereur. Ceux qui avaient soutenu l'avis du départ s'en armèrent; ceux qui l'avaient combattu

---

1. Ces motifs sont indiqués par M. de Lavalette dans ses *Mémoires*, tome II, page 88. — Paris, 1831.

s'y soumirent après une légère résistance. L'Empereur avait tellement façonné toutes les volontés à l'obéissance, qu'absent comme présent, il faisait sa destinée. Le départ de l'Impératrice et du roi de Rome semblait donc résolu.

On rapporte cependant que, le conseil une fois séparé, Joseph et Cambacérès hésitèrent de nouveau et voulurent remettre à Marie-Louise la souveraine appréciation de sa destinée et de la conduite à suivre. Celle-ci leur renvoya l'initiative et la responsabilité. Elle déclara qu'après la lettre de l'Empereur et la déclaration du conseil de régence, elle ne se déciderait à rester que sur un avis formel écrit et signé par Joseph et Cambacérès. Ceux-ci reculèrent, à leur tour, devant cette responsabilité à prendre, en face des hasards de la guerre et de la colère de l'Empereur. C'est tout le mouvement de cette histoire : les hommes délibéraient et les événements marchaient. On se borna à convenir que Joseph Bonaparte parcourrait le lendemain les avant-postes, et que l'Impératrice ne partirait qu'après avoir reçu un message de lui.

La nuit du 28 au 29 mars s'écoula en préparatifs. Les passants attardés pouvaient, en traversant nuitamment la place du Carrousel, apercevoir les lumières qui couraient dans les vastes salles, indice de ces mouvements inaccoutumés qui présagent un départ. Le matin, les préparatifs continuaient avec cette précipitation troublée qui retarde ce qu'elle veut hâter : on voyait, à travers les fenêtres grandes ouvertes, les bougies oubliées achevant de s'éteindre sur les flambeaux au souffle du matin ; les dames de l'Impératrice couraient, effarées, d'une pièce à l'autre ; des domestiques allaient et venaient, soucieux et ahuris, achevant de tout disposer ; quelques vieux serviteurs pleuraient. Scènes de confusion qui n'avaient rien de nouveau pour ce vieux palais, témoin de tant de catastrophes historiques et de tant d'adieux !

Le 29 mars, à huit heures du matin, les voitures de voyage

venaient se ranger devant le pavillon de Flore; le départ de l'Impératrice devait avoir lieu à neuf heures. Le duc de Feltre lui envoyait message sur message pour l'inviter à se hâter ; si elle tardait encore, ajoutait-il, les chemins ne seraient plus libres. Elle attendait toujours l'avis que Joseph lui avait promis de lui adresser. Le temps s'écoulait dans cette attente fiévreuse. Aucun avis n'arrivait. L'Impératrice, dévorée par l'inquiétude, demeurait pleine d'incertitudes et de perplexités, hésitant à partir, appréhendant de rester. Enfin, à dix heures, un dernier message du duc de Feltre vint l'avertir que, si elle tardait encore, tout départ devenait impossible, exposée qu'elle serait à tomber, en sortant de Paris, dans un parti de Cosaques. Cette crainte fit pencher la balance. L'Impératrice, ayant encore vainement attendu pendant une demi-heure l'avis promis par Joseph, déclara qu'elle était prête à partir. Il était dix heures et demie du matin quand elle descendit les escaliers des Tuileries. On raconte qu'il fallut emporter de force le petit roi de Rome, qui remplissait de ses cris le palais qu'il quittait pour jamais. L'Impératrice prit place avec lui dans un carrosse entouré d'un nombreux détachement de la cavalerie de la garde impériale. Alors le convoi de l'Empire se mit en marche. Il se composait d'une file immense d'équipages où les membres du gouvernement impérial et les nombreux serviteurs de cette cour fugitive s'étaient placés ; des fourgons, pesamment chargés, venaient à la suite. Des spectateurs froids et silencieux formaient la haie et regardaient l'Empire passer. Le cortége suivit le quai des Tuileries, le quai de Chaillot, et sortit de Paris par la barrière de Passy, pour aller prendre la route de Blois.

Dans ce moment même, les débris des colonnes des ducs de Trévise et de Raguse, rabattues sur Paris par le hasard de la guerre, arrivaient, en battant en retraite depuis la Fère-Champenoise, et passaient le pont de Charenton. Dans une direction opposée on voyait, du haut des buttes Montmartre et Belleville, l'avant-garde des armées ennemies, spectacle inconnu depuis des siècles, qui arrivait par la forêt de Bondy aux portes de la capitale de la France. Ces nations, que l'esprit de conquête était allé visiter chez elles, venaient, à leur tour, déployer leurs drapeaux aux portes de notre grande cité : le reflux de la fortune napoléonienne nous apportait l'invasion. Chose étrange, et qui accuse le plan de l'Empereur : sans la présence fortuite des corps de Marmont et de Mortier, continuant de se replier sur Paris, parce qu'ils n'avaient pas réussi à se frayer un passage pour se rallier à l'Empereur, les coalisés n'eussent trouvé aucune force devant la capitale et y fussent entrés sans coup férir.

Le 29 mars 1814, on lisait, à midi, sur les murs de la ville, la proclamation suivante du roi Joseph, lieutenant général de l'Empereur :

« Une colonne ennemie s'est portée sur Meaux, elle s'avance sur la route d'Allemagne ; mais l'Empereur la suit de près à la tête d'une armée victorieuse. Le conseil de régence a pourvu à la sûreté de l'Impératrice et du roi de Rome, je reste avec vous. Armons-nous pour défendre notre ville, ses monuments, ses richesses, nos femmes, nos enfants, tout ce qui nous est cher ; que cette vaste cité devienne un camp pour quelques instants, et que l'ennemi trouve la honte sous ces murs qu'il espère franchir en triomphe. L'Empereur marche à notre secours, secondez-le par une courte et vive résistance, et conservons l'honneur français. »

Il y avait quatre mots de trop dans cette proclamation : « Je reste avec vous. » Joseph Bonaparte, au lieu de rester avec les Parisiens, se préparait à pourvoir à sa sûreté et à rejoindre à Blois le conseil de régence. De tous les membres de ce conseil, un seul était décidé à ne point quitter Paris : c'était M. de Talleyrand, un de ces hommes experts à tirer profit des circonstances difficiles et troublées. Ce n'était pas pour servir l'Empereur, c'était pour servir la circonstance et pour s'en servir qu'il demeurait dans le lieu où se perdent et se gagnent les couronnes. Habile cependant à se mettre en règle avec toutes les chances de la fortune, il affecta de vouloir quitter Paris comme tous ses collègues. Le 30 mars au matin, sa voiture, avec des domestiques en livrée, se dirigea vers la barrière d'Enfer. Mais quelques-uns de ses familiers lui avaient ménagé d'avance un obstacle dans le poste de la garde nationale de la barrière d'Enfer : le commandant de ce poste lui demanda de produire un passe-port que le prince avait eu soin de ne pas se procurer. Tout se passa selon son désir : on arrêta sa voiture, on le reconduisit à son hôtel de la rue Saint-Florentin, contraint de rester à Paris, qu'il ne voulait pas quitter, et ayant dès lors une excuse valable à présenter à l'Empereur, si celui-ci avait un retour de fortune. Cette petite scène de comédie, venant s'intercaler dans le drame de la chute de l'Empire, était un nouveau coup porté à la fortune de Napoléon. Les armées étrangères étaient devant Paris; les débris des corps des ducs de Trévise et de Raguse, ramenés sous les murs de la ville par leur défaite même, la couvraient imparfaitement de leurs bataillons réduits; l'Impératrice, le roi de Rome, le frère de Napoléon et ses serviteurs les plus dévoués étaient sur la route de Blois; M. de Talleyrand, dont l'attitude équivoque avait excité les défiances et les alarmes de l'Empereur, restait seul à Paris. La manière dont les acteurs étaient placés sur le théâtre des événements indiquait déjà la direction ultérieure du drame.

Pendant que les affaires prenaient cet aspect à Paris, que devenait Napoléon? Après le sanglant et stérile combat livré le 20 mars à Arcis-sur-Aube, il avait passé la nuit du 21 au 22 au village de Sommepuis, à mi-chemin de Vitry-le-Français. Dans la soirée du 22, il avait fait faire par un détachement une démonstration inutile contre Vitry-le-Français, occupé par l'ennemi. Le 23 mars, l'armée avait continué son mouvement sur Saint-Dizier; c'est dans cette ville que le duc de Vicence rejoignit Napoléon. Le retour du plénipotentiaire de Châtillon produisit une impression pénible sur les états-majors généraux. On s'éloignait de Paris à regret. « Il y a autour de Napoléon lui-même, dit un confident intime de l'Empereur[1], trop de personnes qui s'éloignent de Paris avec regret. On s'inquiète tout haut, on commence à se plaindre; dans la salle qui touche à celle où Napoléon s'est enfermé, on entend des chefs de l'armée tenir des propos décourageants; les jeunes officiers font groupe autour d'eux. On veut secouer l'habitude de la confiance; on cherche à entrevoir la possibilité d'une révolution. Tout le monde parle, et d'abord on se demande : Où va-t-on, que deviendrons-nous? Et s'il tombe, tomberons-nous avec lui? »

Telles étaient donc, le 23 mars, d'après un témoignage plutôt suspect d'optimisme que de pessimisme, les dispositions qui se manifestaient publiquement dans l'armée que Napoléon commandait en personne. Sa chute était dès lors une éventualité prévue, agitée. Il y avait, parmi les chefs qui l'entouraient, des hommes qui parlaient publiquement de se séparer de sa fortune glissant sur la pente : on entrevoyait la possibilité d'une révolution. Si tels étaient les propos du bivac impérial, que ne disait-on point ailleurs? A quoi n'était-on pas d'avance résigné, préparé?

Cependant Napoléon, qui commençait à être inquiet des mouvements de la grande armée des coalisés, avait envoyé du côté de la Lorraine le duc de Reggio, qui s'établit à Bar-sur-Ornain, et du côté de Langres le général Piré; il espérait ainsi couper les lignes d'opération des alliés, intercepter leurs parcs, leurs bagages, et surtout surprendre leurs courriers, de manière à se procurer des nouvelles. Il avait fait prendre position

---

[1]. Le baron Fain, dans le *Manuscrit de 1814*, page 214.

au gros de son armée sur la route qui relie Saint-Dizier à Bar-sur-Aube. Le 24 mars, le quartier impérial était à Doulevant, tandis que les ailes s'étendaient sur Saint-Dizier et sur Bar-sur-Aube. Évidemment l'Empereur hésitait à marquer plus profondément son mouvement sur la Lorraine, et il regardait avec anxiété Paris, d'où il attendait des nouvelles. Soit qu'il eût encore, soit qu'il voulût entretenir chez les autres des espérances qu'il n'avait plus, il autorisa le duc de Vicence à écrire au prince de Metternich pour ouvrir des négociations. On pouvait conclure, des lettres du duc de Vicence, que cette fois il se présentait avec des pouvoirs pour souscrire les concessions exigées[1]. Napoléon passa la journée du 25 mars tout entière à Doulevant; mais le 26 au matin, une vive attaque, dirigée contre notre arrière-garde, le rappela vers Saint-Dizier, que ses troupes venaient d'être obligées d'évacuer. Le retour offensif de l'Empereur rétablit le combat; l'ennemi, mis en désordre, fut contraint à son tour de nous abandonner Saint-Dizier, où l'Empereur passa la nuit du 26 au 27 mars. Là, il apprit que ce n'était pas l'armée du prince de Schwarzenberg qu'il venait de combattre, mais un corps détaché de l'armée de Blücher, huit mille cavaliers commandés par le général Winzengerode. Ses idées se troublèrent. Comment, après s'être retiré devant l'armée de Schwarzenberg, était-il poursuivi par un corps détaché de l'armée de Blücher? Si Schwarzenberg n'était pas derrière lui, où était-il donc? Dans son incertitude pleine d'anxiété, il fit pousser une forte reconnaissance sur Vitry, et là la vérité lui apparut dans tout son jour, vérité menaçante!

---

1. « J'arrive cette nuit seulement près de l'Empereur. Sa Majesté m'a sur-le-champ donné ses derniers ordres pour la conclusion de la paix. Elle m'a remis en même temps tous les pouvoirs nécessaires pour la négocier et la signer. J'attends aux avant-postes la réponse de Votre Excellence. » Dépêche de Caulaincourt, le 25 mars.

Les rapports des prisonniers, de quelques soldats des corps de Marmont et de Trévise échappés à l'ennemi, ceux des paysans, les proclamations des souverains alliés, dont plusieurs exemplaires étaient dans leurs mains, coïncidaient pour lui révéler la position réelle des armées ennemies. Napoléon n'avait devant lui qu'un rideau de cavalerie destiné à lui faire illusion. Les deux grandes armées européennes, après avoir effectué leur jonction dans les plaines de Châlons-sur-Marne, s'étaient mises en marche sur Paris. Le 23 mars, une proclamation avait annoncé la résolution des souverains coalisés; un exemplaire de cette proclamation était sous les yeux de Napoléon. Le doute n'était plus possible. C'était dans la soirée du 27 mars que ces détails étaient recueillis; l'ennemi avait donc dérobé quatre marches à l'Empereur.

A cette nouvelle, il s'enferma dans son cabinet et passa la nuit du 27 au 28 mars, perte de temps irréparable, combattu entre des résolutions contraires. Abandonnera-t-il Paris à son sort? Continuera-t-il à suivre son mouvement vers les places fortes des frontières, afin de rallier les garnisons, d'en grossir son armée, et de revenir prendre en queue l'ennemi, en lui fermant les chemins du retour? C'est, ce semble, le développement logique du plan qu'il a adopté le jour où il a renoncé à disputer à l'ennemi la route de la capitale. Il a dû, parmi les éventualités de ce plan, calculer la reddition de Paris. Il savait, en effet, que les corps laissés à Reims et sur la ligne de l'Aisne ne pourraient arrêter Blücher, et, en se retirant lui-même, il ne pouvait se dissimuler qu'il ouvrirait la route à Schwarzenberg. Évidemment, la raison politique prévalut ici sur la raison militaire. La perte de Paris, pour une famille incontestée, n'eût été, après tout, que la perte d'une grande ville. Ferdinand avait perdu Madrid; François, Vienne; Frédéric-Guillaume, Berlin; Alexandre, Moscou, sans que leur domination intérieure fût ébranlée : la perte de Paris, pour Napoléon, pouvait être la perte de la couronne. Les dispositions du pays, celles même de l'armée, lui faisaient une loi de conserver la capitale. C'était moins Paris qu'il allait défendre, que l'Empire qu'il allait maintenir à Paris. Mais, puisqu'il en était ainsi, le plan militaire qui éloignait l'Empereur de Paris n'était point applicable dans sa situation politique. C'était une faute que de commencer un mouvement qu'on ne pourrait continuer. La perte de cette ville devenant une compromission certaine pour sa fortune; il fallait tout subordonner à la défense de la position décisive, et ne point s'éloigner de Paris, puisqu'on devait y être ramené par la nécessité, sans être sûr d'arriver à temps.

Le 28 mars, au matin, Napoléon donna des ordres pour que l'armée se mît en route sur Paris par la rive gauche de la Seine, en débouchant sur la route de Troyes. Le mouvement de concentration des armées ennemies, marchant par la rive droite, lui laissait ce chemin ouvert. « Quelque avance que l'ennemi eût sur lui, dit l'historiographe autorisé de ces dernières journées, il espérait arriver à temps pour rallier ses forces sous le canon de Montmartre et discuter en personne les dernières conditions de la paix[1]. » Le 28 mars, dans l'après-midi, l'armée était à Doulevant. Là, Napoléon trouva un courrier de M. de Lavalette, qui lui apportait une dépêche chiffrée dont la teneur était alarmante : les hommes opposés au gouvernement impérial, y était-il dit, levaient la tête; les partisans des Bourbons commençaient à s'agiter; il n'y avait pas un moment à perdre, et le retour de Napoléon pouvait seul prévenir la reddition de Paris. L'armée continua sa marche, et, le 29 mars, Napoléon, parti de grand matin de Doulevant, gagna par la traverse le pont de Doulencourt. Là, il rencontra une troupe d'estafettes, retenues longtemps à Nogent et à Mon-

1. Baron Fain, *Manuscrit de* 1814, page 225.

tereau, et à qui le mouvement des troupes ennemies pour suivre Schwarzenberg sur la Marne avait permis enfin de passer par Sens et par Troyes. Chaque dépêche contenait un nouvel avis de se hâter. Napoléon ordonna au général Dejean, son aide de camp, de partir à franc étrier pour annoncer son retour à Paris. Il ne partit point lui-même, comme il aurait pu le faire, puisque la route était libre; il semblait avoir perdu cette confiance dans sa fortune qui était le principe de son activité; il délibérait quand il aurait fallu agir, et il expédiait des aides de camp quand il aurait fallu sa présence pour défendre sa cause, si elle pouvait encore être défendue.

Après cette halte à Doulencourt, on se remit en marche et l'on arriva à Troyes dans la nuit. De Troyes, le prince de Neuchâtel dépêcha le général Girardin à Paris, pour multiplier les avis de retour. Le 30 mars, au matin, Napoléon se remit en route. Il marcha militairement jusqu'à Villeneuve-sur-Somme, situé au point presque intermédiaire entre Troyes et Montereau. Là seulement, rassuré sur la sécurité de la route, il se jeta dans une carriole de poste; il apprit successivement, en changeant de chevaux, les nouvelles les plus funestes pour sa cause : l'arrivée des coalisés devant Paris, le départ de l'Impératrice et du roi de Rome pour Blois, la bataille engagée par une poignée d'hommes contre les immenses armées des coalisés. Napoléon dévorait l'espace; les roues de sa carriole brûlaient le pavé, et il pressait encore du geste et de la voix les conducteurs. Arrivera-t-il à temps? Comme pour ce personnage de Shakspeare, l'Empire était pour lui au prix de la vitesse d'un cheval. Son œil interrogeait l'horizon; son oreille, les bruits apportés par les vents; son esprit, les chances de sa fortune. C'était une de ces tortures morales qui abrègent la vie. Les minutes pesaient sur lui comme des siècles. Le soir, il devait être aux portes de Paris, à Fromenteau, près des fontaines de Juvisy; mais Paris tenait-il encore?

V

BATAILLE ET CAPITULATION DE PARIS.

Aucun préparatif sérieux n'avait été fait pour la défense de la capitale. Il était évident que les hommes préposés par l'Empereur à cette tâche restaient au-dessous de leur mission ou ne voulaient pas la remplir; mais, dans l'une et l'autre alternative, la responsabilité remonte jusqu'à celui qui avait choisi de semblables instruments, et qui, s'éloignant de Paris, n'avait pourvu ni à l'unité, ni à l'habileté, ni à l'énergie du commandement. Il y avait, il faut le dire, un sentiment général qui pénétrait dans toutes les âmes : c'est que Paris ne voulait ni ne devait être sacrifié à la prolongation du pouvoir de Napoléon, qui, tout le monde commençait à le voir, courait à sa perte. C'est de ce sentiment que n'ont pas tenu assez compte ceux qui, depuis l'événement, ont curieusement recherché les ressources qu'on aurait pu mettre en valeur, soit en hommes, soit en matériel. Les parcs d'artillerie, les arsenaux pleins de fusils, les magasins de poudre, les dépôts des régiments, la garde nationale disponible, tout a été soigneusement supputé par des calculateurs qui ont oublié qu'à tout cela manquait la grande âme qui avait animé de son souffle la défense de Sagonte du temps des Romains, d'Orléans sous Charles VII, et de Saragosse de nos jours, la résolution de mourir pour la religion, pour la royauté, pour la nationalité, pour la liberté, pour la patrie. Ici, au contraire, on comprenait instinctivement qu'il n'y avait de menacés que la domination d'un seul, son esprit de conquête, son ambition trop à l'étroit dans l'Europe. Ceux qui auraient dû donner des ordres n'en donnaient pas, et ceux qui, dans d'autres circonstances, auraient pris l'initiative ne songeaient pas à la prendre. La population était inerte et le gouvernement inactif. Les émissaires des hommes qui, par devoir, s'occupaient de la défense, attendaient pendant des heures entières le réveil du roi Joseph qui tenait sans doute à prouver que les minuties de l'étiquette, si souvent reprochées aux vieilles dynasties, sont au nombre des emprunts que leur font le plus facilement et le plus volontiers les dynasties nouvelles [1].

Paris n'offrait de défenses naturelles que sur un cinquième environ de sa circonférence. Depuis Rosny jusqu'au faubourg de la Villette, une chaîne de collines continues s'élève; Romainville est le point culminant de cette chaîne. Depuis la Villette jusqu'à Montmartre, le terrain ne présente aucun accident; il n'y avait donc pour défense que les deux faubourgs et les maisons construites au dehors des barrières. Il en était de même de Montmartre à Neuilly. De l'autre côté de la Seine, Paris était abordable par tous les points, car on ne trouvait nulle part de hauteur qui pût servir à arrêter l'ennemi. Cette configuration de Paris était sans doute au nombre des motifs qui ôtaient aux lieutenants de l'Empereur l'espoir d'en défendre les abords. Il était évident qu'au bout de quelques heures les chefs des coalisés, en examinant les divers points par lesquels on peut aborder la ville, découvriraient les points d'attaque sur lesquels la résistance était impossible. Le bonheur voulut que l'ennemi arrivât par le côté que protégeaient des défenses naturelles.

Le 29 mars 1814, à trois heures de l'après-midi, les têtes de colonnes de Schwarzenberg occupaient Rosny et le bas de Romainville, et faisaient halte dans cette position, convaincues qu'il y avait des obstacles devant elles. Ce ne fut que dans la

---

1. « Je rentrai à Paris et je ne pus jamais joindre Joseph Bonaparte. Le ministre de la guerre même ne fut accessible qu'à dix heures du soir. » (*Mémoires du duc de Raguse*, tome VI, page 241.)

soirée que Marmont et Mortier, qui avaient franchi la Marne au pont de Charenton, tournèrent Paris par Saint-Mandé et Charonne, et prirent position à leur tour à Belleville, à Bagnolet et aux villages environnants, sur les collines destinées à devenir le lendemain le théâtre de la lutte. Le duc de Raguse visita aussitôt les buttes de Chaumont et de Belleville, dernières positions militaires qu'il eût songé à étudier dans ses longues campagnes. Il reconnut que les nombreux murs des jardins attenant aux maisons gêneraient les mouvements de ses troupes, et, voulant donner un peu de repos à ses soldats harassés, il se rendit au ministère de la guerre afin de demander les ouvriers nécessaires pour faire quelques travaux pendant la nuit, et réclama les vivres, les fourrages, les souliers, dont son corps avait un pressant besoin. Mais le ministre de la guerre était invisible comme Joseph Bonaparte; le duc de Raguse ne put rien obtenir, rien même demander; il dut laisser en se retirant une lettre pour le duc de Feltre, qui ne la lut que le lendemain[1].

Les troupes qui allaient défendre Paris étaient en bien petit nombre. Les forces réunies des ducs de Raguse et de Trévise n'arrivaient pas, d'après les évaluations les plus élevées, à sept mille fantassins et deux mille cavaliers. Deux petits corps, sous les ordres des généraux Compans et Arrighi, allaient à peine à cinq mille hommes; en ajoutant à ce chiffre environ deux mille hommes de la garde, quelques centaines de gardes nationaux volontaires, et un certain nombre de soldats de toutes armes tirés des dépôts et placés sous les ordres du ministre de

---

1. On lit dans le *Journal des opérations du sixième corps*, par le colonel Fabvier : « On croira difficilement que, quand nos troupes arrivèrent à Charenton, Belleville, etc., elles n'y trouvèrent pas une ration de vivres ni de fourrages, et que le lendemain plus de trois cents hommes combattirent pieds nus, tandis que depuis longtemps les administrations militaires étaient à Brie-Comte-Robert avec un énorme convoi de vivres et d'effets d'habillement. » (Page 65.)

la guerre et du commandant de la division, on a de la peine à l'élever au-dessus d'un effectif de seize mille combattants [1]. C'était avec cette faible armée, qui n'avait rien d'homogène et qui avait en outre l'inconvénient de ne pas être concentrée sous le même commandement, et d'obéir à plusieurs chefs indépendants les uns des autres, que l'on allait tenter de lutter contre les forces formidables arrivées devant Paris et qu'on ne peut évaluer à moins de cent vingt mille hommes, dont soixante-treize mille hommes furent engagés. Le duc de Raguse, commandant en chef les deux petits corps formant un effectif de neuf mille hommes, se chargea de défendre les approches de Paris à droite de la route de Meaux; il laissa au duc de Trévise le soin de couvrir la ligne qui s'étend à gauche de cette route. Comme la position de l'ennemi indiquait que l'attaque principale serait dirigée contre le duc de Raguse, celui-ci partagea inégalement les troupes, garda son corps réduit à deux mille cinq cents fantassins et huit cents chevaux, y ajouta les cinq mille fantassins et les sept cents cavaliers du général Compans, et laissa deux mille hommes au duc de Trévise.

« Le 30 mars, avant le jour, dit un des plus vigoureux soldats de cette suprême lutte, les troupes montèrent à Belleville et à Ménilmontant; l'ennemi était en avant de Romainville; on l'attaqua fortement; il fut repoussé et notre ligne rétablie : la gauche au moulin de Romainville, tenant tout le petit bois; la droite aux maisons les plus élevées de Bagnolet et au moulin de Malassise. Une partie de notre cavalerie resta à droite dans la plaine; le reste fut envoyé à gauche avec celle du duc de Trévise. On se battit dans cette position jusqu'à dix heures avec un grand acharnement. A dix heures, notre droite fut forcée et notre gauche recula jusque hors du petit bois. Le

---

[1]. C'est le chiffre donné par le colonel Fabvier.

duc de Padoue parvint, avec sa division qui tenait la droite, à reprendre sa position; la gauche fit quelques pas en avant. Le centre, qui était dans un terrain découvert vers l'ennemi, ayant marché en avant, quatre bataillons formés en colonne d'attaque et le duc de Raguse à leur tête furent arrêtés par la mitraille de douze pièces placées en avant des jardins de Romainville, et mis en déroute par une attaque fort vive des grenadiers de Rajewoski qui n'avaient pas encore combattu de la campagne, et un parti de grosse cavalerie dont quelques chevaliers-gardes, parmi lesquels on voyait le général Miloradovich. Toute la ligne fut forcée alors, et on prit position à cinq cents toises en arrière, au village de Belleville, la droite à Ménilmontant et la gauche aux prés Saint-Gervais. Notre centre occupait des jardins avancés, dont les murs, à angles droits, nous donnaient de bons feux croisés; le terrain assez découvert et en pente vers l'ennemi favorisait notre artillerie. L'ennemi nous attaqua sans relâche, mais sans succès; il enlevait quelques jardins, on les lui reprenait aussitôt. Il nous présentait sans cesse de nouvelles troupes, et, tout notre monde étant engagé, on ne pouvait former des pelotons qu'avec des tirailleurs qui se retiraient en désordre, mais qu'on ralliait facilement en leur montrant Paris d'une main, l'ennemi de l'autre. A onze heures et demie, le maréchal reçut du roi Joseph une lettre par laquelle il l'autorisait, *sa position n'étant plus tenable, à faire avec l'ennemi une suspension d'armes et une convention pour l'évacuation de Paris*[1]. Le duc de Raguse envoya un officier de son état-major pour dire au roi que, si le reste de la ligne n'était pas en plus mauvais état que notre côté, rien

---

1. « Si M. le maréchal duc de Raguse et M. le maréchal duc de Trévise ne peuvent plus tenir, ils sont autorisés à entrer en pourparlers avec l'empereur de Russie et le prince de Schwarzenberg qui sont devant eux. Ils se retireront sur la Loire. Joseph. Paris, de Montmartre, le 30 mars, à dix heures du matin. »

ne pressait encore de prendre ce triste parti; que nous avions encore l'espoir d'atteindre la nuit, qui pourrait apporter quelque changement important à nos affaires[1]. L'officier ne trouva plus le roi à Montmartre, il en était parti pour Saint-Cloud, et, il faut le dire, parti trop tôt....

« Sur le rapport de l'officier qui n'avait pu atteindre le roi Joseph, on résolut de continuer à combattre. Le duc de Trévise se défendait pied à pied à la Villette et à Montmartre qui ne fut enlevé qu'à quatre heures. L'ennemi, trop supérieur, le poussait sous les murs de Paris; le général Compans, après une vigoureuse résistance à Pantin et aux prés Saint-Gervais, s'était placé sur la butte Chaumont. Le comte de Palhen, qui avait passé la Marne au-dessous de Saint-Maur sur Charenton et Saint-Mandé, prit du canon servi par les élèves de l'École polytechnique. Ces intrépides jeunes gens, quoique sans appui, se défendirent de manière à étonner les ennemis. Cette cavalerie arriva jusqu'à Charonne. Une division de grenadiers russes, venue de Montreuil par Bagnolet, chassa quelques pelotons de flanqueurs que nous avions à Ménilmontant, et marcha sur Belleville, où elle arriva à trois heures. En même temps, une autre colonne montait des prés Saint-Gervais. Le duc de Raguse, coupé avec tout ce qui défendait la tête du village de Belleville, réunit tout ce qu'il trouva sous sa main, et, accompagné des généraux Pelleport et Meynadier, attaqua à la baïonnette le corps qui occupait la grande rue. Nous rentrâmes en communication avec la barrière. On se fusilla d'une maison à l'autre, et, pendant ce temps, tout ce qui était en avant put nous rejoindre. Les généraux Ricard et Pelleport furent blessés dans cette attaque; les généraux Arrighi et Clusel l'avaient été auparavant; le duc de Raguse reçut plusieurs balles dans ses habits.

---

[1]. « L'Empereur pouvait arriver. Le duc de Raguse avait laissé à Nogent le général Souham pour couvrir et protéger sa marche. »

On prit une dernière position occupant la butte Chaumont, l'église de Belleville et la rue haute qui va à Ménilmontant. Le nombre des soldats était beaucoup diminué par le combat. Le voisinage de Paris permettait à un grand nombre d'y entrer sous divers prétextes; la défense était devenue impossible. Les généraux crurent alors qu'il était temps de faire pour Paris ce qui se fait d'ordinaire pour les villes de quelque population; ce que le roi Joseph avait autorisé quatre heures auparavant. Trois officiers furent envoyés successivement pour proposer une suspension d'armes; un fut tué, le deuxième blessé, un troisième parvint enfin et rapporta le consentement de l'empereur Alexandre; nous avions alors perdu tout le village de Belleville. La première condition fut que nos troupes se renfermeraient dans les barrières. Il le fallait bien, puisque nous ne pouvions plus tenir dehors. On envoya partout l'ordre de faire cesser le feu; déjà plus de la moitié de l'enceinte était abandonnée [1]. »

Telle fut, d'après le récit d'un vaillant homme de guerre, la dernière journée militaire qu'on appela la bataille de Paris. Les quinze à vingt mille soldats que nous avions en ligne avaient, chose presque inouïe à la guerre, tué à l'ennemi presque autant d'hommes qu'ils en comptaient dans leurs rangs au commencement de la bataille. Ils avaient poussé leur résistance jusqu'aux dernières limites du possible; engagés contre des forces quintuples, renouvelées sans cesse par des troupes fraîches, leurs généraux n'avaient songé à une capitulation que lorsque, refoulés de proche en proche par des combats meurtriers, ils avaient vu le champ de bataille se dérober sous leurs pieds. A huit heures et demie, on put voir, des hauteurs de Belleville, de nouvelles et formidables colonnes se diriger sur

---

[1]. *Journal du sixième corps pendant la campagne de France en* 1814, par le colonel Fabvier. — Paris, 1819.

tous les points résistants de la ligne, depuis la barrière du Trône jusqu'à la Villette. Tandis que le duc de Raguse, après une défense héroïque, était acculé à la barrière de Belleville par l'armée autrichienne, et que le duc de Trévise avait été refoulé de son côté jusqu'à la Villette, Blücher, traversant la plaine Saint-Denis à la tête de l'armée de Silésie, passait le canal et arrivait aux buttes Montmartre avec de grandes précautions. Aucun préparatif sérieux de défense n'avait été fait sur ce point; Blücher fut donc bientôt maître des buttes Montmartre, et les couvrit de canons. A quatre heures vingt minutes, les obus et les boulets ennemis commencèrent à tomber dans les terrains où s'élèvent aujourd'hui les rues les plus brillantes de la Chaussée-d'Antin. Paris était à la discrétion des coalisés; cent cinquante pièces de douze furent bientôt en batterie sur les hauteurs qui bordent cette ville du côté où elle a des défenses naturelles, vers Montmartre et à la droite de Ménilmontant; l'empereur Alexandre avait donné ordre de canonner la ville si à minuit la capitulation n'était pas signée. L'armée ne pouvait plus rien pour sa défense, et le gros de la population ne laissait voir aucun symptôme d'une de ces résolutions désespérées qui ensevelissent les cités sous les ruines d'un gouvernement national. Dans la matinée même du 30 mars, à dix heures du matin, Joseph Bonaparte, après avoir observé, des hauteurs qui environnent Paris, les mouvements des armées ennemies, et découvert les nombreux bataillons de Blücher s'avançant en masse, avait expédié, on l'a vu, aux maréchaux l'ordre de traiter. Il était monté à cheval à midi avec le duc de Feltre, et s'était hâté de suivre les traces de l'Impératrice. Vers cette heure, on avait vu arriver le général Dejean qui, courant à franc étrier depuis Troyes, précédait l'Empereur. Ce fut en vain qu'il demanda le roi Joseph; on lui indiqua la route qu'il avait prise, en lui donnant l'espoir qu'en mettant son cheval au galop il pourrait l'atteindre. Il l'atteignit en effet vers deux heures dans le bois de Boulogne, et lui communiqua l'ordre de l'Empereur de tenir jusqu'à son arrivée ; mais il ne parvint pas à lui faire tourner bride. Joseph répondit à toutes ses instances qu'il ne resterait pas dans une ville sans défense. « Que dirait l'Empereur, ajouta-t-il, si son frère demeurait en otage dans les mains de l'ennemi ? » Le général Dejean ne trouva personne à Paris qui eût qualité pour recevoir les dépêches de l'Empereur. Le gouvernement impérial était dissous : tous les fonctionnaires avaient disparu, il ne restait à leur poste que le préfet de la Seine, le préfet de police et les maires des douze arrondissements.

La vie parisienne n'était pas suspendue par l'extrémité des circonstances. Les boulevards avaient été couverts, pendant la bataille, d'une foule de personnes qui, debout ou assises, attendaient des nouvelles et devisaient sur les événements. Il y avait des paroles plus vives sur les boulevards qui bordent les quartiers populaires, mais pas d'action. Les notables du commerce parisien, et à leur tête MM. Laffitte et Perregaux, se prononçaient avec insistance pour la nécessité d'une capitulation qui sauvât les immenses intérêts que renfermait la capitale.

Ce fut dans ces circonstances que le duc de Raguse, à bout de voies, envoya à quatre heures un premier parlementaire, précédé d'un trompette, pour proposer une suspension d'armes. Le colonel Labédoyère, chargé de cette périlleuse mission, revint bientôt après ; il n'avait pu passer, son cheval et celui du trompette avaient été tués : « Le combat, dit-il, était trop vivement engagé sur ce point pour qu'un parlementaire eût chance d'arriver. » Alors le duc de Raguse envoya un aide de camp au général Compans, mieux placé pour entrer en communication avec l'ennemi, car, établi au pied des buttes de la Villette, ses avant-postes occupaient l'entrée de la grande route, et lui prescrivit de chercher à ouvrir la négociation. Le premier parlementaire, comme le dit le colonel Fabvier, fut tué, le second blessé grièvement; le troisième, M. de Quelen, aide de camp du général Compans, arriva jusqu'au quartier général des coalisés, alors à Bondy. L'empereur de Russie répondit, à la demande d'un armistice, qu'il n'avait pas l'intention de faire le moindre mal à la ville de Paris : « Ce n'est pas à la nation française que je fais la guerre, ajouta-t-il, c'est à l'Empereur Napoléon. » — « Pas même à lui, reprit le roi de Prusse, mais à son ambition. » Deux officiers des armées coalisées reçurent l'ordre de suivre M. de Quelen jusqu'à la Villette. La conférence pour une suspension d'armes s'ouvrit dans la seconde maison à gauche de la barrière, au sortir du faubourg Saint-Denis. C'était un cabaret ayant pour enseigne : *Au petit Jardinet*.

Du côté des coalisés, MM. de Nesselrode, Orloff et de Paar assistaient à cette conférence, où les deux maréchaux étaient venus [1]. Il était cinq heures de l'après-midi quand la suspension d'armes fut signée, après une conversation où les bases de la convention d'évacuation furent posées. Il fut stipulé qu'elle durerait quatre heures, et que ce temps serait employé à régler la retraite des troupes, ainsi que les conditions d'une capitulation pour Paris.

Les troupes commencèrent immédiatement leur mouvement rétrograde. A six heures, le duc de Raguse parut dans son hôtel de la rue de Paradis-Poissonnière. Sa barbe était longue de huit jours; un bras en écharpe, blessé à la main, noir de poudre, couvert d'une redingote en lambeaux, exténué de fatigue, il avait fait tout ce que pouvait humainement faire, dans cette journée, l'héroïque général de cette poignée de soldats héroïques qui représentaient, à cette lutte suprême, nos bataillons décimés par la guerre [2]. Au moment où il entra dans

---

1. *Journal du sixième corps*, page 72.
2. Le colonel Fabvier a donné le triste et curieux état de l'effectif réel des régiments du sixième corps qui prirent part à la bataille de Paris : c'étaient des ombres de régiments qui venaient soutenir l'honneur de leur numéro. Le

son salon, les conversations particulières arrivaien à un ton d'abandon et de liberté qui annonçait assez que l'Empire, près de finir dans les faits, était déjà fini dans les idées. On mesurait la grandeur du péril, on indiquait hardiment le remède. « En général, dit le duc de Raguse, tout le monde semblait d'accord sur ce point, que la chute de Napoléon était le seul moyen de salut ; on parlait des Bourbons. La voix la plus énergique en leur faveur, celle qui me fit le plus d'impression, fut celle de M. Laffitte. Il se déclarait hautement leur partisan, et, quand je renouvelai les arguments adressés quelque temps auparavant à mon beau-frère[1], il me répondit : *Eh! monsieur le maréchal, avec des garanties écrites, avec un ordre politique qui fondera nos droits, qu'y a-t-il à redouter?* Quand je vis un homme de la bourgeoisie, un simple banquier, exprimer une pareille opinion, je crus entendre la voix de la ville de Paris tout entière[2]. »

Le maréchal donna aux nombreuses personnes, commerçants, banquiers, propriétaires, qui l'attendaient avec anxiété, la nouvelle de la suspension d'armes ; on fit, sur-le-champ, l'observation que la convention militaire ne couvrait point Paris qu'une capitulation seule pouvait protéger. Le duc de

---

29 mars, la huitième division, qui se composait des 2e, 8e, 9e et 16e d'infanterie légère, des 136e, 138e et 144e de ligne, ne présentait qu'un effectif de sept cent quarante-cinq soldats et quatre-vingt-douze officiers ; total : huit cent trente-six hommes ; la vingtième division, qui comptait onze régiments, ne présentait qu'un effectif de douze cents soldats et deux cent quatre officiers, total : quatorze cent quatre hommes ; la division de réserve, qui comptait sept régiments, présentait un effectif de cent cinquante et un officiers et neuf cent dix-huit soldats, total ; mille soixante-neuf hommes. Il faut ajouter à cela une division de cavalerie qui comptait quatorze cent vingt et un sabres. Ainsi le sixième corps d'armée n'offrait en tout qu'un effectif de quatre mille sept cent trente et un combattants. Dans un autre état donné par le général Fabvier, on voit que le sixième corps était réduit à treize cent quatre-vingt-neuf hommes d'infanterie le 1er avril 1814.

1. M. Perregaux.
2. *Mémoires du duc de Raguse*, tome VI, page 250.

Raguse en convint; il ajouta que la suspension d'armes avait pour objet de donner le temps de négocier cette capitulation; mais que, simple chef de corps, il n'avait pas qualité pour la signer, et que, le sort de ses troupes réglé, il allait se retirer sur Fontainebleau, où l'on annonçait l'arrivée prochaine de l'Empereur. Il n'y eut autour de lui qu'un cri sur l'imminence du danger qui menaçait la capitale. Qui signerait la capitulation, s'il ne la signait pas? Le gouvernement? Il n'existait plus. Les autorités avaient pris la fuite. Les maires de Paris étaient des personnages obscurs, aucun d'eux n'était connu des souverains étrangers. Il y avait là une question d'humanité; les maréchaux abandonneraient-ils Paris aux rigueurs des lois de la guerre? Sans parler de l'urgence des circonstances qui leur conférait un mandat, ils en avaient reçu un formel de Joseph, qui, en partant, les avait autorisés à traiter. C'est ainsi que l'intérêt, la peur, toutes les passions émues par l'extrémité des circonstances, insistaient sur les considérations propres à déterminer le maréchal Marmont à accepter la responsabilité d'une initiative que l'ingratitude contemporaine devait lui reprocher, une fois le péril passé. Une députation du conseil municipal vint lui demander, au nom du salut public, de rendre ce dernier service à la capitale qu'il avait défendue. Un seul homme, un des serviteurs intimes de l'Empereur, M. de Lavalette, raconte avoir élevé de timides objections : « Malgré les menaces de l'ennemi, il n'y avait aucun inconvénient à attendre jusqu'au lendemain; il serait possible que Napoléon arrivât dans la nuit; Alexandre ne lancerait pas son armée à corps perdu dans une capitale si peuplée[1]. » M. de Lavalette, s'il est exact qu'il ait ainsi parlé, oubliait l'inconvénient du bombardement, qui devait commencer si, au bout de quatre heures, la suspension d'armes n'était pas changée

---

1. *Mémoires de Lavalette.*

en capitulation, et ne songeait pas, en outre, que Napoléon arrivât-il dans la nuit, arriverait seul, et ne pourrait couvrir Paris de sa personne contre cent quatre-vingt mille coalisés. Les voix unanimes qui demandaient à Marmont de pourvoir au salut de Paris s'élevèrent plus haut que la voix solitaire qui voulait qu'on sacrifiât Paris à l'espoir incertain de voir arriver l'Empereur dans la nuit, et de le voir arriver sans aucun moyen militaire de préserver la capitale de sa ruine. Le duc de Raguse accepta la responsabilité d'un acte que tout le monde regardait comme nécessaire; car, les hauteurs occupées par l'ennemi et la convention militaire pour l'évacuation des troupes une fois signée, la question n'était plus de savoir si les étrangers entreraient à Paris, désormais sans défense, mais s'ils y entreraient avec ou sans capitulation. Deux aides de camp de son corps d'armée, les colonels Fabvier et Denys Damrémont, furent chargés de signer les conditions en son nom. Les officiers russes présents dans ce moment à l'hôtel de Marmont, furent immédiatement avertis de cette résolution, et le mouvement d'évacuation commença. Les troupes du duc de Trévise prirent l'avant-garde, les troupes du duc de Raguse, prenant l'arrière-garde, bivaquèrent aux Champs-Élysées, avec l'ordre de se mettre en route le lendemain à sept heures du matin.

Il était dix heures du soir. La cavalerie, formant l'avant-garde du corps d'armée du duc de Trévise, arrivait à Fromenteau, vers les fontaines de Juvisy, lorsque la carriole d'osier où l'Empereur courait de toute la vitesse des chevaux entra par le côté opposé. Napoléon rencontrait les débris du naufrage de sa fortune. Ce fut un grand étonnement pour lui que de se trouver tout à coup au milieu de troupes françaises. Il sauta à terre, demanda d'où elles venaient, où elles allaient, qui les commandait. On lui répondit que c'était le général Belliard. En un instant Belliard fut devant l'Empereur, et la conversation s'engagea ainsi : « Eh bien! Belliard, qu'est-ce que cela? vous ici avec votre cavalerie? Où est donc l'ennemi? — Aux portes de Paris, sire. — Et l'armée? — Elle me suit. — Et qui donc garde Paris? — La garde nationale. — Et ma femme et mon fils, et Mortier et Marmont? — L'Impératrice et le roi de Rome sont partis avant-hier pour Rambouillet, les maréchaux sont sans doute encore à Paris pour terminer leurs arrangements. »

Belliard raconta alors en peu de mots la bataille. Napoléon dit au duc de Vicence et au prince de Neuchâtel, qui arrivaient dans ce moment : « Vous entendez ce que dit Belliard. Je veux aller à Paris; partons. Caulaincourt, faites avancer ma voiture. »

Le général Belliard représenta à l'Empereur qu'il y aurait témérité à aller plus loin. Il ne devait plus y avoir de troupes à Paris. « C'est égal, dit l'Empereur, j'y trouverai la garde nationale; l'armée me rejoindra demain ou après-demain, et je rétablirai mes affaires. — Je répète à Votre Majesté qu'elle ne peut aller à Paris. La garde nationale doit, il est vrai, occuper les barrières jusqu'à demain matin sept heures, mais il est possible que l'ennemi ait passé outre, et Votre Majesté peut rencontrer aux barrières ou sur les boulevards des postes prussiens. — N'importe! je veux y aller. Ma voiture! Belliard, suivez-moi avec votre cavalerie. — Mais, sire, Votre Majesté s'expose à se faire prendre et à faire saccager Paris. Plus de cent vingt mille hommes occupent toutes les hauteurs environnantes. D'ailleurs j'en suis sorti en vertu d'une convention, et je ne puis y rentrer. — Quelle est cette convention? — Je n'en connais pas les termes ; mais le duc de Trévise m'a prévenu qu'elle existait, et que je devais me porter sur Fontainebleau. — Que fait Joseph? Où est le ministre de la guerre? — Je l'ignore. Nous n'avons reçu aucun ordre de l'un ni de l'autre dans toute la journée; chaque maréchal agissant pour son compte; on ne les a point vus aujourd'hui, du moins au corps du duc de Trévise. — Allons, il faut aller à Paris. Partout où je ne suis pas, on ne fait que des sottises. »

L'Empereur, en proie à une agitation fébrile, allait et revenait à pas précipités. « Il fallait tenir plus longtemps, répétait-il; il fallait tâcher d'attendre l'armée; il fallait remuer Paris, qui ne doit pas aimer les Russes, mettre en action la garde nationale, qui est bonne, et lui confier la défense des fortifications que le ministre a dû faire élever et hérisser d'artillerie; elle les aurait sûrement bien gardées, tandis que les troupes de ligne auraient combattu en avant et dans la plaine. — Je répète à Votre Majesté qu'on a fait aujourd'hui plus qu'il n'était possible; l'armée, composée de quinze à dix-huit mille hommes au plus, a résisté à plus de cent mille jusqu'à quatre heures, espérant de moment en moment vous voir arriver. — Tout cela est étonnant! Combien aviez-vous de cavalerie de votre côté? — Dix-huit cents chevaux, sire, en comptant la brigade d'Autancourt. — Mais, Montmartre fortifié, garni de gros canons, devait faire une vigoureuse résistance. — Heureusement, sire, l'ennemi l'a cru comme vous, et voilà pourquoi il s'en est approché avec tant de circonspection; cependant il n'en était rien, il n'y avait que sept pièces de six. — Qu'a-t-on fait de mon artillerie? je devais avoir deux cents pièces de position et des munitions pour les alimenter pendant plus d'un mois. — La vérité, sire, est que nous n'avons eu à opposer à l'ennemi que de l'artillerie de campagne, et encore à deux heures il a fallu ralentir l'action faute de munitions. — Allons, je vois que tout le monde a perdu la tête! Voilà ce que c'est que d'employer des hommes qui n'ont ni sens commun ni énergie! Eh bien, Joseph s'imagine cependant qu'il est en état de conduire une armée, et le routinier Clarke a tout l'orgueil d'un bon ministre. »

Napoléon semblait persister à continuer sa route. Une nouvelle troupe parut, c'était une colonne d'infanterie. « Quelles sont ces troupes? demanda de nouveau l'Empereur qui rencontrait ainsi successivement les épaves de son naufrage. — C'est l'infanterie du duc de Trévise, répondit le général Curial. — Faites-le appeler. — Il est encore à Paris. » Alors le prince de Neuchâtel, le duc de Vicence et le général Belliard renouvelèrent leurs représentations avec une insistance croissante, et Napoléon consentit à rétrograder vers la maison de poste de la Cour-de-France, tandis que le duc de Vicence retournerait en toute hâte à Paris, avec tous les pouvoirs nécessaires pour intervenir au traité, s'il en était temps encore, et avec la mission de prendre des informations précises sur la situation exacte des choses, et d'envoyer un courrier dans la nuit même à l'Empereur. M. de Flahaut, aide de camp de l'Empereur, fut expédié à Marmont. Napoléon, renonçant plus que jamais à prévenir et à déterminer les événements par la rapidité de son initiative, les attendait.

Il demeura à Juvisy jusqu'au retour du courrier qui arriva à quatre heures du matin. Caulaincourt lui annonçait que tout était consommé, et lui envoyait une copie de la capitulation, qui avait été signée le 31 mars, à deux heures de la nuit. Les troupes françaises devaient avoir évacué Paris au lever du soleil. Les coalisés entreraient le matin même, à huit heures, dans la capitale, recommandée à la générosité des hautes puissances alliées [1].

Napoléon, après avoir lu cette dépêche, resta accablé sous le coup; il s'assit sur le parapet des fontaines de Juvisy, la tête appuyée sur ses mains, et demeura pendant plus d'un quart d'heure absorbé dans ses réflexions[2]; puis il se remit

---

1. Voir aux *Pièces justificatives* le texte de la capitulation. Le colonel Denys, premier aide de camp du duc de Raguse, devint plus tard le général Denys Damrémont. Il fut emporté par un boulet de canon, le matin de la prise de Constantine, le 12 octobre 1837.
2. *Mémoires de Lavalette.*

en route vers Fontainebleau. Ainsi c'était à Fontainebleau, ce palais où le pape Pie VII avait été si longtemps captif, que la fortune des armes, cet instrument de la Providence, ramenait Napoléon pour que le lieu témoin de la captivité du pontife fût aussi témoin de la chute du conquérant.

La nuit du 30 au 31 mars se passa à Paris, pour les hommes qui s'occupaient des affaires publiques, en courses et en conversations sur la situation que la prise de Paris faisait à la France, et sur la révolution qui devait en sortir. M. de Talleyrand, le plus considérable de tous les hommes politiques demeurés à Paris, celui qui, par sa position, pouvait avoir la plus grande influence sur le Sénat et qui, par ses anciens rapports diplomatiques avec les souverains étrangers, se trouvait naturellement accrédité auprès d'eux, avait envoyé, dans la soirée du 30 mars, le duc de Dalberg à Bondy, afin de pressentir les dispositions de l'empereur Alexandre. Le duc de Dalberg était chargé de faire naître dans l'esprit du Czar l'idée et le désir d'employer l'habileté, le crédit et le zèle de M. de Talleyrand, à qui tout deviendrait possible, si l'on sentait derrière lui la main toute-puissante d'Alexandre, cet arbitre de la situation. Il devait, en même temps, insister sur l'utilité de donner des garanties à tous les intérêts sortis de la révolution. Tout indique que la nécessité de mettre de côté l'empereur Napoléon fut touchée. Le duc de Dalberg revint dans la nuit apporter des nouvelles à M. de Talleyrand. Le Czar acceptait ses offres de services, il prenait en considération ses idées, il ferait connaître ses intentions dans une déclaration solennelle qui serait publiée le lendemain même, après son entrée à Paris. Il descendrait à l'hôtel de la rue Saint-Florentin, et donnerait ainsi une marque publique de faveur à M. de Talleyrand. Ces nouvelles furent portées dans la nuit à la connaissance des hommes qui se trouvaient en relation d'idées et d'intérêts avec la société du prince de Talleyrand. La rue

Saint-Florentin devint dès lors un centre d'action politique. Tous ceux qui espéraient contribuer à fonder l'ordre de choses nouveau et à le fonder dans des conditions conformes aux intérêts et aux idées qui dominaient dans la société de M. de Talleyrand y affluaient.

En même temps d'autres sentiments, d'autres passions, d'autres intérêts s'agitaient dans cette nuit témoin des convulsions de l'Empire à son lit de mort et des premiers vagissements du gouvernement qui allait naître. Il y avait toujours eu une organisation royaliste à Paris, même dans les temps de la toute-puissance de l'Empereur; mais cette organisation, d'abord bien faible, s'était développée et avait pris des allures plus vives depuis les persécutions dirigées contre le chef de l'Église. Le sentiment religieux froissé s'était rencontré avec des convictions politiques restées inébranlables au milieu des révolutions. Il était sorti de là une espèce d'association plus religieuse que politique chez les uns, plus politique que religieuse chez les autres, mais qui trouvait son unité d'action dans la même pensée d'opposition et de résistance contre un gouvernement à la fois hostile aux droits spirituels de l'Église, et contraire aux principes traditionnels de la monarchie française. Dans l'état d'éparpillement où se trouve une société après la chute d'un gouvernement, ce pouvait être une force, au moins un moyen de manifestation. Il y avait en outre des hommes d'ardeur et de dévouement qui employèrent la nuit en courses et en démarches pour prévenir les royalistes les plus dévoués, afin de faire le lendemain une manifestation de nature à convaincre les souverains étrangers que l'opinion royaliste n'était pas morte dans la capitale.

Ainsi, pendant cette nuit agitée, tous ceux qui aspiraient à remplacer le gouvernement qui tombait se concertaient, réunissaient leurs moyens, et surtout échangeaient entre eux l'expression de leurs désirs et de leurs espérances. La fuite des autorités impériales avait laissé le champ libre aux initiatives individuelles. Le préfet de police, M. Pasquier, resté seul à Paris, s'effaçait et ne tentait point un effort inutile pour prolonger l'agonie d'un gouvernement que tout le monde regardait comme fini.

Il y eut, pendant toute la soirée et toute la nuit du 30 au 31 mars, des communications actives entre le quartier général des coalisés et Paris. Tout se préparait pour l'événement du lendemain. Deux officiers supérieurs de la garde nationale, MM. de Tourton et Alexandre de Laborde, y vinrent vers quatre heures du matin, au moment du retour du comte Orloff et de ses collègues; MM. Pasquier, de Chabrol, et une députation de la municipalité de Paris, composée de huit maires, les accompagnaient pour porter les clefs de la ville à l'empereur Alexandre.

Par suite de ces allées et venues, la proclamation du prince de Schwarzenberg pénétra dans Paris; dans la soirée du 30 mars, elle commençait à circuler. Cette proclamation, attribuée par les uns à l'inspiration du prince de Talleyrand, par d'autres, et avec plus de vraisemblance, à l'inspiration de M. Pozzo di Borgo et de quelques Français émigrés qui se trouvaient au quartier général, était de nature à consoler la fierté nationale au milieu même des souffrances morales que lui faisait éprouver l'invasion :

« Depuis vingt ans, disait le généralissime, l'Europe est inondée de sang et de larmes; les tentatives pour mettre un terme à tant de malheurs ont été inutiles parce qu'il existe, dans le principe même du gouvernement qui vous opprime, un obstacle insurmontable à la paix. Parisiens, vous connaissez la situation de votre patrie; la conservation et la tranquillité de votre ville seront l'objet des soins des alliés. C'est dans ces sentiments que l'Europe en armes devant vos murs s'adresse à vous. »

Quel que fût l'inspirateur de cette proclamation, elle avait toute sa valeur morale dès qu'elle était acceptée par les puissances coalisées. Ce n'était point un médiocre hommage rendu à la force et à la grandeur de la France que cet appel adressé par l'Europe en armes à Paris désarmé. Le succès des coalisés demandait à nos désastres le repos du monde, et, malgré nos revers, nous n'avions point à solliciter la paix : on nous l'offrait.

Avant que les événements du 31 mars prennent leur cours, il importe d'examiner une question qui se présente ici d'elle-même. On a beaucoup parlé des trahisons de 1814. L'histoire même s'est rendue l'écho des bruits contemporains qui coururent à ce sujet. Le moment est venu d'apprécier la valeur de ces rumeurs confuses qui bourdonnent autour de toutes les grandes catastrophes. Est-il vrai que la chute de l'empereur Napoléon soit le résultat de quelques trahisons, d'une intrigue tramée à Paris dans le salon du prince de Talleyrand, ou de quelques manifestations royalistes faites dans la journée du 31 mars? Ou bien cette chute fut-elle le résultat inévitable de causes générales contre lesquelles personne ne pouvait lutter?

Lorsque, en se détachant de toute opinion préconçue, on étudie ce problème, il y a tout d'abord une considération qui frappe : l'empereur Napoléon n'a point péri par tel ou tel abandon, il a péri par l'abandon universel. Il éprouva l'inconvénient d'un gouvernement fondé exclusivement sur le génie et la fortune d'un homme. Quand la fortune manque à ce génie, et, disons-le aussi, quand ce génie se manque à lui-même, tout lui manque à la fois. Sa famille est la première à l'abandonner. Joseph, son frère, donne l'exemple de la fuite, et l'on a vu le général Dejean s'efforcer en vain de ramener à son poste ce fuyard impérial. L'impératrice Marie-Louise l'a devancé sur la route de Blois avec Cambacérès, le conseiller le plus intime de l'Empereur, et tous ses fonctionnaires et toute sa cour. Il est difficile de persuader à une ville que l'on quitte parce que l'on ne croit plus y être en sûreté qu'elle est en sûreté elle-même, et quand les plus intéressés à la défense y renoncent, il est indiqué qu'elle ne se prolongera pas. Il paraît tellement impossible à Joseph Bonaparte de la prolonger, qu'il laisse en partant aux maréchaux Mortier et Marmont l'autorisation de capituler. Ceux-ci, qui ont combattu avec un courage admirable dans les journées précédentes, et qui, avec des forces prodigieusement inégales, ont fait des miracles, viennent apporter l'appui de leur autorité d'hommes de guerre à l'opinion de Joseph sur l'impossibilité de tenir plus longtemps sans exposer Paris aux rigueurs d'une exécution militaire ; ils demandent une suspension d'armes, puis ils signent une capitulation.

Dans tous ces événements, qui ne sont que le prélude de ceux qui vont suivre, on retrouve la trace d'une influence irrésistible qui mène les hommes et les choses. Il y a, dans les affaires humaines, deux actions qu'il faut toujours distinguer, sous peine de confondre l'accessoire avec le principal : les causes générales qui dominent les situations et les hommes, et les circonstances particulières à l'occasion desquelles ces causes générales produisent leurs effets. Il y avait, en 1814, une cause générale qui dominait tout : l'Europe et la France avaient un besoin impérieux de la paix, elles la voulaient passionnément. Elles avaient tant souffert de la guerre qui désolait le monde depuis vingt et un ans, que les vainqueurs du jour, vaincus de la veille, et les vainqueurs de la veille, vaincus du lendemain, aspiraient également au repos. On a pu depuis, dans des intérêts de parti ou pour flatter les passions ou l'imagination de la France, tracer de ces temps un tableau de fantaisie, montrer les classes les plus nombreuses ardentes à se lever en armes, les classes élevées seules inclinant à la paix, et un petit nombre d'hommes pusillanimes ou corrompus arrêtant l'essor national au moment où une levée en masse va rejeter l'étranger vaincu hors de notre territoire. L'histoire, qui dit les choses non comme on voudrait qu'elles fussent, mais comme elles sont, ne peut entrer dans ces calculs. Le sentiment dominant de cette époque, c'est une lassitude universelle; cette lassitude est plus marquée encore dans les classes populaires que dans les classes aisées; plus on descendait, plus la souffrance des appels était sentie[1]. Les témoignages des contemporains, à quelque idée, à quelque parti qu'ils appartiennent, sont unanimes sur ce point. Carnot parle à ce sujet comme Chateaubriand; Caulaincourt, M. de Narbonne, Rovigo, Duroc, le comte de Ségur et d'Hauterive, serviteurs de Napoléon, ses maréchaux eux-mêmes, comme madame de Staël, sa grande ennemie. Pendant la campagne de 1813, Fouché, Rovigo, Caulaincourt, Cambacérès enfin, malgré sa timidité complaisante, ne cessent d'avertir Napoléon de cet épuisement et de cette lassitude du pays. Pendant la campagne de France, au commencement de mars 1814, Joseph Bonaparte écrivait à l'Empereur son frère : « Sire, vous êtes seul; votre famille, tous vos ministres, tous vos serviteurs, votre armée veulent la paix que vous refusez. » Comment n'aurait-on pas désiré la paix ? M. de Ségur, en retraçant depuis l'histoire de la campagne de Russie, à laquelle il assista, a écrit ces lignes : « On ne comptait dans l'Empire que des hommes vieillis par le temps ou par la guerre, et des enfants; presque tous les hommes faits, où étaient-ils ? Les pleurs des femmes, les cris des mères le disaient assez. Penchées laborieusement sur cette terre qui, sans elles, resterait inculte, elles maudissent la guerre. » Ce n'est encore là qu'un coin du tableau. Il faudrait

---

1. Cette remarque est de M. Thiers, qui ajoute, après avoir rappelé plusieurs manifestations populaires dont Napoléon fut témoin en personne dans les faubourgs de Paris : « J'écris d'après les rapports de la police impériale que j'ai sous les yeux. » (*Histoire de l'Empire*, tome XV, page 243.)

y ajouter les parents arrêtés comme responsables de la fuite de leurs fils, et les livrant quelquefois, car devant cette nouvelle terreur les sentiments de la nature fléchissaient, les habitants des villages frappés solidairement des peines applicables à un réfractaire, les affiches de la conscription collées au coin des rues, et lues avec presque autant d'effroi par les passants que, dix-huit ans auparavant, les listes des arrêts du tribunal révolutionnaire ; les soldats français eux-mêmes souvent mal reçus et maltraités par les populations désespérées[1]. Il n'y eut donc pas, quoi qu'on ait dit, de levée en masse contre l'étranger. Il y eut quelques efforts partiels et bien rares. La France ne résista pas à l'invasion ; la preuve, c'est qu'elle put être envahie. Elle ne résista pas, parce qu'elle haïssait encore plus la guerre que l'ennemi.

L'Europe, toutes les paroles, tous les actes des puissances coalisées concourent à l'établir, n'était pas moins affamée de repos que la France. Elle se ruait désespérément à la conquête de la paix ; elle refusait les trêves et les armistices, et déclarait qu'elle ne s'arrêterait que lorsqu'elle aurait la certitude d'un traité durable et solidement garanti. C'est ce qui avait fait échouer les conférences de Lusigny, les négociations de Châtillon, et amené la convention de Chaumont, enfin la détermination prise par Alexandre de marcher sur Paris. La procla-

---

1. Plusieurs historiens favorables à Napoléon ont constaté des faits à l'appui de cette observation. M. de Mentrol, dans son *Résumé de l'histoire de Champagne*, s'exprime ainsi ; « La mauvaise fortune de Napoléon le fit accueillir dans Troyes comme si le sceptre impérial était déjà échappé de ses mains. Ses soldats eux-mêmes sont reçus comme s'ils n'étaient pas Français ; aucun secours, point de soins pour eux ; on ne leur prodigue que de perfides conseils qui en décident un grand nombre à déserter. » M. de Salvandy a raconté, dans ses *Scènes de Bivac*, que, dans les plaines de la Champagne, près de Méry-sur-Seine, une fermière mit elle-même le feu à sa ferme, où il était couché sur la paille avec ses camarades : « Dans l'ivresse de sa douleur et de sa vengeance elle avait mis le feu à son propre toit. Quand on voulait sortir, on trouvait cette malheureuse, la fourche à la main, essayant de fermer les passages et de rejeter dans les flammes les coupables auteurs de ses malheurs. »

mation du prince de Schwarzenberg sous les murs de la capitale de la France respire le même sentiment, la ferme volonté de ne déposer les armes que lorsqu'on aurait la confiance d'avoir assuré définitivement le repos de l'Europe, qui n'en pouvait plus de fatigue.

C'était là l'arrêt de la perte de l'empereur Napoléon. La France et toutes les nations de l'Europe voulaient passionnément la paix, et il était la guerre. Ce n'était pas seulement chez lui une affaire de génie et de tempérament, c'était une affaire de nécessité. Le principe de son gouvernement était le principe militaire. Dans un temps et dans un pays où toutes les idées avaient été remuées par une révolution qui avait jeté dans les esprits des germes d'indépendance, la passion de la liberté et de l'égalité, et l'habitude d'un libre examen, toutes les supériorités d'institution sociale étant détruites, il ne restait plus pour gouverner que la supériorité naturelle du génie, constatée chaque jour par un triomphe ; et, tous les principes politiques ayant été mis de côté, on ne pouvait plus guère trouver le nerf de l'autorité souveraine que dans une armée victorieuse. S'il n'avait pas eu lui-même le sentiment de sa position, le succès momentané de la conspiration de Mallet, qu'il apprit au milieu de ses désastres de Russie, la lui aurait révélée. Cesser de vaincre, de dominer l'Europe, c'était pour lui cesser de régner, car c'était au moyen de ces victoires, de cette domination européenne qu'il gouvernait à l'intérieur. Il avait des compagnons de guerre qui aspiraient à devenir ses égaux, et des instruments qui se changeaient en obstacles dès qu'il n'était plus le vainqueur et le dominateur de l'Europe. Il ne pouvait donc rester sous le coup de ses derniers revers, et le sentiment vrai de sa position lui dictait les paroles, déjà citées, qu'il adressait à ceux qui lui proposaient d'accepter l'ultimatum qu'on lui imposait au congrès de Châtillon : « Que serai-je pour les Français quand j'aurai signé leur humiliation ? Que pourrai-je répondre aux républicains du Sénat, quand ils viendront me demander leur barrière du Rhin ? » Il avait dit, un peu moins d'un an auparavant, dans le même sens, à M. de Metternich, dans cette autre conférence de juin 1813, qui exerça une si grande influence sur sa destinée : « Vos souverains nés sur le trône ne peuvent pas me comprendre. Quand ils rentrent battus dans leurs capitales, il n'en est ni plus ni moins pour eux; moi, je ne suis qu'un soldat, il faut que je me présente toujours devant mon peuple glorieux et admiré[1], » tant cette conviction était profondément gravée dans son esprit.

Pour la France comme pour l'Europe, vouloir la paix, c'était donc exclure Napoléon. Les effets logiques de cette nécessité perpétuelle de guerres et de victoires ne lui avaient pas été moins préjudiciables qu'à l'Europe. Ce n'était pas l'intérêt français qui commandait ces expéditions sans cesse renaissantes; car l'intérêt d'un peuple n'est pas d'élargir sans fin son territoire contre les lois mêmes de la politique, les droits des nationalités, et enfin la nature des choses, mais d'exercer une action légitime dans les destinées générales et de trouver sa part de vie morale et intellectuelle et la somme de jouissance et de bien-être que Dieu lui a attribuées. Le mobile de la politique de Napoléon, dans la seconde partie de son règne, ce fut l'intérêt de l'extension de la puissance napoléonienne : la France n'était plus le but de cette politique, elle en était devenue le moyen. Il devait donc arriver, par le progrès logique des événements, une situation dans laquelle la lassitude de la France laisserait tomber les barrières devant l'action désespérée de l'Europe.

Tel était l'ensemble des causes générales qui dominaient les volontés particulières au moment de la capitulation de

1. *Histoire de l'Empire*, par M. Thiers, tome XVI, page 68.

Paris. Vouloir la paix pour l'Europe, c'était exclure Napoléon, et par suite sa dynastie, car une régence napoléonienne n'aurait servi qu'à préparer le retour de l'Empereur. Vouloir la paix, c'était pour la France rejeter Napoléon et la régence napoléonienne, car la régence napoléonienne ramenait Napoléon qui ramenait la guerre.

Il faut ajouter que, pour l'Europe, vouloir une paix solide et durable, c'était consentir au retour des Bourbons; que, pour la France, vouloir la paix aux conditions les plus avantageuses et les plus honorables qui pussent être obtenues, c'était le demander.

On n'improvise pas un gouvernement pour une nation. La peine qu'avait eue la France à s'en faire un, quand elle s'écarta de sa tradition politique, les sacrifices auxquels elle avait dû souscrire, le joug sous lequel elle avait dû ployer, attestent assez haut cette vérité. Les frais d'établissement dynastique que l'empereur Napoléon crut devoir faire en guerres et en victoires en sont une nouvelle preuve. L'Europe ne pouvait signer une paix sur la durée de laquelle il fût possible de compter qu'avec un gouvernement qui aurait des chances de vie et de durée. La France ne pouvait arracher aux appréhensions de l'Europe une paix honorable qu'en se donnant un gouvernement sur la loyauté et sur la vitalité duquel on pût faire quelque fondement.

Les Bourbons répondaient seuls à ce double besoin. Louis XVIII était dans des conditions incomparables pour traiter avec l'Europe. Il était lui-même une des victimes de la révolution française et des guerres de l'Empire; on ne pouvait donc lui en faire porter la peine. En outre, il était placé par la puissance de son droit et par l'antiquité de sa race de niveau avec ceux qui traitaient avec lui. Ce n'était pas un trône qu'on lui donnait, et que, par conséquent, on aurait eu le droit de lui faire acheter; c'était son trône qu'il reprenaît. Cela seul mettait une distance incalculable entre la Restauration et toutes les autres combinaisons. Tout autre que Louis XVIII n'eût été sur le trône que le lieutenant de l'Europe ; il y montait, lui, comme le successeur de Louis XIV, et non comme l'élu de la coalition. En même temps, il pouvait donner à l'Europe la garantie d'un principe politique, et, par conséquent, elle devait exiger moins de garanties matérielles en présence d'une haute garantie morale. A la France il donnait la garantie d'un caractère royal qui avait noblement soutenu l'épreuve de l'adversité, et, au moment où l'épée de Napoléon, échappée de ses mains, cessait de la couvrir, il étendait sur elle le sceptre de Louis XIV. Enfin la famille incontestable, comme l'appela Benjamin Constant, pouvait, en vertu de la force morale de son principe, essayer de donner à la France une autre espèce de gouvernement que le gouvernement militaire. Le droit supporte le voisinage du droit ; l'autorité légitime, fondée non sur la volonté passagère du moment, mais sur la raison traditionnelle des siècles, peut seule supporter le voisinage d'une honnête liberté. Or, après tant d'années de compression, la liberté n'était guère moins nécessaire à l'intérieur que la paix au dehors.

Que pouvait-on trouver, non de mieux, mais même d'aussi avantageux, ou plutôt que pouvait-on trouver en dehors de cette combinaison ? La république, à laquelle Alexandre avait songé un instant ? Ni la France ni la coalition n'en voulaient ; elle effrayait tout le monde. Une autre dynastie ? Laquelle ? Où la trouver, si on excluait les Bourbons et les Bonapartes ? Le gouvernement du Sénat conservateur ? C'eût été une moquerie, et il eût bientôt péri sous la risée publique. C'est en vain que l'on cherche, on n'aperçoit rien. Les Bourbons étaient la paix, comme les Bonapartes étaient la guerre. La nécessité de la paix rappelait Louis XVIII, comme elle excluait Napoléon. Ce n'était point la force des hommes qui poussait le problème vers cette solution ; c'était ce que les politiques appellent la force des choses, et les chrétiens la Providence.

VI

ENTRÉE DES COALISÉS A PARIS. — DÉCLARATION DU 31 MARS. DÉCHÉANCE DE NAPOLÉON.

Le 31 mars, à sept heures du matin, la députation municipale de Paris fut introduite auprès de l'empereur Alexandre : parmi ses membres figurait un parent de Malesherbes, Christian de Lamoignon. L'empereur Alexandre accueillit les mandataires de Paris avec beaucoup de bienveillance, et leur dit qu'il les attendait la veille au soir. Ils répondirent qu'ils avaient appris trop tard la signature de la capitulation militaire pour se présenter plus tôt. Alors l'empereur leur adressa ces paroles qui confirmaient et développaient celles du prince de Schwarzenberg :

« Votre empereur, qui était mon allié, est venu dans le cœur de mes États y apporter des maux dont les traces dureront longtemps ; une juste défense m'a amené jusqu'ici. Je suis loin de vouloir rendre à la France les maux que j'en ai reçus. Je suis juste, et je sais que ce n'est pas le tort des Français. Les Français sont mes amis, et je veux leur prouver que je viens leur rendre le bien pour le mal. Napoléon est mon seul ennemi. Je promets une protection spéciale à la ville de Paris; je protégerai, je conserverai tous les établissements publics; je n'y ferai séjourner que des troupes d'élite; je conserverai votre garde nationale, qui est composée de l'élite de vos citoyens. C'est à vous d'assurer votre bonheur à venir; il faut vous donner un gouvernement qui vous procure le repos et qui le procure à l'Europe. C'est à vous d'émettre votre vœu; vous me trouverez toujours prêt à seconder vos efforts. »

Ainsi parla Alexandre, et toutes ses actions devaient confirmer la sincérité de ses paroles. Les puissances européennes n'avaient point de sympathies, elles n'avaient que des intérêts, ou plutôt, comme on l'a vu, elles avaient un intérêt qui dominait tous les autres : elles avaient besoin d'une paix solidement garantie; elles nous offraient et nous demandaient le repos.

Tout se préparait ainsi au quartier général des coalisés pour l'entrée des armées étrangères à Paris. Le 31 mars, à huit heures du matin, M. Pasquier rentrait dans la capitale avec l'invitation de continuer ses fonctions. Ce qu'il avait vu et ce qu'il avait entendu ne lui avait laissé aucun doute sur la chute irrévocable de l'Empire, sur la nécessité du rétablissement des Bourbons, et il disait à un des serviteurs les plus dévoués de Napoléon, qui était allé le voir à son retour du quartier général : « Le règne de Napoléon est fini. Ma famille a toujours été attachée à la famille des Bourbons; j'ai servi l'Empereur avec fidélité, je ne suis pour rien dans les événements qui l'ont précipité du trône, et je retourne à l'ancienne dynastie [1]. »

Dans la matinée du 31 mars, l'attitude générale de Paris était celle de l'attente et d'une curiosité mêlée d'inquiétude. De bonne heure, les rues aboutissant aux boulevards, que devaient suivre les coalisés, se remplirent d'une foule compacte, avide d'assister à un spectacle si nouveau. Il y avait sur la plupart des visages de l'étonnement sans colère. Tous les sentiments semblaient se perdre dans un seul sentiment, le bonheur de voir la paix rétablie. Au milieu de cette foule on vit se dessiner, vers dix heures du matin, quelques cou-

---

1. *Mémoires de Lavalette*, tome II, page 94.

rants particuliers qui annonçaient la manifestation royaliste préparée pendant la nuit. Sur la place Louis XV, la place Vendôme, les boulevards qui avoisinent la rue Royale, ceux qui longent la rue Saint-Denis, des groupes à pied et à cheval d'hommes portant à leur chapeau la cocarde blanche commençaient à paraître. Ils criaient : *Vive le Roi! vivent les Bourbons!* en agitant quelques drapeaux blancs improvisés avec des mouchoirs. La foule les écoutait, presque partout passive et silencieuse, étonnée de ce cri nouveau pour elle, qui ne rencontrait ni contradiction ni écho. Le vieux drapeau national, sous lequel la gloire française s'était abritée depuis Jeanne d'Arc, semblait un nouveau venu à force d'avoir été oublié. Comme il arrive dans les circonstances pareilles, un petit nombre de personnes devançaient les événements ; les autres, plus circonspectes, les attendaient. Il n'y eut d'opposition que sur la place de l'Hôtel de ville et devant la porte Saint-Martin ; là, quelques rixes s'élevèrent. MM. Louis de Chateaubriand, Archambaud de Périgord, de la Grange, Armand de Maistre, de Bonald, du Parc, de Luxembourg, d'Hautepoul, du Theil, Thibaut de Montmorency, de Morfontaine, de Fitz-James, de Choiseul, de la Ferté-Meun, de Kergorlay, de Vauvineux, Sosthènes de la Rochefoucauld, de Maubreuil, de Sémallé, de Gontaut, de Talon, de Nieuwerkerke, de Forbin, Berryer, Finguerlin, d'Avaray, Charles Lacretelle, Bertin, Nicole, Michaud, Royou, Onésime Lenormand, Morin, faisaient partie de ces groupes, qui offraient à la foule les cocardes blanches fabriquées par les femmes pendant la soirée de la veille et pendant la nuit. A mesure que la matinée s'avançait, le nombre et le mouvement des groupes qui cherchaient à exercer une action royaliste sur la population augmentaient. Plusieurs officiers de la garde nationale, en uniforme, prirent part à cette démonstration. Les salons, on peut le dire, descendirent peu à peu dans la rue, et une foule de femmes, jeunes et enthousiastes, distribuaient aux passants des cocardes blanches sur la place Louis XV et sur les boulevards. C'était évidemment une réponse à la proclamation du prince de Schwarzenberg et au discours de l'empereur Alexandre, qui avaient exhorté les Parisiens à manifester leurs vœux ; les royalistes provoquaient les populations à cette manifestation, et cherchaient à les faire sortir de l'attitude passive où elles restaient.

Avant midi, les deux allées latérales des boulevards se trouvaient littéralement encombrées d'une multitude innombrable ; la chaussée seule était libre. Les troupes d'élite choisies dans les armées coalisées pour faire leur entrée solennelle à Paris descendirent sur les boulevards par le faubourg Saint-Martin. A leur arrivée, la cavalcade qui s'était promenée depuis le matin en distribuant des cocardes blanches dut prendre la tête du cortège pour faire place à ce flux vivant qui la suivait en la poussant. Un corps nombreux de trompettes ouvrait la marche. La cavalerie marchait sur quinze hommes de front, l'infanterie sur trente. Des officiers engageaient poliment la foule à se ranger, attendu qu'aucune troupe ne faisait la haie. Vers midi, on vit un brillant état-major déboucher sur les boulevards. L'empereur de Russie, portant un uniforme vert avec des épaulettes d'or et un panache de plumes de coq à son chapeau, marchait à la tête avec le prince de Schwarzenberg, représentant de l'empereur d'Autriche, à sa droite, et le roi de Prusse à sa gauche. L'hetman Platof, le général Mufflin, lord Cathcart et sir Charles Stewart faisaient partie du cortége militaire. Les troupes qui faisaient leur entrée appartenaient à toutes les nations et à toutes les armes. Il y avait là jusqu'à des corps musulmans venus des profondeurs les plus lointaines de la Russie. Les Parisiens s'étonnaient du nombre de ces troupes, de leur tenue, de leurs uniformes variés. On leur avait dit qu'une colonne échappée à la poursuite de Napoléon s'était enfuie vers la capitale; à la vue de cette élite des puissantes armées arrivées devant leurs murailles, ils comprenaient qu'on les avait trompés. Tout devenait un sujet d'observation : la forme des casques, dont quelques-uns se rapprochaient de l'antique; les physionomies fortement caractérisées de ces hommes du Nord; le morceau de linge blanc et les branches de feuillage que les soldats russes portaient sur leur tête, signe de reconnaissance et de ralliement pour éviter des méprises fatales entre des corps qui, la plupart, ne connaissaient pas les uniformes de leurs alliés. On se communiquait des observations sur les médailles d'argent qu'un grand nombre de soldats russes portaient suspendues à un ruban bleu de ciel; elles servaient à distinguer ceux qui avaient fait la campagne de Moscou : un œil gravé au centre pour figurer le regard de la Providence fixé sur la Russie, le millésime de 1812, et cette inscription pleine d'une foi chrétienne, écrite en langue russe, et traduite obligeamment par quelques officiers : « Ce n'est pas à nous, Seigneur, ce n'est pas à nous que la gloire appartient, mais à ton nom, » faisaient rêver quelques esprits élevés, et consolaient les cœurs attristés en montrant la volonté de Dieu au-dessus des victoires et des défaites qui s'accomplissent sur la terre, mais qui viennent de plus haut.

Pour la première fois depuis des siècles, l'étranger entrait à Paris en vainqueur. Au commencement de notre histoire nationale, sainte Geneviève avait écarté de ses murailles Attila et ses Huns. Les Anglais et les Espagnols n'y avaient paru, dans nos discordes civiles du quinzième et du seizième siècle, qu'introduits par nous-mêmes comme auxiliaires, non comme conquérants. Cette fois, cette ville, qui avait vu l'échafaud de Louis XVI s'élever, voyait, vingt et un ans plus tard, les Tartares entrer dans ses murailles. L'empereur de Russie et le roi de Prusse, marchant à la tête de leurs colonnes, suivaient le long du boulevard la voie douloureuse que Louis XVI avait suivie pour aller au supplice, et le Czar entrait à la tête de sa garde dans la ville d'où étaient parties les phalanges qui avaient vu tomber dans les flammes son Kremlin.

Le défilé des troupes dura quatre heures. On estima qu'elles ne s'élevaient pas à moins de cinquante mille hommes. Sur leur passage, les souverains, l'empereur Alexandre surtout, dont l'affabilité attrayante captivait tous les regards, furent accueillis par de nombreuses acclamations : *Vive la paix! Vive l'empereur Alexandre! Vivent les alliés!* C'étaient là les cris les plus nombreux et les plus fréquents. Ils exprimaient la sécurité renaissante dans les cœurs des habitants de la grande ville qui avaient appréhendé tous les maux de la guerre, et qui, heureux d'y avoir échappé, jouissaient du rétablissement de la paix, et cette admiration que les hommes ne refusent guère à la fortune, surtout à une fortune à la fois éclatante et modeste qui use avec modération de sa force et de son succès. Les femmes se faisaient remarquer par l'ardeur de leurs démonstrations; le grand parti des mères se déclarait contre Napoléon. Sur plusieurs points, les cris de : *Vivent les Bourbons!* se mêlaient aux acclamations en faveur de la paix : c'était la manifestation royaliste. A mesure que les souverains s'avancèrent vers la rue Royale, ces cris devinrent plus vifs, plus intenses, plus fréquents. C'était là qu'était le centre du mouvement. Plusieurs milliers de personnes couvraient le boulevard de la Madeleine et la place Louis XV, en faisant retentir les cris de *Vivent les Bourbons!* quand l'empereur Alexandre et l'état-major débouchèrent sur la place. La Providence permettait que la race de Louis XVI fût acclamée de nouveau sur le lieu même où l'abbé Edgeworth avait dit : « Fils de saint Louis, montez au ciel! » Plusieurs balcons étaient pavoisés de drapeaux blancs. Aux fenêtres et sur la place même, les femmes, avec la chaleur de sentiment qui leur est naturelle, se mêlaient à cette démonstration; toutes les voix s'élevaient ensemble en faisant entendre les mêmes cris, tous les bras étaient étendus. Cette démonstration parut attirer l'attention de l'empereur Alexandre, qui s'avança sous plusieurs balcons pour saluer les femmes qui agitaient leurs mouchoirs en l'accueillant de leurs vivat. M. de Talleyrand, qui, d'une fenêtre de son hôtel de la rue Saint-Florentin, suivait ce mouvement, demanda à M. Michaud l'imprimeur, qui était en ce moment auprès de lui, « ce que c'était que cette émeute [1]; » ce furent ses expressions. L'empereur Alexandre et l'état-major des coalisés, traversant la place Louis XV, se rendirent aux Champs-Élysées où les troupes étaient venues se ranger sur deux lignes. Au retour de cette espèce de revue, l'empereur de Russie, le roi de Prusse et le prince de Schwarzenberg entrèrent à l'hôtel de la rue Saint-Florentin. Il était à peu près quatre heures de l'après-midi.

L'impulsion était donnée; les manifestations continuèrent; des groupes de royalistes se répandirent dans Paris. Ici, on distribuait des proclamations en faveur des Bourbons; là, on en affichait. Chacun mettait dans ces manifestations la réserve ou la fougue inconsidérée de son caractère. Toutes les révolutions ont leurs saturnales : un groupe, conduit par M. de Maubreuil portant la croix d'honneur à la queue de son cheval, indigne insulte adressée à un insigne sous lequel tant de nobles cœurs avaient battu, se dirigea vers la place Vendôme, afin de renverser, du haut de la colonne, la statue de Napoléon, à laquelle on avait passé une corde au cou. M. Sosthènes de la Rochefoucauld était un des instigateurs de cette démonstration; dans l'esprit de ceux qui y prenaient part, elle devait être une preuve en action de l'impopularité du gouvernement impérial, et encourager les puissances coalisées à se pronon-

---

1. Rapporté par M. Michaud dans la Biographie de M. de Talleyrand. (*Biographie universelle.*)

cer contre sa durée¹. On ne peut dire que ce fut un acte de lâcheté, car il y avait là une éventualité sérieuse de péril. Celui dont on tentait de renverser la statue à Paris, était encore debout à Fontainebleau, au milieu de son armée; et les récentes exécutions ordonnées à Troyes dénonçaient les conséquences tragiques de son retour encore possible. Mais, malgré l'entraînement de la passion du moment, dont il est juste de tenir compte, ce fut un triste spectacle que de voir ces hommes, dont deux au moins appartenaient à l'élite de la société, s'atteler, pêle-mêle avec des chevaux mis en réquisition, à la longue corde qui descendait de la statue, et, aidés par une populace à laquelle on faisait des distributions de vin, tenter de renverser, du haut de son bronze triomphal, l'empereur d'airain qui, immobile et inébranlable, semblait considérer d'un œil ironique les efforts qu'on faisait pour le jeter à bas de son monolithe. Il fallut renoncer à cette œuvre d'iconoclaste, après s'être consumé en efforts impuissants. Toute la satisfaction qu'on put donner à la passion du moment, ce fut de briser, dans la main de la statue, une figurine de la Victoire; insulte inutile, devancée par l'arrêt de la Providence qui, punissant d'en haut, tandis que les hommes insultaient d'en bas, avait brisé dans les mains de l'homme lui-même le talisman du succès. A l'aide d'une échelle, placée dans la galerie au-dessus du chapiteau, et qui avait servi à ceux qui avaient cherché à déta-

---

1. C'est le motif que M. le vicomte de la Rochefoucauld donne dans ses *Mémoires* : « Que faudrait-il, dis-je à un des officiers généraux de la suite d'Alexandre pour déterminer ce prince à reconnaître le roi de France? — Que le peuple le demandât lui-même, et prouvât par quelque acte authentique son aversion pour l'usurpateur. — Le peuple, répondis-je, est glacé de terreur. S'il était certain qu'on ne fît jamais la paix avec l'usurpateur, vous verriez éclater son élan : je lui proposerais de marcher à la place Vendôme pour abattre la statue de Bonaparte, il n'hésiterait pas. — Tout serait décidé par là, me dit-il. » Je me retournai aussitôt vers le peuple, que je haranguai avec chaleur. Je vis la foule s'ébranler, et je m'élançai suivi de deux à trois mille personnes. (*Mémoires du vicomte de la Rochefoucauld*, tome I, page 34.)

cher la statue à coups de marteau, un homme monta sur l'acrotérium, puis sur les épaules de la statue, fit entendre le cri de *Vive le roi!* et déploya un drapeau blanc. Ce fut la fin de cette espèce d'émeute; la nuit, qui commençait à tomber, dispersa la foule.

Pendant que les passions politiques s'agitaient ainsi au dehors, les affaires se traitaient dans l'intérieur de l'hôtel de la rue Saint-Florentin. Avant même l'entrée des armées étrangères à Paris, cette discussion des affaires avait commencé. Entre huit et neuf heures du matin, M. de Nesselrode, chargé des instructions de l'empereur Alexandre, était arrivé chez M. de Talleyrand, et quelques minutes de conversation avaient suffi pour mettre ce dernier au fait des intentions de l'empereur de Russie. Il ne voulait plus traiter avec Napoléon, et il considérait une régence napoléonienne comme une combinaison impossible, attendu qu'elle préparerait le retour de celui dont la coalition regardait le gouvernement comme incompatible avec la tranquillité de l'Europe. Tout indique que les vœux du prince de Talleyrand étaient pour une régence impérialiste. Il avait fait des efforts pour retenir Marie-Louise à Paris, ce qui eût rendu plus difficiles les efforts tentés dans le sens d'une restauration, plus faciles les efforts tentés dans le sens de la régence de l'Impératrice. Les deux principaux motifs de la conduite de ceux qui n'ont ni principes ni convictions, la vanité et l'intérêt, le portaient vers cette combinaison. Grand dignitaire de l'Empire, premier personnage du régime impérial après l'Empereur, à l'aise sous ce régime qui admettait ses précédents révolutionnaires d'évêque marié, il n'avait à désirer, et par conséquent il ne désirait qu'une chose, la disparition de l'Empereur et l'établissement d'une régence napoléonienne dans laquelle il aurait joué le principal rôle; c'est pour cela qu'il avait combattu, le 29 mars, le départ de Marie-Louise. Il avait contre une restauration de la maison de Bourbon tout l'éloignement de son incompatibilité avec elle. C'est dans ces dispositions que le trouva le comte de Nesselrode. Mais le prince de Talleyrand ne s'entêtait point contre les faits. C'était un de ces hommes plus attentifs à discerner la pente des courants pour la suivre que résolu à en remonter les eaux. Quand il vit que l'empereur Alexandre, arbitre de la situation, avait pris son parti, il prit le sien : impassible, insensible et paresseux, il était habitué à chercher sa place dans les choses faites, et il aidait les événements qu'il voyait arriver. Il se mit aussitôt à l'œuvre avec M. de Nesselrode et le duc de Dalberg, qui arrivait du quartier général, et discuta les termes de la proclamation par laquelle les souverains coalisés annonceraient leurs intentions à la France : le secrétaire de M. de Talleyrand, M. Roux-Laborie, tenait la plume. Avant midi, c'est-à-dire avant l'heure où les armées coalisées franchissaient les barrières de Paris, cette pièce était rédigée. A midi, Roux-Laborie entrait dans les ateliers d'imprimerie de M. Michaud, situés rue Neuve-des-Bons-Enfants, en tenant une copie de la proclamation écrite de la main du duc de Dalberg [1]. C'était chose difficile, dans une pareille journée, que de trouver un imprimeur dont les ateliers fussent ouverts, plus difficile encore d'obtenir l'impression d'une pièce de nature à compromettre gravement, dans le cas, encore possible, d'un retour offensif de l'Empereur, l'imprimeur assez hardi pour avoir prêté ses presses à la reproduction d'un acte politique qui frappait de déchéance Napoléon et sa dynastie. Le secrétaire de M. de Talleyrand était tombé dans l'officine d'un homme de parti. M. Michaud, dont les presses multipliaient dans ce moment même les exemplaires d'une proclamation de Louis XVIII et

---

[1]. Ces curieux détails sont donnés par M. Michaud lui-même dans la Vie du prince de Talleyrand. (*Biographie universelle.*)

de celle du prince de Schwarzenberg, n'hésita pas. A deux heures, il porta l'épreuve à M. de Talleyrand, qui la relut avec lui dans l'embrasure d'une croisée ayant vue sur la place Louis XV, où le mouvement royaliste commençait à se dessiner. L'imprimeur n'y avait changé que le titre ; au mot *proclamation* il avait substitué le mot *déclaration*, qui lui parut mieux convenir à la nature et à l'esprit de l'acte. Le prince de Talleyrand approuva cette substitution. La lecture de l'épreuve n'était pas encore achevée, quand on vint annoncer que M. de Caulaincourt se présentait, demandant à être introduit auprès de l'empereur Alexandre aussitôt qu'il serait arrivé. Le prince de Talleyrand parut contrarié de cette circonstance ; il fit répondre qu'il ne savait pas à quelle heure arriverait le Czar, qui, dans tous les cas, ne recevrait certainement personne dans la soirée. Il ajouta, en se tournant vers l'imprimeur : « J'espère que nous allons marcher vite et que demain, dès le matin, l'affiche sera placardée sur tous les murs de Paris. — J'ai dix afficheurs tout prêts, répliqua l'imprimeur, et la pièce sera placardée ce soir même. » M. de Talleyrand, retenant le zèle qu'il avait stimulé, fit observer que l'empereur Alexandre n'avait pas encore lu la déclaration ; il prescrivit de ne rien publier avant qu'il l'eût approuvée. Ce fut peu de temps après que le Czar entra dans l'hôtel ; il était quatre heures de l'après-midi. Le prince de Talleyrand prit l'épreuve des mains de l'imprimeur et entra chez l'empereur Alexandre, dans le cabinet disposé pour le recevoir. Un quart d'heure à peine s'était écoulé, quand on rendit l'épreuve à M. Michaud ; le Czar avait approuvé la pièce, il l'avait signée en y ajoutant un paragraphe tout favorable à la France ; car, après ce passage : « Les souverains respecteront l'intégrité de l'ancienne France, telle qu'elle existait sous ses rois légitimes, » il avait fait écrire ces mots : « Ils peuvent même faire plus, car ils professent toujours le principe que, pour le bonheur de l'Europe, il faut que la France soit grande et forte. » M. Michaud, après avoir donné ces détails, ajoute ce qui suit : « J'entendis le monarque russe, dont la voix était très-élevée, dire au prince de Talleyrand, en le congédiant : « C'est une compensation de la « Pologne et de l'Italie, nous en étions convenus à Châtillon. » L'imprimeur se retirait, quand le prince de Talleyrand le fit rappeler pour lui prescrire d'apporter avant toute publication cent épreuves, dont l'empereur de Russie avait besoin pour les envoyer, soit à l'étranger, soit à Dijon, où se trouvait encore l'empereur d'Autriche.

Une heure à peu près s'écoula entre le départ de l'imprimeur et son retour. Pendant cette heure, il y eut comme une mise en scène destinée sans doute à préparer le succès de la Déclaration rédigée, adoptée, signée et imprimée avant l'ouverture de la conférence d'où l'on a prétendu qu'elle était sortie. Il semble, d'après le récit d'un des témoins de cette conférence, que le Czar eût mis l'Empire, la régence et la Restauration aux voix dans une réunion politique dont le roi de Prusse, le prince de Schwarzenberg, le prince de Lichtenstein, M. de Talleyrand, le duc de Dalberg, le comte Pozzo di Borgo, et, vers la fin de la séance, M. de Pradt et le baron Louis faisaient partie, et que la décision prise eût été adoptée après une sorte de scrutin. C'est rarement ainsi que les choses se passent en politique ; ce ne fut point ainsi qu'elles se passèrent. L'empereur Alexandre prit d'abord la résolution ; la délibération officielle commune ne la précéda pas, elle la suivit ; la teneur même de l'acte indiqua l'initiative personnelle qu'avait eue le Czar dans toute cette affaire.

La conférence officielle s'ouvrit à cinq heures, dans le grand salon du premier étage de l'hôtel de la rue Saint-Florentin, comme il avait été convenu le matin, avant l'entrée des troupes. Huit personnes y assistaient : l'empereur Alexandre, le roi de Prusse, le prince de Schwarzenberg, le prince de

Lichtenstein, le comte de Nesselrode, le comte Pozzo di Borgo, le prince de Talleyrand et le duc de Dalberg.

L'empereur Alexandre ouvrit la délibération en rappelant que Napoléon était venu porter la guerre au fond de ses États. Ce n'était point, ajouta-t-il, pour exercer des représailles qu'il arrivait lui-même avec ses alliés. Puis, continuant à développer les paroles qu'il avait adressées la veille aux députés chargés de traiter de la capitulation : « Nous ne faisons pas la guerre à la France, dit-il, nous n'avons que deux adversaires à combattre : Napoléon et tout ennemi de la liberté des Français. » Ici il prit à témoin le roi de Prusse et le prince de Schwarzenberg, représentant de l'Autriche, de la communauté de leurs vues avec les siennes : « Guillaume et vous, prince, leur dit-il, les sentiments que je viens d'exprimer ne sont-ils pas les vôtres? » Le roi de Prusse et le prince de Schwarzenberg firent de la tête un signe d'assentiment. L'empereur de Russie ajouta quelques mots, et, sans discussion, l'on convint tout d'une voix que la paix avec Napoléon était impossible. La seconde question se présentait naturellement : Était-il possible d'obtenir d'une régence napoléonienne les sûretés nécessaires? Le duc de Dalberg, remplissant sans doute un rôle convenu, plaida la cause de Marie-Louise et du roi de Rome. L'empereur de Russie, immobile, froid et contraint, l'écoutait sans faveur. Le prince de Talleyrand attachait des regards distraits au tapis. Le comte Pozzo di Borgo combattit vivement l'opinion du duc de Dalberg. Les regards de ceux qui n'étaient pas dans le secret épiaient la pensée de l'empereur Alexandre; elle était évidemment contraire à la régence. Cette combinaison fut écartée.

Le prince de Talleyrand prit alors la parole. La question se trouvait résolue par le rejet des deux premières combinaisons. L'Empereur et la régence écartés, il n'y avait de possible que les Bourbons. Le prince de Talleyrand proposa leur retour, en disant que c'était la seule solution réalisable, la seule désirée. Le prince de Lichtenstein contesta la seconde assertion. Il affirma que les coalisés n'avaient nulle part entendu exprimer un vœu de cette nature dans la partie du territoire qu'ils avaient traversée. Dans l'armée, les soldats avaient montré pour la cause de l'empereur Napoléon le plus grand dévouement. Alexandre rappela, à l'appui de cette observation, que, peu de jours auparavant, au combat de la Fère-Champenoise, des conscrits, arrachés la veille à leurs foyers, s'étaient fait tuer aux cris de *Vive l'Empereur!* M. de Talleyrand proposa alors de consulter deux des hommes qui, selon lui, connaissaient le mieux l'état de l'opinion en France, MM. de Pradt et Louis. Ils se tenaient dans une pièce voisine. M. de Talleyrand, dont la proposition fut agréée, les fit entrer dans la chambre du conseil. A leur entrée, tous les assistants étaient ainsi rangés : du côté droit, le roi de Prusse et le prince de Schwarzenberg étaient les plus rapprochés du guéridon placé au milieu de l'appartement. Le duc de Dalberg était à la droite du prince de Schwarzenberg; les comtes de Nesselrode et Pozzo di Borgo et le prince de Lichtenstein venaient ensuite. Le prince de Talleyrand était à la gauche du roi de Prusse. MM. de Pradt et Louis prirent place auprès de lui. L'empereur Alexandre, qui faisait face à la réunion, se promenait de long en large. Il interrogea les deux nouveaux venus. « Nous sommes tous royalistes, toute la France est royaliste, » s'écria le fougueux archevêque de Malines. Le baron Louis répéta et confirma vivement ces paroles; puis il ajouta brutalement : « La France repousse Bonaparte, elle n'en veut plus; cet homme n'est plus qu'un cadavre; seulement il ne pue pas encore. »

Aucune objection ne s'éleva. L'empereur Alexandre seul, pour acquitter la promesse faite deux ans auparavant au prince royal de Suède, dans la conférence d'Abo, fit observer que toutes les combinaisons n'étaient pas épuisées, et murmura le nom de Bernadotte, mais d'une voix si basse qu'il semblait craindre lui-même de s'entendre et d'être entendu. M. de Talleyrand qui, avec son esprit net et sans passion, voyait d'une manière plus claire, à mesure que la discussion marchait, les Bourbons sortir des entrailles de la situation par l'invincible ascendant de la force des choses, ferma la délibération par quelques-unes de ces phrases fatidiques qu'il trouvait dans les grandes circonstances, et que, dans celle-ci, il avait eu le temps de préparer : « Sire, dit-il à l'empereur de Russie, il n'y a que deux choses possibles : Napoléon ou Louis XVIII. Qui prétendrait-on nous donner à la place de l'Empereur ? Un soldat ? Nous n'en voulons plus. Si nous en désirions un, nous garderions celui que nous avons : c'est le premier soldat du monde ; après lui, il n'en est pas un autre qui puisse réunir dix hommes à sa suite. Napoléon écarté, il n'y a que Louis XVIII possible, parce que Louis XVIII est un principe, et qu'il faut un principe pour base au nouveau gouvernement. »

Le propre de l'évidence est de frapper tous les yeux et de ne pas laisser place aux objections. De même qu'elle était apparue au Czar avant la conférence, elle apparaissait successivement à tous les hommes qui en faisaient partie. Alexandre, qui prenait toujours l'initiative, déclara qu'il était décidé à ne pas traiter avec Napoléon, mais il ajouta que ce n'était pas aux étrangers à l'exclure du trône. « Nous pouvons encore moins, ajouta-t-il, y appeler les Bourbons. Qui se chargera de prendre l'initiative de ces deux mesures ? — Les autorités constituées, reprit M. de Talleyrand après un moment de silence ; je me fais fort d'obtenir le concours du Sénat. »

Ces paroles fermaient naturellement la conférence. Cependant, avant que les assistants se séparassent, M. de Talleyrand demanda qu'un procès-verbal des décisions prises fût dressé sous forme de déclaration, afin de fixer les principes sur lesquels on était tombé d'accord, et qui devaient désormais servir de règle à la conduite des puissances coalisées. Ce fut pour lui une occasion de produire la déclaration écrite dès le matin, et qu'il présenta comme le résumé de la discussion :

DÉCLARATION.

« Les armées des puissances alliées ont occupé la capitale de la France. Les souverains alliés accueillent le vœu de la nation française ; ils déclarent :

« Que si les conditions de la paix devaient renfermer de plus fortes garanties lorsqu'il s'agissait d'enchaîner l'ambition de Bonaparte, elles doivent être plus favorables lorsque, par un retour vers un gouvernement sage, la France elle-même offrira l'assurance du repos. Les souverains proclament en conséquence :

« Qu'ils ne traiteront plus avec Napoléon Bonaparte ni aucun membre de sa famille ;

« Qu'ils respectent l'intégrité de l'ancienne France, telle qu'elle a existé sous ses rois légitimes ; ils peuvent même faire plus, car ils professeront toujours le principe que, pour le bonheur de l'Europe, il faut que la France soit grande et forte. Ils reconnaîtront et garantiront la constitution que la nation française se donnera. Ils invitent, par conséquent, le Sénat à désigner, sur-le-champ, un gouvernement provisoire qui puisse pourvoir aux besoins de l'administration, et préparer la constitution qui conviendra au peuple français.

« Les intentions que je viens d'exprimer me sont communes avec toutes les puissances alliées.

« ALEXANDRE. »

Quand cette déclaration eut été lue et adoptée, le prince de Talleyrand en demanda la publication immédiate. L'empereur Alexandre, après avoir consulté d'un regard le roi de Prusse et le prince de Schwarzenberg, accéda aussitôt à ce vœu. Dans ce moment même, il était six heures, l'imprimeur Michaud entrait avec un paquet d'affiches. « Le prince de Talleyrand le saisit brusquement, continue celui-ci, il le porta dans le cabinet où Alexandre s'était de nouveau retiré avec son ministre,

M. de Nesselrode. Peu d'instants après, on vint les avertir que M. de Caulaincourt se présentait de nouveau. Cette fois, il n'était plus possible de l'éconduire. Il venait sur une invitation de l'empereur Alexandre donnée la veille à Bondy, et il attendait depuis cinq heures. L'empereur Alexandre avait reçu les exemplaires de la déclaration. On n'avait pas manqué de lui dire qu'elle était affichée dans tout Paris. Il était donc engagé, et l'envoyé de Napoléon pouvait entrer. « J'ai plein pouvoir « pour consentir à tout ; » ce furent ses premiers mots ; « Votre « Majesté peut elle-même faire les conditions. — Il est trop tard, « répondit Alexandre en montrant la déclaration ; voilà un en- « gagement pris. Un grand nombre de Français se sont com- « promis sur ma parole. Du reste, votre maître sera traité avec « beaucoup d'égards. » En vain M. de Caulaincourt revint à la charge, en disant qu'il avait traversé tout Paris sans avoir vu afficher ou distribuer un seul exemplaire de la déclaration. Le Czar ne voulut rien ajouter, et son silence força M. de Caulaincourt à sortir. Aussitôt après son départ, le prince de Talleyrand rentra dans le cabinet, d'où il revint bientôt dans le salon. Il dit alors avec une expansion de joie qu'on ne lui avait jamais vue : « M. de Caulaincourt est définitivement éconduit. » Puis, s'adressant à moi : « Il faut que tout Paris sache cela sur- « le-champ. Allez répandre et publier partout vos affiches ; vous « avez rendu un grand service au roi que vous aimez tant[1] ! »

Jamais l'impuissance des hommes devant la toute-puissance providentielle des situations ne parut d'une manière plus manifeste que dans cette circonstance. La Restauration allait sortir d'une réunion où personne ne la désirait, où personne ne la croyait possible peu de jours auparavant, ni l'empereur Alexandre et le roi de Prusse qui, à Châtillon, trouvaient les Bourbons impossibles, et n'éprouvaient pour eux aucune sym-

1. *Biographie universelle*, article Talleyrand, par M. Michaud.

pathie; ni les princes de Schwarzenberg et de Lichtenstein qui, en leur qualité d'Autrichiens, désiraient la régence de Marie-Louise; ni le prince de Talleyrand, partisan intéressé de cette régence sous laquelle il eût été le premier personnage de l'État. M. de Pradt qui, dans ses adulations envers Napoléon, avait dépassé les bornes jusqu'à s'appeler lui-même l'aumônier du dieu Mars, le baron Louis qui suivait les mêmes errements que le prince de Talleyrand, se déclaraient royalistes à outrance, et déclaraient toute la France royaliste avec eux. Enfin, le Sénat conservateur, formé des créatures de Napoléon qui n'avaient jamais rien refusé à sa volonté, de fonctionnaires choisis par lui parmi les plus dévoués à sa personne et à sa dynastie, allait servir d'instrument à la chute de l'Empire et à l'avénement de Louis XVIII. Tant la prolongation de l'Empire était impossible, tant la nécessité de la Restauration s'imposait aux esprits convaincus de l'impossibilité de la durée de l'Empire! On appela plus tard Louis XVIII *Louis le Désiré;* il eût été plus exact encore de l'appeler *Louis le Nécessaire.* Il arrivait comme la solution arrive à la fin du problème. Tout l'amenait, parce que tout amène la solution.

Les deux mouvements parallèles et distincts qui s'étaient dessinés dans la journée du 31 mars se prolongèrent dans la soirée. Les sentiments surexcités éprouvaient le besoin de se produire. Il y eut une réunion très-nombreuse de royalistes à l'hôtel de M. de Morfontaine, situé dans le faubourg Saint-Honoré. Comme toutes les réunions de ce genre, celle-ci fut tumultueuse; les harangues se succédaient plus qu'elles ne se suivaient, sans que la délibération marchât vers un but déterminé, lorsqu'un des assistants, dominant le tumulte en élevant la voix, proposa d'envoyer une députation à l'empereur Alexandre, afin de le prier de déférer au vœu public qui demandait le retour des Bourbons. Cette proposition fut accueillie par acclamation, et la députation se trouva composée de MM. de la Ferté-Meun, de Chateaubriand, Léo de Lévis et Ferrand, auxquels on adjoignit M. de Sémallé et M. Sosthènes de la Rochefoucauld, auteur de la proposition. Cette députation se rendit à l'Élysée, où l'empereur de Russie avait établi sa résidence après la conférence tenue dans l'hôtel de la rue Saint-Florentin[1]. Alexandre, très-fatigué, était déjà au lit; la députation ne fut donc pas introduite auprès de lui; elle fut reçue par M. de Nesselrode, qui répondit à sa demande par quelques paroles bienveillantes où se reflétait la résolution prise par les coalisés. « L'intention de l'empereur de Russie, dit-il aux commissaires, était de tenir la promesse qu'il avait faite de se rendre au vœu de la nation, » et, le lendemain, la déclaration où cette intention était exprimée serait publiée. La députation revint à l'hôtel de Morfontaine, où elle fut reçue avec de grands applaudissements. Mais, comme la réunion se prolongeait sans objet, au milieu d'un tumulte augmenté par les efforts mêmes que faisaient, pour le dominer, ceux qui voulaient prendre la parole, un des assistants prit le parti d'éteindre les bougies, de sorte que la séance se trouva naturellement levée.

Ainsi se termina cette journée. Le soir, les passants lisaient, à la clarté des flambeaux, la déclaration des coalisés, la proclamation du prince de Schwarzenberg, une proclamation de Louis XVIII, datée d'Hartwell, et des proclamations de tout genre adressées au peuple français pour l'exhorter à rappeler son souverain légitime; car, dans ces heures de crise, chacun prend son mandat de la circonstance, de son dévouement qui le pousse à agir, ou de sa vanité qui l'excite à se produire.

---

[1]. M. de Sémallé dit dans ses Mémoires inédits : « Alexandre avait d'abord établi sa résidence à l'Élysée-Bourbon, et c'est dans ce palais que la députation fut reçue. M. de Sémallé a la certitude que M. de Talleyrand se rendit dans la nuit auprès de M. de Nesselrode pour lui faire sentir la nécessité d'une marque de confiance de l'empereur, en venant loger à son hôtel de la rue Saint-Florentin, et par là le mettre à même de dominer les événements. »

Les promeneurs attardés rencontraient sur les quais et sur les places publiques les bivacs des fantassins endormis auprès de leurs armes en faisceaux, et des cavaliers couchés auprès de leurs chevaux débridés, sur plus d'un point, sans que l'on eût posé une vedette. Les Champs-Élysées regorgeaient également de troupes, car les casernes n'avaient point suffi à recevoir l'armée qui avait fait son entrée dans Paris, tandis que les autres corps défilaient, par les boulevards extérieurs, pour aller prendre des positions militaires aux environs. La première nuit que l'Europe en armes passa dans la capitale de la France fut pleine de sécurité. La paix, cet objet de tous les désirs, et ce but de tous les efforts, semblait acquise aux vœux de tous. Cependant on avait vu se dessiner trois actions dans la journée du 31 mars, celle des souverains étrangers, celle des personnes politiques qui avaient leurs entrées chez le prince de Talleyrand, et l'action du parti royaliste proprement dit; ces trois actions se retrouvent dans toute la suite des événements qui marquèrent ces premiers jours.

Le lendemain 1ᵉʳ avril, dans la matinée, le prince de Talleyrand convoqua le Sénat, en sa qualité de vice-président et de grand électeur. Ce corps politique comptait cent quarante membres; sur ce nombre, six appartenaient à la famille impériale, vingt-sept aux nouveaux départements formés de territoires conquis. Beaucoup d'entre eux ne se trouvaient point à Paris. Quelques-uns s'abstinrent de venir à la séance, ceux-ci par un dernier acte de dévouement à l'Empereur, ceux-là, en plus grand nombre, pour attendre le dénoûment. On parvint cependant à réunir soixante-quatre sénateurs au lieu ordinaire de leurs délibérations. Le prince de Talleyrand ouvrit à quatre heures la séance indiquée pour deux heures, et lut le discours suivant rédigé à l'avance par l'abbé de Pradt :

« Sénateurs, la lettre que j'ai eu l'honneur d'adresser à chacun de vous, pour les prévenir de cette convocation, leur en fait connaître l'objet. Il s'agit de vous transmettre des propositions. Ce mot seul suffit pour indiquer la liberté que chacun de vous apporte dans cette assemblée : elle vous donne le moyen de laisser prendre un généreux essor aux sentiments dont l'âme de chacun de vous est remplie, la volonté de sauver votre pays, et la résolution d'accourir au secours d'un peuple délaissé.

« Sénateurs, les circonstances, quelque graves qu'elles soient, ne peuvent être au-dessus du patriotisme ferme et éclairé de tous les membres de cette assemblée, et vous avez sûrement senti tous également la nécessité d'une délibération qui ferme la porte à tout retard, et ne laisse pas écouler la journée sans rétablir l'action de l'administration, ce premier de tous les besoins, par la formation d'un gouvernement dont l'autorité, établie par la nécessité du moment, ne peut qu'être rassurante. »

Ces paroles, vagues et confuses, étaient plutôt destinées à cacher qu'à annoncer ce qui allait se passer. Comme tous les acteurs de ce drame, le Sénat, après avoir si longtemps subi le joug de Napoléon, subissait celui de la situation. Il continuait, d'ailleurs, dans des circonstances nouvelles, son rôle d'instrument et suivait l'initiative au lieu de la prendre. M. de Talleyrand avait d'avance pourvu à la formation du gouvernement provisoire qui, d'après la déclaration du 31 mars, devait être nommé par le Sénat. Il importait assez peu, d'ailleurs, par qui serait formé ce pouvoir transitoire, fils des circonstances, éphémère comme elles, et qui n'était point institué en vertu d'un droit, mais en vertu du principe qui domine tout dans les révolutions, la nécessité : il n'était point destiné à être le dominateur, mais le serviteur de la situation. Président naturel de cette espèce de junte, M. de Talleyrand fit passer au secrétaire du Sénat la liste arrêtée la veille dans son cabinet; il s'était donné pour collègues les trois habitués de sa table de whist, le duc de Dalberg, le comte François de Jaucourt, le général Beurnonville, et avec eux l'abbé de Montesquiou. Dans cette réunion, l'abbé de Montesquiou était le seul qui, ancien correspondant de Louis XVIII, représentât l'élément royaliste. Tous les autres membres appartenaient aux opinions et aux intérêts qui, si les circonstances n'avaient pas été aussi impérieuses, auraient exclu la maison de Bourbon. Quand la Providence rend une œuvre nécessaire, par une de ces sublimes ironies qui font éclater la puissance souveraine de ses décrets, elle plie les instruments les plus rebelles à cette œuvre, sans prendre la peine de les y approprier.

Le Sénat accepta sans observation la liste produite par le prince de Talleyrand; celui-ci ayant rappelé ensuite que la déclaration du 31 mars reconnaissait au Sénat la faculté de préparer une constitution, quelques voix firent observer qu'on ne pouvait improviser un acte aussi important. On se contenta de poser quelques bases et de proclamer des principes que le gouvernement provisoire fut chargé d'introduire dans une *adresse au peuple français,* qui serait publiée le lendemain. Il fut donc convenu que l'adresse au peuple français annoncerait :

1° Que le Sénat et le Corps législatif seraient partie intégrante de la constitution projetée, sauf les modifications nécessaires pour assurer la liberté des suffrages et des opinions;

2° Que l'armée, les officiers, les soldats en retraite, les veuves, conserveraient leurs grades, honneurs et pensions;

3° Qu'il ne serait porté aucune atteinte à la dette publique;

4° Que les ventes des domaines nationaux seraient irrévocablement maintenues;

5° Qu'aucun Français ne serait recherché pour les opinions politiques qu'il aurait pu émettre;

6° Que la liberté des cultes et de conscience serait proclamée, ainsi que la liberté de la presse, sauf la répression légale des abus de cette liberté.

Les intérêts d'influence des deux corps constitués, qu'on trouvait habile d'assurer, ceux de l'armée, qu'il était juste de protéger après tant de périls, de fatigues et de gloire, et politique de se concilier, car elle avait encore les armes à la main ; les intérêts des créanciers de l'État, toujours alarmés par un changement de gouvernement ; les craintes des acquéreurs de biens nationaux, naturellement surexcitées par le retour de l'ancienne monarchie ; le passé de tous, qu'il fallait couvrir après tant de révolutions, tels étaient les objets des principales préoccupations, les unes intéressées, les autres bien inspirées, du Sénat. Sa pensée s'était enfin arrêtée sur la liberté de conscience et sur la liberté des cultes, ces deux transactions nécessaires qui ont fermé nos luttes séculaires, et enfin sur la liberté de la presse, comme si après avoir vu, pendant tant d'années, la liberté de tout faire mise dans les mains d'un seul, on éprouvait le besoin de faire succéder à ce droit exorbitant la liberté de tout dire, exercée par chacun, sous l'empire des lois et sous sa responsabilité.

C'était assez pour un jour. Mais, tandis que M. de Talleyrand cherchait plutôt à enrayer qu'à précipiter la situation, afin de tenir la péripétie dans ses mains, et de la déterminer suivant les événements et ses convenances personnelles, la situation courait d'elle-même au dénoûment sous l'ascendant d'une action plus hardie et plus rapide que la sienne, parce qu'elle était moins cauteleuse et allait l'obliger à se hâter, sous peine d'être laissé en arrière par les idées et les faits.

Le 1er avril 1814 parut un écrit qui produisit une immense impression sur l'opinion ; il avait pour titre *Bonaparte et les Bourbons*, pour auteur M. de Chateaubriand. L'auteur l'avait fait imprimer clandestinement pendant les dernières phases de la lutte qui avait amené les étrangers dans la capitale. Au risque de sa tête, menacée d'un péril certain s'il était découvert par la police impériale toujours aux aguets, il avait corrigé les épreuves de ce manifeste, étincelant de talent et enflammé de toutes les haines que l'Empire avait excitées. Les colères et les griefs qu'une presse libre aurait exprimés en quinze ans, tous les ressentiments contenus, toutes les indignations comprimées, faisaient explosion en un jour. Le meurtre du duc d'Enghien, la captivité du pape et des cardinaux, le guet-apens tendu à l'Espagne et à son roi, à Bayonne, la mise en coupe réglée des populations par la conscription, la dévastation de l'Europe par les guerres incessantes, la fatale campagne de Russie, le mépris de la vie humaine, la destruction de toutes les garanties qui protégent les droits les plus essentiels, les torts, les fautes, les soupçons mêmes, les rumeurs secrètes et les bruits injurieux qui bourdonnaient autour de la carrière de Napoléon, le vrai et l'incontestable, le contestable, le douteux, l'apocryphe, avaient été jetés dans la cuve où bouillonnait le métal en fusion, et de là était sorti un glaive aigu, tranchant, terrible, une espèce de poignard de miséricorde avec lequel la liberté de la presse poignardait son grand ennemi. L'écrivain ne tenait point d'une main calme la balance du juge, il brandissait avec passion une arme de combat. En même temps il présentait, sous les traits les plus touchants, aux générations qui n'avaient pas connu les Bourbons et qui ignoraient presque leur existence, les princes de cette maison si grande, et qui semblait avoir trouvé de nouvelles grandeurs dans ses adversités : Louis XVIII, comme un sage nourri dans l'exil; Monsieur, comte d'Artois, avec cette loyauté de caractère et ce charme séduisant de manières qui lui donnaient tous les cœurs; la fille de Louis XVI, fille, sœur, nièce de victimes, et victime elle-même, menant le cortége imposant des grandes ombres du Temple; les ducs d'Angoulême et de Berry, avec cette bonté qui est le caractère de leur race. Quand il arrivait aux Condés, il montrait du doigt le vide sanglant que les balles de Vincennes avaient fait sur le tronc de cet arbre glorieux, en en détachant le rameau le plus vert, et la mémoire plaintive du duc d'Enghien venait témoigner contre Napoléon, qui payait cher, au jour de l'adversité, la longue impunité de sa fortune.

L'effet de cet écrit fut immense : il eut sur l'opinion l'influence d'une double révélation. En même temps les journaux de Paris, affranchis du joug de la police impériale, commençaient, dès le 1ᵉʳ avril 1814, à entrer dans ce mouvement. Un royaliste obscur mais ardent, nommé Morin, qui avait été arrêté la veille, à trois heures, par une patrouille de garde nationale, et conduit au poste des Petits-Pères, au moment où il distribuait des cocardes blanches et des proclamations, fut placé, dans la soirée même du 31 mars, à la tête de la police de l'imprimerie, par le général Sacken, gouverneur militaire de Paris, sur la recommandation du marquis de la Grange. Son premier acte fut de laisser rentrer les anciens propriétaires du *Journal des Débats* dans la possession de leur feuille ; son second, de préposer des censeurs royalistes à tous les autres journaux, de sorte qu'en une nuit l'esprit de toute la presse parisienne se trouva changé. Les *Débats*, ce puissant engin de publicité, avaient été immédiatement tournés contre Napoléon. Les autres journaux avaient suivi la même impulsion. Le bruit du pamphlet redoutable de M. de Chateaubriand, vendu à un nombre considérable d'exemplaires, se trouva ainsi multiplié par des milliers d'échos. L'idée de la chute de l'Empire et celle de la nécessité de la Restauration, qui, la veille encore, étaient à peine entrevues dans les régions supérieures, passaient à l'état d'évidence publique. Tout se précipitait à la fois.

Ce jour-là même (1ᵉʳ avril 1814) une grave initiative était prise par la commission municipale de Paris. C'est un des traits caractéristiques de cette époque : partout ce furent des hommes choisis par l'Empereur comme dévoués à sa personne et à sa dynastie, qui donnèrent le signal du renversement du gouvernement impérial et du retour des Bourbons. Il n'est pas possible d'attribuer uniquement à l'influence des partis ou à la bassesse des caractères un fait aussi universel, surtout dans ces premiers jours, où de pareilles initiatives n'étaient pas sans péril, car l'empereur Napoléon était encore à la tête de son armée à Fontainebleau, et un combat heureux pouvait le ramener à Paris. Il est plus juste et plus exact d'y voir un indice du sentiment de la nécessité, car les esprits les plus différents, les intérêts les plus divers, concouraient au même but. M. Bellart, alors membre du barreau de Paris, qui n'avait aucun engagement préalable avec les Bourbons, aucun sujet de haine contre Napoléon, provoqua pour le 1er avril la session du conseil général de la Seine. Il avait conçu, dès le 30 mars, l'idée d'une proclamation pour prendre l'initiative de la déchéance de Napoléon et du retour des Bourbons. Dès le même jour, deux conseillers y avaient adhéré; le lendemain, le nombre des adhérents se montait à huit, et, dans une réunion préparatoire, la proclamation fut rédigée. Le 1er avril, à la réunion indiquée, treize membres [1] apposaient leur signature au bas de l'acte suivant, la plus grave de toutes les manifestations tentées contre l'Empire :

« Habitants de Paris, vos magistrats seraient traîtres envers vous et la patrie si, par de viles considérations personnelles, ils comprimaient plus longtemps la voix de leur conscience.

« Elle leur crie que vous devez tous les maux qui vous accablent à un seul homme.

---

1. Ces treize membres formaient la majorité, car le conseil ne contenait que vingt-quatre membres dans son sein. « Dès le 30 mars, dit M. Lubis, MM. Gauthier, d'Hauterive et Pérignon avaient adhéré à la proclamation. Le lendemain, M. Bellart reçut l'adhésion de MM. Le Beau, président du conseil, d'Harcourt, Barthélemy, Delaitre et de Lamoignon, beau-frère du grand juge Molé. » Les cinq membres qui adhérèrent le jour de la réunion générale furent MM. Vial, Montamont, Bonhomet, Badenois et Boscheron.

« C'est lui qui, chaque année, par la conscription, décime nos familles. Qui de nous n'a perdu un fils, un frère, des parents, des amis? Pour qui tous ces braves sont-ils morts? Pour lui seul, et non pour le pays. Pour quelle cause? Ils ont été immolés, uniquement immolés à la démence de laisser après lui le souvenir du plus épouvantable oppresseur qui ait jamais pesé sur l'espèce humaine.

« C'est lui qui, au lieu de quatre cents millions que la France payait sous nos bons et anciens rois pour être libre, heureuse et tranquille, nous a surchargés de quinze cents millions d'impôts, auxquels il menaçait d'ajouter encore.

« C'est lui qui a fermé les mers des deux mondes, qui a tari toutes les sources de l'industrie nationale, arraché à nos champs les cultivateurs, les ouvriers à nos manufactures.

« A lui nous devons la haine de tous les peuples, sans l'avoir méritée, puisque, comme eux, nous fûmes les malheureuses victimes, bien plus que les tristes instruments de sa rage.

« N'est-ce pas lui aussi qui, violant ce que les hommes ont de plus sacré, a retenu captif le vénérable chef de la religion, et privé de ses États, par une détestable perfidie, un roi son allié, et livré à la dévastation la nation espagnole, notre antique et toujours fidèle amie?

« N'est-ce pas lui enfin qui, redoutant par-dessus tout la vérité, a chassé outrageusement, à la face de l'Europe, nos législateurs, parce qu'une fois ils ont tenté de la lui dire avec autant de ménagement que de dignité?

« Qu'importe qu'il n'ait sacrifié qu'un petit nombre de personnes à ses haines ou bien à ses vengeances particulières, s'il a sacrifié la France? Que disons-nous, la France, toute l'Europe à son ambition sans mesure?

« Ambition ou vengeance, la cause n'est rien. Quelle que soit cette cause, voyez l'effet; voyez ce vaste continent de l'Europe partout couvert des ossements confondus de Français et de peuples qui n'avaient rien à se demander les uns aux autres; qui ne se haïssaient pas, que les distances affranchissaient des querelles, et qu'il n'a précipités dans la guerre que pour remplir la terre du bruit de son nom.

« Que nous parle-t-on de ses victoires passées? quel bien nous ont-elles fait, ces funestes victoires? La haine des peuples, les larmes de nos familles, le célibat forcé de nos filles, la ruine de toutes les fortunes, le veuvage prématuré de nos femmes, le désespoir des pères et des mères à qui, d'une nombreuse postérité, il ne reste plus la main d'un enfant pour leur fermer les yeux; voilà ce que nous ont produit ces victoires! Ce sont elles qui amènent aujourd'hui jusque dans nos murs, restés vierges sous la paternelle administration de nos rois, les étrangers, dont la généreuse protection commande la reconnaissance, lorsqu'il nous eût été si doux de leur offrir une alliance désintéressée.

« Il n'est pas un d'entre eux qui, dans le secret de son cœur, ne le déteste comme un ennemi public, pas un qui, dans les plus intimes communications, n'ait formé le vœu de voir arriver un terme à tant d'inutiles cruautés.

« Ce vœu de nos cœurs et des vôtres, nous serions les déserteurs de la cause publique si nous tardions à l'exprimer.

« L'Europe en armes nous le demande ; elle l'implore comme un bienfait envers l'humanité, comme le garant d'une paix universelle et durable.

« Parisiens, l'Europe en armes ne l'obtiendrait pas de vos magistrats, s'il n'était pas conforme à leurs devoirs.

« Mais c'est au nom de ces devoirs mêmes, et des plus sacrés de tous, que nous abjurons toute obéissance envers l'usurpateur, pour retourner à nos maîtres légitimes.

« S'il y a des périls à suivre ce mouvement du cœur et de la conscience, nous les acceptons. L'histoire et la reconnaissance des Français recueilleront nos noms ; elles les légueront à l'estime de la postérité.

« En conséquence,

« Le conseil général du département de la Seine, conseil municipal de Paris, spontanément réuni,

« Déclare, à l'unanimité de ses membres présents :

« Qu'il renonce formellement à toute obéissance envers Napoléon Bonaparte ;

« Exprime le vœu le plus ardent pour que le gouvernement monarchique soit rétabli dans la personne de Louis XVIII et de ses successeurs légitimes ;

« Arrête que la présente déclaration et la proclamation qui l'explique seront imprimées, distribuées et affichées dans Paris, notifiées à toutes les autorités restées dans Paris et dans le département et envoyées à tous les conseils généraux de départements. »

C'était à la fois un acte d'accusation contre Napoléon, et un manifeste en faveur de Louis XVIII. Pour que le conseil municipal, choisi par Napoléon lui-même pour la capitale, parlât ce langage aux Parisiens, il fallait que les idées qu'il exprimait fussent répandues dans la généralité des esprits. Il serait inexplicable, en effet, que les magistrats d'institution impériale se fussent trouvés en avant de l'opinion publique dans les voies de l'opposition contre l'Empire et de la sympathie pour le retour des Bourbons. Le ton de ce document était déclamatoire, il est vrai, mais la passion est souvent déclamatoire, et l'on était dans des circonstances qui passionnaient les esprits. Les auteurs et les signataires de ce manifeste avaient pris soin de constater, par une phrase spéciale, que, malgré la hardiesse de leur langage, ils avaient le sentiment de la responsabilité de leur action, et qu'ils l'acceptaient. Ils encouraient un grave péril; c'est dans ce fait qu'il faut chercher la dignité de leur conduite. Leur manifeste n'était point une injure à l'Empereur tombé, c'était une attaque à l'Empereur debout encore au milieu de son armée.

La proclamation du conseil municipal de Paris trouva peu de faveur auprès de M. de Chabrol, préfet de la Seine, qui se borna à ne point s'opposer à cette manifestation, en alléguant son sentiment et sa reconnaissance envers l'Empereur pour ne pas s'y associer. Elle fut formellement blâmée par M. de Talleyrand, qui la qualifia d'*excès de zèle*. Cette action publique, qui naissait en dehors de son action particulière et se précipitait au but, déconcertait ses calculs. Il voulait conduire suivant ses convenances la situation jusqu'à la Restauration, qu'il se promettait d'opérer à son heure, après avoir obligé Louis XVIII à compter avec lui. Au lieu de conduire, il se sentait traîné. Le lendemain du jour où il faisait voter par le Sénat une déclaration qui ne tranchait pas encore la question de gouvernement, le conseil municipal de Paris faisait afficher une proclamation qui décidait moralement la déchéance de l'Empereur et réclamait le rétablissement des Bourbons. Dans la matinée du 1ᵉʳ avril cette proclamation couvrait les murs de la capitale. M. de Talleyrand s'était opposé à la publication de cette pièce. Il y a des instants où tout le monde gouverne, parce que personne n'a le droit de gouverner. M. Bellart et le conseil municipal avaient passé outre. La police, par ordre du gouvernement provisoire, arracha la proclamation, et l'on fit signifier aux journaux la défense de la publier. Le *Journal des Débats* désobéit, et la pièce acquit ainsi une publicité contre laquelle il n'y avait plus rien à faire. Tant il est vrai que le prince de Talleyrand et le Sénat, loin de donner l'impulsion, la subissaient!

Sous l'empire des causes providentielles et générales qui rendaient inévitable la chute de Napoléon et de sa dynastie, et la restauration des Bourbons nécessaire, il y avait une intrigue et une action publiques qui travaillaient à produire les conséquences logiques de la situation : l'action publique entraîna l'intrigue. Pour ne pas être laissé en arrière, le prince de Talleyrand fut obligé de se hâter. La proclamation du conseil municipal de Paris détermina le gouvernement provisoire à faire proclamer le lendemain matin, par le Sénat, la déchéance de l'Empereur.

Un petit nombre de sénateurs, anciens membres des assemblées révolutionnaires, et qui, sous la dictature de Napoléon, avaient silencieusement conservé leurs vieilles convictions, allaient servir d'instruments au prince de Talleyrand. Ils étaient appropriés à l'œuvre qu'il voulait accomplir; ils haïssaient, en effet, le despotisme de Napoléon, qui ne les haïssait pas moins et les avait souvent flétris du nom d'idéologues. Un membre de cette fraction républicaine du Sénat, M. Lambrechts, proposa, dans la séance du 2 avril, présidée par M. Barthélemy, l'adoption d'une résolution ainsi conçue : « Le Sénat déclare Napoléon et sa famille déchus du trône, et délie, en conséquence, le peuple français et l'armée du serment de fidélité. »

Il n'y eut point d'opposition. Quelques sénateurs, soit respect pour leur passé, soit crainte de la responsabilité, ne voulurent pas prendre part au vote et se retirèrent silencieusement; le reste du Sénat vota, sans plus ample délibération, la déchéance de l'Empereur. Il n'y a pas à s'en étonner, et l'Empereur, moins que personne, n'avait le droit de s'en montrer surpris. N'avait-il pas façonné le Sénat à l'obéissance passive, et ne l'avait-il pas habitué à enregistrer sans examen tous ses décrets? Le Sénat enregistrait maintenant contre lui les décrets de la fortune. Les gouvernements absolus ne doivent point demander le courage et l'énergie à ceux auxquels ils les ont ôtés. Les esclaves font partie du butin de la victoire, il n'y a que les âmes libres et les cœurs fiers qui se défendent et se dévouent.

Le Sénat impérial fit quelque chose de plus : il avait contracté sous Napoléon des habitudes obséquieuses qui avaient besoin de se satisfaire; il était d'usage que, lorsqu'un décret important avait été adopté, le Sénat le portât en corps au maître; le maître de la situation, c'était l'empereur Alexandre; le Sénat impérial voulut lui porter l'acte de déchéance de Napoléon. C'était pousser bien loin le culte de la force! Quoique le besoin universel de paix, qui dominait toute l'Europe, eût abaissé, il faut le reconnaître, les barrières des nationalités entre les peuples rapprochés par leurs longues et communes souffrances, et presque ôté l'insolence à la victoire et la rancune aux revers, cette démarche aurait été évitée par une assemblée plus soigneuse de sa dignité. Du reste, l'empereur Alexandre reçut le Sénat avec une courtoisie facile à la victoire et qui, d'ailleurs, était dans le caractère de ce prince. « Messieurs, dit-il, je suis charmé de me trouver au milieu de vous. Ce n'est ni l'ambition ni l'amour des conquêtes qui m'y ont conduit. Mes armées ne sont entrées en France que pour repousser un injuste agresseur. Je suis l'ami du peuple français; ce que vous venez de faire redouble encore ce sentiment. » Puis il ajouta, en faisant allusion à quelques mots du président sur la constitution que le Sénat préparait : « Il est juste, il est sage de donner à la France des institutions fortes, libérales, et qui soient en rapport avec les lumières nouvelles. »

Dans la bouche d'Alexandre, ces paroles n'avaient rien d'hypocrite. Quoique monarque absolu, il avait été élevé dans les idées nouvelles. Il aimait et il estimait les Français, et il se considérait un peu à Paris, lui, l'autocrate du Nord, comme un barbare à Athènes. Les sénateurs répondirent par des acclamations à ces paroles de courtoisie, auxquelles un autre maître ne les avait pas habitués. Un d'entre eux ayant parlé des nombreux prisonniers de guerre retenus en Russie, Alexandre répondit aussitôt : « Le gouvernement provisoire m'a demandé leur liberté, je l'accorde au Sénat d'après les résolutions qu'il vient de prendre. » Ces paroles, qui relevaient l'importance du Sénat, furent accueillies avec une nouvelle faveur, et le lendemain, à l'ouverture de la séance, le Sénat consignait dans son procès-verbal la promesse de l'empereur Alexandre.

La séance du 3 avril avait pour objet d'entendre et de discuter, s'il y avait lieu, le projet de rapport préparé par le sénateur Lambretchs pour motiver la déchéance. L'auteur de ce projet s'était peu inquiété de savoir si les coups qu'il portait à Napoléon ne rejailliraient pas sur la majorité du Sénat, complaisante approbatrice de tous ses actes. Membre de la minorité républicaine de cette assemblée, il avait rédigé l'acte d'accusation de l'Empire. La nécessité des circonstances ne laissait point de place à la discussion, chacun sentait qu'il fallait agir vite et énergiquement. Les considérants du décret furent votés sans discussion, comme l'avait été le décret ; l'acte de déchéance se trouva donc ainsi conçu :

« Le Sénat conservateur, considérant que, dans une monarchie constitutionnelle, le monarque n'existe qu'en vertu de la constitution ou du pacte social ;

« Que Napoléon Bonaparte, pendant quelque temps d'un gouvernement ferme et prudent, avait donné à la nation des sujets de compter pour l'avenir sur des actes de sagesse et de justice ; mais qu'ensuite il a déchiré le pacte qui l'unissait au peuple français, notamment en levant des impôts, en établissant des taxes autrement qu'en vertu de la loi, contre la teneur expresse du serment qu'il avait prêté à son avénement au trône, conformément à l'article 53 de l'acte des constitutions du 28 floréal an XII ;

« Qu'il a commis cet attentat au droit du peuple, lors même qu'il venait d'ajourner, sans nécessité, le Corps législatif et de faire supprimer comme criminel un rapport de ce corps auquel il contestait son titre et sa part à la représentation nationale ;

« Qu'il a entrepris une suite de guerres en violation de l'article 50 de l'acte des constitutions du 22 frimaire an VIII, qui veut que la déclaration de guerre soit proposée, discutée, décrétée et promulguée comme la loi ;

« Qu'il a inconstitutionnellement rendu plusieurs décrets portant peine de mort, nommément les deux décrets du 5 mars dernier, tendant à faire considérer comme nationale une guerre qui n'avait lieu que dans l'intérêt de son ambition démesurée.

« Qu'il a violé les lois constitutionnelles par ses décrets sur les prisons d'État ;

« Qu'il a anéanti la responsabilité des ministres, confondu tous les pouvoirs, et détruit l'indépendance des corps judiciaires ;

« Considérant que la liberté de la presse, établie et consacrée comme l'un des droits de la nation, a été constamment soumise à la censure arbitraire de sa police et qu'en même temps il s'est toujours servi de la presse pour remplir la France et l'Europe de faits controuvés, de maximes fausses, de doctrines favorables au despotisme, et d'outrages contre les gouvernements étrangers ;

« Que des actes et rapports entendus par le Sénat ont subi des altérations dans la publication qui en a été faite ;

« Considérant qu'au lieu de régner dans la seule vue de l'intérêt, du bonheur et de la gloire du peuple français, aux termes de son serment, Napoléon a mis le comble aux malheurs de la patrie, par son refus de traiter à des conditions que l'intérêt national obligeait d'accepter, et qui ne compromettaient pas l'honneur français ;

« Par l'abus qu'il a fait de tous les moyens qu'on lui a confiés, en hommes et en argent ;

« Par l'abandon des blessés sans pansements, sans secours, sans subsistances ;

« Par différentes mesures dont les suites étaient la ruine des villes, la dépopulation des campagnes, la famine et les maladies contagieuses ;

« Considérant que, par toutes ces causes, le gouvernement impérial établi par le *sénatus-consulte* du 28 floréal an XII a cessé d'exister, et que le vœu manifeste de tous les Français appelle un ordre de choses dont le premier résultat soit le rétablissement de la paix générale, et qui soit aussi l'époque d'une réconciliation solennelle entre tous les États de la grande famille européenne;

« Le Sénat déclare et décrète ce qui suit :

« Napoléon Bonaparte est déchu du trône, et le droit d'hérédité établi dans sa famille est aboli.

« Le peuple français et l'armée sont déliés du serment de fidélité envers Napoléon Bonaparte. »

Après avoir adopté ce décret, le Sénat décida qu'il serait communiqué au gouvernement provisoire, expédié dans les départements, adressé aux armées. Ce décret légalisait, on peut le dire, le manifeste de M. de Chateaubriand, et généralisait la proclamation du conseil municipal de Paris. La situation marchait; si les paroles sévères que le sénateur Lambrechts avait mises dans la bouche du Sénat ne semblaient pas à leur place dans cette bouche toujours ouverte pour consentir ou pour flatter, elles n'en étaient pas moins dites. Elles circulaient dans Paris et dans toute la France. Le sceau du silence était brisé, et en entendant le Sénat impérial tenir lui-même un pareil langage, chacun sentait bien que c'en était fait de la puissance de Napoléon.

La logique de la situation et l'ascendant des circonstances avaient contraint M. de Talleyrand de marcher plus vite et de s'avancer plus loin qu'il n'aurait voulu. Quand le décret de déchéance eut été affiché sur tous les murs et vendu dans les rues par les crieurs publics, il comprit qu'il était opportun d'associer le Corps législatif à cet acte décisif. Il appréhendait sans doute l'indépendance de cette assemblée; plus nombreuse que le Sénat, moins facile à gouverner, elle avait prouvé dans les derniers temps de l'Empire qu'elle avait plus de jeunesse et plus de vie politique. Mais maintenant qu'on s'était engagé si loin, tout cédait au besoin de fortifier le mouvement des idées et des faits contre un retour des chances bonapartistes, et de grouper autour de soi de nouvelles forces. En outre, le décret de déchéance reprochait à l'Empereur l'ajournement illégal du Corps législatif; il était donc rationnel et l'on crut politique de lui demander son adhésion, à laquelle l'influence que lui avaient donnée sur l'opinion ses derniers actes d'indépendance prêtait de l'importance.

Un tiers à peu près des membres du Corps législatif se trouvaient à Paris. Déjà quelques députés favorables au retour de la maison de Bourbon s'étaient spontanément réunis. Le gouvernement provisoire invita tous les membres présents à se rassembler, nonobstant le décret impérial qui les avait ajournés, et le 3 avril, un tiers du Corps législatif prenait séance dans le lieu habituel de ses délibérations, sous la présidence de M. Falcon. Le décret du Sénat fut présenté à leur acceptation, et ils votèrent la déchéance en la motivant par ce seul considérant que « Napoléon Bonaparte avait violé le pacte constitutionnel. »

Quelques membres entreprirent d'aller plus loin. Ils proposèrent de proclamer, séance tenante, le rétablissement de la monarchie légitime, et un membre, rappelant l'initiative prise par les communes d'Angleterre qui avaient envoyé à Bréda une députation pour inviter Charles II à remonter sur le trône, adjura l'assemblée de nommer une députation chargée de se rendre à Hartwell, avec un message analogue, auprès de Louis XVIII. On ne donna pas immédiatement suite à cette proposition qu'on regarda comme prématurée; il paraissait plus politique de ne pas compliquer la question de déchéance, en y mêlant une question de restauration. Le président se hâta de lever la séance, et le prince de Talleyrand, qui avait pu juger de l'esprit de l'assemblée, craignit qu'on ne fît le lendemain ce qu'on avait hésité à faire la veille, et pour rester maître de la situation, il fit fermer la salle des délibérations du Corps législatif qui ne tint que cette séance du 3 avril.

Son vote n'en donna pas moins une très-vive impulsion, d'autant plus vive que cette assemblée était sympathique à l'opinion. Tous les corps constitués suivirent. Des adresses d'adhésion arrivèrent en foule; mais elles ne se bornaient point à demander la déchéance de l'Empereur, elles réclamaient le rétablissement des Bourbons. La cour des comptes, la cour de cassation, la cour d'appel tenaient le même langage. « Partout le nom des Bourbons se fait entendre, » disait la première; et la seconde ajoutait : « Puissions-nous, après vingt ans d'orages et de malheurs, trouver le repos à l'ombre de ce sceptre antique et révéré qui, pendant huit siècles, a si glorieusement gouverné la France. » La cour d'appel exprimait des sentiments analogues : « Fidèles aux lois fondamentales du royaume, disaient ses magistrats, nous invoquons de tous nos moyens le rétablissement de la maison de Bourbon au trône héréditaire de saint Louis. » Le chapitre de Paris adhéra, le 5 avril, à l'acte de déchéance, et le cardinal Maury, nommé par Napoléon archevêque de cette ville, et qui administrait le diocèse contre les canons et malgré les représentations réitérées du pape Pie VII, envoya de même son adhésion à la chute de celui qu'il avait loué outre mesure au temps de ses prospérités. Les tribunaux secondaires, les municipalités, les officiers de la garde nationale, tous les corps constitués concouraient au mouvement qui emportait Paris et les départements, et venaient comme autant de flots ajouter à la rapidité du torrent.

On a parlé de palinodies, il y en eut; de l'égoïsme des anciens serviteurs de l'Empire qui abandonnaient la fortune de Napoléon à son déclin pour les nouvelles prospérités qui se levaient à l'horizon, il y a dans toutes les révolutions des scandales politiques de ce genre; mais ce serait calomnier l'espèce humaine en général et la France en particulier, que d'attribuer à des motifs sordides et bas l'ensemble du mouvement qui entraînait les esprits en 1814. Ce mouvement naissait de la conviction profonde que Napoléon ne pouvait plus rien pour la France, et que, pour sauver la cause de celle-ci, il fallait la séparer de la cause de l'Empereur. En subordonnant l'intérêt français aux intérêts de sa domination européenne, il avait motivé cette conviction, et il ne pouvait s'en prendre qu'à lui-même de ce qu'il y avait un intérêt français distinct de l'intérêt bonapartiste. On comprend qu'un homme se dévoue pour une nation, mais il n'est ni juste ni raisonnable d'exiger qu'une nation se dévoue pour l'intérêt personnel d'un homme, et que, par un faux point d'honneur et par idolâtrie, elle verse le peu de sang qui lui reste dans les veines et s'expose à des maux incalculables et même au démembrement de son territoire, dans ses efforts stériles pour lui conserver une puissance acquise par sa seule habileté, compromise par ses fautes.

Le mouvement était devenu si vif, que le prince de Talleyrand comprit que le gouvernement provisoire devait se hâter d'arriver jusqu'à la Restauration, sous peine d'être devancé par l'opinion. Ce fut alors que parut la première proclamation officielle où le retour à la monarchie légitime était indiqué comme la seule issue de la situation : « Le Sénat a déclaré Napoléon déchu du trône, disait-on dans cette pièce; la patrie n'est plus avec lui. Un autre ordre de choses peut seul la sauver. Nous avons connu les excès de la licence populaire et ceux du pouvoir absolu; rétablissons la véritable monarchie, en limitant par de sages lois les divers pouvoirs qui la composent. La France se reposera de ses longues agitations, elle trouvera le bonheur dans le retour d'un gouvernement tutélaire. »

On était arrivé au 4 avril au soir. Ce mouvement, commencé le 31 mars, s'était développé en quatre jours. Rien ne semblait pouvoir retarder le dénoûment, lorsque tout à coup la physionomie de Paris s'assombrit, la foule des solliciteurs cessa d'assiéger les bureaux du gouvernement provisoire, établis à l'entre-sol de l'hôtel de la rue Saint-Florentin, les visages des souverains étrangers se rembrunirent. On vit les troupes campées dans la ville, aux Champs-Élysées, sur les quais et les places publiques, se mettre en mouvement et se porter au midi de Paris; c'étaient les nouvelles arrivées de Fontainebleau qui excitaient cette émotion.

VII

LES COALISÉS A PARIS. — NAPOLÉON A FONTAINEBLEAU.

Napoléon, en apprenant, le 30 mars, la reddition de Paris, s'était replié sur Fontainebleau, et de même qu'il n'avait cessé d'avoir les yeux fixés sur la capitale, les coalisés n'avaient cessé d'attacher les regards sur la ville où Napoléon réunissait toute son armée. Que se passait-il à Paris? Voilà la préoccupation du camp impérial. A Paris, on se disait : Que se passe-t-il à Fontainebleau? Or, voici ce qui se passait dans cette ville, pendant qu'à Paris la situation, courant à grands pas vers son but, aboutissait au vote de la déchéance.

Le 31 mars 1814, à six heures du matin, Napoléon se retrouvait à Fontainebleau. Dans la soirée du même jour et dans la matinée du lendemain, 1er avril, on vit arriver par la route de Sens la tête des colonnes qu'il ramenait de Champagne, et par la route d'Essonne, l'avant-garde des troupes que la capitulation avait fait sortir de Paris. Le duc de Conégliano (Moncey), commandant de la garde nationale de Paris, le duc de Dantzick (Lefebvre), le prince de la Moskowa (Ney), le duc de Tarente (Macdonald), le duc de Reggio (Oudinot), et le prince de Neuchâtel (Berthier), venant de Champagne avec l'Empereur, les ducs de Trévise et Raguse (Mortier et Marmont), sortis de Paris avec leurs troupes, se rencontraient dans ce suprême rendez-vous des débris des armées impériales. L'Empereur, comme s'il sentait déjà la puissance se retirer de lui, n'avait pas voulu, malgré son goût pour le grandiose et l'étiquette, habiter les grands appartements du château; il s'était établi dans son petit appartement, situé au premier étage, le long de la galerie de François Ier. Le duc de Bassano (Maret) était le seul ministre présent en ce moment auprès de Napoléon; le duc de Vicence (Caulaincourt) était en mission auprès des coalisés, les autres ministres étaient sur la Loire, auprès de l'Impératrice.

Les troupes avaient pris position derrière la rivière d'Essonne; le duc de Raguse avait placé son quartier général à Essonne même; le duc de Trévise avait placé le sien à Mennecy. Les troupes venant de Paris s'étaient ralliées derrière cette ligne; celles venant de Champagne prirent une position intermédiaire du côté de Fontainebleau; les bagages et le grand parc d'artillerie avaient été dirigés sur Orléans. Napoléon avait entre vingt-cinq et trente mille hommes réunis sur ces divers points le 1er avril au soir.

Il était dans une de ces situations où, quand il en est temps encore, les minutes bien ou mal employées conservent ou perdent les couronnes. Il demeura immobile à Fontainebleau la nuit du 1er avril et la journée du 2, attendant les dépêches du duc de Vicence, qui, envoyé pour traiter de la paix avec les coalisés, les avait suivis à Paris. Cependant il était facile de prévoir qu'il y aurait à Paris des trames ourdies contre sa puissance et un mouvement d'opinion qui profiterait de chaque moment qu'il lui laisserait. La seule ressource qui lui restât, c'était de frapper à la hâte un grand coup militaire, avant que Paris et la coalition fussent plus fortement engagés contre lui. L'évidence l'indiquait, et le spectacle que Napoléon avait sous les yeux à Fontainebleau même achevait de lui révéler clairement le péril de sa situation et l'urgence d'agir. Les chefs de l'armée prêtaient une oreille inquiète à tous les bruits venus de Paris, comme s'ils attendaient de là la solution, en renonçant dès lors à la trouver à la pointe de leur épée. La nouvelle de la formation du gouvernement provisoire, celle de la proclamation du conseil municipal, avaient produit une vive impression à Fontainebleau, où elles étaient connues dans les journées des 1er et 2 avril. Il était à prévoir et à craindre pour Napoléon que le gouvernement provisoire ne se hâtât de nouer des négociations avec quelques-uns des chefs militaires les plus influents de l'armée impériale.

Dans la nuit du 2 au 3 avril, le duc de Vicence arriva à Fontainebleau. Il apportait à Napoléon la nouvelle que les coalisés s'étaient formellement prononcés contre sa personne; il ajoutait qu'ils semblaient mieux disposés pour l'avénement du roi de Rome avec la régence de Marie-Louise. Un simple rapprochement de dates suffira pour établir que le duc de Vicence avait été leurré d'un vain espoir par les souverains étrangers, qui cherchaient à endormir Napoléon. C'était dans cette même journée du 2 avril, où l'ambassadeur avait quitté Paris, que le Sénat avait voté la déchéance, et était allé porter le décret à l'empereur Alexandre, qui l'avait reçu avec une bienveillance marquée. Les bonnes paroles données à M. de Caulaincourt ne semblaient-elles pas dès lors destinées à amortir le coup porté à l'Empereur, et à prévenir un de ces rebonds terribles que son génie militaire pouvait faire craindre? L'abdication une fois signée, la force défensive de Napoléon diminuait, et il avait fait lui-même le premier pas sur cette pente qui l'entraînait et précipitait avec lui sa dynastie. Les mêmes raisons qui militaient contre la continuation de son règne militaient, en effet, contre une régence napoléonienne; on était plus autorisé à lui demander une seconde concession après en avoir obtenu une première, et il avait moins de force pour la refuser. La signature de son abdication était un symptôme et une cause de faiblesse; elle imprimait un ébranlement funeste à son parti, elle devait produire un effet défavorable sur ses troupes, et en décourageant les espérances de ceux qui tenaient encore pour lui, elle devait les disposer à abandonner sa cause.

Quand le duc de Vicence, dans la nuit du 2 au 3 avril, présenta avec une tristesse convaincue à l'empereur Napoléon ce parti de l'abdication comme la dernière chance de sa dynastie, Napoléon refusa de s'expliquer, malgré les instances de ce fidèle conseiller et ses réflexions pressantes sur le prix des moments, et il laissa encore courir le temps. Le jour venu, il monta à cheval, pour visiter la ligne des avant-postes, et la journée du 3 avril se passa en inspections militaires; c'est précisément pendant cette journée que le Sénat et le Corps législatif votèrent la déchéance. Ainsi pendant qu'on temporisait à Fontainebleau, on se hâtait à Paris; le contraste des deux conduites indiquait d'avance à qui appartiendrait le dénoûment.

Les soldats accueillirent Napoléon avec leurs acclamations accoutumées; le projet de marcher sur Paris plaisait à ces imaginations militaires; mais les généraux frémissaient et murmuraient déjà hautement à cette pensée. Ils avaient à Paris leurs familles, leurs intérêts, ils étaient las de cette guerre sans fin, et ils ne se faisaient point d'illusion, d'ailleurs, sur l'issue de la lutte que l'inégalité des forces, l'épuisement et la lassitude de la France rendaient inévitable. En outre, Napoléon avait parlé à plusieurs de l'abdication qu'on lui demandait; cette question était devenue le sujet de toutes les conversations; on l'agitait dans la galerie du palais, et presque sur les marches de l'escalier du Cheval-Blanc[1]. Cette solution convenait à la plupart des chefs par la simplicité et la commodité d'un dénoûment qui rendait à chacun sa

---

1. Cet escalier donne dans la cour qui sert d'entrée principale au palais. Cette cour devait son nom de *cour du Cheval-Blanc* à une statue équestre de Marc-Aurèle, brisée en 1626. Depuis 1814, on l'appelle la *cour des Adieux*.

liberté. Il y avait un parti de l'abdication dans l'armée, un parti même de la déchéance, et déjà plusieurs parlaient d'arracher le pouvoir des mains de Napoléon, s'il refusait de l'abandonner. Ainsi la force même dont il semblait disposer commençait à être paralysée entre ses mains. Telles étaient les dispositions, lorsque, dans la nuit du 3 au 4 avril, la nouvelle du décret de déchéance voté par le Sénat arriva à Fontainebleau; c'était un exprès du duc de Raguse qui l'apportait. Cette nouvelle fut bientôt dans toutes les bouches et imprima une vive impulsion au mouvement des esprits; les proclamations du gouvernement provisoire, qui commençaient à être colportées dans le camp, contribuaient à ébranler les opinions déjà chancelantes.

Cependant, le 4 avril, les ordres étaient donnés pour transférer le quartier impérial entre Ponthierry et Essonne. Napoléon semblait enfin disposé à agir. Après la parade qui avait lieu tous les jours à midi, dans la cour du Cheval-Blanc, les principaux chefs militaires le reconduisaient suivant l'usage dans son appartement. Le moment de la crise était arrivé; chacun le sentait. Les fronts étaient sombres, presque menaçants. Avant de se rendre dans l'appartement de l'Empereur, les maréchaux avaient tenu conseil et pris leur parti; ils entraient décidés à obtenir ou à arracher l'abdication. C'étaient les plus anciens compagnons d'armes de Napoléon qui arrivaient à cette conclusion : « Il faut qu'il abdique. » Berthier, Ney, Oudinot, Lefebvre, Macdonald étaient là, avec Maret, Caulaincourt et le grand maréchal Bertrand. Le duc de Tarente ouvrit la conférence en mettant sous les yeux de l'Empereur la déclaration des souverains coalisés, et le décret de déchéance rendu par le Sénat. Ces deux pièces lui avaient été adressées la veille par le général Beurnonville. Napoléon, qui les avait reçues, la première par le duc de Vicence, la seconde par l'exprès de Marmont, ne se montra ni étonné, ni ému. Il annonça aux maréchaux qu'il allait marcher sur Paris pour avoir raison de ces actes, et ajouta qu'il comptait sur eux. Ce fut le signal des explications. « Il y eut d'abord des insinuations respectueuses, dit un personnage présent à l'entretien; les représentations, les récriminations vinrent ensuite, puis on déclara qu'on ne marcherait pas. »

Du moment qu'une semblable parole était adressée à l'Empereur par les maréchaux de l'Empire, lui parlant face à face, il avait cessé de régner. Ney, Oudinot, Lefebvre, ajoutèrent qu'une marche sur Paris serait un coup de désespoir, auquel on ne pouvait s'associer sans démence et sans crime, car il aboutirait à la destruction de Paris et de l'armée. Ils répétèrent de nouveau que, pour obéir à un pareil ordre, aucune épée ne sortirait du fourreau. C'était une révolte ouverte. On en venait à la déchéance, avant d'avoir parlé de l'abdication; un pouvoir désobéi, en effet, est un pouvoir déchu. « L'armée du moins me suivra, » interrompit l'Empereur d'un ton entre l'interrogation et la menace. « L'armée obéira à ses généraux, » répliquèrent durement Oudinot et Ney. Napoléon parcourut d'un regard rapide les visages de ceux qui assistaient à cette scène, il demeura convaincu que tous se rendaient solidaires de la résolution qui venait de lui être signifiée. Il n'avait plus à compter sur ses anciens compagnons d'armes. Ils se séparaient de lui. Ce n'était plus seulement à Paris qu'était l'obstacle, c'était à Fontainebleau, dans son camp.

Il y eut d'abord en lui un paroxysme de colère; il éclata en reproches, en violences. Les maréchaux persistèrent à lui déclarer qu'il ne pouvait plus rendre qu'un service au pays, c'était d'abdiquer. Le duc de Vicence le conjura de ne pas compromettre par une résistance inutile l'adoption encore possible de la régence. Le duc de Dantzick, à la manière des vieillards qui n'épargnent guère les leçons à l'heure où elles sont devenues inutiles, ajouta avec brusquerie : « Voilà ce que vous avez gagné à ne pas suivre les conseils de vos amis, quand ils vous engageaient à faire la paix! »

Cette scène pénible se prolongea. L'Empereur se débattait contre la nécessité. Enfin une sorte de lassitude morale le prit. Il était habitué, depuis longues années, à voir toutes les volontés plier sous la sienne, et à ne pas entendre s'élever une voix quand il avait parlé ; cette résistance opiniâtre le laissa surpris et consterné. Elle lui révélait l'extrémité de sa fortune. On perdait devant lui l'obéissance et même le respect. Sa volonté, habituée à employer les éléments dociles et non à les conquérir par la discussion, hésita devant cet obstacle imprévu ; son intelligence se troubla. Il dit aux maréchaux : « Que pensez-vous que je doive faire ? » Ils répondirent encore tout d'une voix : « Abdiquez. » Vaincu par la situation, il céda alors, saisit une plume, et d'une main agitée par un mouvement fébrile écrivit les lignes suivantes :

« Les puissances alliées ayant proclamé que l'empereur Napoléon était le seul obstacle au rétablissement de la paix en Europe, l'empereur Napoléon, fidèle à son serment, déclare qu'il est prêt à descendre du trône, à quitter la France et même la vie pour le bien de la patrie, inséparable des droits de son fils, de la régence de l'Impératrice et du maintien des lois de l'Empire.

« Fait en notre palais de Fontainebleau, le 4 avril 1814.

« Napoléon. »

Cet acte à peine écrit, Napoléon tendit le papier aux maréchaux en leur disant : « Tenez, messieurs, êtes-vous contents ? » Puis, marchant à grands pas : « Messieurs, ajouta-t-il, il faut aller à Paris défendre les intérêts de mon fils, les intérêts de l'armée, les intérêts de la France. Je nomme pour mes commissaires le duc de Vicence, les maréchaux prince de la Moskowa et duc de Raguse. Ces intérêts ne vous semblent-ils pas en bonnes mains ? »

Les maréchaux s'inclinèrent en signe d'assentiment. L'Empereur était retombé assis sur un petit canapé, comme brisé par la lutte. Un silence profond régnait dans la salle; on n'entendait que le bruit entrecoupé de la respiration de Napoléon; c'était comme le râle de l'Empire qui mourait. Les maréchaux n'osaient ni quitter, sans lui dire adieu, celui qui avait été leur maître, ni prononcer une parole après les paroles décisives qui avaient été dites, de crainte de réveiller la discussion. Tout à coup l'Empereur se redressa, et se précipitant vers les maréchaux, comme pour leur arracher l'acte d'abdication qu'ils emportaient : « Non! point de régence! s'écria-t-il, avec ma garde et le corps de Marmont, je serai demain à Paris! »

Était-ce la passion de régner qui produisait ce dernier jet de flamme? Était-ce une de ces ruses familières au génie de Napoléon, et qu'il essayait souvent sur les esprits qu'il attaquait comme les armées au moment et par le côté où il n'était pas attendu? Passion ou ruse, ce mouvement ne réussit pas. Les maréchaux à Fontainebleau, comme le Sénat à Paris, étaient allés trop loin pour reculer. Le prestige était évanoui, les bornes du respect franchies. Ils se récrièrent avec impétuosité contre ce retour d'ambition. Le maréchal Ney, exaspéré, fit entendre les plus dures paroles sur une proposition qu'il regardait comme un acte de démence. Alors, l'Empereur, reconnaissant que tout était fini et voulant mettre un terme à une scène pénible et fâcheuse pour la dignité de tous, s'écria d'une voix tonnante : « Retirez-vous! »

Les maréchaux sortirent. Napoléon, demeuré avec le duc de Vicence et le duc de Bassano, arrêta les dernières résolutions relatives à la négociation qui allait s'ouvrir, et fit rédiger les pouvoirs de ses commissaires. On allait rédiger ceux du duc de Raguse, lorsque le duc de Vicence fit remarquer que le duc de Raguse était absent de Fontainebleau, ce qui pourrait entraîner des retards funestes, et que d'ailleurs dans cette négociation où l'armée devait intervenir et être représentée, il serait utile de mettre en avant un homme comme le duc de Tarente, qui obtiendrait d'autant plus d'influence qu'il était connu pour avoir vécu moins près de la personne de Napoléon et pour avoir eu moins de part à ses affections. Interrogé à ce sujet par Napoléon, le duc de Bassano répondit que, quelles que pussent être les opinions du maréchal Macdonald, il était trop homme d'honneur pour ne pas s'acquitter religieusement d'un pareil mandat. Napoléon fit appeler le maréchal. « Eh bien! duc de Tarente, lui dit-il, croyez-vous que la régence est la seule combinaison possible? — Oui, sire. — Alors c'est vous que je charge d'aller la négocier avec Alexandre, à la place du duc de Raguse. Partez avec Ney, je me confie à vous; j'espère que vous avez tout à fait oublié ce qui nous a séparés pendant longtemps? — Oui, sire, je n'y pense plus depuis 1809. — J'en suis bien aise, maréchal, mais il faut que je vous le dise, j'avais tort. » En prononçant ces deux mots, Napoléon tendit la main à Macdonald, ému comme lui. Macdonald, disgracié pendant une partie de l'Empire pour s'être opposé à la mise en accusation de Moreau, était un de ces nobles cœurs qui s'arment de leur dignité devant la fortune, et que les appels de l'adversité trouvent désarmés. Napoléon avait bien placé sa confiance.

L'observation du duc de Vicence sur le choix du duc de Raguse avait dans son esprit plus de portée que ses paroles ne leur en avaient donné : le bruit des négociations que le gouvernement provisoire nouait avec Marmont avait transpiré à Paris. L'Empereur, qui ignorait ces bruits, insista pour que ses trois plénipotentiaires vissent en passant le duc de Raguse, et lui fissent connaître qu'il le laissait maître de demeurer à la tête de son corps d'armée, s'il le jugeait plus utile, ou de se joindre aux négociateurs, s'il croyait sa présence plus avantageuse à Paris. S'il adoptait ce dernier parti, des pouvoirs lui seraient immédiatement envoyés. Les négociateurs montèrent aussitôt dans la voiture qui les attendait au bas de l'escalier ; MM. de Rayneval et Rumigny les accompagnaient comme secrétaires.

C'est ainsi que les causes générales qui avaient agi à Paris agissaient aussi à Fontainebleau. L'impossibilité de prolonger la guerre avec des chances de succès, en présence de la disproportion des forces militaires et de la lassitude et de l'épuisement de la France, la nécessité de la paix et son incompatibilité avec le maintien du pouvoir de Napoléon, avaient conduit les maréchaux de l'Empire, compagnons de guerre de l'Empereur, à lui signifier un décret venu de plus haut que celui du Sénat, le décret de la Providence, manifesté par la force des choses. Au moment où il avait voulu mettre les troupes en mouvement, ses lieutenants les plus dévoués avaient refusé de le suivre. Ney, Oudinot, Lefebvre, Macdonald, lui avaient déclaré, non de loin, comme le Sénat et le gouvernement provisoire, mais au milieu de son armée, dans son cabinet même de Fontainebleau, parlant à sa personne, qu'il avait cessé de régner. Caulaincourt lui-même, dont la fortune était plus étroitement attachée à la sienne, l'avait supplié d'abdiquer. Tant l'évidence, à laquelle il cherchait encore à fermer les yeux, frappait les yeux de tout le monde, à Fontainebleau comme à Paris! tant cet homme, autrefois nécessaire, était devenu impossible! Tout lui manquait comme tout manque à ce qui finit. Il avait tout épuisé, sa puissance et sa fortune, la confiance de ses admirateurs, le sang et la patience de la nation, l'obéissance de ses serviteurs, les forces et la fidélité de ses amis. Les obstacles amoncelés par ses fautes et ses provocations l'accablaient, les instruments se dérobaient à sa main. Tous se séparaient successivement de lui comme les vivants se séparent des morts.

Ainsi qu'il arrive après tous les grands naufrages, les esprits curieux ont recherché si même à cette époque, quand sa fortune, qui avait rempli le monde, était acculée à Fontainebleau, il n'aurait pas pu changer, par une entreprise hardie, l'arrêt de la Providence. Que serait-il arrivé si, au moment où les maréchaux lui signifiaient dans son cabinet l'impossibilité de la résistance et la nécessité de l'abdication, il se fût élancé hors de la salle et en eût appelé à l'armée, en donnant l'ordre d'arrêter comme des rebelles les lieutenants qui, non-seulement se refusaient de le suivre, mais prétendaient l'empêcher de marcher?

Des voix se sont élevées pour répondre qu'il aurait réussi, que l'armée l'aurait suivi, qu'après tout, les coalisés n'étaient pas invincibles, et que, Paris aidant, on pouvait les écraser. Plusieurs de ces voix sortaient des rangs de ceux qui se trouvaient sur le second plan militaire à Fontainebleau. C'est ainsi que dans tous les partis et dans tous les temps, on a relevé par l'imagination les pouvoirs tombés et regagné les batailles perdues. Ces hypothèses héroïques d'un beau désespoir qui change le dénoûment des choses humaines ont toujours plu aux vives imaginations. Dans la bouche des vaillants officiers qui, ayant moins de responsabilité parce qu'ils étaient moins haut placés, pouvaient donner plus au sentiment, parce qu'ils devaient moins à la raison, c'est un glorieux retentissement du *qu'il mourût* cornélien. Chez les esprits à la fois spéculatifs et passionnés, c'est un attrait et une consolation que de réformer ainsi par la pensée les événements défavorables, de changer le courant de l'histoire et de trouver des succès possibles là où les plus grands esprits ont rencontré des revers inévitables ou des difficultés invincibles.

Pour ceux qui vont au fond des choses, ce sont là de vaines spéculations. Napoléon ne tomba point pour telle ou telle faute commise dans les derniers jours de sa puissance, il tomba sous l'amas de ses fautes et de ses revers, par un enchaînement logique de causes et d'effets qui avait fixé sa dernière étape à Fontainebleau. Sa fortune était à bout. Quand Ney, Lefebvre, Macdonald, et les autres chefs militaires qui voyaient les choses à la fois de près et de haut, déclaraient qu'une marche sur Paris était impossible et qu'il ne restait plus de possible que l'abdication, et que Napoléon acceptait cet arrêt, il est puéril à la fois et téméraire de croire qu'il y eût autre chose à faire. Depuis les derniers combats qu'il avait livrés de l'autre côté du Rhin, Napoléon n'avait fait que reculer devant des masses trop supérieures pour qu'il pût les briser; les avantages partiels qu'il avait obtenus ne les avaient pas empêchées d'avancer; il les avait harcelées sans pouvoir les arrêter; avant que Paris se fût rendu, il avait renoncé à s'appuyer sur cette ville et sur les ressources qu'elle contenait, en prenant le parti de se jeter sur les derrières des coalisés pour les inquiéter, parce qu'il croyait impossible d'aller se heurter contre les multitudes armées qui l'auraient accablé de leur poids. Ce n'était ni la prise et l'occupation de Paris, ni les événements politiques qui en avaient été la suite, qui pouvaient avoir amélioré la situation militaire de l'Empereur. Ce qu'il n'avait pas cru pouvoir tenter avant, à plus forte raison ne pouvait-il pas raisonnablement le tenter après. Sans doute, il dépendait encore de lui d'ensanglanter le dénoûment, mais non de le changer.

Chaque minute, en déterminant la chute d'une pierre de cet édifice ébranlé, rendait plus inévitable l'écroulement de l'ensemble. Les mêmes causes qui agissaient à Fontainebleau sur Lefebvre, Ney, Oudinot, Macdonald, avaient agi à Essonne sur le duc de Raguse et les généraux qui commandaient sous lui. Dans l'après-midi du 2 avril, le colonel Montessuis, un des anciens aides de camp de Marmont dans la campagne d'Égypte, arriva à son quartier général porteur de l'acte de déchéance prononcé par le Sénat, que le gouvernement provisoire faisait notifier au duc de Raguse, et d'une lettre du général de

Beurnonville, à qui le gouvernement provisoire avait dévolu la direction des affaires militaires. Le général de Beurnonville adjurait le maréchal « de ne pas faire verser inutilement le sang de ses soldats pour la cause particulière d'un homme dont la cause de la France était désormais séparée. » Il faisait appel à la fois à son expérience militaire, qui lui démontrait l'impossibilité de recommencer avec avantage la lutte, et à ses sentiments de Français, qui devaient parler plus haut que son dévouement à Napoléon. Plusieurs lettres de personnages marquants, entre autres MM. Dessoles et Pasquier, étaient jointes à celle du général Beurnonville; elles étaient écrites dans le même sens [1]. Le duc de Raguse délibérait, suspendu entre ses devoirs de soldat et ses devoirs de citoyen, car il se trouvait en face d'une de ces situations complexes qui ne présentent plus à la conscience des questions simples et faciles à résoudre. Il hésitait encore lorsque, dans la journée du 3 avril, il reçut du prince de Schwarzenberg, dont le quartier général était au château de Petit-Bourg, à deux lieues seulement d'Essonne, une communication ainsi conçue :

« Monsieur le maréchal, j'ai l'honneur de faire passer à Votre Excellence, par une personne sûre, tous les papiers et documents nécessaires pour mettre Votre Excellence au courant des événements qui se sont passés depuis que vous avez quitté la capitale, ainsi qu'une invitation des membres du gouvernement provisoire à vous ranger sous les drapeaux de la bonne cause française. Je vous engage, au nom de votre patrie et de l'humanité, à écouter des propositions qui devront mettre un terme à l'effusion du sang précieux des braves que vous commandez. »

Les moments étaient courts, car d'une minute à l'autre le duc de Raguse pouvait recevoir de Fontainebleau l'ordre de se porter en avant. Pendant quelques heures, il était l'arbitre de la situation, car, s'il se ralliait avec son corps d'armée au gou-

[1]. *Mémoires du duc de Raguse*, tome II, page 255.

vernement provisoire, Napoléon ne pouvait prolonger la guerre. Jusqu'à quel point le sentiment du rôle important qu'il allait jouer et l'ambition de jouer ce rôle entrèrent-ils dans sa résolution? sa conscience seule le sut, et c'est pour cela que de pareilles actions demeurent éternellement équivoques, à moins qu'elles n'aient pour commentaire toute une vie de loyauté, d'honneur et de désintéressement; car si les devoirs du soldat envers le général doivent se subordonner à ses devoirs envers la patrie, ce serait un tort grave que d'oublier les devoirs du soldat pour un intérêt d'orgueil ou d'ambition.

Le gouvernement provisoire, dans la note adressée à Marmont, lui disait : « La prise de Paris a décidé la question militaire; la cause de l'Empereur est perdue; mais il reste la France à sauver, son sort est entre vos mains. Adhérez aux actes du Sénat et du gouvernement provisoire; le reste de l'armée suivra votre exemple, et une paix solide, honorable, rendra enfin au pays le repos qu'il a perdu depuis vingt-deux ans. »

On était dans des circonstances critiques, où l'obéissance passive qui, dans les temps ordinaires, règle les rapports des lieutenants avec leur général en chef, fait place à la délibération. L'Empire était mis en question, et tout devenait douteux, l'obéissance comme l'autorité. Les maréchaux délibéraient à Fontainebleau avant d'entrer dans le cabinet de l'Empereur; ils y entraient résolus à refuser de marcher avec lui et même à lui arracher son abdication. A Essonne, le maréchal Marmont rassembla ses généraux, et, après avoir pris leur avis, résolut de traiter séparément [1], et adressa au généralissime autrichien la réponse suivante :

« Monsieur le maréchal, j'ai reçu la lettre que Votre Altesse m'a fait

---

1. « La décision fut unanime. Il fut convenu de reconnaître le gouvernement provisoire et de se réunir à lui pour sauver la France. » (*Mémoires du duc de Raguse*, tome VI, page 260.)

l'honneur de m'écrire, ainsi que tous les papiers qu'elle renfermait. L'opinion publique a toujours été la règle de ma conduite. L'armée et le peuple se trouvant déliés du serment de fidélité envers l'empereur Napoléon par le décret du Sénat, je suis disposé à concourir à un rapprochement entre le peuple et l'armée, qui doit prévenir toute chance de guerre civile et éviter l'effusion du sang français. En conséquence, je suis prêt à quitter avec mes troupes l'armée de l'empereur Napoléon aux conditions suivantes, dont je vous demande la garantie par écrit :

« Article 1er. Moi, prince de Schwarzenberg, maréchal et commandant en chef des armées alliées, je garantis à toutes les troupes françaises qui, par suite du décret du Sénat du 2 avril, quitteront les drapeaux de Napoléon Bonaparte, qu'elles pourront se retirer librement en Normandie, avec armes, bagages, munitions, et avec les mêmes égards et les mêmes honneurs militaires que se doivent les troupes alliées.

« Art. 2. Que si, par suite de ce mouvement, les événements de la guerre faisaient tomber dans les mains des puissances alliées la personne de Napoléon Bonaparte, sa vie et sa liberté lui seraient garanties dans un espace de terrain et dans un pays circonscrit au choix des puissances alliées et du gouvernement français. »

Rien ne peint mieux que ce document le mouvement des idées à cette époque, et l'extrémité à laquelle était réduite la fortune de Napoléon. Son ancien aide de camp, son vieil ami disposait, sans le consulter, de l'armée qu'il lui avait confiée, et réglait sans lui sa destinée ; les chefs de corps qui avaient valeureusement combattu devant Paris souscrivaient unanimement à sa résolution, tant le sentiment de la fin de l'Empire était profondément entré dans tous les esprits ! C'est ce qui achevait de rendre la résistance impossible. Ce n'est point avec des troupes commandées par des hommes convaincus de ne pouvoir plus sauver à l'Empereur que sa vie et sa liberté que celui-ci pouvait entreprendre contre Paris une aventure hardie jusqu'à la témérité. Pour vaincre, il faut croire à la victoire.

Le prince de Schwarzenberg accepta les conditions posées par le duc de Raguse, et lui en donna avis par la lettre suivante :

« Monsieur le maréchal, je ne saurais assez vous exprimer la satisfaction que j'éprouve en apprenant l'empressement avec lequel vous vous rendez à l'invitation du gouvernement provisoire, de vous ranger, conformément au décret du 2 de ce mois, sous les bannières de la cause française. Les services distingués que vous avez rendus à votre pays sont reconnus généralement; mais vous y mettez le comble en rendant à leur patrie le peu de braves échappés à l'ambition d'un seul homme. Je vous prie de croire que j'ai surtout apprécié la délicatesse de l'article que vous demandez et que j'accepte relativement à la personne de Napoléon. Rien ne caractérise mieux cette belle générosité naturelle aux Français, et qui distingue particulièrement Votre Excellence. »

Quand les trois plénipotentiaires de Napoléon traversèrent Essonne, ils trouvèrent le duc de Raguse ainsi lié par un traité avec le prince de Schwarzenberg. L'acte d'abdication dont les trois maréchaux étaient porteurs rendait ce traité inutile. Ils étaient arrivés au même but que Marmont par un chemin différent et plus court. Il regretta dès lors d'avoir signé une convention qui n'avait d'excuse à ses yeux que dans sa nécessité, et qui cessait d'être nécessaire. S'ouvrant aux maréchaux sur l'acte échangé entre lui et le prince de Schwarzenberg, il s'empressa de se joindre à eux afin d'aller plaider à Paris la cause de la régence de Marie-Louise; mais avant de quitter Essonne, il fit connaître aux chefs de corps auxquels il laissait le commandement, entre autres au général Souham le plus ancien, et aux généraux Compans et Bordessoulle, l'abdication de l'Empereur et les motifs de son propre départ. « Je leur annonçai mon prochain retour, dit le maréchal. Je leur donnai l'ordre, en présence des plénipotentiaires de l'Empereur, de ne pas faire, quoi qu'il arrivât, le moindre mouvement avant mon retour. Nous nous rendîmes au quartier général du prince de Schwarzenberg pour prendre l'autorisation nécessaire à notre voyage à Paris. Dans mon entrevue avec ce général, je me dégageai des négociations commencées. Le changement survenu dans la position générale devait en apporter un dans ma conduite. Mes démarches n'ayant eu d'autre but que de sauver mon pays, et une mesure prise en commun et de concert avec Napoléon permettant d'atteindre ce but, je ne pouvais m'en isoler. Il me comprit parfaitement, et donna l'assentiment le plus complet à ma résolution [1]. »

Les choses étaient dans cet état le 4 avril, à dix heures du soir, lorsque les passe-ports demandés à l'empereur Alexandre pour les trois plénipotentiaires de l'empereur Napoléon et pour Marmont arrivèrent à Petit-Bourg, au quartier général du prince de Schwarzenberg. Ils se mirent immédiatement en route pour Paris.

Le maréchal Marmont s'était trompé en croyant qu'on peut ébranler la règle de l'obéissance militaire au-dessus de soi et la maintenir au-dessous. Quand la délibération est entrée dans l'armée, elle descend de rang en rang. Les généraux de division Souham, commandant par intérim, Bordessoulle, Compans, Digeon, commandant l'artillerie, Ledru des Essarts et le général de brigade chef d'état-major Meynadier, qui demeuraient à la tête de l'armée, se trouvant placés sous le coup des mêmes circonstances qui avaient agi sur le duc de Raguse, pouvaient se croire autorisés à prendre l'initiative, s'il se produisait des incidents de nature à hâter l'exécution de la mesure qui n'était que suspendue.

Les plénipotentiaires de Napoléon arrivèrent à l'hôtel de la rue Saint-Florentin à une heure après minuit, le 5 avril 1814. Tout le monde y veillait. Les membres du gouvernement provisoire épiaient l'arrivée des négociateurs. C'était leur cause aussi bien que celle de la dynastie de Napoléon qui allait être jugée sur l'appel porté par les maréchaux contre la décision du 31 mars. Le procès qu'on avait regardé comme clos se rouvrait. Les figures étaient soucieuses, comme au moment d'un évé-

---

1. *Mémoires du duc de Raguse*, tome VI, page 261.

nement décisif. Si l'on revenait sur la déclaration du 31 mars, la situation de tous ceux qui avaient pris part à cette déclaration et aux événements qui en avaient été la suite devenait difficile, périlleuse même. Quand les plénipotentiaires entrèrent, on chercha à les entourer. Il y eut peu de paroles échangées. Les portes de l'appartement de l'empereur de Russie s'ouvrirent, et les négociateurs furent aussitôt introduits. Ce fut le maréchal Macdonald qui porta la parole. Il commença par donner lecture à Alexandre de l'abdication conditionnelle de l'empereur Napoléon; puis il parla simplement, fortement, avec une mâle éloquence, très-peu de l'Empereur, beaucoup de l'armée. Il invoqua sa gloire militaire rehaussée d'un nouvel éclat par sa constance et sa fidélité dans les revers. Il demanda en son nom le règne du fils de Napoléon. C'était le vœu de l'armée, dit-il, une satisfaction morale qui lui était due, la seule garantie de l'avenir qu'elle avait mérité. Elle ne pourrait voir sans appréhension le retour d'une famille étrangère à ses services, à sa gloire. Lui refuser cette marque de sympathie et d'estime, et en même temps cette sûreté nécessaire, c'était la rattacher à la cause de Napoléon. Voulait-on rouvrir la carrière des combats au moment où elle se fermait?

Ney et Marmont firent valoir le sacrifice de Napoléon. Il renonçait à une dernière chance militaire, pourvu qu'on laissât son fils assis sur son trône. Ce sacrifice méritait bien, disaient-ils, la compensation qu'il demandait.

Le duc de Vicence, qui avait vécu dans la familiarité d'Alexandre, savait les cordes qu'il fallait faire vibrer dans son cœur, et les toucha avec une grande habileté. Il insista surtout sur la promesse faite par l'empereur de Russie de ne pas intervenir dans les questions du gouvernement intérieur de la France. Le pays, avait-il dit, devait lui-même décider de ses destinées. Et quelles voix plus autorisées pouvaient exprimer le vœu du pays, que celles des maréchaux parlant au nom de l'armée française? Est-ce qu'une déclaration surprise à la bonne foi du souverain pouvait faire obstacle à l'accomplissement d'une promesse si souvent répétée, et d'une parole solennellement donnée? Il s'en rapportait sur ce point à l'équité et à la magnanimité de l'empereur de Russie.

Alexandre, visiblement ému, gardait le silence et laissait se prolonger cette scène, qui peut-être n'était pas pour lui sans douceur. La cause qui se débattait devant lui, c'était celle de l'ancien dominateur de l'Europe : une parole tombée des lèvres d'Alexandre allait décider du sort de la dynastie de Napoléon. Il suspendait cette parole attendue comme un arrêt de la destinée. Peut-être, s'il eût été en réalité seul à prononcer, aurait-il été tenté par la grandeur de l'action qu'on lui demandait. Mais la résolution prise était une résolution collective : l'Autriche, la Prusse, l'Angleterre si puissante dans les conseils européens, avaient prononcé avec la Russie sur le sort de la dynastie de Napoléon. Quelque chose de plus, Napoléon et sa dynastie étaient condamnés par l'intérêt européen et la force des choses; les souverains n'avaient fait que signifier l'arrêt porté de plus haut. Tout en se sentant touché de la démarche des maréchaux, et aussi des considérations qu'ils avaient fait valoir au nom de l'armée, Alexandre ne leur donna qu'une réponse évasive. Ne pouvant prononcer seul, leur dit-il, il fallait qu'il conférât avec ses alliés. Il les congédia donc en leur promettant de les recevoir dans quelques heures. Il ne pouvait faire moins, car il ne lui convenait pas d'assumer seul la responsabilité du refus opposé à la requête présentée au nom de l'armée française; mais il ne pouvait faire plus.

Les maréchaux se retirèrent en emportant une lueur d'espoir. Peu de temps après un nouveau conseil s'ouvrit : le roi de Prusse y assistait, les membres du gouvernement provisoire y avaient été également convoqués, ainsi que le général Dessolle, en sa qualité de commandant en chef de la garde nationale de Paris. Le langage des membres du gouvernement provisoire était dicté d'avance. Ils rappelèrent la déclaration du 31 mars, par laquelle les souverains alliés avaient pris à la face de la France et de l'Europe entière l'engagement de ne plus traiter avec Napoléon Bonaparte, ni avec aucun membre de sa famille. C'était un fait acquis. Voulaient-ils, maintenant remettre en discussion ce qu'ils avaient décidé par des raisons dont la force n'était pas affaiblie ? Le pouvaient-ils quand tant de personnes s'étaient engagées sur la foi d'une parole qu'elles avaient le droit de regarder comme sacrée ? Cette régence dont on parlait ne serait en réalité qu'un paravent derrière lequel se cacherait Bonaparte, tout prêt à la première occasion à ressaisir l'Empire. Le général Dessolle ajouta, en élevant la voix avec brusquerie, que si les souverains alliés revenaient à la régence, il ne resterait plus à ceux qui s'étaient compromis sur leur foi qu'à leur demander des passe-ports pour aller chercher un abri à l'étranger contre les vengeances qu'ils avaient si imprudemment appelées sur leur tête.

La brusquerie de cette interpellation et l'accent du général Dessolle parurent avoir blessé l'empereur Alexandre. Il répondit avec quelque vivacité que jamais personne n'aurait à se repentir de s'être fié à lui, et que, quoi qu'il arrivât, sa protection serait acquise à ceux qui s'étaient compromis sur sa parole ; mais la question générale qu'il s'agissait de résoudre était trop haute pour qu'on y mêlât des intérêts personnels.

Il devenait évident que l'empereur Alexandre voulait donner une satisfaction morale à l'armée, en remettant en discussion la question qui avait été résolue le 31 mars. Les membres du gouvernement provisoire avaient des raisons décisives à faire valoir contre le règne du fils de Napoléon avec une régence, et Napoléon les avait indiquées lui-même, lorsqu'il avait dit en recevant le courrier envoyé par les maréchaux au sortir de leur première conférence : « Les puissances, à l'exception de l'Autriche, ne sauraient consentir à la régence tant que je vivrai. Elles auraient trop peur que j'arrachasse le timon de l'État des mains de ma femme. Ce ne serait d'ailleurs qu'une régence autrichienne, et l'on verrait M. de Schwarzenberg vice-empereur des Français. Tout bien considéré, c'est aussi contraire aux intérêts des alliés qu'à ceux de la France. »

Napoléon disait vrai. Les autres puissances ne pouvaient vouloir une régence autrichienne à Paris, mais il faut ajouter que l'Autriche elle-même ne pouvait vouloir une combinaison qui recélait dans ses flancs Napoléon toujours prêt à en sortir, comme les dieux homériques de leur nuage olympien. C'était là le vice de la proposition des maréchaux, ce devait en être l'écueil. Au fond, la régence c'était encore l'Empire avec Napoléon sur le second plan du tableau, et toujours au moment de reprendre sa place sur le premier. Ni l'Europe, ni la France, affamées de paix et de repos, ne pouvaient donc accepter cette combinaison, équivalent hypocrite de la première et également incompatible avec la sécurité de tous ; la force des choses la rejetait. Le prince de Talleyrand résuma la discussion et en tira la conclusion par ces paroles fatidiques qui résolvaient le problème en le posant : « Napoléon ou Louis XVIII ! tout le reste est une intrigue. »

La discussion était terminée. Le roi de Prusse, circonstance remarquable, à cause de ses habitudes d'entente complète avec le czar et de déférence envers Alexandre, se déclara le premier contre la régence. Son avis fut partagé par tous ceux qui assistaient au conseil. L'empereur Alexandre, qui jusque-là avait pris toutes les initiatives, voulait évidemment laisser celle-ci à ses alliés. Il ne faisait plus d'objections, mais seul il ne se prononçait pas ; son acquiescement paraissait douteux, au fond il n'était que silencieux.

Presqu'au sortir de cette conférence, il reçut les maréchaux, qui ne retrouvèrent plus sur son visage les traces de l'impression qu'ils croyaient avoir produite. Il écoutait d'un air distrait et contraint les motifs qu'ils développaient de nouveau devant lui, et leur laissait attendre sa réponse, comme s'il lui coûtait de la faire, lorsqu'un aide de camp entra une dépêche à la main, et lui adressa en même temps quelques mots en langue russe. Le duc de Vicence les comprit, pâlit sensiblement, et dit d'une voix émue aux maréchaux : « Mauvaise nouvelle ! »

Alexandre ouvrit vivement la dépêche. La fortune lui apportait, non pas le motif qui devait fixer sa volonté déterminée par la puissance irrésistible de la situation, mais l'argument qui allait motiver sa résolution. « Messieurs, dit-il aux maréchaux, vous croyez parler au nom de l'armée. Savez-vous ce qui s'y passe? Voici que j'apprends qu'une partie de l'armée se prononce pour le gouvernement provisoire. Le corps du duc de Raguse vient de passer tout entier de notre côté. »

Les maréchaux s'entre-regardèrent avec anxiété, et se récrièrent que la nouvelle était fausse et le fait impossible. Alexandre mit sous leurs yeux la dépêche signée par le prince de Schwarzenberg; elle ne laissait aucun doute sur la réalité de l'événement. Les maréchaux consternés semblaient interroger du regard le duc de Raguse. Celui-ci donnait les signes du plus violent désespoir.

Après quelques instants de silence, l'empereur de Russie leur déclara que le sort de Napoléon se trouvait fixé par ce dernier événement. Une abdication conditionnelle ne suffisait pas, il fallait une abdication absolue. Alexandre, voulant adoucir la rigueur de cette dernière parole, ajouta que les puissances assigneraient pour retraite à Napoléon une principauté indépendante, et qu'il pourrait y emmener un détachement de sa garde et ceux de ses serviteurs qui voudraient se dévouer à sa fortune. Il n'y avait plus de traité à faire pour l'Empire, mais il y en avait un à faire pour la personne de l'Empereur. Alexandre recevrait donc les plénipotentiaires lorsqu'ils apporteraient de nouveaux pouvoirs à cet effet.

Les maréchaux se retirèrent tristes et silencieux. Avant le mouvement du corps de Marmont, Napoléon n'avait déjà plus de chances réelles pour continuer la lutte; après ce mouvement, l'apparence même de ces chances s'évanouissait, et les maréchaux n'avaient plus d'argument pour discuter les conditions qu'on lui imposait; ils étaient réduits à les subir.

C'est ici le moment d'expliquer l'incident qui fut non pas, on l'a vu, la cause de la chute de la dynastie napoléonienne, elle venait de plus haut et de plus loin, mais le poids qui, s'ajoutant dans la balance à tous ceux qui l'entraînaient vers sa ruine, fixa la date de cette chute. Le maréchal Marmont, en quittant, à cinq heures de l'après-midi, dans la journée du 4 avril, son quartier général d'Essonne, avait laissé les chefs de corps qui commandaient sous lui dans une situation difficile. Engagés envers le prince de Schwarzenberg par une convention qui n'était que suspendue, et exposés cependant à recevoir de Fontainebleau des ordres en contradiction avec cette convention, ils étaient inquiets et vigilants comme des hommes qui avaient assez fait pour exciter la colère de l'Empereur, pas assez pour se mettre hors de ses atteintes. C'est dans ces circonstances qu'ils virent arriver successivement de Fontainebleau, dans la soirée du 4 avril, plusieurs officiers d'état-major chargés d'inviter le duc de Raguse à se rendre auprès de l'Empereur. Le dernier venu avait ajouté que puisque le maréchal était absent, le général commandant à sa place devait se rendre au quartier général impérial. Que présageaient ces messages? L'Empereur était-il instruit de la convention signée, sans son autorisation, avec le prince de Schwarzenberg? Songerait-il à sévir? Ils l'appréhendaient, et pour mettre un terme à leurs anxiétés, ils résolurent d'achever ce que le duc de Raguse avait commencé.

Quelle était réellement la pensée de Napoléon en envoyant l'officier d'état-major Gourgaud au quartier général du duc de Raguse à Essonne, puis au quartier général du duc de Trévise à Mennessy, pour les inviter à se rendre tous deux auprès de lui à Fontainebleau? Se repentait-il de son abdication? Revenait-il à la pensée qu'il avait exprimée, en disant, un instant après l'avoir signée : « Non, avec ma garde et Marmont, je serai demain à Paris! » Le fait reste et restera probablement toujours douteux. Ce qu'il y a de certain, c'est que les chefs de corps de l'armée du duc de Raguse, alarmés par les messages du quartier impérial, et surtout par la présence du colonel Gourgaud, un des officiers de confiance de l'Empereur, glissèrent sur la pente sur laquelle le duc de Raguse les avait laissés.

Pendant que le colonel Gourgaud, étonné de n'avoir point trouvé le duc de Raguse à la tête de son corps d'armée, et d'apprendre par son aide de camp, le colonel Fabvier, qu'il était parti pour Paris sans en avoir donné avis à l'Empereur, allait chercher à Mennessy le duc de Trévise et le ramenait à Fontainebleau, les événements les plus graves s'accomplissaient à Essonne. Les généraux Souham et Bordesoulle réunirent à souper, le premier les officiers supérieurs de l'infanterie, le second les officiers supérieurs de la cavalerie. Les deux généraux annoncèrent à leurs convives que les troupes partiraient au milieu de la nuit pour exécuter le mouvement arrêté par le maréchal Marmont[1]. On se mit en effet en marche

---

[1]. On a affirmé dans presque tous les récits historiques qu'on avait fait croire aux troupes qu'elles marchaient contre Paris, en servant d'avant-garde à l'armée de l'Empereur, et qu'elles se mutinèrent parce qu'elles découvrirent trop tard qu'il n'en était rien. Cette explication plus dramatique, il est vrai, n'est conforme ni à la vérité ni à la vraisemblance. Les troupes savaient que l'Empereur

à trois heures et demie du matin, par une nuit très-sombre. Le colonel Fabvier, dont les inquiétudes avaient été éveillées par celles du colonel Gourgaud, son ami, s'était placé aux extrêmes avant-postes, afin de surveiller ce qui se passait. Il ne pouvait s'expliquer ce mouvement de troupes que le duc de Raguse, il le savait, n'avait pas commandé. Il s'approcha du général Souham, debout, avec plusieurs généraux, auprès d'un feu allumé à la porte d'un cabaret placé de l'autre côté du pont d'Essonne, et lui demanda l'explication de cette marche imprévue. Le général lui répondit froidement qu'il n'avait pas l'habitude de rendre compte de ses actes à ses inférieurs. Le colonel Fabvier insistant pour obtenir une réponse à sa question, le général Souham laissa échapper sa pensée. « Marmont s'était mis en sûreté, lui dit-il; il était, lui, de haute taille et n'avait pas envie qu'on lui raccourcît la tête. » Après quelques autres observations le colonel Fabvier, qui avait inutilement cherché à rassurer les lieutenants du duc de Raguse et à obtenir que la marche fût suspendue, annonça l'intention de se rendre à Paris auprès du maréchal. Les généraux ne mirent aucune opposition à son projet. Il partit à toute bride, et le mouvement des troupes continua. On marchait silencieuse-

avait abdiqué. Elles avaient vu passer les maréchaux qui portaient l'abdication à Paris; leur chef, le maréchal Marmont, était parti avec eux. Enfin le général Bordesoulle écrivait positivement de Versailles, le 5 avril 1814, au duc de Raguse, qu'il avait fait connaître à la troupe le parti qu'il prenait. Voici sa lettre : « Monseigneur, M. le colonel Fabvier a dû faire connaître à Votre Excellence les motifs qui nous ont engagés à exécuter le mouvement que nous étions convenus de suspendre jusqu'au retour de MM. le prince de la Moskowa, les ducs de Tarente et de Vicence. Nous sommes arrivés avec tout ce qui compose le corps. Absolument tout nous a suivis, et avec connaissance du parti que nous prenions, l'ayant fait connaître à la troupe avant que de marcher. Maintenant, monseigneur, pour tranquilliser les officiers sur leur sort, il serait bien urgent que le gouvernement provisoire fît une adresse ou une proclamation à ce corps, et qu'en lui faisant connaître sur quoi il peut compter, on fasse payer un mois de solde; sans cela il est à craindre qu'il ne se débande. MM. les officiers généraux sont tous avec nous, M. Lucotte excepté. Ce joli monsieur nous avait dénoncés à l'Empereur. » (Cité par le duc de Raguse, *Mémoires*, tome VI, page 264.)

ment au milieu des ténèbres, sans rencontrer aucun obstacle; seulement, de temps à autre, des rumeurs confuses arrivaient aux oreilles de nos troupes et leur donnaient à penser. Elles étaient à la hauteur de Petit-Bourg, quand le jour commença à poindre. Alors elles virent la route bordée des deux côtés par les Russes qui, avertis par les lieutenants de Marmont, avaient ouvert leurs rangs pour laisser passer les troupes françaises, et qui leur rendaient les honneurs militaires, suivant les termes de la convention signée entre le duc de Raguse et le prince de Schwarzenberg. Le gros des forces de Marmont était engagé au milieu des masses de l'armée coalisée. Les troupes, à qui la gravité de leur action apparaissait, continuaient leur route, mornes, sombres, et à la fois irritées et affligées. A la Belle-Épine, elles quittèrent la route de Paris pour prendre celle de Versailles. L'arrière-garde, formée de partisans et commandée par le général Chastel, n'étant point encore engagée dans les lignes russes au moment du lever du soleil, rétrograda vivement à leur vue, revint à Essonne et mit le pont en état de défense. La division du général Lucotte, qui occupait Corbeil, avait reçu l'ordre de suivre le mouvement du sixième corps; elle ne bougea pas, et le général Lucotte annonça, dans un ordre du jour, que, chargé d'occuper Corbeil, il restait fidèle à son poste avec ses soldats. Ce furent, avec les partisans du général Chastel, les seules troupes du sixième corps qui conservèrent leur position.

Quand les régiments de ce corps furent arrivés à Versailles, leur mécontentement se traduisit bientôt en clameurs et en mutineries. Les bruits de trahison circulaient; on avait voulu, disait-on, livrer les troupes du sixième corps pour les faire désarmer. Les soldats se rassemblèrent tumultueusement en groupes où l'on parlait d'aller rejoindre l'Empereur. Pendant que ces scènes se passaient sur les places et dans les rues de Versailles, les colonels s'étaient réunis chez un d'entre eux, le colonel Ordener, qui les avait convoqués pour aviser au parti à prendre dans cette situation critique. Il fut convenu que l'on conduirait les troupes à Rambouillet, et, de là, à Fontainebleau ; le commandement fut déféré au colonel Ordener par ses camarades, et l'on se mit en marche, cavalerie, infanterie, artillerie. L'anarchie descendait de proche en proche. Les colonels cessaient d'obéir aux généraux, comme les généraux au maréchal, leur commandant en chef, comme celui-ci à l'Empereur, dont il tenait son commandement. C'était comme une dissolution générale de l'Empire, dont les symptômes éclataient partout.

Ces délibérations, ces tumultes militaires avaient rempli les premières heures de la journée du 5 avril. Un exprès vint à Paris avertir Marmont de ce qui se passait à Versailles. Il se jeta dans une voiture et courut, en toute hâte, à la poursuite de son corps d'armée. Au point où en étaient les choses, la résolution désespérée du sixième corps ne pouvait rien sauver, elle ne pouvait qu'amener des malheurs, prolonger inutilement l'effusion du sang, et aggraver la situation de l'armée et celle de la France. Marmont atteignit ses troupes à deux lieues de Versailles seulement, au hameau de Trappes. Il marcha droit à Ordener, lui reprocha l'usurpation de commandement qu'il avait commise, et le menaça de le faire arrêter et traduire devant un conseil de guerre. Ordener exaspéré lui répondit avec violence sans ménager les expressions de *désertion* et de *trahison*, et le mit au défi d'exécuter sa menace et de trouver dans l'armée un seul homme qui voulût s'en faire l'instrument. Le maréchal et le colonel étaient face à face, la menace à la bouche, pleins de la passion qui les animait : Marmont invoquait les lois de la hiérarchie méconnues, les droits du commandement violés, la dignité du grade foulée aux pieds ; Ordener le principe de la fidélité militaire de l'armée à l'Empereur, et le devoir qui l'obligeait à garder le poste confié à son courage. Les soldats débandés faisaient cercle autour des deux interlocuteurs, et les écoutaient avec une attention passionnée, passant rapidement d'un sentiment à l'autre, vivement remués par ces paroles ardentes, mais quelque temps irrésolus. C'était une de ces scènes dont l'histoire de l'empire romain est remplie, quand les légions, entre une déchéance et un avénement, tour à tour haranguées par les chefs des partis contraires, éclataient en rumeurs confuses, mêlant les acclamations aux murmures, et balançant sur la résolution à prendre.

Enfin Marmont, s'animant au bruit de ses paroles, fit un effort désespéré pour reconquérir l'obéissance de son armée. Il attesta ses vieux services, montra ses blessures, rappela les derniers combats dans lesquels, sous les murs de Paris, il avait prodigué sa vie. Il demanda si c'était bien lui qu'on pouvait soupçonner de trahir les intérêts de l'armée. « Le sixième corps, s'écria-t-il, n'a quitté Essonne que pour hâter la paix, elle va être conclue, croyez-en la parole de votre général : obéissez-lui, et tout sera oublié. Votre honneur, n'est-ce pas mon honneur? Votre vie, c'est ma vie. » Les soldats subjugués par cette parole, cet accent, ce geste, par ces souvenirs invoqués, et aussi sans doute par cette nécessité de la paix et cette impossibilité de la guerre qui se révélaient peu à peu à tous les yeux, abandonnèrent Ordener et obéirent au maréchal. Ils quittèrent la route de Rambouillet pour prendre, sous la conduite de leurs généraux, la route de Mantes, où des cantonnements leur étaient assignés. Marmont revint le 5 avril au soir à Paris, et fut reçu avec acclamation à l'hôtel de la rue Saint-Florentin par les personnes qui remplissaient les salons du gouvernement provisoire. Le bruit de cette sédition militaire avait fait craindre de nouvelles complications de la part de l'armée. Le parti de la paix était heureux de les voir dénouées, et chacun allait féliciter le maréchal qui, par son audace et sa résolution, venait d'écarter une pierre d'achoppement du chemin où l'on marchait [1].

Tandis que ces événements se passaient à Versailles et à Paris, les plénipotentiaires de Napoléon retournaient à Fontainebleau pour lui apprendre que l'abdication conditionnelle ne suffisait plus et qu'on attendait de lui une abdication absolue. Les nouvelles d'Essonne et de Paris les avaient devancés. Le général Chastel, en se repliant sur le pont d'Essonne, dans la matinée du 5 avril, avait envoyé un officier d'état-major pour prévenir l'Empereur du mouvement opéré par le sixième corps. Peu d'instants auparavant il avait reçu par un exprès de Caulaincourt une copie de la convention du duc de Raguse avec le prince de Schwarzenberg.

Lorsque Napoléon apprit ces nouvelles, il essaya d'abord de douter de leur exactitude. Puis son regard devint fixe, il se tut, s'assit, et se livra aux pensées les plus sombres. Les dernières lueurs d'espérance s'évanouissaient. Il préparait, depuis la veille, une réponse aux considérants de l'acte de déchéance voté par le Sénat, il voulut y ajouter une note de blâme pour le maréchal Marmont et les événements d'Essonne, et avant la fin de la journée, l'ordre du jour suivant était lu à la tête de tous les régiments. Il portait pour suscription : *Ordre du jour à l'armée. Fontainebleau, le 5 avril* 1814.

« L'Empereur remercie l'armée pour l'attachement qu'elle lui témoigne et principalement parce qu'elle reconnaît que la France est en lui et non pas dans le peuple de la capitale. Le soldat suit la fortune et l'infortune de son général, son honneur et sa religion. Le duc de Raguse n'a point inspiré ce sentiment à ses compagnons d'armes ; il a passé aux alliés.

1. Bourrienne, présent à cette scène, raconte ainsi l'ovation qui accueillit le duc de Raguse à son entrée dans le salon du prince de Talleyrand : « Quinze ans se sont passés, et il me semble assister encore à cette scène. Tout le monde avait fini de dîner ; il se mit seul à table devant un petit guéridon placé au milieu de la salle et sur lequel on le servit. Chacun de nous allait causer avec lui et le complimenter ; il fut le héros de cette journée.

ORDRE DU JOUR DE L'EMPEREUR A L'ARMÉE. 191

L'Empereur ne peut approuver la condition sous laquelle il a fait cette démarche; il ne peut accepter la vie et la liberté de la main d'un sujet.

« Le Sénat s'est permis de disposer du gouvernement français; il a oublié qu'il doit à l'Empereur le pouvoir dont il abuse maintenant, que c'est l'Empereur qui a sauvé une partie de ses membres des orages de la révolution, tiré de l'obscurité et protégé l'autre contre la haine de la nation. Le Sénat se fonde sur les articles de la Constitution pour le renverser. Il ne rougit pas de faire des reproches à l'Empereur, sans remarquer que, comme premier corps de l'État, il a pris part à tous les événements. Il est allé si loin qu'il a osé accuser l'Empereur d'avoir changé les actes dans leur publication. Le monde sait qu'il n'avait pas besoin de tels artifices. Un signe était un ordre pour le Sénat, qui toujours faisait plus qu'on ne désirait de lui. L'Empereur a toujours été accessible aux remontrances de ses ministres, et il attendait d'eux la justification la plus indéfinie des mesures qu'il avait prises. Si l'enthousiasme s'est mêlé dans les adresses et les discours publics, alors l'Empereur a été trompé, mais ceux qui ont tenu ce langage doivent s'attribuer à eux-mêmes les suites de leurs flatteries. Le Sénat ne rougit pas de parler de libelles publiés contre les gouvernements étrangers, il oublie qu'ils furent rédigés dans son sein. Si longtemps que la fortune s'est montrée fidèle à leur souverain, ces hommes sont restés fidèles et nulle plainte n'a été entendue sur les abus de pouvoir. Si l'Empereur a méprisé les hommes, comme on le lui a reproché, alors le monde reconnaîtrait aujourd'hui qu'il a eu des raisons qui motivaient son mépris. Il tenait sa dignité de Dieu et de la nation, eux seuls pouvaient l'en priver; il l'a toujours considérée comme un fardeau, et lorsqu'il l'accepta, ce fut dans la conviction que lui seul était à même de la porter dignement, le bonheur de la France paraissant être dans la destinée de l'Empereur; aujourd'hui que la fortune s'est décidée contre lui, la volonté de la nation seule pourrait le persuader de rester plus longtemps sur le trône. S'il se doit considérer comme le seul obstacle à la paix, il fait volontiers ce dernier sacrifice à la France. Il a envoyé en conséquence le prince de la Moskowa et les ducs de Vicence et de Tarente à Paris pour entamer la négociation. L'armée peut être certaine que jamais l'honneur de l'Empereur ne sera en contradiction avec le bonheur de la France. »

Ainsi le pouvoir absolu et la servitude s'entr'accusaient tous deux justement. La complicité des instruments n'amnistie pas plus, en effet, les torts du maître, que l'injustice impérieuse du maître n'excuse la coupable complaisance des instruments. Le manifeste sénatorial qui sert de considérant à l'acte de déchéance, et le manifeste impérial du 5 avril lancé contre le Sénat sous la forme d'un ordre du jour militaire, sont les deux pièces capitales à consulter pour le jugement historique de l'Empire. Il n'y a d'inexact dans la seconde de ces pièces que le reproche adressé par l'Empereur à ceux qui ne lui avaient pas fait connaître la vérité : on sait de quelle manière il avait traité, peu de mois auparavant, M. Laîné et le Corps législatif, quand il avait essayé de la lui dire, et de quelle liberté jouissaient les écrivains et les publicistes; Chateaubriand, madame de Staël, Benjamin Constant, le *Journal des Débats* pouvaient en rendre témoignage.

Ces récriminations politiques insérées dans un ordre du jour militaire parlaient peu au cœur du soldat. Le découragement et la dissolution de la puissance impériale arrivaient jusqu'à l'armée, comme, dans les derniers moments d'une agonie, la mort gagne le cœur. L'Empereur avait fait couvrir à la hâte la position d'Essonne par des troupes tirées du corps d'armée du duc de Trévise, et semblait méditer un mouvement sur la Loire; mais l'ébranlement moral imprimé à l'armée par le mouvement du sixième corps se communiquait de proche en proche. Ce n'était pas seulement une diminution considérable de l'effectif, déjà réduit, c'était un nouvel argument apporté à ceux qui regardaient la cause de l'Empereur comme perdue, et une dernière espérance enlevée aux partisans de plus en plus rares de la continuation de la lutte. L'évidence se faisait pour les esprits les plus dévoués à la cause de l'Empereur; l'Empire était fini. Tout se détraquait à Fontainebleau. Chacun songeait à soi, comme dans un naufrage où le vaisseau a péri. Les communications étaient incessantes entre Fontainebleau et Paris, et les négociations avec le gouvernement provisoire se multipliaient de moment en moment.

VIII

ABDICATION ABSOLUE. — DÉPART POUR L'ILE D'ELBE.

Telles étaient les dispositions des esprits lorsque, le 5 avril, dans la soirée, les plénipotentiaires, de retour à Fontainebleau, annoncèrent à Napoléon la détermination des puissances alliées de ne traiter avec lui qu'à la condition qu'il enverrait préalablement son abdication absolue. Le duc de Tarente lui apporta le premier l'avis officiel de cette détermination. Le prince de la Moskowa et le duc de Vicence s'étaient arrêtés au quartier général du prince de Schwarzenberg pour signer un armistice; ainsi ses envoyés eux-mêmes stipulaient sans ses ordres. Le prince de la Moskowa allait même envoyer sa soumission au gouvernement provisoire et son adhésion à la restauration de la maison de Bourbon, avant que l'Empereur eût signé sa seconde abdication [1].

---

[1]. On en trouve la preuve dans la lettre suivante adressée par le maréchal Ney au *prince de Bénévent, président de la commission formant le gouvernement provisoire*, sous cette date : *Fontainebleau, 5 avril 1814, à onze heures et demie du soir*, et publiée au *Moniteur* :

« Monseigneur, je me suis rendu hier à Paris avec M. le maréchal duc de Tarente et M. le duc de Vicence, comme chargé de pleins pouvoirs pour défendre près de S. M. l'empereur Alexandre les intérêts de la dynastie de l'empereur Napoléon ; un événement imprévu ayant tout à coup arrêté les négociations, qui semblaient promettre les plus heureux résultats, je vis dès lors que, pour éviter à notre chère patrie les maux affreux d'une guerre civile, il ne restait plus aux Français qu'à embrasser entièrement la cause de nos anciens rois, et c'est pénétré de ce sentiment que je me suis rendu ce soir près de l'empereur Napoléon pour lui manifester le vœu de la nation. L'Empereur, convaincu de la position critique où il a placé la France, et de l'impossibilité où il se trouve de la sauver, a paru se résigner et consentir à l'abdication entière et sans aucune restriction. C'est demain matin que j'espère qu'il m'en remettra lui-même l'acte formel et authentique. Aussitôt après, j'aurai l'honneur d'aller voir Votre Altesse sérénissime. »

La conférence du 5 avril au soir, dans laquelle on agita cette question, ramena les orages de la première. Napoléon repoussa d'abord, avec une colère réelle ou simulée, le sacrifice qu'on lui imposait. Il fallait, disait-il, rompre une négociation devenue humiliante et dérisoire. La guerre ne pouvait soulever de chance plus déplorable que la paix qu'on lui dictait. C'était un fait clair maintenant pour tout le monde ; il espérait que les chefs de l'armée étaient désormais désabusés de leurs chimères. A l'appui de sa proposition de recommencer la guerre, Napoléon énumérait les forces voisines ou lointaines qui lui restaient pour prolonger cette terrible et sanglante partie, jouée depuis vingt-deux ans contre l'Europe. Il groupait par la pensée, dans une espèce de fantasmagorie militaire, ces forces disséminées. C'était comme un écho de la dernière scène où Mithridate vaincu expose à ses fils le plan d'une dernière campagne contre les Romains. Les cinquante mille soldats du maréchal Soult, qui sont sous les murs de Toulouse, les quinze mille hommes que le maréchal Suchet ramène de Catalogne, les trente mille hommes du prince Eugène, les quinze mille hommes de l'armée d'Augereau que la perte de Lyon vient de rejeter sur les Cévennes, enfin les nombreuses garnisons des places frontières et l'armée du général Maison sont encore des points d'appui redoutables sur lesquels il peut se concentrer avec les vingt-cinq mille hommes de la garde qui lui restent à Fontainebleau. Il fallait partir et se retirer sur la Loire.

Les trois négociateurs se récrièrent contre l'impossibilité de l'exécution d'un pareil plan, chacun avec la nuance de son caractère : Macdonald avec une dignité calme et respectueuse, Caulaincourt avec la conviction douloureuse d'un dévouement sans illusion, Ney avec l'impatience d'une résolution prise. La chimère, c'était la possibilité de la guerre ; l'évidence, c'était la nécessité de la paix. De minute en minute, elle devenait plus indispensable. Les armées coalisées s'avançaient de toutes parts et tenaient déjà Fontainebleau enfermé comme dans un cercle de fer. Des troupes s'accumulaient sur toutes les avenues. Une armée russe était entre Essonne et Paris ; une autre était portée sur la rive droite de la Seine, depuis Melun jusqu'à Montereau ; d'autres corps ont marché par les routes de Chartres et d'Orléans ; d'autres encore, accourus par les routes de Champagne et de Bourgogne, se sont répandus entre l'Yonne et la Loire. Après avoir tracé ce tableau vrai de la situation, les plénipotentiaires ajoutaient, en démolissant pièce à pièce le projet chimérique de Napoléon : « Où irons-nous chercher les débris d'armée sur lesquels on semble compter encore ? Ces différents corps de troupes sont tellement dispersés que les généraux les plus voisins sont à plus de cent lieues l'un de l'autre. Quel ensemble pourrait-on jamais mettre dans leurs mouvements ? Et nous, qui sommes ici, sommes-nous bien sûrs de pouvoir en sortir pour aller les rejoindre ? » Puis venaient les dernières nouvelles de la nuit : l'apparition des coureurs ennemis sur la Loire ; Pithiviers occupé par eux ; les communications de Fontainebleau avec Orléans interrompues.

Napoléon ne se rendait pas encore. « Une route fermée devant des courriers, disait-il, s'ouvre bientôt devant une armée. » C'étaient là des discours, mais ils n'étaient suivis d'aucun acte. Depuis le 31 mars Napoléon discutait, il n'agissait plus, et, pendant que les coalisés employaient les minutes, il perdait les jours. L'évidence qui frappait tous les yeux devait se manifester aux siens : c'est la seule explication raisonnable de l'inaction de ce grand capitaine. Ses plans de guerre n'étaient que des machines diplomatiques. Ses plus chers confidents ont pensé que la confiance de ses paroles et ses propositions belliqueuses étaient un voile jeté sur l'hésitation de ses idées. « Il sentait trop bien, ont-ils dit, combien sa position était devenue différente ; lui qui n'avait jamais commandé que de grandes armées régulières, qui n'avait jamais manœuvré que pour rencontrer l'ennemi, qui, dans chaque bataille, avait coutume de décider du sort d'une capitale ou d'un royaume, et qui, dans chaque campagne, avait su jusqu'ici renfermer et finir une guerre, il faudrait se résoudre à courir les aventures, passant de province en province, guerroyant sans cesse et ne pouvant en finir nulle part [1]. »

L'Empereur ne s'y résolvait pas, mais il cherchait à donner à ses négociateurs des arguments et la volonté de s'en servir. Peut-être aussi, alors même qu'il eût perdu tout espoir de les persuader, parla-t-il pour la postérité, devant laquelle il aimait à poser. Tout entier à cette préoccupation, il prolongeait la lutte, ne pouvant se résoudre à se séparer de la puissance qui le quittait, et demandant à son ardente imagination des plans que sa raison n'avouait pas. C'est ainsi que, comme on lui objectait les horreurs de la guerre civile, il répliqua : « Eh bien! puisqu'il faut renoncer à défendre plus longtemps la France, l'Italie ne m'offre-t-elle pas encore une retraite digne de moi? Veut-on m'y suivre encore une fois? marchons vers les Alpes! »

Un morne silence accueillit cette proposition. On était impatient d'entendre prononcer à Napoléon la parole qu'on était venu chercher, la seule qu'on attendît de lui. Ces propos de guerre semblaient des propos oiseux, qui s'écartaient de la question à laquelle on avait hâte de le ramener. On eût dit que Napoléon ne pouvait se décider à prononcer le mot fatal. Les plénipotentiaires ne l'emportèrent pas ce soir en sortant.

Quand on sut au dehors que l'Empereur n'avait point encore signé son abdication absolue, et qu'il avait parlé de marcher sur la Loire et même sur les Alpes, il y eut comme un soulèvement dans les quartiers généraux et dans les galeries

---

[1]. *Manuscrit de* 1814, par le baron Fain, page 387.

du palais. « On s'unit, dit un témoin oculaire, serviteur fidèle de Napoléon, pour rejeter toute détermination dont le résultat serait de prolonger la guerre. La lutte a été trop longue, l'énergie est épuisée; on le dit ouvertement : on en a assez! On ne pense plus qu'à mettre à l'abri des hasards ce qui reste de tant de peines, de tant de prospérités, de tant de naufrages; les plus braves finissent par attacher quelque prix à la vie échappée à tant de dangers. Peut-être aussi se sent-on entraîné par une vieille aversion pour la guerre civile. Tout devient enfin contraire à ce qui ne serait pas un accommodement. Non-seulement la lassitude a dompté les esprits, mais chacun des chefs a déjà reçu de Paris des paroles de conciliation et des promesses pour sa paix particulière. On se plaît à envisager la révolution nouvelle comme une grande transaction entre tous les intérêts français, et dans laquelle il n'y aura de sacrifié qu'un intérêt, celui de Napoléon. C'est à qui trouvera un prétexte pour se rendre à Paris, où le nouveau gouvernement accueille tout ce qui abandonne l'ancien. On ne voudrait pas pourtant être des premiers à quitter Napoléon. Mais pourquoi tarde-t-il si longtemps à rendre chacun libre de ses actions? On murmure hautement de ses délais, de ses indécisions, de ses projets désespérés. Depuis qu'il est malheureux, on ne le croit plus capable que de faire des fautes. Enfin, petit à petit, chacun a pris son parti. L'un va à Paris parce qu'il y est appelé, l'autre parce qu'il y est envoyé; celui-ci parce qu'il faut se dévouer aux intérêts de son arme ou de son corps; celui-là pour aller chercher des fonds; un autre parce que sa femme est malade : que sais-je encore? Les bonnes raisons ne manquent pas, et chaque homme un peu marquant qui ne peut aller à Paris y a son plénipotentiaire [1]. »

Devant ce tableau peint d'après nature, toutes les couleurs

---

[1]. *Manuscrit de* 1814, page 387.

de l'imagination pâlissent. Napoléon périssait dans un abandon universel. Le bruit de cet abandon, les murmures de cette opposition qui fermentait contre lui arrivèrent plus d'une fois jusqu'à ses oreilles, durant cette nuit suprême qu'il passa en partie avec Caulaincourt. Le lendemain le palais de Fontainebleau était à peu près vide. La nuit avait caché les départs sans adieux, et des préparatifs que personne ne dissimulait annonçaient de nouveaux départs. Il fallait que Napoléon se hâtât, car, un peu de temps encore, et ses amis les plus chers ne se seraient plus trouvés là pour jeter la dernière pelletée de terre à sa fortune.

Il fit appeler ses négociateurs à une nouvelle conférence, et voulut que les généraux qui étaient encore à Fontainebleau, entre autres Berthier, y assistassent. Il renouvela là ses propositions de la veille, et demanda s'il serait suivi. Tous répondirent par un refus formel, et insistèrent sur la nécessité de mettre un terme aux dangers militaires d'une situation qui serait bientôt sans remède. Napoléon s'irrita ou feignit de s'irriter; car, dans ces dernières heures, il est difficile de discerner le jeu du grand acteur des sentiments naturels de l'homme. « Vous voulez du repos, s'écria-t-il; eh bien! ayez-en donc! Vous ne savez pas combien de chagrins et de dangers vous attendent sur vos lits de duvet. Quelques années de cette paix que vous allez payer si cher en moissonneront un plus grand nombre d'entre vous que n'aurait fait la guerre, la guerre la plus désespérée! » En disant ces mots, il saisit une plume et rédige lui-même en ces termes la seconde formule de l'abdication qu'on attend :

« 6 avril 1814.

« Les puissances alliées ayant proclamé que l'Empereur était le seul obstacle au rétablissement de la paix en Europe, l'Empereur, fidèle à son serment, déclare qu'il renonce pour lui et ses enfants aux trônes de

France et d'Italie, et qu'il n'est aucun sacrifice, même celui de la vie, qu'il ne soit prêt à faire aux intérêts de la France. »

Les plénipotentiaires partirent avec cet acte, qui devait devenir la base du nouveau traité. A peine étaient-ils à Paris que Napoléon, changeant encore une fois de pensée, leur dépêcha le colonel Gourgaud, et envoya après lui courrier sur courrier pour redemander son abdication. « A quoi bon un traité, disait-il, puisqu'on ne veut pas régler avec moi les intérêts de la France? Du moment qu'il ne s'agit plus que de ma personne, il n'y a pas de traité à faire... Je suis vaincu, je cède au sort des armes. Seulement, je demande à n'être pas prisonnier de guerre, et, pour me l'accorder, un simple cartel doit suffire. »

Ces perpétuelles hésitations, ces consentements donnés et repris, ce flux et ce reflux de volontés, furent le caractère des dernières journées de Napoléon à Fontainebleau, et compromirent la dignité de sa chute.

Gourgaud ne fut point écouté à Paris, il ne pouvait l'être. Les plénipotentiaires, après avoir été inquiets et affligés de tant de changements, finirent par en être importunés. Ils traitèrent de Napoléon, pour lui et sans lui, presque malgré lui. Il y allait de leur honneur que la situation de leur ancien maître fût réglée d'une manière conforme au grand rôle qu'il avait joué dans le monde. D'ailleurs il n'était pas en leur pouvoir de reprendre une pièce qu'ils avaient communiquée la première puisqu'elle était le point de départ de la négociation, et qui en outre avait été rendue publique pour calmer les inquiétudes et satisfaire l'impatience des esprits. La discussion et la rédaction des articles durèrent cinq jours, parce qu'on désira attendre l'arrivée des ministres des puissances alliées qui n'étaient pas encore à Paris [1].

1. Lettre de lord Castlereagh à lord Bathurst. (Paris, 13 avril 1814.)

L'empereur Alexandre, depuis que Napoléon avait cédé sur le principal, était devenu facile sur les accessoires. Il tenait à se montrer adversaire généreux, et il inscrivit volontiers dans le traité du 11 avril tout ce qui pouvait adoucir et agrandir la situation faite à Napoléon. Son titre d'empereur lui fut conservé, celui d'impératrice fut maintenu à Marie-Louise; les membres de sa famille gardèrent le titre de prince. Après avoir balancé entre Corfou, la Corse et l'île d'Elbe, on lui assignait en toute propriété et souveraineté cette dernière île. On lui assurait deux millions de revenu sur le grand-livre de France, deux millions cinq cent mille francs aux membres de sa famille, et en outre un million de revenu à l'impératrice Joséphine. C'était en tout cinq millions cinq cent mille francs. Enfin, sur les fonds placés par lui, soit sur le grand-livre, soit sur la banque de France, soit de toute autre manière, on réservait un capital de deux millions pour être employé en gratifications en faveur des personnes désignées par Napoléon.

C'était une déchéance opulente où les stipulations financières tenaient une grande place, et l'on comprend que Napoléon ait appréhendé l'effet que tant d'articles consacrés à satisfaire des intérêts d'argent pouvaient produire sur l'opinion. « Il avait honte, a dit un de ses serviteurs, qu'un si grand sacrifice offert à la paix du monde fût mêlé à des arrangements pécuniaires [1]. »

Le duc de Vicence se rendit à Fontainebleau le 12 avril pour porter le traité du 11 avril à la ratification de l'Empereur. Les premières paroles de celui-ci furent un refus. Il reproduisit ses objections, et redemanda, avec une vaine insistance, son acte d'abdication, en répétant qu'il était prisonnier de guerre et qu'un simple cartel suffisait. Il disait vrai, en ce

---

1. Fain, *Manuscrit de 1814*, page 392.

sens que, de moment en moment, l'investissement militaire de Fontainebleau devenait plus étroit, et qu'il n'était plus en sa puissance d'en sortir ; et il est facile de concevoir l'intérêt qu'il attachait à prendre devant l'opinion la position d'un homme précipité du trône par les armées étrangères, au lieu d'en descendre par un acte d'abdication qui le faisait concourir à sa propre déchéance. Mais cette réflexion lui venait trop tard, après les deux signatures qu'il avait données. D'ailleurs tous ses anciens serviteurs avaient besoin, pour autoriser leur conduite envers l'Empereur, de l'acte qu'il aurait voulu retirer afin de se ménager des chances dans l'avenir. En outre, l'importance qu'il mettait à ne pas donner ce gage contre lui-même rendait les puissances coalisées plus décidées à l'exiger. Elles pensaient que cette parole d'abdication solennellement prononcée par Napoléon élèverait entre lui et la France une barrière morale que son honneur ne franchirait pas, et deviendrait ainsi pour la paix européenne la plus forte des garanties. Enfin il entrait dans les vues du Sénat et du gouvernement provisoire, qui auraient voulu rappeler Louis XVIII par un acte de leur pure volonté, au lieu de le laisser revenir en vertu du droit traditionnel de la France, de prendre pour point de départ du rappel des Bourbons l'abdication de Napoléon Bonaparte. Les Bourbons seuls croyaient n'avoir point d'intérêt à l'abdication ; elle n'ajoutait rien à leur droit, auquel le vœu de la France allait ajouter le fait. Aussi leurs amis étaient-ils les seuls qui attachaient peu d'importance à ce que Napoléon abdiquât.

C'est en vain qu'il se débattait contre des intérêts plus forts que le sien, et contre des volontés maintenant plus puissantes que la sienne. Cependant, le jour où le duc de Vicence arriva à Fontainebleau, il ne put rien obtenir. D'où venait cette résistance opiniâtre de Napoléon, à qui les moyens de combattre comme de fuir échappaient ? Sur quel dénoûment comptait-il pour refuser le dénoûment apporté par le duc de Vicence?

Un de ses serviteurs intimes, qui, persistant jusqu'au bout dans sa fidélité, demeura jusqu'à la fin auprès de lui à Fontainebleau, en a donné une explication qu'on ne saurait passer sous silence. Voici le récit du baron Fain : « Depuis quelques jours l'Empereur semble préoccupé d'un secret dessein. Son esprit ne s'anime qu'en parcourant les galeries funèbres de l'histoire. Le sujet de ses conversations les plus intimes est toujours la mort volontaire que les hommes de l'antiquité n'hésitaient pas à se donner dans une situation pareille à la sienne; on l'entend avec inquiétude discuter de sang-froid les exemples et les opinions les plus opposés. Dans la nuit du 12 au 13 avril, le silence des longs corridors du palais est tout à coup troublé par des allées et des venues fréquentes. Les garçons du château montent et descendent; les bougies de l'appartement intérieur s'allument; les valets de chambre sont debout. On vient frapper à la porte du docteur Yvan, on va réveiller le grand maréchal Bertrand, on appelle le duc de Vicence, on court chercher le duc de Bassano qui demeure à la chancellerie; tous arrivent et sont introduits successivement dans la chambre à coucher. En vain la curiosité prête une oreille inquiète, elle ne peut entendre que des gémissements et des sanglots qui s'échappent de l'antichambre et se prolongent dans la galerie voisine. Tout à coup le docteur Yvan sort; il descend précipitamment dans la cour, y trouve un cheval attaché aux grilles, monte dessus et s'éloigne au galop. L'obscurité la plus profonde a couvert de ses ailes les mystères de cette nuit. Voici ce qu'on en raconte :

« A l'époque de la retraite de Moscou, Napoléon s'était procuré, en cas d'accident, le moyen de ne pas tomber vivant dans les mains de l'ennemi. Il s'était fait remettre par son chirurgien Yvan un sachet d'opium qu'il avait porté à son cou pendant tout le temps qu'avait duré le danger[1]. Depuis il avait conservé avec grand soin ce sachet dans un coin de son nécessaire. Cette nuit, le moment lui avait paru arrivé de recourir à cette dernière ressource. Le valet de chambre qui couchait derrière sa porte entr'ouverte l'avait entendu se lever, l'avait vu délayer quelque chose dans un verre d'eau, boire et se recoucher. Bientôt les douleurs avaient arraché à Napoléon l'aveu de sa fin prochaine. C'est alors qu'il avait fait appeler ses serviteurs les plus intimes. Yvan avait été mandé aussi; mais apprenant ce qui venait de se passer, et entendant Napoléon se plaindre de ce que l'action du poison n'était pas assez prompte, il avait perdu la tête et s'était sauvé précipitamment de Fontainebleau. On ajoute qu'un long assoupissement était survenu, qu'après une sueur abondante les douleurs avaient cessé, et que les symptômes effrayants avaient fini par s'effacer, soit que la dose se fût trouvée insuffisante, soit que le temps en eût amorti le venin. On dit enfin que Napoléon, étonné de vivre, avait réfléchi quelques instants. — Dieu ne le veut pas! s'était-il écrié, et, s'abandonnant à la Providence qui venait de conserver sa vie, il s'était résigné à de nouvelles destinées[2]. »

Que faut-il croire de ce récit tracé par une main amie? Napoléon se serait-il laissé abattre jusqu'à accepter la pensée du suicide, cette triste ressource de la sagesse antique, condamnée par la morale supérieure du christianisme? Aurait-il été séduit par cette commodité de dénouer la pièce où l'on veut, pour parler comme Montesquieu, et de déserter de la scène du monde à l'endroit où le rôle devient pesant pour l'acteur? Il est juste de dire que, dans le *Mémorial de Sainte-Hélène*, il

---

1. « Ce n'était pas seulement de l'opium, c'était une préparation indiquée par Cabanis, la même dont Condorcet s'était servi pour se donner la mort. » (Note du baron Fain.)

2. *Manuscrit de* 1814, par le baron Fain, page 394.

a désavoué le récit du baron Fain, et que des contemporains ont pu penser que cette péripétie avait été arrangée par le grand homme, qui était aussi un grand acteur, pour donner une couleur dramatique à ce dernier acte de la tragédie de Fontainebleau. Il faut ajouter, pour ne rien oublier, que ce n'était pas la première fois que Napoléon acceptait cette funeste idée du suicide, qu'il flétrissait avec une juste sévérité dans un ordre du jour à l'époque du camp de Boulogne. Tout jeune encore et sur le seuil de la vie, il avait songé à mourir presque avant d'avoir vécu, par une de ces impatiences d'ambition que les jeunes esprits prennent pour le dégoût et le désespoir; et, après le paix de Toulon, mis en disponibilité, sans ressources, il avait encore voulu mourir. Ce qui reste hors de doute, c'est que son génie puissant dans la prospérité, et quand les chances de la fortune se déclaraient en sa faveur, perdait son ressort quand la fortune lui devenait contraire. Il excellait à tirer d'un succès tout ce qu'il contenait, mais il fléchissait sous le poids des revers, parce qu'il avait plus de grandeur d'esprit que de grandeur d'âme.

Pendant que ces scènes intérieures agitaient les derniers demeurants de Fontainebleau, les souverains coalisés s'étonnaient à Paris de ne pas voir revenir Caulaincourt avec la ratification du traité. Le 13 avril au matin, Macdonald arriva à Fontainebleau pour mettre un terme à ces retards. Quand il entra dans la chambre de l'Empereur, il le trouva assis devant la cheminée, la tête appuyée sur ses mains; il paraissait enseveli dans une préoccupation si profonde, qu'il ne sembla pas s'apercevoir de l'entrée du maréchal. Il fallut que le duc de Vicence l'avertît que le duc de Tarente était là. Alors Napoléon releva péniblement la tête, et le maréchal fut frappé de l'altération de ses traits. Il en fit la remarque, et s'informa avec un douloureux intérêt de l'état de la santé de l'Empereur. « J'ai eu une bien mauvaise nuit, » telle fut la seule réponse de Napoléon. Quelques moments après, Macdonald parla du traité. Sans faire ni objections, ni résistance, Napoléon demanda un des doubles, prit la plume, le revêtit de sa signature et le remit à Macdonald. Il y eut alors entre l'Empereur et lui une de ces scènes d'effusion que Napoléon savait amener, et dans lesquelles il déployait des séductions irrésistibles. Il exprima le regret de ne pouvoir rien faire pour reconnaître les derniers services du maréchal. Comme celui-ci, avec le désintéressement d'un homme de cœur, se déclarait récompensé au delà de ses services par cette parole de gratitude, Napoléon le pria d'accepter au moins un souvenir de cette dernière entrevue. Alors l'Empereur demanda le sabre qui lui avait été donné en Égypte par Mourad-Bey, et qu'il portait à la bataille du mont Thabor. « Voilà la seule récompense que je puisse vous donner, » dit-il au maréchal, en associant ce trophée de sa gloire passée à ses adversités présentes. — « Sire, répondit celui-ci, je le garderai toute ma vie, et si j'ai jamais un fils, ce sera son plus bel héritage. » Après ces paroles échangées, il y eut une étreinte entre l'Empereur et le loyal guerrier. Dans toutes les grandes catastrophes de notre histoire, il y a quelqu'un qui représente l'honneur français; dans la catastrophe de Fontainebleau, ce rôle échut à Macdonald. L'un des moins engagés envers Napoléon, qui l'avait méconnu dans le temps de sa fortune, il respecta son malheur. Il fut le dernier des maréchaux présents à Paris qui se rallia au nouveau gouvernement, et par la rédaction même de sa laconique adhésion, datée du 14 avril 1814, il constatait qu'il n'avait disposé de sa foi que lorsqu'elle lui avait été rendue, et évitait même d'adhérer au gouvernement provisoire et à ses actes injurieux pour Napoléon :

« Monsieur le général, écrivait-il au général Dupont, commissaire du gouvernement provisoire au département de la guerre, maintenant que je suis délié de mes serments et dégagé de mes devoirs envers l'empereur Napoléon, j'ai l'honneur de vous annoncer que j'adhère et me réunis à la majorité du vœu national qui rappelle au trône de France la dynastie des Bourbons [1]. »

La signature du traité de Fontainebleau donna le signal des derniers abandons. Napoléon encourageait, il est vrai, tout le monde à envoyer son adhésion au nouveau gouvernement; il ne pouvait demander une plus longue fidélité à sa puissance abdiquée, mais il aurait voulu des marques plus longues d'affection pour sa personne. Il ne les obtint pas de la plupart de ses amis et de ses serviteurs : les avait-il méritées? Henri IV avait eu des amis dans toutes ses fortunes, Sully, Crillon, le baron de Batz et tant d'autres; Louis XVI eut sur les marches de l'échafaud, de Sèze, Malesherbes, Hue, Cléry, le baron de Batz, digne de son aïeul. Ils furent aimés parce qu'ils aimèrent. Sauf le duc de Bassano et Bertrand, Napoléon n'eut guère que des fidèles par honneur et des soldats idolâtres de leur général. A ceux qui le voyaient dans l'intimité de la vie, il imposait plutôt la crainte et l'admiration que l'amour. Dans la nuit qui précéda son départ, Constant, son valet de chambre, et le mameluk Roustan disparurent. Berthier, l'homme de son intimité, l'instrument favori de ses pensées militaires, sa voix quand il voulait parler, sa main quand il voulait agir, lui que l'Empereur avait élevé si haut et auquel il remit le commandement de l'armée, comme major général, après sa seconde abdication, vint lui demander la permission de se rendre à Paris pour des détails relatifs à ses fonctions, en ajoutant qu'il reviendrait le lendemain. « Il ne reviendra pas, » dit l'Empereur au duc de Bassano. — « Quoi, sire! seraient-ce là les adieux de Berthier? » reprit Maret. — « Oui, vous dis-je, il ne reviendra pas [2]. » Napoléon disait vrai : Berthier ne re-

---

1. *Moniteur* du 15 avril 1814.
2. *Manuscrit de* 1814.

vint pas. Il envoyait ses ordres de Paris ; bientôt il devait paraître à la nouvelle cour.

Pendant les sept jours qu'il dut passer encore à Fontainebleau pour attendre la ratification de l'Angleterre au traité du 11 avril, Napoléon qui avait éprouvé, pendant tant d'années, toutes les extrémités de la flatterie, éprouva celles du délaissement et de l'abandon. Les agonies de fortune sont plus tristes que les agonies d'existence, parce qu'elles demeurent sensibles à ce qui se passe autour d'elles, et qu'elles durent plus longtemps. L'expiation qui devait continuer dans l'exil commençait. Non-seulement Napoléon avait beaucoup méprisé les hommes, mais en leur demandant une obéissance aveugle, sans conditions et sans scrupules, en ravalant des êtres moraux au rang d'agents mécaniques, il les avait avilis. Quoi d'étonnant qu'au moment où la force, c'est-à-dire le seul moteur des agents matériels, s'échappait de ses mains, il retrouvât les hommes de son entourage à la place qu'il leur avait marquée lui-même, c'est-à-dire au niveau de ses mépris ?

Triste et découragé, il vivait retiré dans le coin du palais de Fontainebleau où il s'était caché. S'il quittait quelques instants sa chambre, c'était pour se promener dans le petit jardin renfermé entre l'ancienne galerie des Cerfs et la chapelle. Sa curiosité éteinte ne se ranimait que lorsque le bruit inaccoutumé des roues, réveillant les échos endormis de la grande cour, annonçait un départ ou un retour, moins souvent le second que le premier. Alors, comme un homme qui déjà entré dans les ombres et le silence du passé se retourne pour entendre les bruits du monde, de la vie et du mouvement arrivant jusqu'à lui, il voulait savoir qui venait visiter le royaume de la solitude et de l'abandon. Rarement les réponses étaient de nature à le satisfaire. Ses plus chers confidents, ceux qui l'avaient servi de plus près, ne vinrent pas. Quelques hommes qui, tenus à distance, avaient gardé le sentiment de la dignité humaine, furent les seuls à visiter Fontainebleau désert; Macdonald, Moncey, Mortier furent avec Bertrand, Caulaincourt et Maret, qui restèrent jusqu'au dernier moment auprès de lui, les représentants exceptionnels de la haute aristocratie impériale auprès de l'Empereur, pendant les suprêmes journées qu'il passa à Fontainebleau. Dans les rangs moins élevés de l'armée, les dévouements furent plus nombreux. Les vieux soldats de la garde demandèrent en grand nombre à suivre leur général à l'île d'Elbe; il fallut choisir, parmi ceux qui se présentèrent, les quatre cents hommes que le traité du 11 avril autorisait Napoléon à emmener avec lui. Le maréchal du palais Bertrand, les généraux Cambronne et Drouot figuraient en tête de la liste.

Cependant on apprenait à Fontainebleau que les derniers restes de l'organisation impériale achevaient de se dissoudre. La régence fugitive qui sortait de Paris le 30 mars était arrivée à Blois le 1er avril et n'avait pu y rester longtemps. Elle avait envoyé dans les départements avec lesquels on pouvait encore communiquer des proclamations ayant pour objet de faire lever les populations en masse. Ces proclamations, suggérées par l'Empereur qui expédiait émissaire sur émissaire à la régente, étaient restées sans résultat. Les yeux étaient fixés sur Paris et Fontainebleau; là était le drame, il n'y avait guère sur les divers points de la circonférence que des spectateurs. Marie-Louise elle-même s'était trouvée entre les ordres impérieux de son mari, qui lui prescrivait de ne pas perdre un moment pour agir, et les recommandations secrètes de son père, qui l'invitait à laisser marcher les événements. Entre ces deux voix, elle écoutait la seule qui lui fût chère. Marie-Louise, il ne faut pas l'oublier, était aussi une conquête militaire de Napoléon, et il n'avait rien fait pour lui faire oublier l'origine de leur union. Les frères de l'Empereur, Joseph et Jérôme, accourus avec elle à Blois, la regardaient comme un gage entre leurs mains; ils voulaient même l'obliger à les suivre, contre son gré, dans les provinces plus lointaines situées derrière la Loire. Marie-Louise poussée à bout résista, et, pour échapper à des obsessions qui prenaient le caractère de la violence, elle dut en appeler à M. de Beausset, préfet du palais. Celui-ci, résolu de la défendre, demanda au général Cafarelli et au comte d Jaussonville, un des chambellans du palais, si la garde de l Impératrice souffrirait qu'on la violentât ainsi. Les officiers de cette garde avertis entrèrent aussitôt dans le palais; ils demandèrent à être introduits pour offrir leur épée à l'Impératrice. Dès lors Joseph et Jérôme, et Cambacérès de connivence avec eux, durent renoncer à leurs desseins. Il fut convenu qu'on attendrait les ordres de l'Empereur. Mais on était au 7 avril, et Napoléon, qui avait signé le 6 son abdication absolue, n'avait plus d'ordres à donner, et avait encore moins les moyens de faire exécuter sa volonté. Le 8 avril, Marie-Louise reçut des passe-ports de l'empereur de Russie, pour se rendre à Orléans, où un aide de camp d'Alexandre dut la conduire en la protégeant contre les nombreux pulks de Cosaques qui infestaient la campagne.

Ce fut le signal de la dispersion de la régence. La puissance impériale venait de mourir à Fontainebleau, son effigie disparut à Blois. Chacun suivit l'appel de sa destinée. Cambacérès envoya de Blois son adhésion aux actes du Sénat et du gouvernement provisoire. Les frères, les parents de l'Empereur et quelques grands dignitaires de l'Empire suivirent Marie-Louise jusqu'à Orléans. Dans cette ville elle les congédia, en leur faisant obtenir des passe-ports. Madame mère et son frère le cardinal Fesch partirent pour Rome, l'asile généreux des fortunes tombées comme des grandeurs déchues; Louis Bonaparte, ci-devant roi de Hollande, pour la Suisse; Joseph et Jérôme Bonaparte, ci-devant rois d'Espagne et de Westphalie, l'y suivirent bientôt. Toutes ces puissances d'emprunt disparaissaient comme des fantômes, avec la seule réalité qu'il y eût dans leur famille, le génie et la puissance de l'Empereur. Marie-Louise elle-même, cédant aux invitations du prince d'Esterhazy, envoyé auprès d'elle par son père, se rendait avec lui à Rambouillet, et y conduisait son fils à l'empereur d'Autriche, qui les attendait.

Napoléon avait prolongé autant qu'il avait pu sa correspondance avec Marie-Louise. Ses émissaires, ses lettres vinrent la chercher à Blois, à Orléans, à Rambouillet même. Il comprenait qu'elle était maintenant le dernier lien qui le rattachait aux familles souveraines. Tant que la question n'avait pas été tranchée contre la régence, il l'avait pressée d'intervenir auprès de son père pour que celui-ci défendît les intérêts de son petit-fils. Mais l'empereur d'Autriche, après avoir sacrifié une première fois sa fille aux intérêts d'existence de son empire, la sacrifiait une seconde fois à l'intérêt de la paix du monde. C'était pour la décider à retourner à Vienne qu'il l'attendait à Rambouillet. Il la faisait descendre du trône de France par un motif analogue à celui qui l'avait décidé à l'y laisser monter ; et c'était encore une fois la politique qui allait régler la destinée de Marie-Louise. Napoléon craignait cette entrevue. Il comprenait que Marie-Louise, réunie à son père, lui échappait; dans sa défaite, c'était un gage, une décoration de ses adversités, et s'il pressentait déjà un retour, c'était une force, car Marie-Louise reliait son infortune présente à sa fortune passée. Il n'avait rien omis, même lorsque l'Impératrice fut à Rambouillet, pour la décider à le suivre à l'île d'Elbe. Le seul chemin qui restât ouvert devant Fontainebleau était celui de Rambouillet, et le général Flahaut, le colonel Montesquiou et le baron de Beausset allaient et venaient portant les messages de l'Empereur à l'Impératrice et les réponses de celle-ci à l'Empereur. Il affectait dans ses correspondances de regarder comme une chose naturelle et hors de doute sa réunion avec l'Impératrice à l'île d'Elbe, comme si c'eût été une affaire de famille dans laquelle la diplomatie n'avait point à entrer; ses lettres peignaient l'île d'Elbe à Marie-Louise comme on peint un lieu qu'on doit habiter en commun. Il oubliait ou plutôt il affectait d'oublier que la politique délie ce qu'elle noue. Il n'avait pas su rendre le trône de France aimable à Marie-Louise, quand il avait fallu le partager avec lui; comment se serait-elle décidée à aller partager avec lui un exil? Il avait fait d'elle la compagne de sa puissance, non de son cœur et de sa destinée. Aussi, tandis qu'une autre archiduchesse d'Autriche, Marie-Antoinette, suivait sans faiblir Louis XVI de Versailles aux Tuileries devenues une prison, des Tuileries au Temple, du Temple sur l'échafaud, Marie-Louise abandonnait Napoléon à la descente du trône, et, comme une captive affranchie du joug d'un maître, elle reprenait le chemin de cette patrie allemande qu'elle n'avait jamais oubliée.

Les nouvelles qui vinrent à Napoléon de Rambouillet à Fontainebleau, furent celles-ci : Marie-Louise avait reçu la visite de son père; celui-ci n'avait pu retenir ses larmes en embrassant cette fille chérie; il avait vu pour la première fois son petit-fils et il avait reconnu avec émotion, dans cette figure enfantine, les traits distinctifs de la famille impériale d'Autriche. Dès cette première entrevue, l'empereur d'Autriche avait fait entendre à sa fille qu'elle devait se considérer comme séparée, au moins pour un temps, d'avec son mari; qu'elle ferait bien de se distraire en faisant avec son fils un voyage à Vienne, où elle trouverait quelque repos et des consolations dans le sein de sa famille. Le lendemain, l'empereur d'Autriche était revenu avec l'empereur de Russie, qui avait désiré faire une visite à l'Impératrice. Chaque nouveau message de Rambouillet apportait ainsi à Napoléon une crainte et un regret. Il comprenait que la coalition victorieuse lui enlevait ce que lui avait cédé la coalition vaincue, et que Marie-Louise faisait partie des reprises de l'Europe. Enfin vinrent les dernières nouvelles, plus précises et plus catégoriques encore que les premières : l'Impératrice quitterait Rambouillet pour se rendre à Vienne le jour où l'Empereur quitterait Fontainebleau pour se rendre à l'île d'Elbe ; elle emmènerait son fils avec elle et serait accompagnée de mesdames de Montebello, de Montesquiou et de Brignolet, du général Cafarelli et de MM. de Beausset et Menneval. Ces deux destinées qui s'étaient un moment touchées se séparaient ainsi pour ne plus se rencontrer. Les consolations de la famille devaient manquer à celui qui avait brisé les liens de tant de familles.

Les seules consolations qui vinrent à Napoléon, dans ces derniers jours, partaient des rangs de son armée. C'est ainsi que le colonel Montholon arrivant des bords de la Haute-Loire, où il avait été chargé de faire une reconnaissance militaire, lui proposa de rallier les troupes du Midi aux populations qu'il représentait comme faciles à soulever. Napoléon sourit tristement à ce zèle qui prenait ses espérances pour des possibilités : « Il est trop tard, » dit-il. Les vieux soldats de sa garde l'épiaient, dans ses rares sorties, pour saluer leur général des derniers témoignages de leur dévouement et de leur respect. Tous les jours, il consacrait quelque temps à la lecture des journaux, et les sentiments qu'il avait refoulés tant d'années au fond des cœurs, s'échappant comme une vapeur brûlante longtemps comprimée, jaillissaient jusqu'à lui sous la forme d'outrages. Son règne n'avait laissé aucune liberté à la pensée, sa chute avait à en subir la licence.

Enfin le terme de ces pénibles jours arriva. La ratification de l'Angleterre au traité du 11 avril fut remise à Paris le 17 avril par lord Castlereagh. L'Angleterre ne consentait à prendre que la position de puissance accédante au traité, et n'étendait son accession qu'aux arrangements territoriaux stipulés dans ses diverses clauses[1]. N'ayant pas reconnu l'Empire au temps de sa grandeur, elle ne voulait pas le reconnaître à l'instant de sa chute. Lord Castlereagh avait élevé des objections contre la position de l'île d'Elbe, mais il avait retiré ses observations en entendant M. de Caulaincourt assurer que Bonaparte avait plusieurs fois parlé de demander un asile en Angleterre, et poser l'alternative entre ces deux résidences. L'acte d'adhésion de l'Angleterre était donc ainsi conçu : « S. A. R. le prince Régent, ayant une pleine connaissance du contenu dudit traité (du 11 avril), y accède au nom et pour S. M. pour autant que la chose regarde les stipulations à la possession en souveraineté de l'île d'Elbe et des duchés de Parme, de Plaisance et de Guastalla ; mais S. A. R. ne doit pas être considérée comme étant partie intervenante aux autres conditions et stipulations y contenues. »

Le 18 avril, les quatre commissaires désignés par les puissances coalisées pour accompagner Napoléon jusqu'au port d'embarquement arrivèrent à Fontainebleau : c'étaient le général Schouwaloff pour la Russie, le général Kolher pour l'Autriche, le colonel Campbell pour l'Angleterre, le général Waldbourg-Truchsess pour la Prusse. Le départ fut fixé au 20 avril; Napoléon, sur l'invitation des commissaires, en indiqua l'heure lui-même. A midi, les voitures de voyage vinrent se ranger dans la cour du Cheval-Blanc, au bas de l'escalier du fer-à-cheval. Le maréchal Bertrand entra dans les appartements de l'Empereur pour lui annoncer que tout était prêt. Sa garde, faible reste de tant de guerres, était sous les armes. Les quatre commissaires étrangers étaient présents, et le petit nombre de serviteurs demeurés à Fontainebleau pour être témoins de la dernière scène de l'Empire se tenaient rangés

---

1. Tous ces détails sont empruntés à une lettre écrite par lord Castlereagh à lord Bathurst sous cette date : Paris, 13 avril 1814.

sur deux files dans le salon sur lequel s'ouvrait le cabinet impérial. Le duc de Bassano, le général Bertrand, le colonel de Bussy, le colonel Anatole de Montesquiou, le comte de Turenne, le général Fouler, le baron Mesgrigny, le colonel Gourgaud, le baron Fain, historiographe de ces funérailles de l'Empire, le lieutenant-colonel Athalin, le baron de la Place, le baron Le Lorgne d'Ideville, le chevalier Jouane, le général Kosakowski, et le colonel Vonsowitch, ces deux derniers Polonais : le duc de Vicence et le général Flahaut étaient en mission. Napoléon traverse d'un pas rapide, et en serrant çà et là quelques mains étendues, les rangs peu pressés de cette cour si réduite, dernière épave de sa cour impériale. Il descend le grand escalier, les tambours battent aux champs ; c'est le seul bruit qui trouble le silence, aucun cri ne sort des poitrines oppressées de ces vieux soldats, muets et sombres comme à des funérailles. Il a dépassé la ligne des voitures, il fait signe qu'il veut parler, les tambours se taisent, les respirations sont suspendues. Le grandiose théâtral de cette scène, jetée entre le passé qui s'achève et un nouvel avenir qui va commencer, rend les cœurs émus et les mémoires attentives ; chacun sent instinctivement qu'il aura à témoigner devant l'histoire. L'épopée de l'Empire est arrivée à son terme, ce qui reste de l'Empereur et ce qui reste de tant d'armées impériales qui ont vaincu sur tous les champs de bataille se rencontrent dans la cour de Fontainebleau pour un dernier adieu. Pour que tous les acteurs de ces journées héroïques soient représentés, l'Europe a envoyé ses témoins.

Napoléon adressa ces paroles aux vieux compagnons de ses guerres :

« Généraux, officiers, sous-officiers et soldats de ma vieille garde, je vous fais mes adieux. Depuis vingt ans je suis content de vous ; je vous ai toujours trouvés sur le chemin de la gloire. Dans ces derniers temps, comme dans ceux de notre prospérité, vous n'avez cessé d'être des modèles de bravoure et de fidélité. Les puissances alliées ont armé toute l'Europe contre moi ; une partie de l'armée a trahi ses devoirs et la France elle-même a voulu d'autres destinées. Avec vous et les braves qui me sont restés fidèles, j'aurais pu entretenir la guerre civile pendant trois ans ; mais la France eût été malheureuse, ce qui était contraire au but que je me suis proposé. Soyez fidèles au nouveau roi que la France s'est choisi ; n'abandonnez pas notre chère patrie, trop longtemps malheureuse. Aimez-la toujours, aimez-la bien, cette chère patrie. Ne plaignez pas mon sort ; je serai toujours heureux lorsque je saurai que vous l'êtes. J'aurais pu mourir, rien ne m'eût été plus facile ; mais je suivrai sans cesse le chemin de l'honneur. J'ai encore à cœur ce que nous avons fait. Je ne puis vous embrasser tous, mais j'embrasserai votre général. Venez, général !... » (*Il serre le général Petit dans ses bras.*) « Qu'on m'apporte l'aigle !... » (*Il la baise.*) « Chère aigle ! que ces baisers retentissent dans les cœurs de tous les braves. Adieu, mes enfants !... Mes vœux vous accompagneront toujours ; conservez mon souvenir[1] ! »

---

1. Nous adoptons la version de ce discours donnée par M. de Chateaubriand dans ses *Mémoires d'outre-tombe*, tome III, page 270. C'est celle qui nous a paru la plus vraisemblable, par le désordre même des idées, et par ce qu'elle offre d'entrecoupé dans l'accent. Sans doute M. de Chateaubriand n'était pas à Fontainebleau, mais il était parfaitement en mesure de savoir ce que l'Empereur avait dit, et il n'est pas douteux qu'il ait fait tous ses efforts pour rétablir l'exactitude textuelle des paroles de l'Empereur. Pour qu'on puisse comparer les deux versions les plus opposées, nous donnons ici celle du baron Fain. C'est la version du bonapartisme militant et hostile, celle où toutes les paroles qui pouvaient sembler favorables aux Bourbons ont disparu, et où le désordre des idées a fait place à une composition plus étudiée. C'est le même discours, si l'on veut, mais avec des corrections, des retranchements et des retouches. Voici ce discours transcrit d'après le *Manuscrit de 1814* : « Soldats de ma vieille garde, je vous fais mes adieux. Depuis vingt ans je vous ai trouvés constamment sur le chemin de l'honneur et de la gloire. Dans ces derniers temps, comme dans ceux de notre prospérité, vous n'avez cessé d'être des modèles de bravoure et de fidélité. Avec des hommes tels que vous, notre cause n'était

Un long et sourd gémissement répondit seul à ces paroles. C'était comme le déchirement d'une vie qui se brise ; l'Empereur quittant sa garde, c'était l'âme se séparant du corps qu'elle a longtemps animé. On entendit pendant quelques minutes comme un bruit étouffé de sanglots contenus, de sourdes rumeurs, de cris rauques et inarticulés, et l'on vit de vieux grenadiers essuyer furtivement du revers de leurs mains les grosses larmes qui coulaient sur leurs visages mâles et bronzés. L'empereur lui-même était visiblement ému. Il releva sa tête penchée, raffermit sa voix, jeta encore une fois ces paroles : « Adieu, mes amis, adieu! » et, se couvrant la figure de ses mains, s'élança dans la voiture, où le général Bertrand était déjà monté. Les voitures s'ébranlèrent aussitôt et roulèrent vers la première étape de l'exil ; les troupes commandées à cet effet les escortaient. Le premier Empire était fini ; son convoi suivait la route de Lyon.

Cette marche fut triste. A Fontainebleau, Napoléon s'était séparé de cette partie du peuple qui, enlevée à ses foyers, avait vécu de la vie de l'Empereur, dans les camps, sur les champs de bataille ; nation militaire pour laquelle l'Empereur était le droit et le devoir, le drapeau, la patrie ; pour laquelle la gloire, les hasards continuels et les émotions de la lutte étaient le seul mobile de l'existence. La scène de leurs adieux avait été pathétique et grande. Au sortir de son dernier embrassement avec cette France glorieuse, il trouva la France mutilée, douloureuse, épuisée de sang et de larmes, appauvrie par les con-

---

pas perdue ; mais la guerre eût été interminable ; c'eût été la guerre civile, et la France n'en serait devenue que plus malheureuse. J'ai donc sacrifié tous nos intérêts à ceux de la patrie. Je pars. Vous, mes amis, continuez de servir la France : son bonheur était mon unique pensée, il sera toujours l'objet de mes vœux. Ne plaignez pas mon sort; si j'ai consenti encore à me sacrifier, c'est pour servir encore à votre gloire. Je veux écrire les grandes choses que nous avons faites ensemble. Adieu, mes enfants, je voudrais vous presser tous sur mon cœur; que j'embrasse au moins votre drapeau. »

scriptions, les guerres incessantes, les impôts, opprimée, orpheline et veuve, telle que l'avait faite le gouvernement impérial. Alors la scène changea. L'histoire, qui cherche les enseignements bien plus que les tableaux, ne doit point cacher ce revers de la médaille [1].

Les cris de *Vive l'Empereur* cessèrent à l'endroit où l'escorte des troupes françaises s'arrêta. A Moulins, on vit les premières cocardes blanches. A Lyon, quelques groupes criaient encore : *Vive Napoléon !* Le 24 avril, à midi, on rencontra près de Valence le maréchal Augereau. Napoléon et le maréchal descendirent de voiture et allèrent au-devant l'un de l'autre : ils s'embrassèrent; mais tandis que le premier ôta son chapeau, le second resta la tête couverte. Ce qu'il respectait dans son ancien souverain c'était la puissance et non un droit; cette puissance tombée, il se retrouvait de niveau avec lui, et, reprenant sa familiarité républicaine, il tutoya l'Empereur, qui l'avait tutoyé, en lui reprochant sa proclamation injurieuse contre lui [2], et lui rendit reproche pour reproche en lui rappelant l'ambition insatiable à laquelle il avait sacrifié la France. Bientôt, importuné de cette conversation, Napoléon, qui avait marché à peu près un quart d'heure à côté d'Augereau en se dirigeant vers Valence, se retourna brusquement de son côté, l'embrassa encore, le salua et se jeta dans sa voi-

1. Un des commissaires étrangers, le comte Waldbourg-Truchsess a écrit l'*Itinéraire de Napoléon de Fontainebleau à l'île d'Elbe*. Le général Kohler, commissaire autrichien, a confirmé dans une *Suite de l'itinéraire de Waldbourg*, une partie de la narration de son collègue, et M. de Chateaubriand rapporte dans ses *Mémoires* (tome V, page 281) que le commissaire russe, le général Schouwaloff, lui a certifié l'exactitude des faits. « Ses paroles contenues, ajoute-t-il, en disaient plus que le récit expansif de Waldbourg. » J'aime à croire cependant que le récit prussien a exagéré certains détails.

2. La proclamation d'Augereau, datée du quartier général de Valence, le 16 avril 1814, était ainsi conçue : « Le Sénat, interprète de la volonté nationale lassée du joug tyrannique de Napoléon Bonaparte, a prononcé le 2 avril sa déchéance et celle de sa famille. Jurons fidélité à Louis XVIII et à la constitution qui nous le présente. Arborons la couleur vraiment française !... (*Moniteur.*)

ture. Augereau, les mains derrière le dos, le laissa partir sans même porter la main à sa casquette de voyage, et lorsque l'Empereur fut monté en voiture, il lui fit pour tout adieu un geste équivoque. Depuis Orange, partout où le cortége passa, il fut accueilli par les cris de *Vive le Roi*, auxquels se mêlèrent bientôt des injures et des menaces contre l'Empereur déchu. A Orgon, on avait élevé une potence avec un mannequin tout couvert de sang devant l'auberge où les voitures devaient relayer. Les femmes surtout se montraient impitoyables. La colère de tant de mères, de tant d'orphelines, de tant de veuves privées de leurs maris, de leurs enfants, de leurs frères, bouillonnait-elle dans les âmes ardentes de ces furies méridionales, qui demandaient d'une voix tantôt menaçante, tantôt suppliante, le sang de Napoléon comme une satisfaction qui leur était due pour tout ce qu'elles avaient souffert? Le rôle des commissaires européens devenait difficile. Ils n'avaient point prévu qu'ils auraient besoin d'une escorte, non pour défendre leur vie, elle ne courait aucun risque, mais pour défendre celle de l'homme qui avait été Empereur des Français, contre le peuple qui avait été son peuple. Ils ne virent d'autre moyen de sauver sa vie que de sacrifier sa dignité. A Orgon, le comte de Schouwaloff harangua la multitude en furie; il lui représenta le profond abaissement de celui qu'elle voulait punir, en ajoutant « que le mépris était la seule arme qu'on dût employer contre un homme qui avait cessé d'être dangereux, et qu'il serait au-dessous de la nation française d'en prendre une autre vengeance. » La relation Waldbourg ajoute : « L'Empereur se cachait derrière le général Bertrand le plus qu'il pouvait; il était pâle et défait, et ne disait mot. Quand il vit que le peuple applaudissait à ce discours, il fit des signes d'approbation à Schouwaloff et le remercia plus tard du service qu'il lui avait rendu. »

Triste scène! où personne n'est à sa place, personne ne remplit son devoir, ni cette vile multitude qui, après avoir subi le despotisme puissant, vient insulter la toute-puissance tombée et sans défense, ni ces commissaires étrangers qui, chargés de protéger l'Empereur commis à leur loyauté et à leur respect jusqu'à ce qu'il soit arrivé à l'île d'Elbe dont il est souverain, livrent sa dignité comme rançon de sa vie, ni l'Empereur lui-même qui consent à cet indigne marché. Il avait la grandeur du génie, mais il lui manqua cette grandeur plus haute que donnent le sentiment du droit et la vertu. Ni le royal supplicié de la place de White-Hall, ni le royal supplicié de la place de la Révolution n'auraient accepté une pareille défense. Louis XVI prescrivit à de Sèze de ne pas chercher à attendrir ses juges. Quoique roi, il voulait bien demander la justice à ses sujets, mais il n'acceptait pas la pitié, encore moins le mépris.

A un quart de lieue d'Orgon, Napoléon crut nécessaire à sa sûreté de prendre un déguisement; il se revêtit, dit la relation, d'une mauvaise redingote bleue, se couvrit la tête d'un chapeau rond avec une cocarde blanche; il monta sur un cheval de poste pour galoper devant sa voiture, en se faisant ainsi passer pour un courrier. A Saint-Canat, à la *Calade*, petite auberge sur la grande route, il rencontra le même accueil, il éprouva les mêmes appréhensions. « Toute sa suite, depuis le général jusqu'au marmiton, » poursuit la relation, « était couverte de cocardes blanches. » Puis il eut l'idée de revêtir l'uniforme autrichien du général Kolher, et, pour dérouter les soupçons, il sollicita de ses compagnons de route des marques de familiarité : il demanda au cocher du général Kolher de fumer et au général de chanter ou de siffler dans la voiture. Quand il s'agissait de prendre un repas dans une auberge, il n'osait toucher à aucun plat, dans la crainte d'être empoisonné. Il priait les commissaires de rechercher si les maisons dans lesquelles on s'arrêtait avaient des portes dérobées par lesquelles on pût s'échapper en cas d'alerte. C'est ainsi qu'il arriva à Saint-

Maximin, jouant toujours le rôle de général autrichien, tandis que l'aide de camp du général Schouwaloff, le major Olewieff, prenait sa place dans sa voiture et jouait à sa prière celui de l'Empereur.

« Ayant appris que le sous-préfet d'Aix était dans cet endroit, continue la relation Waldbourg, il le fit appeler et l'apostropha en ces termes : « Vous devez rougir de me voir en uniforme autrichien. J'ai dû le prendre pour me mettre à l'abri des insultes des Provençaux. J'arrivais en pleine confiance au milieu de vous, tandis que j'aurais pu venir avec six mille hommes de ma garde. Je ne trouve ici que des tas d'enragés qui menaçent ma vie. C'est une méchante race que les Provençaux ; ils ont commis toutes sortes de crimes et d'horreurs dans la Révolution et sont tous prêts à recommencer ; mais quand il s'agit de se battre avec courage, ce sont des lâches. Jamais la Provence ne m'a fourni un régiment dont j'aurais pu être content ; mais ils seront peut-être demain aussi acharnés contre Louis XVIII qu'ils le paraissent aujourd'hui contre moi. » Après avoir quelque temps parlé dans ce sens, il se retourna vers les commissaires et leur dit que Louis XVIII ne ferait jamais rien de la nation française s'il la traitait avec trop de ménagement. »

A Saint-Maximin, les commissaires apprirent qu'il y avait au Luc deux escadrons autrichiens, et, sur la demande de Napoléon, ils envoyèrent au commandant l'ordre d'attendre leur arrivée pour escorter l'Empereur jusqu'à Fréjus.

Ici s'arrête l'itinéraire de Waldbourg, en ne laissant dans le cœur d'autre émotion que celle de la tristesse et d'une humiliation profonde. L'âme humaine reste sans consolation devant l'abaissement de cette immense fortune, parce qu'elle ne sait où se prendre pour aimer et admirer. Dans Marius assis sur les ruines de Carthage ou se redressant en présence du Cimbre, elle trouve du moins la force morale survivant à la force matérielle et la grandeur païenne de l'homme défiant de ses tristes et intrépides regards les coups de la fortune qui a pu renverser sa puissance, mais non abattre son cœur. Dans l'abdication volontaire de Charles-Quint, on est ému par la liberté même de l'action et par l'élévation d'une âme plus haute que le pouvoir qu'elle quitte. Chez Louis XVI, à ses derniers moments, le roi déchu se transfigure dans le saint et le martyr; le souverain est tombé, mais l'homme ne descend pas, il monte : « Fils de saint Louis, montez au ciel ! » Rien de pareil sur la route de Fontainebleau à Fréjus. Cette multitude est sans pitié, la victoire de l'Europe représentée par ses trois commissaires, sans générosité, sans noblesse, le malheur de Napoléon sans prestige. Il ne sait emprunter à son passé aucun rayon pour illuminer les ombres de son adversité. C'est une vie déplorablement attaquée qui se défend par des moyens vulgaires : la ruse, les déguisements, la fuite, les subterfuges; le dernier acte de la tragédie de l'Empire descend jusqu'à la comédie. La grandeur païenne comme la grandeur chrétienne y manque. Pour trouver l'enseignement contenu dans cette scène, il faut s'élever jusqu'au jugement de Dieu par lequel deux souverains sortaient à si peu de distance de Fontainebleau : le premier, le pape Pie VII, traversant en triomphe la France agenouillée sous sa bénédiction pour aller retrouver sa ville de Rome, heureuse et fière de le revoir; l'empereur Napoléon, traversant les multitudes ameutées contre lui, et ardentes à préluder par l'outrage à la violence, pour aller chercher au delà de la mer un exil. Dieu reste grand dans ses enseignements, alors même que l'homme devient petit.

LIVRE DEUXIÈME

RÉTABLISSEMENT DE LA MAISON DE BOURBON

I

ACTES DU GOUVERNEMENT PROVISOIRE.

Dans la sphère de la politique, quand un édifice s'écroule, presque tout le monde veut avoir contribué à sa chute; quand un édifice s'élève, tout le monde y porte la main et veut avoir concouru à sa construction. Après avoir exposé les causes et les circonstances de la chute de l'Empire, il n'est donc pas moins utile d'exposer les circonstances de la restauration de la Monarchie. La cause déterminante du retour de la maison de Bourbon, nous l'avons indiquée : ce retour était nécessaire à la sécurité et à la durée de la paix, au point de vue de l'intérêt européen; nécessaire à la dignité, à la durée, à la sécurité, aux bonnes conditions de la paix, au point de vue de l'intérêt français; en un mot, la maison de Bourbon était nécessaire à la paix, qui était nécessaire à tout le monde. En outre, elle apportait à la France un gouvernement, fils des siècles, à la place de celui qui tombait; service inestimable dans cette crise périlleuse. En effet, un gouvernement national est de toutes les œuvres la plus difficile à créer. Ce gouvernement était approprié aux circonstances, car la maison de Bourbon pouvait mieux que tout autre établissement politique, à cause du droit héréditaire sur lequel elle s'appuyait, essayer un régime de liberté que la compression exercée depuis tant d'années par le régime impérial rendait, on l'a dit, presque aussi nécessaire à la France que la paix elle-même. La maison de Bourbon pouvait être à la fois la paix et la liberté politique, parce qu'elle était un principe : c'était sa force.

Louis XVIII, ce fut la part personnelle du Roi dans le retour de sa maison, avait eu dans la légitimité de son droit une foi invincible jointe à une immortelle espérance. Rien n'avait pu diminuer cette foi, décourager cet espoir. A Venise, quand on lui avait signifié l'injonction de quitter la ville ; à Mittau, quand le czar Paul Ier l'avait abandonné et sommé de s'éloigner de la Russie ; à Varsovie, quand le gouvernement prussien l'avait invité à transiger sur les droits de sa maison, en Angleterre, lorsqu'il avait appris le meurtre du duc d'Enghien, il s'était montré au niveau de sa situation ; il avait parlé, agi, protesté en roi. Il était donc resté Roi dans l'exil. La fortune, en lui revenant, trouvait l'exilé d'Hartwell à la hauteur de la royauté par la dignité de son attitude et de son langage pendant ses longues épreuves.

Le mouvement était donné, et tous s'empressèrent à le suivre. De loin comme de près, les adhésions au rétablissement de la maison de Bourbon arrivaient à Paris. Les plus intimes conseillers de Napoléon, Cambacérès ; les généraux confidents de toutes ses pensées, Berthier ; les camarades de sa jeunesse militaire et ses anciens séides, Augereau, avaient envoyé la leur. L'évidence ne permettait à personne de rester en arrière. Ceux-là même dont les opinions passées semblaient un obstacle à leur retour vers l'ancienne monarchie subissaient la puissance irrésistible de la force des choses. Un peu plus tôt, un peu plus tard, tous y vinrent.

Carnot[1], Merlin (de Douai), Jean Debry, ces noms mêlés à toute l'histoire révolutionnaire, Boulay (de la Meurthe), Muraire, le duc de Massa, créatures de l'Empire, accouraient à l'envi avec des paroles de fidélité[2].

Cependant, quelle que fût la nécessité de la restauration de la maison de Bourbon, il y avait trop d'intérêts en jeu pour que ce fût une œuvre simple; ce devait être une œuvre compliquée. Des éléments divers, issus d'origines dissemblables, marchant à des buts différents, étaient en présence. Il y avait d'abord une force, celle des coalisés. Ils n'avaient pas désiré la Restauration, ils l'acceptaient seulement comme la meilleure garantie pour la paix générale; mais ils avaient la prétention inhérente à la force, d'exercer une action décisive sur la manière dont elle s'effectuerait, sur les conditions dans lesquelles elle serait placée. Il y avait dans la nation un sentiment général, un instinct qui, à la chute de l'Empire, poussait les idées

---

1. Carnot, qui commandait à Anvers, publia le 18 avril 1814 la proclamation suivante.

« Soldats, aucun doute raisonnable ne pouvant s'élever sur le vœu de la nation française en faveur de la dynastie des Bourbons, ce serait se mettre en révolte ouverte contre l'autorité légitime que de différer plus longtemps à la reconnaître. Nous avons pu, nous avons dû nous assurer que le peuple français ne recevait cette grande loi que de lui-même. Un gouvernement établi dans une ville occupée par les armées étrangères, avec lesquelles il n'existe encore aucun traité de paix, a dû quelque temps nous inspirer des craintes sur la liberté de ses délibérations. Ces craintes sont dissipées par le vœu unanime des villes éloignées du théâtre de la guerre. Honneur à ceux qui ont su réprimer dans leur élan un zèle indiscret qui aurait pu compromettre la discipline et la sécurité du dépôt qui nous est confié. L'avènement du nouveau Roi au trône sera bien plus glorieux, appelé par l'amour de ses peuples que par la terreur des armes.

« Nous, gouverneur de la place d'Anvers, généraux, officiers de tout grade, sous-officiers et soldats de toute arme, tant de terre que de mer, déclarons adhérer purement et sans restriction aux actes du Sénat conservateur, du Corps législatif et du gouvernement provisoire en date des 1er, 2 et 3 du présent mois. » (*Moniteur* du 21 avril 1814.)

2. M. Duvergier de Hauranne, dans son *Histoire du gouvernement parlementaire*, fait remarquer (tome II, page 90), l'universalité et l'étrangeté de ces adhésions,

et les instincts vers la Restauration, comme ces grands courants qui poussent un navire dans le port. Il y avait en outre sur plusieurs points du territoire, à Bordeaux, dans le Midi, dans l'Ouest, dans le Nord, à Paris même, une action royaliste, réveil de l'ancienne France. Il y avait enfin l'action de M. de Talleyrand, entouré de quelques politiques engagés dans les mêmes idées, unis par les mêmes intérêts, derrière laquelle se plaçaient les idées, les passions, les intérêts révolutionnaires. Cette dernière action trouvait, sinon son instrument légitime, au moins son instrument officiel dans le Sénat, son pouvoir exécutif dans le gouvernement provisoire, sa force réelle dans les coalisés, et surtout dans la haute sympathie que lui accordait Alexandre.

Paris pris, et la résolution de ne plus traiter avec Napoléon ni avec aucun membre de sa famille proclamée, la question n'était plus de savoir s'il y aurait une Restauration, mais ce que serait cette Restauration, par qui elle serait faite, dans quelles conditions?

Des hommes appartenant au parti royaliste proprement dit auraient désiré que Louis XVIII revînt sans engagement préalable avec le gouvernement provisoire ni avec le Sénat; qu'il revînt en vertu de son droit, et qu'il se réservât de décider, quand il serait présent, la question de la forme du gouvernement et des garanties à donner à la société. C'était le sens des lettres et des rapports qui partaient pour Nancy, où était le comte d'Artois, plus à portée des hommes et des événements que Louis XVIII; les idées que lui suggérait M. de Vitrolles, qui, après avoir échappé par miracle aux périls de deux voyages aventureux et d'une captivité qui lui fit voir de près la mort, ne cessait de correspondre avec le comte d'Artois, dont il avait conquis la confiance. C'était aussi le sens de la plupart des lettres et des rapports qui allaient chercher Louis XVIII à Hartwell. En voyant le mouvement général des idées se dessiner si vivement en faveur de la monarchie, les conseillers habituels des deux princes, et le plus grand nombre de leurs amis, inclinaient à penser qu'on pourrait éviter des compromis fâcheux. L'idée d'une Restauration décrétée par le Sénat impérial leur semblait inacceptable en principe, fatale en fait. Les moins sages croyaient les garanties inutiles, les plus sages pressentaient que les garanties demandées n'auraient point pour objet les intérêts généraux du pays, mais les intérêts d'influence de quelques politiques qui stipulaient au contrat.

Les vues des derniers ne manquaient point de justesse; mais M. de Talleyrand et le gouvernement provisoire, avec le Sénat, leur instrument d'action, avaient un avantage que rien ne pouvait balancer. Ils avaient une existence officielle, une action publique; ils avaient été le levier avec lequel Alexandre avait abattu à Paris l'Empire chancelant; il y avait donc entre eux et la coalition une première solidarité. Ils avaient reçu, non du pays, il est vrai, mais des chefs de la force étrangère qui dominait le pays et sa capitale, le mandat d'écrire une Constitution, et de créer un gouvernement pour la France. Ils avaient donc l'apparence de la force légale et le mobile de la force matérielle. Enfin il y avait un côté juste dans cette pensée de l'empereur Alexandre, qu'il était difficile que la Royauté traditionnelle et la France, après une si longue séparation, n'eussent point à se mettre d'accord sur plusieurs questions importantes. Cette France qui revenait de l'exil et la France demeurée attachée au sol avaient à s'entendre, à se concerter sur des points litigieux, sur la part à faire au progrès et à la tradition, au pouvoir et à la liberté politique, pour prévenir de nouveaux malentendus. M. de Talleyrand, le gouvernement provisoire et le Sénat, en entrant dans cette voie, acquéraient donc la force assurée aux ouvriers des tâches nécessaires. La nécessité de la tâche empêchait l'empereur Alexandre de voir que les ouvriers étaient mal appropriés à l'œuvre. Il était à craindre que l'ancien Sénat de l'Empire, choisi par Napoléon pour sanctionner les décrets de sa dictature, et dont la plupart des membres avaient un passé révolutionnaire, se trouvant appelé par le chef de la coalition étrangère à donner à la France un gouvernement monarchique et libre, échouât doublement dans cette œuvre, et, se laissant entraîner à faire prévaloir ses intérêts de domination et de fortune, se ménageât à lui-même des places de sûreté contre la monarchie plutôt qu'en faveur de la liberté.

La commodité de se servir d'un instrument existant et d'arriver par une pente douce de l'Empire à la Restauration l'emporta sur tout. Les transitions qui tiennent à la fois de ce qui précède et de ce qui suit ont une grande puissance en politique. Il est en outre à présumer que l'empereur de Russie ne fut point insensible aux louanges dont l'enivrait le Sénat. C'était comme un hosanna perpétuel que la fortune transférait de Napoléon à Alexandre, à la fois victorieux et populaire. Les plus révolutionnaires d'entre les sénateurs lui payaient en adulations le pouvoir qu'ils tenaient de ses mains, et le plaçaient au-dessus des Trajan et des Antonin. Garat, cet ancien ministre de la Convention, chargé vingt et un ans plus tôt d'aller au Temple lire à Louis XVI son arrêt de mort, proclamait la sainteté de l'alliance européenne [1], et déclarait qu'on pouvait à peine appeler étrangers, et moins encore ennemis, Alexandre et Wellington, qui versaient le sang de leurs

---

[1] « Après le 31 mars, est-ce trop exiger pour deux ou trois grandes âmes dont aucune politique flatteuse n'altéra jamais la magnanime franchise, que de demander qu'on croie à la sainteté de leur alliance, lorsque le salut de Paris et de la France en est déjà un premier résultat....... Interrogez le Béarn et les Basques, ils auront peine à nommer ennemi ce Wellington qui, s'avançant du midi tandis qu'Alexandre s'avançait du nord, s'appliquait avec la même générosité à consoler les campagnes désolées, et versait le sang anglais pour mettre en sûreté le sang français hors des batailles. » (*De Moreau, dédié à l'empereur Alexandre*, par Garat, sénateur.)

peuples pour ménager le sang français. Alexandre était l'arbitre de la situation, on le savait, et on n'omettait rien pour se concilier son appui. Son ancien précepteur, le colonel Laharpe, qui professait toutes les idées du dix-huitième siècle, était l'intermédiaire naturel des rapports du parti philosophique avec lui, et ces rapports étaient assez satisfaisants pour que le sénateur Garat pût dire au Czar dans la dédicace d'un de ses écrits : « Une philosophie fondée sur la connaissance la plus profonde et la plus claire de l'esprit humain a présidé à votre éducation ; elle a ensemencé votre berceau, elle respire dans toutes vos paroles et dans toutes vos actions, elle est comme votre génie et votre âme, et c'est d'elle que les nations attendent aujourd'hui de plus heureuses destinées. »

C'était un assez singulier spectacle que celui des révolutionnaires du Sénat s'appuyant sur l'omnipotence militaire de l'autocrate de toutes les Russies, pour proclamer que « la souveraineté du peuple était le principe fondamental de tous les intérêts légitimes. »

La commission sénatoriale que le gouvernement provisoire s'était adjointe pour rédiger la nouvelle Constitution se composait des sénateurs Lambrechts, Destutt de Tracy, Barbé-Marbois, Emmery et Lebrun (duc de Plaisance), architrésorier. Il fallait y ajouter les membres du gouvernement provisoire, c'est-à-dire le prince de Talleyrand, le duc de Dalberg, le général Beurnonville, le comte de Jaucourt et l'abbé de Montesquiou. Le comte de Nesselrode, ministre des affaires étrangères de la Russie, assistait aux conférences. M. de Talleyrand avait invité les membres du Sénat à apporter au comité de la Constitution le concours de leurs lumières; aussi, le 4 avril, dans la séance où la commission sénatoriale des Cinq, chargée de la rédaction de l'acte constitutionnel, présenta son travail, il y avait vingt-cinq personnes présentes. Les rapports connus de l'abbé de Montesquiou avec Louis XVIII, dont il avait été le dernier correspondant pendant l'Empire, lui assignaient naturellement le rôle de contradicteur monarchique des idées trop révolutionnaires. Le sénateur Lambrechts représentait surtout ces idées; M. de Talleyrand les intérêts égoïstes des politiques proprement dits qui acceptaient l'idée d'une restauration, pourvu qu'elle leur garantît leur position; la plupart des fonctionnaires militaires et civils de l'Empire se ralliaient à cette combinaison. M. de Nesselrode représentait la coalition et l'influence prépondérante de l'empereur Alexandre.

Le projet de constitution répondait à une pensée et à un intérêt. La pensée était celle de faire précéder le rappel des Bourbons de l'adoption de la Constitution : il n'était pas question de ce rappel dans le projet primitif, on l'avait à dessein relégué sur le second plan du tableau comme un fait secondaire, afin que Louis XVIII n'eût qu'à souscrire à un acte délibéré par une assemblée constituante, et que la royauté, élue au lieu d'être reconnue, acceptât ainsi une position subalterne. L'intérêt était celui du Sénat dont on avait tout fait pour agrandir la position politique, sans oublier de ménager les avantages particuliers de ses membres actuels. Si l'acte constitutionnel était accepté dans toute sa teneur, le Sénat était le véritable héritier de Napoléon. Il se composait exclusivement de ses membres actuels, au nombre de cent; cette limite ne pouvait être dépassée. Les sénateurs recevaient de la Constitution l'hérédité. Ils se recrutaient eux-mêmes, car en cas d'extinction d'une famille sénatoriale, le chef du gouvernement devait choisir sur une liste de trois candidats élus par les colléges électoraux et présentés par le Sénat. Ils nommaient leur président. Aucun d'entre eux ne pouvait être arrêté sans l'autorisation de sa compagnie. Il y avait en outre un article spécial qui mettait au nombre des droits constitutifs de la France le maintien des dotations sénatoriales au profit des sénateurs actuels : « Les sénateurs actuels, à l'exception de ceux qui renonceraient à la qualité de citoyens français, sont maintenus. La dotation actuelle du Sénat et des sénatoreries leur appartient. Les revenus en sont partagés également entre eux et passent à leurs successeurs. Le cas échéant de la mort d'un sénateur sans postérité masculine directe, sa portion retourne au Trésor public. Les sénateurs qui seront nommés à l'avenir ne pourront avoir part à cette dotation. »

Les articles suivants posaient les principes généraux qui maintenaient des droits anciens, constataient la marche des idées et répondaient aux besoins de la société nouvelle : c'était la liberté de conscience, l'indépendance du pouvoir judiciaire, l'admission de tous les Français aux emplois civils et militaires, la proportionnalité de l'impôt, la garantie de la dette publique, la suppression de la confiscation des biens, la liberté de la presse. Puis venaient les articles qui réglaient la part des divers pouvoirs dans le gouvernement, le concours de la royauté, du Sénat, de la Chambre élue pour la confection des lois, les sessions annuelles, le vote annuel du budget, la sanction des lois, le droit de grâce, le pouvoir exécutif, l'inviolabilité du Roi, la responsabilité ministérielle, l'inamovibilité des juges. Il y avait aussi quelques articles qui étaient des garanties pour les intérêts existants, ceux-là d'une équité incontestable comme l'article qui conservait, soit aux militaires en activité et en retraite, soit à leurs veuves, les grades, les honneurs, les pensions dont ils jouissaient ; d'autres répondaient à une nécessité politique, comme celui qui assurait tous les Français contre toute recherche relative à leurs opinions et à leurs votes ; d'autres, enfin, étaient destinés à rassurer les intérêts créés par la révolution, c'était le but de celui qui déclarait que les ventes des biens nationaux seraient irrévocablement maintenues. Il était en outre stipulé que la Constitution serait soumise à l'acceptation du peuple français dans la forme qui serait réglée. Le prince appelé au trône ne serait proclamé qu'après avoir juré l'observation de la Constitution. C'était l'élection républicaine substituée au principe de l'hérédité monarchique.

La discussion fut aussitôt engagée par M. de Montesquiou. Il fit remarquer la lacune qui existait dans la Constitution sur une question préalable à toutes les autres questions, le retour de Louis XVIII. Comme le prince de Talleyrand paraissait approuver cette observation, M. Lambrechts proposa immédiatement un arrêté ainsi conçu : « Le peuple français appelle librement au trône Louis-Stanislas-Xavier, frère du dernier Roi. » M. de Montesquiou s'éleva contre cette rédaction. Cette formule était la négation du droit monarchique. Elle substituait l'élection à l'hérédité. Louis XVIII arrivait au trône en vertu du droit héréditaire, non comme frère de Louis XVI, qui n'était pas le dernier roi de France, mais comme oncle de Louis XVII, martyr de fait, roi de droit. Est-ce que par hasard on tenterait de contester au nouveau monarque le nom de Louis XVIII? M. de Tracy répliqua en demandant si l'on ne tenait nul compte des faits intermédiaires. Ne s'est-il donc rien passé depuis 1789 ? répétait-il.

Sous ces questions de mots, se remuaient des questions de principes. Le sénateur Lambrechts et M. de Tracy voulaient que le Sénat fît un Roi, M. de Montesquiou demandait qu'on rappelât le Roi. La raison était de son côté, car la valeur de Louis XVIII, le motif de son rappel, c'était son principe, sans lequel personne n'eût songé à lui. On reconnaissait la valeur de ce principe en rappelant son représentant, pourquoi dès lors vouloir l'infirmer dans la formule du rappel? Comme la discussion se prolongeait sans conclusion possible entre des hommes qui partaient de principes opposés, le prince de Talleyrand proposa de remettre au lendemain tout ce débat dans lequel il ne voyait qu'une simple affaire de rédaction, et de passer à la discussion des articles organiques.

L'article sur l'hérédité des sénateurs passa sans opposition. Il n'avait rien de contraire à la nature du gouvernement monarchique, c'était assez pour que M. de Montesquiou l'acceptât; il favorisait les intérêts de vanité et d'ambition des sénateurs, leur suffrage lui était donc acquis. Mais quand il fallut régler le mode de la nomination des sénateurs et le chiffre numérique de cette assemblée, les objections de M. de Montesquiou se renouvelèrent aussi vives et aussi motivées. « La nomination des membres de la Chambre haute doit appartenir exclusivement au Roi, » s'écria-t-il. — « Dans ce cas, la position des sénateurs actuels cesse d'être garantie, » répliqua un des membres de la commission, en laissant paraître la question d'intérêt personnel cachée au fond du débat. — « Je parle principes, sans me préoccuper des personnes, » interrompit M. de Montesquiou. — « Les personnes sont pourtant bien quelque chose, reprit le sénateur, et vous ne voulez pas sans doute nous chasser comme des manants? » — « Je ne veux chasser personne, je veux au contraire qu'on vous comble, répondit M. de Montesquiou, mais par des arrangements particuliers qui ne compromettent pas les principes essentiels de l'autorité royale. Vous n'admettez que cent sénateurs; pourquoi *cent?* Vous ne tiendrez contre le Corps législatif que par votre nombre et par l'espoir laissé aux ambitieux d'arriver dans votre sein. La pairie anglaise compte plus de trois cent cinquante membres. Le nombre des membres du Sénat doit être illimité. » — « Mais le Roi sera le maître de la Constitution, s'il peut augmenter indéfiniment le nombre des sénateurs, » repartit aussitôt M. Lambrechts. — « Ne faut-il pas qu'il puisse récompenser tous les grands services? répliqua M. de Montesquiou. Comptez-vous donc pour rien d'ailleurs le Corps législatif, issu de l'élection et dépositaire des mandats du peuple? » — « Eh bien! on vous donnera cent cinquante membres, » dit Lambrechts, qui voulait au moins assurer la majorité à l'ancien Sénat dans le nouveau.— « Cent cinquante mille s'il convient au Roi, répondit M. de Montesquiou, je n'en veux pas un de moins. »

La raison politique et monarchique était du côté de M. de Montesquiou, mais pour laisser tomber la chaleur du débat, M. de Talleyrand remit au soir du même jour la décision à prendre. Dans la soirée du 4 avril, la commission se réunit de nouveau, et les débats se rouvrirent. Les sénateurs, quoiqu'à bout de raisons, maintinrent leur prétention ; ce n'était plus pour eux une question de logique, c'était à la fois une question de pouvoir et de passion révolutionnaire. Exaspéré par cette prétention qui s'imposait sans pouvoir se justifier, M. de Montesquiou laissa échapper des paroles véhémentes qui, par leur vérité même, allaient jusqu'à la dissolution de la conférence. « Qui êtes-vous ? qui sommes-nous ? s'écria-t-il. Qui vous a donné le droit de faire une constitution ? Qui me donne le droit de parler au nom du Roi ? Où sont vos pouvoirs ? où sont les miens ? Une constitution sans le Roi et sans la nation, voilà, je crois, la chose la plus étrange qui se soit jamais faite[1]. »

On en était là lorsqu'on apprit l'arrivée des maréchaux qui venaient pour traiter au nom de Napoléon. Cette nouvelle, qui pouvait remettre tout en question, mit fin pour ce jour-là à la conférence. Les membres du gouvernement provisoire coururent à la rue Saint-Florentin où allait se jouer une dernière partie. M. de Talleyrand se servit des terreurs de la nuit pour amener M. de Montesquiou à subir la plus grande partie des prétentions sénatoriales. Ne fallait-il pas sacrifier la forme au fond et assurer avant tout le fait matériel du retour du Roi ? Le reste suivrait de soi-même. Ainsi, le dernier effort de

---

1. *Mémoire de l'abbé de Montesquiou à Louis XVIII*, trouvé aux Tuileries et publié dans le *Moniteur* du 15 avril 1815.

Napoléon ne profitait qu'au Sénat. Ce tout-puissant moteur n'était plus dans la situation qu'un épouvantail à l'aide duquel le Sénat, qui avait proclamé la déchéance de l'Empire, faisait révolutionnairement la loi à la monarchie.

M. de Montesquiou, vaincu par cette réapparition momentanée de la chance napoléonienne, subit, sans être persuadé, l'article qui déclarait que « le peuple français appelait librement au trône le frère du dernier roi, » l'article qui déclarait que « les membres actuels du Sénat impérial feraient de droit partie du Sénat futur, » et celui qui limitait le nombre des sénateurs. Seulement les sénateurs, en échange des concessions qui leur étaient faites, admirent la nomination par le Roi, et élevèrent le chiffre facultatif des sénateurs de cent cinquante à deux cents. Cette discussion, et c'est là son véritable intérêt, n'avait pas été seulement un retentissement des querelles du passé, c'était aussi le prélude des querelles de l'avenir. Les opinions contradictoires qui s'y étaient produites devaient reparaître pour se combattre.

L'accord établi sur les points litigieux, le reste de la Constitution fut adopté presque sans discussion, et, dans la soirée même du 5 avril, M. de Talleyrand renvoya le projet au Sénat qui nomma une commission de sept membres pour l'examiner. Elle se composait de MM. Abrial, Cornet, Fabre (de l'Aude), Garat, Grégoire, Lanjuinais et Vimar. Elle ajouta encore quelques prérogatives à celles du Sénat, et, conformément à son avis, le projet de Constitution fut transformé en décret, voté à l'unanimité dans la soirée du 6 avril, et affiché dans la journée du 7 sur les murs de Paris, quoiqu'il ne parût que le 8 au *Moniteur*.

Pendant que le Sénat triomphait ainsi, M. de Montesquiou, qui n'avait cessé de correspondre avec Louis XVIII pendant toute la durée de la discussion, lui écrivait pour lui en annoncer le résultat : « La Constitution ne saurait devenir un embarras pour S. M. Elle peut dire au Sénat : Vous prétendez me donner des lois au nom de la nation : qui vous a fait connaître ses intentions ? où sont vos mandats ? Vous n'avez que ceux qui vous furent concédés par Napoléon, j'ai au contraire ceux de mes pères ; j'ai notre histoire toute remplie de leurs bienfaits ; j'ai encore l'histoire de tous vos malheurs. Comment l'une ou l'autre vous auraient-elles conféré des droits à faire oublier les miens? Cette même Constitution, loin de méconnaître mes droits, les consacre : ne dit-elle pas que la loi ne peut être faite qu'avec moi ? »

Il était évident que la lutte n'était pas finie, et que le Sénat n'en était pas où il croyait en être. Derrière M. de Montesquiou, il allait trouver d'abord le comte d'Artois, ensuite Louis XVIII, et déjà le correspondant suggérait au Roi des arguments et des expédients. M. de Talleyrand, trop avisé pour ne pas prévoir des résistances du côté d'Hartwell, faisait donner par M. de Montesquiou des avis qui le mettaient en règle avec toutes les parties.

Tandis que ces lettres partaient pour Hartwell, la presse discutait avec une véhémente âpreté la Constitution sénatoriale, qui ne pouvait supporter la discussion ni au point de vue de la souveraineté monarchique, ni au point de vue de la souveraineté populaire. La précaution sordide prise par le Sénat de mettre la conservation des dotations au rang des principes constitutionnels excita surtout une immense risée. On appela la Constitution sénatoriale « une Constitution de rentes. » Les uns voulaient qu'elle contînt autre chose que ce qu'elle contenait ; les autres qu'elle fût donnée par le Roi et non par le Sénat ; il y avait des esprits absolus qui repoussaient toute constitution. Le déchaînement de la presse périodique fut tel que le gouvernement provisoire fut obligé de rétablir la censure sur les journaux, quoique l'existence de cette censure eût été un des griefs allégués dans l'acte de déchéance de

Napoléon. En même temps, M. de Talleyrand interdit au *Moniteur* de publier les adhésions données sur quelques points de la France à la Constitution sénatoriale ; il craignait sans doute que ces adhésions ne provoquassent des protestations, et en outre il voulait se réserver la possibilité de reviser la Constitution sénatoriale de concert avec Louis XVIII. Mais s'il arrêta ainsi les attaques de la presse périodique, il ne put atteindre les brochures qui paraissaient de tout côté pour livrer l'acte sénatorial à l'indignation ou à la moquerie. Toutes les idées étaient en mouvement, comme il arrive dans les jours de révolution, et le silence forcé qu'on avait gardé sous l'Empire excitait encore les opinions en effervescence à se produire. Il y eut des écrits du sénateur Grégoire, de MM. Bergasse, Barruel, Beaulieu, Montigny, Marignié et d'autres encore qui attaquèrent l'acte constitutionnel, soit comme une violation des droits de la nation, soit comme une violation des droits du Roi. L'une et l'autre thèse pouvaient être logiquement soutenues. Le Sénat seul était en dehors de toutes les logiques, il recevait son mandat des circonstances et de M. de Talleyrand, et prenait son point d'appui dans la force étrangère maîtresse de Paris, et dans la faveur de l'empereur Alexandre.

Cette situation ne pouvait durer longtemps. Avant d'exposer comment elle se dénoua, il importe de dire quel était l'état de la France dans cette première quinzaine d'avril 1814.

L'influence du gouvernement provisoire était circonscrite dans des limites étroites ; elle ne s'étendait guère hors des barrières de Paris. Le reste de la France se trouvait divisé, selon les circonstances, en plusieurs tronçons qui n'avaient pas de relation entre eux. Dans le Midi, toute la partie qui avoisine Bordeaux s'organisait sous le gouvernement du duc d'Angoulême et sous l'administration de M. Laîné, et se ralliait au mouvement du 12 mars.

A peine établi à Bordeaux, le duc d'Angoulême s'était mis en relation avec les chefs de la Vendée, par l'entremise de M. de Larochejaquelein. La prise d'armes était préparée dans ce pays, et M. Bascher, envoyé par MM. de Suzanet et d'Autichamp, arriva le 6 avril pour prévenir le prince que le soulèvement était fixé au lundi de Pâques 11 avril, les paysans ayant demandé qu'il n'eût lieu que ce jour-là, pour avoir le temps de remplir leurs devoirs religieux. On devait se porter en force vers Bordeaux, afin de se mettre en communication avec le représentant naturel de l'autorité royale. Les événements de Paris arrêtèrent ce mouvement en le rendant inutile.

Du côté de Toulouse, le maréchal Soult livrait à lord Wellington une dernière bataille. Au milieu du double désarroi de la chute d'un gouvernement et des efforts d'un gouvernement qui cherchait à naître, M. de Talleyrand n'avait pas envoyé à temps au maréchal Soult les avis nécessaires pour prévenir un choc suprême entre les armées française et anglaise. Les officiers, partis le 7 avril seulement de Paris, atteignirent le quartier général du maréchal Soult le 14 avril, quatre jours après la bataille.

Dès le 4 mars, les équipages de pont de l'armée du maréchal Soult, battue à Orthez, s'étaient réfugiés à Toulouse[1]; le 5 et le 6, les fuyards et les blessés y affluaient. Le 14 mars, on y connaissait les événements de Bordeaux, et les idées royalistes commençaient à fermenter. Le 24, l'armée française prenait position à la Patte-d'Oie; elle comptait vingt-huit mille hommes, dont quatre mille chevaux. Le 26 mars, l'armée anglo-espagnole paraissait et déployait une force de cinquante mille hommes d'infanterie et de douze mille chevaux. Le 2 avril, — on apprenait ce jour-là même à Toulouse l'entrée des coalisés à Lyon, — lord Wellington essayait de

---

[1]. Nous empruntons la plupart de ces détails aux notes manuscrites de M. de Villèle, alors à Toulouse.

tourner la ville; mais le mauvais état des chemins ayant fait échouer cette tentative, il jeta un pont sur la Garonne, à la hauteur de Grenade, petite ville à 22 kilomètres nord-ouest de Toulouse, et fit passer, le 4 avril, quinze mille hommes. Le 5, la rivière ayant subitement grossi, le pont fut emporté, et ces quinze mille hommes restèrent isolés pendant trente-six heures sans que l'armée française fît aucune tentative pour les accabler. Peut-être le maréchal Soult ne fut-il pas averti : les populations de ces contrées avaient tant souffert des réquisitions, de la conscription et des avanies administratives dans les derniers temps de l'Empire, que, chose triste à dire, l'armée anglaise était accueillie presqu'en libératrice, l'armée française presqu'en ennemie. Le 8 avril, le pont ayant été rétabli, les quinze mille anglo-espagnols, puissamment renforcés, cernèrent la ville et s'étendirent jusqu'à la rivière du Lhers, en coupant les communications avec le Nord. Ce jour-là même le courrier de Paris avait passé en apportant la nouvelle de l'entrée des coalisés dans la capitale.

Le maréchal Soult attendait les Anglais dans une forte position qu'il avait préparée de longue main en faisant fortifier, par un système de redoutes liées entre elles, les approches de la Garonne et du canal de Languedoc, sur la rive gauche duquel Toulouse est située, ainsi que les hauteurs qui s'étendent au delà du canal. Le 10 avril 1814, jour de la fête de Pâques, dès le point du jour, les troupes anglo-espagnoles commencèrent l'attaque, qui devint générale sur toute la ligne. Malgré la disproportion des forces, l'armée française défendit avec une rare énergie les hauteurs de la Pujade, où s'élevait la première redoute française et toute la ligne de ses retranchements. De la pointe du jour jusqu'à midi l'armée française combattit pour la victoire; à midi, après une lutte acharnée, la supériorité de l'armée anglaise, maîtresse des positions les plus importantes, devenait manifeste, et l'armée française ne combattit plus, depuis midi jusqu'à trois heures de l'après-midi, que pour l'honneur du drapeau. A cette heure, les redoutes, prises et reprises, restèrent aux Anglais. Toutes les positions étaient forcées; la plus grande partie de l'armée française avait été obligée de rentrer dans la ville, encombrée de blessés. Le reste de l'infanterie était concentré sous ses murs; la cavalerie et les équipages filaient par la route du bas Languedoc.

La journée du 11 avril fut employée à enterrer les morts; il en était resté dix mille sur le champ de bataille. La perte des Anglo-Espagnols avait été plus grande que la nôtre. Pendant cette journée, le maréchal Soult fit ses préparatifs comme pour combattre; il parlait de résister encore et de s'ensevelir sous les ruines de Toulouse. Mais il se décida dans la soirée à opérer sa retraite, et, dans la nuit du 11 au 12 avril, il se retira par la seule route ouverte devant lui, celle du bas Languedoc, sur Castelnaudary. Le vaillant homme de guerre avait fait assez pour l'honneur du drapeau, il pouvait faire quelque chose pour l'humanité.

Telle fut cette bataille de Toulouse, si souvent controversée depuis. L'avantage resta à lord Wellington, puisqu'il débusqua le maréchal Soult de ses positions et le rejeta dans Toulouse; mais la journée fut cependant glorieuse pour ce dernier, qui, avec une armée très-inférieure en nombre, défendit pendant toute une journée ses positions, fit subir à l'ennemi une perte plus forte que celle éprouvée par l'armée française et se retira sans être entamé. Quant au reproche si souvent reproduit d'avoir livré la bataille quoiqu'il connût les événements de Paris, il ne connaissait, au moment de l'action, que l'entrée des coalisés dans la capitale; la capitulation de Paris et même les premiers actes du Sénat et du gouvernement provisoire ne changeaient rien aux devoirs militaires du commandant en chef de l'armée de Toulouse.

Le 12 avril, au point du jour, les Anglais envoyèrent des reconnaissances jusqu'aux portes de la ville ; elles furent accueillies par des cris de : *Vive le Roi! vivent les Bourbons!* A peine l'armée du maréchal Soult était-elle sortie de la ville, qu'un mouvement royaliste avait éclaté. Toulouse, où le souvenir des Bourbons s'était conservé dans un certain nombre de cœurs dévoués pendant les plus brillantes années de l'Empire, venait d'être profondément remuée par deux grands spectacles. Dans le mois de février, le pape Pie VII avait traversé la ville, et les immenses avenues qui, de la porte des Minimes à celle de Saint-Michel, entourent la moitié de la ville, avaient vu un concours de plus de cinquante mille personnes de tout âge, de tout sexe, de toute condition, s'agenouiller sous les mains paternelles du pontife qui ne cessaient de bénir : on lui portait les infirmes, comme jadis en Judée à l'Homme-Dieu dont il était le représentant. Six semaines après, les Bourbons d'Espagne, qui, venant de Valençay, retournaient dans leur royaume, avaient été accueillis avec de vives sympathies. Toulouse se trouvait donc préparée à suivre l'impulsion que lui donna la faible organisation royaliste qui existait dans cette ville. Un nombre considérable d'habitants se montrèrent avec des cocardes blanches à leur chapeau ; les femmes qui, renfermées chez elles pendant les jours précédents, en avaient préparé une quantité considérable, les distribuaient dans les rues. Le corps municipal, revêtu de l'écharpe blanche, se rendit au camp de lord Wellington, qui entra dans la ville et fut introduit dans la salle du Capitole, sur lequel on avait arboré le drapeau blanc. Pendant plusieurs minutes les cris de : *Vive le Roi!* retentirent avec une telle intensité, que le général anglais, qui voulait parler, ne put se faire entendre. Wellington à Toulouse, comme Beresford à Bordeaux, voulut, dans des vues de prudence et d'humanité, contenir le mouvement royaliste. Il ne connaissait point encore l'abdication de

Napoléon, le rappel des Bourbons ; il en était encore aux conférences de Châtillon. Aussi lorsqu'il entra dans la salle du Capitole et vit les insignes royalistes arborés, il dit à la foule qui encombrait les salons et les escaliers de l'hôtel de ville : « Mon gouvernement traite maintenant avec le vôtre, et je dois vous avertir que si le traité est conclu, vous attirerez sur vos têtes, sur celles de vos femmes et de vos enfants, la vengeance d'un souverain irrité et l'application sévère des lois qui vous régissent. Je ne voudrais pour rien au monde contribuer par mon silence à favoriser des démonstrations de nature à compromettre les habitants [1]. »

Un immense cri de : *Vive le Roi!* s'éleva dans l'hôtel de ville et fut répété au dehors : c'était la réponse de Toulouse. La multitude brisa ensuite les bustes de Bonaparte et les jeta dans la rivière ; les fenêtres des maisons furent partout pavoisées de drapeaux blancs.

Cette première fougue tombée, on commençait à réfléchir sur les suites possibles de cette démonstration, lorsque le même jour, à trois heures après midi, les colonels de Saint-Simon et Cooke arrivèrent apportant les dépêches du gouvernement provisoire et des coalisés, qui annonçaient les événements de Paris, l'abdication de l'Empereur, le rappel des Bourbons. Ce fut une ivresse générale dans la ville, et l'on ne songea plus qu'à envoyer une députation au duc d'Angoulême pour le supplier de se rendre à Toulouse. Bientôt après les maréchaux Soult et Suchet faisaient leur acte d'adhésion au gouvernement provisoire et au rappel des Bourbons, et signaient avec le duc

---

[1]. Ce langage de lord Wellington prouve d'une manière évidente que les nouvelles sur les événements décisifs qui s'étaient passés à Paris manquaient au quartier général anglais comme au quartier général français, dans la matinée du 12 avril, c'est-à-dire le deuxième jour qui suivit la bataille de Toulouse. MM. de Saint-Simon et Cooke n'arrivèrent donc que dans l'après midi 12 avril.

de Wellington une convention militaire qui donnait à celui-ci le Tarn et la Garonne pour limites; le général Decaen, qui avait menacé pendant un moment Bordeaux, adressait presque en même temps son adhésion au duc d'Angoulême. Le maréchal Augereau, qui commandait l'armée de Lyon, avait adhéré aussi avec ses troupes au retour des Bourbons.

Le Midi presque tout entier reconnaissait ainsi l'autorité royale représentée par le duc d'Angoulême, et les provinces de l'Ouest, où l'organisation royaliste avait survécu même à l'Empire, entraient, on l'a vu, en communication avec le prince. Toute cette partie de la France se trouvait donc pacifiée et acceptait avec enthousiasme la Restauration, tandis que le gouvernement provisoire marchandait encore à Louis XVIII les conditions de son retour.

Le reste de la France était dans une situation moins rassurante. L'Est, désolé par l'invasion étrangère, se couvrait de bandes de paysans bourguignons et champenois qui s'embusquaient dans les bois, et faisaient le coup de fusil contre les partis ennemis. Le Nord, outre les maux de la guerre, avait à souffrir des insurrections militaires. Les garnisons de Lille, de Metz et de Thionville étaient en pleine révolte. Si l'on ajoute à cela les réquisitions forcées, les pillages et les autres désordres qui accompagnent la guerre, on aura l'idée d'un pays en état de dissolution.

La faible main du gouvernement provisoire ne pouvait remédier à tant de maux, et ressaisir, dans des circonstances aussi critiques, l'autorité sur cette nation désorganisée à la fois par la conquête et la suspension de la puissante centralisation qui servait d'âme à ce corps habitué à attendre l'impulsion. Il agissait plus sur les idées que sur les faits, et ses décrets, qui se succédaient avec cette rapidité fébrile naturelle aux gouvernements intérimaires, avaient pour objet de réparer les actes les plus criants de l'Empire, et les dénonçaient en les réparant. Ainsi, dans le *Moniteur* du 8 avril, on lisait ce qui suit : « Le gouvernement provisoire informé que, depuis la fin de 1811, plus de huit cents paysans espagnols, faits prisonniers au fort de Figuières, sont détenus dans les bagnes de Brest et de Rochefort, où des couleurs différentes seulement les distinguent des malfaiteurs, dont ils portent les fers et partagent les travaux ; considérant que la violence commise à l'égard de ces hommes, dont le seul crime est d'avoir combattu pour la défense de leur pays, outrage l'humanité, les Français, et toutes les lois consacrées par les nations de l'Europe, ordonne leur mise en liberté immédiate[1]. » Le même numéro du *Moniteur* contenait ce second décret : « Le gouvernement provisoire sachant que S. E. le cardinal Mattei, doyen du sacré collége, est détenu à Alais, et plusieurs autres cardinaux en différentes villes de France, ordonne qu'ils seront mis en liberté. » Le *Moniteur*, dans les jours suivants, publiait des décrets du même genre : « Le gouvernement provisoire, informé par M. de Pradt, archevêque de Malines, qu'un grand nombre de prêtres de la Belgique sont détenus depuis plusieurs années dans différentes prisons, notamment dans les châteaux de Doullens, de Ham et de Pierre-Châtel, que leur détention a été motivée par des refus de prières pour Napoléon, ordonne que lesdits prêtres de Belgique seront remis en liberté[2]. » Le 10 avril paraissait un nouveau décret pour réparer un acte plus étrange encore. « Le gouvernement provisoire, y lisait-on, informé que les séminaristes du diocèse de Gand, au nombre de deux cent trente-six, dont quarante diacres ou sous-diacres, ont été conduits à Vésel, au mois d'août 1813, pour être placés dans l'artillerie, ordonne que la liberté leur sera rendue[3]. » On lisait encore dans le même numéro du

---

1. Voir le *Moniteur* du 8 avril 1814.
2. Voir le *Moniteur* du 9 avril 1814.
3. On lit dans l'*Histoire de l'Empire*, par M. Thiers, tome XVI : « Les nouveaux évêques de Tournay et de Gand, que Napoléon avait nommés et que le

Moniteur : « Le gouvernement provisoire, informé que les membres du chapitre de Tournay ont été conduits à Cambray, et y sont détenus, ordonne qu'ils soient mis en liberté[1]. »

Ainsi les actes de violence et d'arbitraire commis dans les ténèbres et le silence se trouvaient par la réparation même mis en lumière. Les prisons qui s'étaient silencieusement fermées sur les cardinaux et les prêtres soumis à l'autorité de l'Église, indociles aux ordres absolus de Napoléon, se rouvraient bruyamment pour laisser sortir une population de prisonniers. Les lévites arrachés au sanctuaire pour être enrôlés de force dans les armées napoléoniennes retournaient à leurs fonctions sacrées. Les Espagnols, ces héroïques défenseurs de leur indépendance nationale et de leur patrie, quittaient les bagnes où Napoléon, dans l'enivrement de l'orgueil et de la colère, les avait fait jeter, comme si la résistance à ses armes était un crime. La chute de l'Empire devenait pour tous une ère de réparation et d'affranchissement.

C'étaient là les actes principaux du gouvernement provisoire. Pour le reste, il serait difficile de se faire une idée de ce qu'était ce gouvernement de passage et d'occasion. Il tenait tout entier dans la chambre à coucher de M. de Talleyrand,

---

pape refusait d'instituer, ayant voulu se rendre dans leur diocèse et officier publiquement dans leur métropole, avaient provoqué une espèce de soulèvement de la part du clergé et des fidèles. En les voyant paraître à l'autel, prêtres et assistants avaient fui. Les séminaristes de Tournay et de Gand avaient, sous la direction de leurs professeurs, participé à ce *désordre*... Napoléon ordonna d'enfermer dans les prisons d'État quelques membres des chapitres de Tournay et de Gand, de déporter les autres dans des séminaires éloignés, d'en agir de même à l'égard des professeurs, et quant aux jeunes séminaristes, de prendre tous ceux qui avaient plus de dix-huit ans, de les envoyer à Magdebourg dans un régiment, sur le motif qu'ils étaient passibles de la loi de conscription, qu'ils en avaient été dispensés exceptionnellement pour devenir des ministres des autels et non des fauteurs de troubles... Des personnes pieuses s'étant réunies pour fournir des remplaçants, Napoléon pour ce cas défendit le remplacement. »

1. Voir le *Moniteur* des 9 et 10 avril 1814.

située à l'entresol de son hôtel. Quelques copistes, rassemblés sous la direction de Dupont de Nemours, composaient les bureaux. M. Roux-Laborie, cet oisif affairé, dont l'esprit et le corps étaient toujours en mouvement, était secrétaire adjoint. Ce centre de gouvernement ressemblait à un bureau de journal, où tout le monde vient chercher des nouvelles et apporter des idées. Quelques-unes des idées jetées dans la conversation agréaient-elles à M. de Talleyrand, il en faisait un décret, et on allait recruter dans les salons de l'hôtel ceux des membres du gouvernement provisoire qui s'y trouvaient; ils donnaient leur signature de confiance. Jamais on ne gouverna avec moins de façons et plus à son aise. M. de Talleyrand ne songeait même pas qu'il pût avoir à indiquer les grandes lignes de l'établissement monarchique, à chercher ce qu'il fallait conserver de l'Empire, évoquer du passé de la France. Il se bornait à prendre les mesures de police les plus indispensables, et tâchait de se maintenir sur l'eau en se laissant aller au courant.

Empêcher le retour de l'Empire, influencer les conditions du retour de la monarchie, c'était la véritable tâche du gouvernement provisoire, gouvernement de circonstance et de transition, qui ne gouvernait pas plus qu'il n'administrait, mais qui, après avoir poussé Napoléon vers le rivage du Midi, se tenait sur le rivage du Nord pour faire payer le péage à Louis XVIII. M. de Talleyrand se bornait, pour le reste, à des conversations sans fin dans son entresol ouvert à tout venant, acceptant des aparté avec toutes les opinions, distribuant les promesses et les sourires, entremêlant les craintes aux espérances, se servant du Sénat, qui demandait plus que M. de Talleyrand ne voulait obtenir, pour arracher à Louis XVIII plus que Louis XVIII ne voulait donner, des refus de Louis XVIII pour tempérer le Sénat, et de la confiance absolue d'Alexandre pour maintenir la barque qui portait sa fortune au milieu des incidents dont il cherchait à profiter, mais qu'il ne savait ni dominer, ni produire.

Au milieu des préoccupations qui l'agitaient et des négociations qu'il suivait avec les généraux commandant les divers corps d'armée, il fit cependant deux actes qu'on ne peut passer sous silence, l'un patent et public, l'autre secret et clandestin sur lequel planent des incertitudes qui ne seront probablement jamais dissipées.

Les caisses publiques étaient vides et le gouvernement provisoire se trouvait sans trésor comme sans armée. Tous les fonds contenus dans ces caisses avaient été transférés à Blois quand le conseil de régence s'était réfugié dans cette ville. Au milieu des désordres de la guerre, on ne recevait rien des départements occupés par l'ennemi, et les contributions de Paris rentraient difficilement. Le gouvernement provisoire, qui devait subvenir aux dépenses des souverains et de leurs généraux, et à d'autres dépenses également urgentes, avait besoin d'argent; les dix millions trouvés dans les caisses des Tuileries avaient à peine suffi à une semaine. Il prit, le 10 avril 1814, un arrêté pour prescrire la rentrée dans les caisses publiques « des fonds enlevés dans les jours qui avaient immédiatement précédé l'occupation de Paris par les troupes étrangères. » M. Dudon fut chargé d'opérer cette réintégration. Il n'était point favorable au régime déchu, qui l'avait fait enfermer à Vincennes, d'où M. de Talleyrand le fit sortir. Outrepassa-t-il sa mission, en donnant à ce mot de *fonds enlevés* toute l'extension qu'il pouvait avoir, ou ne fit-il que la suivre? Ce qu'il y a de certain, c'est qu'on a raconté [1] que M. Dudon, en arrivant à Orléans, en même temps que Marie-Louise qui venait de quitter Blois, mit la main non-seulement sur les fonds du trésor public, sur les diamants de la couronne et sur

---

[1] M. de Rovigo.

le trésor privé de l'Empereur, mais sur plusieurs caisses d'objets précieux et sur l'argenterie de l'Impératrice, et qu'il envoya le tout au gouvernement provisoire. Les frères de l'Empereur, Joseph et Jérôme, avaient diminué, autant qu'il était en eux, le butin du gouvernement provisoire, en se faisant payer jusqu'au dernier écu à Blois ce qui pouvait leur être dû sur leurs traitements et sur leurs dotations. Le trésor impérial porté à Paris servit à défrayer les dépenses de tout genre du gouvernement provisoire pendant le reste de sa vie politique, qui fut courte. Ceci diminue un peu la valeur intrinsèque d'un mot de M. de Talleyrand, sans rien ôter à la grâce de la forme. Il disait, en faisant allusion à la manière toute gratuite, en apparence, dont le gouvernement provisoire avait fonctionné, sans demander aucune indemnité ni aucun traitement en se retirant : « Jamais on n'a vu un gouvernement faire à si bon marché et en si peu de temps de si grandes choses. »

L'autre fait est tout à la fois plus grave et plus obscur. C'est la mission secrète donnée à Maubreuil. M. de Maubreuil, appartenant à une famille royaliste, s'était rallié à l'Empire et était devenu le grand écuyer de la reine de Westphalie, femme de Jérôme Bonaparte. C'était un de ces caractères aventureux qui cherchent à refaire leur situation dans les circonstances troublées. Il s'était fait remarquer dans la journée du 31 mars par les démonstrations exagérées d'une exaltation antibonapartiste qui dépassait le but qu'elle voulait atteindre, et qui se comprenait assez mal chez l'ex-grand écuyer de la reine de Westphalie. Il reçut dès le 1er avril 1814, suivant son récit, par l'intermédiaire de M. Roux-Laborie, une mission qui n'allait à rien moins qu'au meurtre de l'empereur Napoléon. A en croire sa déposition en justice, M. Roux-Laborie l'aurait excité, le 1er avril, à débarrasser le gouvernement provisoire de l'Empereur, en lui promettant une somme considérable, et il lui aurait annoncé que M. de Talleyrand, pour marquer son approbation au projet, traverserait le salon où il se trouvait en lui adressant un salut et un sourire. M. de Maubreuil aurait accepté la mission pour sauver l'Empereur d'un guet-apens qu'un homme moins scrupuleux aurait pu lui tendre.

Jusque-là ce ne sont que les allégations peu vraisemblables d'un inculpé qui accuse pour se défendre. Ce qu'il y a de certain, c'est que M. de Maubreuil reçut une mission du gouvernement provisoire, et que les puissances coalisées mirent à sa disposition leurs troupes pour qu'il pût la remplir [1].

Quel était le but de cette mission secrète d'une haute importance? C'est ce qui demeure incertain. Ce ne pouvait être celui que Maubreuil allègue, car, à la date du 16 avril, le gouvernement provisoire et les coalisés n'avaient plus rien à craindre de Napoléon, dont l'abdication absolue remontait au 8 avril, qui avait signé le 12 avril le traité définitif par lequel il acceptait la souveraineté de l'île d'Elbe, et qui avait vu arriver dans la journée même du 16 avril à Fontainebleau les commissaires étrangers chargés de le conduire au lieu de son exil. Il est d'ailleurs impossible qu'une mission dont l'empereur Alexandre devait connaître la nature, puisque les forces russes comme les forces prussiennes avaient été mises à la disposition de Maubreuil, pût être un assassinat. Le motif allégué par M. de Talleyrand n'est guère plus admissible par d'autres raisons ; on ne pouvait donner à M. de Maubreuil une mission

---

1. Il existe cinq ordres signés par M. Anglès, ministre de la police, le général Dupont, ministre de la guerre, M. Bourrienne, directeur général des postes, le général Sacken, gouverneur militaire de Paris, et le général prussien Brokenhausen. Le premier était ainsi conçu : « Il est ordonné à toutes les autorités chargées de la police générale de France, aux préfets, commissaires généraux, spéciaux et autres, d'obéir aux ordres que M. de Maubreuil leur donnera, de faire et d'exécuter à l'instant tout ce qu'il leur prescrira, M. de Maubreuil étant chargé d'une mission secrète de la plus haute importance. » Cet ordre porte la date du 16 avril, les autres celle du 17, et leur objet était de mettre à la disposition de Maubreuil toutes les postes du royaume et les troupes françaises et étrangères.

le 16 avril pour faire réintégrer les diamants de la couronne que M. Dudon avait rapportés d'Orléans le 12. Ce qui reste indubitable, c'est que Maubreuil se servit de cette mission, quelle qu'elle fût, pour commettre contre l'ex-reine de Westphalie un inexcusable guet-apens qui ne pouvait être dans les vues de personne, en arrêtant à force ouverte sa voiture sur la grande route et en la dépouillant de son or et de ses diamants.

Cet acte de brigandage irrita profondément l'empereur Alexandre, qui demanda raison des violences exercées contre sa parente. Maubreuil jeté en prison parut devant les juges, mais il s'évada avant le jugement, fait peu conciliable avec ses protestations d'innocence; il fut condamné par contumace à cinq ans de prison et à 500 fr. d'amende comme dépositaire infidèle. On a dit qu'au désir de faire un riche butin s'était joint le désir de se venger de la princesse Catherine, qui avait dédaigné la passion qu'il avait osé afficher pour elle. Quoi qu'il en soit, le vol seul reste avéré; il eut une mission, sans qu'on puisse indiquer quel en fut l'objet; il abusa des pouvoirs qu'on lui avait confiés, et s'en servit pour dépouiller une princesse dont il avait mangé le pain, et quand il fallut se justifier d'un acte aussi indigne, il s'accusa d'avoir accepté une mission de meurtre, mais sans apporter aucune preuve à l'appui, tâcha de rejeter sur le gouvernement provisoire le vol dont il était accusé et s'évada sans attendre le jugement. Cette sale affaire donna beaucoup de soucis au gouvernement provisoire. Elle sert à caractériser ces jours troublés où tous les instruments sont bons, où les caractères aventureux et les vies aventurières trouvent leur place, et donne une triste idée de ce gouvernement équivoque qui, tout en désavouant son agent, ne pouvait se justifier de l'avoir accrédité pour une mission qui n'est pas celle qu'il remplit, mais qui demeure suspecte, car elle n'a pu être expliquée d'une manière vraisemblable.

II

LE COMTE D'ARTOIS A PARIS.

A mesure que les jours se succédaient, la situation du gouvernement provisoire devenait de plus en plus difficile. Il n'avait point fait de nombreuses nominations, mais celles qui avaient paru au *Moniteur* n'avaient pas toujours été heureuses. Le choix qu'il avait fait de M. de Pradt, ancien archevêque de Malines, pour le placer à la tête de la grande chancellerie de la Légion d'honneur, singulière consolation donnée à cet orgueil exigeant irrité de ne point avoir obtenu une place dans le gouvernement provisoire, était devenu un sujet de colère et de risée dans l'armée. Il y avait partout des nécessités de gouvernement et d'administration auxquelles il ne pouvait pourvoir. Enfin il avait rempli les deux seules tâches réelles qu'il eût à remplir : il avait conduit l'Empire par une pente douce jusqu'à l'abdication absolue et à la souveraineté de l'île d'Elbe, et il avait proclamé le retour des Bourbons. Il avait donc cessé d'être un moyen, il devenait un obstacle ; il avait perdu sa raison d'être.

L'empereur de Russie et M. de Talleyrand ne pouvaient se le cacher entièrement, et M. de Vitrolles, esprit vif et avisé, à qui son hardi voyage avait donné du crédit auprès d'Alexandre, ses entrées intimes chez M. de Talleyrand et une influence considérable sur le comte d'Artois, prenait soin de le leur rappeler. La nécessité de la présence de Monsieur à Paris était devenue le texte de toutes ses conversations. Plus près du théâtre des événements que Louis XVIII, et investi par son frère des fonctions de lieutenant général du royaume, ce prince était l'héritier indiqué du gouvernement provisoire et le moyen d'attendre Louis XVIII. L'empereur de Russie, qui pressentait que l'arrivée du comte d'Artois mettrait fin à ce rôle de modérateur suprême qu'il remplissait lui-même avec une satisfaction secrète, ne se montra point d'abord pressé d'autoriser sa venue. M. de Vitrolles, pour la lui faire accepter, cherchait à lui persuader qu'elle serait utile à ce pouvoir moral dont il était jaloux. « Votre intervention si puissante et si utile peut se perdre en agissant à découvert, lui répétait-il, elle sera couverte par cet intermédiaire. » A la seconde conversation, il obtint du czar la promesse de ne pas s'opposer à la venue du comte d'Artois si M. de Talleyrand la croyait utile. Fort de cet acquiescement conditionnel, il aborda la question avec M. de Talleyrand, qui ne s'étonnait d'aucune proposition. Son argument fut le même avec lui qu'avec Alexandre : « Le gouvernement provisoire n'était rien et ne pouvait rien ; avec Monsieur et par Monsieur le prince de Talleyrand pouvait tout en France. »

D'abord on laissa dire M. de Vitrolles, bientôt on le laissa faire ; il y a de ces choses nécessaires qu'on n'empêche point, alors même qu'on est peu disposé à les accorder. Dès le 4 avril, M. de Vitrolles, du consentement de l'empereur Alexandre, avait fait tous les préparatifs de son départ pour aller chercher le comte d'Artois à Nancy, et, ce jour-là même, il vint prendre, dans la matinée, à l'hôtel de la rue Saint-Florentin, la lettre dont M. de Talleyrand avait promis de le charger pour ce prince. Il eut avec lui un entretien dans lequel les dernières dispositions furent arrêtées. M. de Talleyrand promit, au nom du gouvernement provisoire, 1° qu'il emploierait toute son influence pour empêcher le Sénat de publier une constitution ou tout autre acte de nature à compromettre l'autorité du Roi. Il fut convenu 2° que Monsieur entrerait à Paris à cheval, avec l'uniforme de la garde nationale et la cocarde blanche ; 3° que les clefs de la ville lui seraient présentées par le préfet de la Seine et tout le corps de ville ; 4° qu'il se rendrait directement à Notre-Dame, où le Sénat, le Corps législatif et les autorités civiles et judiciaires seraient réunies pour le *Te Deum ;* 5° qu'il prendrait sa résidence aux Tuileries ; 6° qu'il sortirait convenablement escorté pour visiter les souverains ; 7° que les lettres patentes du Roi qui nommaient Monsieur lieutenant général du royaume seraient portées le lendemain au Sénat par le président et les membres du gouvernement provisoire, pour y être vérifiées et enregistrées en séance extraordinaire. »

On écrivit en double ces conventions et une des copies fut laissée à M. de Talleyrand, qui souscrivit à tout sans élever une objection. Jamais homme n'attacha moins de prix à une parole donnée, mais aussi jamais homme ne s'occupa moins de la tenir. Le baron de Vitrolles ne put partir dans la matinée du 4 avril, parce que la lettre du prince de Talleyrand pour le comte d'Artois n'était pas encore prête. Il fut ajourné au soir, et, comprenant le prix des instants dans une situation si critique, il résolut de partir en sortant de cette dernière entrevue. Le 4 avril, à huit heures du soir, il était en face de M. de Talleyrand, dans le premier salon de la rue Saint-Florentin, et tendait la main pour recevoir la lettre promise, lorsque le bruit de talons ferrés retentit. M. de Talleyrand retira vivement la lettre et s'enquit auprès de l'aide de camp du prince de Schwarzenberg, qui venait d'entrer, des nouvelles qu'il apportait. Celui-ci répondit que les maréchaux Ney et Macdonald et le duc de Vicence se présentaient aux avant-postes, chargés des propositions de Napoléon et demandant à voir Alexandre. Une ombre passa sur la physionomie ordinairement impassible de M. de Talleyrand. « Ceci est un incident, dit-il à M. de Vitrolles de sa voix la plus grave. Vous ne pouvez partir actuellement ; il faut voir comment cela se dénouera. » En disant ces paroles, il cacha la lettre dans sa poche la plus profonde [1].

La démarche des maréchaux, qui avait déterminé l'accession de M. de Montesquiou au projet de Constitution du Sénat, retardait donc le départ de M. de Vitrolles, et par suite la venue du comte d'Artois. Ce ne fut que le lendemain 5 avril, au matin, que le baron de Vitrolles put voir le prince de Talleyrand, qui lui raconta l'entretien de la veille, les efforts des maréchaux, le maintien définitif de la résolution des coalisés. L'incident était vidé, M. de Talleyrand n'hésita plus à remettre au baron de Vitrolles sa lettre pour Monsieur, et lui dit en le quittant : « Allez vite, mais n'allez pas trop fort ; ménagez-vous et ménagez-nous ; » paroles sibyllines, qui contenaient un conseil et un avertissement caché de la défiance qu'excitait M. de Vitrolles et de celle qu'il devait avoir. La lettre de M. de Talleyrand au comte d'Artois, flatteuse, mais vague, se terminait ainsi : « Nous avons assez de gloire, Monseigneur, mais venez, venez nous rendre l'honneur. » A dix heures, M. de Vitrolles recevait cette lettre ; à midi sa calèche, remplie de numéros du *Moniteur* et de proclamations du gouvernement provisoire, roulait sur la route de Nancy.

Un nouveau centre d'action va ici apparaître. Le comte d'Artois est au moment d'entrer en scène. Il faudra d'abord raconter la transition du gouvernement provisoire au gouvernement de Monsieur, transition difficile, car le gouvernement provisoire et le Sénat sont résolus à faire des conditions ; il faudra ensuite retracer les actes du gouvernement de Monsieur. C'était un événement qu'une voiture de poste sur la route qui va de Paris à Nancy, traversant une contrée dévastée par la guerre. Sur cette route, les passe-ports du général Wolkonsky furent plus utiles au baron de Vitrolles que les

---

1. Mémoires inédits du baron de Vitrolles.

passe-ports du gouvernement provisoire. L'aspect du pays était morne et désolé. On traversait des villages déserts, à demi incendiés. A dix lieues de Paris personne ne connaissait les événements, et des voix s'élevaient pour demander si cette ville existait encore. Le fléau de la guerre avait laissé partout ses traces. C'étaient des arbres renversés, des chariots brisés, des cadavres dépouillés et gisant dans des flaques de sang et de boue, un spectacle de mort et de désolation à navrer le cœur. Lorsque le 6 avril, à la pointe du jour, la calèche de M. de Vitrolles entra à Châlons-sur-Marne, on l'entoura et on lui demanda des nouvelles. « La paix! la paix! mes amis, » dit-il. — « La paix! » répéta-t-on autour de lui avec une joie indicible. Alors il reprit: « Oui, mes amis, la paix et les Bourbons. » On ne comprenait plus. La paix, c'était le fait que tout le monde désirait, comme la nécessité évidente de la situation; les Bourbons, c'était le moyen de la paix, et cette population, ahurie par ses souffrances, étourdie par le tumulte des événements, ne s'élevait pas encore à l'idée du moyen. Du côté de Bar-le-Duc, les populations entières étaient dans les bois, et traitaient en ennemis ceux qui passaient sur la route. Le 7 avril, de grand matin, M. de Vitrolles traversait Toul; le même jour, à neuf heures du matin, il entrait à Nancy.

La fortune du comte d'Artois avait déjà pris une face nouvelle. Lorsque, dix jours seulement avant, le 26 mars, le baron de Vitrolles avait laissé Monsieur dans cette ville, ce prince, sans situation officielle, sans influence, et toléré plutôt qu'autorisé, habitait la maison d'un simple particulier; M. Mick avait offert au frère du Roi une courageuse hospitalité, qui, l'exécution récente de M. de Gault l'avait assez prouvé, pouvait compromettre la vie de ce généreux royaliste. Entouré d'un petit nombre seulement d'amis, le comte François des Cars, le comte de Bruges, le comte Melchior de Polignac et deux de ses frères arrivés récemment de Paris, le comte de Trogof, le comte Alexis de Noailles obligé de sortir de France comme suspect d'avoir distribué à Lyon la bulle du pape contre Napoléon, il n'avait apporté de Londres qu'une somme de cent mille francs, dont quarante mille étaient déjà dépensés. La population, qui ne souhaitait ardemment qu'une chose, la paix, l'attendait des conférences de Châtillon. Son attitude vis-à-vis du prince était en général circonspecte. On craignait de se commettre sur la foi d'un avenir encore incertain. Le baron de Vitrolles retrouva le comte d'Artois établi à l'hôtel du gouvernement, traité en prince par les étrangers, salué comme un prince français par l'enthousiasme de la foule. De toute part les personnes dévouées aux Bourbons accouraient à Nancy, le chevaleresque Roger de Damas, le chevalier de La Salle, le duc de Laval, le comte Mathieu de Montmorency, et cent autres y étaient. On y voyait venir aussi ceux qui avaient montré plus d'entraînement pour le principe de liberté politique que pour le principe d'autorité : ainsi le beau-frère du général Lafayette, le marquis de Grammont, qui avait à peu près les mêmes opinions que lui, avait été un des premiers à se rendre auprès du comte d'Artois. Les Bourbons représentaient à la fois le principe d'autorité et les libertés nationales.

Les nouvelles prospérités du comte d'Artois n'avaient point altéré les sentiments qu'il témoignait naguère à M. de Vitrolles, lorsque dix jours auparavant celui-ci partait revêtu de ses pleins pouvoirs. Il l'avait regretté comme mort, il le reçut avec cette sensibilité affectueuse qui est à la fois un honneur et un bonheur pour ceux à qui les princes la témoignent. M. de Vitrolles eut la première place à côté de Monsieur à table, la parole dans le salon, la principale part dans ses conseils. Dans ce voyage, comme dans le premier, il aurait voulu amener le prince à arrêter les bases essentielles sur lesquelles il conviendrait d'assurer le nouveau gouvernement. Les idées de libertés locales revenaient surtout dans sa conversation. Mais le comte d'Artois n'avait point d'opinion arrêtée sur les institutions qui conviendraient à la France; il n'avait guère que des objections contre les partis pris. Les calculs des princes de la maison de Bourbon avaient été si souvent trompés par les événements, et leur action avait tourné dans tant d'occasions à leur détriment, qu'ils semblaient hésiter à mettre du leur dans l'œuvre providentielle d'une restauration, de peur de la gâter ou de l'empêcher.

Au moment où M. de Vitrolles apportait au comte d'Artois l'invitation de se rendre à Paris, M. de Bombelles venait d'arriver de Langres à Nancy, apportant au prince, de la part de l'Empereur d'Autriche, une cocarde blanche et l'invitation de se rendre à Langres. Il y eut un instant d'hésitation dans l'esprit de Monsieur. M. de Bombelles insistait sur les raisons qui pouvaient motiver le départ du prince pour Langres. « Il arriverait à Paris appuyé par l'Europe entière, et prendrait avec maturité les déterminations convenables à l'avenir. Il se maintiendrait ainsi dans une position forte, d'où il verrait venir les hommes et les choses. » Évidemment, la rivalité latente qui avait existé entre l'Autriche et la Russie, pendant la guerre, se continuait sur un théâtre nouveau. M. de Metternich eût préféré voir M. le comte d'Artois à Langres, sous son influence directe, que le laisser aller à Paris, où il allait être placé sous l'ascendant d'Alexandre.

Le baron de Vitrolles insista sur les raisons qui militaient en faveur du départ pour Paris: il ne fallait pas laisser les idées dans le vague et l'opinion au dépourvu; Bonaparte était encore à Fontainebleau, au milieu de son armée; on pouvait toujours craindre un retour offensif; dans une situation aussi critique, le temps était d'un prix inestimable; il fallait donc, sans tarder une minute, aller se jeter entre les Français et les étrangers, brusquer les événements pour ne pas être distancé par eux, et surtout arriver, pendant qu'il y avait table rase, sans laisser aux architectes impatients ou malveillants le temps de bâtir.

Ces considérations l'emportèrent. Le comte d'Artois décida qu'il partirait pour Paris avec M. de Vitrolles, et se mit en effet en route le vendredi saint, 8 avril. Il venait d'entrer à Vitry-le-Français au milieu des acclamations de la foule, lorsqu'un courrier apporta un immense pli de la part du gouvernement provisoire. M. de Vitrolles se retira un moment dans une chambre reculée pendant que le prince recevait les hommages de toutes les notabilités de la ville, et ouvrit le pli avec une impatience inquiète. C'était l'acte constitutionnel, auquel était jointe la lettre suivante, signée de trois noms: le prince de Bénévent, le duc Dalberg, le marquis de Jaucourt.

« Nous vous adressons l'acte constitutionnel tel qu'il a été conçu et publié par le Sénat. S'il y a des points qui peut-être admettraient des modifications en faveur d'un système purement monarchique, il faut bien réfléchir que toutes les plaies sont ouvertes, que les passions sont agitées, et que surtout l'amour-propre de chacun est irrité. Le Roi fera avec de telles formes tout ce qui sera nécessaire pour lui et la nation. Le Corps législatif, qui ne se trouve réuni que par trois cinquièmes, a voulu en prendre connaissance, et y donner son adhésion ; cela se fera dans la journée de demain. La proclamation sera faite aussi demain par la voie des journaux et par la proclamation des maires.

« L'affaire de la cocarde est un objet à méditer. Tout le monde se réunit à désirer que monseigneur le comte d'Artois l'adopte. L'armée paraît y tenir beaucoup, et l'empereur de Russie sent que ce serait là un point de réconciliation sur lequel il serait bon de passer. Les premiers pas sont les plus importants. La cocarde est par elle-même la cocarde de la nation. Depuis vingt-cinq ans elle la porte, et le soldat, par souvenir de ses actions, n'y renonce qu'à regret. Quant à l'habit de garde national, on pense que c'est chose convenue. La plus grande difficulté sera de gagner l'esprit de l'armée, et c'est à cela qu'il faudra employer tous ses moyens. L'arrivée de monseigneur le comte d'Artois est nécessaire, et nous vous engageons beaucoup à ne pas la laisser retarder. »

Ainsi se traduisaient les paroles de M. de Talleyrand, lors du départ de M. de Vitrolles : « Ménagez-vous, et ménagez-nous. » Les conditions portées au comte d'Artois, au nom du gouvernement provisoire, et acceptées par lui, se trouvaient complétement changées. Le prince comprit à la physionomie de M. de Vitrolles que de fâcheuses nouvelles étaient arrivées. « C'est donc bien mauvais? » lui dit-il, d'un air entre le désir de savoir et la crainte d'apprendre. — « Si mauvais, que si les chevaux n'étaient pas commandés, il faudrait aller à Langres. Mais maintenant, il faut que monseigneur soutienne son caractère de courage, et aille à Paris. »

Le comte d'Artois, après avoir lu la lettre et l'acte constitutionnel, partagea cet avis. « Oui, mon ami, dit-il, le sort en est jeté! La France est devant nous. Marchons! Qu'avons-nous à craindre? »

On partit donc, et arrivé à Châlons, le baron de Vitrolles adressa à M. de Talleyrand, avec l'approbation de Monsieur, la réponse suivante :

« J'ai mis sous les yeux de S. A. R. Monsieur l'extrait des registres des délibérations du Sénat et la lettre qui y était jointe. Les principes généraux qui ont dicté cette délibération sont pour la plupart dans la pensée et dans le cœur de Monseigneur, mais on peut craindre de trouver dans cette œuvre un caractère de précipitation. Des articles essentiels, tels que les garanties à donner à la liberté individuelle, y semblent à peine indiqués, et d'autres semblent avoir été déterminés plutôt par des intérêts particuliers que par le sentiment du bien de l'État. Mais cet acte important est susceptible de recevoir sa perfection et toute sa valeur par le concours du Roi et l'acceptation du peuple, si S. M. le juge nécessaire. Au reste, Monseigneur ne se rend point à Paris pour discuter de pareils sujets. Des intérêts bien plus pressants ont décidé son arrivée. Il a traversé plusieurs provinces au milieu des acclamations, mais ces acclamations sont mêlées de cris de douleur. Les habitants fuient dans les bois, sans secours, sans nourriture. A Paris on est dans les fêtes, et nous dans les larmes. Monsieur fera son entrée en habit de garde national, mais il ne quittera pas la cocarde blanche. Elle est acceptée par des populations tout entières dans les provinces ; les plus grandes villes de la France et Paris même l'ont arborée. C'est l'ancienne cocarde de la France. »

La lettre se terminait ainsi : « Monseigneur fera son entrée à Paris entre sept heures et midi. Il se rendra à Notre-Dame par les boulevards, la place Vendôme, le Carrousel et le pont Royal. » Le comte d'Artois fit ajouter qu'il ne voulait pas être reçu à Notre-Dame par le cardinal Maury ; recommandation qui indique quelle blessure profonde l'éclatant abandon de Maury, succédant à ses éclatants services, avait laissée dans le cœur des Bourbons. C'est, après tout, la tendance générale du cœur humain : on ferme ses bras au transfuge, alors même qu'on les ouvre à l'ennemi.

La situation se dessinait d'une manière très-nette dans ces deux lettres. Elle avait encore deux étapes à parcourir avant l'arrivée du comte d'Artois à Paris et l'avénement de Louis XVIII. Mais il y avait des difficultés à vaincre ou à tourner, pour conduire les choses où M. de Talleyrand voulait les conduire. Il fallait, en effet, obtenir d'abord du comte d'Artois, ensuite de Louis XVIII, qu'ils acceptassent la situation que le gouvernement provisoire leur avait préparée ; que le premier reconnût la Constitution purement et simplement, et que le second la jurât, afin que la royauté française, au lieu d'être de tradition nationale, fût d'institution sénatoriale.

Pour jouer cette double partie, le prince de Talleyrand et sa coterie disposèrent ainsi l'échiquier : en face des aspirations monarchiques du comte d'Artois et du roi Louis XVIII, on plaça les prétentions et les exigences constituantes du Sénat, derrière lequel se groupèrent les intérêts et les passions révolutionnaires. On réserva au gouvernement provisoire le rôle de modérateur et de médiateur, chargé d'apporter la transaction quand le moment serait venu. Il ne pouvait prendre son point d'appui dans la population; les cris de : *A bas le Sénat!* et de : *A bas le gouvernement provisoire!* qui retentissaient, chaque jour, sous les fenêtres de l'hôtel de la rue Saint-Florentin, lui auraient révélé, s'il l'avait ignoré, combien l'un et l'autre étaient impopulaires. Le prince de Talleyrand prit encore une fois son point d'appui dans la force étrangère, entoura plus que jamais Alexandre des flatteries du Sénat et des séductions de sa conversation, et lui fit une espèce de point d'honneur de construire la Restauration par les mains à l'aide desquelles il avait renversé l'Empire.

Le comte d'Artois refusant la position nouvelle qu'on voulait lui faire, et le gouvernement provisoire ayant détruit celle qui avait été faite au prince par la convention souscrite avec M. de Vitrolles, il n'y avait plus rien de convenu. Du moment que le Sénat subordonnait le rappel de Louis XVIII à l'acceptation de la constitution sénatoriale, les pouvoirs du comte d'Artois comme lieutenant général du royaume tombaient d'eux-mêmes, puisqu'il les tenait d'un roi dont le titre ne devait être reconnu qu'après l'accomplissement d'une condition imposée. Il y avait là les éléments d'un conflit inévitable, si des deux côtés on maintenait ses prétentions d'une manière absolue. Au fond, le comte d'Artois et ses conseillers, en continuant leur marche vers Paris, nourrissaient une espérance :

le Sénat n'avait qu'un pouvoir nominal, sans aucune force matérielle pour l'appuyer ; la présence de Monsieur dans Paris suffirait pour mettre en mouvement les éléments royalistes que contenait cette grande ville, et, la force étrangère demeurant neutre, le Sénat serait contraint d'accepter, comme lieutenant général, Monsieur acclamé par la population.

Il y avait dans ce calcul des probabilités politiques un élément inexact : c'était la neutralité de la force étrangère. La faveur déclarée d'Alexandre pour M. de Talleyrand et sa sympathie pour le Sénat mettaient la force étrangère aux ordres du Sénat, qui s'appuyait sur la coalition contre les Bourbons, comme il s'était appuyé sur elle contre Bonaparte.

C'est une curieuse étude pour le moraliste que de voir combien la forte discipline de l'Empire avait peu changé la nature révolutionnaire de ces hommes, issus presque tous de la Révolution. Ils avaient pu préférer leurs intérêts à leurs idées, et plier, pendant la bonne fortune de Napoléon, sous le joug de ses volontés, mais leur orgueil avait survécu à leur dignité, et dès que la pression cessait, il se relevait avec toutes ses prétentions. Le Sénat impérial, croyant personnifier en lui la souveraineté du peuple et s'appuyant pour la faire respecter sur les baïonnettes des Russes et des Prussiens, se montrait le gardien susceptible de sa Constitution, même vis-à-vis du gouvernement provisoire, et celui-ci n'était pas fâché de ces susceptibilités querelleuses qui le fortifiaient contre les Bourbons. Le gouvernement provisoire ayant donné au nouveau roi le nom de Louis XVIII dans le *Moniteur*, il y eut une motion faite au Sénat pour exiger la rectification d'une dénomination inexacte et inconstitutionnelle. En effet, disait-on, le prince en question n'avait jusque-là qu'un titre légal, d'après l'acte sénatorial, celui de frère du dernier roi. On passa à l'ordre du jour, en le motivant sur ce que le prince appelé au trône n'était, jusqu'à l'acceptation de la Constitution, qu'un simple particulier. D'après les mêmes principes, le Sénat refusait au comte d'Artois le titre de Monsieur, et celui de lieutenant général du royaume. Il déclarait enfin qu'il n'irait point au-devant de lui et ne lui rendrait aucun honneur. Le prince de Talleyrand affectait de ne pas s'inquiéter de ces difficultés : elles se résoudraient, disait-il, d'elles-mêmes. Au fond, ces obstacles étaient pour lui les moyens avec lesquels il comptait dominer les résistances du comte d'Artois et celles de Louis XVIII.

Cependant le comte d'Artois, précédé de quelques heures par le baron de Vitrolles, était arrivé à Meaux, où il trouva un accueil glacial qui contrastait avec l'enthousiasme qu'il avait rencontré sur le reste de la route. On entrait dans la sphère d'influence du gouvernement provisoire. M. de Vitrolles, plein d'anxiété, voulait partir immédiatement pour Paris. Monsieur, plus calme, exigea qu'il restât jusqu'au lendemain. « Il nous viendra des nouvelles cette nuit, » lui dit-il. Les nouvelles vinrent en effet. Les dispositions malveillantes du Sénat, l'appui que lui prêtait l'empereur Alexandre, toujours sous le charme, l'inertie du gouvernement provisoire sans volonté comme sans puissance, l'instinct public contraire à la Constitution, tous les détails de la situation furent apportés par des amis ou des émissaires. Le lendemain, M. de Vitrolles partit avec les instructions les plus larges. Elles se réduisaient à ces trois mots : « Allez, voyez, faites. »

A son arrivée à Paris, il alla droit à l'hôtel de M. de Talleyrand. Il s'attendait à une discussion ; il fut surpris d'être reçu avec le même sourire calme et bienveillant, comme si l'on était d'accord sur toute chose. Les premiers mots du prince furent pour l'avertir qu'on avait fait préparer à Livry la maison de campagne du comte Charles de Damas pour recevoir Monsieur, et que Ouvrard avait été chargé des magnificences de la réception. « Monsieur fera demain son entrée solennelle à Paris ? » dit alors le baron de Vitrolles avec un accent entre l'affirmation et l'interrogation. — « Oui, » répliqua M. de Talleyrand avec un signe d'assentiment. — « Vous voyez mon uniforme, » reprit M. de Vitrolles, qui portait un habit de garde national, « c'est celui de Monsieur. » Il n'appuya point sur la couleur de la cocarde, mais il tenait sous les yeux de son interlocuteur la cocarde blanche qui était à son chapeau. Le prince de Talleyrand fit un nouveau signe d'approbation. — « Monsieur se rendra à Notre-Dame, où il trouvera toutes les autorités réunies? » continua le baron de Vitrolles.— « Certainement. » — « Vous porterez les lettres du lieutenant général au Sénat? » — « C'est convenu. »

M. de Vitrolles n'en croyait pas ses oreilles. Qui trompait-on? La conversation en était là, lorsque MM. Barthélemy, Barbé-Marbois et le baron Louis entrèrent. M. de Talleyrand répéta la phrase sur les lettres patentes à M. Barbé-Marbois, dont la figure sévère et magistrale se rembrunit encore. « Mon prince, vous n'y pensez pas, interrompit-il brusquement, le Sénat ne peut enregistrer des lettres patentes du Roi avant qu'il ait juré la Constitution. » — M. de Talleyrand se retourna impassible et indifférent vers M. de Vitrolles, et lui répéta mot pour mot la phrase de M. Barbé-Marbois avec autant de flegme qu'il en avait mis à répéter un moment auparavant la phrase de M. de Vitrolles à M. Barbé-Marbois. — « Vous voyez bien que les lettres patentes de Monsieur ne sauraient être enregistrées, » ajouta-t-il. Puis, quand M. Barbé-Marbois fut sorti, il reprit : « Soyez tranquille, tout s'arrangera au mieux. »

C'était là de l'habileté, non pas cette grande habileté qui fait les affaires de l'État, mais cette petite habileté qui fait les affaires particulières. M. de Talleyrand abandonnait à l'empereur Alexandre le premier rôle, au Sénat les fonctions constituantes, cette action offensive contre la royauté qui, une fois Louis XVIII établi, pouvait avoir des inconvénients ; il concédait à M. de Vitrolles les principes, et, se ménageant ainsi avec tout le monde, il se laissait aller au courant, sauf à choisir, selon les circonstances de la mer et du vent, le flot qui porterait le plus sûrement sa barque personnelle au port.

M. de Vitrolles était loin d'être tranquille. L'empereur de Russie, chez lequel il avait dîné avec M. de Talleyrand, lui avait dit d'un ton grave, presque sévère, auquel il ne l'avait pas habitué, qu'il voulait l'entretenir avant son départ. Alexandre aborda, dès les premiers mots, la difficulté. Il dit à M. de Vitrolles qu'il était dans la position la plus favorable pour servir son pays et ses princes. « Il fallait faire comprendre au comte d'Artois la nécessité de sacrifier aux idées du temps: La Constitution décrétée par le Sénat était aujourd'hui la règle à laquelle on devait se soumettre franchement. Elle était d'accord avec les besoins de la France. L'autorité royale trouverait sa force dans les concessions qu'elle ferait à la liberté publique. Il n'y avait de sûreté pour les Bourbons que dans la direction tracée par la Constitution. C'était à ces conditions qu'ils trouveraient l'appui et le concours de ce qu'il y avait de plus éclairé en France et de plus puissant en Europe. »

M. de Vitrolles demanda vivement à l'empereur Alexandre comment il pouvait se faire que l'Europe renversât les bases de la monarchie au moment où elle semblait vouloir coopérer à son rétablissement. D'une couronne héréditaire, on faisait une couronne élective. S'il s'agissait d'élire un président de république, ce n'était pas au Sénat, résidu de toutes les bassesses, qu'il appartenait de le nommer, c'était à la France. L'empereur de Russie ne voudrait pas ternir sa gloire en prêtant les mains à cette étrange combinaison.

Ces vives paroles blessèrent d'autant plus l'empereur Alexandre que la réponse était difficile. Il laissa tomber la conversation sans la résumer, selon son usage, car ce tout-puissant aimait à plaire et à obtenir la seule chose qu'on pût lui refuser. Devenu plus froid et plus réservé, il allégua la nécessité des temps, et mit bientôt terme à l'entretien.

Il était neuf heures du soir, M. de Vitrolles, de plus en plus préoccupé, retourna au salon et entreprit de nouveau de faire expliquer M. de Talleyrand sur la réception qui serait faite à Monsieur, qui devait entrer à Paris le lendemain, et sur la manière dont il serait investi de l'autorité souveraine. Il n'y avait pas un moment à perdre ; on n'avait plus que la soirée pour s'expliquer, le lendemain il faudrait agir. « Allons en causer, » répondit M. de Talleyrand avec sa nonchalance ordinaire, et il entraîna M. de Vitrolles dans sa chambre à coucher, qui était le sanctuaire du gouvernement provisoire. On requit MM. Dalberg et de Jaucourt, qui se trouvaient à l'hôtel ; on recruta M. Barthélemy, qui, par aventure, était venu faire une visite, et la conférence s'ouvrit. M. de Talleyrand exposa la difficulté : Monsieur ne pouvait être reconnu par le Sénat, et il ne pouvait cependant entrer à Paris qu'avec le pouvoir.

Personne ne trouvait la solution de ce difficile problème, et l'on faisait entrer tout le monde, dans l'espoir que quelqu'un finirait par apporter une idée. Enfin M. Beugnot, ministre de l'intérieur, arriva. C'était un esprit ingénieux, mais circonspect, empressé à servir pourvu qu'il fût sûr de ne pas se nuire, et dont la pente inclinait si naturellement à la raillerie, que lorsqu'il ne pouvait pas la jeter sur autrui, il ne s'épargnait pas toujours lui-même. Il parla longuement, examina la question sous toutes ses faces, et enfin, après bien des circonlocutions, il proposa de sortir ainsi de la difficulté : M. de Talleyrand donnerait sa démission en faveur de M. le comte d'Artois, qui deviendrait le chef du gouvernement provisoire. Sur l'observation de M. de Vitrolles, qu'il y aurait peu de convenance à investir Monsieur du pouvoir par une démission de M. de Talleyrand, M. Beugnot changea sa rédaction déjà arrêtée, et, sans parler du prince de Talleyrand, dit purement et simplement que Monsieur serait le chef du gouvernement provisoire.

Le 11 avril au soir, M. de Choiseul-Gouffier partit pour le château du comte Charles de Damas, où le comte d'Artois était descendu; il était porteur d'une note du gouvernement provisoire rédigée par M. Beugnot, et ainsi conçue :

« Le gouvernement provisoire reconnaît qu'il est nécessaire que S. A. R. Monsieur soit, dès son entrée à Paris, le chef du gouvernement.

« On ne peut admettre que S. A. R. partage le gouvernement avec la commission nommée par le Sénat, ou que S. A. R. gouverne concurremment avec elle. Chacun de ces deux partis, outre qu'il blesse la dignité de Monsieur, pourrait être une source de divisions dans un moment où il s'agit de tout réunir.

« L'exercice pur et simple de l'autorité de lieutenant général a paru dangereux.

« Il faut que Monsieur exerce l'autorité provisoire, mais qu'elle lui soit transmise dans des formes douces et conciliatrices qui n'effarouchent point les esprits, qui les rallient au contraire à sa personne. Tout deviendra facile sur cette voie.

« Et pour cela, le gouvernement provisoire propose que S. A. R. Monsieur soit nommé par un acte du Sénat chef du gouvernement provisoire; avec cette qualité fort simple, on est d'accord avec ce qui a été fait jusqu'alors. Monsieur reçoit l'autorité sans aucune difficulté, et S. A. R. l'exerce dans sa sagesse avec une facilité que peut-être elle ne trouverait pas si elle s'appuyait d'un autre titre.

« Le gouvernement provisoire ose espérer que S. A. R. trouvera le parti qu'on lui soumet d'autant moins susceptible de difficultés, que les principes de la Constitution (du 6 avril) sont conformes à ceux que S. A. R. annonce comme ceux admis par son auguste frère. »

C'était une transaction. La forme était douce, respectueuse

même, mais au fond le gouvernement provisoire, au lieu de céder la place à Monsieur, offrait de l'absorber dans son sein et de lui faire conférer par le Sénat, reconnu comme l'arbitre de la situation, les fonctions de lieutenant général qu'il tenait de son frère le roi Louis XVIII.

Lorsque le lendemain 12 avril, dans la matinée, M. de Vitrolles, parti à la pointe du jour de Paris, arriva à Livry, il trouva parmi tous ceux qui avaient pu approcher le comte d'Artois un vif sentiment d'enthousiasme. Les gardes nationaux, ravis de la bienveillante courtoisie de son accueil, ont suspendu des rubans blancs à leur boutonnière; c'est l'origine de la décoration de la fleur de Lis. Partout des tables dressées où tout le monde s'assoit; le vin de Champagne coule avec profusion : on reconnaît à ces magnificences l'ordonnateur suprême de cette fête, Ouvrard. Le comte d'Artois n'avait point accepté la transaction offerte la veille au soir par le gouvernement provisoire; cependant il avait moins d'inquiétude que son conseiller, M. de Vitrolles. Il comptait sur le bonheur, cet hôte nouveau au foyer des Bourbons, et sur la Providence, qui l'y avait envoyé. Il comptait aussi sur le sentiment public qui avait partout devancé le gouvernement provisoire dans ses manifestations royalistes. Ce n'était pas du reste le moment de provoquer une délibération. Il était tout à ses impressions. Enivré de ces acclamations qui s'élevaient à sa vue, il respirait avec amour l'air de France et il embrassait cette patrie bien-aimée qui lui rouvrait son sein après tant d'années, et où il semblait qu'il ne dût plus trouver que des félicités.

Le 12 avril 1814, le soleil s'était levé radieux, et tout présageait une belle journée. A onze heures, le comte d'Artois monta à cheval avec les nombreuses personnes accourues pour lui faire cortége. Les deux côtés de la route étaient couverts des populations des campagnes voisines; le milieu, de cavaliers portant de brillants uniformes; c'étaient les personnages les plus marquants parmi les étrangers, généraux, officiers supérieurs, ministres, qui, pour faire honneur au prince, étaient venus au-devant de lui. Le comte d'Artois était suivi de plusieurs compagnies de la garde nationale à cheval; il portait leur uniforme avec le cordon bleu.

Le gouvernement provisoire, ne voulant pas le recevoir comme lieutenant général et ne pouvant pas lui fermer les portes de la capitale, prit le parti de l'accueillir comme un prince de la maison de Bourbon et de lui faire, à ce titre, une réception brillante. Le Sénat, restant sur une défensive plus opiniâtre, avait déclaré qu'il n'irait pas au-devant du prince. M. de Talleyrand s'y rendit à la tête du gouvernement provisoire. Les maréchaux Ney, Marmont, Moncey, Serrurier, Kellermann et un grand nombre d'officiers généraux avaient pris les devants; ils conservaient la cocarde tricolore. Le maréchal Ney, portant la parole au nom de ses compagnons d'armes, prononça quelques paroles saccadées qui lui revenaient mal à la mémoire. Son visage semblait contracté par la colère. La physionomie des chefs militaires qui l'entouraient était sombre. La réponse du comte d'Artois fut pleine de cette grâce bienveillante qui coulait de ses lèvres en paroles cordiales et aimables : « Tout ce qui a été fait pour la France n'a jamais été étranger au Roi, leur dit-il; vous avez porté, messieurs, dans toute l'Europe la gloire du nom français; à ce titre, le Roi revendique tous vos exploits. » En achevant cette réponse, les yeux du comte d'Artois se portèrent sur la cocarde tricolore des maréchaux; il ne put s'empêcher d'ajouter que depuis Vesoul jusqu'à Paris, il avait cheminé entre deux haies de cocardes blanches. Ce n'était ni un ordre, ni un reproche, c'était un regret et une espérance exprimés avec une cordialité de ton et une affabilité de visage qui leur ôtaient tout caractère blessant. Monsieur se remit bientôt en marche avec son cortége bariolé de cocardes blanches et de cocardes tricolores, image de la confusion du moment. A la barrière de Bondy, il rencontra le gouvernement provisoire avec M. de Talleyrand, qui lui adressa une harangue respectueuse, mais vague : « Monseigneur, lui dit-il, le bonheur que nous éprouvons en ce jour de régénération sera à son comble si Monsieur reçoit avec la bonté divine qui distingue son auguste maison l'hommage de notre religieuse tendresse? » Le comte d'Artois répondit par quelques mots polis, mais froids. Sa réponse se ressentait de la difficulté de la situation et de la banalité du discours; elle devait être remaniée le lendemain et appropriée aux vues du gouvernement provisoire. Le conseil municipal, qui avait pris l'initiative courageuse du rappel des Bourbons, vint à son tour, conduit par M. de Chabrol, pour présenter les clefs de la ville au prince. L'émotion du comte d'Artois, en recevant ces hommages et en dépassant la barrière de Bondy pour entrer dans Paris qu'il avait quitté depuis 1789 et qu'il revoyait en 1814, vingt-cinq ans accomplis depuis son départ, fut extrême. Les paroles lui manquaient, à lui dont l'élocution était ordinairement facile et l'inspiration heureuse, tant les souvenirs et les sentiments lui refluaient au cœur!

Rien cependant ne dépassa le mouvement ordinaire des jours de fête et l'empressement de la foule le jour des entrées solennelles dans le parcours de la courte partie du faubourg Saint-Martin qu'on avait à traverser et dans la première partie du faubourg Saint-Denis. Mais à mesure qu'on approcha du boulevard, l'enthousiasme se leva et les cris de *Vive le Roi! Vive le comte d'Artois!* qui devaient accompagner le prince jusqu'à Notre-Dame et de Notre-Dame aux Tuileries, commencèrent avec une vivacité qui remuait les fibres les plus intimes de son cœur. Ce vieux sentiment de l'amour des Bourbons, de l'amour du Roi, qui avait si longtemps sommeillé, se retrouvait entier dans les âmes pour saluer le retour du représentant de cette race qui, à ses grandeurs historiques, venait d'ajouter le sceau de l'adversité et qui, du fond du plus lointain exil, sur les lits de mort les plus abandonnés, dans les prisons, sur les échafauds, a toujours aimé la France d'un invincible amour.

Ceux qui, enfants encore, assistaient, conduits par leurs pères, à cette journée du 12 avril 1814, dans laquelle la sérénité du ciel semblait sourire à la joie de la terre, et où tous les dissentiments se fondaient dans une allégresse et un attendrissement universels, n'oublieront jamais les émotions qu'ils en rapportèrent[1]. Il semblait que tous les maux fussent finis, et que la France et la maison de Bourbon, se rencontrant au sortir de leurs longues épreuves, retrouvassent dans un étroit embrassement la paix, ce trésor depuis longtemps perdu, la sécurité, le bien-être, la sûreté du présent, la certitude de l'avenir. Les hommes assez âgés pour avoir connu en 1789 le comte d'Artois le reconnaissaient avec ivresse, changé par les années et les épreuves, mais toujours gracieux, toujours affable, toujours Français. Les nouveaux venus dans la vie et dans les opinions monarchiques égalaient l'enthousiasme de leurs devanciers. Napoléon avait fatigué l'étonnement et lassé l'admiration; on était heureux de pouvoir aimer. L'amour du prince pour le peuple, l'amour du peuple pour le prince; voilà le sentiment de cette journée. Pendant quinze ans, on avait eu un maître; le père de famille reparaissait.

Le cortége, qui avait fait son entrée par le faubourg Saint-Martin, inclina presque aussitôt sur la droite, et descendit le faubourg Saint-Denis. A chaque instant un flot de peuple rom-

---

[1] « Monsieur nous reçut avec grande bienveillance, et le charme de ses manières eut un succès universel. La population entière de Paris et des environs était dans les rues, sur les boulevards, aux fenêtres des maisons. Jamais transports de joie ne furent plus énergiques et plus unanimes. Il y avait une sorte d'ivresse dans les esprits. Ces faits ne seront contredits par aucune personne de bonne foi ayant été présente à ce spectacle. » (*Mémoires du duc de Raguse*, tome VII, page 12.)

paît les rangs de la garde nationale formant la haie, il se précipitait jusque sous les pieds du cheval du prince, dans le cortége duquel la fusion de l'ancienne noblesse et de la nouvelle et héroïque noblesse de l'Empire s'était accomplie. Ce désordre même donnait à la fête quelque chose de plus spontané et d'universel. On avançait lentement au milieu d'une foule à laquelle les rues latérales, devant lesquelles on passait, apportaient de minute en minute de nouveaux flots. Aux abords de la porte Saint-Denis l'affluence de la multitude était immense. Les boulevards, les rues adjacentes, regorgeaient de spectateurs; les fenêtres des maisons, pavoisées de drapeaux blancs fleurdelisés, servaient de cadre à des femmes élégamment parées, dont les yeux et les oreilles étaient tournés vers le même point; les toits mêmes avaient été envahis par des curieux intrépides. Il semblait que tout Paris, déterminé à assister à cette première entrevue, voulût voir le prince et en être aperçu. Ce n'était point, comme pour les souverains étrangers, la curiosité d'une scène historique à laquelle chacun tenait à assister pour en garder le souvenir. Quand le chœur de musique qui précédait le prince faisait entendre cet air de : *Vive Henri IV*, depuis longtemps oublié, mais qu'à ses vives allures chacun reconnaissait pour être français, on sentait que quelque chose de nouveau et à la fois d'ancien approchait, que quelque chose de grand et de solennel allait s'accomplir : c'était le passé de la France devenu son avenir, c'était la maison de Bourbon, c'était la monarchie. Tous les yeux étaient fixés sur le même point, tous les bras étendus, les poitrines haletantes, les cœurs battaient, bien des yeux se mouillèrent de larmes, les pères élevaient leurs enfants dans leurs bras pour qu'ils fussent témoins de cette journée, et qu'ils la racontassent un jour à leurs fils. Mille voix s'écriaient : Le voilà ! c'est lui ! Alors on voyait un cavalier sur lequel les années et les malheurs avaient passé, sans plier sa taille droite et flexible, sans rien ôter à l'attrait bienveillant de son sourire, à la noblesse charmante de son geste, et dont le visage rayonnait de bonheur et d'émotion, répondre aux cris, aux témoignages d'affection et d'enthousiasme par des gestes pleins de grâce. Il saluait à droite, à gauche, aux fenêtres, aux toits, dans la direction des boulevards, dans celle des rues. Son regard pénétrait partout; il remerciait de la main, de la tête, et, chacun le sentait, plus encore du cœur, la foule qui lui adressait les cris mille fois répétés de : *Vive le Roi! Vivent les Bourbons! Vive Monsieur!* Puis, de moment en moment, on voyait quelques vieux chevaliers de Saint-Louis, restes du temps et de la Révolution, traverser la haie de la garde nationale, se jeter sur la main du petit-fils de Henri IV et la couvrir de baisers; Siméons de la cause monarchique, qui remerciaient Dieu de les avoir fait vivre jusqu'à ce jour béni qu'ils avaient désespéré de voir!

Telles furent les scènes qui se reproduisirent sur toute la ligne du parcours, de la porte Saint-Denis, à travers la rue Saint-Denis, cette rue si marchande, toute ruisselante d'une foule en habits de fête, toute pavoisée d'étendards fleurdelisés, toute retentissante d'acclamations, jusqu'à Notre-Dame, la vieille basilique. Le chapitre attendait le comte d'Artois aux portes de l'Église[1]; pour le clergé aussi la chute de l'Empire était une délivrance. Le comte d'Artois répondit au discours chaleureux que lui adressa le vicaire capitulaire : « C'est la miséricorde de Dieu qui a mis un terme aux malheurs des Français, allons lui en rendre grâce. Le Roi ne peut être heureux qu'autant que son peuple sera heureux. » On chanta le *Te Deum* et le *Domine salvum fac Regem*, et la

---

1. Le 9 avril le chapitre, extraordinairement assemblé sous la présidence de M. Sinchole d'Espinasse, chanoine titulaire et vicaire général capitulaire, avait révoqué tous les pouvoirs précédemment donnés au cardinal Maury, pour administrer l'archevêché de Paris au nom du chapitre. Le chapitre n'avait pu donner canoniquement ces pouvoirs au cardinal Maury, archevêque désigné, il aurait donc dû proclamer purement et simplement la nullité de sa précédente délibération.

multitude qui, écartant tous les obstacles, avait envahi la nef, les bas côtés, les plus obscures chapelles, répéta en chœur, avec ses dix mille voix, la prière du psaume de David. C'était une manière respectueuse de crier encore *vive le Roi* dans l'église. Le maréchal Ney, qui était debout derrière le fauteuil de Monsieur, à côté du baron de Vitrolles, ne put contenir l'expression de sa surprise : « Comprenez-vous un pareil enthousiasme, lui dit-il; qui aurait pu le croire? » En sortant de Notre-Dame, les maréchaux, gagnés à l'irrésistible ascendant des sentiments publics, se placèrent en évidence en avant de Monsieur. La foule, qui l'attendait aux portes, le reconduisit avec les mêmes acclamations au château des Tuileries, sur le faîte duquel le drapeau blanc se déploya au moment où M. le comte d'Artois y entrait. Il y entra brisé de fatigue, d'émotions, de reconnaissance, de joie, car le cœur humain est moins fort contre le bonheur que contre la douleur. En mettant le pied sur le premier degré de l'escalier, il éprouva une défaillance, et fut obligé de s'appuyer sur le bras des maréchaux pour monter. Cette ivresse lui était commune avec la population de Paris. Souvenirs du passé, doutes sur l'avenir, affections, regrets, appréhensions, intérêts particuliers, tout avait disparu dans cet entraînement général qui ne laissait place dans les cœurs que pour la joie, l'espérance et l'amour. Heures d'effusions, de félicité et d'émotions inexprimables, si rares dans la vie des nations, que souvent tout un siècle s'écoule sans en contenir de pareilles, et que cependant le temps emporte sur son aile comme toutes les heures, pesantes ou légères, mais qui laissent dans le cœur un baume sur les souffrances du passé, et même contre celles de l'avenir!

II

LE COMTE D'ARTOIS A PARIS.

Le comte d'Artois, encore sous le coup des émotions de la journée du 12 avril, disait, le soir, à quelques confidents intimes : « J'ai été reçu comme l'enfant de la maison. » C'était le mot de la journée, la parole sortie du cœur du prince. Le gouvernement provisoire chercha le lendemain une autre expression de nature à donner à cette journée une portée conforme à ses intérêts et à ses vues. On devait insérer dans le *Moniteur* les discours adressés au comte d'Artois et ses réponses dans la journée du 12 avril. M. de Talleyrand chargea M. Beugnot d'imaginer un mot à effet qui pût satisfaire le Sénat et donner à croire au public que Monsieur entrait complétement dans ses vues, et de placer ce mot dans la réponse du prince au discours de M. de Talleyrand. Après avoir bien cherché, M. Beugnot composa tout un discours dans lequel se trouvait une de ces paroles qui réussissent toujours en France, parce qu'elles semblent insinuer beaucoup plus qu'elles ne disent. Le prince de Talleyrand biffa la plus grande partie de la composition de M. Beugnot, et ne laissa subsister que la phrase suivante : Voici à peu près ce qu'on a retenu de la réponse de Monsieur au prince de Talleyrand : « Messieurs les membres du gouvernement provisoire, je vous remercie de tout ce que vous avez fait pour notre patrie. J'éprouve une émotion qui m'empêche d'exprimer tout ce que je ressens. Plus de divisions : la paix et la France ; je la revois, et rien n'y est changé, si ce n'est qu'il s'y trouve un Français de plus. »

Il était difficile d'exprimer, sous une forme plus ingénieuse, une idée plus contraire à la situation vraie des choses. Monsieur, comte d'Artois, en France, c'était non-seulement un Français de plus, mais c'était la paix au lieu de la guerre, un gouvernement modéré au lieu d'un gouvernement absolu, la liberté politique au lieu de l'arbitraire, la tradition nationale au lieu de la souveraineté du peuple ou de celle de la force. Il y avait donc beaucoup de choses de changées en France, mais il importait au Sénat, aux personnes en place qu'il n'y eût rien de changé dans les dotations, les traitements, les pensions. De là le succès du mot dans tout le monde officiel, et comme rien ne réussit comme le succès, on parvint à faire réussir le mot auprès de Monsieur par son succès même, et à obtenir qu'il ne reniât pas la paternité d'une parole qui produisait de si heureux effets. « Rien n'est changé, il n'y a en France qu'un Français de plus, » répétaient à l'envi les sénateurs, et ils attendaient que le comte d'Artois, mettant sa conduite d'accord avec cette parole, se soumît aux faits existants.

Le comte d'Artois n'attachait point à un mot, si ingénieusement tourné qu'il fût, cette valeur politique, et il paraissait peu disposé à céder aux vues du Sénat. Le problème qui avait précédé l'entrée du frère du Roi à Paris reparaissait donc plus insoluble. Ce fut la seule force organisée qu'il y eût dans la situation, la force étrangère, qui se chargea de le résoudre.

On était au second jour de l'arrivée du comte d'Artois à Paris. Rien ne se décidait. Monsieur, salué par la population parisienne comme le représentant légitime de l'autorité royale, occupait, sans aucune autorité légale, une des ailes du château des Tuileries. Les heures s'écoulaient en réceptions; tout le monde sortait ravi de ses audiences, en comparant la courtoisie sympathique de son accueil à la froideur hautaine des réceptions impériales. Il y avait comme un courant irrésistible de sentiments et d'idées qui portait vers lui tous les cœurs : ceux-là mêmes que leurs précédents semblaient mettre à l'abri de cette attraction n'y résistaient pas, et le général La Fayette a raconté dans ses Mémoires comment, au mois d'avril, il ne put rencontrer Monsieur dans la rue sans se sentir vivement ému [1]. Heureux de ces succès, le comte d'Artois oubliait ce que sa position avait d'indéfini. A l'autre aile du château, le gouvernement provisoire continuait à détenir le pouvoir légal dépouillé de tout prestige et de toute influence.

M. de Vitrolles fit une démarche pour mettre un terme à cet état de choses. Il alla proposer aux membres de ce gouvernement de résigner leurs pouvoirs dans les mains de Monsieur; on en insérerait la nouvelle au *Moniteur*, et tout se trouverait terminé. Fouché, qui était arrivé la veille d'Illyrie, attiré par une situation difficile et troublée, comme ces oiseaux que l'odeur de la proie affriande, intervint dans la discussion et dit vivement à M. de Vitrolles : « Ce que vous dites ne signifie rien, c'est le Sénat qui doit déléguer le pouvoir au comte d'Artois. » Alors il se mit à l'œuvre et rédigea un projet de réponse pour le prince. M. de Talleyrand y changea quelques mots, et M. le baron de Vitrolles se chargea de le soumettre à Monsieur. De deux choses l'une, ou il fallait accepter cet expédient fâcheux, ou prendre le pouvoir par un coup d'autorité, en faisant publier ses lettres patentes de lieutenant général, dissoudre le Sénat s'il résistait, et agir de même à l'égard du Corps législatif.

Pour agir ainsi, il aurait fallu se sentir de force à résister à l'empereur de Russie. Les chefs les plus influents du Sénat

---

[1]. « Je me serais fait scrupule d'appeler les Bourbons, dit-il, et néanmoins telle est la force des premières impressions, que je les retrouvai avec plaisir, que la vue du comte d'Artois dans la rue m'émut vivement. » La Fayette lui adressa même, à la date du 15 avril, la lettre suivante : « Monseigneur, il n'y a point d'époque dans ma vie qui ne concourrait à me rendre heureux de voir votre retour devenir un signal et un gage de bonheur et de liberté publique. Profondément uni à cette satisfaction nationale, j'ai besoin d'offrir à Monsieur l'hommage de mon attachement personnel. » (*Mémoires du général La Fayette*, tome V, pages 307 et 308.)

l'avaient de nouveau entouré, et Alexandre leur avait promis son concours personnel pour avoir raison de la résistance du comte d'Artois.

Dans la soirée du 13 avril, il se rendit aux Tuileries, et eut un entretien de trois quarts d'heure avec le prince [1]. Il allégua la part qu'avait prise le Sénat au renversement de Napoléon, l'invitation faite par les puissances au peuple français de se donner un gouvernement et une Constitution, et admettant, par une fiction hardie, que le Sénat, cet instrument docile du pouvoir absolu de Napoléon au temps de ses prospérités, était l'interprète naturel des vœux de liberté du peuple français, il déclara que les souverains coalisés avaient solennellement promis de reconnaître et de garantir la Constitution qu'ils avaient appelé les Français à se donner, et que cette parole, ses alliés et lui étaient décidés à la tenir.

Les allégations d'Alexandre étaient contestables, mais la mise en demeure par laquelle se terminait sa déclaration devait être prise en sérieuse considération. Le malheur des temps avait voulu que les Bourbons rentrassent dans le royaume de leurs aïeux au milieu d'une invasion; le comte d'Artois trouvait le corps constitué qui avait été l'instrument, sinon légal, au moins officiel de la chute de Napoléon, appuyé sur la force étrangère, la seule qui fût debout ; il n'avait aucun moyen de lutter contre cette coalition imprévue, d'autant plus que l'acte qu'on lui demandait était l'expression fausse d'une nécessité vraie, car il était indispensable qu'après une si longue absence la royauté rassurât à la fois les idées et les intérêts sur ses intentions. Monsieur se vit dès lors contraint à transiger. Le baron de Vitrolles passa une partie de la nuit avec MM. de Bruges et de la Maisonfort à revoir le projet de Fouché et à en modifier quelques expressions. Le lendemain, le comte

---

[1]. Cette entrevue est mentionnée dans le *Journal des Débats* du 14 avril 1814.

d'Artois entendit la lecture de la version nouvelle, et dit après l'avoir écoutée : « A la bonne heure, je dirai bien cela. » M. de Vitrolles tâcha de rejoindre Fouché pour lui communiquer les modifications et les faire accepter au Sénat, afin qu'il n'y eût pas de surprise. Mais Fouché, sans vouloir rien entendre, répondit qu'il s'en rapportait complétement à M. de Vitrolles. Il se rendait, dans ce moment même, au Sénat qui se réunissait dans la matinée du 14 avril, sous la présidence de M. de Talleyrand, pour voter, sur le rapport d'une commission dont Fouché était membre, la proposition de M. de Jaucourt tendant à conférer au comte d'Artois le gouvernement provisoire, avec le titre de lieutenant général du royaume, « en attendant, disait le décret du Sénat, que Louis-Stanislas-Xavier de France, appelé au trône des Français, eût accepté la Charte constitutionnelle. »

Dans le courant de la journée du 14 avril, M. de Vitrolles reçut de M. de Nesselrode un billet qui l'avertissait que l'empereur de Russie l'attendait à deux heures. Il ne fut reçu que par M. de Nesselrode, chargé par son maître d'exercer une pression nouvelle sur le principal conseiller de Monsieur pour assurer la victoire du Sénat. — « On a rapporté à l'Empereur, dit le ministre russe, que vous aviez passé la nuit à dénaturer la réponse du prince. Je vous préviens de la part de l'Empereur que si une lutte vient à s'établir de votre part contre le Sénat et la Constitution, toutes les forces, toutes les baïonnettes étrangères qui sont en France se réuniront au soutien du Sénat et de la Constitution envers et contre tous. »

M. de Vitrolles put répondre que Fouché avait acquiescé à tout, ce qui rassura un peu M. de Nesselrode. Ces détails ne sont point indignes de l'histoire ; ils révèlent combien la partie était fortement nouée entre l'empereur de Russie et les chefs du gouvernement provisoire et du Sénat. Pour que la solution satisfît l'empereur de Russie, il fallait que Fouché se trouvât satisfait.

Dans la soirée du 14 avril, le Sénat alla constater sa victoire en portant son décret à Monsieur, qui répondit par le discours convenu :

« Messieurs, dit-il, j'ai pris connaissance de l'acte constitutionnel qui rappelle au trône de France le Roi mon auguste frère. Je n'ai point reçu de lui le pouvoir d'accepter la constitution, mais je connais ses sentiments et ses principes et je ne crains pas d'être désavoué en assurant, en son nom, qu'il en admettra les bases. Le Roi, en déclarant qu'il maintiendrait la forme actuelle du gouvernement, a donc reconnu que la monarchie devait être pondérée par un gouvernement représentatif divisé en deux Chambres, qui sont le Sénat et la Chambre des députés des départements; que l'impôt sera librement consenti par les représentants de la nation; la liberté individuelle et publique assurée; la liberté de la presse respectée, sauf les restrictions nécessaires à l'ordre et à la tranquillité publique; la liberté des cultes garantie; que les propriétés seront inviolables et sacrées; les ministres responsables et pouvant être poursuivis par les représentants de la nation; que les juges seront inamovibles; le pouvoir judiciaire indépendant, nul ne pouvant être distrait de ses juges naturels; que la dette publique sera garantie; les pensions, grades, honneurs militaires seront conservés, ainsi que l'ancienne et la nouvelle noblesse; la Légion d'honneur maintenue, le Roi en déterminera la décoration; que tout Français sera admissible aux emplois civils et militaires; qu'aucun individu ne pourra être inquiété pour ses opinions et pour ses votes, et que la vente des biens nationaux sera irrévocable. Voilà, ce me semble, Messieurs, les bases essentielles et nécessaires pour consacrer tous les droits, tracer tous les devoirs, assurer toutes les existences et garantir notre avenir. »

C'était, sauf un petit nombre de modifications introduites par le prince[1], le discours que Fouché, l'étrange collaborateur de Talleyrand, avait imposé au comte d'Artois par l'intervention de l'empereur Alexandre. Monsieur ajouta ce qui suit de son propre fonds : « Je vous remercie au nom du Roi mon frère de la part que vous avez eue au retour de notre souverain légitime, et de ce que vous avez assuré par là le bonheur de la France pour lequel le Roi et sa famille sont prêts à donner leur sang. Il ne doit plus y avoir qu'un sentiment; il ne faut plus se rappeler le passé; nous ne devons plus former qu'un peuple de frères. Pendant le temps que j'aurai entre les mains le pouvoir, temps qui, je l'espère, sera très-court, j'emploierai mes moyens à travailler au bonheur public. »

Sans doute, parmi les principes que le comte d'Artois acceptait, il y en avait d'incontestables et d'incontestés comme le droit et la justice même; d'autres exprimaient les transactions nécessitées par les temps pour fermer de longues querelles; mais il était regrettable que la royauté, à son retour, acceptât ces principes comme des conditions imposées par le Sénat impérial, débris du régime tombé, agissant sans mission aucune et révolutionnairement. En outre, aux principes incontestables et nécessaires, le Sénat avait mêlé des principes contestables et des stipulations qui trouvaient leur raison d'être

___

[1]. Voici les plus importantes de ces modifications. Dans la première phrase Talleyrand et Fouché avaient omis les mots : *Le Roi*, introduits par **Monsieur**, avant ceux-ci : *mon auguste frère*. Ils avaient ainsi rédigé la phrase suivante : « Je n'ai point reçu de lui *la mission* d'accepter la Constitution ; *elle est maintenant sous ses yeux;* mais, *comme* je connais ses sentiments et ses principes, je ne crains pas d'être désavoué *en jurant* en son nom *d'observer et d'en faire observer* les bases principales *qui sont celles de tout corps libre.* » Ils avaient écrit : « *Je reconnais, au nom du Roi*, que la monarchie française doit être pondérée, etc. » Plus loin ils avaient tranché la question de l'hérédité du Sénat, en écrivant ces mots : Deux Chambres, *dont l'une héréditaire*. Ils n'avaient pris aucune précaution contre le principe absolu de la liberté de la presse ; la phrase qui suit la reconnaissance de cette liberté fut ajoutée par les conseillers du comte d'Artois.

dans des intérêts particuliers indûment confondus avec les intérêts généraux. Mieux eût valu pour la nation comme pour la royauté que le comte d'Artois et plus tard Louis XVIII, acceptant en principe la pensée d'Alexandre que la France devait intervenir dans le changement de ses destinées, en proposassent une application meilleure et plus vraie, et reconnussent devant la nation elle-même, sincèrement et réellement représentée, les droits nationaux tels que les comportaient les progrès de la civilisation, tandis que la nation reconnaîtrait le droit monarchique dans la maison de Bourbon. Mais ce n'était point là le cours des idées du temps. Monsieur subit donc le joug du Sénat, en se bornant à effacer du discours les phrases qui subordonnaient d'une manière formelle le principe du droit royal à la reconnaissance de la Constitution sénatoriale. Il le subit de mauvaise grâce, en ne laissant pas échapper les occasions de protester contre la violence qui lui était faite, ce qui donna à son attitude quelque chose d'équivoque comme la faiblesse qui cède et l'arrière-pensée qui se réserve.

Immédiatement après le Sénat, le Corps législatif, qu'on avait laissé sur l'arrière-plan du tableau, dans un oubli et une oisiveté difficiles à expliquer, du moment qu'on appelait la France à se prononcer sur la forme et le principe de son gouvernement, se présenta devant Monsieur. Le président du Corps législatif, M. Falcon, adressa au prince un discours qui contrastait par sa simplicité et par sa confiance avec celui du Sénat : « Les longs malheurs qui ont pesé sur la France, lui dit-il, sont enfin arrivés à leur terme ; le trône va être occupé de nouveau par les descendants de ce bon Henri que le peuple français s'approprie avec orgueil comme avec amour, et les membres du Corps législatif se glorifient aujourd'hui d'être auprès de Votre Altesse Royale les interprètes des joies et des espérances de la nation. »

Il y avait peut-être là une ouverture dont il eût été possible de profiter sans l'appui décisif que l'empereur de Russie donnait au Sénat. Monsieur, désespérant de pouvoir faire un acte, se contenta d'exprimer ses sentiments : « Je reçois avec une vive émotion, dit-il, les témoignages d'affection du Corps législatif. Je vous en fais, Messieurs, mes remercîments. Mais je dois vous en dire plus : nous avons éprouvé, le Roi et moi, un sentiment de gloire quand nous avons appris la fermeté avec laquelle le Corps législatif avait résisté à la tyrannie, dans un moment où il y avait danger à le faire; nous en avons été fiers. Nous devons nous réunir à l'avenir dans un même sentiment, l'amour de la patrie. Ce serait peu d'oublier le passé, nous ne devons former tous qu'une seule famille. Nous avons beaucoup souffert, mon frère et moi, mais nos peines ne sont plus rien. Vous nous direz les maux de la nation, vous qui êtes ses véritables représentants, et nous chercherons avec vous les moyens d'y porter remède. »

La pensée du discours de Monsieur, qui ajouta encore quelques phrases dans le même sens, était tout entière dans ces mots : « *Vous nous direz les maux de la nation, vous qui êtes ses véritables représentants.* » C'était un soulagement pour le cœur du comte d'Artois, une satisfaction donnée à l'opinion publique contraire au Sénat, dont l'humble acquiescement aux mesures les plus despotiques de Napoléon n'était pas rehaussé par les arrière-pensées toutes personnelles et les calculs sordides qu'il venait de manifester au milieu d'une si grande révolution. Mais les faits demeuraient ce qu'ils étaient. En vain à Bordeaux, à Nantes et dans un grand nombre d'autres localités, on brûla la Constitution sénatoriale, sur quelques points par la main du bourreau; le comte d'Artois n'en avait pas moins accepté les bases à Paris. La situation était faussée. La Révolution s'était encore une fois interposée entre la monarchie et la France.

Le 16 avril, le comte d'Artois prit possession du gouvernement provisoire; le lendemain 17, un arrêté publié dans le

Moniteur créa un conseil d'État provisoire; c'était le moyen convenu de perpétuer l'existence du gouvernement intérimaire sous un nouveau nom. Son personnel entra tout entier dans ce conseil d'État, qui se trouva composé de MM. de Talleyrand, de Dalberg, de Beurnonville, de Montesquiou, de Jaucourt. On leur adjoignit les maréchaux Moncey et Oudinot et le général Dessolle, commandant en chef de la garde nationale de Paris. M. de Vitrolles devint le secrétaire du conseil d'État provisoire avec le titre de secrétaire d'État, récompense des services qu'il avait rendus dans ces derniers jours. Les deux éléments de la force publique, l'armée, représentée par deux de ses plus illustres maréchaux, Moncey et Oudinot, la garde nationale par le général Dessolle, trouvaient aussi place dans le conseil gouvernemental; le comte d'Artois y introduisait l'homme qui venait d'acquérir tant de titres à sa confiance, M. de Vitrolles.

Il fallut pourvoir à quelques mesures d'urgente nécessité. Tandis que le drapeau blanc était adopté par la population parisienne, arboré par la garde nationale, et qu'il flottait déjà depuis plusieurs jours dans la plus grande partie de la France, l'armée conservait encore le drapeau tricolore. Il était impossible de maintenir deux drapeaux en présence. On avait songé un moment à revenir au drapeau tricolore, et même une note avait été préparée pour le *Moniteur* afin d'avertir le public que le gouvernement impérial étant définitivement tombé, la cocarde blanche cessait d'être un signe de ralliement nécessaire aux partisans du rétablissement de l'ancienne dynastie, et les couleurs tricolores reprenaient tous leurs droits[1]. Mais on recula devant la double instance du comte d'Artois et de l'opinion publique exprimée par Benjamin Constant dans son écrit sur l'*Esprit de conquête et d'usurpation*, où il adjurait les Bourbons

---

1. M. le duc de Raguse, dans ses *Mémoires*, déclare que ce fut sur ses représentations réitérées que cette note fut rédigée.

« de ne pas faire l'immoral abandon de l'oriflamme de leurs pères, pour prendre un drapeau tout sanglant de crimes, et dépouillé de l'auréole du succès. » Le prince de Talleyrand sortit de ce pas difficile par un stratagème entre les ruses de la diplomatie et les fourberies de la comédie : il fit écrire au maréchal Jourdan qui commandait à Rouen la quinzième division militaire, que le maréchal de Raguse venait de faire arborer la cocarde blanche. Le maréchal Jourdan, croyant suivre l'exemple, le donna, et peu à peu tous les généraux firent arborer le drapeau blanc à leurs troupes, en suivant l'impulsion qui se communiquait de proche en proche.

Le nomination des commissaires généraux envoyés dans les départements fut un des premiers actes du conseil de gouvernement après l'arrivée de Monsieur. Les départements étaient dans une position difficile, inquiète, troublée. Les événements étaient mal connus, il fallait les faire connaître ; les esprits agités, il fallait les pacifier ; l'administration, désorganisée, ne fonctionnait plus sur plusieurs points et fonctionnait sur d'autres contre l'esprit du nouveau gouvernement, il était nécessaire de mettre un terme à la désorganisation et d'approprier tous les rouages au pouvoir nouveau. Les noms des commissaires royaux suffisent pour indiquer que le comte d'Artois ne s'était point montré exclusif dans ses choix. Le duc de Doudeauville allait à Mézières, le maréchal Kellermann à Metz, M. Roger de Damas à Nancy, le chevalier de Lassale à Strasbourg, le marquis de Champagne à Besançon, le comte Auguste de Juigné à Grenoble, le comte de Boisgelin à Toulon, le vicomte d'Osmont à Montpellier, le comte Jules de Polignac à Toulouse, le comte Dejean à Bordeaux, M. Gilbert-Desvoisins à la Rochelle, le comte de Ferrières à Rennes, M. de Bégouln à Rouen, le duc de Plaisance à Caen, le maréchal Mortier à Lille, le général Nansouty à Dijon, M. de Noailles à Lyon, le général Marescot à Périgueux, M. Otto à Bourges, M. Matthieu de Montmorency à Tours. La mission des commissaires royaux était, d'après les termes du décret de leur institution, « de répandre dans le pays la connaissance exacte des événements qui avaient rendu la France à ses souverains légitimes, d'assurer l'exécution de tous les actes du gouvernement provisoire ; de prendre toutes les mesures que pourraient exiger les circonstances pour faciliter l'établissement et l'action du gouvernement ; de recueillir les renseignements les plus précis sur toutes les parties de l'ordre public. » Leurs pouvoirs étaient presque discrétionnaires. « Toutes les autorités civiles et militaires devaient leur obéir ; ils pouvaient suspendre ou révoquer provisoirement les dépositaires et les agents de l'autorité publique de tous les rangs ; ils avaient le droit de prononcer la mise en liberté immédiate de tous les individus détenus par ordre des autorités impériales pour faits politiques. » Le comte d'Artois leur avait dit à leur départ : « Portez au peuple l'espérance, et rapportez au Roi la vérité. »

Les dispositions personnelles de chacun d'eux, et le milieu dans lequel il se trouva transporté, exercèrent naturellement une action sur le résultat de cette mission donnée à des hommes dont les précédents et les opinions différaient, et qu'on envoyait dans des départements qui n'avaient rien de semblable. Mais sauf les manifestations d'ailleurs inoffensives du Midi et de l'Ouest contre la Constitution du Sénat, qui n'avait du reste encore aucun caractère légal, il n'y eut aucun trouble, à plus forte raison il n'y eut pas de réactions violentes. Tout se borna à des modifications administratives inévitables le lendemain de si grands changements politiques ; encore ne furent-elles pas nombreuses. La plupart des fonctionnaires de l'Empire, habitués à l'obéissance passive, affichaient un grand zèle pour le nouveau pouvoir sous lequel ils voulaient garder leurs emplois. Ce n'était point à tel ou tel gouvernement qu'ils étaient dévoués, c'était au gouvernement.

Au nombre des instructions des commissaires royaux, était celle de rétablir le payement des contributions. Le trésor était dans une grande pénurie, et l'on ne pouvait aller longtemps avec les faibles ressources que M. Dudon avait rapportées d'Orléans. On était dans l'arbitraire financier, comme dans l'arbitraire politique, entre un gouvernement récemment tombé et un gouvernement à naître. Pouvait-on appeler un Sénat et un Corps législatif, qui non-seulement n'étaient pas en nombre, mais dont les pouvoirs n'existaient qu'en vertu d'une Constitution qui n'était pas en vigueur, à se prononcer sur une question d'impôt? Le comte d'Artois et son conseil ne le pensèrent pas. Le nom seul de gouvernement provisoire indiquait qu'on pourvoyait par des expédients temporaires à une situation transitoire où il n'y avait rien de régulier ni de légal. Le comte d'Artois décida que les contributions continueraient d'être perçues provisoirement sur le même pied; seulement on diminua les droits réunis d'un dixième, pour donner un commencement d'exécution à une promesse souvent répétée par Monsieur. Il ordonna en outre l'émission de dix millions de bons du trésor afin de pourvoir aux besoins les plus pressants. Malgré les embarras de la situation, la confiance inspirée par le rétablissement de la paix et le retour des Bourbons était si grande, que les fonds ne cessaient de monter, ils étaient cotés à 45 la veille de la capitulation de Paris, ils montèrent à 65 le lendemain de l'entrée du comte d'Artois.

Le dernier acte important du gouvernement provisoire fut la convention signée le 23 avril entre le lieutenant général du royaume et les puissances coalisées. On a dit que puisqu'on avait attendu jusque-là, il fallait attendre jusqu'à l'arrivée de Louis XVIII, en laissant les choses dans le *statu quo*. Ce *statu quo*, il ne faut pas l'oublier, était déplorable; c'était l'occupation et l'oppression de la moitié de la France par la domination étrangère, et les villes et les campagnes soumises à un régime d'arbitraire, de contribution militaire et d'avanies. L'article 8 de la convention stipulait que l'administration des départements militairement occupés serait remise aux autorités françaises [1]. C'était leur délivrance. En outre, quelque dures qu'on puisse trouver les conditions souscrites, elles étaient beaucoup moins dures que celles du congrès de Châtillon [2], et Napoléon avait en dernier lieu autorisé le duc de Vicence à les signer. Les souverains exigèrent-ils que la convention fût immédiatement souscrite? La fortune des armes les mettait en position d'obtenir ce qu'ils exigeaient, et l'on ne pouvait, dans l'état de dislocation où se trouvaient l'armée et la France, recommencer la guerre pour conserver un matériel et des arsenaux qu'on cédait par la convention. M. de Talleyrand montra-t-il un empressement d'autant plus inexcusable qu'il aurait été intéressé à accepter des conditions fâcheuses? On l'a dit, et sa mauvaise renommée a autorisé ces bruits; mais il faut tenir compte de la disposition du public à chercher derrière tout malheur national une trahison. Ce qu'il y a de certain, c'est que la responsabilité de cette convention pèse sur M. de Talleyrand qui en fut le négociateur, et non sur le comte d'Artois qui, nouveau venu

---

1. L'article 8 de la convention du 23 avril était ainsi conçu : « Il sera fait remise par les cobelligérants, après la signature du présent acte, de l'administration des départements ou villes actuellement occupés par leurs forces, aux magistrats nommés par S. A. R. le lieutenant général du royaume de France. Les autorités royales pourvoiront aux subsistances et besoins des troupes jusqu'au moment où elles auront évacué le territoire français, les puissances alliées voulant, par un effet de leur amitié pour la France, faire cesser les réquisitions militaires, aussitôt que la remise au pouvoir légitime aura été effectuée. Le blocus des places fortes en France sera levé sur-le-champ par les armées alliées.

2. Par l'article 6 du projet de convention de Châtillon, les puissances exigeaient, on l'a vu, que Napoléon remit les forteresses et forts des pays cédés et ceux qui étaient encore occupés par les troupes en Allemagne, sans exception, et que les places et forts fussent remis dans l'état où ils étaient, avec toute leur artillerie, munitions de guerre et de bouche, archives, etc. Napoléon devait remettre en outre aux coalisés les places de Besançon, Béford, Huningue, pour être gardées en dépôt comme Strasbourg, Metz et Thionville, jusqu'à la ratification définitive de la paix.

en France, nécessairement inexpérimenté dans les affaires, n'en fut que le signataire confiant.

Voici les principaux articles de la convention du 23 avril, publiée dans le *Moniteur* du 24 du même mois :

« Aujourd'hui ont été ratifiées, par S. A. R. Monsieur, frère du Roi, lieutenant général du royaume, des conventions avec chacune des puissances alliées. En voici le texte :

« Les puissances alliées, réunies dans l'intention de mettre un terme aux malheurs de l'Europe, ont nommé des plénipotentiaires pour convenir d'un acte, lequel, sans préjuger les dispositions de la paix, renferme les stipulations d'une suspension d'hostilités, et qui sera suivi, le plus tôt que faire se pourra, d'un traité de paix. Ces plénipotentiaires, après l'échange de leurs pouvoirs, sont convenus des articles suivants :

« Article premier. Toutes hostilités sur terre et sur mer sont et demeurent suspendues entre les puissances alliées et la France.

« Art. 2. Pour constater le rétablissement des rapports d'amitié entre les puissances alliées et la France, et pour la faire jouir d'avance, autant que possible, des avantages de la paix, les puissances alliées feront évacuer, chacune par leurs armées, le territoire français tel qu'il se trouvait au 1er janvier 1792, à mesure que les places encore occupées hors de ces limites par les troupes françaises seront évacuées et remises aux alliés.

« Art. 3. Le lieutenant général du royaume de France donnera en conséquence, aux commandants de ces places, l'ordre de les remettre, de manière à ce que la remise totale puisse être effectuée au 1er juin prochain. Ils peuvent emmener l'artillerie de campagne dans la proportion de trois pièces par chaque mille hommes, malades et blessés compris.

« La dotation des forteresses, et tout ce qui n'est pas propriété particulière, demeurera et sera remise en entier aux alliés, sans qu'il puisse en être distrait aucun objet. Dans la dotation sont compris, non-seulement les dépôts d'artillerie et de munitions, mais encore toutes autres provenances de tout genre, ainsi que les archives, inventaires, plans, cartes, modèles, etc.

« Art. 4. Les stipulations de l'article précédent seront également appliquées aux places maritimes. »

Enfin venait l'article 8, plus haut cité, qui restituait à l'administration nationale toutes les portions de notre territoire régies par l'administration étrangère.

Les sacrifices souscrits par la convention du 23 avril 1814 étaient considérables. L'impression publique fut douloureuse. On avait presque oublié qu'il y avait des vainqueurs et des vaincus, la convention du 23 avril le rappelait. Après cet échange de paroles généreuses du côté d'Alexandre, laudatives de la part du Sénat, la loi du plus fort reparaissait : il fallut la subir; mais le contre-coup fut défavorable à Monsieur, sur lequel on reporta la responsabilité d'un consentement qu'il ne pouvait refuser. On eût dit qu'il avait créé la situation désastreuse dont la convention du 23 avril n'était que l'expression diplomatique.

III

LOUIS XVIII, SES PRÉCÉDENTS, SES IDÉES, SON CARACTÈRE. — NÉGOCIATIONS QUI PRÉCÈDENT SON RETOUR.

Il n'y avait encore en France que du provisoire, on attendait avec impatience du définitif. Il ne pouvait venir que d'Hartwell. Les yeux commençaient à se fixer sur cette résidence, un mois auparavant complétement inconnue à la France, et qui devenait le point de mire de tous les regards, de tous les efforts en sens contraires, de toutes les ambitions, de toutes les espérances; car c'est de là qu'allait arriver l'avenir du pays. Quel était le prince qui allait régner sur la France? Quelle avait été sa vie dans l'exil? Quels étaient son caractère, ses aptitudes, ses idées? Telles étaient les questions qui se posaient devant les esprits. Il faut y répondre.

Louis XVIII était un prince plein du sentiment de son droit. Ce sentiment, comme une force invincible, l'avait soutenu pendant les longues épreuves de l'exil. Il avait foi dans le principe monarchique; il n'avait pas cessé d'espérer, parce qu'il n'avait pas cessé de croire, et il s'était montré le noble gardien de la dignité royale sur la terre étrangère. Il portait très-haut aussi le sentiment de l'honneur national, et, en 1800, il écrivait, dans les instructions secrètes données à M. de Saint-Priest accrédité près la cour de Vienne, au moment où la coalition se préparait à frapper un grand coup qui pouvait faire prévoir l'éventualité d'un remaniement de l'Europe et d'une Restauration en France : « Si pour faire une frontière aux Pays-Bas on demandait la cession de quelques places, M. de Saint-Priest déclarerait qu'il m'est impossible d'y consentir : 1° parce que ce serait me déshonorer, et qu'assurément je ne sacrifierai pas au désir de régner le seul bien qui me reste, celui que nul homme, excepté moi, ne saurait me ravir, l'honneur ; 2° parce que cette mesure, une fois connue en France (et elle ne pourrait pas manquer de l'être), me dépopulariserait entièrement.... Si, malgré ces raisons, le ministre autrichien s'obstinait jusqu'à faire de la cession de la moindre bicoque en France une condition *sine qua non*, M. de Saint-Priest n'aurait plus qu'à demander des passe-ports pour venir me retrouver[1]. »

Au sentiment de l'inviolabilité de son droit, de la dignité royale et de l'honneur national, Louis XVIII joignait un souci jaloux du maintien du principe de l'autorité. L'examen attentif de sa correspondance la plus intime et la lecture des déclarations publiées par lui à différentes époques de son exil ne donnent point lieu de penser qu'il fut dans l'origine partisan de l'application de la constitution anglaise à la France. Tout au contraire, on le retrouve partout très-partisan de l'ancienne constitution française, telle qu'elle existait avant 1789, et, tout en souscrivant à des modifications rendues inévitables par la

---

1. *Lettres et Instructions de Louis XVIII au comte de Saint-Priest*, précédées d'une notice, par M. de Barante, pair de France. (Amyot, 1845.)

marche du temps, désireux de s'en rapprocher autant que possible. Cette tendance des idées de Louis XVIII est manifeste dans les observations qu'il adressa en 1799 à M. de Saint-Priest sur un projet de déclaration proposé par cet ancien ministre[1]. On voyait transpirer à la même époque cette jalousie de son autorité qui était un des traits de son caractère. « Un gouvernement sage, écrivait-il, doit connaître le vœu du peuple et y déférer quand il est raisonnable, mais toujours agir *proprio motu*; c'est le secret de se concilier l'amour et le respect. Si je suis un jour roi de fait, comme je le suis de droit, je veux l'être par la grâce de Dieu[2]. »

Ainsi parlait, ainsi pensait Louis XVIII en 1799, car il s'exprimait de cette manière dans un écrit qui n'était point destiné à voir le jour. Ces opinions paraissent avec plus de netteté et plus de vigueur encore dans les observations que lui suggéra la lecture des *Réflexions de M. le chevalier de la Coudraye sur les Cahiers de la noblesse du Poitou aux états généraux de 1789*. Dans ces observations, Louis XVIII se montre contraire à la périodicité régulière des assemblées politiques et peu favorable au gouvernement anglais[3]. Il est vraisemblable néanmoins que ces idées avaient subi des modifications pendant le séjour du Roi en Angleterre, où il avait été à portée d'apprendre les avantages qu'on peut tirer de ce genre de gouvernement.

Louis XVIII avait des idées larges sur l'admissibilité de tous aux emplois et par conséquent sur l'égalité possible, sur la nécessité de couvrir d'un voile les opinions et les votes après

---

[1] « J'ai dit que je voulais rétablir l'ancienne Constitution française dégagée des abus qui s'y étaient introduits. Cette phrase, que je n'ai pas mise sans dessein dans ma déclaration de 1795, me laisse toute la latitude dont j'ai besoin... Le temps introduit souvent des abus dans une Constitution, mais il ne saurait la rendre abusive en elle-même. »

[2] *Lettres de Louis XVIII.*

[3] *Manuscrit inédit de Louis XVIII*, publié par Martin d'Oisy. (Paris, 1839.

tant de révolutions. Il n'avait point de préventions contre les hommes, mais il avait plus réfléchi sur ce qu'il fallait réserver à l'autorité que sur les bases à donner aux libertés publiques. Non-seulement il ne s'était pas engagé avec les autres, ce qui est souvent difficile quand les circonstances, élément nécessaire des solutions, sont encore le secret de l'avenir; mais rien n'indique qu'il eût pris des engagements avec lui-même. Il semble ne pas avoir eu d'opinion arrêtée sur la meilleure manière de faire intervenir le pays dans les deux attributions qu'il ne lui déniait pas, celles : de consentir l'impôt et la loi ; sur les profondeurs sociales où le vote devait descendre pour obtenir la représentation la plus vraie des intérêts généraux; sur l'administration ; enfin, sur l'organisation des intérêts sociaux et locaux. La chose capitale à ses yeux, c'était de maintenir surtout en principe la plénitude de la souveraineté royale ; les autres questions demeuraient pour lui sur l'arrière-plan.

Il connaissait peu la France, et, à cette époque de compression et de silence, il était difficile de la connaître, même quand on l'habitait. L'action qu'il avait exercée ou plutôt tenté d'exercer avait toujours été distincte et séparée de celle de M. le comte d'Artois. Louis XVIII prenait ses agents politiques à la notoriété; il avait formé ses agences d'hommes de cabinet, de conseil, dont quelques-uns, comme M. de Montesquiou et Royer-Collard, ces derniers correspondant avec M. Becquey, avaient eu part au premier flot de 1789. L'abbé de Montesquiou avait été deux fois président de l'Assemblée constituante, dans laquelle sa conduite avait été douteuse ; c'était une importance politique d'autant plus considérable aux yeux du Roi qu'elle ne venait pas de lui. Les hommes les plus avant dans son estime politique, après l'abbé de Montesquiou, étaient M. Dambray, gendre de M. de Barentin, dernier garde des sceaux, caractère de probité et de loyauté antiques, qui conservait les nobles traditions de l'ancienne magistrature ; M. Ferrand, ancien membre du parlement de Paris, qui s'était fait connaître par quelques écrits politiques au début de l'émigration, et qui plus tard, appelé auprès du prince de Condé, avait été comme le chef de ses conseils durant la période militante de l'armée condéenne. Rentré plus tard en France, M. Ferrand y avait composé pour l'éducation de son fils, que bientôt après il perdit, un livre placé dans l'opinion au-dessus de son mérite, c'était l'*Esprit de l'histoire*, qui avait bénéficié de la sympathique estime acquise à l'attitude noble et indépendante de l'auteur. Parmi les personnes que le Roi accréditait auprès des cours étrangères, le comte de Saint-Priest, le marquis de Bonnay, le marquis d'Osmond, tenaient le premier rang dans sa confiance.

Il y avait toujours eu, entre le Roi et son frère, peu d'entente sur la ligne politique à suivre. Le comte d'Artois avait ses liaisons avec des hommes d'ardeur et de main, toujours prompts à se jeter dans les entreprises hardies, quelquefois téméraires, et qui avaient pris plus d'une fois leurs impatiences pour des chances, et leurs illusions pour des probabilités. La différence d'attitude et de tendance qui s'était manifestée au début de la révolution entre les deux frères s'était continuée. Il y avait entre eux divergence de points de départ, de routes, avec dissemblance de relations et d'action, sans qu'il y eût jamais eu rupture. Monsieur avait un profond respect pour le Roi son frère, avec la déférence qu'inspire la supériorité reconnue et acceptée. Sa vivacité naturelle s'inclinait devant cette haute gravité. Du reste, pendant l'émigration, il vivait à Londres, dont le mouvement lui convenait mieux, ainsi qu'au duc de Berry, son second fils, que la régularité monotone de la vie d'Hartwell, où le duc et la duchesse d'Angoulême s'étaient établis auprès de Louis XVIII.

Un motif particulier rendait le séjour de ce château peu agréable aux princes de la famille royale. Le Roi, avec de rares qualités d'esprit, avait un grave défaut de caractère, c'était le goût, le besoin d'avoir un favori. Ses infirmités précoces et sa constitution physique impropre au mouvement, et qui lui avaient rendu de bonne heure l'exercice du cheval impossible et la marche elle-même pénible, contribuaient-elles à lui imposer la nécessité d'avoir un autre lui-même pour voir et pour agir, comme il arrive souvent aux hommes d'un tempérament valétudinaire? Il est vraisemblable que ces deux causes, agissant à la fois sur son moral et sur son physique, contribuèrent à lui créer cette habitude qui devint pour lui une nécessité. Il avait tendrement aimé M. d'Avaray et en avait fait l'arbitre de sa petite cour. Depuis que celui-ci était allé mourir de la poitrine à Madère, M. de Blacas, introduit dans la familiarité du Roi par M. d'Avaray lui-même, exerçait une influence prépondérante sur la cour d'Hartwell.

Louis XVIII menait dans ce château la vie d'un gentilhomme dans ses terres, avec une apparence de royauté, consolation de l'exil, et qui maintenait en même temps la candidature du droit devant la fortune du fait. Il avait des capitaines des gardes, les ducs de Grammont et d'Havré, des premiers gentilshommes de la chambre, les ducs de Fleury et d'Aumont. Le duc de Duras venait quelquefois de Paris pour prendre son année de service. La comtesse, depuis duchesse de Narbonne, était l'ornement de cette petite cour par les grâces de son esprit et la pureté élégante de sa diction : sa conversation avait un attrait particulier pour le Roi, esprit lettré et disert, qui excellait dans la causerie. Pendant les dernières années de l'Empire, arrivé à son apogée de prospérité et de grandeur, on parlait peu à Hartwell des intérêts et des événements politiques; la conversation roulait sur la littérature, sur l'histoire, sur les souvenirs d'autrefois.

Depuis que la fortune de Napoléon avait été ébranlée par la désastreuse expédition de Russie, les espérances de restauration de la petite cour d'Hartwell, très-affaiblies après le mariage du conquérant avec une archiduchesse d'Autriche, s'étaient ravivées. La suite des événements militaires, qui portaient de jour en jour des coups plus décisifs à cet édifice gigantesque mais peu solide, avaient justifié cette persévérance d'espoir et cette patience invincible d'attente qui sont le génie de l'adversité. Louis XVIII n'avait point négligé les occasions de rappeler son nom et ses droits à la France. Il l'avait fait d'une manière touchante, en écrivant, après la retraite de Moscou, à l'empereur de Russie, pour lui recommander les prisonniers français[1]. Depuis que la campagne de France était commencée, il attendait avec anxiété des nouvelles du comte d'Artois et des ducs d'Angoulême et de Berry, qui s'étaient embarqués au mois de janvier pour tâcher de pénétrer en France : le comte d'Artois, revêtu du titre de lieutenant général du royaume, par la Suisse ; son fils aîné par le Midi ; son second fils par la Bretagne, qu'il regardait de Jersey, où il était venu s'établir. La première nouvelle favorable qui vint réjouir la petite cour d'Hartwell fut celle de l'entrée du duc d'Angoulême à Bordeaux. Le gouvernement anglais la fit communiquer à Louis XVIII, mais sans détails. Dans la matinée du 25 mars, le télégraphe de Falmouth signala l'arrivée d'une députation bordelaise. Le Roi et la duchesse d'Angoulême assistaient à la messe dans la petite chapelle d'Hartwell, lorsque la princesse aperçut par une croisée une voiture dont les postillons et les chevaux étaient couverts de cocardes blanches.

---

1. « Le sort des armes a fait tomber dans les mains de Votre Majesté plus de cinquante mille prisonniers; ils sont pour la plupart Français : peu importe sous quel drapeau ils ont servi, ils sont malheureux, je ne vois parmi eux que mes enfants. Je les recommande à la bonté de Votre Majesté Impériale. Qu'elle daigne considérer combien un grand nombre d'entre eux a déjà souffert, et adoucir la rigueur de leur sort. Puissent-ils apprendre que leur vainqueur est l'ami de leur père. Votre Majesté Impériale ne peut me donner une preuve plus touchante de ses sentiments pour moi. »

A l'issue de la messe, le comte de Blacas avertit le Roi que M. de Tauzia, adjoint à la mairie de Bordeaux, député par le conseil municipal de cette ville, et M. le baron de Labarte, chargé des dépêches de M. le duc d'Angoulême, attendaient ses ordres pour entrer. Louis XVIII était assis dans son salon ; la fille de Louis XVI se tenait debout vis-à-vis de son oncle. Le vénérable archevêque de Reims, les ducs de Lorge, d'Havré, de Sérent, de Castrie, le vicomte d'Agout, le comte de Pradel, le chevalier de Rivière, Durepaire, dont le dévouement est écrit dans l'histoire, la duchesse de Sérent, la comtesse Étienne de Damas, madame de Choisy, compagnes inséparables de madame la duchesse d'Angoulême, entouraient leur maître dans ce moment solennel ; noble cour, dont Chateaubriand a dit : « Ces compagnons du malheur des Bourbons, ceux qui ont dormi dans l'exil la tête appuyée sur les fleurs de lis, presque effacées par le sang et les larmes ; ceux qui se consolaient en entourant de leurs respects et de leurs communes misères le roi de l'adversité. »

M. de Tauzia s'avança vers le Roi et lui remit une lettre de M. Lynch, maire de Bordeaux, qui lui exprimait les sentiments de cette ville et son désir impatient de voir entrer le petit-fils de Louis XIV dans ses murs, où le drapeau blanc venait d'être arboré. Louis XVIII garda quelque temps le silence, l'émotion l'empêchait de parler ; puis il tendit la main à M. de Tauzia ; celui-ci voulait la porter à ses lèvres, mais le roi l'attira dans ses bras et serra sur son cœur ce premier messager de bonheur.

Quand le calme fut un peu rétabli dans le salon d'Hartwell, Louis XVIII présenta M. de Tauzia à la fille de Louis XVI. La princesse voulut entendre de sa bouche le récit de ces événements longtemps inespérés.

Dans ce moment, Louis XVIII songea à se rendre à Bordeaux, sur le premier point du territoire où le drapeau blanc eût été arboré. Il écrivait même d'Hartwell au comte de Lynch, à la date du 31 mars 1814, pour lui annoncer cette résolution. Mais les événements de cette journée du 31 mars, où Louis XVIII écrivait pour annoncer son arrivée à Bordeaux, devaient changer tous ses plans. Quand l'entrée des coalisés à Paris, leur déclaration, les manifestations royalistes qui avaient eu lieu dans la capitale et les actes qui suivirent furent connus à Hartwell, Louis XVIII comprit qu'au lieu d'aller à Bordeaux il fallait aller droit à Paris, la ville des avènements comme des déchéances. Mais alors la même difficulté avec laquelle avait eu à compter le comte d'Artois se dressa devant lui. Quelle attitude prendrait-il en face du Sénat? Viendrait-il au nom du droit traditionnel de la France ou de l'appel sénatorial? Dans quelles conditions le nouveau gouvernement serait-il institué?

Depuis l'entrée du comte d'Artois à Paris, la discussion sur la Constitution sénatoriale était devenue plus vive que jamais, et Louis XVIII était naturellement assiégé à Hartwell par les échos contradictoires des opinions contraires. Ces opinions, avec des nuances de détail, pouvaient être ramenées à trois thèmes principaux. Il y avait deux opinions absolues : celle des écrivains et des correspondants, qui voulaient qu'on revînt purement et simplement à l'ancienne Constitution française, tout en convenant qu'elle pouvait être réformée et modifiée, afin de satisfaire les besoins nouveaux ; celle des défenseurs exclusifs de l'acte constitutionnel du Sénat, qui insistaient pour son adoption pure et simple par Louis XVIII. Entre ces deux opinions absolues il y avait une opinion intermédiaire, c'était celle d'une transaction ; mais elle se décomposait en diverses nuances qui, suivant la pente des esprits ou des intérêts, présentaient des expédients, les uns dans le sens monarchique, les autres dans le sens sénatorial.

Ceux qui demandaient le retour à l'ancienne Constitution,

entre autres Bergasse et l'abbé Barruel, alléguaient que Louis XVIII était roi, non en vertu de l'appel du Sénat, mais en vertu d'un droit imprescriptible qu'on avait pu violer sans pouvoir jamais le détruire. Il était donc roi avant d'accepter la Constitution sénatoriale; son droit de régner n'était pas subordonné à cette acceptation. D'un autre côté, le Sénat n'avait aucune qualité pour faire une Constitution, le Roi n'avait donc pas à se prononcer sur l'acte constitutionnel avant que la nation eût émis son vœu; c'était à elle qu'il fallait faire un appel. D'autres achevaient de préciser cette pensée en proposant de prendre les cahiers des bailliages, rédigés en 1789, pour base de la réforme des abus et de l'accomplissement de la volonté générale. La Constitution française existait, disaient-ils, il suffira de la remettre en exercice, en la conciliant avec les besoins du présent. On entrait même dans l'exposé des moyens à adopter pour convoquer les représentants de la nation; chaque département, au lieu de quatre ou cinq députés, n'en enverrait cette fois que deux; leurs pouvoirs seraient limités à un temps très-court, à trois mois, par exemple, et circonscrits exclusivement à la rédaction de la Charte constitutionnelle. Quelques-uns voulaient que des commissaires royaux concourussent avec eux à cette rédaction. Le Roi sanctionnerait cet acte définitif, qui serait accepté par ses sujets.

Il y avait des publicistes de la même nuance d'opinion qui recommandaient d'éviter la convocation d'une assemblée. Ils rappelaient les souvenirs suspects de la Constituante. Tout devait partir de l'initiative royale; c'était au Roi à voir et à pourvoir. Il ne fallait pas oublier la chute successive de tant de Constitutions échafaudées par les assemblées. Les uns comme les autres ne s'expliquaient pas sur une question capitale, celle des ordres: le clergé, la noblesse, le tiers.

Les partisans de la Constitution sénatoriale objectaient que l'ancienne constitution française, s'il y en avait eu jamais une, avait péri dans le naufrage de la monarchie. Il fallait donc tout faire à nouveau. Le premier titre de la mission du Sénat, c'était la nécessité de l'œuvre ; le second, c'était l'invitation toute-puissante de l'empereur Alexandre. Avait-on oublié la déclaration des souverains coalisés ? On ne contesterait pas du moins ce droit-là. « Quand un gouvernement périt par la conquête, tout cesse, tout finit avec lui, excepté ce qu'épargne et conserve le vainqueur [1]. » C'était donc de l'empereur de Russie que le Sénat, conservé par lui, tenait son mandat pour donner une Constitution à la France. Les plus habiles et les plus modestes ajoutaient qu'il faut demander, non d'où vient une constitution, mais ce qu'elle vaut. M. Rœderer convenait qu'il eût été plus régulier « de convoquer des états généraux et de confier le soin de rédiger la Charte constitutionnelle à une assemblée dont tous les membres fussent en possession de l'estime et de la confiance publique ; » après cette concession faite à l'opinion, il se constituait le défenseur de l'œuvre du Sénat, dont il était membre. Puis venait l'argument le plus vif : la question n'était plus entière ; Monsieur avait récapitulé, dans sa réponse officielle au Sénat, les articles principaux de la Constitution, et il avait assuré que son auguste frère en accepterait les bases.

Cet argument prenait une forme plus directe dans la bouche de Fouché, qui, intervenant vivement dans la polémique, s'adressait personnellement au comte d'Artois, et l'adjurait de rassurer le pays par l'accomplissement de ses promesses. « L'oubli du passé devait devenir une loi de l'État. Il y avait eu des fautes et des erreurs de tout côté ; si le trône devenait accusateur, il serait accusé à son tour. La France entière se montrait disposée à se réunir sous le sceptre des Bourbons, si une constitution royale et nationale garantissait avec la même in-

---

1. *Réponse à M. Bergasse.* (Paris, 1814.)

violabilité tous les droits et tous les pouvoirs. Il y aurait péril à ne pas se hâter, car la masse de la nation donnait des regrets à la régence de Marie-Louise, l'armée à Napoléon. Tout serait bientôt en feu si des lois magnanimes ne gravaient pas jusque sur la couronne des Bourbons le décalogue d'une liberté aussi réelle que celle de l'Angleterre. »

Ainsi écrivait Fouché, revenu aux idées et à la langue de la première partie de sa carrière, en mêlant, sous la forme de l'insinuation, la menace aux avis, et les récriminations aux paroles de dévouement.

Entre ces deux partis extrêmes, dont les écrits et les lettres venaient troubler la retraite naguère encore silencieuse d'Hartwell, le parti de la transaction proposait ses termes moyens. M. de Talleyrand avait prévu de bonne heure qu'on ne pourrait pas faire accepter dans son intégrité la constitution sénatoriale à Louis XVIII, il voulait au moins en conserver une partie. C'était par l'abbé de Montesquiou qu'il agissait sur l'esprit du Roi, et l'instrument était d'autant mieux approprié à l'œuvre, que M. de Montesquiou était l'agent involontaire de M. de Talleyrand, et qu'il servait à son insu des idées peu conformes aux siennes. « M. de Talleyrand me disait hier, écrivait-il, que le Roi devait, en entrant, publier un édit par lequel il déclarerait à la fois ses intentions et son entrée dans l'exercice de la souveraineté, ne point supposer les entraves que la Constitution peut y mettre, et gouverner comme si elle était non avenue. Cette opinion a toujours été la mienne ; mais elle suppose que le Roi publierait en même temps les priviléges de la nation, et qu'il convoquerait à l'instant un Corps législatif, soit celui qui existe à présent, soit un autre composé de nouveaux députés. M. de Talleyrand n'y met pas la même importance que moi, mais l'état des finances me décide. On ne peut se passer d'un emprunt, et il me paraît impossible de ne pas s'assurer de tout ce qui peut lui donner une plus grande garantie. » M. de Montesquiou ajoutait aussitôt après : « Bien des sénateurs qui ne sont pas malveillants désapprouvent toute démarche qui ne s'accorderait point avec la Constitution ; ils pensent qu'il faudrait l'accepter telle qu'elle est et la corriger. »

Louis XVIII hésitait entre ces projets contraires, et la multiplicité des plans ajoutait à sa perplexité, qui s'augmentait encore par l'éloignement et par le peu de connaissance qu'il avait des hommes et des choses. Qu'y avait-il de possible? Jusqu'où devaient aller les concessions? Pouvait-il s'abandonner sans réserve au jugement des royalistes qui s'étaient si souvent abusés sur la situation, et qui, depuis tant d'années, n'avaient cessé d'être vaincus et malheureux? N'était-il pas plus prudent de se concilier les hommes de la révolution, qui s'étaient constamment montrés, depuis 89, les plus habiles ou les plus forts? Parmi toutes les idées qui lui avaient été suggérées, il y en avait une profondément antipathique à toutes les tendances de son intelligence et de son caractère, c'était celle d'accepter une constitution toute faite des mains du Sénat. C'était une humiliation, une abdication morale à laquelle il ne souscrirait jamais [1]. Il y avait une autre idée qui le choquait moins, c'était de donner, *proprio motu*, selon une expression qui lui était habituelle, des garanties à la France.

---

[1]. MM. de Vitrolles et Beugnot affirment dans leurs *Mémoires* que le Roi était au contraire disposé à accepter la Constitution du Sénat, et que même les lettres par lesquelles il informait le gouvernement provisoire de sa détermination étaient prêtes quand M. de Bruges arriva. Ces deux assertions dénuées de toutes preuves ne sauraient prévaloir contre l'évidence contraire résultant des tendances connues, des idées et du caractère de Louis XVIII. M. de Vitrolles ne pouvait rien affirmer *de visu*, puisqu'il était à Paris et le Roi à Londres, et il veut, dans ses *Mémoires*, se donner le mérite d'avoir, par sa correspondance, changé les idées de Louis XVIII. M. Beugnot, qui était aussi à Paris et qui appartenait à la nuance opposée, cède à la tendance naturelle aux membres du gouvernement provisoire d'accuser les royalistes de tous les actes du Roi qui ne plaisaient pas à ce gouvernement, et à la tendance de son esprit, qui était de croire que tout arrivait un peu par hasard.

Mais quelles devaient être ces garanties? Ici le doute recommençait. Pendant que Louis XVIII était dans cette incertitude, l'arrivée de deux personnages politiques, accourus de Paris à Hartwell avec des missions contradictoires, accrut encore son anxiété. L'un était M. Pozzo di Borgo, envoyé par l'empereur Alexandre; l'autre M. le comte de Bruges, envoyé par le comte d'Artois. Les sénateurs avaient rappelé à l'empereur de Russie ses engagements, et ils lui avaient fait un point d'honneur d'exercer son ascendant sur Louis XVIII pour l'obliger à accepter la Constitution rédigée à son instigation, et, on peut le dire, avec le concours d'un ministre russe, le comte de Nesselrode. C'était le renouvellement de la manœuvre employée contre le comte d'Artois. M. Pozzo di Borgo, par ses précédents de l'Assemblée constituante et par ses liaisons politiques, appartenait au mouvement d'idées qu'il s'agissait de servir; son opinion hautement déclarée en faveur de la Restauration, depuis plus de deux ans, lui donnait des titres à la confiance de Louis XVIII. Il devint auprès de lui l'avocat ardent des prétentions du Sénat, et ne cessa d'insister, avec toute l'autorité que lui donnait la confiance de l'empereur Alexandre, sur la nécessité de présenter des gages aux hommes nouveaux, de prendre les engagements réclamés, de reconnaître des actes irrévocables et de ne pas songer à s'appuyer sur les royalistes, que leur petit nombre et leur long éloignement des affaires rendaient incapables de soutenir un gouvernement. Le comte de Bruges, au contraire, arrivait avec les instructions du comte d'Artois et les recommandations de plusieurs royalistes qui, en présentant des vues divergentes, s'accordaient sur cette pensée que le Roi devait éviter de prendre des engagements avec le Sénat. On avait hâte de sortir du provisoire et d'entrer dans le définitif, et Louis XVIII était attendu avec tant d'impatience, que, quoi qu'il fît et qu'il apportât, il serait le bienvenu. Qu'il se hâtât donc de venir! sa présence lèverait des difficultés insolubles en son absence. Louis XVIII se décida à partir, et d'Hartwell à Saint-Ouen il devait cheminer entre les deux ambassadeurs des deux opinions contraires.

Le 19 avril 1814, Louis XVIII quitta le château d'Hartwell, où il avait passé les plus longues années de son exil. Le prince régent et la population anglaise lui rendirent des honneurs extraordinaires. Le 20 avril, quatre voitures royales, du nombre desquelles était le carrosse de cérémonie du Régent, partirent pour Stanmore avec plusieurs autres voitures destinées à la suite du Roi. Le même jour, le prince régent lui-même quitta Carlton-House vers midi pour aller au-devant de Louis XVIII jusqu'à Stanmore; les postillons de la voiture du prince anglais portaient des vestes blanches, des chapeaux blancs, couverts de cocardes blanches. Au moment où il arriva, la ville présentait un aspect extraordinaire; on eût difficilement trouvé une seule maison qui ne fût tendue en blanc. La noblesse et les personnes de distinction (*gentry*) de la ville et des environs avaient formé une cavalcade pour aller au-devant de Louis XVIII; toute la route d'Edgeware était couverte de voitures, de piétons et de cavaliers portant la cocarde blanche. Quand Louis XVIII parut, il se fit une immense acclamation, et, à quelque distance de Stanmore, le peuple dételait la voiture du Roi et la traîna pour la faire entrer dans la ville. Louis XVIII rencontra les mêmes démonstrations sur la route de Stanmore à Londres, où il se rendit dans la voiture du Régent; la duchesse d'Angoulême et le prince de Condé y avaient pris place avec eux. Le duc de Bourbon occupait un second carrosse; les ducs d'Havré et de Grammont, et le comte de Blacas, précédaient le cortège dans une troisième voiture. Lorsqu'on entra à Londres, les acclamations dépassèrent tout ce qu'on avait entendu sur la route. La foule était immense, et dès que la voiture du Roi paraissait, des vivat s'élevaient jusqu'au ciel; toutes les fenêtres étaient garnies de femmes élégamment parées qui agitaient leur mouchoir. On arriva ainsi à l'hôtel de Crillon, préparé pour recevoir Louis XVIII et sa suite. Le Roi, en descendant, trouva cent hommes de la garde anglaise qui faisaient la haie; leur étendard et leur drapeau étaient ornés de rubans blancs, et tous, officiers comme soldats, portaient la cocarde blanche.

Le prince régent conduisit le Roi dans le principal salon de l'hôtel, et là, Louis XVIII s'étant assis, ayant le prince régent et la duchesse d'Angoulême à sa droite, le duc d'York à sa gauche, le prince de Condé et le duc de Bourbon en face, les personnes de la suite du Roi, les ministres anglais, les ambassadeurs d'Autriche, d'Espagne, de Russie, de Portugal formant le cercle, le prince régent prit la parole en ces termes : « Votre Majesté me permettra de lui adresser mes félicitations sur le grand événement qui a toujours été l'un de mes souhaits les plus sincères, et qui doit immensément contribuer, non-seulement au bonheur des peuples de Votre Majesté, mais encore au repos et à la prospérité des autres nations. Je puis ajouter avec confiance que mes sentiments et mes vœux personnels sont en harmonie avec ceux de la nation britannique tout entière. Le triomphe et les transports qui signaleront l'entrée de Votre Majesté dans sa propre capitale pourront à peine surpasser l'allégresse que la restauration de Votre Majesté sur le trône de ses ancêtres a fait naître dans la capitale de l'empire britannique. »

Sans doute les peuples sont enclins à saluer le bonheur, mais il faut ajouter cependant que la restauration de cette antique maison dont le peuple anglais avait été l'hôte pendant de longues années offrait un de ces grands spectacles qui remuent profondément le cœur humain. En outre, pour l'Angleterre comme pour tous les peuples européens fatigués d'une si longue lutte, la Restauration de la maison de Bourbon était le signal d'une paix nécessaire au monde, et populaire à Londres comme partout. Louis XVIII, sous l'impression de cette réception enthousiaste, du discours affectueux du prince régent qui s'était toujours montré son ami, et à la vue de ces rues pavoisées de drapeaux blancs et de cette population qui avait arboré la cocarde blanche, ne voulut pas rester en retard de courtoisie : « Je prie V. A. R., dit-il au prince régent, d'agréer les plus vives et les plus sincères actions de grâce pour les félicitations qu'elle vient de m'adresser. Je lui en rends de particulières pour les attentions soutenues dont j'ai été l'objet, tant de la part de V. A. R. que de celle de chacun des membres de votre illustre maison. C'est aux conseils de V. A. R., à ce glorieux pays et à la confiance de ses habitants, que j'attribuerai toujours, après la Providence, le rétablissement de notre maison sur le trône de nos ancêtres, et cet heureux état de choses, qui promet de fermer les plaies, de calmer les passions et de rendre la paix, le repos et le bonheur à tous les peuples [1]. »

Paroles appropriées à la circonstance, en harmonie avec l'impression du moment dans une de ces journées où tous les peuples semblaient ne former qu'une seule famille qui avait un ennemi unique, Napoléon. Plus modérées même que celles du Sénat devant l'empereur Alexandre, comparé à Antonin et à Trajan, et exalté comme un libérateur au moment où il entrait à Paris en conquérant ; justes d'ailleurs envers le prince régent, qui avait toujours montré une amitié sincère au Roi et un dévouement chevaleresque à la famille de Bourbon, ces paroles surfaisaient cependant la reconnaissance de Louis XVIII envers le gouvernement anglais, dont il avait eu souvent à se plaindre et dont il s'était plaint [2], et elles avaient

---

1. Il y a plusieurs versions ; nous prenons celle du *Moniteur*.
2. Louis XVIII écrivait, en 1799, dans ses *Réflexions au sujet de l'agence de*

en outre le grave inconvénient de sacrifier à l'effet présent l'effet à venir. En effet, une fois l'enivrement de la paix tombé, on pouvait les tourner contre le Roi de France, et les représenter comme un acte de vasselage envers l'Angleterre, en les détachant de la circonstance où elles avaient été dites, du discours du prince régent qui les avait provoquées, comme ces figures qui, ôtées d'un tableau où elles sont encadrées, perdent leur physionomie.

Louis XVIII donna au prince Régent l'ordre du Saint-Esprit, et reçut de lui l'ordre de la Jarretière. Le prince anglais voulut reconduire son hôte jusqu'à Douvres, lieu choisi pour son embarquement. Toute la route, depuis Londres jusqu'à ce port, était couverte d'une population qui prodiguait à Louis XVIII ses témoignages de sympathie. Ces manifestations devinrent encore plus vives à Douvres, comme si l'Angleterre se hâtait de profiter des derniers instants. C'était une de ces heures bien rares dans l'histoire, où la paix se fait dans les cœurs, comme dans les intérêts, et où les peuples se remettent mutuellement leurs vieux souvenirs de discordes et de haines, et ces longues blessures qui ont saigné sur toutes les pages de leurs annales, pour se rappeler qu'ils appartiennent tous à la grande famille humaine, venue de Dieu et appelée à se trouver un jour réunie dans son sein paternel.

Le 23 avril 1814, Louis XVIII s'embarqua avec madame la duchesse d'Angoulême, le prince de Condé, le duc de Bourbon et les fidèles serviteurs de son exil, sur le *Royal-Sovereign*; le duc de Clarence l'escortait, sur la frégate *le Jason*, avec huit

---

Souabe, adressées à M. de Saint-Priest : « Je crois que le ministère britannique a fomenté et peut-être payé les commencements de la révolution, mais je crois aussi qu'il a enfin senti son propre danger. Mais ce sentiment est accompagné de deux autres qui en entravent les mouvements : 1° l'orgueil qui lui persuade qu'il peut tout faire à lui seul ; 2° cette ancienne jalousie qui lui fait craindre que la monarchie hérite des forces qu'il voit déployer à la république. »

vaisseaux de ligne anglais. La mer était au loin couverte d'embarcations pavoisées de drapeaux blancs et de blanches banderoles qui flottaient au vent ; l'artillerie des forts tonnait, et du haut du château de Douvres, le Régent, suivant de l'œil le navire sur lequel était monté son hôte, lui adressait les derniers signaux d'adieu, au bruit des acclamations qui accompagnèrent le *Royal-Sovereign* jusqu'à ce qu'il eût disparu à l'horizon. Peu de temps après le moment où le bruit des salves anglaises cessa d'arriver aux oreilles de Louis XVIII, il commença à entendre le bruit lointain de l'artillerie française, qui lui souhaitait la bienvenue dans le royaume de ses aïeux. Bientôt la mer disparut sous les embarcations sorties du port de Calais ; il semblait que la France, pressée de revoir les Bourbons, après vingt-cinq ans d'absence, s'élançât au-devant d'eux. Puis le rivage se dessina de plus en plus ; les remparts de la ville, le littoral, tous les points culminants étaient couverts d'une multitude innombrable accourue pour saluer les premiers pas de Louis XVIII sur le sol de la patrie. Il faisait une de ces belles journées de printemps qui ouvrent les cœurs à la joie, et la nature, par cette renaissance de chaque année, qui perpétue jusqu'au temps marqué par Dieu son inépuisable jeunesse, semblait inviter les nations qui, elles aussi, refleurissent sur les débris des générations moissonnées, à renaître à la confiance, à la joie, au bonheur et à tous les arts féconds de la paix. Ce fut un moment doublement solennel que celui où, du rivage de Calais, on aperçut le navire royal marchant majestueusement à la tête de son escorte, et où du navire le Roi, la fille de Louis XVI, le prince de Condé et son fils le père du duc d'Enghien aperçurent la France. Sur le navire, tous les regards se dirigeaient vers le rivage ; sur le rivage, tous les bras étaient tendus vers le navire, tous les yeux attachés sur le Roi debout sur le pont à côté de la fille de Louis XVI et au milieu des princes de sa famille et des serviteurs de sa maison. C'était comme un mutuel embrassement succédant à une longue séparation.

Quand le Roi descendit du navire et qu'on le vit s'appuyer comme autrefois, dans les plaines glacées de la Lithuanie, sur le bras de l'orpheline du Temple, les clameurs redoublèrent avec l'émotion. Puis, à un geste que fit Louis XVIII, on comprit qu'il voulait parler, et, de proche en proche, le bruit tomba, comme les flots d'une mer qui s'apaise, et le silence s'établit. Alors, d'une voix forte et vibrante, le Roi jeta à la foule ces paroles qui, entendues au loin, se répandirent de rang en rang : « Après vingt ans d'absence, le ciel me rend mes enfants, le ciel me rend à mes enfants. Allons dans son temple en remercier Dieu. » Le maréchal Moncey, comme doyen des maréchaux, avait été envoyé au-devant du Roi ; le général Maison, qui commandait dans le Nord, était accouru sur le rivage ; ce fut le premier des officiers généraux qui offrit son épée au Roi. La mauvaise fortune de la maison de Bourbon devait le rencontrer sur sa route, dans d'autres temps et d'autres circonstances, avec une autre mission. Le Roi, la duchesse d'Angoulême, le prince de Condé et le duc de Bourbon montèrent dans une calèche découverte et furent ainsi conduits au milieu des acclamations, et sous une voûte de drapeaux blancs et de couronnes, à la principale église de Calais. La ville, voulant garder le souvenir de cette journée mémorable, décida qu'une plaque de bronze, portant l'empreinte du pied du Roi, serait placée au lieu même où Louis XVIII, en descendant du navire, avait touché le sol, et que vis-à-vis on élèverait un monument destiné à rappeler la date du 24 avril.

V

LOUIS XVIII EN FRANCE. — CALAIS. — COMPIÈGNE. — SAINT-OUEN. PARIS.

Louis XVIII quitta Calais le surlendemain. Toutes les villes qu'il traversa en suivant la route de Paris, Boulogne, où il coucha le jour de son départ, Abbeville, où il séjourna le 27 avril, Amiens, où il s'arrêta le 28, le reçurent avec les mêmes démonstrations[1]. Les bourgs, les villages se levaient à son approche, et ce fut au milieu d'une double haie de population qu'il arriva le 29 avril à Compiègne. C'était là que l'attendait la politique.

Le problème que les acclamations populaires semblaient avoir résolu restait entier. Quelle solution le Roi lui donnerait-il? Était-ce celle représentée par M. Pozzo di Borgo qui, depuis Londres, ne l'avait pas quitté? Était-ce la solution représentée par M. de Bruges? Pendant tout son voyage, les dépêches de M. de Talleyrand étaient venues presser sa résolution. L'égoïsme prenait la forme désintéressée du zèle. Il n'y avait pas, disait-on, un moment à perdre. Il fallait fixer les hésitations de l'opinion par une acceptation immédiate de l'autorité nationale, sauf les modifications nécessaires que le Roi apporterait à la rédaction de l'acte fondamental, en s'entourant du Sénat; lier l'armée dont l'esprit était douteux là où il n'était pas mauvais; couper court aux incertitudes et aux intrigues en annonçant le jour où le Roi prêterait serment à la Consti-

---

[1]. « Le Roi et Madame la duchesse d'Angoulême prirent la route de Compiègne. Partout ils furent reçus avec des transports de joie. » (*Mémoires du duc de Raguse*, tome VII, page 17.)

tution. En même temps, M. de Talleyrand, en affectant de répéter que toutes les positions lui étaient indifférentes, convenait de bonne grâce qu'il était nécessaire au ministère des affaires étrangères; il se résignait donc à l'accepter. Il indiquait aussi son neveu, M. Edmond de Périgord, comme convenant aux fonctions de premier aide de camp, auxquelles on pourrait ajouter la pairie. Madame Edmond de Périgord, sa nièce, était, ajoutait-il, naturellement désignée pour la place de dame du palais, « dont elle était digne par sa conduite et sa piété. »

Malgré ces avis réitérés, ces instances, Louis XVIII arrivait à Compiègne inquiet, ébranlé, mais non résolu. Il y trouva les pompes de sa nouvelle puissance, les députations des corps constitués, sauf le Sénat. Les maréchaux étaient allés, avec un nombreux état-major, au-devant du Roi, au delà de Compiègne. Ils furent les premiers présentés. Le prince de Neufchâtel, le prince de la Moskowa, le duc de Raguse, figuraient dans ce groupe d'illustrations militaires. Les serviteurs les plus dévoués des Bourbons appréhendaient cette entrevue [1]. Quelle impression produirait sur les maréchaux, habitués à l'infatigable activité de Napoléon, l'apparition de ce Roi impotent et goutteux, portant, au lieu de l'uniforme si connu sur les champs de bataille, un habit bleu décoré de deux épaulettes d'or, et les jambes enveloppées dans de larges guêtres de velours rouge, bordées d'un petit cordon d'or, selon l'usage des seigneurs anglais? Le Roi impotent et goutteux trouva, dans le sentiment de la grandeur de sa race et de la dignité royale, des inspirations qui surprirent et touchèrent ces natures guerrières, étonnées de reconnaître une supériorité morale qu'elles n'avaient

---

[1]. « Je craignais l'effet de l'apparition de Louis XVIII dans cette résidence royale. Je me hâtai de le devancer. Qu'allait-on penser à l'aspect de l'invalide royal remplaçant le cavalier qui avait pu dire, comme Attila : L'herbe ne croît plus partout où mon cheval a passé? » (Chateaubriand, *Mémoires d'outre-tombe.*)

pas soupçonnée, et montrèrent une fois de plus combien l'âme est maîtresse du corps[1].

Le prince de Neuchâtel, parlant au nom de ses collègues, avait témoigné un enthousiasme peut-être trop promptement oublieux d'un passé récent. Il avait fait intervenir dans son discours le panache blanc de Henri IV, et Paris assiégé nourri par son roi, puis il avait ajouté : « Après vingt-cinq ans d'incertitudes et d'orages, le peuple français a remis de nouveau le soin de son bonheur à cette dynastie que huit siècles de gloire ont consacrée dans l'histoire du monde comme la plus ancienne qui ait existé. Les maréchaux de France ont été entraînés par tous les mouvements de leur âme à seconder cet élan de la volonté nationale. Vos armées, Sire, dont les maréchaux sont aujourd'hui l'organe, se trouvent honorées d'être appelées par leur dévouement et leur fidélité à seconder vos généreux efforts. »

Le Roi lui répondit quelques mots simples, dignes, pleins de courtoisie pour lui, pleins d'estime pour l'armée ; puis, lorsqu'on lui eut présenté successivement tous les maréchaux, il fit un effort pour se lever ; la goutte, dont il souffrait dans ce

---

1. Le duc de Raguse dit dans ses *Mémoires* : « Je dois dire ici l'impression personnelle que la vue des Bourbons, à leur retour, me fit éprouver. Les sentiments de mon enfance et de ma première jeunesse se réveillèrent dans toute leur force et parlèrent puissamment à mon imagination. Une sorte de prestige accompagnait cette race illustre. Dès l'antiquité la plus reculée, l'origine de sa grandeur est inconnue. La transmission de son sang marque de génération en génération les époques de notre histoire et sert à les reconnaître. Son nom est lié à tout ce qui s'est fait de grand dans notre pays. Cette descendance d'un saint, déjà il y a six cents ans homme supérieur et grand roi, lui donne une auréole particulière. Toutes ces considérations agirent puissamment sur mon esprit. J'avais vécu dans la familiarité d'un souverain puissant, mais son élévation était notre ouvrage. Il avait été notre égal à tous. Je lui portais les sentiments que comporte ce titre, ceux dérivant de la nature de mes relations anciennes et en rapport avec l'admiration que j'avais éprouvée pour ses hautes qualités ; mais ce chef était un homme comme moi avant qu'il fût devenu mon supérieur, tandis que celui qui apparaissait en ce moment devant moi semblait appartenir au temps et à la destinée. » (*Mémoires du duc de Raguse*, tome VII, page 18.)

moment, lui rendit le secours d'un bras nécessaire, et quelques serviteurs de sa maison s'approchèrent pour lui offrir leur ministère accoutumé. Il les repoussa du geste, et, saisissant le bras des deux maréchaux qui étaient à ses côtés : « C'est sur vous, dit-il, messieurs les maréchaux, que je veux toujours m'appuyer. Je suis heureux de me trouver au milieu de vous..., heureux et fier, continua-t-il avec un accent plus élevé. Approchez, entourez-moi. Vous avez toujours été de bons Français. J'espère que la France n'aura plus besoin de votre épée ; si jamais, ce que Dieu ne veuille, on nous forçait à la tirer, tout goutteux que je suis, je marcherais avec vous. »

Ce mouvement spontané, ces nobles paroles firent une vive impression sur les maréchaux. Au dîner, le Roi les fit asseoir à sa table et but à l'armée française : « C'est boire, ajouta-t-il, à la gloire et à l'honneur. » Puis il parla à chacun des pages les plus brillantes de sa vie militaire. Les visages s'éclairaient, les âmes s'ouvraient à la confiance et à l'espoir ; il y eut autour du Roi un de ces mouvements qui rendent les restaurations éternelles quand ils durent : les anciens serviteurs, revenus de l'exil, et les nouveaux serviteurs, qui arrivaient des champs de bataille, s'entre-regardèrent avec des yeux de paix et se remirent le passé ; les mains s'étendirent, elles se serrèrent ; la France se refit, au moins pour un moment, autour du Roi, et Louis XVIII apparut comme un père au milieu de sa famille réconciliée par l'amour qu'il lui porte et l'amour qu'elle lui rend.

Après les maréchaux, une députation du Corps législatif fut introduite. Le président de cette députation, M. Bruys de Charley, s'exprima ainsi : « V. M. se voit entourée par son immense famille ; d'innombrables cris de joie l'ont saluée à son entrée sur le sol de la patrie ; ils la suivent et l'accompagneront jusqu'à la demeure désormais consolée de ses ancêtres. Venez, descendant de tant de rois, montez sur le trône où nos pères placèrent autrefois votre illustre famille et que nous sommes si heureux de vous voir occuper aujourd'hui. V. M. vient sécher toutes nos larmes, guérir toutes nos blessures. Nous lui devrons plus encore : par elle vont être cimentées les bases d'un gouvernement sage et prudemment balancé. V. M. ne veut rentrer que dans l'exercice des droits qui suffisent à l'autorité royale, et l'exécution de la volonté générale confiée à vos prudentes mains n'en deviendra que plus respectable et plus assurée. »

C'était la théorie du gouvernement représentatif qui venait s'exprimer publiquement devant le Roi, mais dégagée du principe de la souveraineté populaire et des prétentions constituantes du Sénat. Le Roi, qui avait écouté avec une attention marquée la harangue du président de la députation, lui répondit en ces termes :

« Messieurs du Corps législatif, je reçois avec la plus vive satisfaction l'assurance de vos sentiments. Ils me sont d'autant plus précieux que j'y vois le gage d'une union parfaite entre moi et les représentants de la nation. De cette union seule peut naître la stabilité du gouvernement et la félicité publique, unique objet de vos vœux et de ma constante sollicitude. »

Malgré ces paroles du Roi, la difficulté restait entière, car pas un mot dans sa réponse ne faisait allusion à la Constitution du Sénat. La situation qu'avait rencontrée le comte d'Artois se reproduisait, mais d'une manière plus vive, plus tranchée, parce qu'on approchait du dénoûment. M. de Talleyrand et le Sénat eurent encore une fois recours au puissant arbitre qui avait fait pencher la balance en leur faveur : l'empereur de Russie partit pour Compiègne le 1er mai, afin d'emporter de haute lutte ce que M. Pozzo di Borgo n'avait pu obtenir.

Alexandre aimait à intervenir ainsi comme un conciliateur souverain dans les difficultés intérieures de la France ; cette situation d'un vainqueur populaire lui plaisait; les louanges que lui prodiguaient les voix les plus républicaines l'enivraient, et l'espèce de mysticisme libéral qui était alors la tendance dominante de ses idées, et qui se trouvait d'accord avec le mouvement qui avait soulevé la partie jeune, vivante et lettrée de l'Allemagne contre la domination napoléonienne, trouvait à se satisfaire dans l'action qu'il exerçait. S'il faut en croire un homme placé pour tout voir, car il eut une part active aux grandes affaires de ce temps, Alexandre, dans cet instant critique, serait allé jusqu'à proposer à M. de Talleyrand de mettre à sa disposition trente mille hommes pour faire arrêter Louis XVIII à Calais et l'empêcher de passer outre avant d'avoir fait tout ce qui convenait [1]. Ainsi les Bourbons, loin d'être ramenés par l'étranger, auraient failli être arrêtés par lui.

Alexandre arrivait à Compiègne avec la ferme intention d'obtenir de Louis XVIII une adhésion complète aux actes du Sénat. La courtoisie était le prétexte de sa visite et de celle des autres souverains venus avec lui au-devant du roi de France; mais M. Pozzo di Borgo ne dissimula point au duc de Damas, premier gentilhomme du Roi, en lui annonçant cette visite, qu'il y serait question d'affaires sérieuses. Alexandre aborda

---

1. Voici comment s'exprime M. de Pradt dans une lettre écrite en 1836 et citée par M. de Vaulabelle, tome II, page 72, de son *Histoire de la Restauration* : « On a beaucoup menti sur cette époque (avril et mai 1814) et moi-même j'ai menti comme tout le monde. Un jour, Alexandre s'étant mis à la fenêtre de l'hôtel de la rue Saint-Florentin, la foule s'assembla aussitôt et cria : *Vive Alexandre!* mais M. de Talleyrand ayant passé sur le balcon, on entendit quelques cris : *A bas le Sénat! A bas l'évêque d'Autun!* M. de Talleyrand rentra aussitôt et fort troublé, assurant à l'empereur de Russie que c'était une machination du faubourg Saint-Germain qui préludait au renversement de ce qu'ils avaient fait. Alexandre lui répondit qu'il saurait bien faire respecter l'œuvre de l'Europe. Mais les démonstrations contre le Sénat se renouvelant, M. de Talleyrand revint à la charge, se plaignant de s'être mis en avant, de s'être compromis; car, d'après ce qui se passait, disait-il, il voyait bien que dès que Louis XVIII serait débarqué à Calais, il n'y aurait plus moyen d'en rien obtenir. Alexandre essaya de le calmer par des protestations, et poussé à bout finit par lui dire : *Je mets trente mille hommes à votre disposition pour le faire arrêter à son débarquement, et on ne le lâchera que quand tout sera fini, et qu'il aura consenti à faire tout ce qui convient.* »

de front, après les premiers compliments, la difficulté qui s'élevait entre Louis XVIII et le Sénat. Ses paroles furent vives, impérieuses, presque dures [1].

Il représenta à Louis XVIII qu'il n'affaiblirait point son titre en consentant à tenir sa couronne des mains des représentants du pays. « Le droit divin de l'ancienne monarchie française avait cessé d'être une force chez une nation qui, à en juger par ceux qui la menaient depuis longtemps, croyait à peine en Dieu. L'important était de régner, quel que fût d'ailleurs le

---

[1]. Cette entrevue a été racontée par M. Mennechet dans ses *Lettres sur la Restauration*, publiées en 1832 sous ce titre: *Seize ans*, 1814-1830. M. Mennechet, lecteur du Roi sous la Restauration, et bien placé par ses relations avec le duc de Duras et le duc de Blacas pour savoir, s'exprime ainsi avant de rapporter la conversation de Louis XVIII et d'Alexandre : « L'entretien a duré plus d'une heure. Je n'ai point la prétention d'en savoir tous les détails, mais un homme que le Roi honorait à juste titre de sa confiance, et pour qui cette entrevue n'a eu rien de secret, a bien voulu m'initier dans la confidence qu'on lui a faite à cet égard. » Le personnage indiqué ici par M. Mennechet est évidemment M. de Blacas. M. Duvergier de Hauranne, dans son *Histoire parlementaire*, juge cette conversation impossible, et s'appuie sur le témoignage de M. de Vitrolles, contemporain bien instruit, dit-il, qui la déclare inexacte de tout point. M. de Vitrolles n'était point à Compiègne ; il avoue lui-même, dans ses *Mémoires*, que Monsieur ne lui dit rien de ce qui s'y passa, et c'est une des tendances de son esprit de ne pas voir volontiers que les autres sussent ce qu'il ne savait pas. Quant à la conversation, il est d'abord très-sûr qu'il y en eut une, M. de Hauranne en convient lui-même. Du moment qu'il y en eut une, la conversation racontée par M. Mennechet devient possible, probable même. En effet l'empereur Alexandre dut dire ce qu'il y avait de plus propre à décider Louis XVIII à accepter la Constitution du Sénat, et Louis XVIII dut motiver son refus de manière à la justifier. Il est remarquable que les idées d'Alexandre dans cette conversation sont analogues à celles qu'il avait développées devant M. de Vitrolles quand il s'agissait de décider le comte d'Artois à accepter la Constitution.

Nous trouvons une nouvelle preuve de la réalité de la conversation de l'empereur Alexandre avec le Roi dans les paroles suivantes adressées un mois après par l'empereur de Russie à M. de La Fayette, et citées par ce dernier dans ses *Mémoires*, tome V : « Que vouliez-vous que je fisse ! Je voulais qu'au lieu de donner eux-mêmes une Constitution, les Bourbons en reçussent une de la nation, et j'étais allé à Compiègne avec l'espoir d'obtenir du Roi qu'il renoncerait à ses dix neuf ans de règne et autres prétentions de ce genre. La députation du Corps législatif y était avant moi pour le reconnaître sans conditions. Contre le Roi et le Corps législatif j'étais impuissant. »

titre auquel on régnât. Il était difficile de s'expliquer la répugnance de Louis XVIII à prêter à la nouvelle Constitution le serment demandé. Cette Constitution en valait une autre, et il était raisonnable de faire quelques sacrifices en faveur d'un corps politique dont les membres avaient étouffé leurs affections et vaincu leurs répugnances pour rappeler Louis XVIII au trône. Entièrement maîtres de leur choix, il ne fallait pas l'oublier, ils avaient choisi un prince dont la famille avait été naguère proscrite par un grand nombre d'entre eux. Ils avaient en outre abandonné, pour le drapeau des Bourbons, le drapeau d'une révolution qui leur était encore chère. En échange du service rendu et du dévouement promis, ils demandaient que le Roi reconnût que c'était à leur courageuse initiative qu'il devait la chute du gouvernement impérial et la restauration de la monarchie. Encore ne demandaient-ils que la reconnaissance implicite d'un fait incontestable. Que le Roi consentît à dater son règne du jour où ils le proclameraient roi des Français, c'était assez. On ne pouvait d'ailleurs changer l'histoire. Elle dirait que la Convention, le Directoire, les Consuls et Napoléon avaient régné sur la France : qu'on s'en réjouît ou qu'on s'en attristât, c'était un fait. Elle ajouterait que les armes triomphantes d'Alexandre et de ses alliés avaient rétabli Louis XVIII sur le trône. Ceci leur donnait l'espoir que leur voix serait entendue. Henri IV avait acheté Paris par le sacrifice de sa religion. On demandait moins à Louis XVIII qu'à Henri IV, qui avait cependant conquis lui-même son royaume. »

Louis XVIII écouta avec une impassible et sévère dignité le développement de l'opinion d'Alexandre. Quand celui-ci eut épuisé ce qu'il avait à dire, le Roi prit la parole à son tour. Il exprima d'abord le regret de répondre par un refus à la première demande que lui adressait l'empereur de Russie. Mais l'honneur de sa maison et le sien lui interdisaient d'obtempérer au vœu du Sénat. Il n'appartenait point à ses membres de disposer de la couronne de France. Certes, s'ils avaient eu la possibilité de choisir, ce n'est point au chef de la maison de Bourbon qu'ils l'eussent décernée. Le droit que l'esprit religieux de l'ancienne France appelait divin n'était que la conséquence naturelle de la loi du pays. Cette loi, qui avait déjà donné à la monarchie française plus de huit cents ans d'une glorieuse existence, veut que, pour le bien général de la société et non dans un intérêt individuel, la royauté se perpétue dans une famille comme un héritage, sans qu'il soit permis à aucun de ses membres d'aliéner la moindre partie de ce dépôt sacré. C'était en vertu de cette loi que Louis XVIII était roi de France depuis la mort de Louis XVII. Si son droit au trône n'était pas tout entier dans cette loi, quel serait son titre pour y prétendre? « Que suis-je hors de ce droit? continua Louis XVIII, dont l'accent devenait plus pressant et plus vif, un vieillard infirme, un malheureux proscrit, réduit à mendier loin de sa patrie un asile et du pain. Tel j'étais encore il y a peu de jours; mais ce vieillard, ce proscrit était le roi de France : ce titre seul a suffi pour que la nation entière, éclairée enfin sur ses véritables intérêts, le rappelât avec amour au trône de ses pères. Je reviens à sa voix, mais je reviens roi de France [1]. »

Les rôles se trouvaient intervertis. Louis XVIII, par cet ascendant que donnent la force morale et la conscience du droit, dominait l'empereur de Russie et semblait déjà parler du haut du trône sur les marches duquel Alexandre l'arrêtait au nom du Sénat. Comme il s'étonnait d'avoir à défendre

1. Toute cette conversation est dans le tour des idées et dans les habitudes de parole de Louis XVIII. Quand M. de la Maisonfort était venu lui annoncer l'entrée des armées étrangères à Paris et la résolution prise par les souverains alliés, il avait ajouté : « Sire, vous êtes roi de France! — Est-ce que j'ai jamais cessé de l'être! » répondit Louis XVIII. (*Histoire parlementaire* de M. Duvergier de Hauranne, tome II, page 125.)

contre l'empereur de Russie des principes aussi incontestables, et les garanties de toutes les couronnes comme de la sienne, Alexandre invoqua la nécessité des circonstances, à laquelle il fallait se soumettre. Alors Louis XVIII répondit que ce serait s'avilir que de renier l'héritage de ses pères. « Je sais, continua le Roi, que je dois à vos armes la délivrance de mon peuple; mais si ce sacrifice devait mettre à votre discrétion l'honneur de ma couronne, j'en appellerais à la France, ou je retournerais en exil. Je ne flétrirai point par une lâcheté le nom que je porte et le peu de jours que j'ai encore à vivre. »

L'empereur de Russie, déconcerté par la fermeté de ces paroles royales, se rejeta sur les engagements pris par le comte d'Artois; ils étaient formels. Les garanties étaient spécifiées; l'organisation du gouvernement représentatif en deux Chambres était indiquée. Ici la position du Roi devint plus difficile. Comment désavouer son frère, investi par lui du titre de lieutenant général du royaume? Il était d'ailleurs urgent, avant d'entrer dans l'exercice du gouvernement, de faire connaître de quelle manière il serait constitué. L'ancien régime avait depuis longtemps cessé d'exister, l'Empire venait de tomber : quelles seraient les formes du nouveau pouvoir? Par la nature de son esprit, Louis XVIII aspirait surtout à sauvegarder dans la théorie l'inviolabilité morale de la prérogative royale. Il déclara qu'il était disposé à donner des libertés politiques étendues, mais il voulait que l'initiative lui appartînt; il n'acceptait pas celle du Sénat, sans titre pour remplir cette mission.

On arrivait peu à peu sur le terrain de la transaction; seulement, il y avait encore une difficulté. Le Roi aurait désiré faire une simple déclaration de droits; Alexandre insistait pour qu'il y eût une constitution. Il s'était engagé envers le Sénat, dont les doléances lui arrivaient par l'intermédiaire de M. de

Talleyrand ; il mettait une espèce de point d'honneur à tenir la parole donnée. Le débat se prolongeait, et Louis XVIII demeura à Compiègne pendant toutes ces négociations, qui durèrent trois jours. Il y eut pendant ce temps des allées et des venues continuelles sur la route de Paris. M. de Talleyrand remplissait auprès du Sénat un rôle en quelque sorte analogue à celui d'Alexandre auprès de Louis XVIII : il cherchait à le préparer à l'abandon de ses prétentions absolues sur sa Constitution; il caressait la vanité de ses membres en faisant luire à leurs yeux l'espoir d'une discussion dans laquelle ils auraient l'honneur d'entrer en lice avec le Roi lui-même ; il les amena ainsi peu à peu à substituer à leurs premières exigences sur l'acceptation immédiate de la Constitution sénatoriale un projet de déclaration qui ajournait le serment du Roi, lui rendait l'initiative de l'acte constitutionnel, mais en lui faisant prendre des engagements à peu près semblables à ceux qu'on avait imposés au comte d'Artois. Ce projet, transmis par M. de Talleyrand, était ainsi conçu :

« Louis, par la grâce de Dieu, roi de France et de Navarre, à tous nos féaux et fidèles sujets, salut :

« Rappelé par l'amour de notre peuple au trône de nos pères, instruit par l'expérience, éclairé par les malheurs de la nation généreuse que nous sommes appelé à gouverner, jaloux de sa prospérité plus que de notre pouvoir, pénétré de la nécessité de conserver autour de nous ce Sénat aux lumières duquel nous croyons devoir en partie notre retour en notre royaume, et résolu enfin de faire pour la tranquillité publique tout ce qui ne portera pas atteinte aux droits de notre maison, ainsi qu'à la dignité de notre couronne, avons déclaré et déclarons ce qui suit :

« La monarchie dont nous sommes le chef souverain aura une Constitution, gage mutuel et sacré de la confiance des Français en leur roi et de son amour pour eux. Nous maintiendrons le gouvernement représentatif tel qu'il existe aujourd'hui, divisé en deux corps, le Sénat et la Chambre des députés des départements. »

Venait ensuite l'énumération des garanties promises et exactement reproduites d'après la déclaration du comte d'Artois. Le projet se terminait ainsi : « Tels seront les principes sur lesquels sera établie la Charte que nous jurerons et ferons jurer d'observer dès qu'elle aura été consentie par les corps représentatifs et acceptée par le peuple français [1]. »

Quoique ce projet fût beaucoup en deçà des premières prétentions du Sénat, Louis XVIII refusa de l'accepter. Ce projet faisait intervenir le Sénat dans l'œuvre de la constitution par un consentement, et il soumettait cette constitution à l'acceptation du peuple français. En outre, d'après la teneur de l'acte, le Roi reconnaissait le gouvernement représentatif comme existant du temps de l'Empire, il ne construisait pas l'édifice, il y entrait. Enfin on lui faisait reconnaître que c'était au Sénat qu'il devait son retour dans son royaume, assertion peu conforme à sa conviction et à la vérité des faits, car le Sénat avait plutôt été l'instrument de la force des choses que le moteur volontaire des événements. Il fut donc seulement convenu entre Alexandre et Louis XVIII qu'il y aurait une Constitution, que cette Constitution renfermerait les principales garanties promises par le comte d'Artois, et qu'une déclaration rédigée à Saint-Ouen donnerait publiquement cette assurance. Il y eut trois points sur lesquels le Roi demeura inflexible : la question de la date du règne, qu'il voulut reporter au jour de la mort de Louis XVII ; la question de l'intitulé de ses actes, pour lesquels il voulut conserver l'ancienne formule : *Par la grâce de Dieu, roi de France et de Navarre;* enfin la question du pouvoir consti-

---

1. Voir la note de M. Dayot, agent de M. le prince de Bénévent, trouvée aux Tuileries et publiée dans le *Moniteur* du 15 avril 1815.

tuant, qu'il s'arrogea lui-même plutôt que de le laisser usurper par le Sénat.

Peut-être aurait-on évité plusieurs des inconvénients qui suivirent, en se plaçant plus hardiment dans la situation vraie des choses. Il y avait une question de principe, une question de fait, et une question de politique qu'il n'aurait pas été impossible de concilier. Il était vrai en principe que le droit du Roi résultant de la tradition nationale, ce n'était point l'appel du Sénat qui lui communiquait le titre indélébile en vertu duquel il remontait sur le trône. Il était vrai en fait que, malgré ce droit, resté inaltérable dans la sphère morale du principe, il n'avait point régné sur la France pendant les années qui s'étaient écoulées depuis la mort de Louis XVII jusqu'à la chute de l'Empire. C'était encore un fait incontestable que, pour que son règne commençât, il avait fallu que la Providence fît éclater les étonnantes péripéties qui rendirent le retour de la maison de Bourbon nécessaire, et que le vœu de la France, déterminé par ses intérêts les plus chers, se manifestât hautement et entraînât les souverains, Alexandre tout le premier, et les hommes mêmes de la révolution. Il était enfin incontestable que Louis XVIII ne pouvait continuer l'Empire qui tombait; que la monarchie de l'ancien régime ne pouvait se relever telle qu'elle était avant 1789, et que ceux qui demandaient le retour de l'ancienne Constitution française évitaient d'expliquer à quelle date ils la prenaient, si c'était avant ou après les états généraux de 1789, avec ou sans distinction des ordres, avec ou sans la division par provinces, avec ou sans la distinction entre pays d'états et pays d'élection, avec ou sans la périodicité des réunions des états généraux, avec ou sans les parlements, avec ou sans l'intervention du clergé comme corps constitué dans la politique. Il fallait donc qu'il y eût une déclaration convenue et concertée sur les choses qui restaient entières dans la société et sur les changements que le temps, les événements, les circonstances avaient rendus inévitables, sur les progrès à conserver, sur les abus à faire disparaître.

Louis XVIII aurait sauvegardé la question de principe en se disant roi par la grâce de Dieu, ce qui est vrai pour tous les pouvoirs humains, car tous relèvent d'en haut, doublement vrai pour un prince rétabli sur le trône de ses pères par un concours d'événements si évidemment providentiels. Il aurait agi dans le même sens en datant, non son règne, mais son avénement du jour de la mort de Louis XVII, car de ce jour-là il était roi, non de fait, mais de droit; par là, il aurait suffisamment repoussé la prétention du Sénat à lui conférer la dignité royale.

Après s'être placé dans la vérité du principe, il aurait pu se placer dans la vérité des faits, en laissant de côté cette dénomination surannée de roi de Navarre, sans application, puisque la Navarre n'était plus son royaume, en distinguant la date de son règne de celle de son avénement, en datant sa déclaration de la vingt et unième année de son avénement et de la première de son règne, ce qui eût fait disparaître la juste objection de l'empereur Alexandre sur l'impossibilité de changer l'histoire. Il aurait pu également trouver une formule qui exprimât ce fait incontestable que, roi par la grâce de Dieu, il remontait au trône de ses pères par le désir de son peuple, exprimé par l'acclamation universelle.

De cette manière, la vérité des faits comme la vérité des principes eussent été sauvegardées, et il n'y aurait plus eu que la question politique à résoudre. La politique est l'art de faire les choses possibles en se rapprochant, autant que les circonstances le permettent, des choses désirables. Il était donc nécessaire de se rendre d'abord un compte exact des circonstances. Les points culminants de la situation étaient ceux-ci : il y avait une force étrangère maîtresse par ses armées de la capitale et de la plus grande partie de la France; on était obligé de compter avec cette force. Cette force se trouvait mise, dans une certaine mesure, par l'empereur Alexandre, au service d'un corps politique, débris du gouvernement impérial, le Sénat, qui avait des intérêts d'ambition et de vanité, des précédents, des tendances, des idées, des défiances révolutionnaires, fort distincts des intérêts, des tendances, des idées de la France. Il y avait en dehors de ces deux éléments une force d'opinion très-favorable aux Bourbons; c'était celle de la généralité des esprits qui, sans avoir des idées bien arrêtées sur le régime qui convenait à la France, aspiraient à un gouvernement modéré où les intérêts fussent garantis, où les progrès réalisés fussent conservés, où la sécurité générale et la sûreté individuelle ne fussent pas à la merci d'une volonté unique, irresponsable, arbitraire.

Ceux qui ont dit qu'en 1814 Louis XVIII n'avait qu'une chose à faire, c'était de se coucher dans le lit de Napoléon, en en changeant les draps, ont bien mal connu l'esprit humain en général, et en particulier l'esprit de la France à cette époque de son histoire. La dictature s'épuise par son excès même, et les gouvernements arbitraires et despotiques meurent d'avoir vécu. Les blessures que le despotisme avait faites à tous et à chacun étaient trop récentes et trop cuisantes pour qu'on pût raisonnablement songer à continuer le même régime, en changeant son intitulé impérial contre un intitulé monarchique. Ce n'était pas seulement un changement de règne, c'était un changement de gouvernement comme de principe que réclamait la situation.

En présence d'une situation pareille, le parti le plus prudent eût été d'indiquer dans une déclaration préalable les principes incontestables et incontestés : le droit de la nation d'intervenir dans le vote de l'impôt et des lois par ses députés, le principe de l'inviolabilité de la liberté individuelle mis sous la garde des lois et des tribunaux, l'inviolabilité des juridictions, l'admissibilité de tous aux emplois et la participation de tous aux charges; puis seraient venus ces droits nés des transactions qui ont fermé nos guerres religieuses : la liberté de conscience, la liberté acquise aux cultes qui ont conquis leur droit de cité en France; on n'aurait pas oublié ces autres principes, partie intégrante de la probité publique : le maintien de la dette, le maintien des militaires dans leurs grades, dans leurs pensions; enfin, le principe de conciliation déposé dans le testament de Louis XVI, l'oubli complet des opinions, des actes, des votes dans la période révolutionnaire.

Quant à la question d'organisation politique, il y avait une ligne de conduite générale qui se trouvait naturellement indiquée par la connaissance de la situation : c'était d'éviter, autant que possible, de faire rien de définitif avec le Sénat, qui avait des places de sûreté à prendre pour lui-même, des intérêts égoïstes, des prétentions personnelles ou révolutionnaires. Mais pour cela il fallait, en acceptant à titre de provisoire tout ce qui existait, le Corps législatif comme le Sénat, entrer avec une franchise résolue dans la voie ouverte par la déclaration des puissances, qui avaient annoncé que la France serait consultée, et tout renvoyer à une grande commission qui serait élue librement par les départements, et qui viendrait, de concert avec le Roi, établir sur les assises à la fois monarchiques, nationales et représentatives, résultat du travail des siècles, des institutions mûrement méditées, pour mettre en vigueur les principes énoncés dans la déclaration royale.

De cette manière, on dégageait la parole de l'empereur Alexandre, et on ôtait au Sénat son principal argument. En même temps on faisait une chose bonne en soi, nécessaire dans les circonstances où l'on se trouvait; on évitait de faire du définitif en vue de circonstances transitoires; on donnait à la France et on se donnait à soi-même cet instrument de toutes les choses durables, le temps, et on trouvait contre les prétentions et les exigences du Sénat un refuge dans les droits et les intérêts de la France.

Ce plan, dont l'historien éclairé par l'expérience aperçoit la convenance et la possibilité, surtout si l'on eût souscrit avec les membres plus influents et les plus honorables du Sénat des arrangements individuels qui les auraient rendus moins sensibles au refus de reconnaître, *à priori*, le Sénat impérial comme partie intégrante de l'édifice nouveau, ne se présenta point à l'esprit de Louis XVIII à Compiègne, ou fut écarté par le czar. Le Roi partit donc de cette résidence pour Saint-Ouen avec une seule pensée bien arrêtée : celle de faire le moins de concessions possibles au Sénat, et de faire, au moins en apparence, *proprio motu*, celles qu'il ne pouvait pas éviter. A Saint-Ouen, les discussions se renouvelèrent, et l'on commençait à craindre de ne pouvoir pas s'entendre. Alors l'empereur Alexandre intervint encore une fois, et ne cacha plus la pensée de s'opposer à l'entrée de Louis XVIII à Paris, tant qu'il n'aurait pas souscrit une déclaration de nature à satisfaire le Sénat, et qui, en outre, annoncerait la promulgation prochaine de la future constitution.

Ainsi les négociations avaient suivi la même marche avec Louis XVIII qu'avec le comte d'Artois. Les exigences du Sénat avaient provoqué la résistance et les refus du Roi ; l'intervention de l'empereur de Russie avait déterminé la transaction. Cette transaction n'était pas telle, il est vrai, que l'aurait voulu et que l'avait espéré le Sénat ; il y avait eu des points sur lesquels la résistance de Louis XVIII s'était montrée inflexible. M. de Talleyrand insistait sur l'importance qu'il y aurait à ce que le Roi consentît à jurer la Constitution. Louis XVIII lui répondit, en le couvrant d'un regard plein de hauteur : « Monsieur de Talleyrand, si je jurais la Constitution, vous seriez assis et je serais debout. » La forme resta à l'avantage de Louis XVIII, mais le Sénat obtint le fond de ses idées, contenu dans la déclaration qui devait poser les bases de l'acte constitutionnel.

L'accord s'étant enfin produit, le Sénat se présenta dans la soirée du 2 mai à Saint-Ouen; le Roi devait faire, le lendemain matin, son entrée à Paris. M. de Talleyrand adressa à Louis XVIII un discours où la métaphysique politique trouvait sa place et l'enthousiasme général son écho, mais où transpiraient, pour des regards exercés, les débats qui avaient précédé la déclaration.

« Sire, lui disait-il, le retour de Votre Majesté rend à la France son gouvernement national, et toutes les garanties nécessaires à son repos et au repos de l'Europe.

« Tous les cœurs sentent que ce bienfait ne pouvait être dû qu'à vous-même; aussi tous les cœurs se précipitent sur votre passage. Il est des joies qu'on ne peut feindre; celle dont vous entendez le transport est une joie vraiment nationale.

« Le Sénat, profondément ému de ce touchant spectacle, heureux de confondre ses sentiments avec ceux du peuple, vient comme lui déposer au pied du trône les témoignages de son respect et de son amour.

« Sire, des fléaux sans nombre ont désolé le royaume de vos pères. Notre gloire s'est réfugiée dans nos camps; les armées ont sauvé l'honneur français. En remontant sur le trône, vous succédez à vingt ans de ruines et de malheurs.

« Cet héritage pourrait effrayer une vertu commune; la réparation d'un si grand désordre veut le dévouement d'un grand courage; il faut des prodiges pour guérir les blessures de la patrie; mais nous sommes vos enfants, et les prodiges sont réservés à vos soins paternels.

« Plus les circonstances sont difficiles, plus l'autorité royale doit être puissante et révérée. En parlant à l'imagination par tout l'éclat des anciens souvenirs, elle saura se concilier tous les vœux de la raison moderne, en lui empruntant les plus sages théories politiques.

« Une Charte constitutionnelle réunira tous les intérêts à celui du trône, et fortifiera la volonté princière du concours de toutes les volontés.

« Vous savez mieux que nous, Sire, que de telles institutions, si bien éprouvées chez un peuple voisin, donnent des appuis et non des barrières aux monarques amis des lois et pères des peuples.

« Oui, Sire, la nation et le Sénat, pleins de confiance dans la haute sagesse de Votre Majesté, désirent que la France soit libre, afin que le Roi soit puissant. »

Ce discours, remarquable mélange de concessions à l'entraînement de l'opinion et de réserves politiques, est un témoignage de plus du sentiment si vif, et si général alors, des maux que la Révolution avait déchaînés sur la France et de l'enthousiasme qu'excitait dans tous les cœurs le retour de la monarchie. Pour que M. de Talleyrand s'exprimât ainsi publiquement sur les vingt années de révolutions, il fallait que l'opinion publique parlât encore plus haut. Mais l'orateur du Sénat, par des habiletés de langage, avait réussi à ressaisir, au nom de ce corps politique, sous la forme de l'avis et de la louange, l'initiative de la Constitution nouvelle. Il l'annonçait avant qu'elle parût, en indiquait l'objet, en traçait presque le plan; de sorte que Louis XVIII, au lieu de prendre l'initiative, semblait la suivre. Le Roi n'accepta pas ce rôle; il se contenta de répondre qu'il était sensible à l'expression des sentiments du Sénat, et le congédia du geste.

La journée du 2 mai avait été remplie par les réceptions et les harangues officielles. La cour des comptes, la cour de cassation, la cour d'appel, l'Université, s'étaient succédé avec des discours qui ressemblaient à des hymnes, tant ils respiraient l'enthousiasme et l'amour. Le comte Muraire, naguère un des sénateurs les plus dévoués de l'Empire, avait célébré « le mouvement sublime et rapide qui, en rétablissant le Roi sur son trône, effaçait vingt-cinq ans d'erreurs et de ruines, et terminait les malheurs d'une trop fatale révolution. » M. de Ségur avait montré « les Français devenus libres devant les phalanges européennes, et, forts de leur repentir, élevant leurs bras vers les princes, instruments généreux de la Divinité, et redemandant à grands cris l'antique souverain de la France, ce souverain magnanime dont la bonté consentait à tout pardonner. » Ceux qui ont reproché aux Bourbons leurs illusions sur les idées et les sentiments du pays où ils rentraient après tant d'années auraient dû faire une part dans ces reproches aux fonctionnaires de la Révolution et de l'Empire, qui les recevaient avec ces hyperboles louangeuses. « Les réponses officielles du Roi, dit un écrivain contemporain [1], furent en général courtes et sobres; mais son attitude fut excellente, et sa conversation charma la plupart de ceux qui causèrent avec lui. » Le 3 mai était le jour fixé pour son entrée à Paris. Accablé de fatigue après cette journée de réceptions, il se retira dans son appartement, en chargeant M. de Blacas d'arrêter, avec MM. de la Maisonfort et de Vitrolles, la rédaction définitive de la déclaration dont les bases étaient posées, et au sujet de laquelle plusieurs projets lui avaient été soumis. Il leur fut recommandé de chercher une formule qui laissât indécise la question de l'acceptation populaire et celle de l'acceptation sénatoriale. La nuit se passa dans ce travail; il était achevé au point du jour, et M. de Vitrolles demanda qu'il fût soumis au Roi en son conseil. M. de Blacas allégua l'inutilité d'éveiller le Roi, fatigué de la veille, pour une formalité, puisqu'il leur avait donné de pleins pouvoirs, et la nécessité de faire imprimer immédiatement la déclaration pour qu'elle fût affichée à Paris avant l'entrée du Roi, qui devait avoir lieu à midi. Peut-être ne dit-il pas la raison véritable, qui était d'éviter une nouvelle délibération dans le conseil, où l'on pouvait trouver des objections et des obstacles. M. de Vitrolles contre-

---

1. M. Duvergier de Hauranne, *Histoire parlementaire*, tome II, page 132.
Beugnot, dans ses *Mémoires*, confirme ce témoignage : « Déjà de son fauteuil même, dit-il, le Roi se fit sentir à chacun de nous ; une dignité calme, un coup d'œil caressant, un organe flatteur, des questions faites de haut, mais toutes à propos, nous révélèrent une sorte de puissance dont nous n'avions pas encore senti la portée. »

signa la déclaration, comme secrétaire du conseil, bien que le Roi ne l'eût pas signée et que le conseil n'en eût pas délibéré, puis il la porta à Paris, où, par les soins de M. de la Maisonfort, elle fut imprimée à vingt mille exemplaires, affichée et distribuée [1]. Voici le texte de cette déclaration :

« Louis, par la grâce de Dieu roi de France et de Navarre, à tous ceux qui verront ces présentes, salut :

« Rappelé par l'amour de notre peuple au trône de nos pères, éclairé par les malheurs de la nation que nous sommes destiné à gouverner, notre première pensée est d'invoquer cette confiance mutuelle si nécessaire à notre repos, à son bonheur.

« Après avoir lu attentivement le plan de constitution proposé par le Sénat dans sa séance du 6 avril dernier, nous avons reconnu que les bases en étaient bonnes, mais qu'un grand nombre d'articles portant l'empreinte de la précipitation avec laquelle ils ont été rédigés, ils ne peuvent, dans leur forme actuelle, devenir lois fondamentales de l'État.

« Résolu d'adopter une Constitution libérale, voulant qu'elle soit sagement combinée, et ne pouvant en accepter une qu'il est indispensable de rectifier, nous convoquons pour le 10 du mois de juin de la présente année le Sénat et le Corps législatif, en nous engageant à mettre sous leurs yeux le travail que nous aurons fait avec une commission choisie dans le sein de ces deux corps, et à donner pour base à cette Constitution les garanties suivantes :

« Le gouvernement représentatif sera maintenu tel qu'il existe aujourd'hui, divisé en deux corps, savoir :

« Le Sénat et la Chambre composée des députés des départements;

« L'impôt sera librement consenti ;

« La liberté publique et individuelle assurée ;

« La liberté de la presse respectée, sauf les précautions nécessaires à la tranquillité publique;

« La liberté des cultes garantie ;

« Les propriétés seront inviolables et sacrées; la vente des biens nationaux restera irrévocable;

« Les ministres responsables pourront être poursuivis par une des Chambres législatives, et jugés par l'autre;

« Les juges seront inamovibles et le pouvoir judiciaire indépendant ;

« La dette publique sera garantie, les pensions, grades, honneurs

---

1. *Mémoires* inédits de MM. de Vitrolles et de la Maisonfort.

militaires seront conservés, ainsi que l'ancienne et la nouvelle noblesse ;

« La Légion d'honneur, dont nous déterminerons la décoration, sera maintenue ;

« Tout Français sera admissible aux emplois civils et militaires

« Enfin nul individu ne pourra être inquiété pour ses opinions et ses votes. »

Par la déclaration de Saint-Ouen, la Restauration se trouvait engagée, non-seulement à reconnaître des principes de liberté politique dont l'avénement nécessaire semblait le résultat de tout le travail de notre histoire, et qu'on ne pouvait sagement ni renier ni écarter, mais à faire une constitution *à priori*, et de plus à admettre la réalité de l'existence du gouvernement représentatif sous l'Empire, ce qui était admettre un mensonge et ce qui ôtait à Louis XVIII le mérite et l'honneur d'apporter la liberté politique à la France. En outre, au lieu de demander au pays des représentants élus par le mouvement des idées qui l'avait rappelée elle-même, la Royauté entreprenait de fixer les destinées de la France avec des hommes qui n'avaient reçu pour cela ni mission ni autorisation, puisque les uns appartenaient au Corps législatif de l'Empire, les autres au Sénat conservateur. Enfin ces hommes, les uns par suite de leur origine, les autres par leurs précédents, avaient des intérêts distincts de ceux de la France, des prétentions personnelles, des défiances et des exigences particulières. On s'engageait, pour dernier inconvénient, à donner à la France une constitution improvisée, au lieu de se réserver le temps de recueillir, avec les députés envoyés par les départements, les principes qui se dégageaient de toute la suite de son histoire comme les lois essentielles de son existence, ce qui substituait mal à propos le pouvoir constituant du Roi au pouvoir constituant usurpé par le Sénat, en opposant l'absolutisme royal à l'absolutisme révolutionnaire, et ce qui devait exposer la nouvelle charte à des défiances et permettre plus tard à l'opposition de soulever contre elle le ressentiment des vanités blessées. Du moment qu'on n'avait pas ou la hardiesse ou la faculté de demander à la France, au moment du retour, une force nationale légitime et réelle contre la force factice et usurpée du Sénat, et une puissance collective à défaut d'une puissance individuelle, ces inconvénients étaient inévitables. Le parti royaliste, séquestré des affaires pendant l'Empire, et sans opposition possible, manquait d'hommes considérables qui pussent prendre le premier rôle dans une Restauration. Le mouvement de l'Empire à la Monarchie s'était opéré par transition; or les transitions qui, en littérature, touchent aux deux idées qu'elles rapprochent, touchent en politique au régime qu'elles quittent comme au régime sous lequel elles conduisent. C'est ainsi que le Sénat, guidé par MM. de Dalberg, de Jaucourt, Louis, de Pradt, et surtout par le prince de Talleyrand, le seul homme de premier plan, s'était trouvé l'arbitre de la situation.

Quelques esprits s'émurent dès lors des périls que révélait cette situation, et un homme qui devait plus tard jouer un rôle important dans les affaires, M. de Villèle, jeta à Toulouse un cri d'alarme sur l'avenir avec un retour trop vif et trop complet vers un passé dont la résurrection, après vingt-cinq ans écoulés, n'était plus possible[1]. Le gros du public ne fut frappé que

[1]. « La lassitude générale, disait-il, permettra peut-être de faire marcher quelque temps cette œuvre d'égoïsme et d'imprévoyance, mais au premier choc tout croulera et nous rentrerons en révolution. Gardons les institutions qui nous concernent; ayons la sagesse et la noble fierté de croire qu'elles sont aussi bonnes pour nous que celles de nos voisins le sont pour eux, et ne nous croyons pas plus qu'eux réduits à aller chercher hors de chez nous le modèle de notre Constitution. Les lumières ont fait de grands progrès en France; les richesses et l'instruction y sont répandues dans toutes les classes, comme le désir de voir le mérite tourner à la gloire et au profit de notre pays : faisons au régime qui nous gouverne les changements que le temps nous indique; rétablissons tout ce qui est susceptible d'être rétabli. La déclaration du Roi qui nous occupe est calquée presque en entier sur la Constitution déjà proposée par le Sénat. Cette œuvre n'est donc pas celle du Roi, c'est celle d'un corps qui, comme toute la France le sait, n'avait point qualité pour la faire. N'ont-ils pas fait assez d'expériences sur

d'une chose, c'est que la déclaration de Saint-Ouen continuait la promesse de toutes les garanties nécessaires, et il reçut avec acclamation un acte qui promettait à la France la réparation de ses principaux griefs contre l'Empire.

Le 3 mai 1814, le Roi fit son entrée solennelle à Paris. L'affluence de la population était immense sur tout le parcours que devait suivre le cortége royal. La journée était splendide, et ce soleil brillant qui se levait comme le radieux flambeau de cette journée de fête, cette sérénité du ciel répondant au rassérénement des esprits, ajoutaient à la joie en semblant y faire participer la nature, cette immortelle compagne de l'homme dont les mystérieuses harmonies, avec nos allégresses et nos douleurs remuent les fibres les plus intimes du cœur humain. Dès le matin, le tambour appelait la garde nationale sous les armes dans tous les quartiers de la capitale, et autour des étendards blancs ornés de cravates bleues et fleurdelisées se réunissaient les légions qui devaient faire la haie. A cette époque, ces couleurs blanche et bleue, qui brillaient sur les étendards et les poitrines, contrastant par les idées de paix, de calme et d'innocence dont elles sont le symbole avec la couleur rouge que l'Empire avait mise partout comme un reflet sanglant de ses champs de bataille, produisaient sur les yeux et sur les cœurs je ne sais quelle impression de rafraîchissement et de bien-être dont on retrouve la trace dans les lignes véhémentes où Benjamin Constant a maudit le drapeau tricolore[1]. Le Roi, avec ce sentiment exquis des convenances nationales qu'il avait tou-

---

tous les hommes par lesquels nous nous sommes laissés diriger trop longtemps? Qu'est-il résulté de leur science et de la confiance que nous leur avons accordée? La dévastation du monde et l'envahissement de notre patrie! Les institutions politiques ne se jettent point dans un moule et ne peuvent être fondées sur des théories. Revenons à la Constitution de nos pères, à celle qui est conforme à notre caractère national, qui est dans le sens de nos opinions. »

1. « Ne faites point l'immoral abandon de l'oriflamme de vos pères pour prendre un drapeau tout sanglant de crimes et dépouillé de tout succès. » (*De l'esprit de conquête et d'usurpation*, par Benjamin Constant.

jours montré, avait exprimé le désir qu'aucune troupe étrangère ne parût dans son cortége. Quelques compagnies de la garde impériale devaient précéder le carrosse royal. Idée malheureuse! les vieux soldats oublient moins vite que les vieux courtisans, et les adieux de Fontainebleau avaient laissé un écho trop récent dans ces âmes militaires où ils vibraient encore pour ne pas nuire à la bienvenue de Louis XVIII.

De Saint-Ouen jusqu'à Paris, la route était bordée par la population accourue de tous les alentours. Le cortége royal arriva vers onze heures à la barrière Saint-Denis. Le Roi était dans une calèche découverte traînée par huit chevaux blancs; la fille de Louis XVI était à sa gauche; en face d'elle, le prince de Condé et son fils, le père du duc d'Enghien. Monsieur, comte d'Artois, le duc de Berry, récemment arrivé de Normandie, chevauchaient des deux côtés de la calèche; ils étaient entourés et suivis des maréchaux de France, des officiers généraux et d'une cavalcade brillante où se trouvaient confondus avec toutes les gloires militaires de l'Empire tous les grands noms de la monarchie. M. de Chabrol, entouré des douze maires et du conseil municipal, attendait le Roi à la barrière. Il lui présenta sur un plat d'or les clefs de la ville en lui adressant quelques paroles de félicitations et de respect : « Je vous les remets, répondit le Roi; je ne puis les laisser en de meilleures mains ni les confier à des magistrats plus dignes de les garder. » Allusion reconnaissante à l'initiative prise, dès le 1er avril, en faveur de la Restauration, par le conseil municipal de Paris.

A partir de ce moment, commença un triomphe qui ne devait finir qu'avec la journée. Dans les fêtes ordinaires, le seul sentiment qui soit engagé est celui de la curiosité; ici il y avait à côté d'un épanouissement universel de joie produit par les longues perspectives de paix et de repos ouvertes devant les regards, une grande idée morale, celle d'une réparation faite à une illustre et malheureuse race à laquelle la Providence mesurait enfin, après tant d'épreuves et de vicissitudes, des félicités égales à ses adversités[1]. Ceux qui manquaient à cette fête, parce que les échafauds révolutionnaires et les balles des fossés de Vincennes avaient tranché leur vie avant l'heure, apparaissaient à demi derrière ceux qui, restes de l'exil et des révolutions, avaient été réservés par la Providence pour cette journée, et ces souvenirs ajoutaient à l'ivresse générale une émotion profonde qui mêlait les larmes aux acclamations : les vivants rappelaient les morts.

Le cortége royal cheminant sous une voûte de drapeaux blancs dans le faubourg Saint-Denis et la rue Saint-Denis, ces voies si marchandes et si populeuses jonchées de fleurs et tapissées de feuillage, s'avançait entre deux haies vivantes que contenait à peine la garde nationale, ardente à mêler ses cris aux cris de la foule. Une clameur immense, infinie, suivait, accueillait, précédait et annonçait le carrosse du Roi. Cette majestueuse et grave figure, à demi épanouie par une expression de bonheur, frappait les regards qui se reportaient avec émotion sur la figure profondément émue de la fille de Louis XVI, qui souriait à travers ses larmes ; alors les cris de *vive Madame* se mêlaient aux cris de *vive le Roi*. Cette médaille vivante du long martyre du Temple rappelait les malheurs soufferts, les deuils portés ; « son grand air, ses yeux rouges, qui semblaient fatigués par les larmes[2], » touchaient tous les cœurs, et le contraste de tant de lamentables journées avec l'allégresse de cette journée d'ovation et de joie frappait tous les esprits. On admi-

---

1. « Le Roi fit son entrée le 3 mars. Un temps magnifique, la présence d'une population immense et la plus vive allégresse donnèrent à cette solennité le plus grand éclat. Il y avait dans les esprits une joie impossible à exprimer, la même que le 12 avril, mais avec plus de calme. Ce n'était plus l'agitation que donne l'espérance, c'était la satisfaction que donne la possession. (*Mémoires du duc de Raguse*, tome VII, page 38.)

2. Ce sont les expressions du duc de Raguse dans ses *Mémoires*, tome VII, page 20.

rait ce nouvel exemple de la vanité des conseils des hommes, entassant tant d'échafauds entre le trône et la maison de Bourbon sans réussir à retarder d'une heure le jour marqué par la Providence pour son retour. Alors la stérilité du crime, la toute-puissance de Dieu et l'impuissance des hommes éclatant à la fois dans le même spectacle qui prenait la gravité d'un enseignement, les âmes religieuses se sentaient naturellement élevées vers celui qui ôte et qui rend les couronnes. Quelques individus, isolés au milieu de la foule, s'étonnaient à voix basse de la coupe étrangère du costume du Roi, vêtu d'un habit bleu avec des épaulettes d'or, et de la toilette anglaise de madame la duchesse d'Angoulême, comme si les exilés ne rapportaient pas naturellement les livrées de l'exil! Ces voix sans écho rappelaient celles des soldats qui, dans les triomphes romains, mêlaient la satire à l'enthousiasme, car il faut que la malignité humaine ait son coin dans tous les tableaux. Çà et là quelques serviteurs de la monarchie montraient tristement à leurs enfants le père du duc d'Enghien, assis dans le carrosse royal en face de la fille de Louis XVI, et les crimes comme les malheurs de toutes les dates se trouvaient ainsi évoqués.

Dans toutes les classes de la société l'enthousiasme était le même. Les classes populaires, si faciles à émouvoir par tout ce qui est dramatique et grand, et qui d'ailleurs mises en coupes réglées par la conscription avaient fourni tout le sang de leurs veines à cette libation immense offerte pendant quatorze ans par Napoléon à sa fortune et à sa gloire, ces deux idoles égoïstes des conquérants, étaient aussi empressées à acclamer les Bourbons que les classes bourgeoises, heureuses de voir venir avec ces princes la prospérité, la sécurité, le développement de l'industrie et du commerce sous la protection de la paix extérieure et le règne des lois.

A ce tableau il n'y avait qu'une ombre : c'était ce bataillon de la garde impériale qui passait sombre et morne au milieu de la joie publique à laquelle il restait étranger. En vain la foule, par une de ces délicatesses de cœur que les multitudes éprouvent par instinct, cherchait-elle à consoler cette troupe héroïque en mêlant les cris de *vive la Garde* à ceux de *vive le Roi*. Ces mâles figures demeuraient inflexibles et menaçantes ; les yeux de ces vieux soldats lançaient des éclairs ; pour eux la famille, la patrie, le peuple, c'était leur Empereur. Quand ils présentaient les armes, c'était avec un mouvement convulsif qui tenait de la rage, et plusieurs des témoins de cette scène craignirent qu'ils ne supportassent pas jusqu'au bout le supplice qu'on leur avait infligé, en les introduisant comme acteurs dans cette scène où il n'y avait pas de rôle pour eux [1].

Sur le Pont-Neuf surtout, où l'on avait échelonné un régiment de la vieille garde à pied, le contraste de la tristesse silencieuse et de la morne colère de ces vieux soldats avec la joie publique fit une impression pénible. Mais bientôt cette impression s'effaça comme un flot particulier emporté dans le courant général. Le Roi, en traversant le Pont-Neuf, s'inclina au milieu des acclamations enthousiastes devant la statue de Henri IV, dont le modèle en plâtre, placé au lieu qu'occupait autrefois le bronze monumental du bon roi, s'élevait sur un socle improvisé où on lisait cette inscription dont M. Beugnot

---

1. M. de Chateaubriand, qui faisait partie du groupe de cavaliers qui suivait immédiatement la voiture du Roi, dit dans ses *Mémoires* : « C'est un régiment de la vieille garde à pied qui formait la haie depuis le Pont-Neuf jusqu'à Notre-Dame, le long du quai des Orfèvres. Je ne crois pas que figures humaines aient jamais exprimé quelque chose d'aussi menaçant et d'aussi terrible. Les uns, agitant la peau de leur front, faisaient descendre leur large bonnet à poil sur leurs yeux, comme pour ne rien voir ; les autres abaissaient les deux coins de leur bouche dans le mépris et dans la rage ; les autres, à travers leurs moustaches, laissaient voir leurs dents comme des tigres. Si dans ce moment ils eussent été appelés à la vengeance, il aurait fallu les exterminer jusqu'au dernier, ou ils auraient mangé la terre. » (*Mémoires d'outre-tombe*, tome III, page 286.)

et M. de Lally se disputèrent l'idée : *Ludovico reduci Henricus redivivus*. Quelques minutes après, Louis XVIII, arrivé devant Notre-Dame, mettait pied à terre. Après avoir reçu l'eau bénite et l'encens, il fut harangué au nom du Chapitre par l'abbé de la Myre, vicaire général, et lui répondit ce peu de mots : « En entrant dans ma bonne ville de Paris, mon premier soin est de venir remercier Dieu et sa sainte Mère, la toute-puissante protectrice de la France, des merveilles qui ont terminé nos malheurs. Fils de saint Louis, j'imiterai ses vertus. »

On remarqua que pendant tout le chant du *Te Deum*, la fille de Louis XVI demeurait humblement prosternée ; elle répandait son cœur devant Dieu qui, après l'avoir éprouvée par des adversités si douloureuses, lui faisait enfin voir le jour souvent prédit dans les longs entretiens du Temple par Madame Élisabeth. En sortant de Notre-Dame, le cortége royal retrouva les acclamations qui l'avaient accompagné, et se rendit, en longeant la ligne des quais, au château des Tuileries. Il était un peu plus de quatre heures quand le Roi y entra. La fille de Louis XVI n'avait point vu ce palais depuis le 10 août 1792 : où étaient le Roi, son père, la Reine, sa mère, son frère, le Dauphin, sa tante, madame Élisabeth, avec lesquels elle avait quitté ce palais dans cette sinistre journée ? Son âme plia sous le poids de tous ses souvenirs. Quand elle se vit entourée de deux cents femmes vêtues de blanc et parées de lis qui attendaient son arrivée, et qui, s'agenouillant à sa vue, lui crièrent : « Fille de Louis XVI, bénissez-nous ! » le contraste de la journée du départ avec celle du retour ajoutant à son émotion, le cœur lui manqua et elle s'évanouit.

Jusqu'à une heure avancée de la soirée, la foule stationna sous les croisées du château, en provoquant par ses acclamations réitérées la présence du Roi, qui plusieurs fois se rendit à ces vœux enthousiastes. Le soir, la ville entière s'éclaira par une de ces illuminations spontanées que la toute-puissance ordonnerait en vain et que l'enthousiasme national improvise pour fêter les événements qui lui sont sympathiques.

Ainsi s'écoula la première journée de la Restauration, tout entière à la joie, aux acclamations, au bonheur, au souvenir et à l'espérance. Le roi Louis XVIII, pour la première fois depuis vingt-quatre ans, s'endormait sous le toit de ses pères. Mais que de changements dans ce palais, où l'aigle impériale, cette nouvelle venue, avait partout construit son nid ! Que de changements plus grands encore dans ce pays, dont le sol avait été labouré par les révolutions ! On s'endormait sur une fête, au bruit des vivat qui duraient encore, mais, le lendemain, les affaires allaient apparaître avec leurs exigences, leurs difficultés : la journée du 3 mai appartenait à la joie, le lendemain appartenait à la politique.

LIVRE TROISIÈME

CHARTE DE 1814

I

LOUIS XVIII AUX TUILERIES. — LES PRINCES DE SA FAMILLE.
FORMATION DU MINISTÈRE.

La position où se trouvait Louis XVIII, le lendemain de son entrée à Paris, était hérissée de difficultés de toute nature. Il s'était engagé à faire une Constitution pour une nation qu'il ne connaissait pas, qui se connaissait très-peu elle-même, au milieu d'opinions et d'intérêts divergents qui arrivaient avec des prétentions absolues, parce que la Restauration s'effectuait à l'occasion d'un événement extérieur, la défaite militaire de Napoléon, sans avoir été précédée par une transaction ; une Constitution définitive sous l'influence de circonstances transitoires. Il n'avait que des indications insuffisantes pour se guider dans le choix des hommes qui pouvaient être utilement employés à ce travail, comme dans le choix de ceux qui pouvaient l'aider à gouverner. L'Empire avait relégué tous les personnages de cette époque sur l'arrière-plan, afin de laisser le premier plan tout entier à un seul homme, et il avait éloigné les royalistes du théâtre des affaires depuis plus de vingt ans. Il fallait donc évaluer un peu au hasard les capacités d'après des impressions déjà lointaines, des présomptions plus ou moins exactes, au risque de prendre des valeurs de souvenir ou d'opinion pour des valeurs réelles et actuelles. En outre la France, malgré l'unanimité de ses acclamations en faveur du retour des Bourbons, était loin d'être une nation unanime dans ses aspirations. Tous n'attachaient pas à ce retour les mêmes idées, les mêmes espérances.

D'abord le Roi ramenait avec lui de l'émigration une cour, et il en trouvait une habituée à occuper seule les Tuileries. La nouvelle noblesse, qui conservait ses titres, se trouvait en face de l'ancienne, qui reprenait les siens, et qui, d'après une remarque profonde [1] devait avoir une tendance d'autant plus marquée à faire sentir sa supériorité d'origine que, de tous ses avantages, c'était le seul qui lui restât. Les émigrés expropriés révolutionnairement se rencontraient avec les nouveaux propriétaires de leurs biens. Les chefs des armées royales qui avaient combattu sous le drapeau blanc se présentaient concurremment avec les maréchaux qui avaient combattu sous le drapeau tricolore. Il y avait deux cours, deux noblesses, deux armées, deux Frances, sous un seul gouvernement, sous un seul Roi.

Parmi les débris de l'ancienne société française, il y en avait ui aspiraient à reprendre leur force et leur influence à la faveur du retour inespéré des Bourbons; d'autres se contentaient de la satisfaction de cœur que leur avait fait éprouver le retour de la monarchie et demandaient seulement qu'elle fût reconstruite sur des bases solides. Les hommes qui avaient joué les premiers rôles politiques et administratifs dans les précédentes révolutions et même sous l'Empire acceptaient la Restauration, ceux-ci comme le gage et la sanction d'une paix devenue né-

---

[1]. Elle a été faite par M. de Tocqueville.

cessaire, les autres comme un relâchement du despotisme intolérable qui pesait sur tous, mais ils n'entendaient rien sacrifier de leur situation, et très-peu de leurs idées. Il fallait tenir compte aussi de trois courants intellectuels qui allaient être favorisés par la liberté des institutions. L'un était représenté par l'école catholique et monarchique groupée autour de quelques esprits d'élite, Chateaubriand, Bonald, Frayssinous, Joseph de Maistre, qui avaient donné, au commencement du dix-neuvième siècle, le signal d'une grande réaction religieuse et politique contre les idées du dix-huitième. Le second était représenté par un groupe de jeunes esprits lettrés et affriandés de liberté qui, s'élevant à l'ombre de l'Université, autour de la chaire de Royer-Collard, se rattachait par lui Madame de Staël, Benjamin Constant, et par trois jeunes professeurs, MM. Guizot, Villemain, Cousin, qui commençaient à rallier autour d'eux une jeunesse d'élite à l'école des rationalistes spiritualistes de 1789, qui avait tenté l'accord des institutions parlementaires avec la monarchie. Le troisième courant, issu du dix-huitième siècle, et maîtrisé un moment par la forte main de Napoléon, qui avait obligé le torrent de couler entre deux rives, reprenait son cours, avec cette impatience de tout frein religieux et politique qui avait caractérisé ce mouvement dès son origine[1]. Enfin, en dehors des partis, il y avait le gros de la nation, qui, désintéressé des crimes de la révolution, auxquels l'immense majorité du pays n'avait pas pris part, des fautes de l'Empire, dont elle avait souffert, demandait du repos, et tenait instinctivement à la paix, au règne de lois équitables et modérées, à des garanties d'une liberté réglée, aux progrès réalisés au profit de l'égalité civile, de la libre en-

---

[1]. Dans l'*Histoire de la littérature sous la Restauration*, j'ai tracé le tableau complet de ces trois mouvements. (Voir le chapitre intitulé *Tableau du monde intellectuel au début de la Restauration*, tome 1er, de la page 173 à la page 253.)

trée des carrières, au milieu de ces perturbations révolutionnaires pendant lesquelles le travail des destinées nationales n'avait pas cessé de marcher.

Le pêle-mêle des intérêts et des opinions trouvait son expression dans le spectacle singulier qu'offrait le château des Tuileries dans les premiers jours du mois de mai 1814. On y voyait les maréchaux et les généraux de l'Empire mêlés aux grands seigneurs d'autrefois et aux chefs militaires des armées condéennes, revenus de l'émigration; les évêques démissionnaires ou destitués à la suite du concordat de 1802, et les évêques nouveaux; les députations de Bordeaux ornées de brassarts, les officiers de la garde nationale de Paris, les capitaines de paroisse de la Vendée portant le large chapeau à La Rochejaquelein; les anciens constituants et quelques membres des assemblées révolutionnaires, les femmes de la cour impériale et les femmes du faubourg Saint-Germain, mélange qui devait amener d'inévitables heurts par la rivalité des intérêts et le contraste des habitudes de la société d'autrefois avec celles de la société nouvelle, et qui faisait pressentir une des difficultés de la situation. Le Roi à son retour allait avoir à compter avec des services d'origine diverse. Il devait reconnaître à la fois les services rendus dans sa personne au principe monarchique, ce grand intérêt national, et les services rendus aux autres intérêts du pays pendant son absence. Il était difficile, quoi qu'on fît, de ne point paraître ingrat et de ne point faire de mécontents. Parmi les anciens serviteurs de la monarchie, les moins modérés devaient avoir une tendance involontaire à regarder comme dérobé à leurs droits tout ce qui serait donné à ceux qui avaient pris part au gouvernement, à l'administration, à la guerre, pendant les vingt-cinq dernières années; les nouveaux serviteurs que les circonstances amenaient à la royauté devaient avoir une tendance analogue à considérer comme dérobée à leurs titres acquis la part faite à leurs rivaux. Ce qui compliquait encore cette situation déjà si difficile, c'est que la France perdait quarante-trois départements en vertu des traités qui la réduisaient à son ancien territoire. Les fonctionnaires en disponibilité par le retour de l'Allemagne, de la Belgique, de la Hollande et de l'Italie à leurs anciens souverains, assiégeaient le gouvernement en faisant valoir leurs titres. Si l'on ajoute à cela cette espèce de fièvre de places qui agitant, comme à toutes les époques où le gouvernement change, une société où les carrières publiques offrent tant d'attrait aux ambitions et aux intérêts, faisait accourir à Paris du fond des provinces une foule de solliciteurs, quelques-uns avec des droits, tous avec des prétentions, plusieurs avec des manières et des costumes qui prêtaient au ridicule, on aura l'idée d'une situation difficile et semée d'obstacles de plus d'un genre.

Il convient de poser les personnages sur cette scène pleine d'écueils avant d'exposer le rôle qu'ils y jouèrent.

Le Roi et la famille royale s'étaient établis dans les Tuileries, théâtre changeant qui avait vu passer tant de fortunes diverses. M. de Blacas s'appliquait à faire régner dans le palais l'ordre et l'étiquette qu'il avait établis dans l'exil. Louis XVIII menait une vie réglée dont toutes les heures avaient leur emploi fixé d'une manière invariable. Il se levait de bonne heure, assistait à la messe tous les jours, lisait les journaux, recevait la famille royale dans son cabinet et passait avec elle dans la salle où le déjeuner était servi, mangeait très-sobrement, travaillait avec ses ministres, et sortait en carrosse dans l'après-midi quand le temps le permettait. Après la messe, il paraissait au balcon, et, dans ces premiers temps, il était toujours salué par les acclamations de la foule, ou bien se montrait, assis dans un fauteuil, aux troupes qui défilaient la parade dans le Carrousel. Il y avait des jours pour les réceptions particulières, soit pour ceux qui avaient obtenu des audiences, soit pour les hommes et les femmes qui avaient les honneurs du Louvre : ces distinctions avaient reparu. Il y avait aussi des réceptions pour les différents corps qui apportaient des adresses. Les adresses étaient innombrables; non-seulement les corps constitués, mais les villes, les communes, envoyaient présenter au Roi l'expression de leur dévouement.

L'extérieur physique du Roi, son embonpoint énorme, ses infirmités, ajoutaient aux difficultés de sa position politique, en prêtant à des comparaisons qui n'étaient point à son avantage, et qui prévenaient contre ce monarque impotent ceux qui avaient connu la redoutable activité de Napoléon, semblable à ces dieux homériques traversant le monde en quatre enjambées. Mais si la perspective était contre Louis XVIII, il reprenait ses avantages avec ceux qui l'approchaient. Il avait dans la conversation particulière, comme dans ses réponses aux adresses et ses discours publics, l'opportunité des idées, la connaissance parfaite des sentiments, la propriété des termes, la dignité du geste et du regard, la majesté du maintien, jointes à un organe qui donnait un nouveau prix à ses paroles. Les serviteurs mêmes de Napoléon n'étaient pas les derniers à convenir, on l'a dit, qu'ils avaient vu se révéler dans le monarque infirme et valétudinaire, la première fois qu'il les avait admis en sa présence, un prestige dont Napoléon lui-même ne leur avait pas donné l'idée. Il excellait dans les conversations où les choses se disent à demi mot; dans ces escrimes de la parole où rien n'est exprimé et où tout se comprend, où il y a des feintes, des surprises, des coups prompts et décisifs, de secrètes embûches, il l'emporta souvent sur M. de Talleyrand, qui s'en vengeait en l'appelant « le roi *nichard* ou le roi des niches. » Quand il avait vu pour la première fois M. de Talleyrand à Compiègne, le 2 avril, il l'avait fait descendre d'un mot de la position qu'il voulait prendre à celle qu'il devait occuper : « Monsieur le prince de Bénévent, lui avait-il dit au moment où il entra dans le salon, je suis bien aise de vous revoir. Il s'est passé bien des choses depuis que nous nous sommes quittés. Vous le voyez, nous avons été les plus habiles. Si c'était vous, vous me diriez : *Asseyons-nous* et causons; et moi je vous dis : *Asseyez-vous* et causons[1] . »

Cet esprit vif et subtil servait à Louis XVIII à sortir, par des expédients pleins de malice, des embarras où le jetaient souvent ses infirmités corporelles. Il avait dit aux maréchaux, en les recevant à Compiègne, que, tout goutteux qu'il était, on le verrait, si l'intérêt de la France l'exigeait, marcher à leur tête. Quelques-uns d'entre eux eurent la malheureuse idée de le presser de tenir cette espèce d'engagement en se montrant à cheval, ne fût-ce que pour quelques moments et dans un local bien disposé. Le Roi répondit qu'il y consentirait volontiers, mais qu'il serait prudent de le flanquer à droite et à gauche de cavaliers robustes et hardis pour le soutenir, et il ajouta que cet honneur inquiétant appartenait de droit aux maréchaux, et qu'il était trop juste pour les en priver, tout en plaignant sincèrement celui à qui écherrait le soin de le soutenir. Le Roi jouissait délicieusement de l'embarras où il avait mis les maréchaux par cette insinuation, qui les avait singulièrement refroidis sur leur idée. C'étaient là ses victoires.

Il aimait les lettres en homme de talent, et les protégeait en roi. La question d'argent ne l'arrêtait jamais. A peine était-il arrivé que M. de Vitrolles, averti par M. Barbier, le savant bibliothécaire du conseil d'État, vint l'avertir que le recueil précieux des ordonnances du conseil du Roi, rassemblées par un homme qui avait dépensé près de 30,000 livres de rentes à composer cette collection, était sur le point d'être vendu par sa veuve à l'un des souverains étrangers. Il fallait 200,000 francs comptant pour empêcher le marché de se conclure. M. de Vitrolles hésitait en demandant une aussi grosse somme à un

---

1. *Mémoires* inédits de M. Beugnot.

roi arrivé la veille de l'exil, et dont les revenus n'étaient pas encore fixés. Le Roi répondit, sans hésiter un instant : « Achetez. »

Louis XVIII se plaisait naturellement à la conversation des gens instruits et lettrés, et leur citait Horace et Virgile avec une grâce pleine d'à-propos. Le poëte Ducis, qui avait résisté aux séductions et aux avances de Napoléon, revint charmé de la réception que lui avait faite Louis XVIII. Mais ce prince était surtout admirable dans ses rapports avec les souverains étrangers. Ce monarque impotent, désarmé, sans soldats, dans sa capitale envahie, sut imposer tellement à l'empereur Alexandre, le chef de la coalition européenne, que celui-ci vint deux fois aux Tuileries sans oser lui demander un siége dans la Chambre des pairs pour le duc de Vicence, à qui il avait promis de faire cette démarche en sa faveur, et à l'occasion duquel M. de Talleyrand, le czar le savait, avait essuyé un premier refus. Le sentiment que Louis XVIII avait de la prééminence de l'auguste maison de France sur toutes les autres maisons souveraines de l'Europe lui donnait, dans ses rapports avec les rois coalisés, une véritable grandeur qui relevait et consolait la dignité nationale affligée par nos désastres militaires. A ceux qui lui faisaient quelquefois sentir qu'ils étaient vainqueurs, il faisait sentir qu'il était l'aîné des races royales. Ainsi, donnant à dîner à l'empereur de Russie, à l'empereur d'Autriche et au roi de Prusse, il passa le premier pour se mettre à table. Dans une autre circonstance, étant sur son balcon avec les souverains étrangers pour voir défiler ses troupes, il avait fait placer un fauteuil pour lui et des chaises pour eux. Il traitait ainsi des vainqueurs, il eût traité autrement de simples hôtes ; c'est là la nuance que n'ont point saisie ceux qui ont critiqué cette conduite [1].

[1]. Le duc de Raguse raconte ces deux traits, tome VII, page 48 de ses *Mémoires*, et les reproche à Louis XVIII.

Monsieur, comte d'Artois, était établi au pavillon Marsan. Il était naturellement passé sur le second plan du tableau depuis le retour du Roi; cependant il conservait une influence assez considérable, à cause de son titre de commandant général de toutes les gardes nationales du royaume. C'était autour de lui que se réunissaient les hommes les plus entreprenants du parti royaliste, les cœurs chauds, mais avec eux aussi les esprits hardis ou hasardeux, ceux qui avaient joué le rôle le plus ardent dans les premières journées de la Restauration. A mesure que la politique du gouvernement de Louis XVIII se dessinait, on devait voir, nous ne dirons pas l'hostilité, mais la distinction des deux tendances s'accuser plus fortement. Il y avait eu de tout temps, même avant 1789, entre le Roi et le comte d'Artois une rivalité naturelle. Placé entre Louis XVI qui avait sur lui l'avantage de la naissance, et le comte d'Artois qui avait celui des dons extérieurs, le comte de Provence avait toujours considéré ses deux frères avec une certaine jalousie qui n'excluait pas l'amitié, mais que le sentiment de la supériorité intellectuelle aiguisait encore. « Comment voulez-vous que le Roi pardonne à son frère de marcher? » disait M. de Sémonville en 1814, avec une spirituelle méchanceté.

Le comte d'Artois, aimable, avenant, actif, était surtout entouré des comtes de Maillé, de Rivière, de Fitz-James, de Bruges, Jules et Armand de Polignac, Sosthènes de La Rochefoucauld. Il gardait, depuis sa lieutenance générale, des intelligences dans les départements, et un bureau de renseignements à l'entresol du pavillon Marsan, à la tête duquel se trouvaient M. de la Maisonfort et un homme de courage et d'esprit, M. Perrier de Monciel, qui avait été, en 1792, ministre de l'intérieur sous Louis XVI. M. de Monciel appartenait alors à la nuance des constitutionnels qui suivaient le drapeau de Lameth. Ce bureau était celui que M. de Vitrolles avait établi aux Tuileries le jour de l'entrée de Monsieur à Paris, et qui, lorsque ce prince prit les rênes du gouvernement, avait continué à faire une sorte de police officieuse à côté et en dehors de la police officielle. C'était là qu'arrivaient les mille bruits et les rumeurs confuses de chaque jour, les rares vérités, les innombrables mensonges, les dénonciations et les alarmes dont on assiége les gouvernements naissants. M. de Talleyrand, qui se moquait beaucoup de cette police, plus zélée que bien informée, et sujette à tomber dans les piéges des agents de police en disponibilité, et plus tard des intrigants, l'appelait plaisamment « la constitution de l'entresol ». Monsieur laissait aller cette action irrégulière, beaucoup par bonté, pour ne pas désobliger des personnes dévouées qui n'avaient pas trouvé d'autre emploi de leur zèle, et un peu aussi par ce besoin de continuer à être informé qui est naturel à tous ceux qui ont touché au gouvernement. Cela dura pendant plusieurs mois, jusqu'au moment où le petit bureau, comme on l'appelait, après avoir été dupe de fausses conspirations, devint, malgré l'honnêteté de MM. de Monciel et de la Maisonfort, dupe de propositions d'affaires. Alors le Roi indigné le renversa, au grand avantage de Monsieur, que cette action irrégulière avait plus embarrassé que servi. La prétention de ce bureau tant qu'il vécut, et l'espoir de M. le comte d'Artois lui-même, avaient été d'être renseignés par des agents plus exacts, plus sûrs, plus fidèles que ne l'étaient ceux de la police générale. Il y avait donc, pendant les premiers mois de la Restauration, une espèce de contre-police au pavillon Marsan, et, sinon un gouvernement, au moins une direction morale à part [1]. En outre, le comte d'Ar-

---

1. M. Beugnot, en sa qualité de directeur général, alla voir M. de Monciel et lui fit observer qu'il y avait dans cette concurrence de police le plus dangereux sujet de division entre le Roi et son frère. « Monciel, continue M. Beugnot dans ses *Mémoires*, était alors le chef des conseils intimes de Monsieur, le ministre du cabinet vert. Il tenait à sa place, et me répondit que sa police, loin

tois avait accès dans le conseil par le baron de Vitrolles, qui était demeuré secrétaire d'État.

M. le duc d'Angoulême s'effaçait modestement devant le Roi son oncle et le comte d'Artois son père. Ce prince honnête et consciencieux avait des qualités de cœur et d'esprit très-réelles, mais avec une timidité de caractère et un extérieur dépourvu de grâce qui nuisaient à ses paroles et à ses actes. Il exerçait une influence spéciale sur les départements du Midi, par lesquels il était entré en France, et c'était par lui que les réclamations de ces départements arrivaient au gouvernement, comme c'était lui que le gouvernement chargeait des mesures qu'il croyait nécessaire de prendre à leur égard.

Madame la duchesse d'Angoulême, dont l'esprit était ferme, le caractère fort, le cœur plein de bonté, partageait cette mission avec le prince. La vue de la fille de Louis XVI excitait dans tous les lieux où elle paraissait un vif attendrissement. Les malheurs de sa race et ses propres malheurs avaient gravé sur son front un sceau de majesté douloureuse. Les adversaires du nouveau gouvernement lui reprochaient un abord sévère et triste. Que veut-on? la douleur est moins aimable que la félicité, et il était difficile à la fille de Louis XVI et de Marie-

---

de nuire à la mienne, lui serait fort utile. Il avait pour agents des hommes bien nés, des amateurs qui communiquaient avec lui, et ne consentiraient pas à communiquer avec moi sans une répugnance qu'aisément on devine. Sa police était un foyer de royalisme qui éclairait aux Tuileries, mais qui serait étouffé au quai des Théatins. Au reste, il n'y avait rien dans sa mission qui ressemblât à une autorité. C'était pour la police publique qu'il travaillait, et il serait fidèle à me renvoyer tous les renseignements qui pouvaient m'être utiles. Comme je ne gagnais rien près de Monciel, j'allai directement à Monsieur. Le prince se montra toujours le même pour moi, toujours affable, toujours bon comme aux premiers jours de mes rapports avec lui, mais je vis bien qu'on faisait effort dans son esprit pour me nuire : il me reprocha de m'être mal entouré, de n'avoir dans mes bureaux et pour agents que des bonapartistes. J'étais, et il en était persuadé, un honnête homme et fort dévoué, mais si je me laissais aveugler, le mal se ferait malgré moi, et je ne pouvais me plaindre de ce qu'on y regardait de plus d'un côté, et enfin que deux yeux valaient mieux qu'un. »

Antoinette de sourire entre les larmes du 15 octobre et celles du 21 janvier. La princesse avait repris aux Tuileries le cours de ses dévotions et de ses charités d'Hartwell; le champ de bataille de la charité, en s'agrandissant, avait laissé cette fille de saint Louis pieuse avec simplicité et généreuse avec modestie. Les hôpitaux, les hospices, toutes les maisons de la souffrance et de la misère l'attiraient naturellement, et les journaux racontaient ses visites à Bicêtre, à l'Hôtel-Dieu, à l'hospice des Orphelins. Le Roi aimait à se faire accompagner par elle quand il paraissait en public, surtout dans les théâtres royaux, où la famille royale se montra plusieurs fois dans ces premiers temps. Les applaudissements étaient plus vifs et plus prolongés quand ils paraissaient ensemble. Un soir qu'on jouait à l'Académie royale de musique l'opéra d'*OEdipe*, le Roi, avec cet à-propos qui était une des qualités de son esprit, saisit le moment où OEdipe chante, en montrant Antigone, le bel air qui commence ainsi :

Elle m'a prodigué sa tendresse et ses soins,

et se penchant vers madame la duchesse d'Angoulême, qui avait été la consolation, la joie et le support de son exil, il lui fit du geste et du regard l'application de cet éloge de la piété filiale. La salle tout entière éclata en applaudissements. Les spectateurs avaient saisi cette allusion fine et touchante, et, debout, ils battaient des mains en se tournant vers la loge royale, qui avait fait oublier la scène de l'opéra pour celle de l'histoire, et les malheurs d'OEdipe et de sa famille pour des malheurs aussi grands et moins mérités.

M. le duc de Berry, occupé d'art et de plaisirs, exerçait peu d'influence sur les affaires. Il avait fait preuve de courage et de coup d'œil dans les campagnes de l'armée de Condé. On commençait à parler de son caractère prompt et emporté, mais il réparait ses brusqueries avec un entrain et une effusion de cœur qui auraient dû les faire oublier. C'était lui qui de tous les princes de la famille royale avait les allures les plus militaires. Les malveillants, qui s'en aperçurent, abusèrent bientôt de quelques paroles trop vives pour le compromettre auprès de l'armée, et, depuis, l'on envenima à dessein toutes ses paroles et tous ses actes.

La famille d'Orléans et la maison de Condé avaient repris leur grande situation à Paris en même temps que la famille royale.

Les deux princes de la maison de Condé représentaient la partie militaire de l'émigration. Le grand âge du prince de Condé et le coup que lui avait porté la mort de son petit-fils, le duc d'Enghien, ce dernier espoir d'une race d'épée, avaient altéré sa santé. Son intelligence elle-même, fléchissant sous le poids des années et de cette incurable douleur, ne jetait plus que de rares éclairs. Le duc de Bourbon, son fils, s'adonnait avec passion à la chasse. Cette grande race qui se voyait finir et qui portait son propre deuil inspirait de mélancoliques pensées. Tous ceux qui avaient combattu dans les armées condéennes ou qui auraient dû y combattre se faisaient présenter au vénérable chef de l'émigration militaire, et, avec cette clairvoyance ironique qui lui revenait quelquefois, l'illustre vieillard fit remarquer un jour que sa petite armée d'outre-Rhin s'était singulièrement grossie depuis l'avénement de la Restauration. Le palais Bourbon, cette ancienne résidence des Condés, n'exerçait aucune influence sur la politique, mais il s'y était formé un foyer de censure et d'assez vives épigrammes contre tout ce qui se faisait dans le sens des institutions nouvelles.

Le duc d'Orléans, gendre de Ferdinand, roi de Naples, avait habité, pendant les derniers temps de l'Empire, la Sicile où son beau-père, chassé de ses États de terre par les armées de Napoléon, avait été obligé de se réfugier. Il était accouru en France en toute hâte à la nouvelle de la merveilleuse restauration de la maison de Bourbon. Louis XVIII, fidèle à la bienveillance qu'il lui avait témoignée dans l'exil quand ce prince, son parent, était venu rétracter les erreurs politiques de sa jeunesse, le reçut avec faveur et lui promit de lui restituer ses biens non vendus. Depuis sa réconciliation avec le chef de la famille royale et son mariage avec la fille aînée du roi de Naples, le duc d'Orléans s'était exclusivement occupé de l'administration des biens qu'il avait reçus en Sicile. Dans une occasion seulement, il avait paru vouloir sortir de cette inaction politique. C'était à l'époque où les cortès espagnoles acceptèrent résolûment leur grande lutte contre Napoléon. Il fut question de mettre le duc d'Orléans à la tête d'une armée espagnole; il avait accepté le commandement offert par les cortès, et déjà il avait rédigé une proclamation contre Napoléon, quand le mauvais vouloir des Anglais empêcha son débarquement en Espagne et fit manquer cette combinaison. Malgré sa réconciliation avec le chef de la maison de Bourbon, le duc d'Orléans arrivait avec des souvenirs et des relations qui le désignaient aux hommes qui ne trouvaient pas que Louis XVIII eût assez résolûment embrassé les théories de 1789. On citait aussi un mot de l'empereur Alexandre qui, blessé de la fierté du Roi et peu satisfait de ses rapports avec les Bourbons de la branche aînée, avait dit à M. de Lafayette, dans les salons de madame de Staël : « Les Bourbons sont incorrigés et incorrigibles; il n'y a que le duc d'Orléans qui ait des idées libérales; pour les autres, n'en espérez jamais rien. Je pars bien affligé[1]. » Ces bruits mis en circulation commençaient à faire tourner vers le duc d'Orléans les yeux de ceux que la Restauration ne satisfaisait pas. Cependant le chef de la branche cadette montrait dans ses relations avec le Roi une grande recherche de respect :

---

1. *Mémoires de La Fayette*, tome VI, page 311.

on remarqua que lorsqu'il reçut l'ordre de Saint-Louis, le 29 mai 1814, et que le Roi le releva après la prestation du serment pour lui donner l'accolade, le duc s'inclina de nouveau et baisa respectueusement la main du Roi[1].

Les diverses nuances qui s'étaient produites dans l'émigration se retrouvaient donc en France dans la plus haute sphère. Il y avait la politique du Roi, Louis XVIII, celle de Monsieur, comte d'Artois, les idées plus absolues des chefs militaires des légions condéennes; enfin, le duc d'Orléans devait commencer de bonne heure à avoir dans l'opinion une situation particulière, qui lui était faite à la fois par son passé et par son avenir possible, par ses adversaires et par ses amis.

Au milieu des difficultés inhérentes à cette situation, Louis XVIII avait plusieurs tâches d'une haute importance à remplir. Il fallait organiser le gouvernement, c'est-à-dire composer un ministère; pourvoir à toutes les branches de l'administration publique, à la distribution de la justice. Les quatre questions hors ligne qui appelaient sa sollicitude étaient: la question de la force publique, c'est-à-dire l'armée; la question des finances, le déficit était considérable, les dépenses marchaient toujours, et les impôts ne rentraient presque plus; la question diplomatique, c'est-à-dire le traité à signer avec les puissances coalisées, pour régler les limites de la France et obtenir l'évacuation de son territoire; enfin, la question de la Constitution.

Dès le 5 mai, le Roi tint un conseil. Il avait ordonné à M. de Vitrolles, qui remplissait les fonctions de ministre d'État sans en avoir le titre, de réunir, sans modification aucune, le conseil de gouvernement dont s'entourait Monsieur, ainsi que les ministres provisoires. Le Roi, assis dans son fauteuil et découvert, avait à sa droite Monsieur, à sa gauche le duc de

---

1. *Moniteur* du 30 mai 1814.

Berry. MM. de Talleyrand, de Montesquiou, le général de Beurnonville, le duc Dalberg, les maréchaux Moncey et Oudinot, et le baron de Vitrolles prirent place comme membres du conseil. Les commissaires provisoires qui dirigeaient les ministères, c'est-à-dire M. Henrion de Pansey, le comte de Laforest, le général Dupont, le comte Beugnot, le baron Louis; MM. Malouet et Anglès avaient été extraordinairement convoqués. Tous, excepté les princes, étaient assis sur des tabourets sans dossier que, dans la langue de l'étiquette, on appelle des pliants. Le Roi ouvrit la séance en prononçant, d'une voix bien accentuée, quelques paroles convenables et dignes. Il témoigna sa satisfaction à ceux qui avaient dirigé les affaires du royaume dans des circonstances si difficiles. Il espérait qu'environné de leurs lumières et secondé par son frère, il trouverait les moyens de rendre à la France l'ordre, la prospérité et ces libertés, qui sont le privilége imprescriptible de la nation française. Il appela ensuite l'attention du conseil sur l'organisation de l'armée et particulièrement sur celle de la garde qui doit environner le trône, pour servir à son éclat et garantir sa sûreté. Il annonça l'intention de rétablir sa maison militaire sur le pied où elle était « avant que des réformes funestes eussent privé le Roi de l'appui qu'il aurait trouvé dans des corps où l'honneur garantissait la fidélité. » Il avertit le conseil que les capitaines des gardes du corps, commandant les quatre anciennes compagnies, avaient repris leur service auprès de lui, et que son intention était de former deux nouvelles compagnies, dont il donnerait le commandement à deux maréchaux, comme un gage public de sa confiance égale pour tous les Français, sous quelque drapeau qu'ils eussent combattu.

Le Roi ayant invité les membres du conseil à faire connaître leurs observations, Monsieur répondit par une adhésion exprimée, le reste par une adhésion silencieuse.

La lecture de plusieurs rapports, celui du comte Beugnot

sur la situation de la France, ceux du comte Dupont sur l'armée et sa future réorganisation, du baron Louis sur les finances, du baron Malouet sur la marine, remplirent la séance. Les diverses questions soulevées par ces rapports furent renvoyées à l'examen, mais il y en avait une qui ne souffrait point de remise et qui fut résolue d'urgence : c'était la question des rapports des autorités françaises avec les généraux étrangers, dont les troupes occupaient les départements. Ce fut un rapport lu par le prince de Talleyrand, au commencement de la séance, qui appela sur ce point l'attention du Roi.

La situation de plusieurs départements était déplorable. La convention du 23 avril était loin d'être partout appliquée. Le chevalier de La Salle, commissaire du Roi à Strasbourg, le comte Auguste de Juigné, exerçant les mêmes fonctions dans le Dauphiné, rencontraient des obstacles insurmontables quand ils voulaient faire reconnaître le gouvernement du Roi dans les pays occupés par les troupes étrangères. Il en était de même dans le Nord. Presqu'aux portes de Paris, la ville de Joigny était frappée par les officiers wurtemburgeois d'une contribution de guerre de 74,000 francs, avec menace d'une exécution militaire si la somme n'était pas payée dans les vingt-quatre heures. La préfecture de l'Yonne annonçait que le baron d'Ulm avait exigé que les principaux habitants de la ville d'Auxerre souscrivissent des lettres de change pour le montant des contributions publiques dues au Trésor en avril. En Lorraine, M. d'Alopéus faisait vendre les troupeaux mérinos appartenant à l'État.

Monsieur avait réclamé; les souverains étrangers montraient des dispositions bienveillantes pour le Roi et pour la France; mais leurs généraux et leurs armées, animés d'un esprit de représailles et invoquant le droit de la guerre, saisissaient les caisses publiques, vendaient les coupes de bois, levaient des contributions et refusaient de reconnaître les autorités nommées par le Roi.

Quand Louis XVIII entendit l'exposé de ces faits, son indignation fut vive. Plus prompt encore, le duc de Berry s'écria « qu'il y avait encore trois cent mille hommes de bonnes troupes en France et qu'il fallait repousser la force par la force. » Le Roi reprit aussitôt que « bien que la paix fût la cause et le fruit de son retour, rien ne l'empêcherait, si les étrangers ne faisaient pas droit à ses justes réclamations, de soutenir par tous les moyens l'honneur de sa couronne. »

Les réclamations furent faites, les souverains étrangers y déférèrent.

Le *Moniteur* du 9 mai publia une note ainsi conçue : Les souverains alliés ayant appris avec déplaisir que la remise de l'administration de plusieurs provinces françaises occupées par leurs armées, stipulée par l'article 8 de la convention du 23 avril dernier, a éprouvé des difficultés par suite d'une fausse interprétation de la réserve contenue dans cet article, ont ordonné que l'ordre suivant fût rendu public : « L'article 8 de l'armistice ayant donné lieu à quelques fausses interprétations vu la réserve qu'il contenait, les ordres les plus positifs sont donnés aux autorités des puissances alliées établies dans les provinces indiquées par l'article 2, de remettre immédiatement l'administration de ces provinces aux commissaires nommés par S. M. le roi de France. » Cet ordre était signé par le baron Stein, chef du département central de l'administration des provinces occupées par les armées alliées.

Le premier acte de Louis XVIII fut donc une déclaration par laquelle on peut dire qu'il reprenait possession de la France occupée par les armées étrangères. Sa seule présence la reconquérait à un gouvernement national. « Nous nous sommes fait représenter en notre conseil d'État, disait-il dans cette déclaration, publiée le 10 mai, mais rédigée quelques jours avant, les conventions passées entre la France et les hautes puissances alliées le 23 avril dernier et ratifiées le 25 avril du même mois par notre cher frère Monsieur. Nous nous sommes fixé en particulier sur l'article 8 de la convention, où les puissances alliées expriment par un effet de leur amitié pour la France la volonté de faire cesser les réquisitions nécessaires, dès le moment où les provinces auraient été remises au pouvoir légitime. Ce n'est donc pas sans étonnement que nous avons appris que malgré que l'autorité royale soit seule reconnue en France, des commandants ou des intendants des puissances alliées avaient continué de requérir des contributions de guerre ou d'exercer des réquisitions très-étendues ; que même, dans quelques provinces, on avait procédé à des adjudications anticipées de bois et à des ventes de mobilier appartenant à l'État. Nous avons l'heureuse assurance que de pareilles mesures n'entrent nullement dans les intentions des souverains réunis dans notre capitale, et qu'ils veulent terminer avec générosité une guerre entreprise moins contre la France que pour le salut de l'Europe. »

Après avoir ainsi constaté la triste situation du pays sur lequel l'Empire avait attiré l'invasion, Louis XVIII continuait ainsi : « Ordonnons : Article 1er. Les autorités, dans chaque département de France, d'après les ordres qu'elles recevront de nous et par les moyens qui leur sont propres, pourvoiront aux subsistances et aux besoins des troupes des puissances alliées jusqu'au moment où elles auront évacué le territoire français. — Article 2. En conséquence, nous leur faisons très-expresses interdictions et défenses d'obéir aux réquisitions qui auraient été ou seraient directement faites sur nos sujets par les commandants ou intendants des puissances alliées, postérieurement à la ratification des conventions du 25 avril dernier. — Article 3. Toute vente de bois de futaies ou de taillis des ordinaires de 1813, 1814 et années suivantes, faite de l'autorité des susdits commandants ou intendants postérieurement à ladite époque, sont déclarées nulles et de nul effet. »

C'était là un assez beau langage dans la bouche d'un roi qui reparaissait, seul et sans soldats, dans sa capitale occupée par cent mille étrangers et son royaume envahi par quatre cent mille soldats. Louis XVIII était le Roi, il protestait au nom de la force du droit contre le droit de la force, et il lui suffisait de se nommer pour faire cesser le régime d'arbitraire et de conquête qui pesait sur la France.

La composition du ministère coûta quelque peine et fut l'objet de négociations assez laborieuses, qui n'aboutirent à un résultat que le 13 mai. Pour les affaires étrangères, il n'y eut point de doute; le prince de Talleyrand était trop naturellement indiqué pour rencontrer des concurrents. Le titre et les fonctions de chancelier de France ne parurent pouvoir être conférés qu'à M. Dambray, gendre du dernier chancelier, M. de Barentin, ou à M. de Grosbois, ancien premier président du parlement de Besançon. Le désir de perpétuer les fonctions dans les familles, qui était systématique chez Louis XVIII, fit pencher la balance en faveur du premier. Pour les finances, trois hommes paraissaient en ligne : M. Bérenger, qui était la lumière du conseil d'État dans ces matières, M. Mollien, dernier ministre du Trésor, et le baron Louis. Le premier parut d'un caractère trop difficile; le second, engagé trop étroitement et trop récemment avec l'Empire; le troisième, déjà en possession du portefeuille et qui avait rendu des services politiques dans les derniers événements, prévalut.

Il fallait pourvoir M. de Montesquiou; il avait été le dernier correspondant de Louis XVIII et avait une part considérable à l'estime du Roi, qui attachait une importance exagérée à ses fonctions d'ancien président de l'assemblée constituante; enfin il avait joué un rôle important dans le gouvernement provisoire. L'abbé de Montesquiou désira le ministère de l'intérieur, ou plutôt on le désira autour de lui. Homme de théorie et non d'application, il joignait au défaut d'expérience administrative un défaut d'aptitude aux fonctions qu'on lui attribuait, quoiqu'il eût d'ailleurs à un assez haut degré l'esprit de cour et le don de reparties. Cette nomination amena un froissement entre lui et M. Beugnot, qui exerçait les fonctions de ministre de l'intérieur d'une manière intérimaire, et les propos imprudents de salon, une des plaies de ces premiers temps de la Restauration, envenimèrent encore leurs ressentiments mutuels [1].

On avait songé au duc de Raguse pour la guerre; M. de Talleyrand le fit exclure, et le général Dupont conserva le portefeuille. Cet officier général, que tant de grandes actions militaires avaient illustré avant la catastrophe de Baylen, était demeuré, depuis cette malheureuse affaire, dans une postion douteuse devant l'opinion. Le glorieux soldat de Pozzolo, d'Albeck, de Diernstein, de Halle, de Braunsberg, de Friedland [2], flétri dans l'ordre du jour du 5 septembre 1808, avant toute information, car Napoléon, enivré alors de ses prospérités, n'admettait pas que ses aigles pussent être malheureuses, avait été condamné sans être jugé, condamné non par la haute cour, à qui revenait légalement cette affaire, mais par une

---

1. Le comte Beugnot parle ainsi de la nomination de M. de Montesquiou dans ses *Mémoires* : « Madame de Simiane était une de ces intimités entre lesquelles l'abbé de Montesquiou partage sa vie depuis cinquante ans (elle était sa nièce); il loge chez elle à Paris, et c'est là que toutes les douairières du bon vieux temps viennent adorer l'oracle. On y parlait de la prochaine organisation du cabinet, et quelqu'un voulut bien prononcer mon nom pour le ministère de l'intérieur. La marquise s'en scandalisa, et sur ce que la même personne insistait en vantant ma capacité, madame de Simiane reprit : — Il ne s'agit pas de cela ; c'était bon du temps de Bonaparte; aujourd'hui il faut mettre dans les ministères des gens de qualité qui ont à leurs ordres de bons travailleurs qui font les affaires, ce qu'on appelle des *bouleux*.— On me fit craindre que l'abbé de Montesquiou ne s'emparât du ministère de l'intérieur et ne voulût me garder comme *bouleux*. Le lendemain, j'appris que ma crainte était réalisée en partie seulement et que j'étais nommé *directeur général de la police du royaume.* »

2. On trouve dans l'*Histoire de l'Empire*, par M. Thiers, le récit des faits d'armes du général Dupont.

commission d'enquête instituée d'office par l'Empereur. Son procès, suspendu pendant quatre ans, avait été instruit en 1812, en dehors de toutes les garanties qui sont la dette de la justice, le droit des accusés [1]. Privé de ses grades, de ses titres, condamné par un simple décret impérial à un emprisonnement illimité, il avait en vain demandé des juges, et transféré de prison d'État en prison d'État [2], il était encore sous la surveillance de la police à Dreux, lorsqu'à la fin du mois de mars 1814, le gouvernement provisoire, dans lequel figurait un de ses juges, M. de Talleyrand, l'appela pour lui confier le portefeuille de la guerre. « Un voile épais, dit le général Foy [3], couvrit les événements désastreux de Baylen; il n'en transpira que ce qu'il était impossible de soustraire à la curiosité publique. On sut que les officiers généraux qui avaient eu part à ces événements étaient arrêtés, enveloppés dans le même sort. La pitié s'attacha à un homme estimé, que l'on considérait

---

[1]. Cambacérès, prince, archichancelier de l'Empire, disait dans son rapport à l'Empereur, qui en accepta les conclusions : « On ne peut pas porter l'affaire devant la haute cour; elle n'est pas encore constituée; la rétroaction n'est pas dans la justice de V. M. On ne peut la porter devant les tribunaux ordinaires, parce qu'un grand officier de l'Empire est impliqué. C'est devant une commission d'enquête que cela doit être porté; les accusés y comparaîtront sans défenseurs, parce qu'il ne s'agit point de jugement à rendre, mais d'avis à émettre à V. M. pour qu'elle prononce sur le sort des inculpés. »

[2]. Depuis 1808, époque de son retour d'Espagne, le général Dupont, détenu au fort Lamalgue (trois mois), à l'Abbaye de Paris (neuf mois), puis mis sous la surveillance d'un gendarme et de la police dans une maison de santé de la rue de Clichy pour s'y rétablir, ensuite aux Thermes chez son beau-père le comte Bergon, directeur des eaux et forêts; jeté de nouveau, après deux ans d'apparent oubli, dans la prison de l'Abbaye pour y subir de seconds interrogatoires précédant cette fois la commission d'enquête, comme ceux de 1808 devaient précéder la haute cour impériale, alors désignée et constituée pour juger l'affaire de Baylen, et enfin, après avoir été dépouillé de tout, transféré au fort de Joux sur la frontière de France et de Suisse (quatorze mois), puis à la citadelle de Doullens en Picardie (neuf mois) était, après ces cinq ans et demi de captivité et de persécution, encore une fois en surveillance à Dreux depuis trois mois, le 30 mars 1814. (Note communiquée par Madame la comtesse Dupont.)

[3]. *Histoire de la guerre de la Péninsule*, par le général Foy.

comme victime du despotisme. « Ce fut sous le coup de cette impression, rendue plus vive encore par la réaction générale de l'opinion contre le gouvernement impérial, que Louis XVIII rendit au comte Dupont, le 13 mai 1814, ses titres, grades et majorat, en le maintenant au ministère de la guerre. Le Roi lui avait dit, le jour même de son entrée : « Général, je connais votre gloire et vos malheurs. » C'était le devoir du Roi de rendre justice au général Dupont; mais il n'était pas politique de placer au ministère de la guerre un homme dont la position devant l'opinion devait rester douteuse jusqu'à ce qu'une enquête équitable et publique eût dissipé les nuages que le gouvernement impérial avait accumulés sur l'affaire de Baylen.

A la marine, les ministères de M. de Sartines et du maréchal de Castries, qui avait dirigé avec succès la guerre d'Amérique, avaient accrédité l'opinion qu'il était mieux de ne pas confier ce département à des officiers généraux de mer. On y plaça le baron Malouet; il avait rempli les fonctions les plus hautes de l'administration maritime, entre autres celles de gouverneur de Cayenne, et sous l'Empire, il avait dirigé, comme commissaire général de la marine, des travaux importants à Anvers; comme politique, il était membre de la fraction modérée de l'Assemblée constituante, et il avait été appelé au conseil intime de Louis XVI.

Le ministère de la maison du Roi fut l'objet d'une négociation épineuse. Plusieurs personnes, entre autres M. de Vitrolles, s'étaient entremises pour le faire accepter à M. de Blacas, qui, hors le ministère, devenait un obstacle, et, introduit dans son sein, lui prêtait une force, à cause de la faveur dont il jouissait auprès du Roi, faveur personnelle qui avait besoin d'être justifiée par une fonction publique. Un motif singulier fit, au dire du baron de Vitrolles, hésiter longtemps M. de Blacas : il croyait déroger à la dignité de ses fonctions de grand maître de la garde-robe en acceptant un ministère, et il demandait qu'on lui trouvât, dans l'histoire de la monarchie, un précédent qui autorisât son acceptation. L'exemple du prince de Condé qui, revêtu de la charge de grand maître de la maison du Roi, avait accepté les fonctions de chef du conseil pendant la minorité de Louis XV, et l'intervention toute-puissante de Louis XVIII déterminèrent l'acceptation de M. de Blacas.

On compléta ces nominations par celle de M. Beugnot, comme directeur général de la police du royaume, en joignant à cette direction la préfecture de police de Paris, et la correspondance avec les préfets et les sous-préfets, devenus ses agents dans les départements pour tout ce qui concernait la police. M. Beugnot eut en outre les mêmes honneurs auprès de la personne du Roi et dans ses palais, que les ministres en exercice. Il y avait là une compensation et une consolation pour la perte du ministère de l'intérieur, qu'il avait espéré conserver. Sauf le nom, qu'on n'avait pas voulu maintenir parce que l'Empire l'avait rendu odieux, c'était l'ancien ministère de la police générale. M. Ferrand fut nommé directeur général des postes; M. Bérenger, directeur des contributions indirectes.

Dans tous ces arrangements, le nom de M. de Vitrolles n'avait pas été prononcé. Il s'était donné beaucoup de mouvement pour faire maintenir le ministère de la secrétairerie d'État, et il avait plusieurs fois porté cette question devant Louis XVIII. Mais il avait trois adversaires puissants : l'un déclaré, M. de Montesquiou; les deux autres cachés, MM. de Talleyrand et de Blacas, qui s'étaient coalisés contre lui. Au point de vue théorique, M. de Vitrolles avait raison. La secrétairerie d'État était le complément et le lien des divers ministères; le ministre secrétaire d'État gardant en dépôt les notes et les minutes du Roi, le texte des décisions du conseil, pour les lui représenter en toute occasion, lui rappelant, quand il y avait lieu, les dispositions générales, les principes consacrés par les actes publics, pour qu'il pût y ramener sans cesse les actes particuliers de son gouvernement et de ses ministres : il y avait là une condition précieuse d'unité et d'homogénéité pour le gouvernement. Mais pour que la secrétairerie d'État pût exister, il fallait de deux choses l'une : ou que le souverain vît tout et fît tout par lui-même comme Napoléon, dont le duc de Bassano n'était que l'œil et la main ; ou que le ministre d'État, revêtu de la confiance absolue du monarque, fût un premier ministre dirigeant souverainement l'administration. Ni l'une ni l'autre de ces hypothèses ne se trouvait réalisée. Le Roi ne pouvait remplir le premier de ces rôles; M. de Vitrolles, nouveau dans les affaires, et encore sans notoriété politique, n'était pas arrivé à la hauteur du second. Les trois hommes qui avaient les prétentions les plus motivées à la direction des affaires, M. de Talleyrand par sa grande position personnelle, l'abbé de Montesquiou par l'estime que le Roi faisait de sa capacité, M. de Blacas par sa faveur, s'entendirent pour détruire, ou du moins pour amoindrir une position qui les offusquait. M. de Vitrolles ne fut pas appelé avec les autres ministres pour la prestation du serment. Son premier mouvement fut d'envoyer sa démission. Monsieur qui, averti à temps, avait refusé d'assister à la séance du conseil où les ministres prêtèrent serment, pour ne pas autoriser par sa présence l'affront fait à un homme qu'il aimait, insista pour le faire rester, en lui représentant les services qu'il pouvait rendre. MM. de Blacas et Dambray s'entremirent. Le Roi eut pour M. de Vitrolles quelques-unes de ces prévenances caressantes qui avouent les torts en cherchant à les réparer. M. de Vitrolles resta, mais amoindri par cette résignation politique; il resta dans une position indécise, équivoque, qui devait devenir plus d'une fois un embarras pour le Roi, pour le ministère, pour lui-même.

Louis XVIII avait changé peu de chose au personnel du gouvernement en nommant le nouveau ministère, qui entra en fonction le 13 mai. Sauf deux noms, celui de M. de Blacas et celui de M. Dambray, c'était le cabinet intérimaire choisi ou accepté par le comte d'Artois, qui avait lui-même à peu près hérité du personnel du gouvernement provisoire. Dans ce ministère hétérogène, une large part était faite aux hommes qui avaient représenté, dans ou hors le gouvernement, les diverses nuances d'opinion réunies pour dominer la transition de l'empire à la monarchie. M. de Talleyrand, l'abbé de Montesquiou, le baron Louis, le général Dupont, le comte Beugnot, le baron Malouet, avaient cette commune origine. M. de Talleyrand, appelé à Vienne pour représenter la France au congrès qui allait s'ouvrir dans cette ville, devait laisser bientôt l'intérim des affaires étrangères à M. de Jaucourt, autre membre du gouvernement provisoire.

M. de Talleyrand, on l'a vu, n'était ni un homme de principes, ni un homme de passion; c'était un homme d'intérêt et de calcul personnel. Presque aussi indifférent au but qu'aux moyens, il était décidé d'avance à tourner sa voile du côté où soufflait le vent. Excluant ce qui l'excluait, d'un égoïsme sagace et avisé, expert aux jeux glissants de la diplomatie, rompu aux intrigues de cour, suppléant à la grandeur des idées et des sentiments par la grandeur des manières, il savait l'escrime de la politique et pouvait briller dans une crise et jouer un rôle dans le congrès, sans être un véritable homme d'État. L'autorité du caractère, la fécondité des conceptions, la promptitude de résolution, l'habitude du travail et celle de traiter publiquement les affaires publiques, lui manquaient. Il n'excellait que dans le huis-clos de la causerie politique, et tour à tour insinuant, dédaigneux, relevant la souplesse d'un caractère prêt à tout par un tour indépendant d'esprit et de conversation, il avait la souveraine habileté de se faire passer pour habile, à force de savoir-faire, de savoir-vivre et de savoir-dire; mais indolent, léger, sceptique, homme de plaisir, peu capable de tenue, il suivait le courant en ayant l'air de le dominer.

M. de Montesquiou, homme d'ancien régime et ancien constituant, avait des précédents et des sentiments royalistes, des prétentions de cour, qui n'excluaient pas les prétentions littéraires, et des souvenirs constitutionnels, avec plus de métaphysique politique dans la tête que d'expérience pratique du gouvernement; un esprit de salon, plutôt qu'une intelligence d'affaires; une élocution facile, parfois élégante, mais banale, qui n'avait ni la précision, ni l'élévation de l'éloquence de la tribune. Dévoué à la royauté, résigné à la Constitution, qu'il regardait comme nécessaire, mais qu'il entendait commenter de manière à l'amoindrir dans l'application; cachant une hauteur naturelle, souvent voisine de l'impertinence aristocratique, derrière une certaine bonhomie de manières, il était léger, inconséquent, impétueux, impatient, distrait, aimable comme on l'était à la fin du dix-huitième siècle, mais peu capable d'attention, de suite et de fermeté, et dans les vues et dans l'action; disposé à trop accorder quand il avait trop refusé; désireux de plaire et aussi prompt à se dégager qu'à s'engager. Il manquait donc totalement des qualités de l'homme de direction. Ses relations les plus étroites étaient d'abord avec M. Royer-Collard, conscience honnête et droite, esprit transcendant mais dogmatique, absolu; qui élevait la politique jusqu'à la philosophie, et avait de la peine à descendre de ces hauteurs métaphysiques jusqu'à la pratique des affaires, et aux réalités morales et politiques de son temps [1]; ensuite, avec M. Guizot, qui, déjà professeur au Collége de France quoique bien jeune alors d'années, préludait à sa car-

---

1. Voir dans l'*Histoire de la littérature pendant la Restauration*, l'action philosophique exercée par M. Royer-Collard à la fin de l'Empire, tome Ier, page 126, dernière édition.

rière en remplissant les fonctions de secrétaire général du ministère de l'intérieur.

Le comte de Blacas, le plus près du cœur du Roi, n'avait pas les qualités nécessaires pour suppléer à l'indifférence égoïste et indolente du prince de Talleyrand, et à l'insuffisance spirituelle et impétueuse de l'abbé de Montesquiou. Ce gentilhomme, issu d'une des plus grandes maisons de la Provence, avait encore cette haute mine qui l'avait fait remarquer de M. d'Avaray dans les premiers temps de l'émigration ; « portant courageusement havresac et fusil, et marchant silencieusement dans la foule, froid, fier et à part de toute intimité. [1] » Personne ne pouvait lui refuser de l'élévation dans les sentiments, un dévouement profond pour le Roi, une intelligence cultivée, un courage naturel et le désir de bien faire. Mais il était complétement étranger aux formes de l'administration. Arrivé la veille de l'exil, il ne connaissait ni les hommes ni les choses. Aussi évitait-il les conversations sur les affaires, plus occupé de la formation de la cour que de l'établissement de la monarchie. En outre, il joignait à une hauteur qui lui était naturelle la confiance de sa faveur, qui était absolue.

Le grand chancelier, M. Dambray, était un ancien membre du parlement, tout pénétré des maximes de la monarchie française; âme honnête et pleine de droiture, cœur dévoué à la royauté, magistrat éminent, mais connaissant peu la France; étranger aux affaires, en dehors de la politique.

C'étaient là les quatre hommes les plus importants du ministère, les seuls en position d'y prendre la haute main; les autres ne pouvaient y aspirer.

M. de Vitrolles, hardi, remuant des idées, fécond en projets, ardent à l'action, ne se laissant imposer ni par les hommes ni par les événements, eût été par son ambition et son audace,

---

1. *Mémoires* de madame de Gontaud.

sinon par son expérience, au niveau de cette tâche. Ni la confiance ni la volonté ne lui manquaient pour la remplir, mais il était trop nouveau dans les affaires pour être suivi; et, plutôt souffert qu'accepté, ce n'était pas lui qui pouvait conduire. D'ailleurs, la faveur de Monsieur lui nuisait auprès du Roi, qui le regardait comme un esprit et un caractère d'aventure. Le baron Louis marchait à la suite de M. de Talleyrand. Il avait en finances des connaissances pratiques, mais il mettait les questions d'argent au-dessus de toutes les questions, et il introduisait trop souvent dans les affaires l'inflexibilité d'un esprit infatué de sa supériorité, l'effervescence de ses opinions, singulier mélange d'un royalisme de circonstance, de traditions révolutionnaires et de haine pour les royalistes, et la brusquerie tyrannique d'un caractère emporté, intraitable et fâcheux [1]. L'homme et le politique gâtaient souvent chez lui le financier.

Le comte Beugnot se trouvait lui-même souverainement déplacé à la police, à la tête de laquelle il aurait voulu mettre

---

1. Le duc de Raguse, qui avait demandé une conférence au gouvernement provisoire pour l'entretenir de l'inconvénient qu'il y avait à laisser se dissoudre les troupes qui avaient reconnu le gouvernement provisoire, et dont on pouvait avoir besoin contre l'étranger, raconte ainsi la discussion qu'il eut avec le baron Louis : « Un homme habillé de noir, de mauvaise figure, que je ne connaissais pas, me dit : — Monsieur le maréchal, nous manquons d'argent pour payer les troupes, ainsi nous en avons plus qu'il ne nous en faut. — Monsieur, répondis-je, ce qui me prouve que loin d'en avoir trop nous n'en avons pas assez, c'est que l'ennemi est entré dans la capitale. — Mon interlocuteur m'interrompit avec humeur. — Nous avons trop de troupes, répéta-t-il, puisque nous n'avons pas d'argent. D'ailleurs elles nous sont fort inutiles. Le ministre de la guerre nous rendra compte de l'état des choses, et nous proposera ce qu'il convient de faire. — Cet homme si noir et si grossier était le baron Louis. Quand je vis percer l'idée de se mettre sans garantie à la disposition des étrangers, je m'indignai et lui dis : — Les sentiments que vous montrez sont ceux d'un mauvais Français. La manière dont vous les exprimez me blesse et m'offense, et si vous continuez, je vous ferai sauter par la fenêtre. — Il se mit à trembler de colère, sa mâchoire en fureur était si agitée qu'il ne pouvait plus parler et qu'on ne pouvait plus l'entendre. » (*Mémoires du duc de Raguse*, tome VII, page 8.)

M. Pasquier, mais où il restait faute d'avoir trouvé place ailleurs. Il se consolait d'y être, en se promettant d'y rester peu. Avant 1789, ancien secrétaire du cardinal de Brienne pendant le ministère si court et si malheureux de ce prélat, secrétaire général du ministère de l'intérieur sous Lucien pendant le Consulat, plus tard préfet de Rouen, et placé ensuite au conseil d'État pour l'éclairer sur les questions de filature et de fabrique qu'il avait étudiées dans cette ville, envoyé à Jérôme Bonaparte pour organiser le royaume de Westphalie, et plus tard à Dusseldorf, puis enfin préfet de Lille, avec des pouvoirs extraordinaires, c'était un administrateur habile, fécond en ressources et en aperçus, mais plus apte encore à discuter les affaires qu'à les terminer. Il avait l'inconvénient d'être léger et trouvait plus facilement un bon mot qu'une solution. Comme les hommes qui savent beaucoup et n'ont pas de principes arrêtés, il doutait de tout le monde et un peu de lui-même. La volonté, c'est-à-dire la première condition du gouvernement, — l'intelligence n'est que la seconde, — lui manquait.

On a vu l'origine du général Dupont. La longue disgrâce militaire qui pesait sur lui depuis Baylen rendit contre lui la calomnie et les préventions faciles, dès qu'il ne fut plus défendu par cet intérêt qui s'attache au malheur. Franchement rallié aux Bourbons, il était trop nouveau dans la politique pour y exercer une action. Le baron Malouet, administrateur habile, était déjà atteint de la maladie qui devait, avant la fin de l'année, le conduire au tombeau, et qui paralysait déjà ses moyens et son activité.

Formé d'hommes d'origines si diverses, peu sympathiques les uns aux autres, et dont les idées étaient sur beaucoup de points disparates, le nouveau ministère, qui ne comptait pas un seul membre qui fît partie de la Chambre des députés, n'aurait pu trouver l'unité et la suite, ces deux conditions essentielles de toute bonne politique, que dans des délibérations communes ou dans la haute impulsion et la haute surveillance du Roi. Ces dernières ressources lui manquèrent.

Dès les premiers moments, le conseil des ministres se réunit rarement, et, quand il se réunissait, c'était plutôt pour se livrer à des conversations générales que pour traiter à fond les affaires. A la première séance, l'antipathie profonde de l'abbé de Montesquiou contre le baron de Vitrolles avait éclaté. Il s'était écrié, devant le Roi lui-même, qu'il se trouvait empêché de parler lorsqu'il y avait au conseil une personne autorisée à prendre des notes sur la discussion des affaires et les opinions de chacun de ses membres sous prétexte de dresser des procès-verbaux. Rien au monde, avait-il ajouté, ne pouvait gêner autant la liberté des délibérations et compromettre les secrets d'État. Le baron de Vitrolles avait vivement répondu en exposant l'utilité de la secrétairerie d'État pour l'ordre, la régularité, la suite et l'esprit de tradition et d'ensemble des affaires, et le Roi l'avait assez favorablement écouté. L'abbé de Montesquiou reprenait la parole avec sa pétulance accoutumée, en traitant son antagoniste de vizir, lorsque le duc de Berry, qui assistait au conseil, et qui avait remarqué l'approbation silencieuse du Roi pendant que M. de Vitrolles parlait, mit fin au débat en disant qu'il était inouï qu'on renouvelât une pareille discussion quand le Roi avait prononcé. Cette querelle d'intérieur devint le sujet de l'attention de la famille royale dans les conversations intimes de l'après-dîner et des préoccupations de la cour. Le baron de Vitrolles avait promis au Roi de lui soumettre, avant la fin de la journée, un mémoire. Le Roi, après l'avoir entendu, lui ordonna, sans entrer dans aucune discussion, de rester à son poste. La question personnelle se trouvait résolue, mais non la question politique. M. de Vitrolles conserva quelques fonctions de l'ancienne secrétairerie d'État et l'entrée journalière du cabinet du Roi. Il assistait au conseil, tenait la plume pour la rédaction des procès-verbaux, correspondait avec les ministères quand le Roi lui en donnait l'ordre, dirigeait la rédaction du *Moniteur* et l'envoi des dépêches télégraphiques ; mais la plupart des attributions de l'ancienne secrétairerie d'État tombèrent en désuétude, ses communications régulières avec les divers ministères furent à peu près interrompues. M. de Vitrolles ne reçut plus d'avance les projets qu'il devait soumettre au Roi et à la discussion du conseil privé ; il lui devint par conséquent impossible de faire savoir d'avance aux membres du conseil sur quoi porteraient les délibérations. Par suite, les discussions devinrent vagues, vides et sans portée. Les ministres, s'isolant les uns des autres et affranchissant leur indépendance individuelle du contrôle du conseil, s'habituèrent à porter directement leurs ordonnances les plus importantes au Roi et à les faire signer par lui sans qu'elles eussent été préalablement discutées en conseil privé. Souvent les membres du ministère n'apprirent les actes de l'administration dont ils faisaient partie que par le *Moniteur* ou le *Bulletin des lois*. La secrétairerie d'État ne conservant plus le dépôt des minutes signées par le Roi, et ces minutes étant emportées par le ministre qui les faisait signer, elles purent être altérées dans les bureaux par des agents secondaires ; c'est ainsi que des employés infidèles introduisirent de nouveaux noms dans les listes nominatives des chevaliers de Saint-Louis et de la Légion d'honneur et firent un trafic de ces décorations.

Une partie de ces inconvénients aurait pu être évitée si le Roi avait coordonné, par l'impulsion d'une pensée dirigeante, les errements des divers ministères. Chaque ministre allant travailler avec lui, c'est dans le cabinet du monarque que l'unité du gouvernement aurait pu se faire. Mais les ministres ne tardèrent pas à s'apercevoir que, hors les cas extrêmement graves, le Roi, accablé d'infirmités et plus habitué aux délassements d'une conversation spirituelle et ornée qu'à la contention d'esprit que demandent les affaires, n'aimait pas être ennuyé des détails, quoique son esprit naturellement juste et vif lui suggérât ordinairement la meilleure solution [1].

C'était avec cette organisation gouvernementale défectueuse que la Restauration, appuyée sur la force et la nécessité nationale de son principe sous lequel la France était venue s'abriter dans ces circonstances critiques, allait aborder les grands problèmes de la situation.

II

PREMIÈRES MESURES : MAISON DU ROI. — ARMÉE. — FINANCES.

Il y avait des questions que le Roi avait tranchées d'avance : celle de sa maison civile était du nombre. Il en avait conservé une dans l'exil, elle rentra avec lui. On avait vu M. de Dreux-Brézé, grand maître des cérémonies de France, publier dans le *Moniteur* du 1er mai 1814 le cérémonial pour la réception du Roi, en ajoutant que « vu la précipitation avec laquelle avait été rédigé et arrêté le présent cérémonial, Monsieur a voulu que le grand maître des cérémonies déclarât en son nom que ce qui sera observé dans la présente cérémonie aura lieu sans rien

---

[1]. M. Beugnot, dans ses *Mémoires*, raconte fort spirituellement le peu de succès qu'il obtint près du Roi la première fois qu'il travailla avec lui, pour avoir rapporté les affaires avec trop de soin. M. de Blacas lui dit le lendemain que le Roi avait deviné qu'il avait dû être membre d'un tribunal. La seconde fois qu'il travailla avec le Roi, il s'efforça d'être plus court; mais Louis XVIII trouva encore qu'il s'était perdu dans les détails. Il raconta sa mésaventure à M. l'abbé Louis qui en rit beaucoup. — Comment, lui dit celui-ci, ne vous êtes-vous pas aperçu, dès le premier jour et dès la première affaire, que vous ennuyiez le Roi à mourir. Moi je lui présente seulement des ordonnances à signer, et il ne m'en refuse pas une! — « Je me tins pour suffisamment instruit, continue M. Beugnot, et la première fois que je retournai chez le Roi, j'employai le même procédé que l'abbé Louis, je ne rencontrai pas plus de difficulté que lui. »

préjuger sur les droits et les prétentions de personne. » Les anciens titulaires reprirent leurs fonctions ; on ne pourvut guère qu'aux emplois vacants. C'était, on l'a dit, une des tendances les plus prononcées de l'esprit de Louis XVIII que cette appropriation des anciens noms aux anciennes choses. Elle avait ici un grave inconvénient. La noblesse ancienne allait prendre autour du Roi et, pour ainsi parler, dans l'institution monarchique, une place hors de toute proportion avec celle qu'elle occupait dans la société. Point de départ d'une double lutte pleine de périls pour l'avenir ; car la noblesse aspirant à égaler sa position sociale à ses honneurs, la société nouvelle, jalouse et défiante de sa nature, devait lui envier jusqu'à ses honneurs, signe extérieur d'un pouvoir que la noblesse avait à jamais perdu.

Le prince de Condé fut grand maître de la maison du Roi ; le cardinal de Talleyrand-Périgord, grand aumônier ; les ducs de Duras, de Villequier, de Richelieu, de Fleury, furent premiers gentilshommes de la chambre ; le duc d'Havré, le prince de Poix, le duc de Grammont, le duc de Luxembourg, capitaines des gardes ; le comte de Blacas, grand maître de la garde-robe ; le marquis d'Avaray, maître de la garde-robe ; le marquis de la Suze, grand maréchal des logis ; le marquis de Dreux-Brézé, grand maître des cérémonies. La forme était vieille de plusieurs siècles ; c'était toute l'organisation de la maison royale dans l'ancien régime, et, ce qui était un nouvel inconvénient, pas un nom moderne ne se mêlait aux vieux noms dans cet entourage officiel du Roi, revenu presque tout entier avec lui de l'exil.

On faisait reparaître, en même temps, la maison militaire du Roi. Les quatre anciennes compagnies des gardes du corps étaient commandées par le duc d'Havré-Croï, le duc de Grammont, le prince de Poix (Noailles), le duc de Luxembourg (Montmorency) ; les deux nouvelles par le prince Berthier et le duc de Raguse. Le même mélange de noms d'origines diverses se retrouvait dans les chefs des autres corps, et la même proportion avait été à peu près observée. Les deux compagnies de chevau-légers et de gendarmes de la garde, dites compagnies rouges à cause de la couleur de leur uniforme, avaient été données au comte Charles de Damas et au comte Étienne de Durfort. Les deux compagnies de mousquetaires gris et noirs, ainsi appelés de la couleur de la robe de leurs chevaux, furent placés sous les ordres de deux généraux distingués sortant des armées impériales, le comte de Nansouty et le marquis de Lagrange ; le marquis de Larochejaquelein, qui avait rendu de grands services à Bordeaux, eut le commandement de la compagnie des grenadiers à cheval, composée de cent hommes choisis au mérite et à la valeur parmi les soldats et les sous-officiers de toute arme. Il y eut aussi une compagnie des gardes de la porte commandée par le comte de Vergennes, fils de l'ancien ministre de Louis XVI, et une compagnie des gardes de la prévôté de l'hôtel commandée par le comte de Montsoreau, exerçant la charge de grand prévôt, en survivance du marquis de Tourzel qui en était titulaire.

On décida de créer un corps d'infanterie d'environ 4,000 hommes sous le nom de garde royale, pour ne pas ressusciter le nom de gardes françaises compromis dans les troubles de la Révolution, et de joindre à la maison militaire du Roi un corps d'artillerie à pied et à cheval. Mais l'infanterie resta en projet, et l'artillerie à pied et à cheval, qui devait servir cinquante-six bouches à feu, ne fut pas complétée.

Ainsi la maison militaire du Roi reparaissait telle qu'elle avait brillé aux beaux jours de Louis XIV. C'était une des idées de l'émigration que la réduction de son effectif avait contribué à la Révolution : Louis XVIII partageait cette idée. Suivant l'usage presque invariable des hommes, on relevait la digue derrière le torrent pour se consoler de ne pas l'avoir arrêté. Les Parisiens, toujours curieux, coururent aux cérémonies où parurent ces uniformes inusités. On prit mal à propos cette curiosité pour une approbation. Malgré les beaux souvenirs militaires laissés par ces corps héroïques auxquels on avait dû la victoire de Fontenoy, cette évocation du passé n'était ni heureuse ni politique. Il y a en toute chose une harmonie qu'il faut respecter. Ces anciens uniformes mêlés aux nouveaux choquaient les yeux comme un anachronisme. En outre, ces corps privilégiés de nouvelle date mécontentaient l'armée déjà si difficile à concilier à la Monarchie. Quoiqu'ils fussent composés de jeunes gens braves et très-capables de faire leurs preuves, les anciens militaires, surtout ceux qui se trouvaient privés de l'activité, ne devaient pas leur pardonner d'avoir obtenu sans combats ces grades laborieusement conquis dans l'armée impériale sur les champs de bataille. C'est la pente invincible de la nature humaine qu'il n'aurait pas fallu méconnaître [1].

Si la considération qui entraînait à créer des corps nouveaux était la nécessité de donner à la royauté restaurée une force militaire sur laquelle elle pût compter, il ne fallait point perdre de vue cette considération en s'occupant de l'organisation générale de l'armée, et l'on aurait trouvé une meilleure garantie en faisant tout à nouveau.

L'armée avait tenu jusqu'au dernier moment pour Napoléon. Par la solidarité des victoires et des souvenirs, elle appartenait plus à son général qu'à la France. Il y avait peu à compter

---

[1]. Le général Dupont avait prudemment établi que les simples gardes qui avaient rang de lieutenant en entrant dans le corps pouvaient passer dans la cavalerie de l'armée avec un grade supérieur à celui qu'ils recevaient en entrant dans les compagnies des gardes, mais seulement au bout de dix ans de service dans leur compagnie. (Ordonnance du 10 juin 1814.) Mais ces dispositions urent changées sous un de ses successeurs.

sur elle contre lui, d'autant moins à compter qu'après quelques mois de repos, elle devait être facilement amenée à comparer la monotonie de la vie de garnison avec la vie accidentée et pleine d'intérêt des bivacs et des champs de bataille. Dans les conversations des casernes, les souvenirs de l'Empire devaient être sans cesse évoqués. Il n'y avait qu'une chose à faire après la chute de l'Empire, c'était de licencier l'armée en conservant les officiers dans leurs honneurs, grades et pensions, en faisant ensuite rentrer les soldats dans la nouvelle armée réorganisée sur un nouveau plan. On l'aurait préparée pour la Monarchie ; agir autrement, c'était la réserver pour Bonaparte. Il l'avait lui-même senti, au moins pour sa garde, car il disait, après avoir signé son abdication : « Si j'étais Louis XVIII, je ne conserverais pas ma garde; il n'y a que moi qui puisse la mener; et puis je l'ai trop bien traitée pour qu'elle ne me conserve pas son affection. Je la licencierais en donnant de bonnes retraites aux sous-officiers et soldats, et de l'avancement dans la ligne à ceux qui voudraient encore servir. »

Dès le 6 mai, une ordonnance constitua un conseil de guerre, chargé de la réorganisation de l'armée. Il se composait des maréchaux Ney, Augereau, Macdonald, du comte Dupont, ministre de la guerre, des généraux de division Compans et Curial pour l'infanterie; du général de division Latour-Maubourg et du général de brigade Préval pour la cavalerie; du général de division Lery pour le génie; du général de division Sorbier et du général de brigade Évain pour l'artillerie; du général de division Kellermann pour la garde; du commissaire ordonnateur Marchand pour l'administration de la guerre; du général de brigade Félix, inspecteur aux revues, pour l'administration militaire; ce dernier fut nommé, en même temps, rapporteur du conseil. C'était donc exclusivement dans l'armée impériale qu'on avait choisi les membres de ce conseil chargé de réorganiser l'armée.

Conformément aux avis de ce conseil, une ordonnance royale, en date du 12 mai 1814, conserva l'infanterie et la cavalerie de la vieille garde avec son ancienne organisation; on substitua seulement le nom de grenadiers et de chasseurs de France aux anciennes dénominations, et l'on prit une mesure analogue pour la cavalerie. Les officiers conservèrent le rang du grade supérieur, et en portèrent les marques distinctives, ce qui n'avait pas lieu sous Napoléon; les sous-officiers, brigadiers et caporaux continuèrent à porter les marques de leurs grades; mais la solde fut diminuée d'un tiers, et ce magnifique corps, qui se montait à 7,376 hommes, perdit le privilége qu'il avait de veiller sur les jours du souverain et de tenir garnison à Paris.

Ce n'était point une réorganisation, c'était simplement un changement de nom qui laissait à l'ancienne garde son esprit de corps, ses prétentions, et le regret de sa position passée comparée à sa position présente.

L'infanterie de ligne, par une ordonnance du 12 juin, fut organisée ainsi qu'il suit. Elle forma quatre-vingt-dix régiments, chacun de trois bataillons; chaque bataillon étant de six compagnies, dont une de grenadiers et une de voltigeurs. Les trente premiers régiments conservèrent leurs numéros; les autres prirent le numéro le plus proche de celui qu'ils avaient eu. Le premier régiment d'infanterie reçut le nom de régiment du Roi; le second, de régiment de la Reine; le troisième, du Dauphin; le quatrième, de Monsieur; le cinquième, d'Angoulême; le sixième, de Berry; le septième, d'Orléans; le huitième, de Condé; le neuvième, de Bourbon.

On appliqua les mêmes mesures à l'infanterie légère réduite à quinze régiments; ils reçurent les mêmes dénominations honorifiques.

Les trente-neuf régiments de ligne, les vingt et un régiments d'infanterie légère, les quinze régiments de tirailleurs, les quinze régiments de voltigeurs, les deux régiments de flanqueurs qui existaient en dehors de cette organisation, servirent à compléter les cent cinq régiments d'infanterie, dont la force resta fixée à 1,379 hommes, dont 67 officiers et 1,312 sous-officiers et soldats.

La force totale de l'infanterie de ligne se trouva ainsi fixée à 144,795 hommes. Tout le reste des hommes fut renvoyé à ses foyers.

Dans l'amalgame qui eut lieu pour la formation de chacun des cent cinq régiments, les officiers et sous-officiers de tout grade furent placés titulairement suivant leur rang d'ancienneté. Pour diminuer le nombre des officiers qu'on était obligé de mettre en non-activité, l'ordonnance du 12 mai 1814 décida que l'on mettrait à la retraite tous les officiers qui, par l'ancienneté de leurs services, leurs blessures ou leurs infirmités, auraient des droits acquis à une solde de retraite, d'après les règlements en vigueur. On conservait à la suite de chaque régiment, et suivant l'ordre d'ancienneté, un chef de bataillon, un adjudant-major, six capitaines, six lieutenants, six sous-lieutenants, y compris un quartier-maître, qui, de même que les officiers titulaires, conservèrent le traitement d'activité. Tous les autres officiers, sans distinction de grades, y compris les officiers prisonniers qui allaient rentrer après l'organisation effectuée, devaient jouir, dans leurs foyers, d'un traitement égal à la moitié de la solde d'activité. Les deux tiers des nominations devaient se faire selon l'ancienneté, le dernier tiers était au choix du Roi.

Du moment que l'on repoussait l'idée d'un licenciement complet et d'une organisation complétement nouvelle, il n'était pas possible de mieux faire dans l'intérêt du pays et de l'armée.

On appliqua les mêmes principes à l'organisation de la cavalerie qui compta cinquante-six régiments.

La force de chacun de ces régiments fut fixée à 602 hommes de troupes et à 469 chevaux, avec 42 officiers et 58 chevaux d'officiers en dehors : c'était un total de 33,685 hommes de troupes, de 2,352 officiers et de 29,512 chevaux, y compris les chevaux d'officiers.

Les dénominations honorifiques, l'institution des officiers à la suite, la distribution des hommes des régiments supprimés dans les régiments conservés, l'avancement des deux tiers donné à l'ancienneté, la mise à la demi-solde de tous les officiers restés en dehors de la nouvelle organisation, furent appliqués à la cavalerie comme à l'infanterie.

La force totale du corps royal d'artillerie fut de huit régiments d'artillerie à pied, de quatre régiments d'artillerie à cheval, d'un bataillon de pontonniers, de douze compagnies d'ouvriers d'artillerie, de quatre escadrons du train et d'employés à la suite du corps. Chacun des régiments d'artillerie à pied comptait 1,414 hommes, en comprenant les officiers. Chacun des régiments d'artillerie à cheval comptait 411 hommes. L'effectif général de l'artillerie s'élevait à 11,312 hommes.

La force totale du corps royal du génie était de 4,824 hommes. Il se composait de trois régiments de sapeurs et mineurs, d'une compagnie d'ouvriers, d'une compagnie du train du génie.

Le total général de l'armée était de 223,812 hommes et de 32,164 chevaux.

Si la Restauration n'était point à l'abri des servitudes et des misères qui pèsent sur l'établissement de tous les gouvernements, elle renouvelait par la paix la population de la France et soulageait ses finances. Par suite de la réduction de l'effectif, plus de trois cent mille hommes présents sous les drapeaux ou prisonniers étaient rendus à leurs foyers, à la terre qui manquait de bras, à l'industrie. Près de quatorze mille officiers retournaient dans leurs familles avec la demi-solde. C'était pour le moment, il est vrai, avec un brisement de cœur que ces vaillants hommes de guerre déposaient leurs épées; mais si la Restauration devait souffrir de leur injuste mécontentement, — injuste, car la guerre n'est pas un état de choses normal, et ne saurait être qu'une nécessité malheureuse, — la France devait profiter de l'activité féconde de tous ceux d'entre eux qui étaient assez jeunes pour se créer de nouvelles carrières. La nation retrouvait le nerf de sa population. En même temps, l'immense réduction de l'effectif soulageait d'un poids annuel de trois cents millions nos finances obérées; c'était la différence entre l'état de guerre et l'état de paix.

La question financière devait être portée devant les Chambres. Il n'y avait, pour les premiers moments, que des mesures provisoires à prendre. Le Roi adopta celles proposées par le baron Louis. Par une proclamation du 10 mai 1814, il prorogea, au nom du salut de l'État, l'exécution des lois antérieures sur les impôts existants, y compris l'administration des droits réunis, « jusqu'à ce que d'autres lois procurassent à ses peuples les soulagements qu'ils réclamaient et que les circonstances rendraient possibles. » On put marcher. Seulement, cet avantage financier fut balancé par un inconvénient politique. Il fallut donner un démenti aux promesses que Monsieur avait faites sur la route de Nancy à Paris, et M. le duc d'Angoulême à Bordeaux et dans les provinces du Midi, en répétant cette phrase : « Plus de conscription, plus de droits réunis ! » Le mécontentement fut tel à Bordeaux qu'il y eut une émeute contre la perception des droits réunis, et le duc d'Angoulême dut s'y rendre pour calmer l'agitation des esprits. Les troubles s'apaisèrent, mais la considération du gouvernement royal souffrit de cette espérance imprudemment donnée et si promptement déçue.

III

TRAITÉ DE PARIS.

Le Roi avait naturellement chargé M. de Talleyrand de négocier avec les puissances coalisées le traité qui devait régler les nouvelles frontières de la France. La convention du 23 avril, signée par le comte d'Artois sur le conseil de M. de Talleyrand, posait les bases du traité à intervenir. Il y était dit, en effet, que la France reprendrait ses frontières du 1er janvier 1792. C'était du reste la condition *sine qua non* posée dès l'ouverture du congrès de Châtillon, l'ultimatum confirmé par le traité de Chaumont, et que M. de Caulaincourt avait mission d'accepter pour Napoléon quand il rejoignit le quartier général des coalisés avant leur entrée à Paris. Cependant, d'après le traité définitif signé le 30 mai 1814, l'ancienne France resta agrandie de plusieurs fractions de territoire qui, venant s'ajouter aux départements du Nord, des Ardennes, de la Moselle, du Bas-Rhin et du Doubs et formant un nouveau département, celui du Mont-Blanc, pris sur la Savoie, ajoutaient au territoire national une étendue de cent cinquante milles carrés, et quatre cent cinquante mille âmes à sa population [1]. D'après cette déli-

---

1. Ces adjonctions territoriales se décomposaient ainsi :
1° Du le département de Jemmapes les cantons de Dour, Merles-le-Château, Beaumont et Chimay, formant un angle rentrant entre le département du Nord et celui de Sambre-et-Meuse; par ordonnance royale du 18 août 1814, les trois premiers cantons furent réunis au département du Nord, le quatrième à celui des Ardennes.
2° Du le département de Sambre-et-Meuse, les cantons de Valcour, Florennes, Beauraing et Gedinne. Ces cantons furent réunis, par une ordonnance datée du même jour, au département des Ardennes.

mitation, la forteresse de Landau restait à la France. Les cours alliées nous reconnaissaient en outre la possession de la principauté d'Avignon et du comtat Venaissin, réunis à la France par un décret de l'Assemblée constituante du 13 septembre 1791, mais contre lequel le gouvernement romain n'avait cessé de protester. Sauf ces adjonctions, la France perdait les conquêtes de la République et de l'Empire, montant à une population évaluée à 15,360,000 âmes ; mais, plus heureuse dans son malheur que ne l'avaient été les puissances coalisées aux jours de leurs défaites, elle ne perdait que des conquêtes, au lieu d'être démembrée comme l'avaient été la Prusse et l'Autriche dans leur territoire.

Le gouvernement britannique prenait en outre, en son nom et au nom de ses alliés, l'engagement de restituer à la France les colonies et les établissements qu'elle possédait au 1er jan-

---

3° Du le département de la Moselle, le canton de Tholey et ce qui est situé au midi d'une ligne à tirer depuis Perle jusqu'à Fromerdof.

4° Les cantons de Saarbruck et d'Arneval et une partie de celui de Lebach dans le département de la Moselle.

5° Une partie des départements du Mont-Tonnerre et du Bas-Rhin, telle que la forteresse de Landau. Il fut convenu que le thalweg du Rhin constituerait la limite.

6° Une légère rectification de limites entre le département du Doubs et la principauté de Neuchâtel.

7° Du côté du pays de Vaud, la frontière fut tracée de manière que les cantons de Frangy, une partie de ceux de Saint-Julien, de Régnier et de La Roche, restassent à la France. Par contre, celle-ci perdit la vallée de Dupes, située hors de cette ligne. Cette vallée, entièrement inhabitée, couverte de rochers et ne contenant que quelques pâturages, avait été acquise en 1802 par la France qui y avait fait construire une route servant à la communication entre Paris et Genève.

8° De l'ancien département du Mont-Blanc, la France acquérait la préfecture de Chambéry (sauf Montmeillan) et Annecy. Par une ordonnance du 8 novembre 1814, ces parcelles furent réunies en un département qui conserva le nom de département du Mont-Blanc.

9° Le comté de Montbéliard, que la France avait tenu en séquestre de 1723 à 1748, et qui avait été conquis par les armées françaises en 1792 ; ce comté fut réparti entre les départements du Doubs et de la Haute-Saône. (Voir l'*Histoire des traités*, par Schœll, tome X.)

vier 1792, à l'exception de Tabago, de Sainte-Lucie, de l'île de France et de ses dépendances, nommément Rodrigue et les Séchelles, qui demeurèrent cédées à la Grande-Bretagne, et de la partie de Saint-Domingue appartenant primitivement à l'Espagne, cédée par elle à la France lors du traité de Bâle, et que la France lui rétrocédait par celui du 30 mai 1814. Les plénipotentiaires anglais avaient insisté pour obtenir la cession des Saintes, groupe d'îles et d'îlots, situées à onze kilomètres de la Guadeloupe, d'une faible importance sous le rapport de leur production, mais d'une grande importance à cause de la bonté de leur mouillage et de leur proximité de la Guadeloupe, considération qui détermina les plénipotentiaires français à persister dans leur refus; ils préférèrent céder Sainte-Lucie. La Grande-Bretagne exigea la cession de l'île de France; elle n'avait pas oublié combien, dans la dernière guerre, cette possession française avait fait de mal au commerce britannique.

Elle nous faisait donc rendre la Guadeloupe par la Suède, à laquelle elle l'avait cédée, et la Guyane française par le Portugal, qui l'avait conquise en 1809; elle nous restituait la Martinique, Saint-Martin, les Saintes, Marie-Galande, la Désirade, la Petite-Terre, c'est-à-dire tout le groupe des Antilles françaises que nous possédons actuellement entre le 60° degré 30 minutes de latitude et le 87° degré 20 minutes de longitude ouest dans la mer des Antilles; elle nous restituait en outre, dans la mer des Indes, Bourbon, dont elle s'était emparée en 1810. Sur le continent des Indes, elle accordait aux Français les mêmes priviléges qu'aux nations les plus favorisées, mais il demeurait convenu que la France ne ferait aucun ouvrage de fortification dans les établissements qui lui seraient restitués dans les limites de la souveraineté britannique sur le continent des Indes, et qu'elle ne mettrait dans ces établissements que le nombre de troupes nécessaire pour le maintien de la police. Ces restitutions se bornaient à cinq districts épars : Pondichéry, Karikal, Yanaon, Mahé, Chandernagor, villes presque sans territoire, ombre de cet Empire français que nous avions possédé un moment dans l'Inde au dix-huitième siècle, au temps de Dupleix et de La Bourdonnais.

Les conquêtes continentales que la Révolution et l'Empire avaient faites sans pouvoir les conserver nous faisaient donc perdre, au moment de cette grande liquidation des guerres révolutionnaires et impériales, une partie de nos acquisitions d'outre-mer, dues aux armes ou à la politique de la Monarchie.

Quant au droit de pêche des Français sur le grand banc de Terre-Neuve, sur les côtes de l'île de ce nom et dans le golfe de Saint-Laurent, tout était remis sur le même pied qu'en 1792.

L'article 15 du traité, réglant les questions que l'article 4 de la convention du 23 avril laissait indécises, décidait que les vaisseaux trouvés dans les places maritimes remises par la France, l'artillerie navale, les munitions navales et tous les matériaux de construction et d'armement, seraient partagés entre la France et les nouveaux possesseurs, dans la proportion des deux tiers pour celle-là, et d'un tiers seulement pour ceux-ci : étaient exceptés de ce partage les vaisseaux et arsenaux existant dans les places maritimes tombées au pouvoir des alliés avant le 23 avril, les vaisseaux et arsenaux de la Hollande, et nommément la flotte du Texel. Le port d'Anvers devait être désormais uniquement un port commercial.

Par l'article 18, les puissances « voulant, disaient-elles, donner au roi de France un nouveau témoignage de leur désir de faire disparaître, autant que possible, les conséquences d'une époque malheureuse, renonçaient à la totalité des sommes qu'elles auraient à réclamer à la France à raison de contrats, de fournitures ou d'amendes quelconques imposées par le gouvernement français dans les différentes guerres qui ont eu lieu depuis 1792 [1]. »

Par l'article 19, le gouvernement français s'engageait à faire liquider et à payer les sommes qu'il se trouvait devoir d'ailleurs, dans les pays hors de son territoire, en vertu de contrats ou d'autres engagements formels passés entre des individus ou des établissements particuliers et les autorités françaises, tant pour les fournitures qu'en raison d'obligations légales. Ainsi le traité faisait une distinction dont le motif et la portée sont faciles à saisir. La France n'était sujette à aucune répétition pour ce que son gouvernement avait imposé de sacrifices, pendant les guerres révolutionnaires et impériales, à la fortune publique des autres États. Elle restait également, vis-à-vis des individus, à l'abri de toutes réclamations pour les prestations en nature faites sans promesse de payement, les contributions de guerre imposées, les confiscations, les déprédations dont ils pouvaient avoir eu à se plaindre. Les obligations ne commençaient que là où il y avait engagement de payement; ses promesses étaient la mesure de ses dettes. Par une conséquence du même principe, dans les pays que le traité du 30 mai détachait de son territoire, et dont elle avait en partie liquidé les dettes en les inscrivant au grand-livre de la dette publique de France, elle ne continuait à payer la rente des inscriptions qu'à condition que les nouveaux souverains du pays lui rembourseraient le capital de la dette amortie.

Par l'article 26, la France était déchargée, à partir du 1er janvier 1814, de toute pension militaire, civile, ecclésiastique, solde de retraite, envers tout individu qui se trouvait ne plus être sujet français.

---

[1]. L'auteur de l'*Histoire des traités*, M. Schœll, fait monter à 94 millions les répétitions qu'aurait eues à exercer la Prusse pour les réquisitions qu'elle avait subies.

Toutes ces dernières dispositions avaient pour objet de ménager la France, pliant déjà sous le faix d'une invasion, et l'on doit reconnaître que de la part d'ennemis qui, vaincus pendant tant d'années, avaient payé chèrement les frais de la guerre, et qui, vainqueurs cette fois, signèrent la paix dans les murs même de Paris, elles étaient généreuses. L'article 27, rédigé dans le même esprit, stipulait que les domaines nationaux acquis à titre onéreux par des sujets français dans les ci-devant départements de Belgique, de la rive gauche du Rhin et des Alpes, hors du territoire actuel de la France, demeureraient garantis aux acquéreurs. En maintenant l'irrévocabilité de la vente des biens nationaux acquis par des Français, hors la France comme en France, on voulait mettre le gouvernement nouveau à l'abri des répétitions des acquéreurs dépossédés qui auraient eu un recours naturel contre l'État.

Outre ces stipulations, destinées à régler les intérêts et les rapports réciproques des puissances coalisées et de la France, il y en avait quelques-unes qui, empiétant sur les travaux du congrès convoqué à Vienne, posaient d'avance quelques principes d'après lesquels devaient être réglés les grands intérêts européens.

L'article 6 établissait que la Hollande, placée sous la souveraineté de la maison d'Orange, recevrait un accroissement de territoire, et que le souverain de ce pays ne pourrait porter aucune couronne étrangère; disposition dont le but était de prévenir la réunion possible de la couronne de Hollande et de celle de l'Angleterre sur une même tête. Il déclarait en outre que les États d'Allemagne seraient indépendants, mais réunis par un lien fédératif; ainsi l'organisation fédérale des États allemands était un principe acquis, auquel nul d'entre eux ne pouvait se soustraire. Enfin l'article 7 reconnaissait la propriété et la souveraineté de l'île de Malte et de ses dépendances à S. M. Britannique.

Dans le dernier article du traité, les puissances qui avaient consenti les stipulations précédentes s'engageaient réciproquement à envoyer, dans le délai de deux mois, c'est-à-dire au plus tard au 1er août, des plénipotentiaires à Vienne, pour arrêter dans un congrès général les dispositions destinées à compléter celles du traité du 30 mai.

Indépendamment du traité principal, la France signa avec les puissances des traités particuliers pour régler avec chacune d'elles quelques questions internationales.

Le traité avec l'Autriche ne contenait qu'un article additionnel; il stipulait l'annulation des décrets qui pouvaient avoir été portés de part et d'autre contre les individus qui changeaient de nationalité; c'était une sauvegarde que la France voulait donner à ses anciens sujets italiens.

Le traité avec l'Angleterre contenait cinq articles, dont trois étaient importants. Par le premier, le Roi de France s'engageait à unir, au futur congrès, tous ses efforts à ceux du roi d'Angleterre pour faire prononcer par toutes les Puissances de la chrétienté l'abolition de la traite des noirs, et à faire cesser, dans tous les cas, ce commerce de la part de la France dans un délai de cinq années. L'Angleterre attachait un si grand prix au règlement de cette question que le prince Régent écrivit lui-même à Louis XVIII, et que le duc de Wellington, ambassadeur d'Angleterre à Paris, reçut en août 1814 l'ordre d'offrir la cession d'une île dans les Indes occidentales et le payement d'une somme destinée à indemniser les colons lésés par suite de la prohibition de la traite, si la France consentait à l'interdire immédiatement. S'il ne pouvait l'obtenir, il devait au moins demander le droit de visite réciproque pour les vaisseaux des deux nations, mesure pleine d'inconvénients. Le gouvernement royal éluda ces offres et ces demandes en renvoyant la question au congrès de Vienne.

Le second article, de quelque importance, était celui qui

concernait l'échange des prisonniers. Il demeurait convenu qu'une balance serait établie par des commissaires entre les dépenses faites par l'Angleterre et celles faites par la France pour le même objet, et que l'excédant des dépenses de l'Angleterre constituerait une créance en sa faveur. Mais dans l'article suivant, elle renonçait au bénéfice de cette créance sous deux conditions : la première, c'est que le séquestre qui aurait été mis depuis 1792 sur les fonds, revenus, créances et autres effets des parties contractantes et de leurs sujets, serait levé ; la seconde, c'est que les commissaires nommés pour la liquidation des dépenses des prisonniers liquideraient les réclamations pour les valeurs des meubles ou immeubles indûment confisqués. Par une conséquence directe de cet article, le gouvernement anglais faisait redresser en faveur de ses nationaux porteurs de titres de rentes l'injustice des lois fiscales qui, en consolidant en France les dettes de l'État, les avaient réduites au tiers.

Le traité avec la Prusse n'avait qu'un seul article. Cette puissance se mettait en mesure de réclamer, au congrès de Vienne, les territoires qu'elle avait perdus pendant les guerres républicaines et impériales, et dont elle avait abandonné la propriété par des traités auxquels plusieurs puissances allemandes étaient intervenues. Elle leur ôtait d'avance l'argument qu'elles auraient pu tirer du traité de Bâle, signé le 8 avril 1795, du traité de Tilsitt du 9 juillet 1807, de la convention de Paris du 20 septembre 1808, en convenant avec nous que tous les actes et toutes les conventions conclues depuis la paix de Bâle entre la France et la Prusse cesseraient d'être obligatoires.

Il y avait enfin quelques articles secrets dont deux seulement avaient de l'importance. Le premier promettait au roi de Sardaigne un accroissement de territoire par la réunion de l'État de Gênes à son royaume. Par le second, la France s'engageait d'avance à reconnaître le partage que les alliés feraient des territoires conquis par leurs armées ou cédés par le traité de Paris.

Chose remarquable ! Le traité du 30 mai 1814 fut à la fois mal reçu par l'opinion en Allemagne et en France.

Dans la pensée du premier de ces deux pays qui avait tant souffert de l'ambition de Napoléon dont les aigles avaient si souvent dépecé son territoire, manié et remanié au gré de son ambition et des convenances de sa politique, cet acte diplomatique restait en deçà des sacrifices que la coalition aurait dû imposer à la France, à son tour malheureuse et envahie. On répétait que les tributs énormes levés par Napoléon, aux jours de ses victoires, auraient dû être restitués aux nations allemandes appauvries par les excès de cette fiscalité militaire. On avait espéré plus. L'Alsace, répétait-on, aurait dû être détachée du territoire français pour être réintégrée dans le corps germanique. « Cette province, disait un écrit politique qui remua vivement les idées, est le genou à l'aide duquel la France pèse sur l'Allemagne à qui elle fut ravie. » La popularité de l'empereur Alexandre souffrit en Allemagne de la part qu'il avait prise au traité du 30 mai. On l'accusait d'avoir préféré la générosité à la justice[1]. C'était à Berlin surtout que ce mouvement d'opinion se manifestait avec le plus de violence. La Prusse était la plus implacable, parce qu'elle avait été la plus malheureuse et la plus humiliée.

En France, on trouva, au contraire, que le traité du 30 mai, loin de rester en deçà des sacrifices qui pouvaient être légitimement imposés, allait au delà. On ne se déshabitue pas volontiers du rôle de vainqueur et de conquérant, et l'on aurait trouvé doux de garder quelques-uns des fruits de la victoire, en acquérant ceux de la paix. On énumérait avec chagrin les

---

1. *Mémoires tirés des papiers d'un homme d'État*, tome XII, page 445. (Paris, 1837.)

positions occupées encore par nos troupes en Allemagne et en Italie, et que, d'un trait de plume, nos plénipotentiaires consentaient à faire évacuer par les garnisons françaises. On n'en comptait pas moins de cinquante. En Allemagne : Hambourg, Magdebourg, Wesel, les citadelles d'Erfurt, de Wurzbourg ; sur le Rhin et la Meuse : Grave, Venloo, Juliers, Maëstricht, Mayence avec Cassel, Luxembourg et Kehl ; en Hollande : Naarden, les forts du Helder et du Texel, Devender, Delfzyl, Berg-op-Zoom, Cœvorden ; dans les Pays-Bas : Flessingue, Breskens, Ysendyk, Anvers, les forts de l'Escaut, Ostende, Nieuport, Ypres, l'île de Walchwen ; en Italie : Mantoue, Peschiera, Alexandrie, Plaisance, Gavi, Turin, Fenestrelles, Mont-Cenis, Savone, Bardi, Nice, Villefranche, Saint-Remo ; en Espagne : Barcelone, Figuières, Roses, Tortose ; dans la mer Adriatique : Corfou. N'aurait-il pas été possible, en cédant une partie de ces places comme rançon de la France, d'en garder quelques-unes ?

La rumeur de l'opinion fut si vive, que Louis XVIII s'en émut. Quelques personnes de son entourage rejetèrent la responsabilité du traité du 30 mai sur Monsieur, qui, disait-on, en avait rendu les clauses inévitables, en signant la convention du 23 avril. Il y eut, à ce sujet, des explications pénibles entre les deux frères. Monsieur, tombé malade à Paris, dans le courant de mai, se retira dans la première quinzaine de juin à Saint-Cloud, où il resta plus d'un mois, et ne revint à Paris que sur les instances du comte de Blacas.

Ces reproches, adressés au comte d'Artois, manquaient de justice. Le négociateur de la convention du 23 avril avait été le même que celui du traité du 30 mai : le prince de Talleyrand avait tout conduit, tout conclu ; Monsieur n'avait fait que signer. Il faut ajouter que le prince de Talleyrand avait conclu le traité du 30 mai et la convention du 23 avril sous l'empire des mêmes circonstances, sous le joug de la même nécessité.

Sans doute, nos garnisons occupaient encore cinquante places en Allemagne, sur le Rhin, la Meuse, en Hollande, dans les Pays-Bas, en Italie, en Espagne; mais toutes ces garnisons étaient bloquées dans les villes où elles tenaient encore, et nous n'avions ni communications avec elles, ni moyens de les rétablir. Ces bras de fer, avec lesquels l'Empire enserrait l'Europe, avaient été séparés, par la défaite de Napoléon, du tronc qui leur donnait le mouvement et la vie. Nous étions nous-mêmes envahis. Paris, Bordeaux, Toulouse, Lyon, Dijon étaient au pouvoir des coalisés, qui occupaient, au moment du traité comme au moment de la convention, quarante départements de la France, depuis les Pyrénées-Occidentales jusqu'à la Gironde, depuis les Alpes jusqu'au Rhin, depuis le Rhin jusqu'à la Loire. C'était près de la moitié du royaume au pouvoir de cinq cent mille étrangers, dont les réserves étaient sur le point de passer le Rhin, pour ajouter de nouveaux flots de Russes, de Prussiens, d'Autrichiens, de Danois, d'Allemands, à ce déluge européen versé sur la France par la coalition. Le sentiment national en souffrait, et il eût été fâcheux qu'il ne ressentît pas vivement cette patriotique souffrance; mais la raison ne peut méconnaître l'évidence : les coalisés étaient vainqueurs, ils signaient la paix à Paris, et en prenant la paix du 30 mai dans sa plus large généralité, elle se réduisait à ceci : ils sortaient de chez nous, à condition que nous sortirions de chez eux. L'article le plus contestable et le plus fâcheux pour nous était l'article secret dont le public ne pouvait être affecté, puisqu'il n'était pas connu, et par lequel la France s'engageait d'avance à reconnaître le partage que les alliés feraient des territoires conquis ou cédés. On verra par le récit des négociations du traité de Vienne que cet article, qui semblait autoriser les puissances à organiser l'Europe à leur guise, sans même que la France eût part au débat, ne fut point exécuté.

On fit revivre, à l'occasion de la proclamation de la paix, le vieil usage de la monarchie. Dans la matinée du 31 mai 1814, un brillant cortége se forma sur la place de l'Hôtel de Ville. Il se composait d'un détachement de la garde nationale à cheval, de douze compagnies tirées des douze légions de la garde nationale, d'un détachement de sapeurs-pompiers, de hérauts d'armes à cheval, du héraut représentant le roi d'armes de France, du préfet de la Seine, M. de Chabrol, du secrétaire général, des douze maires et de leurs adjoints, des membres des conseils général et municipal de la ville de Paris, à cheval ou dans les voitures de la ville, et d'un assez grand nombre d'autres fonctionnaires. Le cortége se rendit successivement place du Carrousel, place du Palais-Bourbon, place du Palais du Luxembourg, place Maubert, place de la Bastille, porte Saint-Denis, place Vendôme, enfin place de l'Hôtel de Ville. A chacune de ces stations, le héraut d'armes répétait : « Habitants de Paris, la paix vient d'être conclue entre la France, l'Autriche, la Russie, l'Angleterre et la Prusse; une paix honorable, qui assure le repos de l'Europe et le vôtre. Vive le Roi ! vivent les Bourbons ! » La foule répondait par ses acclamations à l'annonce du rétablissement de la paix, cet inestimable bien qu'on avait craint de ne plus retrouver, tant il était depuis longtemps perdu. C'était une scène de plus au milieu de tant de scènes qui, depuis deux mois, parlaient à l'imagination de la foule, de plus en plus habituée à cette vie enivrante de la place publique, qui crée un besoin d'émotions qu'il faut ensuite satisfaire.

L'évacuation complète et immédiate du territoire français par les armées coalisées était le premier et le plus heureux résultat du traité du 30 mai 1814. Quelques voix s'étaient élevées pour conseiller de conserver, pendant un certain temps, une force étrangère, afin d'attendre que l'œuvre si récente de la Restauration fût consolidée. Le Roi rejeta très-loin cette pensée. « Une femme de beaucoup d'esprit, avec qui j'étais lié dès ma première jeunesse et qui a passé sa vie dans des intrigues de toute espèce, dit le duc de Raguse, m'avait raconté que M. de Talleyrand avait proposé à Ouvrard un marché pour nourrir et entretenir trente mille Russes, destinés à rester à Paris pendant plusieurs années. Les circonstances étaient de nature à m'empêcher de pouvoir douter de la vérité du fait. J'en éprouvai une indignation profonde. Je crus devoir avertir le Roi du complot. Je lui demandai un entretien, il fut accordé sur-le-champ. Je lui dis que j'avais la certitude du projet formé par M. de Talleyrand de conserver à Paris, pendant plusieurs années, cette armée étrangère. A ce récit, je dois le dire à la louange de Louis XVIII, il eut un soubresaut sur son fauteuil et s'écria : *Ah! mon Dieu! quelle infamie!* J'éprouvai de ce mouvement un sentiment de joie, je vis qu'il revenait Roi de France [1]. »

Ainsi, le Roi éprouvait une impatience toute française de voir le territoire national affranchi de la présence des étrangers. Mais il y avait, avant d'arriver à ce résultat, une œuvre préalable à accomplir. Louis XVIII avait promis par la déclaration de Saint-Ouen une Charte constitutionnelle, et l'empereur Alexandre subordonnait le commencement de l'évacuation du territoire à la publication de cet acte constitutif.

IV

DISCUSSION ET RÉDACTION DE LA CHARTE.

Louis XVIII avait dit dans la déclaration de Saint-Ouen : « Nous convoquons pour le 10 juin de la présente année le

---

1. *Mémoires du duc de Raguse*, tome VI, page 31.

Sénat et le Corps législatif. Nous nous engageons à mettre sous leurs yeux le travail que nous aurons fait avec une commission choisie dans le sein de ces deux corps[1]. » On choisit les membres de la commission de la Charte parmi les sénateurs et les députés qui, dans les dernières sessions, avaient été élus candidats à la présidence, vice-présidents, secrétaires ou membres de plusieurs commissions. La commission se trouva ainsi composée : MM. Barbé-Marbois, Barthélemy, Boissy-d'Anglas, de Fontanes, Garnier, de Pastoret, de Sémonville, le maréchal Serrurier, Vimar, sénateurs; MM. de Bois-Savary, Blanquart de Bailleul, Chabaud de la Tour, Clausel de Coussergues, Duchesne de Gillevoisin, Duhamel, Faget de Baure, Félix Faulcon, Laîné, membres du Corps législatif. Le Roi désigna le chancelier, M. Dambray, pour présider la commission, et choisit comme ses commissaires auprès d'elle l'abbé de Montesquiou, ministre de l'intérieur, M. Ferrand et le comte Beugnot.

Tous trois avaient une réputation de penseurs et de publicistes. Ils étaient demeurés, avec des différences de nuances, dans les idées de l'Assemblée constituante. La Charte, comme la Constitution du Sénat et la déclaration de Saint-Ouen, actes de la même famille, allait sortir du fonds commun d'idées où, depuis 89 jusqu'à Napoléon, tout le monde puisait. L'Empire n'avait guère été qu'une brillante parenthèse introduite par la pointe d'une victorieuse épée dans la phrase commencée en 1789; les événements ayant fermé brusquement la parenthèse, la phrase allait reprendre son cours. On ne songeait point alors qu'on pouvait compromettre la monarchie en employant en trop forte quantité à sa restauration les matériaux fournis par la Révolution. On était convaincu qu'il ne s'agissait plus que de mettre en ordre et de rédiger les idées de 1789, sur les-

---

1. Quelques jours après, une ordonnance datée du 6 mai fixa la convocation de ces deux corps au 31 mai 1814.

quelles on était d'accord, en y ajoutant tout ce qu'on pourrait emprunter de la constitution anglaise pour laquelle les derniers succès de l'Angleterre, qui triomphait par la force de ses institutions à la fin d'une si grande et si longue lutte, inspiraient une nouvelle admiration.

Une école brillante par le talent de ses écrivains, et à qui les persécutions subies sous l'Empire donnaient une auréole de popularité, poussait vivement les idées dans cette voie au moyen de la presse. Madame de Staël était la reine de cette école formée d'esprits plutôt ingénieux que pratiques, d'orateurs et d'écrivains habiles ou éloquents, de vives et ardentes imaginations, presque aussi fatiguées du bruit que l'Empereur avait fait que de celui qu'il leur avait empêché de faire, et qui confondaient dans la même aspiration leurs utopies, les besoins réels de liberté d'une époque fatiguée de despotisme, et leur propre besoin d'agir et de se produire. Si madame de Staël était la reine de cette école, Benjamin Constant, avec son esprit fin, élégant, caustique, et les vifs élans de son imagination mal soutenus par un caractère ardent, mais faible, mobile et indécis, était son premier sujet. Il avait pris vivement parti contre l'Empire et en faveur de la Restauration dans une publication récente sur *l'Esprit de conquête et d'usurpation*. Cette école, qui avait des rapports de salon avec M. de Talleyrand, se trouvait donc dans de bonnes conditions pour agir sur l'opinion. Loin d'être contraire à la royauté traditionnelle, elle lui était sympathique; elle la regardait comme une base séculaire sur laquelle elle pouvait construire l'utopie favorite de madame de Staël, un gouvernement à l'anglaise. Benjamin Constant fut chargé d'écrire, à l'occasion de la Charte, le manifeste de l'école, et le 24 mai 1814 parurent ses *Réflexions sur les constitutions*. Il traitait la Constitution française comme une de ces médailles équivoques, objet des discussions des érudits et des antiquaires, et disait en propres paroles : « Je n'ai point cherché l'originalité ; je ne me suis, sur beaucoup de points, écarté en rien de la constitution anglaise ; j'ai plutôt expliqué pourquoi ce qui existait en Angleterre était bon que je n'ai proposé quelque chose de nouveau. »

Il semblait, d'après ces paroles, que les institutions fussent bonnes d'une manière absolue, partout applicables, sans distinction du milieu social et national où on les transplanterait. Les idées développées par Benjamin Constant se réduisaient à un petit nombre de principes : le pouvoir royal au Roi, le pouvoir exécutif confié aux ministres, c'est-à-dire le règne au Roi, le gouvernement au ministère ; le pouvoir représentatif résidant dans deux Chambres, dont l'une héréditaire, l'autre élue ; l'électorat aux propriétaires et aux fermiers. C'était le gouvernement anglais transféré en France, mais avec les supports de ce gouvernement de moins, l'aristocratie terrienne, l'Église établie et propriétaire, l'organisation hiérarchique des classes, et par-dessus tout ce respect des institutions cimentées par le temps, cette soumission à la loi, ces mœurs politiques qui ont donné à l'Angleterre la puissance défensive nécessaire pour résister aux dangers inhérents à cette noble et belle forme de gouvernement. La prépondérance des idées de l'école anglaise dans une constitution destinée à la France devait avoir un autre inconvénient : cette école ne représentait qu'une des nuances de 1789, et la victoire d'une nuance politique sur les partisans de la Constitution de 1791, comme sur les partisans de la Constitution républicaine et sur ceux de l'ancien régime, donnait une base trop étroite à un établissement nouveau [1].

Il y eut chez le chancelier une première réunion où les commissaires royaux prirent connaissance du projet, rédigé par M. de Montesquiou sur l'ordre du Roi, qui l'avait approuvé.

---

1. Cette dernière observation a été faite par M. Guizot. *Mémoires pour servir à l'histoire de mon temps*, tome Ier, page 35.

C'était, sauf un petit nombre de modifications, quelques-unes cependant importantes, la Charte de 1814 même telle qu'elle fut promulguée, avec les divisions qu'elle a conservées. Il fut convenu qu'elle serait portée à la Commission générale et que les trois commissaires du Roi la défendraient dans la discussion. L'ordre de cette discussion fut ainsi établi : le chancelier lisait les articles, la discussion s'ouvrait, chacun exprimait son opinion ; les commissaires répondaient aux objections, et quand il se présentait des modifications importantes à introduire on en référait au Roi, qui décidait en dernier ressort.

La commission se réunit le 22 mai 1814 à l'hôtel de la Chancellerie pour entendre la lecture du projet. Le chancelier annonça que la réunion était faite par ordre du Roi pour discuter l'acte constitutionnel que Sa Majesté voulait accorder à la France. Il lut la liste des noms des sénateurs et des membres du Corps législatif désignés pour faire partie de la commission instituée à cet effet, et introduisit auprès d'elle MM. de Montesquiou, Ferrand et Beugnot, nommés pour soutenir le projet. M. Beugnot donna ensuite lecture de la déclaration de Saint-Ouen, où étaient posées les bases de la Charte, qui fut ensuite communiquée à la commission.

Avant que la discussion ne s'entamât sur le fond de la matière, M. Boissy-d'Anglas releva une omission grave dans le projet : on n'y avait pas déclaré quel était le gouvernement de la France, et il n'y était pas parlé de la succession au trône, de la régence, et d'autres points du plus haut intérêt pour le pays et la famille régnante.

M. de Montesquiou remercia M. Boissy-d'Anglas de l'avoir mis à portée de s'expliquer nettement et dès le début, sur la nature et la forme de l'acte dont on allait s'occuper. « Il faut bien se pénétrer, dit-il, de l'esprit dans lequel le Roi est rentré dans ses États et a donné la déclaration de Saint-Ouen ;

il y est rentré en vertu du principe fondamental qui établit en France une monarchie héréditaire de mâle en mâle par ordre de primogéniture. C'est par la puissance royale inhérente à sa personne qu'il a parlé dans la déclaration de Saint-Ouen et qu'il s'expliquera plus explicitement par l'acte qui va être discuté. Il serait inconséquent de remettre en discussion le pouvoir auquel appartient le gouvernement et qui a réuni l'assemblée présente. En outre, il y aurait à cela du danger, car, quelle que fût la forme de déclaration qui sortirait de la discussion, elle diminuerait plutôt qu'elle ne fortifierait un principe qui a sa racine dans les siècles, à l'abri duquel la France s'est élevée si haut, et dont la violation momentanée a causé tous ses malheurs. »

M. Boissy-d'Anglas, sans rien contester des idées développées par M. de Montesquiou, pensait qu'on n'affaiblissait pas un principe en le proclamant dans une occasion aussi solennelle. Le retour de la maison de Bourbon est un fait qui tiendra une grande place dans l'histoire. C'est un fait aussi que la France s'est reportée vers cette antique famille à cause de l'ancienne possession où elle était de lui fournir des rois. Quels inconvénients trouve-t-on à déclarer ces faits qui sont pour la maison régnante des titres confirmatifs des autres, et qui ne pourront que rehausser l'importance de l'acte mis en délibération?

M. Faget de Baure appuya l'opinion de M. de Montesquiou. Dans sa pensée, tout ce qui s'est passé depuis la Restauration était la reconnaissance d'un droit préexistant qui n'a besoin d'être écrit nulle part, parce qu'il est inné dans l'esprit comme dans le cœur de tous les Français. D'ailleurs, on ne remonte pas impunément à l'origine des peuples et des rois; il y a là des monuments sacrés que l'on ne saurait toucher.

M. de Fontanes insista de toutes ses forces sur cette dernière vérité. « Un pouvoir supérieur à celui des peuples et des monarques, dit-il, fit les sociétés et jeta sur la face du monde des gouvernements divins. Il faut plutôt en diriger la marche qu'en scruter les principes. Plus leurs bases sont anciennes, plus elles sont vénérables ; qui veut trop les chercher s'égare ; qui les touche de trop près devient imprudent et peut tout ébranler. Le sage les respecte et baisse la vue devant cette auguste obscurité qui doit couvrir le mystère social comme le mystère religieux ; mais s'il est des voiles que la prudence humaine ne doit pas lever, il est pour tous les citoyens des droits incontestables qui se manifestent à tous les yeux. Discutons ces droits avec franchise, et, s'il le faut, avec courage ; mais inclinons-nous à l'entrée d'une région plus élevée : nous n'y aborderions pas sans en faire sortir de nouveau des tempêtes. Donnons plutôt, les premiers, l'exemple d'une crainte salutaire, et puisse cet exemple retenir les esprits que la funeste expérience d'une conduite contraire n'aurait pas corrigés. »

Ainsi parla M. de Fontanes, avec une éloquence pleine d'images et dans laquelle le littérateur se plaçait toujours à côté du politique et quelquefois devant. Il conclut en proposant de commencer la discussion au premier article du projet dont on avait donné lecture, ce qui fut adopté.

Les articles qui se trouvaient compris dans la Constitution du Sénat et dans la déclaration de Saint-Ouen devaient naturellement passer sans difficulté, puisqu'ils avaient obtenu déjà le double assentiment du Roi et du Sénat ; or c'était le plus grand nombre.

Les cinq premiers articles furent lus et votés. Le premier était relatif à l'égalité des Français devant la loi ; le second à l'obligation de tous de contribuer dans la proportion de leur fortune aux charges publiques ; le troisième à l'admissibilité de tous aux emplois civils et militaires ; le quatrième à la liberté individuelle, qui se trouvait garantie par la certitude donnée à chacun de n'être poursuivi ni arrêté que dans les cas prévus par la loi et dans la forme qu'elle prescrit. Il n'y avait pas à discuter sur ces articles, c'était le droit commun traditionnel de la France ou le travail de notre histoire [1]. Les arrestations et les détentions arbitraires, si fréquentes sous l'Empire, les avaient rendus plus nécessaires.

La discussion s'ouvrit avec le cinquième et le sixième article, ainsi conçus : « Article 5. La religion catholique, apostolique et romaine est la religion de l'État. — Article 6. Cependant chacun professe sa religion avec une égale liberté et obtient pour son culte la même protection. »

C'était l'ordre logique des idées. En effet, l'existence du catholicisme en France est le fait général, les cultes dissidents sont l'exception; exception qui a sa date dans l'histoire, mais qui s'est élevée à l'état de droit, parce qu'elle est le résultat d'une transaction nationale à laquelle il n'appartient à personne de porter atteinte, mais qui cependant, dans l'exposé, ne devait pas précéder la règle.

Ces deux articles soulevèrent une vive discussion. Ce fut encore M. Boissy-d'Anglas, appartenant à l'Église protestante, qui en prit l'initiative. Sa conduite intrépide pendant la révolution lui donnait sur ses collègues une grande autorité, augmentée encore par l'ascendant de son caractère énergique et de sa parole convaincue. Il allégua « qu'établir une religion d'État, c'était établir une religion dominante et reléguer les autres cultes parmi ces cultes étrangers que le catholicisme tolère tant qu'il est le plus faible, tracasse dès qu'il en a les

---

[1] « Le premier et le troisième exprimaient un ordre politique qui distinguait notre patrie parmi tous les États de l'Europe, et qui, ayant son origine à l'époque de l'établissement de la monarchie, s'était perpétué jusqu'à nos jours. Quant au second article, ses dispositions avaient été solennellement proclamées d'après le vœu unanime des trois États dans la déclaration du 23 juin 1789. (*Considérations sur l'origine de la Charte*, par M. Clausel de Coussergues, l'un des membres de la commission. Paris, 1830.)

moyens, et proscrit s'il devient le plus fort. Il affirma que l'histoire moderne n'était qu'un long exemple à l'appui de son assertion. Si l'on établit en principe que la religion catholique est religion de l'État, il devient logique de lui subordonner les autres cultes qui ne sont pas de l'État, il ne l'est pas de les faire marcher sur la même ligne. Cette inconséquence sera signalée quelque jour, et le clergé catholique a marché à l'intolérance par des brèches moins larges que celle-là. »

Ce fut M. de Fontanes qui répondit à M. de Boissy-d'Anglas. Il commença par constater la manière large dont était rédigé l'article 6, qui garantissait la liberté des cultes. Ce n'était plus de tolérance qu'il était question, mais d'une égalité complète des droits, d'une position exactement parallèle, et certes les communions dissidentes de l'Église romaine n'avaient rien à demander de plus. Mais, cela une fois accordé, ne convenait-il pas de rappeler le fait reconnu, dès 1801, par le concordat passé entre Pie VII et le gouvernement français, à savoir, que la religion catholique, apostolique et romaine, est la religion de la très-grande majorité des Français, et puisqu'en cette qualité c'est à ses autels que l'État va porter ses vœux ou ses actions de grâce, qu'il l'a fait depuis douze siècles, et que le roi de France en a reçu des titres d'honneur et de prééminence entre les rois chrétiens, comment ne pas reconnaître à l'État comme aux autres fidèles le droit d'avouer la religion qu'il professe? Or, il n'y a pas d'expression plus propre et moins dangereuse dans ses conséquences que de déclarer la religion catholique religion de l'État, surtout lorsque par l'article suivant on ferme la porte à tout ce qu'il serait possible d'en induire contre les autres cultes.

M. Chabaud-la-Tour, sectateur, comme M. Boissy-d'Anglas, de l'Église dite réformée, répliqua à M. de Fontanes, mais il ne put que reproduire la thèse de M. Boissy-d'Anglas. Seulement il ne se prononça pas d'une manière absolue contre l'article 5.

Il demanda qu'on commençât par proclamer le principe essentiel, la liberté des cultes, en ajoutant que ce principe une fois voté, il serait temps de chercher si l'on pouvait accorder quelque chose de plus à la religion catholique.

M. de Montesquiou aurait dû prendre la parole précisément parce qu'il était membre du clergé, d'abord pour rassurer les communions dissidentes, et en même temps pour établir que la Charte devait commencer par affirmer la religion traditionnelle et nationale de la France, et ne point faire passer avant cette affirmation solennelle les garanties subsidiaires données aux communions dissidentes par l'article qui constatait le droit historique des cultes existants et leur liberté incontestée. Il garda le silence. Il était embarrassé de son rôle. Prêtre éloigné depuis longtemps du ministère et ayant pour les fonctions ecclésiastiques une aversion si prononcée, que M. de Vitrolles encourut sa disgrâce pour avoir fait briller à ses yeux le chapeau de cardinal [1], il se trouvait affaibli par sa robe qui aurait dû le fortifier. Son silence jeta de l'hésitation parmi les commissaires du Roi. Enfin M. Beugnot prit la parole et démontra sans peine que tous les inconvénients que l'on appréhendait, se trouvaient prévenus par l'article 6. Dès lors, pourquoi nier une vérité attestée par toute notre histoire, et récemment reconnue par le concordat, c'est que la France est catholique, catholique par sa tradition, catholique dans l'immense majorité de ses habitants, dans son gouvernement? Le catholicisme n'était pas seulement une religion individuelle, c'était la religion nationale.

Ces paroles avaient fait de l'impression, et peut-être si l'on était allé aux voix dans ce moment, le vote eût-il été favorable à cette opinion. Mais l'art de diriger les assemblées, de choisir le moment du vote, ce qu'on a depuis appelé la tactique parle-

---

[1]. M. de Vitrolles affirme lui-même ce fait dans ses *Mémoires*.

mentaire, était dans son enfance. Le chancelier Dambray surtout en ignorait les premiers éléments. Il n'arrêta point la discussion qui était épuisée ; elle se perdit dans des conversations particulières. Puis, dans un moment de silence, M. Garnier demanda la parole et dit qu'après avoir écouté avec attention la discussion, il en était encore à se demander ce qu'il fallait entendre par ces mots : la religion de l'État. Pour lui, il n'y trouvait aucun sens ; et, par suite, il attachait assez peu de prix à la place qu'occuperait cette déclaration, si elle devait en obtenir une ; mais il demandait que l'on s'occupât de l'article qui fondait la liberté et l'égalité des cultes.

M. Beugnot allait répondre quand le chancelier fit un signe négatif qui semblait convenu avec M. de Montesquiou. En même temps, il mit aux voix l'article 6 sur la liberté des cultes, qui fut voté à l'unanimité. Il passait déjà à l'article 7, lorsque M. Beugnot fit remarquer que le chancelier, prévoyant sans doute le vœu de l'assemblée, avait, sans la consulter, accordé la priorité à l'article 6 sur l'article 5. Mais cette question de priorité n'entraînait pas le rejet de l'article, et il restait à le mettre aux voix. Le chancelier demanda à M. Garnier s'il voulait prendre la parole ; celui-ci répondit négligemment qu'il ne mettait plus d'intérêt à l'article proposé. M. Boissy-d'Anglas réclama le rejet de l'article, mais avec moins d'ardeur ; sa première victoire l'avait évidemment satisfait. M. Beugnot, qui remarquait des symptômes de lassitude dans la réunion, ne voulut pas prolonger la discussion ; l'article 5, devenu l'article 6, fut voté malgré une minorité de quatre voix qui protesta seule contre son adoption.

Le soir même de cette discussion, le roi Louis XVIII, qui en connaissait les détails, disait à M. Beugnot : « Je vous sais gré de la manière dont vous avez défendu l'article relatif à la religion. Je sais que le débat était entre catholiques et protestants, et que les philosophes ne s'en sont pas mêlés, quoique vous en ayez sûrement dans la commission. Je trouve simple que M. Boissy-d'Anglas ait défendu les protestants et singulier que M. l'abbé de Montesquiou n'ait rien dit pour les catholiques. Je devine l'excuse qu'il va m'apporter : le mieux est que l'article soit passé ; mais il est fort mal placé. — Il dépend du Roi, répondit M. Beugnot, de rendre à chaque article sa véritable place, et je le ferai s'il daigne m'y autoriser.—Non, reprit le Roi, si nous le pouvons, il ne faut pas toucher aux articles arrêtés par la commission, ni même à l'ordre qu'elle suit. »

Ainsi fut emportée cette question par l'ardeur convaincue de M. Boissy-d'Anglas, l'hésitation de M. de Montesquiou, et le peu d'autorité des membres qui soutinrent les droits du catholicisme. Un protestant fervent eut raison de catholiques tièdes et sans ferveur. Si les philosophes ne prirent point la parole dans la discussion, leurs sentiments parurent au vote, qui fut aussi influencé, chez quelques âmes chrétiennes, par le désir de ne pas se refuser à l'adoption d'une proposition qui était présentée comme devant cimenter l'union de tous les Français [1].

L'article suivant, relatif au payement des ministres des divers cultes par l'État, fut adopté sans discussion.

Dans la séance du lendemain (23 mai 1814), on aborda l'article 8, qui reconnaissait à tous les Français le droit de publier et de faire imprimer leurs opinions, en se conformant aux lois qui doivent réprimer les abus de cette liberté. Sur cet article encore la discussion fut vive. Cependant, d'après le témoignage d'un des commissaires du Roi, qui prit une part active à cette discussion, personne ne croyait que la liberté des journaux fût comprise dans ce mot générique de liberté de la presse [2]. Il ne s'agissait, dans l'opinion générale, que

---

1. Clausel de Coussergues, ouvrage déjà cité, page 90.
2. « Il faut placer ici cette observation essentielle, qu'il n'y avait pas dans la

des livres et des brochures. Les esprits se trouvaient encore divisés sur la convenance d'accorder une liberté illimitée à ce genre de publications. MM. de Fontanes, de Sémonville, Faget de Baure exprimaient à ce sujet les plus graves appréhensions. Ne serait-il pas possible de poser dans la Constitution des barrières que la loi même ne pourrait franchir? M. de Fontanes surtout parla sur les dangers d'une liberté illimitée avec beaucoup d'insistance : « Je sais ce qu'on a déjà dit, s'écria-t-il en terminant, et je prévois ce qu'on peut dire encore en faveur de cette liberté : je ne la tiens pas moins pour le dissolvant le plus actif de toute société. C'est par là que nous finirons si l'on n'y prend garde, et, dès aujourd'hui, je déclare hautement que je ne me regarderai jamais comme libre là où la presse le sera. »

La liberté de la presse trouva dans la commission des défenseurs prononcés, mais qui, tout en demandant qu'elle existât, admettaient sans difficulté des lois restrictives ; c'étaient MM. Barbé-Marbois, Laîné, Boissy-d'Anglas, Félix Faulcon. L'un des membres les plus favorables à cette liberté ayant dit : que « ramener la liberté de la presse, c'était changer une pique en une plume, » il lui fut répondu qu'en 1792 et 1793, quelques plumes avaient suffi pour armer cent mille piques. L'abbé de Montesquiou chercha à amener les opinions à un terme moyen. Il ne dissimula point les dangers attachés à la liberté de la presse, contre lesquels, dit-il, on n'était pas suffisamment armé, même avant 1789. Il ajouta que le pouvoir

commission un membre qui pensât que la liberté des journaux fût comprise dans ce qu'on entendait alors par la liberté de la presse. On croyait que dans celle-ci se trouvaient placés les livres de tous les formats, les brochures et même les pamphlets de quelque étendue ; mais que les journaux quotidiens restaient dans le domaine de la police et ne pouvaient pas être soustraits à son action. Si on eût proposé à la commission un article qui le déclarât expressément, il eût passé, sinon à l'unanimité, du moins certainement à une forte majorité. » (*Mémoires* du comte Beugnot.)

législatif, désormais éclairé par une expérience chèrement payée, poserait des barrières qui mettraient à l'abri la religion, la morale et l'honneur des individus.

On n'avait encore éprouvé, jusqu'à cette époque, que les deux extrémités du régime qu'on peut faire à la presse : la servitude absolue et la licence absolue. On ne se doutait pas des immenses difficultés qu'on rencontrerait pour lui donner une liberté réglée. Quelques membres, M. Clausel de Coussergues surtout, auraient voulu que dans la Charte même on posât les bases de la législation à intervenir; M. Clausel insistait particulièrement sur les garanties à donner à la religion. Mais les commissaires du Roi exprimèrent le regret que le temps manquât pour descendre aux détails, quelle que fût d'ailleurs leur importance. Le système adopté par le Roi avait été de ne poser dans la Constitution que les principes généraux dont on laisserait au temps et à l'expérience le soin de déduire les conséquences. On se rendit à cette observation. Il n'y eut pas de discussion sur le mot de réprimer qui se trouvait seul dans la rédaction du projet, quoique la Constitution du Sénat eût ajouté à ce mot celui de prévenir [1], parce que cette dernière expression parut un pléonasme. Dans la pensée des membres de la commission, les lois destinées à réprimer les abus de la presse devaient empêcher le retour de ces abus et, par conséquent, pouvaient non-seulement punir, mais prévenir les délits.

L'article 9, portant que « toutes les propriétés sont inviolables et sacrées, sans exception de celles qu'on appelle natio-

---

[1]. M. Clausel de Coussergues, comme M. Beugnot qui avait encore sous les yeux en écrivant l'exemplaire qui lui servit pour la discussion, affirment tous deux que le mot de *prévenir* n'y figurait pas, et par conséquent qu'il ne fut pas effacé. Tous deux s'accordent à dire que, d'après leurs souvenirs, il n'y eut pas de discussion sur ces deux mots, et que dans la pensée de la commission le mot de réprimer avait une acception plus étendue que celle de la répression des délits commis par tel ou tel écrivain, et qu'il comportait celle des abus de l'institution, et par conséquent les mesures préventives comme les mesures purement répressives.

nales, la loi ne mettant aucune différence entre elles, » fut attaqué par MM. de Fontanes et Lainé :

« Pourquoi, dit le premier, ne s'être pas contenté de la disposition qui se trouve dans la Constitution du Sénat et qui porte simplement que les ventes des biens nationaux sont maintenues? On pouvait faire suivre cette disposition d'une autre qui aurait montré dans l'avenir l'équitable réparation d'une indemnité donnée aux anciens propriétaires. Si les nouveaux sont alarmés, ce dont je doute, ils auraient été mieux rassurés par là que par un article d'une sévérité excessive, et qui, en plaçant toute la sévérité d'un côté, éveillera des ressentiments si naturels de l'autre. J'apprécie la générosité de ces fidèles qui ont vieilli sous la bannière de France égarée sur la terre étrangère. Le premier de leurs vœux est rempli puisqu'ils nous la rapportent sans tache; mais ils sont hommes, et tel est le sort de notre pauvre espèce que nous nous habituons avec le temps à fouler la tombe sous laquelle reposent nos pères, et que jamais nous ne passons sans irritation sous l'arbre qu'ils ont planté et où nous trouvons l'usurpateur assis. J'insiste pour une autre rédaction de l'article 9. »

C'était l'énergique pensée de Burke sur la confiscation qui revenait dans la bouche érudite et lettrée de M. de Fontanes pour protester contre la confiscation qu'on allait abolir en principe, et dont, par une étrange contradiction, on consacrait en fait le récent et flagrant abus sans annoncer aucune compensation réparatrice.

Un des commissaires du Roi, M. Beugnot, avait rédigé l'article; il se chargea de le défendre. Il a lui-même exposé les motifs qui l'avaient déterminé à rédiger ainsi l'article 9 et à maintenir sa rédaction avec une persistance inflexible. Comme directeur de la police générale, il recevait de tous côtés des renseignements qui dénonçaient une vive fermentation parmi les acquéreurs des biens nationaux et surtout des biens d'émigrés.

Un petit nombre d'anciens seigneurs en Bretagne et en Poitou avaient fait des tentatives, qui n'avaient pas eu de suite, pour rentrer en possession de leurs biens. Les journaux avaient abusé de quelques faits isolés pour jeter l'alarme. Enfin, le roi Louis XVIII, dans une conversation avec son ministre, avait exprimé une opinion sévère sur les acquéreurs de biens nationaux. M. Beugnot attachait une grande importance à faire placer dans la Constitution une disposition absolue qui rassurât les esprits et qui engageât définitivement le Roi dont il croyait ainsi servir les intérêts.

« Je ne sais rien de pire, dit-il, que deux espèces de propriétés dans un même État; il est de l'essence de la propriété qu'elle soit une; qu'elle soit à tous les yeux empreinte du même caractère; que ce soit enfin une idée simple, je dirais presque une idée fixe. C'est à ces conditions seulement qu'elle est inviolable. Il a donc été heureux de trouver une formule qui confondît entièrement les propriétés anciennes et les propriétés nouvelles, qui n'en fît qu'une seule masse sur laquelle serait apposé également le sceau de l'inviolabilité. Il en va résulter que les propriétaires anciens seront intéressés à faire respecter les propriétaires nouveaux, et je ne sais quelle plus puissante garantie on pouvait imaginer pour ces derniers puisqu'on leur assure, non-seulement la protection du gouvernement, mais celle de la société tout entière, et, j'oserai le dire, il n'y a là rien de trop. Personne n'a la pensée qu'on puisse troubler les acquéreurs des biens nationaux. Cette sagesse unanime doit être d'abord constatée et publiée très-haut. Tout le monde doit être ensuite d'accord qu'on doit s'occuper d'indemniser autrement les anciens propriétaires. Ces deux points convenus, il faut bien reconnaître que la forme de rédaction qui impose le plus sûrement la sécurité d'une part et la paix de l'autre est la meilleure. »

Le commissaire du Roi oubliait une chose : c'est que sanctionner tant d'injustes confiscations sans faire apparaître la promesse d'une équitable réparation, c'était sacrifier la question éternelle du droit à la question de conduite politique et de circonstance; c'était blesser la conscience humaine, sans même avoir un espoir fondé de rassurer contre leurs remords les consciences troublées. Les droits de la conscience humaine trouvèrent dans la belle âme de M. Laîné un écho éloquent. « A Dieu ne plaise, répondit-il, que j'applaudisse à la cruelle habileté de l'article en discussion. Eh quoi! messieurs, c'est l'ancienne propriété dont la nature est si respectable, dont les titres sont si sacrés, qu'on rend complice d'une immense spoliation en les confondant l'une avec l'autre, de manière qu'elles paraissent se servir mutuellement d'appui! Non, vous n'y parviendrez pas. De quelques termes que vous vous serviez, quelle que soit la contexture que vous leur donniez, ils ne prévaudront pas contre les idées qui seules fondent le sentiment intime de la propriété, contre ces idées du juste qui seules la peuvent maintenir. Une ancienne propriété sera toujours une propriété, et un bien national ne sera qu'un bien national; et vous voyez déjà qu'en dépit de vos prescriptions, de vos lois, de vos menaces, la conscience publique s'obstine à en faire la différence. Votre article, de quelque manière qu'il soit rédigé, n'y changera rien: il ne peut faire aucun bien, il fera beaucoup de mal. Que doit-on désirer dans l'intérêt de la paix, et j'ajoute de la prospérité publique? Que les biens des émigrés retournent sans troubles et sans secousses aux anciens propriétaires. Cette voie s'est ouverte d'elle-même. De nombreuses transactions ont eu lieu jusqu'ici, et chaque jour il s'en passe ou il s'en prépare de nouvelles. Voilà ce qu'il fallait encourager dans l'intérêt de l'État; et, loin de là, en adoptant l'article proposé, vous y apportez autant d'obstacles qu'il est en votre pouvoir; et, chose singulière, le sort de Français dépossédés pour leur fidélité à la maison de Bourbon va s'empirer par le retour des princes de cette maison. Laissez au moins cette matière sous l'ancienne législation, sous celle du Directoire et de l'Empire, qui certes ne péchait pas par l'indulgence, et dans un moment où l'union des cœurs est si désirable, craignez de désespérer la fidélité et d'irriter la fierté, compagne de l'infortune. »

A l'appui de l'opinion de M. Laîné, M. Faget de Baure reproduisit dans leur ordre les dispositions de lois qui avaient été promulguées dans le dessein de rassurer les acquéreurs de biens nationaux ; il exposa ensuite la jurisprudence établie sur cette matière, et cita des décisions d'une extrême sévérité contre les émigrés. Avait-on encore quelque chose à désirer sur ce point? Sans doute le retour de la monarchie enhardirait les prétentions des émigrés ; mais la sévérité de la jurisprudence ne diminuerait pas sous la maison de Bourbon. Si l'on avait besoin d'une preuve de plus, il la trouverait dans l'article produit et défendu au nom du Roi par les commissaires de son conseil.

Vaincu sur le terrain des idées et des principes, M. Beugnot se réfugia sur le terrain des faits. « J'annonçai, dit-il, qu'il était de mon devoir de dire à la commission que l'inquiétude des acquéreurs de domaines nationaux était générale, et qu'elle se fondait sur ce qui s'était déjà passé en plus d'un endroit. Je déroulai alors la liste des faits qui, depuis un mois, étaient parvenus au ministère de la police, et entre lesquels il s'en trouvait d'assez audacieux de la part des émigrés. Je m'aperçus, aux signes d'étonnement que donnaient les membres de la commission, que j'y faisais impression, et que la majorité, suspecte au moins de posséder des biens d'Église, ne serait pas fâchée que l'article passât. Il ne s'agissait plus que de trouver une excuse : je la trouvai dans l'article qui suivait immédiatement celui qui était en discussion. Je lus cet article, qui porte que l'État peut exiger le sacrifice d'une propriété pour cause d'intérêt public légalement constaté, mais avec une indemnité préalable, et je soutins que cet article s'appliquait au sacrifice que l'État exigeait des biens confisqués pour cause d'émigration, et rendait l'indemnité infaillible. La majorité crut ou fit semblant de croire que j'avais raison, et l'article fut adopté. »

Ainsi, cette grave question, qui intéressait à un si haut degré la morale publique et le principe même de la propriété, fut tranchée par la majorité sur des considérations tirées de l'intérêt privé et de la peur, et l'on se contenta d'un subterfuge peu digne d'une réunion d'hommes sérieux, pour proclamer l'inviolabilité de la confiscation, en sous-entendant la justice !

La commission ne fut point appelée à exprimer son avis sur l'article 11, qui interdisait toutes recherches d'opinions et de votes émis jusqu'à la Restauration. Cet article était textuellement emprunté à la déclaration de Saint-Ouen. L'article 12, qui portait simplement : « La conscription est abolie, » reçut cette addition sur la proposition de M. Félix Faulcon : « Le mode de recrutement de l'armée de terre et de mer est déterminé par une loi. »

Ici se terminait le premier chapitre de la Constitution, intitulé : *Droits publics des Français.* L'intention des rédacteurs de la Charte avait été de témoigner ainsi que les droits des Français sont indépendants de la forme du gouvernement [1]. C'était une utopie moins excessive et moins dangereuse que celle des droits de l'homme, mais utopie cependant. On ne saurait admettre sans illusion qu'on peut séparer les droits d'une nation de la forme de son gouvernement, qui, suivant qu'il est conforme ou contraire à sa tradition, à son génie, à ses mœurs, étend ou restreint les libertés publiques dont elle peut jouir. Il y a des gouvernements qui peuvent vivre avec la

---

1. *Mémoires* du comte Beugnot.

liberté, d'autres ont besoin de la dictature, et, l'expérience l'a prouvé, les droits publics d'une nation étant subordonnés à la question de son existence dépendent en fait du gouvernement qu'elle accepte de la raison des choses ou des siècles, ou qu'elle choisit par caprice ou par passion.

La part de la nation étant faite, restait à la royauté à déclarer comment elle exercerait le gouvernement. Aussi, la seconde partie de la Charte comprenait les formes du nouveau gouvernement du Roi, c'est-à-dire une Chambre des pairs, une Chambre des députés pour concourir à la puissance législative; des ministres et des tribunaux pour l'exercice de la puissance exécutive et judiciaire. Le dernier chapitre était réservé à la reconnaissance de certains droits particuliers.

Les articles 13, 14, 15, 16 et 18 passèrent sans observations sur la rédaction. Rien n'indiqua dans la discussion que les membres de la commission songeassent à renfermer la dictature dans l'article 14. Il est plus vraisemblable que, comme le disait plus tard un homme d'État à la Chambre des pairs [1], ils considérèrent la dictature comme un cas exceptionnel qui, produit par les circonstances, appartient naturellement à celui en qui se personnifie la souveraineté, et par conséquent au Roi. On l'aurait affaibli en l'exprimant.

Dans le projet présenté par les commissaires du Roi, ni l'une ni l'autre Chambre n'avait la faculté de faire des propositions. « Le Roi propose la loi, » disait l'article. L'initiative appartenant exclusivement au Roi, se trouvait donc très-rapprochée de la sanction. M. Garnier s'éleva contre le cumul de ces deux prérogatives. Si le Roi seul avait l'initiative des lois, en quoi lui serait utile la sanction, qui ne serait plus que l'approbation de son propre ouvrage? En outre, il n'y aurait là que la moitié d'un gouvernement représentatif; il ne suffit point, en

---

[1]. M. Siméon, en 1828.

effet, de pouvoir refuser de mauvaises lois, il faut pouvoir en présenter de bonnes. M. Garnier demandait donc que chacune des deux Chambres eût le droit d'initiative.

M. de Montesquiou, dans sa réponse, s'appuya sur la tradition de la France et sur l'expérience faite pendant la Révolution. Depuis les Capitulaires jusqu'en 1789, la couronne est en possession de proposer la loi. Un usage si constant ne peut exister sans motif : ce motif, la Révolution l'a mis en lumière. De quoi a servi à Louis XVI le droit de sanction décerné avec tant de solennité, et dont le libre exercice lui avait été si souvent et si vainement garanti? La royauté, dépouillée de l'initiative, est restée désarmée et a promptement succombé sous les traits des factieux. « Aussi le Roi, après avoir profondément médité sur cet article fondamental de la monarchie, a-t-il déclaré que jamais il ne se départirait d'un droit inhérent à sa couronne, et qu'il tient pour l'une des bases essentielles de l'ordre public, et la première condition de la tranquillité de ses peuples. C'est lui-même qui a exprimé le droit héréditaire du monarque par ces paroles : « Le roi propose la loi. Il considère cette prérogative comme un fleuron de sa couronne [1]. »

M. de Montesquiou fit ensuite observer qu'on ne pouvait songer à dépouiller la royauté de la sanction qui, en quelque sorte, la constitue et la révèle aux peuples. Quant aux Chambres, c'est en vain qu'on objectait que, dépouillées à la fois de l'initiative et de la sanction, elles ne seraient plus que de simples conseils. « Des conseils qui parlent au nom de la nation se font presque nécessairement écouter, quand leurs avis sont sages. Ce n'est pas être un pouvoir simplement consultatif que d'avoir la faculté de rejeter les mesures qu'on désapprouve, et un droit qui domine tous les autres, celui d'accorder

---

[1]. *Considérations sur la Charte*, par Clausel de Coussergues. (Paris, 15 juin 1830.)

l'impôt. En outre, il ne faut pas oublier que le pouvoir représentatif une fois implanté dans une nation tend toujours à s'étendre. Qu'étaient les Chambres d'Angleterre dans l'origine? Des conseils obligés que les rois avaient toute sorte de peine à réunir : on sait ce qu'elles sont devenues. On a tout compromis et bientôt tout perdu, en 1789, lorsqu'on a mis la royauté à nu pour reporter tout le pouvoir sur une assemblée délibérante. Il s'agit de faire ici l'essai d'une nouvelle forme de gouvernement; il faut espérer que l'essai réussira; mais si l'on devait encore éprouver des secousses, on aurait à se féliciter d'avoir laissé assez de force pour les apaiser à ce trône qui a si longtemps et si glorieusement abrité nos pères. »

Cette opinion fortement motivée trouva des contradicteurs dans MM. Barbé-Marbois, de Sémonville, Chabaud-Latour, Félix Faulcon. Dans leurs idées, les Chambres devaient partager l'initiative avec le Roi; mais en leur accordant cette prérogative on devait l'entourer de précautions sévères destinées à en prévenir l'abus. Chacun exposa celles qui lui paraissaient le plus propres à remplir cet objet.

M. de Pastoret, qui parla le dernier, adopta cette opinion; sans cacher en rien les dangers de confier à une assemblée française l'initiative des lois, à cause de l'impétuosité de l'esprit et du caractère national, il trouvait bien difficile de priver entièrement les Chambres des moyens d'exprimer le vœu public sur la nécessité ou la haute convenance d'une loi. Il apporta un argument historique à l'appui de cette opinion : on ne saurait dire avec exactitude que la nation ait été anciennement privée de cette faculté; elle l'exerçait, dans les états généraux, sous la forme de plaintes, de doléances, de présentation de cahiers, et cette forme d'initiative avait ses effets, car c'est de la sorte qu'ont été provoqués les édits de Blois et de Romorantin; l'ordonnance de Romorantin et le préambule de ces lois en font foi. Plus tard, quand le droit des états généraux sembla dévolu aux cours souveraines, l'initiative ne disparut pas, mais elle affecta une nouvelle forme. La tradition est ici en faveur du pays comme la raison même : la plainte est naturelle à ceux qui souffrent, et il faut bien que, sous une forme ou sous une autre, elle s'élève vers le pouvoir de qui on attend le remède. Aussi sous tous les gouvernements rencontre-t-on une forme quelconque d'initiative. Dans les gouvernements modérés, elle s'exerce par des moyens analogues à la forme du gouvernement; dans les gouvernements despotiques, par des révoltes ou des incendies. Au moment où il s'agit d'arrêter les formes d'un gouvernement représentatif pour la France, il est nécessaire d'attribuer aux Chambres une portion d'initiative, si restreinte qu'elle soit; autrement on s'exposerait au danger de les voir s'approprier, par des moyens irréguliers et dont la tribune leur révélera promptement le secret, la prérogative qu'on aurait voulu leur dénier entièrement.

L'argument était à fond. Il vaut mieux donner que laisser prendre; car, lorsqu'on donne, on mesure. Or il était indiqué que, le gouvernement représentatif une fois établi, les Chambres trouveraient le moyen de prendre leur part d'initiative. Les commissaires du Roi avaient été seuls à soutenir, dans la discussion, l'article indiqué. Un billet du comte Vimar, transmis à l'un d'entre eux, fit remarquer l'inconvénient de cet isolement : « Il sera fâcheux que vous soyez obligé de dire au Roi, écrivait-il, que la commission entière a manifesté une opinion contraire à celle de Sa Majesté. Ne pourrait-on pas concilier les deux opinions, en accordant à la Chambre des députés la faculté de supplier le Roi de proposer une loi lorsqu'elle serait sollicitée par le vœu public. »

Les commissaires du Roi accueillirent cette idée comme un moyen de transaction; M. Ferrand en fit une proposition qu'il lut à la commission. La proposition obtint une approbation unanime quant au fond, mais aussitôt plusieurs questions d'application surgirent.

La faculté de supplier le Roi de proposer une loi sollicitée par le vœu public appartiendra-t-elle seulement à la Chambre des députés, ou sera-t-elle commune aux deux Chambres?

Si la faculté est commune aux deux Chambres, le Roi ne pourra-t-il pas se trouver embarrassé entre des propositions différentes, ou même contraires, émanées simultanément de l'une et de l'autre Chambre?

La faculté d'initiative des Chambres doit-elle être limitée à des projets de loi sollicités par le vœu public? Dans ce cas, à quels signes reconnaître et comment constater ce vœu public?

La discussion de ces propositions dans la Chambre des députés n'absorbera-t-elle pas son attention et l'intérêt du public admis à ses séances, de sorte qu'elle ne traiterait plus que négligemment les projets de lois présentés au nom du Roi?

Quels délais doivent être interposés entre la présentation aux Chambres d'une demande à faire au Roi, sa discussion et son envoi au Roi?

Quelles formes faut-il adopter pour garantir, de la part des Chambres, un examen réfléchi?

La demande de soumettre au Roi une proposition, ne devant pas nécessairement entraîner une autorisation, ne faut-il pas fixer un délai passé lequel le silence du Roi équivaudra à un refus?

Avant de s'engager dans la discussion de cette question d'application, il était nécessaire de connaître les intentions du Roi sur la question de principe. Le Roi fit savoir, le lendemain 24 mai, par l'intermédiaire du chancelier, qu'il regardait la proposition qu'on lui avait soumise comme une reconnaissance et une confirmation de la prérogative royale, et comme un moyen légitime d'attribuer aux Chambres une faculté qui, sous une forme ou sous une autre, avait toujours été exercée en France. Il désirait seulement que la commission prît les précautions nécessaires pour qu'aucun inconvénient n'accompagnât, dans l'avenir, l'exercice de cette faculté.

La discussion put donc s'ouvrir, et il fut d'abord arrêté que la faculté accordée à la Chambre de prier le Roi de présenter une loi s'étendrait à quelque objet que ce fût, et entraînerait même le droit d'indiquer ce qu'il semblerait convenable à la Chambre que cette loi renfermât. C'était se rapprocher de l'initiative autant qu'il était possible de le faire. C'eût été donner trop d'avantages à la Chambre des députés, que de lui attribuer cette faculté à l'exclusion de la Chambre des pairs; on l'étendit donc aux deux Chambres, et l'on décida, pour diminuer dans l'assemblée élective l'influence de la recherche de la popularité sur l'usage de cette prérogative, que la discussion sur les propositions de ce genre aurait lieu en comité secret. Afin de prévenir l'inconvénient qu'auraient produit deux suppliques simultanées émanant des deux Chambres, pour obtenir du Roi la promulgation de deux lois contradictoires, il fut statué, sur la proposition de M. Faget de Baure, que le vœu d'une Chambre subirait l'épreuve d'une double discussion ouverte successivement dans l'une et l'autre Chambre, et n'arriverait au trône qu'après avoir obtenu un double assentiment. Ce double assentiment obtenu, il faudrait des raisons bien fortes pour que la couronne refusât le souffle de son initiative à la proposition qui lui serait ainsi soumise. C'était donc faire participer indirectement les Chambres à cette initiative, et de la manière à la fois la plus prudente et la meilleure.

M. de Sémonville, afin d'empêcher que les deux Chambres pussent s'entendre pour porter au Roi, coup sur coup, des demandes de lois à proposer, fit adopter une disposition d'après laquelle la demande d'une proposition de loi adoptée dans une Chambre ne pourrait être envoyée à l'autre qu'après un délai de dix jours. Il rappela, pour obtenir l'adoption de ce délai, la dangereuse précipitation des décrets de l'Assemblée constituante, précipitation dépassée encore par celle de l'Assemblée législative. On ajouta, sur la proposition de M. Blanquart de Bailleul, que lorsqu'une proposition de loi aurait été soumise à l'une des deux Chambres par l'autre, afin d'en obtenir la présentation par le Roi, cette proposition, une fois rejetée, ne pourrait pas être renouvelée dans la même session. Cette disposition avait pour objet de prévenir les luttes qui, venant à s'élever entre les deux branches du pouvoir législatif, n'auraient pas été sans danger ou du moins sans scandale.

Tel fut l'ensemble de précautions dont on entoura l'initiative indirecte attribuée aux Chambres sous la forme de vœux. L'article 22, qui reconnaissait au Roi le droit exclusif de sanction et de promulgation, fut adopté sans discussion. Le projet ne contenait pas d'article relatif à la liste civile, M. Clausel de Coussergues proposa de combler cette lacune en écrivant dans la Charte la disposition suivante : « La liste civile est fixée pour toute la durée du règne par la première législature assemblée depuis l'avénement du Roi. » Il motiva cette proposition en disant qu'il regardait la liste civile comme préétablie, parce qu'elle n'était que le faible équivalent de l'abandon qu'ont fait nos rois à l'État des domaines immenses que, depuis le commencement de la troisième race, ils ont recueillis par héritage. Il ajouta qu'il y avait une haute convenance sentie de chacun à ne pas remettre chaque année en discussion la liste civile du Roi. L'article, accueilli par l'approbation générale, ne fut adopté que le lendemain, parce que le chancelier voulut prendre les ordres du Roi. Ce fut l'article 23.

Les articles suivants, depuis l'article 24 jusqu'à l'article 31 constituant la pairie, furent délibérés presque sans contradiction. Les idées sur cette question étaient faites dans les esprits depuis 1789. Divers obstacles avaient empêché que de la théorie on passât à l'application. La défiance de la royauté contre la noblesse, la jalousie de la noblesse de province contre la noblesse de cour, la jalousie, plus vive encore, du tiers état et sa passion fiévreuse pour l'égalité, ne permirent pas, dans les premiers temps qui suivirent 1789, d'essayer cette combinaison. Après la crise de la Convention, on tenta le système des deux assemblées, mais en substituant la différence unique d'âge, c'était la seule possible alors, à toutes les autres différences. L'Empire, qui éleva le pouvoir absolu d'un homme sur les ruines de tous les autres pouvoirs, arrêta l'expérience commencée, de sorte qu'on arrivait en 1814 avec un idéal qui n'avait point été réalisé, et tout un système qui demandait à l'être. Mais les conditions étaient moins favorables. Qu'étaient devenues ces anciennes pairies ecclésiastiques, compagnes de la seconde race, et qui ne s'étaient pas éteintes avec elle? ces grands apanages des princes de la maison de France, qui pouvaient reprendre et porter dignement les titres de Bourgogne, de Normandie, d'Aquitaine, de Flandre et de Toulouse? la nouvelle pairie datant du quinzième siècle, qui occupait un rang distingué à la cour, conservait le droit de séance au parlement, et possédait les plus grandes terres de France? la noblesse de cour enfin, si riche et si accréditée, qui marchait ensuite? Tous ces éléments d'une pairie qui existaient en 1789, on ne les retrouvait plus en 1814. La Révolution avait tout frappé, tout réduit en poussière, et cette poussière elle l'avait passée dans son crible ensanglanté. Sur ce sol nivelé retrouverait-on les éléments d'une pairie héréditaire?

Un des membres de la commission, M. Félix Faulcon, exprima des doutes motivés sur ce point. On lui répondit que le Roi nommerait sans doute des pairs à vie, et ne conférerait l'hérédité que lorsqu'il se serait convaincu que la famille qui recevrait ainsi une portion de la souveraineté possédait les conditions nécessaires pour en recevoir et en transmettre dignement le dépôt.

La constitution de la pairie était à la fois dans les idées et les intérêts : on passa outre, et l'on ne discuta sérieusement que l'article relatif aux princes. M. de Sémonville proposa que, quoique pairs par droit de naissance, « ils ne pussent prendre séance à la Chambre que de l'ordre du Roi, exprimé pour chaque session par un message, à peine de nullité de tout ce qui aurait été fait en leur présence. »

Il fallut recourir à l'autorisation du Roi avant de discuter cet article tout nouveau, et qui fut très-vivement combattu par M. Boissy d'Anglas : il alléguait qu'on rabaissait ainsi la position des princes au-dessous de celle des autres pairs, et qu'on la rendait intolérable, en subordonnant l'exercice d'un droit à une permission donnée ou refusée. Les arguments et les souvenirs ne manquèrent point à M. de Sémonville pour démontrer l'inconvénient de la présence des princes dans les assemblées délibérantes aux époques troublées. Par convenance, il remonta pour en trouver jusqu'à l'époque de la Fronde ; mais il indiqua suffisamment qu'on en trouverait beaucoup plus près. La disposition proposée par lui fut adoptée par la majorité, et devint l'article 34 de la Charte.

Le chapitre de la Chambre des députés arrivait immédiatement après celui de la Chambre des pairs. Le premier article de ce chapitre portait que la Chambre des députés serait composée de députés élus par les colléges électoraux, dont l'organisation serait déterminée par une loi. M. de Montesquiou proposa, en son nom personnel, d'attribuer leur nomination au Roi, qui exercerait ce droit dans les mêmes formes à peu près qui existaient pour les nominations faites par le Sénat, qui choisissait sur des listes. Les motifs donnés à l'appui de sa proposition n'avaient pas une grande valeur. Personne, disait-il, n'était plus intéressé que le Roi à la bonne composition de la Chambre des députés ; voulût-il trouver des consciences vénales, il n'en rencontrerait pas facilement ; il y avait toujours assez d'opposition dans les assemblées françaises.

M. Boissy-d'Anglas n'eut pas de peine à réfuter ces arguments. Il n'y avait plus de gouvernement représentatif si le Roi nommait à la fois les deux Chambres ; il ne restait que l'autorité d'un seul enveloppée de formes destinées à faire illusion.

M. de Pastoret proposa, comme système électoral, une première assemblée d'arrondissement, laquelle présenterait des candidats à l'assemblée de département, qui nommerait les députés. M. Clausel de Coussergues proposa de composer la première assemblée des trois cents plus fort imposés de l'arrondissement, et la seconde des trois cents plus fort imposés du département, en alléguant que la nomination des députés était l'affaire de la propriété, qui offrait seule des garanties. M. Barbé-Marbois proposa de déférer aux assemblées de canton le droit de dresser la liste des candidats.

De cette divergence de vues, M. Blanquart de Bailleul conclut à la nécessité de poser dans la constitution les bases de la loi électorale, et M. Beugnot répondit que les commissaires ne refusaient pas d'examiner s'il ne conviendrait pas d'en référer au Roi.

Le reste du chapitre passa facilement, et la discussion commença avec l'article 37, ainsi conçu : « Les députés seront élus pour cinq ans, et de manière à ce que la Chambre soit renouvelée chaque année par cinquième. »

M. Garnier opposa de graves objections à ce système. La durée des fonctions législatives étant déjà fort limitée, si, pour les trois cinquièmes de la Chambre, on la réduit par les renouvellements, à un, deux et trois ans, il est à craindre que, dans un aussi court espace de temps, les députés dont le mandat sera si rapide ne puissent prendre une véritable connaissance des affaires. En outre, avec une Chambre qui n'aura jamais un caractère définitif, puisque chaque année elle sera modifiée, le ministère ne pourra jamais être sûr d'avoir une majorité, par conséquent il n'aura pas de politique arrêtée. Restait l'inconvénient de ramener tous les ans cette fièvre électorale qui fait de l'époque des élections un instant de crise. Au lieu de rapprocher dans la vie de la nation ces heures difficiles, il faudrait les éloigner, et c'est pour cela que des élections générales revenant tous les sept ans vaudraient mieux que des élections revenant tous les cinq ans.

M. Laîné pensa au contraire qu'en divisant le danger de la crise par des élections partielles et annuelles, on le diminuerait. Au lieu d'une agitation générale et violente, on n'aurait qu'une agitation périodique, il est vrai, mais locale et douce. En outre, chaque réélection deviendrait un avertissement pour le gouvernement; il connaîtrait ainsi les mouvements qui se feraient dans l'opinion, avec laquelle il doit marcher. S'il résistait à un premier appel, il ne résisterait pas au second, ou du moins au troisième. Ces impulsions successives étaient bien préférables à la commotion d'une élection générale, qui, au lieu d'avertir, renverserait. A ces considérations d'un intérêt permanent venait s'ajouter une considération d'un intérêt transitoire, mais important : « La France n'était-elle pas intéressée à conserver la Chambre existante et à perpétuer l'excellent esprit qui l'anime, dans les cinq séries qui seront successivement appelées pour la remplacer? Cette chambre n'a pas cessé de cultiver, dans des temps difficiles, l'amour de la patrie et les nobles sentiments qu'il inspire; sa voix n'a pas manqué à la France dès qu'elle a rencontré une issue pour se faire entendre, et, par ce qu'elle a souffert et osé dans d'autres temps, elle a mérité de montrer tout ce dont elle est capable sous l'empire des lois et de la liberté. »

Ainsi parla M. Laîné, mêlant des considérations qu'on pourrait appeler personnelles à des considérations d'un ordre plus important, mais qui cependant se trouvaient au moins balancées par celles qu'avait développées le préopinant. La mission d'une Chambre est moins, en effet, de refléter les mouvements souvent éphémères qui se dessinent dans l'opinion, que de concourir au gouvernement et de contribuer à former l'opinion par ses actes. Or, pour la rendre capable d'accomplir cette mission, il ne faut pas lui refuser l'instrument de toute chose, le temps, en la mettant en état permanent de décomposition et de recomposition. L'avis de M. Laîné, éloquemment exprimé, entraîna l'opinion de la commission.

On arriva ainsi aux articles 38 et 40, qui exigeaient pour le droit d'éligibilité à la Chambre un cens de 1000 francs de contributions foncières, et pour le droit d'électorat un cens foncier de 300 francs. Ces deux articles furent attaqués par M. Faulcon : « Jamais, dit-il, dans les diverses constitutions qui se sont succédé depuis 1789, on ne conçut l'idée d'un cens aussi élevé. A-t-on bien réfléchi au nombre et à l'espèce d'hommes que l'on va éloigner de la Chambre des députés, qui est cependant le plus noble sujet d'émulation qu'on puisse offrir aux Français? Vous venez de délibérer sur une Chambre des pairs destinée à recevoir les notabilités de la France en services, en naissance, en fortune; si vous exigez encore cette dernière condition pour la Chambre des députés, vous allez fonder un gouvernement aristocratique dont se trouveront exclus une foule d'hommes de bien qui, depuis trente ans, ont donné tout leur temps à la chose publique, sans poursuivre d'autre salaire que le sentiment du bien qu'ils ont fait et la reconnaissance de leurs concitoyens. » M. Faulcon termina en invoquant son propre exemple. Membre de l'Assemblée constituante, il n'avait pas cessé depuis lors de donner son temps à son pays tant qu'il avait pu le faire avec honneur. Il se trouvait président du Corps législatif, et, parce que quelques souvenirs qui ne sont pas sans noblesse et une pauvreté honorable étaient son partage, il cesserait d'être éligible. Il mesurait à sa douleur celle de tous les hommes qui se trouvaient dans sa position.

Ce n'était là que le plus faible des arguments qu'il y eût à faire valoir. Le grand inconvénient du cens proposé, c'était de renfermer arbitrairement le droit électoral dans une classe de propriétaires intermédiaires, en annihilant du même coup les grands et les petits propriétaires. On bâtissait sur une base étroite et inconnue. Qu'arriverait-il si la classe à laquelle on se livrait ainsi les yeux fermés devenait accessible à des influences factieuses? Qu'arriverait-il si, un jour, le gros de la nation resté en dehors du gouvernement représentatif se ruait contre l'édifice dont on ne lui avait pas ouvert l'entrée, ou le laissait renverser avec indifférence? Il y avait là matière pour deux révolutions.

Une grave discussion s'engagea au sujet de la proposition faite par M. Chabaud-Latour, d'ajouter pour le cens électoral la contribution personnelle et mobilière à la contribution foncière. Seul parmi les commissaires royaux fort étrangers à ces matières, M. Beugnot combattit la substitution proposée des mots de « contribution directe, » à ceux de « contribution foncière. » Il avait l'instinct plutôt que la perception du danger de cette substitution. Chose remarquable! l'idée de l'impôt des patentes ne se présenta à l'esprit de personne, le mot ne fut pas même prononcé. Ce fut par inadvertance qu'on introduisit dans la Charte ce grave changement [1]!

---

1. « M. le chancelier et M. l'abbé de Montesquiou gardaient le silence, dit le comte Beugnot dans ses *Mémoires*, et semblaient par là se ranger à l'opinion dominante dans la commission, et M. Ferrand n'en était pas lui-même éloigné. J'eus le tort, dont je me suis bien repenti depuis, de n'avoir pas insisté fortement sur mon opinion et demandé que du moins le changement fût soumis au

L'article 44, sur la publicité des séances de la Chambre des députés, provoqua quelques observations de la part de ceux dans la mémoire desquels le souvenir des excès dont les spectateurs des tribunes s'étaient rendus coupables dans les assemblées élues de 1789 à 1795 était encore vivant. L'exemple de l'Angleterre, où la réclamation d'un seul membre suffit pour faire vider les tribunes, fut allégué. Cependant, la disposition qui exigeait la demande de cinq membres pour obliger la Chambre à se former en comité secret fut maintenue, sur cette observation, d'une valeur contestable, que dans la Constitution rédigée par le Sénat, la publicité était le droit, le secret l'exception. La formation de la Chambre en bureaux pour l'examen préalable de chaque projet de loi présenté au nom du Roi, fut motivée par un coup d'œil rétrospectif jeté sur l'inconvénient de ces grands comités permanents de la Constituante, de la Législative et de la Convention, auxquels on déférait la connaissance de toutes les lois qui se rapportaient à une matière spéciale, de sorte que ces comités exerçaient sur la branche de législation qui leur était réservée un ascendant absolu contre lequel luttait souvent vainement l'assemblée tout entière.

L'article 46 portant qu'aucun amendement ne pourrait être fait à une loi sans avoir été proposé ou consenti par le Roi, et, dans l'un et l'autre cas, renvoyé dans les bureaux, rencontra d'assez vives objections. C'était cependant, comme le fit remarquer M. Ferrand, le complément nécessaire de l'article 16 de la Constitution, qui réserve au Roi la proposition de la loi. On peut, par des amendements, changer l'esprit d'une loi, le droit d'amendement est donc un droit d'initiative. A ce titre,

---

Roi; il en valait bien la peine! Mais notre prévoyance à tous était si courte! Nous pétrissions à loisir des matières inflammables, et nous placions à côté, sans nous en douter, un foyer d'étincelles. »

tout amendement doit, comme la loi, venir du Roi et subir l'épreuve des bureaux.

M. Garnier allégua des inconvénients de détails, le temps perdu en allées et venues, l'avantage de simplifier les rapports du Roi et des Chambres ; mais aucun de ces inconvénients ne pouvait entrer en balance avec le danger de donner des ouvertures à l'usurpation du droit d'initiative attribué exclusivement au Roi. L'assentiment général maintint l'article 46.

Les articles 47, 48, 49 passèrent sans discussion. Ils n'étaient que l'expression du vieux droit des Français, de ne payer que les impôts librement consentis par eux.

M. de Sémonville proposa d'ajouter à ce chapitre un article additionnel ainsi conçu : « Toute pétition à l'une ou l'autre des Chambres ne peut être faite et présentée que par écrit ; la loi interdit d'en apporter en personne à la barre. » Le souvenir des excès des pétitionnaires dans les assemblées révolutionnaires était encore dans toutes les mémoires, et la présence de Boissy-d'Anglas qui les avait bravés dans une sanglante journée, eût suffi pour les rappeler. Il fut le seul cependant à combattre l'amendement, au nom du droit de pétition, qui lui paraissait ainsi diminué. Mais la disposition ayant été soumise à l'approbation du Roi, qui en autorisa la discussion, fut néanmoins adoptée.

Il y eut des observations sur l'article 56, ainsi conçu : « Les ministres ne peuvent être accusés que pour fait de trahison ou de concussion. » On aurait désiré des termes moins vagues. Si par concussion on entendait seulement une levée d'impôt non autorisée par la loi, ce délit serait si rare dans l'avenir, par la difficulté qu'on trouverait à le commettre, qu'il était inutile de le prévoir. Le mot de trahison, s'il n'était pas défini, présentait une latitude indéterminée qui permettait de l'étendre ou de le restreindre dans le sens des idées qui domineraient au moment où un cas de ce genre viendrait à se présenter.

M. de Montesquiou fit remarquer qu'on ne doit poser dans un acte constitutionnel que les principes généraux, en laissant aux lois spéciales les définitions et les détails d'application. Il ajouta que le crime de trahison renfermait virtuellement tout acte ministériel par lequel l'intérêt de l'État serait sacrifié sciemment à un intérêt particulier, et que le crime de concussion s'étendait à tout acte par lequel un ministre autoriserait ou tolérerait la perception illégale d'une somme d'argent. Sous le bénéfice de ces observations l'article passa sans modification.

Le chapitre VI, intitulé : *De l'ordre judiciaire*, fut adopté sans difficulté. Il ne changeait ni les bases de notre ancien ordre judiciaire, ni l'organisation existante. La nomination des juges au Roi, l'inamovibilité des juges nommés par lui[1], le droit de grâce réservé à l'autorité d'où émane toute justice, voilà les bases de ce bel ordre judiciaire. La distribution des tribunaux civils ne différait guère de ce qu'elle était avant la révolution. Les tribunaux en première instance et les tribunaux en appel, dans lesquels on ne peut reprendre que leur multiplicité, ramenaient en effet aux anciens principes, moins la double usurpation des parlements sur la royauté et les états généraux, par les arrêts de règlement et l'enregistrement des lois. Le jury,

---

1. Dans le projet primitif, les juges de paix étaient, comme tous les autres magistrats, inamovibles. M. Clausel de Coussergues fit observer que ces juges décident presque seuls de toutes les questions qui leur sont soumises. On se rassure, ajouta-t-il, par le peu d'importance qu'elles ont, et on ne réfléchit pas qu'à un intérêt, bien mince en apparence, se rattachent le plus souvent les moyens d'existence d'une pauvre famille. Il faut des hommes bien éprouvés pour remplir des fonctions si délicates, et le temps seul apporte les moyens de les bien connaître. Laissons donc au Roi qui va les nommer le pouvoir de les remplacer, si l'on s'aperçoit qu'ils ne font pas tout le bien qu'on en avait attendu. Il n'est pas à craindre que le Roi change un juge de paix justement honoré dans son canton, car les élections qui lui sont confiées ne sont pas suspectes des caprices et des jeux de partis qui corrompent quelquefois les élections populaires. » L'assemblée applaudit à la sagesse de ces réflexions, et la modification fut adoptée.

dans les affaires criminelles, accepté avec regret par Napoléon, était moins une innovation de la Constituante qu'un retour à la vieille manière dont nos aïeux vidaient leurs procès criminels, sauf la simplicité des formes qu'on n'avait pu conserver dans un siècle d'une civilisation avancée et corrompue. La cour de cassation, tribunal suprême destiné à retenir et à guider les autres tribunaux dans l'interprétation et l'application des lois, remontait à la Constituante.

Louis XVIII avait accepté tout cet ordre judiciaire, dans lequel on retrouvait la tradition nationale perfectionnée par l'expérience. Il n'avait ajouté à ce chapitre qu'un article, en complétant une pensée indiquée par le Sénat, mais un article qui suffirait pour rendre un roi et son règne immortel; c'était l'article 66, ainsi conçu : « La confiscation est abolie, elle ne pourra jamais être rétablie [1]. » Ce fut un beau spectacle que ce représentant de la légitimité monarchique à peine assis sur son trône qui, pour répondre à tant de confiscations ordonnées par un régime qui avait vécu en battant monnaie sur la place de la Révolution, adoptait dans son honnêteté et sa sagesse ce principe : « La confiscation est abolie, elle ne sera jamais rétablie. »

---

1. M. de la Fayette, en faisant remarquer dans ses *Mémoires* que le Sénat avait pris l'initiative de cette mesure dans son projet de constitution, fait une remarque juste ; on lit en effet dans ce projet : *La peine de la confiscation est abolie*. Seulement M. de la Fayette ne fait pas remarquer que le paragraphe qui interdisait le rétablissement de cette mesure spoliatrice, appartenait à Louis XVIII, et que, dans sa bouche, cette parole avait une toute autre portée que dans celle du Sénat. Le Sénat était rempli de gens qui avaient profité des spoliations de la révolution, Louis XVIII représentait dans l'exil les intérêts spoliés.

V

INCIDENT QUI ABRÈGE LA RÉDACTION DE LA CHARTE.
PROMULGATION DE L'ACTE CONSTITUTIONNEL.

La commission avait tenu quatre séances. Les commissaires du Roi pensaient qu'elle en tiendrait trois autres. La première devait être consacrée à l'examen du chapitre intitulé : *Des droits particuliers garantis par l'État;* les deux autres à l'examen de quelques articles réglementaires sur la forme des élections. Ces articles, au nombre de six, qui devaient prendre place entre les articles 40 et 41 de la Charte, avaient pour objet de concilier l'article 40, qui n'accorde le concours à l'élection des députés qu'à ceux qui payent une contribution directe de 300 francs, avec l'élection à deux degrés, la seule qui semblât praticable en France, parce que c'était la seule qui eût été pratiquée depuis les états généraux les plus anciens. Le comte Beugnot, chargé de ce travail, l'avait ébauché, et Louis XVIII avait consenti à remettre la séance royale du 4 au 8 juin, pour lui donner le temps de l'achever. On était arrivé au 2 juin, lorsque le baron de Brunow, ministre des finances de Prusse, vint avertir le comte Beugnot que le départ des souverains étrangers était fixé au 5 juin, et qu'il fallait que le 4 la Constitution fût proclamée, comme Louis XVIII l'avait promis. M. Beugnot se récria en vain contre cette échéance à jour fixe et si rapprochée. C'était un parti pris, et un délai fatal.

Les souverains étrangers avaient hâte de retourner dans leurs États, dont ils étaient depuis longtemps éloignés. Leur impatience naturelle était aiguisée par plusieurs motifs: d'abord la nécessité de mettre ordre aux affaires intérieures de leurs gouvernements; puis une autre considération presque aussi grave : par un effet imprévu de l'invasion, la France envahie attirait l'or de l'Europe victorieuse. Ces milliers d'officiers étrangers rassemblés dans notre capitale appauvrissaient leur pays par les demandes continuelles d'argent qu'ils adressaient à leurs familles. M. de Metternich dit lui-même à M. de Vitrolles « qu'il fallait en finir, ne fût-ce que pour mettre un terme aux demandes d'argent que les officiers faisaient chez eux pour le dépenser à Paris. » La civilisation française prélevait d'immenses tributs sur la victoire européenne. Avant de retourner dans leurs États, les souverains étrangers devaient faire un voyage en Angleterre; c'était pour eux une raison de plus d'exiger que la Charte fût promulguée le 4 juin.

Les commissaires du roi se réunirent chez le chancelier, et tombèrent d'accord que, pris court comme on l'était, il devenait impossible de rien régler pour les élections et qu'on était forcé de laisser à la législature le soin de compléter sur ce point la Charte. On convint qu'on se bornerait à discuter le dernier chapitre, intitulé : *Droits particuliers garantis par l'État*, et l'on prévint confidentiellement les membres de la commission de la nécessité de borner là leur travail et de le terminer dans la séance même. Il y avait là une force de choses que tout le monde subissait. Le dernier chapitre passa sans discussion, aussi bien que les articles transitoires.

Toute la Charte se trouva donc discutée et votée en cinq séances, sous la pression de cette impatience étrangère qui n'accordait aucun délai. M. Beugnot fut chargé d'employer les vingt-quatre heures qui restaient à revoir l'ensemble du travail, à lui donner une rédaction définitive et à composer un préambule.

Les commissaires ne s'entendaient point et manquaient de temps pour se mettre d'accord sur le nom qu'on donnerait à l'acte qui allait être proclamé, et sur la forme dans laquelle il serait publié. Le chancelier, avec ses souvenirs du parlement, était d'avis de l'appeler *Ordonnance de réformation*, et de l'envoyer à l'enregistrement des cours et des corps administratifs. M. Ferrand aurait désiré qu'on l'appelât *Acte constitutionnel*, et, sans décliner l'enregistrement par les cours et les corps administratifs, il opinait pour qu'il fût aussi envoyé à l'acceptation des assemblées de canton. M. Beugnot combattait ces deux dénominations. Il avait été positivement expliqué, dans la commission, que l'acte dont il s'agissait était un *proprio motu* de la royauté, qui, dans la plénitude de sa souveraineté et de sa liberté, avait voulu faire certaines concessions. On ne pouvait donner à ces concessions le nom d'acte constitionnel, qui suppose un concours entre le Roi et le pays pour établir un nouvel ordre de choses. Le mot d'*Ordonnance de réformation* ne convenait pas mieux. Dans notre ancienne jurisprudence, en effet, cette expression n'est appliquée qu'aux lois qui avaient pour objet la réforme de quelques abus introduits dans l'État. Le mot d'*édit* vaudrait mieux ; mais il reporte vers l'idée du parlement, qui enregistrait les édits ou y faisait des remontrances. Puisqu'il s'agit d'une concession faite librement par un Roi à ses peuples, le mot de *Charte*, consacré par l'histoire, devient le mot propre. C'est la Charte des droits, la Grande Charte comme en Angleterre, ou la Charte constitutionnelle. Quant à la forme, l'essentiel était que le Roi fît publiquement le don et l'octroi de la Charte à ses sujets. Sans doute il serait désirable que ce don pût être fait devant la France entière, réunie en assemblées primaires ; mais le temps manquait pour cette convocation. Il fallait donc, puisqu'on ne pouvait s'adresser à la France assemblée, s'adresser aux deux corps qui la représentent dans une certaine mesure, le Sénat et le Corps législatif.

Cette dernière opinion rencontrait des objections assez vives. Le Sénat et le Corps législatif pouvaient-ils être acceptés comme des corps assez consistants pour recevoir le serment royal, quand on songeait que le premier allait disparaître, et que le second avait été élu sous le gouvernement précédent? N'était-il pas plus convenable d'envoyer la Charte à l'acceptation des assemblées de canton? M. Ferrand insistait tellement sur la nécessité de s'adresser ainsi directement à la nation, au lieu de s'adresser à deux assemblées placées dans une situation aussi équivoque, que le Roi ne voulut rien décider et demanda un nouveau rapport à M. Beugnot.

Les difficultés semblaient se multiplier dans ces derniers moments, parce qu'elles apparaissaient toutes à la fois. De quelle époque le Roi daterait-il le commencement de son règne? Dans la déclaration de Saint-Ouen, on avait éludé la difficulté en datant simplement cet acte du 2 mai 1814. Mais il n'y avait plus moyen de reculer; il fallait donner à la Charte une date royale. Quelle serait cette date?

M. Beugnot rappelait les principes constitutifs de la monarchie : *Le mort saisit le vif; le Roi est mort, vive le Roi!* Il alléguait aussi des exemples. Charles VII n'avait-il pas daté son règne du jour de la mort de Charles VI, en dépit du traité de Troyes et de l'assentiment que les grands corps de l'État, la capitale et la majorité des provinces y avaient donné? Henri IV aussi n'avait-il pas daté son règne du jour de la mort de Henri III, quoique la reconnaissance de sa souveraineté, abstraction faite de la fureur des partis, fût encore une question, et même une question légale?

Exemples peu concluants, il faut le dire, pour le cas qu'il s'agissait de régler. Charles VII et Henri IV, en effet, n'avaient pas quitté la France, ils y avaient toujours eu un drapeau levé, des provinces soumises; de fait comme de droit, ils y avaient régné à partir de la mort de leurs prédécesseurs. La situation de Louis XVIII, absent depuis 1789, et qui depuis quatorze ans n'avait pas eu d'autorité sur un pouce du territoire français, était loin d'être la même. En vain M. Beugnot alléguait-il que si le Roi n'appliquait pas dans toute sa rigueur la logique du principe monarchique, il reconnaissait le principe révolutionnaire de la souveraineté du peuple : les faits ne détruisent pas les principes, mais aussi les principes ne sauraient empêcher les faits d'avoir existé. Il y avait un inconvénient grave et réel dans le prétendu avantage que M. Beugnot voyait à admettre que le Roi avait régné dès le moment où s'était ouvert son droit au trône, parce qu'étant censé avoir été toujours présent, disait-il, et avoir ratifié ce qui s'était fait pendant son absence, il imprimerait par cette fiction même une sanction toute monarchique aux actes émanés d'autorités différentes. Cette fiction étrange ne tendait à rien moins qu'à faire ratifier tous les actes sanglants ou odieux des seize dernières années, depuis les déportations du Directoire et le meurtre du duc d'Enghien, jusqu'à la captivité du pape Pie VII.

Les commissaires ne purent se mettre d'accord. Il fut convenu qu'on en référerait au Roi. M. Beugnot se mit au travail pour rédiger le préambule de la Charte, sans savoir comment elle serait datée et dans quelle forme elle serait publiée. Le temps manquait pour mûrir les résolutions, et l'on courait plutôt qu'on ne marchait. M. Beugnot, se défiant de ses forces pour écrire le préambule de la Charte, s'était adressé à M. de Fontanes, regardé comme le plus brillant écrivain du temps. Mais ce morceau, trop littéraire et trop oratoire, n'avait point la grave simplicité nécessaire pour servir de préambule à un acte politique. Il fallut recommencer à nouveau, et employer les premières heures de la nuit à ce travail; c'était le lendemain même que la Charte devait être proclamée. Toute cette délibération avait été conduite avec une précipitation fâcheuse, et un peu comme au hasard. Non-seulement la loi fondamentale avait été discutée en cinq séances, mais, quoique la délibération eût soulevé de graves difficultés, il n'y avait eu pour les résoudre aucune réunion particulière des commissaires royaux chez le chancelier. On n'avait tenu aucun procès-verbal des conférences ou des résolutions. C'était le chancelier ou l'abbé de Montesquiou qui allait parler au Roi de ce qui s'était passé dans la commission, et ils rapportaient de vive voix les décisions de Louis XVIII. Quelques réclamations s'étant élevées sur ce mode de procéder [1], le chancelier avait répondu que l'on était trop pressé d'arriver pour agir autrement.

Le ministère n'avait eu qu'une notion indirecte et incomplète de la nouvelle Constitution. Dans le conseil du 25 mai, le Roi en avait parlé par transition, en disant que le projet était soumis à la commission, mais que son travail n'était pas encore assez avancé pour qu'on pût en rendre compte au conseil. Le 27 mai, le chancelier lui donna une première lecture de cet instrument public dans l'état où il se trouvait. Pendant ce temps la commission continuait son travail à la hâte, afin d'arriver au but le jour indiqué.

Le 4 juin, vers dix heures du matin, le comte Beugnot, entrant dans le cabinet du Roi, lui présentait trois copies de la Charte, et en tenait une quatrième à la main; il lui demandait la permission d'en commencer la lecture. Les ministres étaient présents, ils venaient recevoir communication du discours royal. Le Roi jeta un coup d'œil sur la pendule, et dit : « Nous n'en avons guère le temps. — Me sera-t-il permis de faire observer au Roi, reprit M. Beugnot, que le préambule de la Charte est nouveau et a besoin d'être soumis à son appro-

---

[1]. « Je disais à M. le chancelier qu'on n'en avait pas usé de la sorte sous Louis XIV, lors des conférences pour les ordonnances, durant lesquelles on avait tenu registre de tout, à un mot près, et tout réglé, jusqu'à la place que chaque commissaire occupait autour de la table. M. le chancelier me répondait toujours que nous étions trop pressés, et que ce qui importait c'était de finir vite. » (*Mémoires* du comte Beugnot.)

bation? — Oui, mais nous avons confiance, et je sais que vous êtes passé maître en ce point. » M. Beugnot, s'inclinant en signe respectueux de reconnaissance, se borna à demander si le Roi avait décidé de quelle année de son règne la Charte serait datée, et à qui elle serait adressée après qu'elle aurait été publiée dans la forme qui allait être suivie. Le Roi répondit qu'on aurait le temps de s'en occuper après, mais qu'il faudrait bientôt songer à son départ pour l'assemblée. Peu de temps après, le cortége doré qui devait accompagner le Roi envahit le cabinet; les affaires cédèrent le pas aux cérémonies, qui n'avaient guère été moins prises au dépourvu; car M. de Dreux-Brézé, en fouillant les archives de l'ancienne monarchie, n'y avait rien trouvé qui eût trait à la publication d'une Charte constitutionnelle.

On n'avait pas été sans inquiétude pour cette journée, et la police avait même eu l'éveil au sujet d'une conspiration, formée, disait-on, pour faire sauter le cortége royal, au moment où il passerait sur le quai d'Orsay en se rendant au Palais-Bourbon. Comme il arrive souvent dans les circonstances de ce genre, un fait naturel et inoffensif avait donné lieu à ces sinistres commentaires. C'était à cet endroit du quai d'Orsay que l'administration russe, prête à partir, faisait le chargement de ses poudres; cette opération, commencée dans la journée du 3 juin, devait se prolonger pendant celle du 4. La police française obtint, après beaucoup de démarches, que, pour prévenir tout accident, le chargement des poudres serait suspendu depuis dix heures du matin jusqu'à deux heures de l'après-midi, c'est-à-dire pendant la durée de la séance royale.

La salle du Palais-Bourbon offrait, dans la matinée du 4 juin, un beau et solennel spectacle. Sauf l'empereur de Russie, l'empereur d'Autriche et le roi de Prusse, partis la surveille et la veille par un sentiment de convenance, le premier et le dernier pour Londres, le second pour Vienne, afin de laisser le roi de France maître unique dans sa capitale, tous les princes de l'Europe, on peut le dire, étaient assis dans les tribunes. L'élite de la France et des nations accourue à Paris remplissait le reste de ce vaste amphithéâtre; car, après cette longue guerre, il y avait, parmi tous les étrangers, admirateurs des Français quand ils ne sont pas leurs ennemis, une soif inextinguible de voir cette belle capitale fermée depuis tant d'années devant eux. Aux jours les plus victorieux de l'Empire, Paris n'avait pas vu un concours aussi brillant. Un trône avait été dressé pour le Roi sur l'estrade où siége ordinairement le président. Les grands officiers de la couronne devaient se placer sur les degrés. Deux des pairs ecclésiastiques, six pairs laïques, le ministre secrétaire d'État, les ministres d'État, les maréchaux, une députation des grands cordons de la Légion d'honneur, devaient prendre place sur des bancs placés en gradins sous le trône. Des siéges étaient préparés à droite et à gauche du trône pour les princes de la famille royale et les princes du sang; un pliant pour le chancelier; en face du trône, des banquettes pour les sénateurs qui allaient prendre le titre de pairs, et pour les députés. Les ministres avaient des places réservées au centre des deux Chambres. La garde nationale faisait le service; depuis la veille, il n'y avait plus un seul soldat étranger à Paris [1].

Le Roi avait envoyé des lettres closes [2] aux sénateurs et aux députés convoqués pour la séance solennelle, et il avait pro-

---

1. Dès le 2 juin les postes de l'intérieur furent remis par les troupes étrangères à la garde nationale. La dernière colonne des troupes alliées sortit de Paris le 3 juin.
2. Les lettres closes étaient signées par le Roi, écrites sur du papier simple plié en quatre et fermées par une bande de papier passée dans deux ficelles, et dont les deux bouts étaient noués par le sceau royal.

fité de cette circonstances pour opérer sur la liste des sénateurs les radiations nécessaires. Le Corps législatif ne renfermait qu'un membre qui eût voté la mort de Louis XVI; ce membre n'avait pas hésité à se faire justice à lui-même en se retirant. Dans le Sénat, on avait dû faire des éliminations plus nombreuses. Louis XVIII, apparaissant avec son principe en face du Sénat et du Corps législatif, débris d'un régime détruit, était au fond le seul pouvoir vivant, et sa souveraineté s'exerçait sur les hommes comme sur les institutions. Il fut décidé, en principe, qu'aucun des régicides du Sénat ne serait admis dans la Chambre des pairs; on ajouta à cette exclusion celle des sénateurs qui, plus étroitement liés que leurs collègues au régime impérial, avaient montré contre la Restauration une hostilité persistante; enfin, ceux des sénateurs qui, au nombre de vingt-trois, appartenant à des territoires conquis qui ne faisaient plus partie de la France, avaient cessé d'être Français, se trouvèrent naturellement éliminés. Toutes ces éliminations réunies s'élevaient à cinquante-huit.

Louis XVIII arriva à deux heures et demie; il était accompagné des princes de sa maison, sauf Monsieur, comte d'Artois, resté pour cause de santé à Saint-Cloud, et de ses grands officiers. Il fut accueilli par des acclamations unanimes et avec une émotion facile à comprendre. C'était un nouveau régime qui s'ouvrait. Quel serait le sort de cette Constitution promulguée avec une solennité européenne, de cette nouvelle alliance conclue entre la France et la maison de Bourbon avec l'Europe pour témoin? Le Roi prit place sur son trône. Il avait à sa droite le duc d'Angoulême, à sa gauche le duc de Berry; le duc d'Orléans venait après le duc d'Angoulême, les deux princes de la maison de Condé après le duc de Berry. Le Roi remplit son rôle avec une dignité remarquable. Il avait composé lui-même son discours, qu'il débita à merveille d'une voix accentuée et sonore, avec un geste juste et mesuré, et une pose toute royale :

« Messieurs, dit-il, lorsque pour la première fois je viens dans cette enceinte m'environner des grands corps de l'État, des représentants d'une nation qui ne cesse de me prodiguer les plus touchantes marques de son amour, je me félicite d'être devenu le fidèle dispensateur des bienfaits que la divine Providence daigne accorder à mon peuple.

« J'ai fait avec l'Autriche, la Russie, l'Angleterre et la Prusse une paix dans laquelle sont compris leurs alliés, c'est-à-dire tous les princes de la chrétienté. La guerre était universelle, la réconciliation l'est pareillement.

« Le rang que la France a toujours occupé parmi les nations n'a été transféré à aucune autre et lui demeure sans partage. Tout ce que les autres États acquièrent de sécurité accroît également la sienne, et par conséquent ajoute à sa puissance véritable. Ce qu'elle ne conserve pas de ses conquêtes ne doit donc pas être regardé comme retranché de sa force réelle.

« La gloire des armées françaises n'a reçu aucune atteinte; les monuments de leur valeur subsistent, et les chefs-d'œuvre des arts nous appartiennent désormais par des droits plus stables et plus sacrés que ceux de la victoire.

« Les routes du commerce vont être libres. Le marché de la France ne sera plus seul ouvert aux productions de son sol et de son industrie. Celles dont l'habitude lui a fait un besoin ou qui sont nécessaires aux arts qu'elle exerce lui seront fournies par les possessions qu'elle recouvre. Elle ne sera plus réduite à s'en priver ou à ne les obtenir qu'à des conditions ruineuses. Nos manufactures vont refleurir, nos villes maritimes vont renaître, et tout nous promet qu'un long calme au dehors et une félicité durable au dedans seront les heureux fruits de la paix.

« Un souvenir douloureux vient toutefois troubler ma joie. J'étais né, je me flattais de rester toute ma vie le plus fidèle sujet du meilleur des rois; et j'occupe aujourd'hui sa place! Mais du moins il n'est pas mort tout entier, il revit dans ce testament qu'il destinait à l'instruction de l'auguste et malheureux enfant auquel je devais succéder! C'est les yeux fixés sur cet immortel ouvrage, c'est pénétré des sentiments qui le dictèrent, c'est guidé par l'expérience et secondé par les conseils de plusieurs d'entre vous que j'ai rédigé la Charte constitutionnelle dont vous allez entendre la lecture, et qui assoit sur des bases solides la prospérité de l'État.

« Mon chancelier va vous faire connaître, avec plus de détails, mes intentions paternelles. »

L'effet de ce discours fut grand. La partie difficile, celle qui concernait la restitution de nos conquêtes, avait été touchée avec une délicatesse exquise. La gloire de nos armées avait trouvé un juste et consolant témoignage. Les avantages du nouveau gouvernement, la paix, ce besoin du monde, le commerce renaissant avec le rétablissement des relations internationales, la prospérité et le bien-être qui en sont la suite, et tous les bienfaits d'un régime réglé par les lois, avaient été annoncés avec la Charte rattachée d'une manière touchante au testament de Louis XVI. Après tant d'années d'interruption, on avait reconnu l'accent d'un roi de France.

L'impression durait encore quand le chancelier prit la parole, selon l'ancien usage, pour développer ce que le Roi n'avait fait qu'indiquer. On éprouvait les inconvénients de la précipitation avec laquelle les actes préliminaires de la Charte avaient dû être rédigés, et du défaut de concert qui avait régné dans tous ces travaux. Le Roi, le chancelier, M. Beugnot, avaient travaillé, on l'a vu, sans s'être concertés; à peine le chancelier avait-il eu le temps de donner une lecture rapide de son travail dans le conseil. Il en résultait que chacun avait donné à ses paroles une empreinte fortement individuelle. Le chancelier, homme d'une probité antique, mais peu favorable aux nouvelles idées, et qui aurait voulu que le Roi se contentât de promulguer « une ordonnance de réformation, » avait abondé dans ses opinions personnelles, et avait même donné à la Charte ce nom qui lui convenait peu. Toute la pensée de son discours était de montrer réunis en principe, dans les mains du Roi, les pouvoirs que le Roi venait de partager en fait avec les Chambres. Cette satisfaction purement théorique qu'il donnait à ses idées propres fournissait aux esprits méfiants un prétexte de soupçonner une arrière-pensée bien éloignée des idées de cet homme d'une probité rigide, qui, la Charte une fois donnée, croyait qu'elle devait être maintenue.

Voici le discours de M. Dambray :

« Vous venez d'entendre les paroles touchantes et les intentions paternelles de Sa Majesté. C'est à ses ministres à vous faire les communications importantes qui en sont la suite.

« Quel magnifique et touchant spectacle que celui d'un roi qui, pour s'assurer de nos respects, n'avait besoin que de ses vertus ; qui déploie l'appareil imposant de la royauté pour apporter à son peuple, épuisé par vingt-cinq ans de malheurs, le bienfait si désiré d'une paix honorable, et celui non moins précieux d'une ordonnance de réformation, par laquelle il éteint tous les partis comme il maintient tous les droits.

« Il s'est écoulé bien des années depuis que la Providence divine appela notre monarque au trône de ses pères. A l'époque de son avénement, la France égarée par de fausses théories, divisée par l'esprit d'intrigue, aveuglée par de vaines apparences de liberté, était devenue la proie de toutes les factions comme le théâtre de tous les excès, et se trouvait livrée aux plus horribles convulsions de l'anarchie. Elle a successivement essayé de tous les gouvernements jusqu'à ce que le poids des maux qui l'accablaient l'ait enfin ramenée au gouvernement paternel qui, pendant quatorze siècles, avait fait sa gloire et son bonheur.

« Le souffle de Dieu a renversé ce colosse formidable de puissance qui pesait sur l'Europe entière ; mais sous les débris d'un édifice gigantesque, encore plus promptement détruit qu'élevé, la France a retrouvé du moins les fondements inébranlables de son antique monarchie.

« C'est sur cette base sacrée qu'il faut élever aujourd'hui un édifice durable que le temps et la main des hommes ne puissent plus détruire. C'est le Roi qui en devient plus que jamais la pierre fondamentale ; c'est autour de lui que tous les Français doivent se rallier. Et quel roi mérita jamais mieux leur obéissance et leur fidélité ! Rappelé dans ses États par les vœux unanimes de ses peuples, il les a conquis sans armée, les a soumis par amour ; il a réuni tous les esprits en gagnant tous les cœurs.

« En pleine possession de tous les droits héréditaires sur ce beau royaume, il ne veut exercer l'autorité qu'il tient de Dieu et de ses pères qu'en posant lui-même les bornes de son pouvoir.

« Loin de lui l'idée que la souveraineté doive être dégagée des contre-poids salutaires qui, sous des dénominations différentes, ont constamment existé dans notre Constitution. Il y substitue lui-même un établissement de pouvoir tellement combiné, qu'il offre autant de garanties pour la nation que de sauvegarde pour la royauté. Il ne veut être que le chef suprême de la grande famille dont il est le père. C'est lui-même qui vient donner aux Français une Charte constitutionnelle appropriée à leurs désirs comme à leurs besoins, et à la situation respective des hommes et des choses.

« L'enthousiasme touchant avec lequel le Roi a été reçu dans ses États, l'empressement spontané de tous les corps civils et militaires, ont convaincu Sa Majesté de cette vérité si douce pour son cœur, que la France était monarchique par sentiment et regardait le pouvoir de la couronne comme un pouvoir tutélaire nécessaire à son bonheur.

« Sa Majesté ne craint donc point qu'il puisse rester aucun genre de défiance entre elle et son peuple : inséparablement unis par les liens du plus tendre amour, une confiance mutuelle doit cimenter leurs engagements.

« Il faut à la France un pouvoir royal protecteur, sans pouvoir devenir oppressif ; il faut au Roi des sujets aimants et fidèles, toujours libres et égaux devant la loi. L'autorité doit avoir assez de force pour déjouer tous les partis, comprimer toutes les factions, imposer à tous les ennemis qui menacent son repos et son bonheur.

« La nation peut en même temps désirer une garantie contre tous les genres d'abus dont elle vient d'éprouver les excès.

« La situation momentanée du royaume, après tant d'années d'orages, exige enfin quelques précautions, peut-être même quelques sacrifices, pour apaiser toutes les haines, prévenir toutes les réactions, consolider toutes les fortunes, amener en un mot tous les Français à un oubli généreux du passé et à une réconciliation générale.

« Tel est, Messieurs, l'esprit vraiment paternel dans lequel a été rédigée cette grande Charte que le Roi m'ordonne de mettre sous les yeux de l'ancien Sénat et du dernier Corps législatif.

« Si le premier de ces corps a pour ainsi dire cessé d'exister avec la puissance qui l'avait établi, si le second ne peut avoir sans l'autorisation du Roi que des pouvoirs incertains et déjà expirés pour plusieurs de ses séries, leurs membres n'en sont pas moins l'élite des notables du royaume. Aussi le Roi les a-t-il consultés en choisissant dans leur sein les membres que leur confiance avait plus d'une fois signalés à l'estime publique. Il en a pour ainsi dire agrandi son conseil, et il doit à leurs sages observations plusieurs additions utiles, plusieurs restrictions importantes.

« C'est le travail unanime de la commission dont ils ont fait partie qui va être mis sous vos yeux pour être ensuite porté aux deux Chambres créées par la Constitution, et envoyé à tous les tribunaux comme à toutes les municipalités.

« Je ne doute pas, Messieurs, qu'il n'existe parmi vous un enthousiasme de reconnaissance qui, du sein de la capitale, se propagera bientôt jusqu'aux extrémités du royaume. »

Quelques oreilles trouvèrent ces paroles malsonnantes après celles du Roi. Cette insistance à rappeler que les deux corps devant lesquels on lisait la Charte constitutionnelle n'avaient que des pouvoirs éteints blessa plusieurs des auditeurs. Le chancelier allait au delà de la réalité des choses, en présentant la Charte comme une pure concession octroyée par Louis XVIII dans la plénitude de sa puissance. La transaction faite d'abord par le comte d'Artois, ensuite par le Roi lui-même avec le Sénat, si elle n'avait pas été publiquement avouée, était connue de plusieurs, évidente pour tous. Ce pouvoir absolu, dont on se montrait si jaloux dans la théorie, avait fléchi dans la pratique. On n'en sauvait les apparences qu'en faisant concéder par le Roi, au nom d'un pouvoir constituant qui n'avait jamais appartenu aux rois de France, dans un pays constitué par des lois anciennes, les droits essentiels à une nation civilisée et éclairée, aussi bien que les concessions que le Sénat impérial, appuyé par l'empereur Alexandre, avait demandées.

Ce discours avait en outre l'inconvénient d'insister sur ce qu'il y avait de faux dans la situation : ce Sénat et ce Corps législatif de l'Empire, qui, en un moment, allaient se trouver transformés en une Chambre des pairs et une Chambre des députés de la monarchie; ce Corps législatif surtout qui allait tenir du Roi les pouvoirs que les électeurs seuls auraient pu lui donner. Il y avait là un fond d'anomalies et de contradictions, entrevues tout d'abord par l'instinct public, et dont la malveillance, toujours si clairvoyante, allait profiter au détriment de la royauté. On subissait déjà les inconvénients de la fausse position qu'on avait acceptée en restant en présence des deux grands corps constitués de l'Empire déchu, au lieu de se mettre en présence de la France.

Le moment était venu de lire la Charte constitutionnelle, en commençant par son préambule. M. Ferrand, en sa qualité de doyen des commissaires du Roi, fut chargé de ce soin. Sa voix, naturellement sourde et encore affaiblie par une maladie récente, trahissait ses efforts [1]. Sauf quelques généralités du préambule et le mot d'octroi qui plus tard devait soulever tant d'orages, elle fut bien accueillie par la grande majorité des auditeurs; les royalistes proprement dits regrettèrent d'y retrouver la plupart des articles qu'ils avaient critiqués dans la Constitution du Sénat, et des places de sûreté données aux révolutionnaires, à côté de la juste proclamation des droits nécessaires. La dissidence, qui devait plus tard devenir plus profonde, s'annonçait déjà [2].

La lecture de la Charte à peine achevée, M. Ferrand lut une ordonnance qui nommait les nouveaux pairs du royaume. Ils étaient au nombre de cent cinquante-quatre membres. Le Roi, avant de retourner aux Tuileries, entendit les membres de la Chambre des pairs qu'il venait de créer, et ceux du Corps législatif transformé en Chambre des députés, prêter serment de fidélité au Roi, à la Charte constitutionnelle et aux lois du royaume. Il rentra au château enivré des acclamations qui le suivirent et du succès personnel qu'il avait obtenu par son discours. Les ministres, qui l'accompagnèrent jusque dans son cabinet, prolongèrent ce triomphe par leurs félicitations sincères. Louis XVIII, particulièrement jaloux des succès de l'esprit et de la bonne grâce, dut s'endormir ce soir-là avec de riantes pensées.

---

1. M. Beugnot dit dans ses *Mémoires* : « En ma qualité d'auteur du préambule, je souffrais plus que je ne peux le dire de la manière dont il lisait. »
2. Voir, aux pièces justificatives, le texte de la Charte et celui du projet de Constitution du Sénat.

VI

LA CHAMBRE DES PAIRS. — LA CHAMBRE DES DÉPUTÉS.
ADRESSES. — L'OPINION.

Le moment est venu d'indiquer comment et sur quelles bases on avait fondé la pairie, dans un pays où l'aristocratie de race avait subi de si profondes atteintes avant et surtout depuis la révolution de 1789.

Les noms des anciens pairs siégeant autrefois au parlement de Paris ouvraient la liste dans l'ordre de l'érection des pairies, en commençant par trois pairies ecclésiastiques qui restaient sur les six existant autrefois : l'archevêque de Reims, M. de Périgord, l'évêque de Langres, M. de la Luzerne, l'évêque de Châlons-sur-Marne, M. de Clermont-Tonnerre.

Les trente-six pairies laïques existant en 1788 se trouvaient réduites, par les extinctions de familles, à vingt-six. Celles-ci venaient sur la liste après les trois pairies ecclésiastiques, suivant leur ordre de date. Le duc d'Uzès, 1572 ; le duc d'Elbeuf, 1582 ; le duc de Montbazon, 1595 ; le duc de la Trémouille, 1599 ; le duc de Chevreuse, 1619 ; le duc de Brissac, 1620 ; le duc de Richelieu, 1621 ; le duc de Rohan, 1652 ; le duc de Luxembourg, 1662 ; le duc de Grammont, le duc de Mortemart, le duc de Saint-Aignan, le duc de Noailles, 1663 ; le duc d'Aumont, 1665 ; le duc d'Harcourt, 1670 ; le duc de Fitz-James, 1710 ; le duc de Brancas, le duc de Valentinois, 1716 ; le duc de Fleury, 1736 ; le duc de Duras, 1757 ; le duc de la Vauguyon, 1759 ; le duc de Praslin, 1762 ; le duc de La Rochefoucauld, 1770 ; le duc de Clermont-Tonnerre, 1775 ; le duc de Choiseul et le duc de Coigny, 1787.

On avait complété ces anciennes pairies en prenant dans

l'ancienne noblesse douze ducs héréditaires, les ducs de Croy, de Broglie, de Laval-Montmorency, de Beaumont, de Lorge, de Croy-d'Havré, de Polignac, de Lévis, de Maillé, de Saulx-Tavannes, de La Force. On y ajouta six ducs à brevet [1], les ducs de Castries, de Noailles, prince de Poix, de Doudeauville, prince de Chalais, duc de Sérent, duc de Montmorency; et six officiers généraux des armées royales, les comtes de Vioménil et de Vaudreuil, le bailli de Crussol, le marquis d'Harcourt, le marquis de Clermont-Gallerande, le comte Ch. de Damas.

La part faite aux représentants de l'ancienne société française dans la Chambre des pairs était donc de cinquante-trois membres sur cent cinquante-quatre, et encore parmi les pairs de cette catégorie il y en avait plusieurs qui appartenaient aux opinions qui dominaient depuis la Révolution.

Quatorze maréchaux de l'Empire, le prince de Wagram, le duc de Tarente, le prince de la Moskowa, le duc d'Albuféra, le duc de Castiglione, le comte de Gouvion-Saint-Cyr, le duc de Raguse, le duc de Reggio, le duc de Conégliano, le duc de Trévise, le duc de Dantzick, le comte de Pérignon, le duc de Valmy, le comte Serrurier, représentaient les illustrations militaires de la nouvelle armée, et formaient, avec quatre-vingt-sept membres de l'ancien Sénat impérial, les deux tiers de la nouvelle Chambre des pairs, qui contenait ainsi en tout quatre-vingt-onze anciens sénateurs, car sur les quatorze maréchaux il y en avait quatre revêtus de ce titre. La part faite aux hommes issus de la Révolution et de l'Empire dans la Chambre des pairs était donc de cent un membres sur cent cinquante-quatre. Ils avaient une majorité des deux tiers. Tous ces pairs étaient nommés à vie, malgré la faculté que Louis XVIII s'était réservée par la Charte de nommer des pairs héréditaires.

---

1. Le titre des ducs à brevet était viager.

Le gouvernement semblait organisé. La Chambre des pairs se réunissait au palais du Luxembourg, cet ancien palais du Sénat, devenu la dotation de l'assemblée qui prenait sa place. Les dotations sénatoriales disparaissaient avec le Sénat, et se trouvaient réunies au domaine de la couronne par une ordonnance royale; on les remplaça par des pensions viagères de 36,000 francs.

Le comte Barthélemy, vice-président du Sénat, fut nommé vice-président de la Chambre des pairs. C'était un homme doux, modéré, d'un esprit distingué, sensé, honnête, dont les antécédents et les opinions étaient monarchiques. Il avait été premier secrétaire de légation à Londres avant 1789, à l'époque de l'ambassade de M. de la Luzerne. Ambassadeur en Suisse sous le Directoire, il avait laissé voir des dispositions favorables à une Restauration. Enfin, membre du Directoire, il avait été déporté à Sinnamari, comme suspect de royalisme, à la suite du 18 fructidor. M. de Sémonville, un de ces esprits fins et déliés, un de ces caractères faciles et insaisissables qui surnagent au milieu de tous les changements, et qui appartenait par son origine à l'ancien régime, par ses accointances au nouveau comme à l'ancien, fut nommé grand référendaire. C'était une de ces puissances des salons qui ont toujours des aboutissants avec la fortune. Cette nomination avait l'inconvénient de mettre de fait dans les mains d'un homme peu sûr la haute direction de la Chambre des pairs, qui appartenait de droit au chancelier, M. Dambray, homme de loyauté, de dévouement à toute épreuve, d'intégrité et de capacité judiciaire, mais complétement étranger aux manéges de la politique.

Le Palais-Bourbon, bien national restitué à son légitime propriétaire, le prince de Condé, avait été loué pour la Chambre des députés. Cette Chambre recevait un nouveau et grand rôle de la Charte. Quoique venant après la Chambre des pairs dans la hiérarchie honorifique, elle marchait de front avec elle pour les prérogatives politiques. Elle avait la même part qu'elle à la confection des lois; de plus qu'elle, le vote préalable de l'impôt et la publicité des séances qui l'appelaient, dans un temps donné, à jouer le premier rôle, surtout dans un pays où la Chambre haute n'avait pas les mêmes racines sociales et le même ascendant héréditaire qui ont soutenu la Chambre des pairs de l'Angleterre en face des Communes. Le Roi, quand la liste des candidats lui fut présentée, choisit pour président M. Lainé, à qui sa conduite courageuse devant Bonaparte avait donné une grande popularité.

Le premier acte des deux Chambres devait être de répondre, par une adresse, à la communication qui leur avait été faite. Elles se réunirent aussitôt après la séance royale, et nommèrent des commissions pour cet objet. Dans la Chambre des pairs, il n'y eut point de discussion. Son adresse exprimait en termes généraux une vive reconnaissance pour « les institutions fortes et généreuses » que Louis XVIII venait de fonder, et pour le bienfait de la paix qu'il apportait à la France : on remarqua seulement que les mots d'*octroi* et de *concession* avaient été évités dans cette adresse.

Il y eut à la Chambre des députés une assez forte résistance à vaincre dans la discussion des bureaux. M. Durbach, député de la Moselle, ne dissimula point son intention d'exprimer à la tribune son vif regret que le Roi eût octroyé une Charte en vertu de son autorité, au lieu d'accepter ou d'adopter une Constitution libérale. Selon lui, on aurait dû, en exécution de la déclaration du 2 mai, présenter à l'examen des deux grands corps de l'État le travail préparatoire des commissaires nommés par le Roi. « Cette Charte, concédée, disait-il, telle solennelle et solennellement prononcée qu'elle puisse paraître, demeure toujours révocable par sa nature, et ne saurait tenir lieu d'un pacte social librement débattu et concerté avec les trois branches du pouvoir législatif. »

Il fallut appeler M. Durbach dans le sein de la commission, composée des mêmes membres qui avaient présenté le célèbre rapport sur les communications diplomatiques à la fin de 1813, c'est-à-dire de MM. Lainé, Maine de Biran, Flaugergues, Raynouard, Gallois. Ils eurent de la peine à obtenir de M. Durbach le sacrifice de son discours. Il ne suffit pas d'invoquer cet esprit de conciliation dont le Roi avait donné l'exemple, on dut lui fournir quelques explications sur le mot d'octroi, et entrer en discussion avec lui sur la portée de la déclaration de Saint-Ouen. Dans cette déclaration, Louis XVIII n'avait pas l'intention, dit M. de Montesquiou, de s'engager à soumettre à toutes les corrections du Sénat et du Corps législatif la Constitution promise, mais seulement à la placer sous leurs yeux. M. Durbach céda à cet entraînement qui poussait alors tous les esprits, du moins dans la Chambre, à ne pas troubler l'accord général; mais il se repentit bientôt de cette déférence, et son discours publié par la voie de la presse produisit une vive impression. Les obstacles que devait rencontrer l'avenir commençaient ainsi à se montrer.

Cependant l'adresse de la Chambre des députés fut, comme celle de la Chambre des pairs, pleine de témoignages de confiance, de joie et d'assentiment.

« La Charte constitutionnelle, disait la Chambre, promet à la France cette jouissance de la liberté politique qui, en élevant la nation, donne plus d'éclat au trône lui-même, et les bienfaits de cette liberté civile qui, en faisant chérir l'autorité royale, rend l'obéissance à la fois plus douce et plus sûre. La durée de ces bienfaits paraît devoir être inaltérable, lorsqu'ils arrivent au moment d'une paix que le ciel accorde enfin à la France. L'armée qui a combattu pour la patrie et pour l'honneur, et le peuple qu'elle a défendu, reconnaissent à l'envi que cette paix, signée dès les premiers mois du retour de Votre Majesté dans la capitale, est due à l'auguste maison de Bourbon autour de qui la grande famille française se rallie tout entière dans l'espoir de réparer ses malheurs.

« Oui, Sire, tous les intérêts, tous les droits, toutes les espérances se confondent sous la protection de la couronne. On ne verra plus en France que de véritables citoyens, ne s'occupant du passé qu'afin d'y chercher d'utiles leçons pour l'avenir, et disposés à faire le sacrifice de leurs prétentions opposées et de leurs ressentiments. Les Français, également remplis d'amour pour leur patrie et d'amour pour leur Roi, ne sépareront jamais dans leur cœur ces nobles sentiments, et le Roi que la Providence leur a rendu, unissant ces deux grands ressorts des États anciens et des États modernes, conduira des sujets libres et réconciliés à la véritable gloire et au bonheur qu'ils doivent à Louis le Désiré. »

Cette expression officielle des sentiments de la Chambre, qui attestait à la fois la persistance du courant qui l'entraînait, depuis les derniers jours de l'Empire, vers le rôle des Communes d'Angleterre, et son loyal désir de concilier ce sentiment avec un dévouement sincère à la royauté, qui rapportait à paix et la liberté politique à la France, se trouvait déjà contredite au dehors par la violence de la polémique que la Charte suscitait entre les partis. Ce gage de la réconciliation du passé et du présent devenait une pomme de discorde. Cette transaction destinée à contenter tout le monde ne satisfaisait, pour ainsi dire, personne.

Les partisans des constitutions librement débattues, M. Durbach en tête, l'attaquaient vivement comme insuffisante dans le fond, vicieuse et peu sûre par la forme dans laquelle elle avait été discutée et donnée.

Elle n'était pas moins vivement attaquée, dans les opinions adverses, par ceux qui trouvaient toute nouvelle constitution inutile. Ceux-là mêmes qui, sans être partisans des constitutions *à priori*, comprenaient qu'après une si longue absence et de si grands changements, le Roi ne pouvait point ne pas constater les principes essentiels qui avaient survécu au naufrage des révolutions, critiquaient non-seulement la manière dont les choses avaient été faites, mais le fond même des choses.

Cette commission, formée de membres de deux assemblées faisant partie intégrante du régime impérial, leur paraissait sans mission comme sans aptitude pour l'œuvre dont elle avait été chargée. Pourquoi ne point s'être mis en présence de la France, en l'invitant à élire de nouveaux mandataires? En agissant ainsi, on aurait évité des concessions inutiles et dangereuses réclamées par des intérêts individuels appartenant au dernier régime, et on aurait donné au pays les garanties réellement réclamées par les intérêts généraux. Mais le Roi, qui défendait avec une fermeté invincible tout ce qui intéressait la dignité de sa couronne, de sa personne, de sa famille, de son royaume, contre les prétentions de l'étranger, qui eût renoncé au trône plutôt que de transiger sur la reconnaissance de son droit, et de laisser le Sénat changer la constitution du pays, se montrait facile dès qu'on lui proposait de faire lui-même ce qu'il n'aurait laissé faire à personne.

Encore eût-il été possible de ménager des ressources à l'autorité royale, par la rédaction de la Charte. Au lieu de cela, on avait donné une mince satisfaction aux prétentions royales, dans les mots sonores et vides du préambule, et, dans les articles, l'on avait concédé les réalités à la Révolution. N'était-ce pas une chose singulièrement fâcheuse que de voir le Roi mettre les propriétés confisquées révolutionnairement sur la même ligne que les propriétés légitimes, sans annoncer aucune indemnité pour les propriétaires spoliés? L'effet d'une pareille déclaration était d'affaiblir le sentiment de respect pour la propriété et le sens moral dans les âmes; on avait entendu des hommes honnêtes, et même royalistes, des classes moyennes s'écrier, en lisant l'article de la Charte qui proclamait inviolable et sacré l'achat des biens dits nationaux : Pourquoi ne l'ai-je pas su plus tôt? En outre, abolir la confiscation pour l'avenir, en la laissant subsister dans le passé, c'était désarmer le Roi contre la Révolution, qu'on laissait armée contre lui dans les intérêts. Pourquoi la Charte, allant plus loin que la déclaration de Saint-Ouen qui garantissait seulement la liberté des cultes, substituait-elle à cette promesse, nécessaire mais suffisante, celle d'une égale protection? Qu'est-ce que la religion de l'État dans un pays où la loi fondamentale accorde une égale protection à tous les cultes? N'était-il pas facile d'apercevoir, sous cette incohérence de termes, l'intention de faire taire les prétentions opposées, en accordant aux unes la forme, aux autres le fond? Pour la liberté de la presse, aussi, la Charte allait au delà de la déclaration de Saint-Ouen, qui disait que « la liberté de la presse serait respectée, sauf les précautions nécessaires à la tranquillité publique [1]. » D'où vient que cette restriction avait disparu?

N'y avait-il pas imprudence à laisser à une Chambre issue de l'Empire le soin de faire la loi d'élection, de toutes les lois la plus importante pour la durée des institutions qu'on voulait fonder? Que pouvait-on attendre d'une Chambre des pairs composée en grande partie d'hommes formés dans la Révolution, et chez lesquels le génie de l'intrigue s'était allié, dans l'ancien Sénat, à la servilité? Espérait-on corriger cet élement en introduisant dans la pairie ce qui restait de l'ancienne cour, dont un grand nombre de membres, par leur vanité, leur incapacité et leurs exigences pécuniaires avaient contribué à la première révolution? C'était aussi une faute que d'aborder une situation nouvelle avec une Chambre qui appartenait à une situation périmée.

Donner le droit électoral aux contribuables payant cent écus, c'était concentrer la puissance politique dans les mains

---

[1]. L'article de la Charte disait : « Les Français ont le droit de faire imprimer leurs opinions en se conformant aux lois qui doivent réprimer les abus de cette liberté. »

des Français jouissant d'un revenu net de 1,500 francs. Or cette classe, mobile par nécessité, est jalouse par situation des classes élevées, peu capable de sacrifice, et à la fois âpre et dure envers les classes inférieures aux dépens desquelles elle cherche à s'enrichir. En outre, la concentration des droits électoraux dans une classe si restreinte, investie exclusivement du privilége de nommer directement les députés, paralysait dans les mains du Roi la plus précieuse de ses prérogatives contre une Chambre factieuse, le droit de dissolution.

N'y avait-il-pas une iniquité flagrante dans l'article de la Charte qui déclarait « toute espèce d'engagement pris par l'État inviolable, » admettait tout l'arriéré de l'Empire, et donnait un titre aux réclamations excessives ou mal fondées de tous les spéculateurs et fournisseurs du régime précédent, tandis que, par l'application des vieilles lois de déchéance, les victimes des spoliations révolutionnaires, les rentiers de l'État réduits au tiers, et les rentiers viagers se trouvaient éconduits? Ces trois lignes insérées dans la Charte allaient faire surgir une masse de réclamations d'une légitimité contestable, et, la plupart du temps, contestée par le chef du dernier gouvernement. Pourquoi ce privilége exorbitant attribué aux créanciers plus ou moins réels de l'Empire?

C'étaient là les principales objections que, dans les écrits et dans les conversations, on élevait contre la teneur de la Charte. Parmi ces objections, il y en avait de graves et de motivées. Celles contre l'incompétence de la commission tirée du Sénat et du Corps législatif étaient générales; celles contre la précipitation avec laquelle on avait procédé à la rédaction de la Charte presque universelles. Les révolutionnaires ajoutaient à ces critiques des insinuations sur la possibilité d'une réaction dont ils affectaient de voir les symptômes dans l'exclusion des régicides de la Chambre des pairs.

Le ministère, effrayé du bruit qui se faisait autour de la Charte, essaya d'obtenir du silence en maintenant les règlements impériaux sur l'imprimerie et la librairie, jusqu'à la présentation d'une loi sur la presse. On appliqua donc le décret du 5 février 1810, qui autorisait le directeur général de la librairie à indiquer à l'auteur les suppressions et changements jugés convenables, et, sur son refus, à défendre la vente de l'ouvrage, à faire rompre les formes et saisir les feuilles ou exemplaires déjà imprimés. M. Royer-Collard, que l'abbé de Montesquiou venait de nommer directeur de la librairie, fut chargé de l'exécution de l'ordonnance qui, sans rappeler les termes du décret impérial, la remettait de fait en vigueur, en alléguant seulement la nécessité de réprimer les abus. On voulait imposer silence aux critiques, parce qu'on ne pouvait leur faire la seule réponse sincère, sinon plausible, c'est que le temps de la réflexion avait manqué, et qu'il avait manqué par l'impatience des souverains étrangers, et surtout du chef principal de la coalition. Cette réponse aurait compromis le pouvoir en le justifiant.

La monarchie allait donc entrer dans la tâche difficile et ardue du gouvernement, après les désastres de l'Empire, avec une Charte qui, à côté de principes incontestables, de dispositions essentielles et nécessaires, en contenait d'inutiles, d'imprudentes, d'injustes même; Charte improvisée en partie d'après les idées qui, en 1789, n'avaient pu recevoir leur application à cause des courants révolutionnaires, et rédigée sur les exigences individuelles d'intérêts égoïstes. Elle allait avoir dans cette tâche deux auxiliaires peu sûrs : le Sénat de l'Empire légèrement tempéré par l'adjonction de l'ancienne aristocratie de cour, pleine d'inexpérience dans la politique; le Corps législatif de l'Empire, qui avait rapporté de sa lutte tardive contre l'omnipotence napoléonienne un constitutionnalisme défiant, jaloux, et empressé à se produire. Elle avait à marcher dans les voies d'un régime tout nouveau en France, sans avoir cherché à connaître, par des élections, les dispositions actuelles, les opinions dominantes, les intérêts de cette nation qu'elle était appelée à gouverner. Par une singulière anomalie, elle introduisait le gouvernement représentatif dans la machine à centralisation la plus formidable qui eût existé, sans qu'on pût prévoir l'effet que produirait ce mélange de la liberté politique avec l'omnipotence administrative poussée jusqu'à ses dernières limites. Cette difficile expérience allait être tentée sans que le gouvernement royal possédât, dans une représentation vraie et actuelle des intérêts et des idées du pays, une lumière pour l'éclairer à la fois sur les choses à faire et les fautes à éviter, une force pour lutter en même temps contre les embûches et les attaques de ses adversaires et les entraînements et les imprudences de ses amis. Situation pleine de périls! Les écueils étaient à chaque pas, et les pilotes n'avaient pas plus que les passagers l'expérience de la manœuvre et la connaissance des parages où naviguait le vaisseau de l'État. Sans doute la faveur publique accompagnait le gouvernement royal au départ, et l'immense assentiment qui avait accueilli la Restauration à son avénement la suivait. Mais ce n'était là qu'un appui moral, et la réalité, toujours au-dessous de l'idéal, sans parler des fautes inévitables dans une position si difficile, pouvait l'affaiblir. Les deux seules forces organisées, l'armée et l'administration, dataient de l'Empire. L'armée surtout, qui avait conservé l'organisation impériale, en partie même les numéros des régiments et les souvenirs vivaces de leurs légendes historiques et de tant de prodiges militaires accomplis avec Napoléon, appartenait plus à l'empereur qu'à la France. En outre, d'un bout du royaume à l'autre, il y avait comme une suite d'étapes militaires, formée des officiers que la réduction de l'armée laissait sans emplois, traînée de poudre qui pouvait s'allumer en un instant. Enfin Napoléon, précipité du trône par des revers imprévus, encore dans la vigueur de l'âge et dans l'enivrement de ses rêves ambitieux, était à l'île d'Elbe, à vingt-quatre heures seulement du littoral français.

LIVRE QUATRIÈME

SESSION DE 1814. — CONGRÈS DE VIENNE

I

PREMIERS ESSAIS DE GOUVERNEMENT. — ORDONNANCES SUR LA CÉLÉBRATION DU DIMANCHE. — GRADES. — DÉCORATIONS. — SESSION DE 1814. — PREMIERS DÉBATS. — LOI SUR LA PRESSE.

La paix était conclue, la Charte promulguée; les armées étrangères évacuaient le territoire national : il fallait gouverner. Tâche difficile et ardue! Qui gouvernerait? Le Roi? Il connaissait peu le pays, et les infirmités prématurées dont il était accablé, en lui laissant toute la vivacité de son esprit, lui avaient fait perdre cette activité et cette puissance d'application nécessaires aux devoirs du gouvernement. Le ministère? Il n'était point homogène, on l'a vu, il manquait d'autorité morale, et bien qu'il comptât dans son sein des esprits distingués, il ne contenait pas un seul homme de direction politique. Les Chambres? La Chambre des pairs, formée de serviteurs de l'Empire choisis parmi les hommes de la Révolution, et d'hommes de l'ancienne cour, quelques-uns revenus récemment de l'émigration, presque tous étrangers aux affaires, n'avait ni unité, ni initiative, ni autorité morale, et ne pouvait donner l'impulsion. La Chambre des députés aspirait à prendre cette position, mais elle était pleine d'inexpérience, et elle appartenait, par la date de son élection, à un mouvement d'opinion qui devait créer des embarras. C'était une Chambre longtemps comprimée et humiliée par la toute-puissance impériale, qui aspirait à se relever de cette humiliation en attirant à elle l'initiative, et qui devait par conséquent rechercher les occasions de jouer un rôle. Quoiqu'elle eût des sympathies sincères pour la Restauration, elle était en grande partie animée d'un esprit instinctif d'opposition contre les actes du gouvernement, comme si elle eût voulu racheter sa longue docilité par un esprit d'indépendance qui allait jusqu'à une susceptibilité ombrageuse. Ceux qui ont étudié les secrètes réactions de la nature humaine ne s'étonneront pas de cette disposition. La nuance dominante de cette Chambre appartenait aux opinions formalistes de la Constituante; elle avait leur défiance contre tout ce qui vient du pouvoir, leur confiance absolue dans certaines théories, leur foi présomptueuse en elles-mêmes.

Tels étaient les moyens de gouvernement avec lesquels la Royauté allait aborder une situation pleine de difficultés, car la Charte, destinée à pacifier les discordes et les luttes, les avait laissées subsister dans toute leur violence. Les questions qu'elle avait fermées restaient ouvertes pour beaucoup d'esprits, et les partis ne s'étaient point fait entre eux les concessions qu'elle avait faites à la paix publique. La tribune, la presse, ces deux grands moyens d'action dans les gouvernements libres, quand ils sont organisés et qu'ils reposent sur le respect de tous pour des institutions de pouvoir et de liberté également incontestées, allaient donc devenir des arènes de combats et des leviers de destruction. Il y avait dans la population un sentiment général qui pouvait être facilement exploité par les partis contraires, c'était une surprise chagrine de voir les hommes de l'ancienne noblesse, exclus des affaires, pour la plupart, depuis vingt-cinq ans, y rentrer tout à coup, et recommencer à jouer un rôle qui pouvait devenir le premier. Les nombreux employés du gouvernement impérial et les militaires ressentaient surtout vivement cette crainte. Les imprudences, les prétentions hautaines de quelques hommes sans expérience, comme il y en a dans tous les partis, trop prompts à oublier que le retour de la monarchie n'était point dû à leurs efforts personnels, mais à des circonstances publiques qui laissaient tout le mérite de la Restauration à l'utilité nationale du principe monarchique, aggravaient ces difficultés [1].

Il était impossible qu'un gouvernement si nouveau, présidé par un Roi vieilli dans l'exil et empêché par sa santé ; servi par des ministres étrangers les uns aux autres, sans expérience de la haute politique, quelques-uns initiés aux affaires, mais comme des instruments capables de recevoir la direction sans pouvoir la donner, les autres sans expérience, sans pratique administrative, tous sans lien commun d'opinions, sans système ; appuyé sur des Chambres sans racines dans le pays, toutes deux issues du régime précédent, l'une fatiguée et honteuse de sa longue obéissance, l'autre apportant des habitudes et un esprit d'opposition qui n'avait pas eu le temps de se satisfaire, ne commît pas de fautes. Il était à craindre que ces fautes qu'il aurait fallu tolérer, d'abord parce qu'elles étaient inévitables, ensuite parce qu'elles tenaient à la situation générale du pays, à l'in-

---

[1]. Ce sentiment était si vif que dans les localités où la Restauration fut reçue avec le plus d'acclamations, à Toulouse, par exemple, il n'avait pas été possible, dans le mois de mai 1814, de faire accepter par tous les officiers de la garde nationale la cocarde blanche, que l'on considérait comme la cocarde de la noblesse, parce qu'elle l'avait prise la première. M. Jules de Polignac, envoyé comme commissaire du Roi dans le Midi, ayant voulu remplacer à Toulouse les officiers qui n'avaient point accepté la cocarde blanche, ne put faire recevoir les nouveaux officiers nommés par lui. On alla à la revue passée par le duc d'Angoulême avec les deux cocardes et les deux drapeaux, et l'enthousiasme et les acclamations pour le prince furent unanimes sous le drapeau tricolore comme sous le drapeau blanc. (*Notes manuscrites* de M. de Villèle.)

expérience de tous les pouvoirs politiques, à l'incertitude des idées, à la division des opinions, ne fussent exploitées à outrance par les passions contraires, et que, pour des inconvénients de détails, pour des abus transitoires, on oubliât les services inestimables et permanents que la Royauté traditionnelle rendait à la France, en la mettant en paix avec le monde, et en jetant les bases d'un gouvernement honnête, modéré, régulier, voulant et cherchant le bien, et capable de supporter le voisinage de la liberté politique.

Ceux des ministres dont l'origine remontait à l'Empire ou à la Révolution cédèrent presque tous à un entraînement facile à comprendre. Ce n'était point leur notoriété dans les assemblées politiques qui les avait désignés au choix du Roi, ils n'avaient donc de ce côté aucune force; ils ne possédaient pas non plus la confiance royale : le Roi, les trouvant à leur poste, les y avait laissés, plutôt qu'il ne les y avait placés. Ils cherchaient à donner des gages, comme on disait dans la langue du temps, et travaillaient à se rendre agréables. Ils étaient donc disposés à aller, dans leurs démarches et dans leurs mesures, au delà de ce que conseillait la raison ou de ce que permettait la prudence. Ils faisaient en effet, pour conquérir une popularité de cour et de salon, des sacrifices analogues à ceux qu'on a faits dans d'autres circonstances pour conquérir la popularité de la rue. Le 7 juin 1814, le comte Beugnot, directeur de la police générale, publia une circulaire sur l'observation du dimanche. Il annonçait, dans l'exposé des motifs, que la police doit être morale et religieuse, et il en faisait presque une annexe de l'Église. Puis, arrivant à l'observation du dimanche, il disait :

« Considérant que l'observation des jours consacrés aux solennités religieuses est une loi commune à tous les peuples policés; que l'observation du dimanche s'est maintenue avec une pieuse sévérité dans toute la chrétienté, et qu'il y a été pourvu pour la France, en particulier, par différentes ordonnances de nos rois, etc., etc.; ordonnons ce qui suit : Les travaux seront interrompus les dimanches et les jours de fêtes. Tous les ateliers seront fermés. Il est défendu à tout marchand d'ouvrir sa boutique ; à tout ouvrier, portefaix, voiturier, etc., de travailler de leur état, lesdits jours, et à tous étalagistes de rien exposer en vente. Il est expressément défendu aux marchands, maîtres de café, de billards, de tenir leur établissement ouvert, lesdits jours, pendant l'office divin, depuis huit heures du matin jusqu'à midi. Des amendes de 100, 200 et 500 francs seront prononcées contre les contrevenants, sans préjudice des poursuites judiciaires. »

Le caractère un peu léger de M. Beugnot nuisit à cet exposé de principes incontestables en eux-mêmes : la France est, de tous les pays, celui où l'on supporte le moins les leçons de ferveur données par les sceptiques. En outre, on devait s'apercevoir bientôt qu'il y a des inconvénients à mettre, dans les questions religieuses, les lois en avance sur les mœurs, et que, lorsque la société est atteinte de rationalisme, les gouvernements, dans ces matières, réussissent mieux par l'influence d'exemples hautement et scrupuleusement donnés, que par des prescriptions légales mal combinées, accompagnées de sanctions pénales sévères. Il faut ajouter que cette ordonnance révélait, par les détails où elle entrait et par sa prétention de tout réglementer, une grande inexpérience de la matière. Un législateur plus chrétien aurait mieux réussi. L'ordonnace ne tarda pas à devenir une arme dans les mains de ceux qui voulaient exciter contre la Restauration les classes commerçantes. M. Beugnot fit paraître quelque peu après, dans le *Moniteur* du 11 juin, une ordonnance concernant les processions de la Fête-Dieu, dont l'article 3, autorisé, ce semble, par l'article de la Charte qui déclarait la religion catholique religion de l'État, allait exciter une vive opposition ; il était ainsi conçu : « Il est ordonné à tous les particuliers de tendre ou faire tendre le devant de leurs maisons, dans toutes les rues par lesquelles devront passer les processions du saint-sacrement. »

Le général Dupont prêta aussi le flanc, par quelques-uns de ses actes, aux attaques et aux critiques. Sa position au ministère de la guerre était hérissée de difficultés. Appelé par le gouvernement provisoire comme un ennemi naturel de Napoléon, dont la main orgueilleuse l'avait si rudement et si arbitrairement frappé, il avait à se maintenir devant une armée dans les rangs de laquelle sa disgrâce, exploitée depuis que ses malheurs avaient cessé, servait à exciter de graves préventions contre lui. Il éprouvait par là même le désir comme le besoin de plaire aux princes dont le suffrage l'avait maintenu dans la position où il avait été placé par le gouvernement provisoire. La puissance de résistance que possèdent les ministres appuyés sur une force d'opinion, ou sur une majorité parlementaire bien dessinée, pour lutter contre les pressions qu'on veut exercer sur eux, lui manquait donc complétement dans une situation où cette puissance, élevée à sa plus haute expression, aurait à peine suffi à un ministre constitutionnel pour ne pas se laisser aller à la dérive. Tous les avénements donnent le signal aux espérances et par suite aux sollicitations. Il semble que le renouvellement de la fortune publique soit pour les fortunes particulières une occasion de se produire. En outre, il y avait ici un arriéré immense de services qu'il fallait prendre en considération, une concurrence d'ambitions qui se disputaient les récompenses. Les services de la Vendée, ceux de l'émigration, les derniers services de l'Empire, se présentaient à la fois. Puis, à côté des services, paraissaient les prétentions, au moins aussi ardentes à demander, peut-être plus difficiles à satisfaire. Ces services et ces prétentions étaient, la plupart du temps, appuyés par les princes, plus jaloux de se rendre agréables à ceux qui sollicitaient leur intervention, qu'à portée de juger ce qu'il était possible d'accorder et ce qu'il était nécessaire de refuser. Les militaires de l'Empire auraient dû voir, sinon sans chagrin, au moins sans colère, des grades donnés à ceux qui avaient combattu dans les armées vendéennes et condéennes. Ils ne pouvaient refuser de les reconnaître pour de vaillants soldats, et la monarchie pour laquelle ils avaient combattu étant acclamée par la France, les épaulettes étaient à leur place sur les bras qui avaient tenu et pouvaient encore tenir bravement l'épée. Mais, pour un grand nombre, les prétentions et les protections suppléèrent aux services.

Comme il arrive fréquemment, un incident futile rendit, en 1814, tous les hommes de cour très-avides de ces grades. On n'avait repris à la cour, ni l'usage de la poudre, ni l'habit habillé. Chacun, à l'envi, voulut avoir un grade pour avoir le droit de porter un uniforme, et le ministre de la guerre, obligé de plaire à la cour, se trouva sans défense et sans force contre ces sollicitations [1]. Il fallait naturellement proportionner le grade à la qualité et à l'âge de l'impétrant, car on ne pouvait donner l'épaulette de sous-lieutenant à des personnages considérables et déjà avancés dans la vie. On vit donc des colonels qui n'avaient jamais commandé à deux hommes, et même des généraux qui n'avaient pas vu le feu. La plupart n'obtinrent d'abord ces grades qu'à titre honoraire, et, suivant l'expression usitée, pour tenir rang; mais quand ils eurent le grade, ils voulurent la solde, et plusieurs l'obtinrent sous le successeur du général Dupont. C'était un abus qui fut vivement senti par les âmes militaires. Obligé de plaire à une classe de solliciteurs protégés d'en haut, le ministre avait involontairement nui à la royauté.

Il y eut dans la marine quelque chose d'analogue. Sur la

---

[1]. Les Mémoires inédits de M. de Vitrolles et les Mémoires récemment publiés de M. le duc de Raguse s'accordent sur ce fait.

proposition du baron Malouet, une ordonnance fut rendue, le 25 mai 1814, pour laisser au gouvernement la faculté d'admettre dans la marine royale « les officiers qui, après avoir quitté le service de France, auraient continué de naviguer au service d'une autre puissance maritime; ceux qui ont survécu au désastre de Quiberon; ceux enfin qui, depuis leur rentrée en France, ont été repoussés. » L'ordonnance ajoutait que ces deux dernières classes d'officiers pourraient obtenir un grade immédiatement supérieur à celui qu'ils avaient à l'époque où ils avaient quitté le service de France. C'était s'exposer, pour les deux dernières catégories, à d'assez graves inconvénients, car on rappelait ainsi au service actif des hommes qui avaient perdu l'habitude de la mer.

Ces mêmes servitudes que subissent les gouvernements nouveaux ou les gouvernements anciens, qui, à leur retour, ont à payer les dettes du passé, amenèrent les ministres à multiplier les décorations. Il y avait d'innombrables demandes, et, pour rendre le gouvernement agréable, on évitait de multiplier les refus. Il avait paru politique, en outre, de naturaliser la croix de Saint-Louis dans l'armée, en attachant les insignes de l'ordre militaire de la monarchie sur la poitrine de ceux qui avaient conquis leurs grades à Marengo, à Hohenlinden, à Auerstœdt, à Austerlitz. On avait pensé, en même temps, que c'était une manière de rapprocher toutes les gloires de la France, que d'attacher l'étoile de la Légion d'honneur, où l'image de Henri IV avait remplacé celle de Napoléon, sur la poitrine de ceux qui avaient combattu pour la monarchie.

Cependant, il est juste de le dire, le nombre, déjà trop grand, de demandes accueillies par le gouvernement devient petit, si on le compare au déluge de placets, de suppliques, de sollicitations de tout genre que chaque jour apportait. Le Roi, les princes, les ministres en étaient accablés. Il y en avait de touchantes et de légitimes, car ni les malheurs, ni les souffrances, ni les sacrifices n'avaient manqué dans ces années de révolution, mais il y en avait aussi beaucoup que ne justifiait aucun titre ; il s'en rencontrait même d'extravagantes et de ridicules. M. de Vitrolles eut l'idée, pour amuser le Roi, que la multiplicité de ces placets ennuyait, d'écrire, dans le *Journal des Débats*, quelques lettres [1] où les prétentions des pétitionnaires étaient mises en lumière et tournées en ridicule. Le Roi, qui avait le goût d'écrire, prit plaisir à cette polémique et fournit des matériaux ; on employa M. de Jouy, qui fut mandé dans le cabinet de M. de Vitrolles, à polir les phrases et à couvrir l'irresponsabilité royale de sa signature, dans cette petite guerre de malices et d'épigrammes qui avait plus d'importance et entraîna plus d'inconvénients qu'on n'avait pu le supposer. Ce n'était pas le métier du Roi et de ses ministres de jeter la dérision sur le parti royaliste en signalant les prétentions de quelques-uns de ses membres, prétentions que l'esprit de parti devait attribuer bientôt à l'opinion royaliste tout entière. On résiste aux prétentions de ses amis, on tâche de les guérir de leurs ridicules, mais on ne les divulgue pas, car bientôt vos adversaires s'en font une arme contre vous.

L'opposition se montra de bonne heure dans les Chambres et dans la presse. La Chambre des députés prit, dès le mois de juin 1814, une attitude de surveillance inquiète et jalouse, non contre le Roi, qu'on affectait de laisser au-dessus des débats, couronné de respect et d'hommages, mais contre son gouvernement. Il semble cependant que sur le seuil de la carrière dans laquelle on allait entrer, quelques esprits prévoyants avaient été frappés des écueils contre lesquels on pouvait se

---

1. Voir dans le *Journal des Débats* du 29 mai et du 4 juin 1814, *Lettres d'une cousine de province à un cousin de Paris*.

briser. Un des membres de la Chambre disait, le 7 juin 1814, à l'occasion de la nomination d'une commission chargée par la Chambre de lui présenter un projet de règlement : « Si la confiance de la nation n'était pas justifiée, si vous n'imprimiez pas à vos discussions le caractère majestueux et solennel qui leur appartient, vous la verriez se demander avec inquiétude de quel avantage sont pour elle ses droits. Le repos, quel qu'en fût le prix, lui paraîtrait préférable à cette fatigante turbulence. Enfants de l'opinion publique, ne forçons point celle qui nous porta dans son sein à regretter de nous avoir donné le jour. » Ce fut là une de ces traces lumineuses qui s'ouvrent un moment sur l'avenir pour se fermer aussitôt. La Chambre applaudit avec distraction à ces paroles, et, passant outre, elle entra dans le monde si nouveau de la liberté qui s'ouvrait devant elle.

Les premières séances avaient été consacrées à rédiger le règlement et à fixer la situation des députés que les nouvelles frontières données à la France semblaient avoir laissée en suspens. Cette question, à la fois difficile et pénible, fut judicieusement résolue. On forma quatre catégories : la première, composée de ceux qui, nés dans l'ancienne France, avaient été nommés députés par des départements dont la totalité était distraite du territoire par le traité du 30 mai, cessa de siéger dans la Chambre ; la seconde, formée des députés nés dans l'ancienne France, nommés par des départements qui n'avaient cessé qu'en partie d'appartenir à la France, continua à siéger ; la troisième, formée des députés nés dans des départements dont une partie appartenait encore à la France, mais nés dans la partie qui cessait de lui appartenir, dut se retirer, tandis que la quatrième catégorie, formée de ceux qui, dans les départements ainsi démembrés, étaient nés dans la partie demeurée française, conserva ses fonctions. Les deux principes qui avaient dominé ces diverses solutions étaient ceux-ci : il n'y a pas de représentants sans représentés ; on ne peut, à moins d'être Français, représenter une population française.

La Chambre, une fois constituée, usa sans retenue de ce droit d'initiative que la Charte ne lui avait attribué que comme une dérogation à la règle qui réservait au Roi l'initiative suprême de toutes les lois. Dès le 17 juin, quatre propositions tendant à faire envoyer au Roi des adresses pour obtenir la présentation de quatre projets de lois réglant des matières diverses, furent successivement déposées sur le bureau du président : bientôt un grand nombre d'autres les suivirent. La première était de M. Delhomme, qui demandait que le Roi fût supplié de présenter la loi sur la liste civile. La seconde était de M. Laur (de l'Hérault), qui demandait une loi qui établît sur de nouvelles bases les contributions indirectes. La troisième était de M. Dumolard, qui pressait la Chambre de demander au Roi une loi ainsi conçue : « La collection des trois branches de la puissance législative, reconnues par l'article 15 de la Charte constitutionnelle, forme essentiellement et exclusivement le parlement de France. Aucun autre corps ne peut s'en attribuer ni en recevoir le titre. » La quatrième proposition, déposée par M. Durbach, le même député qui avait fait imprimer son opinion contre l'octroi de la Charte, portait ce qui suit : « Le Roi sera supplié de faire réunir et compléter les lois relatives aux abus de la presse, et de proposer une loi qui concilie les droits garantis par la Charte aux citoyens avec la répression des délits que la presse peut servir à commettre. Cette loi doit se borner à prescrire les formes de la responsabilité des auteurs ou imprimeurs, et à prononcer des peines contre les délits, sans attribuer à aucun ministre une autorité arbitraire antérieure au délit ; la Chambre déclarant en même temps que, conformément à l'article 68 de la Charte, lequel porte que les lois actuellement existantes qui ne sont pas contraires à la présente loi restent en vigueur, ce qui prouve que celles qui lui sont contraires ne restent pas en vigueur, le décret du 5 février 1810 a été aboli par la Charte. »

Sur ces quatre propositions, il y en avait deux conçues dans un esprit d'opposition. Celle de M. Dumolard accusait indirectement le gouvernement de songer à rétablir les anciens parlements; sous prétexte de prévenir le danger, il mettait le pouvoir en suspicion. Celle de M. Durbach était une note de blâme jetée directement sur le gouvernement qui venait de décider qu'en attendant la présentation de la loi sur la presse, le décret de 1810 continuerait à être appliqué. Les inconvénients de la précipitation avec laquelle la Charte avait été rédigée commençaient à se révéler. Ses rédacteurs ne croyaient pas avoir abandonné le droit de censure, et voici que, parce que le mot de *prévenir* n'avait pas été inséré dans le texte, et que celui de *réprimer* s'y trouvait seul, on était logiquement fondé à contester à la censure le droit d'exister.

La proposition de M. Durbach sur la presse fut rejetée par la majorité, mais elle excita une vive émotion dans la Chambre et hors la Chambre, et elle ne fut rejetée que parce que M. de Montesquiou s'engagea à apporter une loi. Deux mois ne s'étaient point écoulés depuis le rétablissement des Bourbons, et déjà l'opposition commençait. On voyait s'élever en même temps la prétention de la Chambre des députés à jouer le rôle prépondérant des communes d'Angleterre. Elle attirait tout à elle. M. Dumolard, un des chefs les plus actifs du parti qui prenait dès lors le nom de constitutionnel, proposa, le 4 juillet 1814, que le Roi fût humblement supplié d'ordonner à ses ministres de mettre incessamment sous les yeux de la Chambre le tableau de la situation du royaume sous tous les rapports qui intéressent le gouvernement et la prospérité générale. « L'Europe a les yeux sur vous, ajouta-t-il, et s'étonnait naguère de votre apparente inaction. Vos commettants, poursuivis par la mémoire du passé et les inquiétudes de l'avenir, sont impatients du désordre actuel des diverses parties de l'administration publique. La France a soif de grandes mesures qui lui rendent promptement la santé morale et politique. Un tableau fidèle et détaillé de la situation de la France est l'élément nécessaire de nos travaux législatifs. »

En même temps, le ministre qui avait commis la faute de publier une ordonnance mal conçue, et d'une application difficile, pour l'observation du repos du dimanche, au lieu de la rectifier ou de la retirer, eut la faiblesse de céder à la prétention exprimée par l'opposition de la Chambre, qui, s'autorisant de quelques troubles excités par l'exécution de cette ordonnance, contesta au Roi le droit de réglementer cette matière autrement que par la présentation d'une loi. On vota la prise en considération de la proposition faite à ce sujet par M. Bouvier, proposition analogue à l'ordonnance de M. Beugnot, quant au principe de l'observation du dimanche, mais mieux conçue, plus pratique, plus douce quant à la pénalité[1], plus facile quant aux exceptions nécessaires. La question revint encore, quelques jours après (11 juillet 1814), à l'occasion des pétitions, autre moyen de saisir la Chambre de tous les sujets qu'elle voulait aborder; le rapporteur, M. Bouchart, contesta formellement, avec l'assentiment de la Chambre, le droit du gouvernement à réglementer cette matière par simple ordonnance. « Comment admettre, dit-il, que les anciens règlements sur l'observation des dimanches et fêtes subsistent encore après tant de lois qui, en permettant à chacun le libre exercice du culte qu'il avait choisi, ne reconnaissaient d'autres fêtes que les fêtes civiles et légales qui n'avaient rien de commun avec les fêtes religieuses d'aucun culte ! La loi du 10 germinal an X, en reconnaissant que la religion catholique

---

[1］ Elle réduisait les amendes à cinq francs, et ne demandait de poursuite que contre les travaux faits en public.

était celle de la majorité des Français, et en fixant au dimanche le repos des fonctionnaires publics seulement, a laissé aux simples citoyens la faculté de se livrer à leurs occupations ordinaires. Il est vrai que la situation de la religion catholique en France, depuis le 4 juin, n'est pas la même qu'auparavant. Cette religion était autrefois celle d'un grand nombre d'individus; elle est aujourd'hui déclarée religion de l'État. Les conséquences de cette déclaration ne peuvent être déterminées que par une loi; il n'appartient qu'à l'autorité législative d'expliquer les principes de la Constitution et d'en régler l'application. » La proposition de M. Bouvier, étudiée dans les bureaux de la Chambre des députés, et formulée en articles, puis envoyée à la Chambre des pairs qui lui donna son adhésion, fut présentée au Roi avec une humble adresse dans laquelle on lui demandait de la convertir en projet de loi. M. de Montesquiou devait la rapporter, dans la séance du 8 octobre, à la Chambre : « Votre projet, dit-il, est tellement convenable, tellement empreint de votre respect pour la religion, que Sa Majesté a cru devoir vous le transmettre dans les mêmes termes, après l'avoir revêtu des formes constitutionnelles. »

On écoutait la proposition présentée par M. Bouvier, et autour de laquelle l'opposition faisait beaucoup de bruit, lorsque, dans la séance du 5 juillet, MM. de Montesquiou, de Blacas, Beugnot et Ferrand furent introduits. Ils venaient apporter à la Chambre le projet de loi sur la presse, dont la proposition faite par M. Durbach avait hâté la présentation, et dont une proposition développée la veille par M. Faure, député de la Seine-Inférieure, avait pu faire pressentir les tendances générales [1]. Cette loi, à la rédaction de laquelle MM. Royer-Collard

---

1. M. Faure disait dans son discours : « Nous sortons de grands troubles; sommes-nous arrivés au moment où l'on peut tout laisser dire impunément? La guerre des pamphlets est une guerre sourde que les agitations entretiennent. Est-il prudent de leur prêter la main? Ne vaut-il pas mieux créer une loi qui

et Guizot avaient pris une grande part[1], se résumait dans ces quatre dispositions :

1. Tout écrit de plus de trente feuilles d'impression pourra être publié librement et sans examen ou censure préalable.

2. Les journaux ou écrits périodiques ne pourront paraître qu'avec l'autorisation du Roi.

3. Nul ne sera imprimeur ni libraire s'il n'est breveté par le Roi et assermenté.

Le brevet pourra être retiré à tout imprimeur ou libraire qui aura été convaincu, par un jugement, de contravention aux lois et aux règlements.

4. Si deux censeurs, au moins, jugent qu'un écrit de moins de trente feuilles est un libelle diffamatoire, ou qu'il peut troubler la tranquillité publique, ou qu'il est contraire à l'article 11 de la Charte, ou qu'il blesse les bonnes mœurs, le directeur général de la librairie pourra ordonner qu'il soit sursis à l'impression.

Quelques exceptions étaient faites en faveur des écrits en langues mortes ou étrangères, des mandements, lettres pastorales, etc.; des mémoires sur procès, signés d'un avocat ou d'un avoué; des mémoires des sociétés savantes et littéraires, établies ou reconnues par le Roi. Enfin il était dit, dans un dernier article, que la présente loi serait revue dans trois ans, pour y apporter les modifications que l'expérience aurait fait juger nécessaires.

Cette loi sur la presse établissait la liberté pour les livres, la censure pour les brochures et les journaux, la dépendance des imprimeurs et des libraires. M. l'abbé de Montesquiou, dans l'exposé des motifs, expliquait ainsi cette différence : « On a

---

empêche le mal que de le laisser faire pour le punir après! Ni la liberté illimitée de la presse, ni l'ancienne censure, encore moins le despotisme dernier. »

1. M. Guizot le dit lui-même dans les *Mémoires pour servir à l'histoire de mon temps*, tome 1er, page 46.

reconnu depuis longtemps que les écrits d'un petit volume étaient les seuls qui, faciles à répandre avec profusion, et propres à être lus avec avidité, pussent troubler immédiatement la tranquillité publique. Les lois répressives sont insuffisantes contre des effets dont elles ne peuvent punir l'auteur que lorsque le mal est déjà trop grand pour être, je ne dis pas réparé, mais arrêté et contenu. » Avant de demander cette arme contre la presse dont la diffusion est la plus rapide, le ministre avait rappelé que la liberté de la presse, souvent proclamée en France depuis vingt-cinq ans, y était toujours devenue elle-même son plus grand ennemi. « La cause, dira-t-on, en était dans l'effervescence des passions populaires, dans le peu d'habitude qu'avait la nation des affaires publiques, dans la facilité avec laquelle on trompait et on entraînait un peuple encore incapable de juger les écrits qui lui étaient adressés et d'en prévenir les conséquences. Ces causes ont-elles déjà disparu? Peut-on se flatter qu'elles n'agiront plus désormais? Nous n'osons le penser. La servitude silencieuse qui a succédé à la turbulence des premières années de la Révolution ne nous a pas mieux formés à la liberté. Les passions qui n'ont pu se manifester durant cet intervalle éclateraient aujourd'hui, fortifiées de passions nouvelles. Qu'opposerions-nous à leur explosion? Presque autant d'inexpérience et plus de faiblesse. Les hommes raisonnables, dégoûtés maintenant de la longue inutilité de leurs efforts, se tiendraient à l'écart plutôt que de s'exposer à une lutte dont ils ont été si souvent les victimes; les intérêts les plus contraires et les sentiments les plus exagérés reviendraient se combattre avec toute la violence que leur prêterait l'amertume des souvenirs; le peuple, encore peu éclairé sur ses intérêts, encore mal affermi dans ses sentiments, suivrait aveuglément l'impulsion qui lui serait donnée, et, quel que fût le parti victorieux, il s'emparerait bientôt exclusivement de la liberté de la presse pour la tourner contre ses adversaires. Telle est la nature de la liberté que, pour savoir en faire usage, il faut en avoir joui. Donnez-lui donc toute l'étendue nécessaire pour que la nation apprenne à s'en servir, mais opposez-lui quelques barrières pour la sauver de ses propres excès. »

Parmi ces paroles, il y en avait qui ne manquaient ni de sagesse ni de prévoyance ; mais cette sagesse et cette prévoyance, c'est en rédigeant la Charte qu'on aurait dû en faire preuve. Il ne fallait pas écrire au chapitre des *Droits publics des Français :* « Les Français ont le droit de publier et de faire imprimer leurs opinions, en se conformant aux lois qui doivent réprimer les abus de cette liberté, » si l'on devait, deux mois après la promulgation de la Charte, présenter une loi qui soumettait à la censure tout écrit qui ne dépassait pas trente feuilles d'impression [1]. L'exercice d'un droit essentiel ne saurait être subordonné à l'approbation d'une commission de censure nommée par le ministère. Si l'on croyait que la France, capable de supporter la liberté des livres, était incapable de supporter la liberté des journaux et des brochures, il fallait écrire la première de ces libertés dans la Charte et en effacer la seconde, ou ne la promettre que pour un temps plus éloigné. Le seul parti rationnel qui restât à prendre, parti qui n'était pas sans inconvénient, car il rappelait les constitutions révolutionnaires qui suspendaient les libertés en fait en les proclamant en principe, c'était de venir dire aux Chambres que, tout en proclamant que la Charte avait reconnu la liberté de la presse comme un droit général et permanent du pays, le gouvernement venait proposer aux Chambres de régler l'exercice de ce droit, de lui imposer, au lendemain d'une révolution et d'un long despotisme, et au début d'un gouvernement libre, quelques restrictions limitées et temporaires, motivées

---

1. Trente feuilles d'impression représentent 480 pages in-8°.

par les circonstances [1], comme l'avait fait le parlement d'Angleterre. En tenant une conduite contraire, on s'exposait à voir accuser la logique, et même la loyauté du gouvernement, sans éviter d'en venir à ce pis-aller législatif.

Ce fut en effet ce qui arriva. La loi sur la presse reçut un fâcheux accueil de la Chambre et du public. Toutes les opinions, fatiguées du silence forcé qu'elles avaient gardé sous l'Empire, aspiraient à la liberté de discussion, et concédaient aux autres le droit qu'elles revendiquaient pour elles-mêmes. On s'enivrait de ce bruit de la publicité qui, après une si longue suspension, avait un caractère de nouveauté qui charmait les esprits. Les débats de la presse et ceux de la tribune étaient l'intérêt du nouveau gouvernement, comme les guerres et les batailles avaient été l'intérêt de celui qui venait de tomber. Les murmures furent presque universels.

Ce fut le 1er août suivant que la commission nommée pour étudier la loi présenta un rapport à la Chambre; elle avait choisi pour rapporteur M. Raynouard, un des cinq membres de la commission dont M. Lainé était l'organe quand il présenta, à la fin de 1813, le rapport alors si célèbre sur les communications diplomatiques. Cette commission des cinq était la grande notabilité parlementaire du temps. Trois de ses membres, MM. Raynouard, Gallois et Flaugergues, repoussèrent la loi d'une manière absolue.

M. Raynouard, ancien avocat, nommé membre suppléant à l'Assemblée législative en 1791, écrivain dramatique distingué, arrivé d'un seul coup à la célébrité, en 1805, par sa tragédie des *Templiers*, était un partisan déclaré de la liberté de la presse, et le choix que la commission avait fait de lui indiquait assez que, dans son sein, la majorité s'était prononcée

---

[1]. On sait combien la liberté de la presse en Angleterre est loin d'être contemporaine de la révolution de 1688.

pour le rejet du projet de loi. C'était en effet la conclusion de son rapport.

Il s'attachait à démontrer, assertion contestable, que la liberté de la presse était un droit naturel, et comme une extension nécessaire de la faculté de penser, de parler et d'agir, qui nous a été donnée par Dieu, et que dès lors l'autorité du magistrat ne commençait qu'avec le délit commis par l'abus de cette faculté. Il ne distinguait pas les journaux, ces puissants engins de publicité qui sont le privilége de quelques-uns, de l'écrit isolé où retentissent la plainte, le grief, l'avertissement de l'individu. Il entreprenait d'établir, par une thèse plus ingénieuse que solide, que la liberté de la presse avait de fait presque toujours existé en France, en confondant la liberté des livres qui, en effet, a été souvent entière dans ce pays, avec la liberté des journaux, à qui leur périodicité, leur prompte et immense diffusion donnent le caractère d'une institution à à part, toute moderne et privilégiée. Après avoir exposé ces maximes, le rapporteur continuait ainsi : « En tout pays où la liberté politique, la liberté civile sont établies sur des lois fondamentales, sur un droit public, les citoyens doivent nécessairement jouir de la liberté de la presse, qui en est la première et la plus sûre garantie. Conçoit-on l'existence, la durée d'une Constitution, l'inviolabilité d'une Assemblée sans la liberté de la presse? Les agents de l'autorité se font toujours une sorte de devoir d'étendre le pouvoir du maître; ils espèrent ainsi affermir leur propre autorité; cet excès de dévouement menace sans cesse les droits d'une nation. Quel sera le moyen de le contenir dans les limites que la loi a posées? Il n'en est qu'un : c'est la liberté de la presse, qui avertit sans dangers et sans secousse le monarque et la nation, qui cite au tribunal de l'opinion publique l'erreur d'un ministre, la prévarication d'un agent. »

Le rapporteur déclarait, au nom de la commission, la

liberté de la presse nécessaire dans l'intervalle des sessions, pour remplacer l'utile surveillance des corps de l'État, nécessaire même en leur présence pour les avertir, les éclairer, et même pour les surveiller eux-mêmes et les redresser s'ils venaient à s'égarer, nécessaire à la protection de la liberté civile, enfin nécessaire à l'exercice du droit de pétition. Il repoussait donc d'une manière absolue, au nom de la majorité de la commission, la censure préalable et dans le fond et dans la forme où elle était présentée. « Les avantages si grands, si essentiels résultant de la liberté de la presse, ne devraient être sacrifiés, ajoutait-il, que dans des circonstances telles que le salut du trône et celui de la patrie l'exigeassent impérieusement. Mais loin que l'établissement de la censure soit nécessaire et utile, elle-même menacerait à la fois la liberté politique et la liberté civile. Et que deviendrait la publicité de vos séances, la plus noble et la plus utile de vos prérogatives, si, par l'influence exclusive obtenue sur les journaux et les écrits, on pouvait les dénaturer ou les condamner à l'oubli? »

Abordant ensuite l'objection tirée des difficultés de la situation, de l'abus que les passions feraient de la liberté de la presse, le rapporteur déclarait ces périls imaginaires. Il voyait l'autorité affermie, les volontés ralliées autour du trône, il attestait les loyales adresses envoyées au Roi de toutes les villes de France. Il ajoutait que la circulation des pamphlets et des journaux avait pu être dangereuse dans une époque où tout tendait au mouvement, mais qu'elle avait cessé de l'être dans une époque où tout tendait au repos. « La génération turbulente, s'écriait-il, a disparu pour faire place à une génération qui n'a ni les mêmes espérances ni les mêmes erreurs. » Les tribunaux lui semblaient donc assez forts pour réprimer les délits commis par la voie de la presse.

M. Raynouard terminait ainsi :

« Point de censure ; impression sans examen préalable s'appelle liberté de la presse.

« Être soumis à la censure ou à l'examen préalable, c'est ne pas jouir de la liberté de la presse.

« Donc la Charte ayant promis la liberté a nécessairement dispensé de la censure préalable ; donc la loi qui la propose serait inconstitutionnelle.

« Ainsi l'esprit de la Charte ne permet pas la censure préalable, ce qui suffirait pour décider la question.

« Mais la lettre repousse également cette censure ; *réprimer* n'a jamais été le synonyme de *prévenir*.

« Prévenir, c'est empêcher que le mal naisse ; réprimer, c'est empêcher qu'il fasse des progrès.

« La loi qui prévient ne réprime pas, elle n'a rien à réprimer.

« Ainsi nul doute que la Charte, ne soumettant la liberté de la presse qu'à des lois répressives, n'a annoncé ni pu annoncer l'existence et la possibilité de la censure, et dès lors la proposition contenue dans le projet de loi serait contraire à notre droit public, serait inconstitutionnelle.

« La commission, pleinement convaincue que si les circonstances l'exigeaient impérieusement il n'est aucun de vous qui ne s'empressât de seconder le gouvernement, et de le défendre par tous les sacrifices nécessaires et convenables, même par le sacrifice d'un droit aussi sacré et aussi indispensable que celui de la liberté de la presse, la commission vous propose le rejet du projet de loi. »

Le rapport de M. Raynouard fut reçu dans la Chambre et au dehors avec des applaudissements extraordinaires. Les journaux dont l'intérêt était en jeu l'accueillirent avec une explosion de joie. Tout ce qui tenait une plume commença la guerre des brochures. MM. Benjamin Constant, Suard, Dussault, Durbach se signalèrent dans cette lutte. Les écrits publiés en faveur de la loi furent rares, pâles, et, de plus, anonymes. Dans les polémiques de ce genre, l'avantage est toujours du côté de ceux qui plaident pour la liberté de la presse. Il y a quelque chose de contradictoire, presque d'odieux à employer la parole pour défendre la loi du silence, et d'ailleurs le texte de la Charte paraissait si catégorique, et le mouvement général des esprits fatigués d'une longue compression était si fortement engagé en faveur de la libre discussion, qu'on trouvait peu d'écrivains disposés à accepter la tâche ingrate de soutenir un projet de loi en désaccord avec le texte de la Charte et avec le grand courant des idées.

L'intérêt soulevé par l'annonce de l'ouverture des débats parlementaires avait été si vif que, le jour marqué, c'était le 5 août 1814, le public, trop nombreux pour trouver place dans les tribunes, envahit la salle des délibérations. Le président, M. Laîné, n'ayant pu réussir à la faire évacuer, dut prendre le parti de lever la séance et de renvoyer la discussion au lendemain. Cette discussion, si impatiemment attendue, fut confuse et presque toujours renfermée dans les généralités. L'habitude de l'improvisation n'avait pas eu le temps de s'acclimater, et cette succession de discours écrits qui, le plus souvent, se suivaient sans se répondre, refroidissait le débat. Les uns insistèrent sur les avantages de la liberté de la presse; les autres, sur les inconvénients de la licence; les uns et les autres, non sans raison. Peu d'orateurs songèrent à sortir des généralités et des discussions théoriques pour examiner une question plus pratique, celle de savoir quelles seraient les conséquences de la liberté de la presse, telle qu'on la demandait, appliquée dans les conditions sociales et les circonstances politiques où se trouvait la France. Aucun ne songea à présenter la distinction fondamentale entre la liberté des écrits individuels et les priviléges des journaux. L'inexpérience des législateurs égalait au moins celle des orateurs, dans cette assemblée déshabituée de la politique comme de la parole, pendant les longues années d'un mutisme obéissant. Quelques-uns essayèrent de suppléer à ce qui leur manquait à ce double point de vue, en passionnant le débat par une phraséologie sonore et vide qui manque rarement son effet sur le vulgaire. Les tribunes s'émurent en entendant M. Dumolard s'écrier : « Amis de la liberté, nous supportâmes la tyrannie de Robespierre, mais le 9 thermidor perçait dans le lointain à travers les nuages. Nous pûmes souffrir celle de Napoléon, mais le despotisme comme la guerre était en viager sur notre tête, et nous avions un avenir. Français, cet avenir, on veut l'éteindre et couvrir d'un voile de plomb la statue de la Liberté ; le souffrirez-vous? » Dans la pénurie où l'on était, ces banalités tenaient lieu d'éloquence, et M. Laîné fut obligé de rappeler l'article du règlement qui autorisait le président à faire évacuer les tribunes, quand elles donnaient des marques d'approbation ou d'improbation.

Quelques observations d'un sens plus pratique furent présentées en faveur de la loi par M. Faget de Baure. Il rappela la nécessité de préparer les esprits, même aux meilleures constitutions, fit remarquer que les livres étaient, dès à présent, affranchis de la censure, exclusivement applicable aux pamphlets, et représenta que si l'on voulait établir solidement la liberté de la presse, il fallait faire jouir la France des biens qu'elle procure, et opposer une digue aux maux qu'elle peut causer. Il rappela que, chez les Anglais, la liberté de la presse n'avait été obtenue que graduellement. Enfin, arrivant au système des lois répressives que M. Raynouard et les adversaires du projet ministériel proposaient de substituer à la loi préventive, il s'écria avec autorité : « Les tribunaux sont-ils formés? La jurisprudence est-elle établie? La presse sera-t-elle soumise à la police correctionnelle, au jury ordinaire, à un jury spécial? » Les difficultés inhérentes aux lois répressives de la presse apparaissaient dans ces paroles, les plus plausibles qui eussent été opposées au rapport de M. Raynouard.

Les défenseurs du rapport tirèrent leurs arguments les plus forts du principe écrit dans la Charte, et du courant général qui, après cette longue servitude de la pensée humaine, portait tous les esprits vers la libre discussion. Là, l'opposition était sur le terrain du vrai; il fut impossible de lui répondre. Ailleurs on opposa, avec un égal avantage, des récriminations contre les abus possibles de la censure préalable, remise aux mains des agents du ministère, aux récriminations contre les abus possibles de la liberté de la presse.

Au bout de cinq jours de discussion, M. de Montesquiou sentit que la majorité allait lui échapper. Pour faire passer la loi, il fallait évidemment satisfaire la nuance très-nombreuse dont M. Laîné était l'expression la plus élevée. Les ministériels sans condition, comme on en trouve dans toutes les assemblées, joints aux royalistes assez personnellement dévoués au Roi pour lui sacrifier leurs répugnances contre la loi, n'étaient pas assez nombreux pour l'emporter au scrutin. Si la fraction qui suivait M. Laîné, plus tard on la désigna sous le nom de centre droit, s'unissait à la fraction qui trouvait son expression la plus marquée dans M. Raynouard, plus tard on la désigna sous le nom de centre gauche, et à celle qui, plus prononcée encore dans ses allures, se ralliait autour de MM. Durbach et Dumolard, et formait ce qu'on allait appeler la gauche, c'est-à-dire une nuance d'opinion attachée à certaines théories de liberté proclamées en 1789, qu'elle était résolue à faire prévaloir à tout prix, sans s'inquiéter des circonstances ni du milieu, le ministère tombait en minorité, c'en était fait de la loi. Pendant le cours de la discussion, quelques amendements avaient été indiqués par les orateurs de la nuance de M. Laîné. Le plus important de tous consistait à écrire, à la fin de la loi, la promesse formelle qu'elle ne serait que temporaire, en fixant sa durée soit à trois ans, soit à deux ans, ou en la circonscrivant dans un espace de temps plus court encore. Le second étendait aux écrits des membres des Chambres le privilége attribué aux évêques, aux avocats, aux corps savants fondés ou reconnus par l'État, de publier des mandements, lettres épiscopales, mémoires judiciaires, rapports scientifiques ou littéraires, sans être soumis à la censure. Le troisième autorisait à publier librement tous les écrits qui dépasseraient, non plus trente feuilles, mais vingt seulement [1].

M. de Montesquiou, qui avait manqué de prévoyance, deux mois auparavant, en laissant écrire dans la Charte un principe qu'il ne croyait pas compatible avec la situation de la France, comme il venait de se montrer inconséquent et dépourvu de sens politique en présentant une loi en désaccord avec le texte de la Charte et le courant général des idées, ne sut échapper à la situation critique où il s'était placé qu'en faisant une concession considérable, car, en quelques lignes, elle changeait le caractère de sa loi. Il consentit à la faire descendre du rang des lois générales qui règlent une matière d'après les principes en vigueur, au rang d'une loi d'exception qui y déroge. Ce fut le 11 avril que, la discussion ayant été déclarée close pour entendre une dernière fois le ministre et après lui le rapporteur, M. de Montesquiou prit la parole, afin de répondre au rapporteur et aux adversaires de la loi. Son discours, singulier mélange de généralités philosophiques, d'éloges emphatiques de la censure, aussi utile aux lettres qu'aux mœurs, disait-il, de dédains affectés et maladroits pour les journaux qui allaient devenir une puissance, « les misérables journaux, » comme il les appelait [2], contenait cependant plusieurs aperçus justes. Il s'é-

---

1. 320 pages in-8° d'impression.
2. « Pourquoi tant de bruit ! Pour de misérables journaux ! Voilà l'objet pour lequel l'assemblée des représentants du peuple se divise. » (Discours de M. de Montesquiou, séance du 11 octobre.)

levait contre les prétendus droits naturels que M. Raynouard avait proclamés, et il disait : « Il n'y a pas de droits dans la nature ; les droits sont le résultat des lois sociales, avant qu'il y ait des lois l'homme est en état de guerre. Le plus fort anéantit tous les autres. » Affirmation vraie si par l'état de nature on entend, comme dans l'école de Rousseau, l'état sauvage, mais singulier oubli, de la part d'un prêtre, de la véritable origine des sociétés humaines. Comment pouvait-il ignorer qu'elles remontent à une société primitive fondée par Dieu même au berceau du genre humain ? Comment pouvait-il méconnaître l'origine des lois sociales, reflet imparfait des lois divines ? Le ministre présentait des réflexions justes sur la différence capitale existant entre la société française, où l'autorité était si nouvelle, si peu solidement établie, et la société anglaise, où l'omnipotence parlementaire, cette force redoutable, trouve dans la liberté de la presse une sorte de compensation à l'autorité sans limites dont le parlement est armé par la liberté politique [1]. Enfin, il faisait entrevoir l'impuissance des lois répressives pour réprimer la diffamation qui serait continuée par le diffamateur devant le tribunal appelé à la juger, et amplifiée souvent par l'avocat lui-même. Mais il était faible contre l'argument tiré de la Charte. « S'il y avait doute, disait-il, sur le sens, c'était au Roi de l'interpréter. » Enfin il arrivait aux concessions jugées nécessaires. Le Roi l'avait chargé, disait-il, d'annoncer à la Chambre qu'il consentait à deux amendements proposés dans la discussion, en renonçant à toute mesure préventive contre les écrits ayant plus de vingt feuilles d'impression, et en exceptant des écrits soumis à la censure les opinions des membres des Chambres, « quoiqu'il ne parût pas nécessaire de marquer une telle exception dans la

---

1. On connaît cet aphorisme politique : « Le parlement peut tout, excepté de faire qu'une fille soit un garçon. »

loi. » Enfin, arrivant au dernier amendement proposé à l'article 22, il déclarait qu'il était également chargé par le Roi de proposer, au lieu de la disposition où il était dit qu'au bout de trois ans la loi serait soumise à une révision, afin qu'on pût y introduire les modifications suggérées par l'expérience, la rédaction suivante : « Les dispositions du titre premier cesseront d'avoir leur effet à la fin de 1816, à moins qu'elles n'aient été renouvelées par une loi, si les circonstances le faisaient juger nécessaire. »

Que le ministre consentît à réduire à vingt feuilles le nombre de trente feuilles exigées primitivement par le projet, et à exempter de la censure préalable les opinions des membres des deux Chambres, ce n'étaient là que des amendements, et des amendements si raisonnables, qu'il y aurait eu avantage à ne pas attendre le vœu exprimé par la Chambre, pour les introduire dans la loi. Mais en consentant à accepter comme une loi de circonstance la loi d'abord demandée comme l'expression normale de la situation faite à la presse, il admettait en principe la liberté absolue des écrits et même celle des journaux, et il consentait à tenir de la tolérance de la Chambre la permission transitoire de déroger à ce principe, en avouant que le gouvernement se sentait trop faible pour le supporter après l'avoir si récemment proclamé. C'était à la fois un aveu de faiblesse et un premier pas fait pour mettre le gouvernement dans la dépendance absolue de la Chambre pour tout ce qui concernait la presse.

Ces concessions ne satisfirent pas la commission. Son rapporteur, M. Raynouard, persista à demander le rejet de la loi, en alléguant que la censure était inconstitutionnelle, que les considérations présentées par le ministère pour la faire accepter étaient insuffisantes, que les inconvénients de l'adoption de la loi surpasseraient ses avantages. Comparant les époques, il faisait remarquer que la France possédait en 1814 toutes les garanties politiques et civiles pour l'acquisition desquelles elle combattait en 1789; on userait donc raisonnablement de la presse dont on avait abusé passionnément à cette époque : — conclusion d'un optimisme hasardeux! Encore n'était-ce point la presse qui avait fait naître les passions, elle s'en était seulement armée : — n'était-il donc pas périlleux de lui laisser ressaisir ses armes? Il rappela les services que les journaux avaient rendus au temps du Directoire, nia imperturbablement leurs dangers, indiqua, non sans vérité, mais avec quelque exagération, les inconvénients de la censure, qui donne aux ministres la faculté de fausser l'opinion sur les hommes et sur les choses, sans parler d'un plus grave inconvénient encore, celui de rendre le gouvernement responsable de tout ce qu'il laisse dire.

L'abbé de Montesquiou crut devoir prendre une dernière fois la parole. Il exhorta les députés à ne pas songer seulement à la nation des auteurs, mais à cette grande nation occupée de son travail et de ses affaires qui demandait du repos. Il évoqua les souvenirs les plus néfastes de la presse révolutionnaire qui, en trois ans, avait renversé l'édifice social, et exhorta les législateurs à ne chercher qu'en eux-mêmes la garantie de la Constitution.

Malgré ces efforts, malgré ces concessions, la loi modifiée, comme il a été dit, ne fut votée que par cent trente-sept voix contre quatre-vingts. Forte et menaçante minorité, au début d'un gouvernement!

La discussion fut plus vive encore à la Chambre des pairs. Si l'on avait espéré que les membres de l'ancien Sénat conserveraient, dans l'assemblée que Louis XVIII venait de nommer, leur docilité envers le pouvoir, on avait bien mal connu les tendances de la nature humaine. Le Sénat était composé d'hommes de la révolution, semblables à ces ressorts ployés sous une compression toute-puissante, et qui tendent à revenir sur eux-mêmes, du moment que la pression qui les a courbés vient à cesser. En outre, plus ces hommes avaient le sentiment de la faiblesse qu'ils avaient montrée sous Napoléon, plus ils éprouvaient le besoin de refaire leur popularité.

Le projet fut donc aussi vivement et plus habilement attaqué au Luxembourg qu'au Palais-Bourbon. Il y avait dans la première Chambre des hommes qui n'avaient point oublié la tradition des grands débats parlementaires, et qui n'étaient point arrêtés par un sentiment de bienveillance envers la Restauration. MM. Cornudet, Boissy-d'Anglas, Porcher, Lanjuinais, Malleville, attaquèrent non plus la loi primitivement présentée, mais la loi amendée par la Chambre des députés. Plusieurs contestèrent au Roi et aux Chambres réunies le droit de suspendre momentanément un article de la Constitution. M. Porcher alla jusqu'à nier l'influence de la licence de la presse sur les excès de la Révolution : selon lui, l'or de la corruption avait soudoyé tous les crimes. Le comte Lenoir-Laroche demandait que le projet de loi ne fût pas même mis en délibération, parce qu'il était contraire à la Charte. M. de Malleville fut au moment de renouveler l'incident que voulait soulever M. Durbach sur l'octroi de la Charte. M. Boissy-d'Anglas, esprit honnête, mais roide et excessif, laissa échapper des paroles presque menaçantes. Les échos du palais du Luxembourg, ordinairement silencieux ou troublés seulement par des voix dociles aux moindres désirs du pouvoir, durent s'étonner du bruit et du caractère violent de cette discussion et de l'éclat de tant de déclarations en faveur de la liberté de la presse. Les sénateurs de la veille s'étaient réveillés tribuns, et le pacifique Luxembourg devenait un forum populaire.

Le débat ne dura pas moins de quinze jours. Le ministère qui, pendant toute la discussion, s'était tenu sur une défensive prudente, et les orateurs qui parlèrent dans son sens, tirèrent tous leurs arguments de la difficulté des circonstances, qui ne permettaient point d'établir cette liberté de la presse, qu'ils reconnaissaient sans difficulté comme étant la loi normale du régime établi par la Charte. Plus que jamais la loi sur la presse prenait un caractère d'exception. M. de Montesquiou, qui avait maladroitement laissé en tête du projet, en le portant à la Chambre des pairs, son préambule désormais en désaccord avec la disposition qui lui donnait le caractère d'une loi transitoire, fut obligé de donner sur ce point les explications les plus catégoriques, et de déclarer que « par l'article 22 le gouvernement avait consenti à changer en loi provisoire une loi qu'il avait cru devoir présenter comme définitive. » M. de Malleville demanda le rejet de ce préambule [1]. Ce rejet fut voté, et cependant, au scrutin d'ensemble, la loi n'obtint qu'une majorité peu considérable; une opposition plus forte qu'à la Chambre des députés protesta jusqu'à la fin.

Le gouvernement parlementaire s'ouvrait ainsi sous de fâcheux auspices. Le ministère, sans expérience et sans capacité politique, compromettait la royauté par des lois mal conçues et mal défendues, et les Chambres de l'Empire, transférées sous la royauté, montraient un esprit d'opposition, un goût de popularité, qui présageaient de graves difficultés. Le ministère avait obtenu, il est vrai, la censure, mais en la laissant amoindrie et ravalée au rang des lois d'exception. Il avait dû souscrire une concession définitive pour obtenir des Chambres une concession transitoire, et encore ne l'avait-il obtenue

---

[1]. Il était ainsi conçu : « Voulant assurer à nos sujets le bienfait de la Charte constitutionnelle, qui leur garantit le droit de publier et de faire imprimer leurs opinions en se conformant aux lois qui doivent réprimer les abus de cette liberté,

« Nous avons pensé que notre premier devoir était de leur donner sans retard les lois que la Constitution ne sépare point de la liberté même, et à défaut desquelles le droit accordé par la Charte constitutionnelle resterait sans effet. »

« A ces causes, etc. »

qu'avec peine, après un débat vif et prolongé. Il avait eu le dessous dans cette discussion, et sa majorité s'était trouvée faible au scrutin. On était déjà loin de l'unanimité des premiers jours de la Restauration. Une puissante opposition se dessinait dans les deux Chambres. Cette opposition s'était comptée; elle connaissait sa force; elle avait excité de nombreuses sympathies au dehors; elle avait dans le cri de la liberté son mot d'ordre et de ralliement. Sans doute, dans tous ces débats, le nom du Roi avait été prononcé par toutes les nuances d'opinions avec respect, et la royauté avait été laissée en dehors et au-dessus de la discussion. Mais le gouvernement royal avait été vivement attaqué dans ses tendances et dans ses actes, et l'inhabileté du ministère, l'inexpérience politique des Chambres, leur goût pour la popularité, la division et l'excitation des esprits, avaient paru d'une manière fâcheuse dans cette occasion.

II

RAPPORT SUR LA SITUATION DU ROYAUME. — BUDGETS DE 1814 ET DE 1815. — LOI SUR LA RESTITUTION DES BIENS NATIONAUX NON VENDUS.

La discussion de la loi sur la presse n'avait pas encore commencé quand les Chambres eurent à s'occuper de deux sujets d'une haute importance. Le ministre vint présenter, le 12 juillet, au nom du Roi, le tableau de la situation de la France [1], de-

---

[1]. M. Guizot dit dans ses *Mémoires* : « La Charte promulguée, je demandai à l'abbé de Montesquiou s'il ne serait pas bon que le Roi fît mettre sous les yeux des Chambres un exposé de la situation dans laquelle à l'intérieur il avait trouvé la France, constatant ainsi les résultats du régime qui l'avait précédé et faisant pressentir l'esprit de celui qu'il voulait fonder. L'idée plut au ministre, le Roi l'agréa. Je me mis aussitôt à l'œuvre; le ministre travailla aussi de son côté. »

mandé par un député, M. Dumolard, et le budget fut apporté à la Chambre le 22 juillet suivant.

Le tableau de la situation du royaume était, à proprement parler, le triste inventaire des blessures que l'Empire laissait à la France. Comme les héritiers qui recueillent une succession embarrassée et chargée d'un arriéré immense, la royauté, c'était son droit, constatait la situation dans laquelle elle prenait la fortune du pays. L'état des levées d'hommes ordonnées depuis la fin de la campagne de Russie seulement, atteignait le chiffre effrayant de un million trois cent mille hommes [1]. « Il est impossible d'évaluer l'effroyable consommation d'hommes qu'a faite le dernier gouvernement, disait le ministre avec vérité, les fatigues et les maladies en ont enlevé autant que la guerre : les entreprises étaient si courtes et si rapides, que tout était sacrifié au désir d'en assurer le succès. Des levées d'hommes qui, autrefois, auraient formé des armées, disparaissaient sans prendre part au combat; de là, la nécessité de multiplier les levées d'hommes, pour remplacer sans cesse par des armées nouvelles des armées presque anéanties. On a vu, avec un étonnement mêlé de terreur, un peuple civilisé condamné à échanger son bonheur et son repos contre la vie errante des peuples barbares. Les liens de famille ont été rompus; les pères ont vieilli loin de leurs enfants et les enfants sont allés mourir à quatre cents lieues de leur père. Aucun espoir de retour n'adoucissait cette affreuse séparation : on

---

[1].
11 janvier 1813.	350,000 hommes.
3 avril, — gardes d'honneur.	10,000 —
Premier ban de garde nationale.	80,000 —
Garde nationale pour les côtes.	90,000 —
24 août, armée d'Espagne.	30,000 —
9 octobre, conscription de 1814 et antérieure.	120,000 —
Conscription de 1815.	160,000 —
15 novembre, rappel de l'an II à 1814.	300,000 —
Janvier 1814, offres de cavaliers équipés.	17,000 —
1814, levées en masse organisées.	143,000 —

était habitué à la regarder comme éternelle, et l'on a vu des paysans bas-bretons, après avoir conduit leurs enfants jusqu'au lieu du départ, venir, dans l'église de leur paroisse, dire d'avance les prières des morts [1]. »

L'arriéré financier de l'Empire s'élevait, d'après le rapport du ministre au Roi, à 1,308,156,500 francs [2]. Sur cette

---

[2]. Il se composait : 1° de tous les excédants des dépenses sur les recettes pendant les années 1809, 1810, 1811, 1812, 1813 ; 2° de l'excédant de dépenses prévu pour 1814 ; 3° du capital des cautionnements et des dépôts versés dans les caisses publiques. Parmi les sommes qui figuraient sur cet arriéré, on trouvait celles dues au domaine extraordinaire et au trésor de la couronne impériale : Napoléon se faisait sa part dans les contributions de guerre levées sur les peuples vaincus, après des triomphes obtenus avec le sang et l'argent de la France, et c'est ainsi qu'il avait pu prêter à l'État, en 1813 et dans les trois premiers mois de 1814, la somme de 244,164,500 francs, somme que le ministre des finances, dans son rapport au Roi, déclarait avec raison non remboursable, car ce n'était que par une fiction qu'on avait pu détourner du trésor public les contributions de guerre qui devaient y entrer. Le capital des cautionnements et des dépôts, non immédiatement exigible, s'élevait à 246,535,000 fr. Il fallait aussi tenir compte de la somme de 12,228,000 fr. existant en caisse le 1er avril 1814, des arrérages arriérés de la dette publique et des intérêts arriérés de cautionnements pendant l'année 1813, qui montaient à 46,000,000 fr.

somme, 759,175,000 francs étaient immédiatement exigibles. A une époque où les moyens financiers et la science même de la finance étaient enfermés dans des bornes étroites, cet arriéré parut énorme. Le squelette financier, se montrant dans toute sa difformité et sans voile, dit un contemporain, consterna les imaginations [1].

Dans ce tableau, tous les ministères étaient successivement

[...] dans le Trésor. Les frais du ministère de la guerre, divisé en deux sections, l'une le ministère de la guerre proprement dit, l'autre l'administration de la guerre, avaient été calculés, pour 1814, sur le pied de 740 millions. La guerre de 1812 et 1813 avait détruit, en effets d'artillerie et d'approvisionnements de guerre de tout genre, un capital de 250 millions. Tous nos arsenaux maritimes étaient entièrement démunis. On avait dis-

---

Donc, quoique l'arriéré s'élevât à 1,308,156,500 fr., il y avait 244,164,500 fr. à déduire d'une manière absolue, puisqu'il n'y avait pas à les réclamer; 304,817,000 fr. dont le remboursement pouvait être différé, et 759,175,000 fr. immédiatement exigibles.

1. M. Bignon, *État financier de la France*, 1814.

sipé l'immense mobilier naval que Louis XVI avait soigneusement fait préparer lors de la paix de 1783, et, depuis quinze ans, la France avait perdu, en entreprises mal conçues et mal exécutées, quarante-trois vaisseaux de guerre, quatre-vingt-deux frégates, soixante-seize corvettes, et soixante-deux bâtiments de transport ou avisos, qu'on ne remplacerait pas avec 200 millions. On avait, en outre, amoindri la population maritime, en donnant à nos équipages l'organisation des régiments de ligne, et en les envoyant combattre et mourir au Nord et au Midi dans des guerres continentales.

Puis, après l'inventaire des plaies matérielles de la France, venait un coup d'œil rapide jeté sur ses blessures morales. « La morale, comme la richesse publique, disait le ministre, ne saurait échapper à l'influence funeste d'un mauvais gouvernement. Celui qui vient de finir a comblé, dans ce genre, tous les maux qu'avait causés la Révolution. Il n'a rétabli la religion que pour en faire une arme à son usage. L'instruction publique, soumise à la même dépendance, n'a pu répondre aux efforts du corps respectable qui la dirige. Ces efforts ont été sans cesse entravés par un despotisme qui voulait dominer tous les esprits pour asservir sans obstacle toutes les existences. L'éducation nationale a besoin de reprendre une tendance plus libérale, pour se maintenir au niveau des lumières de l'Europe. Que ne peut-on rendre aussi tout d'un coup à la France ces habitudes morales et cet esprit public que de cruels malheurs et une longue oppression y ont presque anéantis! Les sentiments nobles ont été opprimés, les idées généreuses étouffées. Non content de condamner à l'inaction les vertus qu'il redoutait, le gouvernement a excité et fomenté les passions qui pouvaient le servir ; pour éteindre l'esprit public, il a appelé à son aide l'intérêt personnel. Il n'a pas laissé d'autre état que celui de le servir, d'autres espérances que celles qu'il pouvait seul réaliser. »

Ainsi parla M. de Montesquiou. Dans cet exposé de l'état moral et matériel de la France, on reconnaît des touches plus fortes que la sienne, et, quand bien même les voiles n'auraient pas été levés depuis, on se souviendrait instinctivement, en le lisant, que M. Guizot était auprès de lui. Il est beaucoup question, on l'a vu dans ce tableau, des excès de la centralisation impériale, et ce n'était pas sans raison. Mais il eût mieux valu en parler moins et en réformer les abus, qu'au contraire on continuait.

Moins de quinze jours après le tableau de la situation du royaume, le gouvernement présenta [1] le projet de budget pour 1814, en faisant distribuer en même temps le rapport du ministre des finances au Roi, où la matière était exposée avec plus d'étendue. C'était l'œuvre du baron Louis. Ce projet de budget contenait trois parties distinctes : l'exposé des motifs des recettes et des dépenses pour 1814; l'indication des voies et moyens destinés à pourvoir aux dépenses de 1815; la liquidation de l'arriéré. Le budget, dans lequel les charges et les ressources du pays étaient exposées avec clarté, produisit en France l'effet d'une nouveauté hardie. On a vu quel était l'arriéré; les dépenses étaient évaluées, pour 1814, à 827 millions, les recettes à 520 millions, dans lesquels les contributions directes figuraient pour 291 [2]; il y avait donc 307 millions de déficit, sur lesquels 247 millions étaient imputables aux trois premiers mois de l'année : c'étaient les derniers de l'Empire; 67 millions seulement aux neuf derniers, c'est-à-dire aux mois écoulés ou à courir depuis le rétablissement de la monarchie. Les

---

1. Dans la séance du 22 juillet 1814.
2. On arrivait à 433 millions avec l'enregistrement, les domaines, la poste. Le ministre n'évaluait les contributions indirectes qu'à 80 millions. Les droits de l'enregistrement, les produits des domaines et bois étaient évalués à 114 millions; les loteries, les postes, les salines de l'Est, l'octroi des navigations et diverses recettes accidentelles, à 27 millions. Nous comptons par chiffres ronds.

évaluations de l'exercice de 1815 se balançaient par une dépense de 545 millions, et une recette évaluée à 618 millions [1] ; c'était un excédant en recette de 72 millions.

Le baron Louis proposait d'affecter au payement de l'arriéré, dans lequel il rejetait le déficit de l'année 1814, 1° l'excédant de recettes de 1815 ; 2° la vente de trois cent mille hectares de forêts qui avaient appartenu au clergé et à l'ordre de Malte, et les bois restant à vendre des biens communaux ; 3° une émission de rentes 5 pour 100 consolidés qu'on devait offrir aux créanciers, à moins qu'ils ne préférassent des bons du Trésor payables à trois années fixes de la date des ordonnances, à 8 pour 100, avec faculté d'escompter. L'exposé du baron Louis finissait par la promesse de la fondation d'une caisse d'amortissement qui servirait à relever les effets publics, si fort abaissés par les circonstances : « L'expérience sur les effets d'un amortissement bien combiné et suivi avec persévérance, disait le ministre, peut aujourd'hui être plus avancée par la comparaison qu'on a pu faire de la vigueur du crédit de l'Angleterre et de la faiblesse du nôtre. Le crédit de l'Angleterre est resté invulnérable au milieu de toutes les secousses, malgré l'accroissement de sa dette. Le crédit de la France a langui dans les mêmes circonstances, malgré la diminution de la sienne. C'est la fidélité aux engagements qui a produit chez nos voisins un phénomène si différent de celui que nous offrons. Ce principe a fait naître en Angleterre l'idée de placer à côté d'une dette pesante un contre-poids qui l'allège et tend toujours à l'équilibre. Nous regrettons de ne pouvoir encore jeter dans l'admi-

---

[1]. Pour l'année 1815, le baron Louis évaluait le produit des contributions directes à 340 millions, y compris les centimes additionnels ordinaires et ceux qui étaient précédemment rangés dans les fonds spéciaux ; le produit de l'enregistrement, domaines et bois, à 120 millions ; les postes, loteries, salines de l'Est, etc., à 28 millions ; les contributions indirectes, à 130 millions. C'était, selon lui, le produit normal des contributions en France, car on ne pouvait prendre pour type l'année exceptionnelle de l'invasion.

nistration de nos finances un pareil germe de prospérité....
Mais un bon fonds d'amortissement ne peut s'établir que sur
un revenu qui excède celui qu'absorbent les besoins ordinaires du gouvernement. »

La fidélité aux engagements, et, dans un avenir prochain, dès qu'il y aurait un excédant de numéraire, une caisse d'amortissement fondée pour diminuer la dette en rachetant chaque année, au nom de l'État, des fonds publics, telles étaient donc les bases du nouveau système financier proposé à la France. Ces bases étaient bonnes. Le budget présenté par le baron Louis avait néanmoins deux graves défauts. Les recettes avaient été calculées fort au-dessous de leur valeur [1], peut-être afin de rendre plus nécessaire la vente des trois cent mille hectares de bois provenant en grande partie des domaines de l'ordre de Malte ou du clergé, révolutionnairement confisqués [2]. Les dettes de l'Empire avaient été trop facilement admises, sans distinction d'origine et sans discussion de titres, quoiqu'il y en eût de contestables et de contestées. Pour assurer le payement de cet arriéré de l'Empire, ainsi admis en bloc, et dans lequel figuraient un grand nombre des créances de fournisseurs que Napoléon avait retranchées de leur liquidation comme abusives, et les restitutions qu'il avait exigées d'eux sans formes légales, il est vrai, mais non pas sans équité, à cause de leurs pilleries, il fallait augmenter les impôts au lieu de les réduire, et priver les localités de leurs ressources les plus urgentes. Le ministère déclarait réunies aux recettes gé-

---

[1]. Six mois après, Napoléon trouva dans les caisses publiques 50 millions d'excédant.

[2]. « Je croyais bien mériter du Roi et de sa famille en les prémunissant contre les préventions dont je les supposais animés envers les acquéreurs des biens nationaux, et c'est au même dessein plutôt qu'à des besoins de finances que l'on doit attribuer les efforts qui ont été faits depuis pour obliger Louis XVIII lui-même à aliéner de ces biens et à en faire entrer quelques-uns dans ses domaines. » (*Mémoires* de M. Beugnot.)

nérales toutes les recettes spéciales des communes et des départements, ainsi que tous les centimes dont la centralisation impériale elle-même avait laissé la disposition aux conseils généraux et l'emploi dans les localités. Ce fut ce qu'on appela les réunions au Trésor par confusion. En même temps, les préfets reçurent l'ordre de poursuivre avec la dernière rigueur, les débiteurs de l'arriéré pour les indemnités de réformes de conscription. La centralisation et la suppression des libertés locales se trouvaient ainsi poussées aussi loin que sous l'Empire, et la fiscalité de ses dernières années égalée. En exagérant dans l'application un principe juste, la fidélité aux engagements, on faisait naître le mécontentement dans les départements qui avaient cru respirer plus librement sous la monarchie.

Le budget fut longuement discuté dans la Chambre pendant la dernière quinzaine du mois d'août. L'opposition manquait de bases solides pour contester les évaluations ministérielles, comme le ministère, d'après ses propres aveux, avait manqué de bases solides pour les établir. On en était réduit des deux côtés aux hypothèses, par suite du désordre financier des dernières années, et en présence de l'incertitude des recettes. Néanmoins, le projet du baron Louis fut fortement attaqué sur quatre points : l'exagération de l'arriéré ; le sort inégal des nouvelles et des anciennes créances ; la surcharge imposée aux départements par les 60 centimes additionnels confondus avec le principal de la contribution directe, sans qu'on laissât aux communes la disposition d'aucune ressource locale ; enfin la vente des trois cent mille hectares de bois, ce notable dommage apporté à la fortune forestière de la France, ce grave danger pour la sûreté d'une partie de nos départements, que le défrichement de tant de forêts exposait à des inondations périodiques [1].

1. Un des membres de la Chambre, M. Dufort, fit un tableau effrayant et

Le baron Louis fut obligé de monter plusieurs fois à la tribune pour défendre le budget. Il affirma, pour les centimes additionnels, qu'on n'en payerait pas plus en 1815 que par le passé. Cela l'amena à révéler les excès jusqu'auxquels cette contribution était arrivée sous l'Empire : en 1812, l'Ardèche avait payé jusqu'à 81 centimes additionnels, et le Cher jusqu'à 69. La moyenne payée en ce moment par les départements était de 47 centimes. Le ministère en demandait 60. Il alléguait que ces ressources étaient nécessaires pour faire honneur aux engagements de la France, pour rétablir son crédit et éloigner à jamais les réquisitions et les mesures désastreuses employées par le dernier gouvernement. « La France, disait-il, était en faillite, il fallait la réhabiliter en la montrant fidèle à ses engagements. »

Il excusait la vente de trois cent mille hectares de bois, en alléguant la loi de la nécessité. Il promettait du reste qu'on règlerait cette vente de la manière la moins dommageable aux forêts et la plus utile aux finances. Il évaluait le sol forestier de la France à quatre millions d'hectares, dont deux millions appartenaient aux communes, et étaient inaliénables, quinze cent mille à l'État. C'était donc le cinquième des forêts de l'État dont il s'agissait d'autoriser l'aliénation. Il justifiait l'intérêt de 8 pour 100 attaché aux bons du Trésor, créés pour payer les créanciers qu'on ne pouvait désintéresser immédia-

---

prophétique des inconvénients des défrichements. « Les Pyrénées, dit-il, étaient couvertes de vieux arbres ; on y fit, vers le milieu du dernier siècle, des exploitations immenses et inconsidérées. Les neiges amoncelées sur leurs cimes se trouvaient, avant cette époque, abritées par les arbres et ne s'écoulaient que par une fonte graduelle qui alimentait les rivières. Maintenant, dès que les premiers rayons du printemps les pénètrent et qu'elles sont frappées par les pluies du nord, elles fondent avec une rapidité extraordinaire et causent des débordements terribles ; la Garonne surtout, pendant trois mois, menace les belles plaines qui la bordent d'une dévastation affreuse, et, privée d'eau pendant l'été, elle ne présente plus les mêmes ressources à la navigation. » (Séance du 30 août 1814.)

tement en argent, par la nécessité de leur donner la valeur la plus facile à ramener et à maintenir au pair.

La commission avait reconnu, dans son rapport sur le budget, que, les circonstances étant données, il était difficile de mieux faire. Elle ne fit que des changements de détail ; mais deux amendements importants surgirent dans la discussion, et furent acceptés par le Roi : les centimes additionnels furent réduits de 60 à 50 centimes, et la Chambre ne vota leur centralisation que jusqu'en 1815. Pour autoriser le taux de 8 pour 100 qui paraissait usuraire, ce qui avait excité des scrupules, le Roi fit substituer le mot d'indemnité à celui d'intérêt.

Quand le baron Louis, aidé de M. de Montesquiou, eut fait passer ce budget à la Chambre des députés, où soixante-huit voix se prononcèrent contre son adoption, M. de Talleyrand le porta en personne à la Chambre des pairs, où il le soutint avec les mêmes arguments, et où il fut voté sans opposition. La monarchie inscrivait donc à son compte une dette de plus de 1 milliard laissée par l'Empire. On eût dû lui réserver le droit de discuter équitablement les créances qu'on acceptait ainsi en son nom sans examen ; le principe de la fidélité aux engagements, malgré l'abus qu'on en fit dans cette circonstance, en omettant cette précaution, produisit ses effets ordinaires : la confiance s'établit, le crédit de l'État se releva ; avant peu de mois, les effets publics avaient une plus-value de 25 pour 100.

Deux lois financières, dont deux membres de la Chambre des députés, MM. Delhorme et Fornier de Saint-Lary, provoquèrent la proposition, vinrent compléter le vote du budget. La première avait pour objet de payer les dettes contractées par le Roi dans l'exil ; la seconde avait pour but la fixation de la liste civile. Il semble que si les dettes contractées par le Roi avaient un caractère politique, comme cela était en effet, puisqu'une partie de ces sommes était due au prince de Condé pour l'entretien de sa petite armée, on aurait dû les comprendre dans l'arriéré auquel on venait de pourvoir. C'eût été un moyen à la fois plus convenable et plus régulier d'apurer les comptes de l'exil. Si au contraire ces dettes avaient un caractère purement personnel, il n'y avait pas de proposition spéciale à faire, la liste civile et les dotations suffisaient à leur apurement. En présentant une proposition à part, on signalait cette dette royale à l'attention publique, et on votait une somme dont l'emploi, n'étant pas financièrement surveillé, pouvait ne pas être régulièrement fait, en présence des sollicitations intéressées des courtisans, contre lesquels il faut toujours que des comptables exacts et sévères défendent la générosité royale. Ce mode, sujet à de graves inconvénients, fut cependant suivi. Les Chambres votèrent 1,500,000 francs de rentes, au capital de 30 millions, pour payer les dettes du Roi, sans que la distribution de cette somme fût contrôlée par d'autres que des gens de cour, trop souvent disposés à se regarder comme les premiers créanciers de la munificence royale. Cette loi, comme la loi sur la liste civile, fut votée sans discussion et comme par acclamation [1]. Les Chambres affectaient de mettre tout ce qui regardait personnellement le Roi au-dessus des débats parlementaires. Une liste civile de 33 millions fut allouée au Roi, en y comprenant les dotations des princes de sa famille; on y ajouta la jouissance du domaine immobilier de la couronne en forêts et en châteaux. Il n'y eut pas d'opposition, et la minorité et la majorité confondirent leurs votes dans le même hommage envers cette royauté, qui, par ses mariages et ses alliances, avait formé et agrandi la France, et qui, après lui avoir tant donné, pouvait avec dignité recevoir d'elle à son tour.

---

[1]. La loi présentée à la suite de la proposition adoptée par la Chambre fut votée au mois de décembre suivant.

Cette unanimité disparaissait dès que la personne du Roi n'était plus en jeu; alors l'antagonisme des partis et la lutte des passions politiques recommençaient. Tantôt c'était l'inexpérience et la témérité imprévoyante des agents du pouvoir qui donnaient le signal de la lutte, tantôt c'étaient des incidents peu graves en eux-mêmes, mais qui, dénoncés par les pétitions à la tribune et exploités par les orateurs de l'opposition à l'affût des textes d'éloquence et des occasions de popularité, surexcitaient violemment les esprits.

La Charte avait prononcé sur les propriétés d'émigrés vendues révolutionnairement, mais il restait encore une partie considérable de ces biens confisqués et non vendus. C'était d'abord 350,000 hectares de bois, dont 166,305 au duc d'Orléans et au prince de Condé, et 183,395 à d'autres émigrés : le revenu annuel de ces forêts s'élevait à 9 millions. Venaient ensuite des biens ruraux au nombre de 408 parcelles, donnant ensemble un revenu annuel de 167,891 francs; des rentes, redevances annuelles montant à un revenu de 154,632 francs; enfin cent dix-neuf bâtiments occupés par des établissements publics et d'un produit annuel présumé de 61,442 francs. La Convention, le Directoire et plus tard le gouvernement impérial avaient pris successivement des mesures qui ouvraient la voie à une restitution. La Convention avait ordonné la restitution de tous les biens confisqués sur ceux de ses membres mis hors la loi depuis la journée du 31 mai. Le Directoire, en rayant de la liste des émigrés un grand nombre de proscrits de toutes les opinions et de toutes les dates, leur avait restitué leurs biens non vendus. Le Consulat avait plus hardiment encore marché dans cette voie, et, généralisant la mesure par un sénatus-consulte du 6 floréal an VI (27 avril 1798), il avait, à un petit nombre d'exceptions près, amnistié le reste des émigrés, et en les autorisant à rentrer en France leur avait rendu ceux de leurs biens non vendus qui n'appartenaient point à une de ces trois catégories : les bois et forêts déclarés inaliénables par une loi du 2 nivôse an IV, les immeubles affectés à un service public, les droits de propriété sur les grands canaux. Devenu empereur, Napoléon était allé au delà de la loi du 2 nivôse et il avait restitué des forêts à plusieurs grandes familles, en mettant ordinairement pour condition à ces sortes de restitutions le mariage des jeunes héritières avec ses lieutenants qu'il voulait enrichir : il entrait dans sa politique d'opérer ainsi la fusion des races et des opinions. Ce que la Convention, le Directoire, le Consulat et l'Empire avaient pu commencer par politique, la Restauration devait l'achever par équité. On savait qu'une loi était proposée, elle était attendue, lorsque le 13 septembre la Chambre des députés fut avertie qu'elle recevrait une communication à ce sujet.

L'acte était équitable en soi et naturellement amené par le retour des Bourbons, mais cette matière demandait à être délicatement touchée. Quelque opinion qu'on pût avoir de la vente des biens nationaux, le Roi avait déclaré dans la Charte cette espèce de propriété inviolable et sacrée, et il n'appartenait pas au ministère d'infirmer, à l'occasion d'une loi incidente, la parole solennellement prononcée par le Roi dans la Charte même. Malheureusement on avait choisi, pour présenter et soutenir le projet de loi, M. Ferrand, l'homme le plus impropre à cette œuvre par la nature de son caractère, de son talent et de ses relations politiques. C'était un esprit absolu dans ses idées, un orateur courant après la phrase, qui est toujours un inconvénient en politique quand elle n'est pas un danger; toutes ses relations étant dans les salons royalistes, il ne devait songer qu'à eux en écrivant son exposé des motifs, dans une époque où les succès de salon étaient vivement recherchés par les hommes politiques de toutes les nuances [1].

1. Dans l'*Histoire de la littérature sous la Restauration*, 2e édition, tome Ier, pages 448-463, j'ai expliqué plus en détail cette influence des salons.

Il faut avoir ce souvenir présent à la pensée pour bien comprendre les mouvements d'opinion et quelques-uns des événements de ce temps. Chaque orateur avait son public, ses salons où il allait recueillir, la veille d'une journée de tribune, les excitations et les inspirations, et où il trouvait, le lendemain, les félicitations et les louanges, de sorte que la vanité ajoutait son aiguillon à celui des opinions, et que la passion générale venait encore animer la passion individuelle. Il y avait à Paris comme deux foyers incandescents d'opinions, d'idées, de sentiments, de passions politiques, dont les ardeurs rivales devenaient plus vives par leur rayonnement réciproque, et chaque fois qu'un de ces foyers lançait un jet de flamme, l'autre flamboyait à l'instant. La question des biens nationaux était une de celles qui occupaient le plus vivement les esprits et allait au loin inquiéter les intérêts. La presse s'en était emparée, et les adversaires du gouvernement l'avaient déjà fait arriver à la tribune sous la forme d'une pétition. Dans la séance du 28 juillet 1814, un rapport avait été lu à la Chambre sur la pétition d'une femme, la dame Mathéa, qui, se disant acquéreur de biens nationaux, prétendait avoir conçu des doutes sur la solidité de son acquisition depuis qu'elle avait lu deux écrits récemment publiés, le premier intitulé : *Lettre à Sa Majesté sur la vente des biens nationaux,* par M. Falconet, avocat; le second : *De la Restitution des biens des émigrés, considérée sous le triple rapport du droit public, du droit civil et de la politique,* par le chevalier Dard. Elle demandait donc qu'une loi intervînt et la rassurât contre l'éviction dont elle se croyait menacée, ainsi que tous les possesseurs de biens d'émigrés.

La Chambre, acceptant les fonctions de casuiste qui lui étaient attribuées, fit faire un rapport dans lequel toutes les lois rendues par les assemblées révolutionnaires contre les émigrés étaient respectueusement énumérées. Le rapporteur, M. Boirot, jugeait ainsi dans une phrase sommaire l'émigration, libre pour quelques-uns, forcée pour le plus grand nombre, obligés de fuir l'incendie, les outrages de tout genre et le meurtre : « Dans les premières années de la révolution, disait-il, beaucoup de Français mécontents ont quitté leur patrie et se sont retirés en pays étranger. » Il alléguait comme incontestables et incontestées les lois révolutionnaires rendues successivement contre eux, citait les diverses constitutions toutes confirmatives de l'irrévocabilité de la vente des biens nationaux, et arrivait ainsi à la déclaration de Saint-Ouen et à la Charte, qui n'avaient fait qu'apporter, selon lui, une sanction de plus à l'irrévocabilité déjà acquise à la vente des propriétés d'émigrés. Il ajoutait des considérations sur l'impossibilité de revenir sur cette question, tranchée en fait comme en droit par les ventes, les partages, les hypothèques dont les biens primitivement vendus avaient été l'objet. Essayer de toucher aux propriétés nationales c'était, selon lui, provoquer la guerre civile. Demander une réparation en faveur des émigrés, c'était ouvrir un gouffre où s'engloutiraient plusieurs milliards. « Où en serions-nous, s'écriait-il, s'il fallait réparer tous les maux de la Révolution! » Il était, ajoutait-il, du devoir de la Chambre de rassurer les esprits alarmés par des écrits imprudents. Il proposait donc un ordre du jour motivé, qui fut adopté par la Chambre, en ces termes : « Considérant que les biens ayant appartenu aux émigrés ont été vendus en vertu des lois des 20 septembre 1792, 28 mars 1793, et 9 floréal an III; considérant que ces ventes ont été confirmées par la Constitution de l'an III, celle de l'an VIII, et de nouveau et de la manière la plus authentique et la plus absolue par la déclaration du Roi du 2 mai dernier, et par l'article 9 de la Charte constitutionnelle; que dès lors les craintes exprimées par la pétitionnaire ne sauraient être fondées, passe à l'ordre du jour. »

On découvrit plus tard, à ne pouvoir guère en douter, que la dame Mathéa était un personnage imaginaire. La pétition était une manœuvre destinée à provoquer une discussion sur les biens nationaux, afin de donner un aliment et une satisfaction à la passion révolutionnaire.

Il est d'une haute vraisemblance que, dans ce temps de sentiments contraires, de luttes et de représailles, M. Ferrand se souvint du rapport de M. Boirot, qui avait vivement irrité les salons royalistes, et qu'il voulut, de son côté, donner une satisfaction et une revanche à son opinion. L'exposé des motifs du 13 septembre 1814 était une réponse au rapport du 28 juillet précédent. Il faut ajouter que le Roi et son gouvernement se trouvaient dans une situation pleine d'embarras, quand il s'agissait des émigrés. Il y avait une contradiction pénible dans le spectacle de la maison de Bourbon remontant sur le trône, en laissant les compagnons de ses longues infortunes et de son exil dépossédés de leurs biens, sans que la promesse d'une réparation lointaine, que la difficulté des temps obligeait de remettre à l'avenir, fût au moins écrite dans la Charte à côté de l'abolition de la confiscation. Le Roi souffrait de ce contraste. Cette espèce de malaise moral qui régnait dans les régions du pouvoir quand cette question se présentait se révélait par les satisfactions de paroles qu'on essayait de donner à ceux auxquels on avait craint de promettre des satisfactions plus réelles. Mieux eût valu avoir, en rédigeant l'article de la Charte sur la confiscation, la fermeté logique de l'équité; on ne se fût pas trouvé réduit à devenir imprudent, faute d'avoir été courageux.

Dans la situation où l'on s'était placé par l'article de la Charte, il aurait fallu rappeler ce qu'avaient fait les gouvernements antérieurs pour réparer, dans la mesure du possible, les maux et les souffrances causés par les troubles civils, en ajoutant que le Roi venait compléter ces mesures; que la vente des biens nationaux ayant été déclarée irrévocable par la Charte, il rendait les biens non vendus qui restaient à sa disposition, et voulait demeurer ainsi fidèle au principe qu'il avait posé dans la Charte : « La confiscation est supprimée, et ne pourra désormais être rétablie, » et montrer envers une autre classe de ses sujets ce respect des droits acquis qu'il avait montré envers les créances de l'Empire. Tout ce qu'on pouvait ajouter en faveur de la nombreuse classe d'émigrés qui ne participaient pas à cette restitution, c'est qu'un jour viendrait peut-être où les maux causés par de si longues et si terribles guerres étant réparés, et les sources de la prospérité nationale rétablies, l'équitable générosité de la France prendrait l'initiative d'une indemnité qui étendrait jusqu'au passé les effets du principe de l'abolition de la confiscation, qui, posé dans la Charte, réglait le présent et l'avenir.

Au lieu de tenir ce langage, dicté par la situation et conseillé par la politique, M. Ferrand s'exprima ainsi : « Dans les premiers moments où un jour plus propice apparaît après tant d'orages, où la possibilité de faire le bien se laisse enfin entrevoir, il faut encore s'astreindre à ne le faire qu'avec une extrême prudence ; il faut être réservé, même dans une justice bienfaisante, quand on voudrait s'abandonner à une juste prodigalité. C'est une suite des inconvénients trop souvent attachés aux lois qui remplacent les lois révolutionnaires ; méditées d'après les principes, rédigées d'après les circonstances, elles sont quelquefois entraînées par celles-ci, quand elles voudraient ne pas se séparer de ceux-là. Le souverain qui se résigne à de si grands sacrifices peut seul savoir ce qu'ils lui coûtent. Déjà, par son ordonnance du 21 août, le Roi a assuré l'état civil de la portion de ses sujets désignés sous le nom d'émigrés, désignation aussi fausse dans le sens qu'on avait voulu lui donner que désastreuse par les conséquences qu'on en a tirées. Il est aujourd'hui bien reconnu qu'en s'éloignant de leur patrie, tant de bons et fidèles Français n'avaient jamais eu l'intention de s'en séparer ; que, jetés passagèrement sur les rives étrangères, ils pleuraient sur les calamités de la patrie qu'ils se flattaient toujours de revoir. Il est bien reconnu que les régnicoles comme les émigrés appelaient de leurs vœux un heureux changement. A force de malheurs et de résignation, tous se retrouvaient donc au même point, tous y étaient arrivés : les uns en suivant la ligne droite sans jamais en dévier, les autres après avoir parcouru plus ou moins les phases révolutionnaires au milieu desquelles ils se sont trouvés. La bienfaisante ordonnance du Roi (24 août), en n'admettant aucune différence entre eux, n'a été que la déclaration légale d'un fait déjà existant. La loi que nous vous apportons aujourd'hui dérive de cette ordonnance ; elle reconnaît un droit de propriété qui existait toujours, et elle en légalise la réintégration. Vous vous hâterez, Messieurs, de seconder les vœux du Roi. Sans doute il doit jouir du bonheur de ceux à qui il va rendre leurs propriétés ; mais croyez aussi qu'il a besoin de cette jouissance pour adoucir les regrets qu'il éprouve de ne pouvoir donner à cet acte de justice toute l'extension qui est au fond de son cœur. Grâce à la sagesse de son administration, grâce aux principes de saine économie que vous maintiendrez dans les recettes et les dépenses publiques, il est permis de croire qu'un jour viendra où l'heureux état des finances diminuera successivement les pénibles exceptions commandées par les circonstances actuelles. Vous trouverez le Roi prêt à restaurer la France entière, et vous ferez en sorte que le nom de *Désiré* ramène l'espoir dans le cœur de tous ceux dont le bonheur doit être encore ajourné. »

Si M. Ferrand, dont la loyauté n'est pas douteuse, n'eût exprimé que ces dernières idées, tout eût été pour le mieux : encore eût-il été bon que ses expressions eussent été plus précises et moins faciles à détourner de leur sens ; mais avant d'en venir là, il avait gâté la question.

Comme le fit remarquer avec un bon sens spirituel un de

ceux qui prirent part à cette discussion (M. Duclaux), il eût été à désirer que « dans le discours du ministre il y eût eu quelques phrases de moins pour les émigrés, et dans le projet présenté quelques dispositions de plus en leur faveur. » Ces paroles inutiles aux émigrés dont elles compromettaient les intérêts au lieu de les servir, dépourvues de mesure et de tout sentiment de la situation, sans aucune réserve en faveur des intérêts nouveaux qu'on avait consacrés dans la Charte, étaient inexplicables dans la bouche d'un des membres de la commission qui l'avait rédigée. Elles excitèrent hors de la Chambre et dans les bureaux de la Chambre une vive irritation, qui se manifesta par le choix de son rapporteur, M. Bedoch. M. Ferrand, effrayé par l'orage qu'il avait excité, déserta le débat et ne reparut plus pendant toute cette discussion. M. Bedoch usa et abusa de son triomphe. Après s'être mis en mesure avec le Roi par quelques paroles qui laissaient ses royales intentions en dehors et au-dessus du débat, il ne garda pas plus de modération dans son rapport que M. Ferrand n'en avait gardé dans son exposé des motifs :

« Une loi, dit-il dans la séance du 17 octobre, pouvait seule réintégrer les émigrés dans celles de leurs anciennes propriétés qui se trouvent encore libres dans les mains de l'État. Vous attendiez de jour en jour cette loi. Vous vous étiez unis d'avance aux généreuses et bienfaisantes intentions du monarque. Le projet vous a été présenté. Vous avez reconnu dans l'esprit qui l'a dicté la bonté et la justice conciliées avec la plus sage prudence....... Mais plus nous nous empressons de rendre un respectueux hommage aux intentions du Roi, plus nous apprécions la sagesse qui règne dans la rédaction générale de la loi, plus nous avons été affligés comme vous du contraste que présente l'exposé des motifs que nous a fait M. le ministre d'État Ferrand. Si on jugeait la loi par cet exposé, l'examen de ses dispositions et de ses termes même pourrait prendre une fausse direction. L'intérêt du Roi et de la patrie, l'indispensable nécessité de rendre à l'opinion publique la confiance que le discours de M. Ferrand pourrait avoir ébranlée, nous font un rigoureux devoir d'appeler votre attention sur ce discours. Nous avons dû céder d'ailleurs au vœu unanime de vos bureaux. »

Après ce préambule, le rapporteur poursuivait ainsi ses représailles, sous forme de prétérition :

« La commission, plus prudente que M. Ferrand, ne s'engagera pas dans la discussion, aussi inutile qu'elle peut devenir funeste, sur les torts des différents partis pendant notre longue et violente Révolution. Que pourrait-il servir de découvrir que les plus grands attentats n'ont été peut-être que les suites nécessaires des premières et imprudentes résistances? Mais nous demandons à M. Ferrand si ceux qui ont versé leur sang en servant le pays, et les honorables victimes de leur amour pour leur patrie ou pour leur Roi; ceux qui ont eu le courage de braver le danger, et dont les généreux efforts avaient pour but de détourner l'orage et d'arrêter les progrès du mal; ces fonctionnaires zélés, ces magistrats intègres, défendant au prix de leur liberté et de leur vie les principes de justice et d'une saine morale; si ces milliers de citoyens recommandables par leurs talents et leurs vertus, traînés dans les cachots ou conduits à l'échafaud, ont suivi une *ligne moins droite* que ceux qui se sont séparés de la patrie, même pour les plus justes motifs. Nous lui demanderons si ceux-ci auraient seuls des droits à l'*affection paternelle du monarque,* tandis que les autres ne pourraient invoquer que sa *souveraine justice* ou sa *souveraine indulgence?*

« Le Roi n'a et ne peut avoir au fond du cœur que la ferme volonté de tenir ses promesses. Il a déclaré que toutes les propriétés étaient inviolables; que les droits acquis à des tiers devaient être maintenus. On ne peut donc pas espérer de voir arriver une époque qui permette de diminuer les exceptions contenues dans le projet de loi qui nous occupe. Que sert de donner aux uns des espérances qu'on ne pourra jamais réaliser, d'inspirer aux autres des craintes mal fondées? »

M. Bedoch terminait son rapport en déclarant que, dans plusieurs bureaux, on avait demandé la suppression du discours du ministre d'État comme menaçant pour la sécurité publique.

De toute part la modération, la sagesse politique et la mesure dans le langage manquaient avec l'expérience. La maladresse du commissaire du gouvernement, provoquée par la dureté du rapporteur de la pétition de la dame Mathéa, était exploitée à outrance par le rapporteur de la loi. Au lieu de prendre les phrases de M. Ferrand pour ce qu'elles étaient, l'expression d'un sentiment politique qui s'adressait aux salons royalistes, et cherchait à donner une satisfaction morale à ceux qui n'étaient point compris dans la restitution des biens non vendus, il y voyait une idée arrêtée et menaçante pour l'avenir. Les divisions s'aggravaient et s'envenimaient par cette tendance réciproque des orateurs à partager la France en deux camps, celui des émigrés et celui des Français demeurés pendant la Révolution sur le sol national. M. Ferrand, par son imprudente distinction entre ceux qui avaient suivi la ligne droite et ceux qui ne l'avaient pas suivie, provoquait des récriminations non moins dangereuses, qui élevaient des murailles infranchissables entre les citoyens du même pays, et tendaient à réduire la royauté nationale à la situation d'un gouvernement de parti.

Les conclusions du rapport étaient en harmonie avec l'aigreur des paroles du rapporteur. Elles tendaient à la radiation du mot *restituer,* qui figurait partout dans la loi, et au remplacement de ce mot par celui de *remettre ;* et elles réclamaient l'addition d'un nouvel article pour déclarer, de la manière la plus catégorique, que dans aucun temps, sous aucun prétexte, il ne pourrait y avoir aucune indemnité en faveur des anciens propriétaires [1]. Le rapport de M. Bedoch excita dans l'opinion royaliste, en dehors de la Chambre, la même émotion que l'exposé des motifs de M. Ferrand avait excitée dans l'autre camp. Le rapport et le rapporteur furent violemment attaqués dans un journal. Alors la Chambre, pour marquer qu'elle soutenait sa commission et son rapporteur, vota après coup l'impression du rapport à six exemplaires pour chaque député : c'était, d'après son règlement, le *nec plus ultra* de l'approbation qu'elle pût y donner.

Ce fut sous ces auspices que la discussion s'ouvrit. Elle fut longue, vive, approfondie. Plusieurs députés, émus de cette grande infortune des émigrés qu'on leur proposait de rendre irrévocable, apportèrent à la tribune le murmure de leur conscience contre cette spoliation révolutionnaire qu'on voulait leur faire consacrer par un vote définitif. De plusieurs côtés de la Chambre, des amendements furent présentés pour entrer dans une voie d'indemnités. Le ministre des finances devait naturellement être entendu. Il fallut un vote de la Chambre pour le déterminer à venir, tant il y mit peu d'empressement et de bonne grâce. Le baron Louis était le défenseur ardent de la spoliation révolutionnaire, le fougueux adversaire de toute mesure d'indemnité. Il vint enfin, et froid, sec et dur, cherchant dans les chiffres une fin de non-recevoir contre la justice et l'humanité, il repoussa avec une ironie à peine déguisée, qui seyait mal à un ministre du Roi, toutes les propositions réparatrices : « La Chambre comblerait nos vœux, dit-il, si, en cédant ainsi à la générosité qui l'anime, elle daignait pousser un peu plus loin

---

[1]. Voici cet article 16, présenté par M. Bedoch au nom de la commission : « Les biens seront rendus dans l'état où ils se trouvent actuellement, et il ne pourra, dans aucun temps et sous aucun prétexte, y avoir lieu à aucune indemnité en faveur des anciens propriétaires des biens vendus, ni leur être fait d'autres remises que celles ordonnées par cette loi. »

ses dispositions, en pourvoyant à leur exécution par la création d'un secours qui en assurât les effets sans compromettre les autres parties du service public. Peu de dépenses auraient pour nous plus d'attrait; mais nos devoirs ne nous permettent pas d'en admettre de nouvelles avant de les avoir jugées dans leur ensemble avec toutes les autres, et avec les moyens sans la certitude desquels on se livre à des illusions passagères [1]. »

La Chambre, découragée, allait passer au vote de l'article 16, qui non-seulement refusait la justice et la générosité dans le présent, mais les interdisait à l'avenir. Un député qui siégeait sur les bancs de la gauche, M. Dumolard, en demanda l'adoption immédiate, en résumant ainsi son opinion : « Dans les circonstances actuelles, l'article est non-seulement utile, mais nécessaire. Le salut de la patrie, l'honneur et la gloire de la France en dépendent. » A ces mots, on vit M. Laîné faire un mouvement sur le fauteuil de la présidence. Il se leva vivement, appela un vice-président à le remplacer au fauteuil, et, descendant rapidement les degrés, il monta à la tribune. Ainsi, pour empêcher la Chambre de fermer, selon les conclusions du rapport, toutes les voies de l'avenir à une réparation non moins conforme à l'équité, à l'inviolabilité du principe de la propriété, et par conséquent à l'intérêt des propriétaires, qu'aux intérêts matériels de la France, et même des acquéreurs des biens d'émigrés, car une grande partie du sol national se trouvait dépréciée, il fallait que M. Laîné, dont la voix avait tant d'autorité, descendît de son fauteuil et vînt adjurer la Chambre de ne point se laisser entraîner par la passion politique! L'émotion de son accent, le ton suppliant de son éloquence attestent l'irritation des esprits par l'effort même qu'il fallait faire pour les calmer.

Il commença par repousser l'article 16, comme inutile. « C'était une déclaration impuissante, dit-il, que l'accord des

---

[1]. Voir au *Moniteur* la séance du 3 novembre 1814.

trois branches du pouvoir législatif pouvait toujours changer. Le but de cette déclaration ne pouvait être que d'enchaîner l'avenir. La commission n'en avait ni le droit ni le pouvoir. Une déclaration qui n'est autre chose qu'une menace nuit au caractère, à la stabilité de la loi, et si cette menace contient quelque chose de cruel, on pourrait dire qu'elle porte atteinte à la majesté de la loi. » Puis il rechercha le but de la commission. Elle avait eu un motif louable sans doute, celui de prévenir les espérances dangereuses des anciens propriétaires, les craintes non moins dangereuses des nouveaux; mais, à ce double point de vue, l'article de la commission était encore inutile. Après avoir ainsi établi son terrain, il continua en ces termes : « Rassurés déjà par le temps, par une longue possession, plus encore par la parole royale, les acquéreurs ne le sont-ils pas par la Charte constitutionnelle, qui a pour ainsi dire emprunté des termes à la religion en disant que les propriétés autrefois nationales seraient désormais inviolables et sacrées? Le temps seul aurait suffi pour les rassurer, et il est peut-être permis de dire qu'il a consolidé leur propriété comme il raffermit les terres que les torrents ont ajoutées au sol. Il n'y a donc aucune raison d'insérer l'article de la commission pour donner de la sécurité aux acquéreurs. Est-il plus utile de le faire pour fermer la porte à des espérances qu'on veut présenter comme dangereuses? Il se peut qu'avant d'avoir touché le sol de la France, les anciens propriétaires n'aient pu croire leurs folles espérances à jamais renversées; mais depuis que la parole du Roi s'est fait entendre, vous avez pour garant de leur soumission leur propre conduite et, s'il est permis de dire, leur idolâtrie pour la parole royale. C'est pour eux le décret de la destinée. La déclaration est donc inutile pour fermer la porte à l'espérance. Mais si cette déclaration pouvait devenir la source de quelque injustice, combien ne seriez-vous pas affligés de l'avoir insérée inutilement dans une loi! Vous avez décidé, et l'on doit respecter votre décision, que les biens affectés aux hospices ne seraient pas rendus. Mais si un jour des âmes pieuses, en perspective même de la remise qu'elles désirent, faisaient des dons à ces établissements, créés à la fois par l'humanité et la charité, ne seriez-vous pas heureux de pouvoir faire ces remises, lorsque les hospices auraient eu d'autres biens en remplacement? Et lorsque, surtout, ces filles célestes qui se dévouent au soin des pauvres, rassurées par de nouveaux dons, viendraient demander au Roi et aux législateurs la remise des biens qu'elles souffrent peut-être d'employer même au soulagement de l'humanité, quels seraient donc les hommes appelés à la rédaction de la loi qui pourraient se refuser à cette remise dont l'humanité n'aurait pas à souffrir? Et cependant, si vous croyez que cette déclaration doive avoir quelque effet, vous interdisez à vos successeurs la possibilité d'être justes, le droit d'être charitables. »

La Chambre, émue par ces généreuses suppositions, commençait à se montrer ébranlée. L'illustre orateur, qui, pour la première fois depuis que le silence avait succédé aux violents débats des assemblées de la Révolution, faisait entendre à une assemblée française les accents de la grande éloquence, se hâta d'achever sa victoire : « Je ne crois pas, dit-il, que l'assemblée actuelle ait le droit de poser pour l'avenir les bornes de la justice et de la générosité nationales. Pourquoi la plupart d'entre vous, car je crois lire dans vos cœurs, se sont-ils refusés quant à présent à cette modique indemnité, dernier soutien du malheureux qui rentre dans sa patrie, et qui, jusqu'à ce jour, avait été soutenu par l'étranger? C'est à cause de l'indigence de la patrie. Eh bien! si notre patrie était un jour dans un état plus prospère, si l'activité du commerce, la réunion des Français, les progrès de l'industrie, augmentaient les ressources, comment se pourrait-il que cette nombreuse classe d'hommes qui ont cru à la fois défendre leur patrie et leurs princes ne trouvât pas quelques secours? A cette tribune, quelqu'un a prononcé hier le sinistre augure d'une guerre possible. Si jamais les ennemis nous attaquent, les émigrés comme leurs enfants se réuniront avec les nôtres pour défendre le territoire menacé, et cependant la plupart d'entre eux, ceux à qui l'on ne rend rien, ne trouveront rien à défendre que le Roi et les acquéreurs de leurs propres domaines. Après avoir combattu, avoir versé leur sang pour leur Roi, pour leur patrie et les nouveaux acquéreurs de leurs biens, ils ne vous demanderont rien sans doute; mais si vous jugez à propos, à cause de leur indigence, de leur malheur, d'écouter l'humanité et alors la reconnaissance, pourrez-vous souffrir dans la loi une déclaration qui vous interdise ces sentiments, et qui les interdise à vos successeurs? Non, Messieurs, je ne crains pas que l'assemblée ait épuisé pour le présent, encore moins pour l'avenir, les trésors de la justice, et, j'ose le dire, les trésors de la miséricorde nationale. »

Cette grande et intelligente éloquence, réconciliant tous les enfants de la même patrie, refaisait l'unité nationale que l'exposé des motifs de M. Ferrand et le rapport de M. Bedoch tendaient à détruire, et, guidée par l'inspiration d'un noble cœur, elle trouvait la forme sous laquelle la mesure proposée pouvait être acceptée par la Chambre de 1814. L'assemblée, électrisée par ce discours, se leva tout entière, comme si la belle âme de M. Lainé fût devenue celle de tous ses auditeurs. Un seul député, M. Flaugergue, combattit avec violence l'opinion de l'illustre orateur, mais il ne put changer l'opinion de l'assemblée. L'article proposé par la commission pour fermer l'avenir à toute indemnité fut repoussé près u'à l'unanimité, et M. Lainé, qui avait conquis le vote, renonça de lui-même à l'impression de son discours, pour ne pas prolonger un débat fâcheux[1]. La Chambre vota l'amendement qui proposait de

---

1. Un membre qui attaqua ce discours comme attentatoire au respect dû à la loi fut arrêté par les cris : *A l'ordre!* poussés de toutes parts.

substituer le mot de *rendre* à celui de *restituer*, rectifia le projet du gouvernement qui n'attribuait aux émigrés sur les biens rendus que les termes à échoir, en leur attribuant aussi les termes échus, et, le 4 novembre, vota le projet ainsi amendé à une majorité de 168 voix contre 23. La gauche extrême combattit seule d'une manière absolue le principe de la loi et la rejeta au scrutin. Sur les bancs opposés, des voix s'élevèrent pour demander qu'elle prît une extension qui, après la promulgation de la Charte, était devenue impossible. C'était se placer aussi dans l'absolu au point de vue opposé, au risque de soulever des alarmes qui créaient des périls. Sans doute le vote fut favorable au gouvernement, mais la discussion avait été fâcheuse pour lui. Téméraire avec M. Ferrand, dur et insensible avec le baron Louis, il n'avait dû le salut de la loi qu'à M. Laîné.

La loi sur la restitution des biens non vendus portée à la Chambre des pairs ne rencontra pas d'opposition. Elle devint pour un des chefs les plus illustres et les plus justement estimés des armées impériales, le maréchal duc de Tarente, l'occasion d'une proposition qui compléta la généreuse pensée de M. Laîné. Confondant dans la même mesure de réparation l'infortune des émigrés spoliés par les confiscations révolutionnaires, et celle des membres de la Légion d'honneur privés de leurs dotations par suite des désastres de l'Empire, qui depuis deux ans ne payait plus les revenus des dotations, et des réductions que la chute de l'Empire et les articles secrets du traité du 30 mai avaient opérées dans les revenus de la Légion d'honneur[1], le maréchal Macdonald demandait qu'une

---

1. L'article cinquième et dernier des stipulations secrètes était ainsi conçu : « La renonciation contenue dans l'article 18 par les puissances alliées est donnée, à la condition expresse que la France renonce de son côté à toutes les réclamations qui pourraient être formées par elle à titre de dotations, de donations, de revenus de la Légion d'honneur, de sénatoreries, de pensions et autres charges de cette nature. »

rente annuelle de 12 millions fût inscrite au budget à partir de 1816, pour être appliquée aux émigrés dont les biens avaient été vendus, et aux légionnaires dont les dotations n'excédaient pas 2,000 francs. Le maréchal trouva, dans la séance du 3 décembre, pour formuler sa proposition, des paroles aussi nobles que celles de M. Laîné à l'autre Chambre ; c'était le même sentiment, le même langage de patriotisme, de haute raison politique et de réconciliation.

Admis dans la séance du 18 décembre 1814 à motiver et à préciser sa proposition du 3 décembre, le duc de Tarente commença par établir l'impossibilité matérielle de revenir sur les ventes révolutionnairement opérées. Il constata qu'il avait été conclu directement avec l'autorité 1,055,889 ventes de domaines nationaux. En supposant à chaque acquéreur originaire une famille de trois personnes, on obtenait 3,167,667 individus intéressés aux premières ventes. Si l'on estimait les proportions communes des mutations et des partages au nombre de trois encore, on obtenait 9,503,001 individus intéressés à la stabilité des ventes. Donc, le Roi avait fait ce que la patrie pouvait attendre de son cœur et de sa politique, en étendant son sceptre sur l'irrévocabilité des ventes nationales. Puis, le maréchal continua ainsi : « Aujourd'hui, les émigrés reparaissent parmi nous protégés par la vieillesse et le malheur ; ce sont des espèces de croisés qui ont suivi l'oriflamme en terre étrangère et nous racontent ces longues adversités et ces tempêtes qui les ont poussés dans le port où ils avaient perdu l'espoir d'aborder. Qui de nous pourrait se défendre de leur donner la main en signe d'alliance éternelle ? Nos cœurs ont été émus. Si les leurs sont restés plus froids, faut-il s'en étonner ? Le retour du Roi dépositaire de l'olivier de la paix dépassait toutes nos espérances ; une seule des leurs est réalisée. A la vérité, le premier de leurs vœux est exaucé, les tours de saint Louis ont revu ses augustes héritiers. Mais que de changements opérés dans cette France si longtemps désirée! Que de destructions consommées! Que de rêves prospères évanouis en un seul jour, après avoir été pendant tant de nuits la consolation de l'exil! Descendons dans nos cœurs pour juger nos semblables; plaçons-nous dans la position que je décris. Ajoutons au sentiment qu'elle nous inspirerait cette fierté, compagne de l'infortune, et au lieu de partager des plaintes vulgaires sur l'accueil des frères qui nous sont rendus, reconnaissons des Français au calme du désintéressement de la plupart d'entre eux et à la noblesse de leur attitude.

« Importe-t-il à la tranquillité publique qu'ils la changent? Alors il faut changer leurs rapports. Autrement nos campagnes seront semées d'agitations secrètes, indéterminées par ceux qui en sont la cause. Le retour d'une seule famille exilée sera-t-il dans une contrée l'objet de la curiosité et des entretiens domestiques? il deviendra, le jour suivant, le motif des afflictions de quelques-uns, le lendemain celui des alarmes de plusieurs autres. Les récits, les propos, les suppositions voleront de bouche en bouche. Une fois les intérêts de la propriété ou ceux de l'estime publique mis en jeu, on parlera aux passions; elles entreront en effervescence, soit qu'un vieillard ait jeté un regard douloureux sur son ancien domaine, soit qu'il ait essayé d'en détourner les yeux. Je soutiens que ce fait aura, s'il n'a déjà, les conséquences les plus désastreuses pour la tranquillité publique. Or, comme ce fait, l'existence des anciens propriétaires en présence des acquéreurs, ne peut ni ne doit cesser d'être, j'en ai tiré cette conséquence qu'il fallait vous faire connaître l'abîme, et nous lancer, pour le franchir, armés de toutes les forces et de toute la générosité de la nation. »

Après avoir ainsi fait apparaître à la tribune la situation vraie, l'antagonisme fatal des intérêts anciens et des intérêts nouveaux, le maréchal Macdonald arrivait au remède. Il évaluait à 300 millions le capital des biens non restitués, et proposait d'évaluer la quotité de la rente à créer en faveur des anciens propriétaires sur le pied du tiers du revenu, valeur de 1790 ; dans ce cas, les créanciers des propriétaires desdits biens seraient réduits au tiers de leur créance. Il suffirait donc d'écrire pour cet objet une rente annuelle de 5 millions sur le grand-livre. Mais l'auteur de la proposition préférait qu'on constituât cette rente sur le pied de deux et demi pour cent pour un capital de 300 millions, ce qui porterait la rente à 7 millions et demi ; dans ce cas, les créanciers conserveraient intégralement leurs droits.

Il proposait en même temps de remplacer les dotations de la Légion d'honneur n'excédant pas 2,000 francs annuels. Il évaluait à 3,219,000 francs de rente la somme nécessaire pour rendre la dotation à trois mille six cent quatre titulaires formant les deux classes les plus intéressantes, celles qui avaient 500 francs et 1,000 francs de dotation. « Vous frémiriez, s'écriait-il, si je peignais la situation déplorable où ces guerriers mutilés dans mille combats ont été réduits depuis que le service des petites dotations a cessé. Occupé d'eux par devoir, par état, par reconnaissance, par amour, confident né de leur détresse, je pourrais en révéler l'excès. » Le loyal maréchal, en constatant cette détresse, ne l'attribuait point à la Restauration et reconnaissait qu'elle datait de l'Empire. Il demandait à la monarchie de faire ce que l'Empire avait depuis deux ans cessé de faire, et de réparer les maux dont elle n'était point l'auteur. « Depuis la campagne désastreuse de Moscou, disait-il, les dotations n'ont rien produit à leurs titulaires. La main qui les avait distribuées parut alors regretter ses bienfaits. Des ventes et des échanges arbitraires ou inconsidérés, des substitutions de valeurs, des formalités sans nombre et sans terme, un fantôme de liquidation, telles furent les combinaisons à l'aide desquelles on priva de leur revenu des braves pour qui cette ressource eût été si précieuse après les pertes qu'ils venaient d'essuyer. »

Ainsi parla le maréchal Macdonald, et si le chiffre des pertes éprouvées par les émigrés n'avait pu être suffisamment étudié pour être exact, la profondeur du regard politique jeté sur la société française au début de la Restauration, la sagesse des vues, la magnanimité des sentiments, ne laissaient rien à désirer dans cette harangue militaire, qui allait droit à la solution du problème que tout le monde semblait vouloir compliquer au lieu de le résoudre. Si ce sentiment, ce langage de la raison le plus élevé, du patriotisme le plus généreux, avaient pu devenir la règle de tous les esprits et de tous les cœurs, bien des maux eussent été évités. Cette motion obtint, du moins dans la Chambre des pairs, une adhésion unanime, et elle eût pu être convertie en projet de loi, sur la proposition des Chambres, dans la session suivante, si des événements imprévus n'avaient point précipité la France dans une crise nouvelle.

III

PROGRÈS DE L'ESPRIT D'OPPOSITION DANS LA CHAMBRE DES DÉPUTÉS. — PÉTITIONS. — PROPOSITIONS INDIVIDUELLES.

La loi sur la presse, le budget, la loi sur l'observation du dimanche, la loi sur la restitution des biens d'émigrés non vendus, tels furent les principaux objets qui remplirent la session de 1814. Presque toutes ces discussions eurent un fâcheux retentissement au dehors. La loi sur la presse, outre la fausse position qu'elle donna au ministère obligé de capituler, allait contre le courant général des idées, et elle rangeait contre le gouvernement la classe redoutable des lettrés. Le budget avait été l'occasion de débats irritants sur les moyens à employer pour fermer le gouffre de l'arriéré. La loi du dimanche, présentée par un ancien fonctionnaire de l'Empire, peu renommé jusque-là pour sa dévotion, avait été exploitée contre le gouvernement auprès de la jeunesse, et parmi toute cette partie de la population qui aime le plaisir et ne supporte pas les entraves mises à ses habitudes. La loi sur la restitution des biens non vendus avait alarmé les acquéreurs des biens nationaux, qu'elle aurait dû rassurer si elle avait été plus habilement présentée.

En dehors de ces grands débats, les incidents ne manquèrent point à ceux qui voulaient exciter les esprits et alarmer les intérêts. Parmi les droits proclamés par la Charte, il y en avait un mal réglé et mal défini, qui permettait aux orateurs de l'opposition d'introduire à la tribune toutes les questions, et de suppléer ainsi à l'initiative que la Constitution refusait aux Chambres : c'était le droit de pétition. Les pétitions jouèrent un grand rôle dans la session de 1814. Les mois de novembre et de décembre furent presque remplis par des rapports dont elles étaient l'objet. En saisissant la Chambre de toutes ces réclamations, on donnait un retentissement populaire et une importance politique aux incidents les plus futiles. La Chambre des députés consacra ainsi toute une de ses séances (23 novembre 1814) à discuter un rapport sur la pétition du maire de la petite ville d'Ornac (Haute-Vienne), qui se plaignait d'un émigré, M. de Blons, qui avait troublé l'office divin en exigeant que le bedeau lui offrît le pain bénit avant de le présenter au magistrat municipal. Le maire ajoutait : « Les émigrés semblent traiter la France en pays conquis, et paraissent se mettre, en plusieurs endroits, au-dessus des autorités constituées, et ne reconnaître d'autre loi que leur volonté. » Il terminait sa pétition, après avoir peint son adversaire comme un homme violent et intraitable, par mettre sa vie, celle de sa femme et de ses enfants sous la protection de la Chambre. Cet imperceptible incident, qui eût à peine dû occuper les moments d'un sous-préfet, occupa tout un jour la Chambre. On vit, ou du moins l'on signala dans la prétention isolée d'un hobereau de village le retour imminent à la féodalité. La commission demandait que la pétition fût renvoyée au chancelier, avec invitation expresse de faire connaître à la Chambre le résultat des poursuites. C'était, à propos de l'usurpation ridicule du droit de primauté d'un maire à fouiller dans la corbeille du pain bénit, proposer une usurpation autrement dangereuse, celle du droit du Roi par la Chambre s'immisçant dans l'administration et la justice, et forçant les ministres à lui rendre compte de leurs actes, dont ils ne devaient compte qu'au Roi. La Chambre, avertie des conséquences du vote qu'on lui proposait, envoya purement et simplement la pétition au chancelier; mais des discours irritants avaient été prononcés; l'effet extérieur était produit; la tribune, comme un écho sonore, renvoyait au pays tout entier, en les grossissant, les alarmes et les soupçons.

Quand les pétitions manquaient, le droit que la Charte avait reconnu aux Chambres de demander la présentation d'une loi donnait à chaque député la faculté de saisir l'assemblée des sujets que les partis avaient intérêt à mettre à l'ordre du jour. Or, la cessation de la guerre, si vivement désirée par la France comme par toutes les nations, avait, au bout de très-peu de temps, mécontenté l'armée, et surtout les nombreux officiers que, par suite de la diminution de l'effectif militaire, le gouvernement avait dû mettre à la demi-solde; et depuis que la paix était un fait accompli, il s'était opéré dans l'esprit de la nation, rassurée de ce côté, une réaction très-vive en faveur de tout ce qui portait l'uniforme. Les peuples comme les individus attachent toujours moins de prix aux biens dont ils jouissent qu'à ceux qu'ils ont perdus; on commençait donc à regretter amèrement cette supériorité militaire que les derniers événements nous avaient enlevée. Les orateurs de l'opposition, qui cherchaient la popularité avec une avidité qu'explique la nouveauté de cette jouissance, ne laissaient pas échapper les occasions de flatter ce sentiment, et les faisaient naître au besoin.

Plusieurs fois M. Dumolard, qui siégeait à la gauche, usa de ce moyen. Peu de temps après que le maréchal Macdonald eut présenté sa proposition d'une indemnité destinée à secourir en même temps les émigrés et les membres de la Légion d'honneur dont les dotations ne dépassaient pas 2,000 francs, M. Dumolard présenta à la Chambre des députés une proposition où, séparant les infortunes que le duc de Tarente avait unies, il alléguait la rumeur publique pour protester contre la réduction projetée, disait-on, des traitements de la Légion d'honneur. Il demandait à cette occasion « que le Roi fût supplié d'ordonner à ses ministres de présenter le tableau des recettes et des dépenses présumées de la Légion d'honneur, et de proposer une loi pour combler le déficit, s'il existait. » Puis venaient, à l'appui de la proposition, ces paroles sonores et ces lieux communs faciles d'éloquence, qui réussissent toujours : « La Légion d'honneur est plus qu'un ordre, s'écriait l'orateur, c'est une institution nationale. Qui me donnera les cent bouches de la Renommée pour dire les faits d'armes, l'héroïsme, le dévouement qu'a produits ce talisman de la gloire ? Le Roi ne saurait souffrir, vous ne souffrirez pas qu'un soldat portant sur son cœur l'image vénérée d'Henri IV, et la devise sacrée : *Honneur et patrie*, soit exposé jamais à lutter contre la misère, et à promener ce spectacle honteux, non pour lui-même, mais pour son ingrate patrie. »

La Chambre, après avoir accepté une discussion sur une hypothèse, vota l'impression du discours et le renvoi de la proposition aux bureaux. Elle prit de même en considération la proposition d'exclure les étrangers du service de la France : c'était une attaque indirecte contre les gardes suisses.

Une autre discussion avait eu lieu quelques semaines auparavant (séance du 16 août 1814), au sujet des orphelines de la Légion d'honneur, dont la dotation, composée en grande partie de propriétés révolutionnairement confisquées, s'était trouvée considérablement réduite par la restitution des biens des émigrés non vendus. Une ordonnance du Roi, du 20 juillet 1814, contresignée par le comte de Blacas, avait fixé le sort de l'ordre de la Légion d'honneur. « Dès que la Providence nous eut replacé sur le trône de nos ancêtres, disait le Roi, nous nous fîmes un devoir de maintenir cette Légion d'honneur qui récompense d'une manière analogue aux mœurs des Français tous les genres de services rendus à la patrie. » Le Roi, après s'être déclaré chef souverain et grand maître de l'ordre, ajoutait : « Les traitements affectés à chaque grade sont maintenus, et les titulaires continueront d'en jouir dans la proportion des revenus dont la Légion d'honneur a la jouissance. A l'avenir, et jusqu'à ce qu'il en soit autrement ordonné, les nominations à la Légion d'honneur ne donneront droit à aucun traitement. »

Puis venaient des dispositions destinées à restreindre les dépenses considérables de l'ordre, dont la chute de l'Empire avait déjà beaucoup diminué les ressources, représentées en partie par des domaines situés à l'étranger. « La grande trésorerie de la Légion d'honneur est supprimée. L'établissement de la maison d'éducation d'Écouen pour les filles des membres de la Légion d'honneur est réunie à la maison de Saint-Denis. A l'avenir, le nombre des élèves ne pourra excéder quatre cents. Les établissements formés à Paris, aux Barbeaux et aux Loges, pour l'éducation des orphelines de la Légion d'honneur, sont supprimés. » Le Roi, en supprimant ces dernières maisons, allouait à chacune des pensionnaires une pension de 250 fr., dont elle devait jouir dans sa famille jusqu'à l'âge de dix-huit ans.

La question de la Légion d'honneur était une de ces questions difficiles dans lesquelles on risquait de blesser les susceptibilités nationales dans la transition de l'Empire à la monarchie. Évidemment les dépenses de l'institution ne pouvaient conserver, dans la France ramenée à ses anciennes limites et réduite à quatre-vingt-sept départements, et à un effectif militaire normal, les proportions qu'elle avait sous l'Empire avec ses cent trente départements et ses armées qui couvraient l'Europe entière. Un décret du 24 frimaire an XIV portait qu'il serait établi des maisons d'éducation pour les filles des membres de la Légion d'honneur, et que les frais de ces établissements seraient pris sur les fonds de la Légion. Un second décret du 29 mars 1809 avait décidé que six cents demoiselles, filles, sœurs, cousines germaines des membres de la Légion d'honneur, seraient élevées dans deux maisons appartenant à cette Légion, Écouen et Saint-Denis. Puis la guerre, continuant sa moisson sanglante, avait obligé d'ouvrir de nouveaux asiles, et un troisième décret du 15 juillet 1810 désignait six autres maisons pour y recevoir exclusivement les orphelines de la Légion d'honneur. Trois de ces maisons étaient en activité quand l'Empire tomba, et comptaient six cents élèves. C'étaient celles que l'ordonnance du 19 juillet supprimait.

Ce choix était malheureux. Les orphelines de la Légion d'honneur formaient la classe la plus intéressante des pupilles de l'ordre; privées de leurs pères, elles avaient encore plus besoin que leurs compagnes d'être élevées dans les établissements ouverts par l'État, et la pension que leur assignait le Roi n'équivalait pas au bienfait d'une éducation publique. La Chambre reçut, dans la séance du 16 août, plusieurs pétitions de veuves d'officiers contre la suppression des maisons destinées à recevoir les orphelines de la Légion d'honneur. Le rapporteur conclut, d'après l'avis unanime de la commission, que le gouvernement qui avait fondé ces établissements avait le droit de les supprimer, et que cet objet n'était pas dans les attributions de la Chambre. Mais celle-ci, sur les instances de trois de ses membres, renvoya à ses bureaux la proposition de M. Dumolard, qui demandait qu'une humble adresse fût présentée au Roi pour la conservation des trois maisons destinées aux nobles orphelines. M. Durbach contribua à ce renvoi, en affirmant qu'un des maréchaux de France avait offert, au nom des grands officiers de l'ordre, une somme pour subvenir aux frais de ces établissements.

Le Roi revint sur son ordonnance du 19 juillet 1814 par une ordonnance du 2 septembre de la même année. « Notre sollicitude, disait-il, nous a porté à prendre connaissance personnelle des moyens de concilier les réductions nécessitées par les circonstances avec les intérêts des enfants des braves qui font partie de la Légion, et particulièrement des orphelines dont les pères ont péri glorieusement sur le champ de bataille. Sur le compte qui nous a été rendu à cet égard par le ministre de notre maison, nous avons reconnu avec satisfaction qu'il nous était possible de conserver deux établissements de la Légion. A ces causes, nous avons ordonné et ordonnons que les tablissements formés à Paris, aux Barbeaux et aux Loges pour l'éducation des orphelines de la Légion d'honneur, resteront affectés à cette destination. Le nombre des élèves qui existaient dans ces établissements sera maintenu; elles y resteront jusqu'à l'âge de vingt et un ans. »

Sans doute il était beau, au point de vue moral, de revenir sur cette décision trop légèrement prise, et il était digne de la bonté du Roi de maintenir l'asile de ces nobles filles; mais au point de vue politique, il eût été mieux de découvrir avant le 19 juillet cette possibilité de maintenir les établissements des orphelines de la Légion d'honneur que l'on constatait le 2 septembre. On eût prévenu ainsi des murmures, des réclamations, des préventions, des calomnies, et le Roi aurait eu tout l'honneur d'une résolution dont on attribua le mérite à la Chambre. On s'habituait, en outre, à la vue de ces ordres si rapidement suivis de contre-ordres, à faire peu de cas de la clairvoyance comme de la fermeté du gouvernement.

Il est vrai de dire que les actes du ministère étaient souvent marqués au coin d'une fâcheuse légèreté. Bien qu'il comptât dans son sein plusieurs de ceux qui avaient coopéré à la rédaction de la Charte, il paraissait, dans l'exposé des motifs de certaines lois et de certaines ordonnances, ne pas l'avoir lue ou l'avoir oubliée, de sorte qu'il fournissait des occasions à ses adversaires, qui ne manquaient point de les saisir. C'est ainsi qu'une pétition rapportée dans la séance du 4 septembre 1814 dénonça l'ordonnance rendue par le Roi à la date du 1ᵉʳ août 1814. Dans cette ordonnance, contre-signée par le général Dupont, ministre de la guerre, le Roi disait : « Nous étant fait rendre compte de la situation des écoles militaires, et voulant que l'organisation de ces établissements soit en rapport avec celle que nous avons donnée à l'armée par notre ordonnance du 12 mai; ayant reconnu qu'une seule école militaire pourrait suffire aux besoins de notre service; désirant en outre récompenser les services des officiers généraux et supérieurs de nos armées, et faire jouir la noblesse de notre royaume des avantages qui lui ont été accordés par l'édit de notre aïeul du mois de janvier de 1751, relatif à la fondation de l'école royale militaire, nous avons ordonné et ordonnons ce qui suit : Les écoles militaires de Saint-Cyr, Saint-Germain et la Flèche sont supprimées; l'école royale militaire, créée par l'édit du mois de janvier 1751, sera rétablie avec les modifications que les circonstances exigent, et qui nous seront proposées ultérieurement par notre ministre de la guerre. »

Comme première condition d'admission, l'édit du mois de

janvier 1751 exigeait des élèves qui se présentaient à l'école militaire « de faire preuve de quatre quartiers de noblesse, au moins, du côté paternel. » Sans doute, on pouvait logiquement induire du paragraphe où le Roi disait « qu'il désirait favoriser les officiers généraux et les officiers supérieurs, » et du dernier paragraphe articulant que l'école royale créée par l'édit de 1751 ne serait rétablie « qu'avec les modifications exigées par les circonstances ; » que les preuves de noblesse, cette condition en contradiction formelle avec le principe de l'admissibilité des Français à tous les emplois écrit dans la Charte, ne seraient pas exigées. Mais il ne suffisait pas qu'on pût vraisemblablement l'induire, il aurait fallu qu'on ne pût pas soupçonner le contraire. Or, le paragraphe où il était dit que le Roi « voulait favoriser la noblesse de son royaume, » rapproché de la disposition de l'édit de 1751 relatif à la preuve des quatre quartiers, autorisait l'explication opposée.

C'était la thèse qu'avait adoptée le pétitionnaire, M. Marzille, propriétaire à Oula. Il commençait par contester au Roi le droit de supprimer par ordonnance les écoles militaires établies, et il insistait ensuite fortement sur ce que « l'ordonnance donnait à entendre que l'école destinée à les remplacer serait spéciale pour la noblesse, » disposition en désaccord flagrant avec l'assurance donnée par le Roi que « les Français seraient également habiles à tous les emplois. »

Le rapporteur, en écartant le premier grief, car le Roi, disait-il, n'avait pas excédé ses droits en ramenant les deux écoles militaires de Saint-Germain et de Saint-Cyr à Paris, prenait le second en grave considération. Que le Roi voulût favoriser les officiers généraux et les officiers supérieurs, c'est ce qu'il approuvait avec beaucoup de chaleur, pour jeter indirectement un blâme plus énergique sur le paragraphe relatif à la noblesse. « Qui peut mieux mériter les bontés du Roi, s'écriait-il, que ceux qui se sont élevés progressivement à la tête de l'armée par leur courage et leur mérite? » Puis il dénonçait le paragraphe de l'édit de 1751 relatif aux preuves de noblesse, et il ajoutait : « Ces principes ne sont conformes ni à nos mœurs, ni à nos institutions. La déclaration de Saint-Ouen et la Charte les repoussent. Le Roi n'a pu vouloir, le Roi n'a pas voulu déroger aux lois par une simple ordonnance. Cependant on ne peut se dissimuler que des doutes se sont élevés à cet égard, et comme il serait fâcheux qu'ils portassent atteinte à l'affection due à Sa Majesté, votre commission a pensé qu'il était nécessaire de les dissiper. Conservateurs du dépôt sacré de la Charte, il nous appartient, lorsqu'une déviation sans doute involontaire y porte atteinte, de rétablir les véritables principes. »

La pétition fut prise en considération et renvoyée à l'examen des bureaux. Le ministère fut donc obligé de venir apporter à la Chambre la certitude et la preuve que la nouvelle ordonnance était exécutée dans le sens des institutions et des mœurs. Le 12 novembre 1814, il y eut un nouveau rapport de la commission de la pétition de M. Marzille. Le rapporteur, M. Dampmartin, annonça à la Chambre que l'ordonnance du 23 septembre, publiée dans le numéro 49 du Bulletin des lois, dissipait les craintes et ne pouvait que pénétrer les cœurs de reconnaissance. « Avec la sollicitude d'un père, ajouta-t-il, le Roi rend susceptibles du bienfait de l'éducation militaire tous les enfants de ses sujets. Votre commission a sous les yeux les réponses adressées aux demandes de plus de trois cents pères de famille, cette lettre officielle ne renferme aucune condition qui porte la moindre atteinte aux droits communs de tous les Français. Votre commission propose donc l'ordre du jour [1]. »

Mieux eût valu pour le ministère commencer par où il

---

1. *Moniteur* du 13 novembre 1814.

fallait finir, et éviter cette stérile concession de mot faite à la noblesse, anachronisme imprudent et témérité en pure perte, qui ne pouvait être ni justifiée, ni maintenue.

Quoique n'ayant rien de contraire à la Constitution, le projet de loi sur la naturalisation des individus nés dans des départements conquis depuis 1792, et qui par conséquent avaient cessé de faire partie de la France, souleva presque autant d'opposition. Ce projet de loi, discuté dans la dernière quinzaine de septembre 1814, partageait ces individus en trois catégories : ceux qui, en vertu de la réunion, avaient formé des établissements sur le territoire actuel du royaume, et y résidaient depuis dix ans ; ceux qui n'avaient pas encore complété cette résidence décennale ; ceux qui, nés dans les départements nouvellement séparés de la France, avaient en outre leur domicile dans ces départements. La première catégorie se trouvait naturalisée de droit, pourvu que les individus qui en faisaient partie déclarassent, dans le délai d'un mois, qu'ils persistaient à demeurer en France. Le gouvernement se réservait, pour les deux autres catégories, la faculté d'accorder, dans certains cas, des lettres de naturalisation.

En édictant ainsi la loi de naturalisation, qui du reste devenait nécessaire par suite de la nouvelle situation faite à la France, le but du gouvernement était de fixer la position d'un grand nombre de personnes, restée indécise par suite des derniers événements, et d'affranchir le Trésor public obéré d'une multitude de pensions. La France ne pouvait, avec son territoire national et un budget réduit dans la proportion de ce territoire, continuer à payer les sommes immenses qu'elle payait, quand son budget comme son sol empiétait de toutes parts sur l'Europe soumise à son fisc comme à ses armes et à ses lois. Mais les catégories qu'on avait imaginées avaient le grave inconvénient de soumettre à la nécessité de la naturalisation des hommes qui, comme le maréchal Masséna et l'amiral Verhuel, se trouvaient naturalisés Français par leurs grandes actions, sans parler d'officiers généraux dont les services moins éclatants étaient assez considérables pour qu'on ne les obligeât point à recevoir comme grâce la nationalité qu'ils avaient conquise au prix de leur sang.

MM. Raynouard et Chabaud-Latour, en discutant la loi, se jetèrent dans les excès de l'opinion opposée. Selon eux, la cession du territoire ne décidait pas du sort de ses habitants. « Le vainqueur, s'écriait M. Raynouard, peut disposer du domaine, mais non des hommes. Les Belges surtout, régis si longtemps par nos lois, sont toujours Français. » Déclaration métaphysique qui laissait de côté les rapports internationaux, la situation de l'Europe et la réalité des choses. L'orateur demandait donc qu'on déclarât Français tous les habitants des pays naguère réunis à la France, qui après avoir été à son service pendant dix ans comme militaires, ou comme employés civils, exprimeraient dans le courant de l'année leur intention de fixer leur résidence sur notre territoire. Moyennant la même déclaration, les manufacturiers et fabricants seraient également admis. C'était déclarer la naturalisation en bloc de tous ceux qui dans les pays anciennement soumis voudraient être Français, sans aucune autorisation préalable du Roi, en qui résidait le principe de la souveraineté. Cette opinion, combattue par M. Clausel de Coussergues, ne prévalut pas, et la loi fut votée par 139 voix contre 54, avec un amendement de la commission qui dispensait de la résidence de dix ans.

Aux inconvénients réels de la loi l'esprit d'opposition en ajouta d'imaginaires : le gouvernement voulait, disait-on, faire sortir des grands corps de l'État les membres des départements anciennement réunis dont les opinions lui déplaisaient; il s'était engagé envers les gouvernements étrangers à empêcher l'expatriation des familles opulentes de l'Italie et des familles industrielles de la Belgique qui seraient venues établir leur domicile en France. Accusations toutes gratuites dont aucune preuve, aucun indice n'appuyait l'exactitude, et qui n'avaient pas même pour elles la vraisemblance. En effet, le Roi accorda, avant la fin de l'année, des lettres de naturalisation au maréchal Masséna, aux comtes de Saur, Belderbush, Lambrecht, Corvetto et à l'amiral Verhuel; et quant aux riches familles de l'Italie et de la Belgique dont on parlait, leurs gouvernements nationaux n'avaient nul besoin du concours du gouvernement français pour empêcher leur expatriation, car les richesses, surtout les richesses territoriales, ne se transportent pas comme les personnes.

L'opposition ne se lassait pas de faire arriver à la tribune, sous la forme de pétitions, les questions de nature à passionner les esprits et à ébranler le gouvernement. On colportait déjà, depuis quelque temps, les bruits les plus injurieux contre le ministre de la guerre, au sujet du marché de vivres passé en juillet, pour cinq ans, au sieur Doumerc, lorsqu'une pétition introduisit, vers la fin d'octobre, cette question dans les débats de la Chambre; le public, toujours crédule au mal, s'autorisait, pour admettre ces accusations, de celles que le gouvernement impérial avait accréditées jadis contre le général Dupont à l'époque de Baylen, en donnant à croire que le désir de sauver des fourgons chargés de richesses avait déterminé une capitulation suffisamment expliquée par un désastre militaire. Ces bruits, que le général Dupont n'avait pu ni démentir dans cette époque de silence et de compression, ni contester devant un tribunal, puisque le bénéfice d'un débat judiciaire lui avait été refusé, étaient de nouveau allégués comme donnant un caractère de vraisemblance aux accusations qui circulaient. Elles prirent un corps dans la pétition qui dénonçait à la Chambre le marché signé avec le sieur Doumerc, à raison de 24 centimes la ration. Le pétitionnaire ajoutait que le soumissionnaire avait distribué des sommes considérables pour séduire les agents du ministre de la guerre au préjudice d'un sieur Hellot, négociant à Rouen, qui offrait de faire le même service au prix de 19 centimes et demi.

C'était une accusation de concussion qui remontait indirectement jusqu'au ministre. On faisait depuis deux mois beaucoup de bruit autour de cette affaire, la commission voulut aller au fond des choses. Le rapporteur déclara en son nom à la Chambre que « le ministre avait fait toutes les communications demandées : c'étaient deux rapports faits par la commission des marchés de la guerre, la soumission du sieur Hellot, sa correspondance avec le ministre de la guerre, la soumission du sieur Doumerc. » La commission ayant mis le sieur Hellot en demeure de fournir une garantie de service, en faisant intervenir et signer au traité ses auxiliaires, celui-ci refusa de souscrire à cette dernière condition, attendu que ses auxiliaires ne voulaient pas être nommés, et il proposa de justifier du dépôt, chez un banquier, d'une somme de deux millions cinq cent mille francs. La commission, après avoir examiné cette affaire avec une scrupuleuse attention, déclara à l'unanimité le ministre irréprochable[1], attendu qu'il avait fait discuter les

---

1. Voici le texte de l'ordre du jour motivé présenté par le rapporteur : « Considérant : 1° que le ministre a fait examiner et discuter les soumissions par une commission de trois membres, dont les principes et les lumières méritaient sa confiance ; 2° que deux des commissaires ayant assez différé de sentiment entre eux pour vouloir chacun à part faire un rapport, ils se sont néanmoins accordés dans leurs conclusions tendantes à écarter la soumission du sieur Hellot ; 3° qu'en résultat définitif, le ministre a vu dans le prix de la ration une bonification d'un centime et demi sur le prix moyen payé dans les quinze années précédentes ; 4° que le sieur Hellot, en refusant de nommer la maison dont il serait appuyé, a réellement refusé la garantie du service ; 5° que les circonstances présentes paraissent, comme le ministre l'a jugé, peu favorables à l'essai de théories qu'aucune expérience pratique n'a sanctionnées ; 6° que l'interruption du service, si elle avait lieu, soit parce que le calcul n'aurait pas fait prévoir toutes les difficultés, soit pour quelque autre cause, serait bien plus dommageable au Trésor et à l'État que ne pourrait lui être utile le bénéfice incertain de quelques millions en cinq ans ; 7° enfin qu'en écartant la soumission du sieur Hellot, on avait suivi l'exemple donné par un ancien ministre dont le nom

soumissions par une commission de trois membres dont les principes et les lumières méritaient sa confiance, et qu'elle avait été unanimement d'avis d'écarter la soumission du sieur Hellot; que celui-ci, en refusant de nommer les maisons par lesquelles il était appuyé, avait refusé la garantie du service; que les circonstances, comme le ministre l'avait sagement jugé, paraissaient peu favorables à l'essai de théories qu'aucune expérience publique n'avait sanctionnées; et que la soumission du sieur Hellot avait été déjà antérieurement écartée, faute de garantie, par un ministre dont le nom inspirait toute confiance, le comte Dejean. La Chambre vota à la presque unanimité l'ordre du jour motivé que lui proposait sa commission. C'était justice; mais MM. Dumolard et Durbach avaient trouvé l'occasion de jeter aux passions du dehors des paroles véhémentes. « Le marché conclu, s'était écrié le second, présente des disproportions si énormes qu'elles laissent dans l'esprit des idées de dilapidation. Quoi! déjà de tels abus sous un Roi qui veut se consacrer au bonheur de son peuple! des abus qui semblent nous reporter à l'époque désastreuse qui précéda la Restauration! » Cette discussion avait servi aux esprits droits à se convaincre du peu de cas qu'il fallait faire de ces fausses rumeurs; les esprits prévenus s'en servaient pour les grossir.

La session s'avançait ainsi, en dissipant le prestige qui entourait la royauté à son retour. Elle avait contre elle non-seulement les passions et les mauvais desseins de ses adversaires et la difficulté des circonstances, mais l'inexpérience de son ministère, celle de la France introduite sans transition dans un gouvernement de liberté si nouveau pour elle, et les

---

inspire la confiance (le comte Dejean), en motivant son refus sur l'insuffisance de la garantie, quoique, à cette époque, il connût le travail théorique sur lequel le sieur Hellot fonde son succès; par toutes ces considérations, votre commission pense à l'unanimité que M. le ministre de la guerre est irréprochable et vous propose de passer à l'ordre du jour. »

passions et les fautes de ses amis. La presse, dans l'indépendance de laquelle elle avait prévu un péril et qu'elle avait irritée par la loi de censure, n'était pas contenue par cette institution qu'on avait réclamée comme nécessaire, et dont on négligeait de se servir parce qu'elle était odieuse, comme si elle avait été superflue. Le ministère avait institué à grand bruit un conseil de censure dans lequel figuraient des hommes éminents comme jurisconsultes ou comme écrivains, pour recommander l'institution par le nom de ceux qui l'exerçaient[1]. Mais l'exercice pratique de la censure était abandonné, sous les auspices de ce conseil imposant, à des commis en sous-ordre qui poussèrent l'indulgence et la facilité aussi loin qu'elles pouvaient aller. On avait ainsi l'odieux de l'institution sans en avoir les avantages politiques; et l'on apprenait par un exemple de plus que, pour les gouvernements, toute force qu'ils réclament, sans savoir ou pouvoir s'en servir, devient un fardeau.

Un des inconvénients de la censure était de rendre le gouvernement indirectement responsable de tout ce que publiaient les journaux dont les rédacteurs, dévoués par sentiment à la Monarchie, la servaient moins qu'ils ne l'aimaient, en se jetant dans des récriminations propres à diviser les esprits, et en fournissant par leurs attaques contre des intérêts reconnus par la Charte un prétexte aux défiances et aux soupçons. Les principaux organes du parti royaliste proprement dit étaient le *Journal des Débats*, la *Gazette de France*, la *Quotidienne;* et après ces feuilles, le *Journal Royal* et quelques autres jour-

---

[1]. Ce conseil de censure était ainsi composé : MM. Auger, de Barentin, Bernardi, Campenon, Clavier, Dampmartin, Delacroix-Frainville, Delassalle, Deleuze, Delvincourt, Desrenaudes, Frayssinous, Guizot, Charles Lacretelle, Le Graverend, Lemontey, Quatremère de Quincy, Silvestre de Sacy, Vandebourg. Il y avait en outre des censeurs honoraires, c'étaient MM. Suard, Bossu, Hardouin, Bosquillon, Cadet de Vaux, Mauduit, Raup de Baptestin, de Moulières, Mentelle, Robin Pellenc, Johanneau, Sauvo, Salgues, d'Avrigny, Tabaraud, Malherbe, Demanne, Cohen.

naux moins importants. L'influence du *Journal des Débats* était prépondérante. Les frères Bertin, dépouillés de leur propriété par le gouvernement impérial, l'avaient reconquise le lendemain de sa chute et donnaient à la rédaction une impulsion vivement royaliste. Ils mêlaient à ce sentiment un goût avoué pour les institutions nouvelles, et particulièrement pour la liberté de la presse, qui faisait leur puissance. M. Dussault l'avait défendue, dans les colonnes de ce journal, avec talent et chaleur à l'époque de la présentation de la loi. La renommée littéraire du *Journal des Débats,* déjà établie par quatorze ans de succès et par la brillante collaboration de Geoffroy, Feletz, Hoffmann, Dussault, Malte-Brun, Fiévée, s'augmentait encore par l'appui constant que lui prêtait la plume puissante de M. de Chateaubriand.

La *Gazette de France*, le doyen des journaux, était dévouée au gouvernement de la Restauration, comme elle avait été dévouée à tous les gouvernements depuis 1789. Elle était connue pour avoir des relations avec le ministère, ce qui donnait une importance fâcheuse aux articles qu'elle publiait souvent dans le sens du préambule de la loi de la presse, par M. de Montesquiou, et de l'exposé des motifs de la loi de restitution des biens non vendus, par M. Ferrand. La *Quotidienne*, plus libre dans ses allures, était plus vive encore. Dirigée par M. Michaud, dont le caractère était doux et aimable, mais l'esprit piquant et agressif, elle s'occupait, comme c'est le propre de presque tous les journaux, plutôt à satisfaire les passions de ses lecteurs qu'à les calmer; c'est à ce prix qu'est le succès dans la presse, et c'est par là que, dans les temps de révolution, elle nuit plus qu'elle ne sert. La *Quotidienne* s'adressait surtout au sentiment royaliste, en consacrant de fréquents articles aux anniversaires de deuil malheureusement trop nombreux dans l'histoire de la Révolution française; mais il y avait aussi dans sa rédaction une grande part donnée à des récriminations contre les idées et les intérêts auxquels la Charte reconnaissait droit de cité. Elle entretenait ainsi la passion politique dans son opinion. D'autres feuilles moins accréditées allaient encore plus avant dans ce sens.

Comme il arrive toujours, la polémique avec les partis contraires venait attiser cette flamme. La polémique des journaux a bien rarement, dans les temps troublés, le caractère de ces discussions où la vérité jaillit du choc des opinions. C'est la guerre. On frappe et l'on est frappé, mais personne n'écoute. On comptait dans le camp opposé au camp royaliste, d'abord le *Censeur européen*, journal grave et sévère, où les principes constitutionnels étaient développés dans toute leur rigueur, et la Charte interprétée dans le sens le plus favorable aux prétentions des Chambres et aux principes de la Révolution; c'était l'organe des constitutionnels de la Chambre, les presbytériens politiques de nos révolutions. MM. Comte et Dunoyer, publicistes honnêtes et distingués, mais roides et inflexibles dans leurs théories, faisaient la guerre à la politique de la Restauration sans comploter, et même sans désirer son renversement; mais ils poursuivaient imperturbablement leur idéal sans beaucoup s'inquiéter du possible, et voulaient la monarchie sans savoir à quelles conditions elle pouvait vivre.

Le *Journal de Paris* était rédigé par des écrivains employés naguère au bureau de l'*Esprit public* sous l'Empire, MM. Étienne, Jay et Jouy. Il y avait dans ce journal des vues moins élevées, un culte beaucoup moins sincère des principes, mais beaucoup plus de souplesse dans la rédaction, et un art assez remarquable à tourner les difficultés de la censure pour attaquer les hommes et les choses de la Restauration. Les écrivains pensionnés par l'Empire cherchaient dans les institutions nouvelles un terrain qui pût leur rendre l'importance qu'ils avaient perdue par la chute du gouvernement précédent. C'est là encore un des écueils les plus dangereux de la presse après les révolutions : les hommes se servent des idées au lieu de servir les idées. Un recueil périodique armé à la légère, le *Nain jaune*, faisait, sans avoir ni la gravité du *Censeur Européen* ni la notoriété du *Journal de Paris*, une guerre acharnée à la Restauration. Les écrivains impérialistes et les écrivains constitutionnels s'y rencontraient dans un pêle-mêle malveillant pour le gouvernement royal, qu'ils attaquaient avec l'arme de l'allusion, du persiflage et du ridicule.

En dehors de la presse censurée, des publications plus hardies ébranlaient la royauté à peine établie. Le Mémoire de Carnot au Roi, qui produisit une impression profonde, allait jusqu'à l'apologie du régicide. Quand l'histoire compare la longanimité de la Restauration de Louis XVIII en France aux sanglantes représailles de celle de Charles II en Angleterre, elle peut s'étonner de voir accuser la royauté française avec cette violence et cette acrimonie de la situation de cette société qu'elle n'avait pas faite, mais dont elle héritait. Le testament de Louis XVI avait été appliqué avec un religieux respect. Aucun de ses juges n'avait été inquiété ni poursuivi. Voici cependant qu'un de ces juges prenait la parole avec un accent hautain, non-seulement pour rejeter la mort de Louis XVI sur le clergé et la noblesse, qui, disait Carnot, ne l'avaient pas défendu, récrimination qui pouvait trouver, sinon sa justification, au moins son explication dans les attaques dirigées par les feuilles royalistes contre les révolutionnaires, mais pour légitimer le régicide lui-même et exalter la Convention. « Louis XVI ne pouvait éviter sa perte, disait-il, sa mort fut prononcée comme celle d'un malade dont on désespère : il n'y avait plus moyen de contenir les factions. L'inviolabilité de la personne royale ne dut pas arrêter ses juges : Louis n'était plus roi quand il fut jugé. Cette inviolabilité d'ailleurs n'a-t-elle pas de limites? Regardera-t-on comme inviolables et sacrés les princes pour lesquels il n'y a rien d'inviolable ni de qu'un régicide enfin pouvait parler impunément cet injurieux langage.

L'impunité de Carnot enhardit les autres. Après lui vint Méhée de la Touche. Celui-là avait signé comme secrétaire-greffier de la commune l'arrêté qui ordonna les massacres de septembre [1]. Il ne s'en crut pas moins autorisé à offrir ses conseils au Roi et à récriminer contre le tort fait à la Convention et aux régicides. La grossièreté du langage donnait quelque chose de plus intolérable aux récriminations et aux conseils de l'ancien greffier de la commune de septembre 1792. Une autre brochure fit aussi beaucoup de bruit. Elle était du comte Félix Lepelletier de Saint-Fargeau, ancien ami de Babeuf. Il protestait en qualité de maire contre la formule du serment exigé des maires, qui devaient s'engager « à faire connaître au Roi tout ce qui se tramait à son préjudice, et tout ce que ces fonctionnaires auraient appris dans l'exercice de leurs fonctions ou ailleurs. » Ce serment paraissait immoral à M. de

---

1. Voici les deux pièces que l'on trouve au *Moniteur* de 1792, et qui sont comme les procès-verbaux des massacres de septembre. Le nom de Méhée de la Touche figure au bas de l'une et de l'autre.

« *Au nom du peuple.*

« Mes camarades,

« Il nous est ordonné de juger tous les prisonniers de l'Abbaye sans distinction, à l'exception de l'abbé Lenfant, que vous mettrez dans un lieu sûr.

« A l'Hôtel de ville, le 2 septembre.

« Panis, Sergent, administrateurs.
« Méhée, secrétaire-greffier. »

« *Au nom du peuple.*

« Mes camarades,

« Il est enjoint de faire enlever les corps morts, de laver et nettoyer toutes les taches de sang, particulièrement dans les cours, chambres, escaliers de l'Abbaye. A cet effet, vous êtes autorisés à prendre des fossoyeurs, charretiers, ouvriers, etc.

« A l'Hôtel de ville, le 3 septembre.

« Panis, Sergent, administrateurs.
« Méhée, secrétaire-greffier. »

Saint-Fargeau ; selon lui, il avilissait les maires. Or « une fois les mairies avilies, continuait-il, que s'ensuit-il ? le rétablissement de la féodalité et des seigneurs. De là à la restitution volontaire ou forcée des biens nationaux il y a jonction intime, et les vœux encore un peu cachés des hommes hostiles à l'esprit national, à l'esprit de la Charte même, se réalisent admirablement. Après le rétablissement de la féodalité viendra *ipso facto* celui de la royauté par droit divin, par héritage, par obéissance passive. Enfin j'entrevois le jour où le peuple français n'est plus rien qu'un troupeau réintégré sous l'ancien despotisme. »

On sentit dans les régions les plus élevées des opinions royalistes la nécessité de ne point garder le silence devant de pareilles attaques, et, en même temps, de réparer le mauvais effet produit par quelques articles insérés dans les journaux de la droite et par quelques brochures plus vivement encore empreintes d'un esprit de retour vers l'ancien régime, car dans ces temps difficiles la passion était partout, et le malheur de la royauté, animée des meilleures intentions et modérée dans sa politique, c'était de ne pouvoir pas plus discipliner ses amis qu'imposer à ses adversaires. Ce fut dans ce dessein que M. de Chateaubriand publia ses *Réflexions politiques*. Il disait vrai, en rappelant que l'ancienne monarchie, avec ses trois ordres, avait disparu sans retour ; que les hommes ne se trouvaient plus dans la place où ils se trouvaient il y a cent ans, bien moins encore où ils étaient il y a trois siècles, et qu'il fallait prendre les hommes et les choses tels qu'ils étaient, non tels qu'on aurait voulu qu'ils fussent. Il cédait un peu trop à la circonstance, la suite de notre histoire devait le prouver, en ajoutant que la Charte de 1814 était la conséquence nécessaire de toute notre histoire et le résultat obligé des mœurs du siècle. Puis, après avoir ainsi donné un avertissement indirect aux hommes de son opinion, il répondait par ces terribles paroles aux pamphlets révolutionnaires qui battaient la Restauration en brèche :

« Par quelle imprudence des hommes qui devraient surtout se faire oublier sont-ils les premiers à attirer sur eux l'attention publique? Qui pensait à eux? Qui les accusait? Qui les priait de se justifier? Pourquoi, fidèles au souvenir de nos temps de malheur, continuent-ils à accuser leurs victimes? Ils demandent ce qu'a fait la noblesse pour le Roi : elle a versé son sang pour lui à Haguenau, à Weissembourg, à Quiberon; elle a supporté pour lui la perte de ses biens; l'armée de Condé, qui sous trois héros combattait à Berstein en criant : *Vive le Roi!* ne le tuait pas à Paris. Ce qu'à fait le clergé : interrogez l'église des Carmes, les pontons de Rochefort, les déserts de Sinnamari, les forêts de la Bretagne et de la Vendée, tous ces rochers où l'on célébrait les saints mystères en mémoire du Roi-martyr; demandez-le à ces apôtres qui, sous l'habit du laïque, attendaient dans la foule le char des proscriptions pour bénir vos victimes; demandez-le à toute l'Europe, qui a vu le clergé français suivre dans toutes ses tribulations le fils aîné de l'Église, dernière pompe attachée à ce trône errant que la religion accompagnait encore, lorsque tout le monde l'avait abandonné! Et ces Vendéens, et ces chouans qui vous importunent de leur faveur, de leur éclat : jetons les yeux autour de nous, et tâchons, si nous pouvons, d'être justes. Par qui la presque totalité des grandes et des petites places est-elle occupée? Est-ce par des chouans, des Vendéens, des Cosaques, des émigrés, ou par des hommes qui servaient l'autre ordre de choses? Que veulent donc au fond les auteurs de ces déplorables apologies? La République? Ils sont guéris de cette chimère. Une monarchie limitée? Ils l'ont. Si nous sondons leur blessure, nous trouverons au fond une conscience malade qui ne peut se tranquilliser, une vanité en souffrance qui s'irrite de ne pas être seule appelée au conseil du Roi, et qui voudrait jouir auprès de lui, non de l'égalité, mais de la préférence; enfin un désespoir secret né de l'obstacle insurmontable qui s'élève entre Louis XVIII et les juges de Louis XVI. Qu'ils jouissent en paix de ce qu'ils ont acquis; qu'ils élèvent tranquillement leur famille. Il n'est pas cependant si dur, lorsqu'on approche de la vieillesse, qu'on a passé l'âge de l'ambition, qu'on a connu les hommes et les choses, qu'on a vécu au milieu du sang, des troubles et des tempêtes; il n'est pas si dur d'avoir un moment pour se reconnaître avant d'aller où Louis XVI est allé. Louis XVI a fait le voyage, non pas dans la plénitude de ses jours, non pas lentement, non pas environné de ses amis, non pas avec tous les secours et toutes les consolations, mais jeune encore, mais pressé, mais seul, mais nu, et cependant il l'a fait en paix. »

Cet écrit de M. de Chateaubriand fit beaucoup de bruit, et jeta une irritation profonde parmi ces hommes qui se sentaient si vivement et si justement atteints. La partie la plus avancée de la droite, tout en repoussant assez aigrement les avis de M. de Chateaubriand, applaudit à sa réponse à Carnot. Le roi Louis XVIII, qui éprouvait le besoin de se dégager des imprudences de quelques-uns de ses amis et même de quelques-uns de ses ministres, donna une approbation publique aux réflexions publiées par l'illustre écrivain. Le vice-président et les quatre secrétaires de la Chambre des députés ayant été porter une loi au Roi, celui-ci leur demanda s'ils avaient lu les *Réflexions politiques* de M. de Chateaubriand, et après leur avoir fait l'éloge de cet ouvrage, leur dit que les principes qui y étaient contenus devaient être ceux de tous les Français, et que lorsqu'à l'âge de cinquante-neuf ans il avait donné des lois à ses peuples, c'est qu'il avait pensé que ces lois étaient propres à les rendre heureux [1].

---

1. Les journaux du gouvernement du temps publièrent ces paroles du Roi.

IV

AFFAIBLISSEMENT DU GOUVERNEMENT. — MODIFICATION DANS LE MINISTÈRE. — LE MARÉCHAL SOULT. — PROROGATION DES CHAMBRES. — ÉTAT DES ESPRITS.

Au milieu de ces luttes la session marchait en aggravant la situation. Chaque jour, un nouvel incident venait ébranler la majorité qui soutenait le ministère. Mais ce qui l'ébranlait par-dessus tout, c'était le sentiment que chacun avait de l'affaiblissement progressif du gouvernement. L'état de l'armée inquiétait toutes les personnes à portée de savoir ce qui se passait dans les régiments. Là tous les souvenirs de l'Empire étaient soigneusement entretenus, exaltés; les ennuis de la paix tournés contre le gouvernement royal, toutes les paroles, tous les actes de ce gouvernement envenimés par une malveillance systématique. Des pamphlets clandestins circulaient dans les villes de garnison, en promettant le retour des aigles aux soldats qui les avaient portées dans toutes les capitales. L'établissement de la maison militaire du Roi; l'éloignement de l'ex-garde impériale de Paris; la diminution de sa solde réduite d'un tiers; la mise à la retraite de tous les officiers qui par l'ancienneté de leurs services, leurs blessures ou leurs infirmités, avaient des droits acquis à une solde de retraite; la mise à la demi-solde de tous ceux qui n'avaient pu entrer dans l'organisation effectuée; l'admission dans le cadre des officiers à la suite d'un assez grand nombre d'officiers de l'émigration; les grades donnés à des gens qui n'avaient jamais servi; la diminution de la dotation de la Légion d'honneur : tels étaient les griefs les plus sérieux exploités contre la Restauration. On y ajoutait tous les incidents qui se présentaient : la fréquence des revues, qui fatiguaient, disait-on, les troupes ; la comparaison de l'attitude du Roi et des princes de sa maison devant l'armée avec celle de Napoléon, qui savait si bien parler à ses compagnons de guerre ; la substitution de l'image d'Henri IV sur la croix d'honneur à celle du fondateur de l'ordre ; et, par-dessus tout, la douleur militaire dont étaient pénétrées ces âmes viriles, en songeant à l'échec subi par leurs drapeaux si longtemps victorieux. Les symptômes différaient, mais sous cette diversité de symptômes se révélait un état général alarmant. Ici l'armée était inquiète et troublée ; là, sombre dans un calme menaçant ; ailleurs, agitée jusqu'à l'indiscipline, presque partout mécontente et détachée. Le gouvernement royal, inquiet de ces dispositions qu'il ne pouvait se dissimuler, crut que le mal tenait au défaut de vigueur administrative du ministre de la guerre, le général Dupont, peut-être à son impopularité militaire ; car, depuis qu'il était ministre, on n'avait cessé d'exploiter contre lui les souvenirs de Baylen. On le rendit responsable devant le Roi des fautes mêmes qu'on l'avait obligé à commettre, et Louis XVIII songea à le remplacer à la guerre, et, en même temps, à donner un successeur à la marine à M. Malouet, mort au mois de septembre 1814, et dont le portefeuille avait été provisoirement confié à M. Ferrand, qui exerçait encore l'intérim.

Il semble qu'un incident particulier ait déterminé le moment de la chute du général Dupont, préparée par les démarches de ceux des chefs de l'armée qui craignaient que, persécuté sous l'Empereur, il ne fût défavorable aux militaires restés jusqu'au bout dévoués à Napoléon, et en même temps par une intrigue de cour, car il y avait là des gens qui, ne pouvant encore être ministres, se consolaient en en faisant. Le mercredi 30 novembre 1814, le général Dupont, donnant un grand dîner, était à table au milieu de soixante convives, au nombre desquels était le général Pajol, commandant de la première division militaire, lorsqu'un des officiers d'état-major de ce dernier vint l'avertir qu'on parlait d'un complot contre la personne du Roi. Il s'agissait, disait-on, de l'enlever avec la famille royale à la sortie de l'Odéon, où il devait assister à la représentation. C'était le maréchal duc de Raguse, de service ce soir-là au château, qui avait donné l'éveil. « Un homme affidé et dévoué dont j'ai oublié le nom, dit-il dans ses *Mémoires*, vint m'avertir qu'il sortait d'une réunion de mécontents où l'on avait arrêté de s'embusquer au nombre de cent cinquante hommes armés de pistolets et de poignards dans les environs du Pont-Neuf. On devait arrêter la voiture du Roi, s'emparer de la famille royale et la jeter tout entière dans l'eau. Aussitôt après avoir reçu ce rapport, je montai chez le Roi, pour lui en rendre compte. Il me dit sans la moindre émotion qu'il ne changerait rien à ses projets, et qu'il me chargeait de pourvoir à sa sûreté. J'envoyai chercher le général Maison, commandant de la division [1], et le général Dessole, commandant de la garde nationale, et nous convînmes des mesures à prendre. Je fis monter à cheval cent gardes du corps. Des détachements furent répartis sur la route que devait parcourir le Roi, et au lieu de l'accompagner en voiture, je l'accompagnai à cheval. Ces mesures déconcertèrent les conspirateurs, et rien ne fut tenté. Le Roi et la famille royale furent parfaitement calmes en allant et en revenant. »

Des doutes s'élevèrent à cette époque sur la réalité de ce complot, dénoncé *ex abrupto* au Roi, qui montra dans cette circonstance sa fermeté d'esprit ordinaire. Le général Maison, dans la lettre tardive qu'il écrivit au ministre de la guerre

---

1. Le duc de Raguse commet ici une erreur. Le général Maison était gouverneur de Paris; le commandant de la première division militaire était le général Pajol : c'était par ce dernier que les ordres auraient dû être transmis pour suivre la filière hiérarchique. (Voir les *Mémoires du duc de Raguse*, tome VII, pages 76-77.)

pour l'entretenir d'un fait qui aurait dû lui être immédiatement dénoncé s'il avait été sérieux, parle avec beaucoup de légèreté de cette conspiration [1], que le duc de Raguse, au contraire, présente comme très-grave, sans que les termes assez vagues de son récit soient de nature à accréditer son opinion à ce sujet. L'ignorance où on laissa le comte Dupont sur ce fait; la précaution prise de ne pas recevoir le ministre de la guerre chez le Roi, lorsque le surlendemain, vendredi 2 décembre, il s'y rendit selon son habitude, à onze heures du soir, pour le travail accoutumé; la démission qui lui fut demandée le samedi matin par M. de Blacas, forment un ensemble de circonstances qui autorisent à croire que cette alerte donnée au château se rattachait à la chute du général Dupont, mis en suspicion d'incurie ou de faiblesse devant des conspirations découvertes par d'autres, ignorées par lui. Du reste le Roi, en se privant de ses services comme ministre de la guerre, tint à lui témoigner la continuation de sa confiance et de son estime. Il exigea que

---

[1]. Je dois à madame la comtesse Dupont la communication de la lettre suivante du général Maison au comte Dupont :

« Monseigneur,

« De vives inquiétudes avaient été données au Roi; on prétendait que des misérables voulaient enlever Sa Majesté en sortant du spectacle. Elle me fit appeler sur le moment avant de s'y rendre; je trouvai chez elle le général Dessolle, qui était mandé aussi. Par suite des mesures qu'on crut devoir prendre, je fis monter à cheval les piquets de cavalerie, qui sont toujours prêts aux casernes, et je renforçai de quatre cents hommes les troupes de garde à l'Odéon. De fréquentes patrouilles, des rondes d'officiers ont parcouru toutes les rues adjacentes et n'ont rien vu; toutes les troupes sont rentrées, elles étaient pleines d'ardeur, et je puis assurer que s'il y eût eu quelque chose, elles auraient prouvé qu'elles étaient sûres : tout ce qui se serait présenté eût été bien certainement mis en pièces. Je suis revenu à cheval, avec mon état-major, accompagnant le Roi. Si j'avais vu prendre un caractère à la chose, je vous aurais fait prévenir, mais tout en prenant des précautions je ne pouvais pas m'empêcher d'être très-rassuré.

« Je suis avec respect et attachement, etc.

« Comte MAISON. »

le général indiquât lui-même la position qui lui serait agréable, et le comte Dupont, pressé par M. de Blacas, ayant indiqué le gouvernement de la vingt-deuxième division militaire, vacant en ce moment, il lui fut immédiatement accordé par des lettres patentes conçues dans les termes les plus honorables pour lui. Louis XVIII y ajouta le cordon de commandeur de l'ordre de Saint-Louis.

Le successeur donné au général Dupont était le duc de Dalmatie. La capacité du maréchal Soult n'était douteuse pour personne. Il avait un titre aux sympathies de l'armée : c'était lui qui avait tiré à la bataille de Toulouse les derniers coups de canon de la campagne. D'un autre côté, il avait mis beaucoup d'empressement à se rapprocher du gouvernement royal. Avant même l'arrivée du Roi en France, il avait offert ses services pour dominer le mauvais vouloir du Sénat, qui voulait obliger Louis XVIII à accepter la Constitution sénatoriale [1]. Nommé, au mois d'octobre, commandant de la treizième division militaire et gouverneur de Bretagne, il avait formé presque aussitôt la Société bretonne pour élever un monument à la mémoire du connétable Duguesclin. Un mois à peu près plus tard (7 novembre), il demandait et obtenait l'autorisation d'ouvrir une souscription dont les fonds devaient être consacrés à élever un monument pyramidal sur la presqu'île de Quiberon, et une chapelle funéraire dans la Chartreuse, près d'Auray, sur ce champ jadis ensanglanté où tombèrent et où furent ensevelies les victimes de cette lamentable journée, et que la piété publique avait depuis longtemps consacré sous le nom de champ des Martyrs. Ces manifestations un peu bruyantes d'un zèle nouveau avaient concilié au maréchal Soult la confiance de plusieurs personnages vivant dans l'inti-

---

[1]. Nous trouvons ce fait mentionné dans les notes manuscrites de M. de Villèle.

mité des princes, et, peu à peu, les préventions qui existaient contre lui en raison de ses proclamations contre le duc d'Angoulême, pendant les derniers épisodes de la guerre d'Espagne, s'étaient dissipées. Le comte de Bruges surtout, qui jouissait d'un grand crédit auprès du comte d'Artois, contribua à l'avénement du maréchal Soult. Un des premiers actes du duc de Dalmatie fut de nommer le comte de Bruges d'abord président du comité de la guerre, ensuite grand chancelier de la Légion d'honneur. Sans doute cette nomination était en elle-même beaucoup plus convenable que celle de M. de Pradt, faite par le gouvernement provisoire; cependant les officiers se virent, avec un mécontentement marqué, soumis, pour les décorations, aux décisions d'un militaire émigré, qui n'avait pas combattu dans leurs rangs.

On profita du mouvement qui se faisait dans le ministère pour combler le vide que M. de Malouet y avait laissé en mourant. Ce fut M. Beugnot qui prit la marine. M. Beugnot se trouvait lui-même déplacé à la police, qu'il aurait préféré voir confier à M. Pasquier, préfet de police au moment de la chute de l'Empire, et il n'avait accepté cette situation que comme un pis-aller. Il était bien moins propre encore à la marine, ministère d'autant plus important à cette époque que la surveillance de l'île d'Elbe y était attachée, et il reconnut, dit-on, lui-même son insuffisance la première fois qu'il reçut ses bureaux, en leur adressant un de ces mots spirituels qui font tout passer en France, mais qui n'obvient à rien. « Messieurs, dit-il, je vous vois avec le plus grand plaisir. Chacun de vous connaît le travail de sa division; tant mieux, car pour moi je n'en sais pas le premier mot. » Cette légèreté de paroles ne se démentit pas dans l'action. M. Ferrand, lors de son passage à la marine, avait organisé la surveillance autour de l'île d'Elbe, et, comme on pouvait l'attendre d'un homme si étranger à la matière, il l'avait mal organisée. M. Beugnot, qui lui succéda, craignant d'être suspect à titre d'ancien serviteur de l'Empire, se félicita de trouver les choses faites, et se garda d'y toucher, plus soucieux d'éviter la responsabilité des malheurs possibles que de les prévenir. C'est avec cette légèreté que l'on traitait les affaires sérieuses [1].

Le maréchal Soult, entré dans le ministère avec le souvenir de la forte discipline de l'Empire, le désir de montrer son zèle et un caractère naturellement roide et résolu, voulut faire un exemple pour rétablir dans l'armée l'obéissance ébranlée. On avait saisi des lettres du général Excelmans à Murat, de nature à compromettre cet officier distingué. Suivant la version la plus favorable, le général Excelmans annonçait à Murat, dont il avait été l'aide de camp, que, dans le cas où son trône serait menacé, il y avait parmi les officiers à la demi-solde un grand nombre de bras tout prêts à tirer l'épée pour le défendre : or, le gouvernement de Murat n'était pas reconnu par le gouvernement français. Suivant une autre version, le général Excelmans, dans la correspondance saisie, aurait assuré le roi de Naples qu'il existait en France un parti considérable pour Bonaparte, et qu'il y aurait des chances pour le rétablissement de l'Empire. Le comte Dupont, après avoir pris les ordres du Roi, auquel il avait proposé d'envoyer le général devant un conseil de guerre, s'était contenté de l'avertir d'être plus circonspect à l'avenir. Mais le maréchal Soult, peu de jours après son entrée au ministère, fit mettre le général à la demi-solde d'activité, et lui enjoignit, le 10 décembre 1814, de se retirer, pour jouir de cette demi-solde, à Bar-sur-Ornain, dans le département de la Meuse. Après avoir témoigné d'abord l'intention de se soumettre, en demandant seulement un délai à cause de l'état de sa femme [2], le général, conseillé par des

---

[1]. M. Beugnot fut remplacé à la police par M. Dandré, ancien membre du parlement d'Aix, employé par Louis XVIII dans ses négociations secrètes.

[2]. Voici la première lettre du général Excelmans, citée dans le rapport sur

hommes qui cherchaient à envenimer toutes les questions, déclara le 14 décembre, dans une lettre très-hautaine adressée au général Maison, gouverneur de Paris, qu'il considérait l'ordre qu'il avait reçu comme un ordre d'exil auquel il ne devait pas obéissance, et auquel il n'obéirait pas. Le maréchal Soult prescrivit alors l'arrestation du général Excelmans, si dans les vingt-quatre heures il ne s'était pas soumis. Un piquet d'infanterie se présenta, dans la nuit du 19 au 20 décembre, au domicile du général, qui, barricadé dans sa maison, menaça, sa lettre à la Chambre en fait foi, de faire feu sur les premières personnes qui entreprendraient d'entrer [1]. Dans la matinée du 20 décembre, le baron Grundler s'étant présenté avec six gendarmes parvint à opérer son arrestation; mais le général, ayant demandé à passer un moment dans une pièce voisine, réussit à s'évader. Cette affaire, avant d'aller se dénouer devant le conseil de guerre, fut portée devant la Chambre, qui en fut saisie par une pétition de madame Excelmans, qui se plaignait d'une perquisition faite dans son hôtel après le départ de son mari, et par une protestation du général lui-même, qui disait que, « ne sachant pas s'il ne serait pas enlevé dans la nuit, il plaçait sa famille sous la sauvegarde de la Chambre. » C'était l'anarchie et la révolte dans le camp, appelant les législateurs à son secours.

La pétition de madame Excelmans fut l'objet d'une discus-

---

les pétitions (séance du 24 décembre 1814), telle qu'on la trouve au *Moniteur* du 25.

« Paris, 10 décembre 1814.

« Le profond respect que j'aurai toujours pour la volonté du Roi et les ordres de Votre Excellence m'aurait fait déjà quitter Paris, si madame Excelmans n'était pas dans son lit, prête à accoucher. Je prie Votre Excellence de vouloir bien exposer à S. M. la situation où je me trouve, afin qu'elle daigne m'accorder un délai, etc., etc. »

1. Il est fait mention de cette lettre au *Moniteur* du 25 décembre, dans le rapport présenté à la Chambre par la commission des pétitions.

sion animée. On contesta au ministre de la guerre le droit de donner des ordres à un militaire recevant le traitement de demi-activité : tant le ressort de l'obéissance, trop tendu sous le régime impérial, se relâchait dans cette réaction! Cependant la Chambre adopta les conclusions de la commission, qui proposait le renvoi de la pétition de madame Excelmans au gouvernement, et l'ordre du jour sur la protestation du général Excelmans, attendu que son traitement de demi-activité le laissait sous le régime des lois militaires, et justiciable, par conséquent, du conseil de guerre devant lequel le ministre l'avait envoyé [1]. Le procès, instruit devant le conseil de guerre de Lille, se dénoua par un acquittement prononcé à l'unanimité. Dans les dispositions où se trouvait l'armée, tout, la sévérité comme l'indulgence, tournait contre le gouvernement.

Le ministère, qui n'avait point pris part à la discussion, comprit que la majorité allait d'un jour à l'autre lui échapper. Il résolut de proroger la Chambre, en présence de laquelle le gouvernement deviendrait bientôt impossible. La session fut close le 30 décembre, et la Chambre prorogée au 15 mai suivant. M. Lainé, dans cette dernière séance, récapitula les travaux de la session. La loi sur l'observation du dimanche, la loi sur la presse, le budget et le règlement de l'arriéré et la loi sur la liste civile, la loi sur la restitution des biens non vendus, dans laquelle le président de la Chambre fit pressentir l'indemnité des émigrés, telles avaient été les principales lois discutées dans la session. Les discussions politiques soulevées

---

[1]. « Votre commission a pensé, dit le rapporteur, qu'elle ne pouvait pas considérer comme hors de service et indépendant le militaire à demi-solde. Un arrêt du conseil d'État du 22 prairial an X a décidé que même les officiers réformés sont justiciables du conseil de guerre. Il est vrai que cet article n'est pas inséré au *Bulletin*, mais il est au registre du conseil et fait partie des règlements militaires. En outre, le délit imputé au général a été commis par lui en pleine activité. L'obéissance est le premier devoir du militaire ; le ministre n'a pas excédé ses pouvoirs. » (Séance du 24 décembre 1814, *Moniteur* du 25 déc.)

par les pétitions avaient stérilement occupé une grande partie des séances, en ayant pour unique résultat de jeter le trouble dans les esprits. Le nombre des lois consacrées aux intérêts matériels avait été assez considérable; mais la plupart du temps les discussions, confuses et mal conduites, avaient jeté peu de lumière sur les questions agitées : elles avaient trait à l'agriculture, au commerce, aux finances. Le baron Louis avait fait voter (octobre 1814) un projet de loi pour protéger les fers français, menacés d'être écrasés par la concurrence anglaise : les forges nationales ne pouvaient, en effet, livrer le quintal métrique de fer en barres à moins de 50 francs, tandis que les Anglais le fournissaient, tout rendu dans nos ports, au prix de 30 à 35 francs. Le ministre attribuait notre infériorité à trois causes : la cherté du combustible, suite de la dévastation de nos forêts par la Révolution; l'élévation du salaire, suite de la destruction de la population ouvrière, décimée par tant de guerres; le prix élevé de l'argent. D'autres lois avaient occupé la Chambre; elles embrassaient la réforme du code rural, l'exportation des grains, celle des laines et des béliers mérinos, dont le prix toujours décroissant depuis le décret du 8 mars 1811 décourageait les propriétaires de troupeaux [1], le monopole des tabacs, les douanes, et des modifications introduites dans la perception des contributions indirectes, surtout dans celle des boissons, à cause des promesses faites à Bordeaux par le duc d'Angoulême. En outre, une loi avait été proposée et votée pour déclarer la franchise du port de Marseille. On espérait ainsi renouer les relations commerciales de cette ville avec le Levant, relations dont l'importance était si grande en 1789. A la Chambre des pairs, une pétition des colons de Saint-Domingue, demandant le rétablissement de l'autorité de la France dans

---

1. Le décret du 8 mars 1811 interdisait aux propriétaires de couper désormais leurs béliers de race pure, et leur prescrivait de les vendre au gouvernement, acheteur sans concurrents.

cette grande île, devint l'origine d'une proposition pour le même objet, développée par le duc de Lévis. Enfin, la session se termina par l'examen d'une loi qui, grâce aux amendements proposés par l'opposition, organisait la cour suprême de cassation dans un sens moins favorable à l'autorité royale qu'elle ne l'était précédemment. Cette loi excluait le chancelier de la présidence de la cour de cassation, si ce n'est dans certains cas exceptionnels et sans importance.

M. Laîné, après avoir énuméré les travaux de la session avec l'optimisme obligé de sa situation, ajouta quelques mots pour engager les députés à réfléchir, pendant les vacances parlementaires, à cette loi d'élection si intéressante pour l'avenir, et il termina son discours par des paroles pleines d'une confiance que les événements devaient cruellement démentir. « Retournons dans nos provinces avec sécurité, dit-il, nous laissons dans sa capitale, entouré de l'amour de son peuple et du dévouement de l'armée, un roi que nous considérons comme le premier gardien de la liberté publique. »

La session, en se terminant, laissait la Royauté dans une position difficile et périlleuse. On était entré si vite dans un régime si nouveau pour la France, régime improvisé en quelques séances par des théoriciens politiques, que tout avait manqué, les hommes comme les idées de gouvernement. Le ministère, sans unité, sans expérience, sans solidarité politique, formé de membres qui semblaient rapprochés au hasard plutôt que réunis dans une pensée commune, était resté au-dessous de sa tâche. Il s'était à la fois montré téméraire et faible, quoique animé en général de bonnes intentions. L'intelligence du gouvernement représentatif et celle de la situation lui avaient plusieurs fois fait défaut. Il s'était embarqué imprudemment dans des ordonnances ou des lois peu en harmonie avec l'esprit et la lettre de la nouvelle constitution, et il avait ensuite reculé sans mieux calculer ses pas en arrière que ses pas en avant, au grand préjudice de son influence morale et de sa considération dans le pays. Il avait donc mécontenté les royalistes, les constitutionnels, les presbytériens politiques. On s'était habitué à peu compter avec un ministère qui se comptait pour si peu, et dans ce flux et reflux de volontés contradictoires, l'initiative n'étant pas exercée par le pouvoir était passée aux Chambres, à la presse, aux partis, qui s'en étaient servis contre le premier d'abord, et ensuite les uns contre les autres.

Les Chambres n'avaient pas été moins au-dessous de leur tâche que le ministère. On pouvait en accuser leur origine avant de les en accuser elles-mêmes. Au lieu d'être des membres vivants de l'organisation nouvelle, elles étaient les débris du régime précédent, mal à propos employés dans un système différent. Comme ces corps qui, mus dans une certaine direction, conservent en quittant le char qui les a longtemps emportés, l'impulsion qu'il leur a communiquée, elles étaient entraînées, par un instinct dont elles ne se rendaient pas toujours compte, à réagir contre la situation que leur avait faite l'Empire, plutôt qu'à agir avec le gouvernement nouveau.

Le Sénat impérial, transporté en grande partie dans la Chambre des pairs, s'était attaché surtout à refaire sa situation morale, compromise devant le pays par sa complaisance sans limites et son dévouement sans scrupule pour le gouvernement impérial; il s'était donc rangé en toute occasion derrière la petite fraction républicaine qu'il contenait dans son sein, et s'était jeté d'autant plus avant dans les idées de liberté qu'il était allé plus avant antérieurement dans le sens opposé. Il avait hâte d'entrer en possession de l'importance qui lui avait manqué si longtemps. En outre, une fraction considérable de ses membres, en profitant de la Charte de 1814, n'avait pas oublié les articles de la Constitution sénatoriale qui n'y avaient pas été maintenus, et conservaient avec ce souvenir un esprit de compétition contre la royauté, qui s'était réservé la prérogative constituante que le Sénat aurait voulu s'arroger.

La Chambre des députés, avec des dispositions meilleures pour la royauté, avait cédé en partie aux mêmes instincts. Fatiguée de sa nullité dès les derniers temps de l'Empire, elle s'était précipitée dans la voie qui lui était ouverte par la Charte, comme s'il ne s'agissait plus que de jouir du gouvernement représentatif, tandis qu'il n'était que proclamé au lieu d'être fondé, et qu'il fallait autant de mesure que de sagesse et de bonne conduite pour acclimater en France, au milieu de circonstances si difficiles, de partis si divisés, et en face d'une conspiration systématique et raisonnée sur quelques points, instinctive sur un plus grand nombre d'autres, un régime si nouveau. Elle s'était donc enivrée du bruit de ses paroles, avait cherché les questions populaires, grossi les petits faits, en ne laissant échapper aucune occasion de faire du bruit et de se bien poser devant le public aux dépens du gouvernement, sans s'inquiéter de savoir si elle ébranlait ce gouvernement à la durée duquel était attaché ce régime représentatif auquel elle tenait tant.

La haute direction manquant dans les régions politiques, les partis, qui ne se sentaient ni contenus ni guidés, se précipitèrent sur la scène, et se servirent de la tribune et de la presse pour se porter des coups furieux, en blessant à l'envi le pouvoir, qui se trouvait, par la force des choses, interposé entre eux comme une barrière impuissante qui n'arrêtait personne et que tout le monde insultait.

Les royalistes d'ancienne et de nouvelle date, car, lorsqu'un pouvoir nouveau arrive, il y a bien des intérêts qui antidatent leur dévouement, et ce dévouement de la dernière heure n'est ni le moins bruyant ni le moins intolérant, trouvaient en général avec raison que la Charte avait été faite avec une précipitation fâcheuse, qu'on avait à y regretter des lacunes, et qu'il y avait telles de ses dispositions qui auraient dû être modifiées ou effacées. Il y en avait peu qui comprissent le service qu'elle rendait par cette puissance d'une chose convenue, au milieu d'une situation où tout semble en litige. Beaucoup d'entre eux s'irritaient aussi de l'affectation que mettaient les deux hommes les plus influents du ministère, M. de Montesquiou et M. de Blacas, à dédaigner et à négliger tout ce qui portait l'attache exclusive d'un royalisme antérieur à la Restauration. Les ministres espéraient ainsi se rendre populaires dans la partie la plus nombreuse de la nation, et ils disaient, avec une affectation que ne justifiaient pas toujours leurs démarches et leurs actes, que ce qu'ils préféraient à tout c'était la capacité. Le Roi autorisait, par des paroles répétées de proche en proche, l'attitude de son ministère sur ce point. Il croyait que les royalistes, si longtemps exclus des affaires, n'étaient ni capables ni puissants, et, en se mettant sur ce terrain, il espérait se concilier le gros de la nation. Parmi les royalistes, les plus désintéressés blâmaient cette politique, parce qu'elle livrait les destinées de la monarchie à des hommes, selon eux, peu sûrs. Il y en avait aussi chez qui les intérêts personnels, vivement excités par l'avénement du nouveau régime, mettaient dans leurs critiques excessives l'amertume que laisse une déception inattendue. De là ces vives polémiques dans lesquelles tous les souvenirs irritants, toutes les plaies saignantes depuis 1789 étaient passés en revue avec une acrimonie toujours croissante.

Tandis que la passion royaliste était évoquée d'un côté, la passion révolutionnaire s'enflammait de l'autre, et la guerre civile éclatait dans les idées. Les hommes qui avaient conservé les théories les plus accréditées dans la Constituante de 1789 ne les trouvaient pas assez complètement réalisées par la Charte de 1814. De là un premier sujet de récrimination. Mais la plupart d'entre eux, au lieu d'attaquer la Charte, cherchaient à l'étendre et à l'exagérer dans le sens de leurs idées, en la commentant : « Je trouve dans la Charte, disait

M. de La Fayette, les premiers mots de plusieurs bonnes phrases [1]. » Ils l'envisageaient donc comme un principe dont restait à tirer les conséquences, et ils profitaient des attaques d'une partie des royalistes contre plusieurs dispositions de la Charte pour douter, affecter de douter, et faire douter de son maintien. Le ministère, malgré ses efforts, n'avait pas réussi à les contenter. Comme il obéissait à des tendances hétérogènes jusqu'à devenir souvent contradictoires, il y avait telles de ses démarches, de ses paroles, de ses ordonnances, de ses lois, qui leur avaient fourni des griefs dont ils s'étaient servis pour émouvoir les esprits. Ils étaient en outre bien plus exclusifs encore que les royalistes quand il s'agissait des emplois publics. Si ceux-ci les revendiquaient comme seuls dévoués, ceux-là les réclamaient comme seuls capables. Il semblait qu'on leur eût dérobé tout emploi qu'on ne leur donnait pas. Or si la grande part avait été réservée aux hommes du régime impérial [2], il y avait eu au profit d'un certain nombre de royalistes des exceptions motivées par une faveur particulière, comme il y en a sous tous les régimes, et qui avaient irrité profondément le parti contraire. Dans ce camp, on attaquait donc tout à la fois et le ministère pour ce qu'il faisait, et les anciens royalistes pour ce qu'on les accusait de vouloir faire. On opposait aux souvenirs des crimes de la Révolution, qu'on réhabilitait hardiment, le souvenir des abus de l'ancien régime, dont on leur reprochait de conspirer le retour.

Cette faiblesse du gouvernement, s'accroissant chaque jour par les luttes auxquelles il ne pouvait mettre un terme, profitait à deux partis hostiles qui commençaient à se recruter

---

1. *Mémoires* de La Fayette, tome V, page 313.
2. M. de Chateaubriand dit, dans *la Monarchie selon la Charte*, en parlant de cette époque : « Quand on allait se plaindre d'un mauvais choix ou proposer un royaliste, on répondait : Nous irions partout chercher un bonapartiste habile s'il voulait être employé. »

de tout ce qui se détachait du gouvernement royal. C'était le parti bonapartiste proprement dit, qui mettait ses principales espérances dans l'armée, et le parti révolutionnaire, qui, se séparant du parti constitutionnel, dont le désir eût été de consolider le nouvel ordre de choses, tout en l'ébranlant, commençait à chercher une nouvelle combinaison de nature à donner l'ascendant à ses idées et à ses hommes, sans entrevoir d'une manière précise quelle serait cette combinaison. Tout le monde avait le sentiment de l'instabilité d'un pouvoir qui, au lieu de s'affermir, déclinait en s'avançant, et l'idée qu'il ne pouvait durer accroissait le nombre de ses adversaires ardents à pousser à sa chute pour en profiter.

Comme il arrive quand la situation générale d'un pays prend un caractère de gravité marqué, les incidents les moins considérables acquéraient de l'importance. La ville de Paris donna une fête et un banquet au Roi, le 29 août. La composition de la liste des convives appelés à s'asseoir à ce banquet devint une affaire d'État. Au lieu de choisir à la notoriété municipale ou urbaine de leurs maris plusieurs des femmes qui devaient avoir cet honneur, on eut la fâcheuse idée de composer une liste de dames titrées, qui, au nombre de trente-quatre, devaient s'asseoir à la table du Roi avec les princes de sa famille. Les femmes des membres du conseil municipal se trouvèrent ainsi exclues du banquet, à leur grand déplaisir et à celui de leur famille. Dans le programme de la fête publié par M. de Chabrol, on lisait ce qui suit : « Suivant les anciens usages, le corps municipal jouira de la prérogative de servir le Roi à l'Hôtel de ville. »

Assurément il n'y avait là aucune idée blessante, car ces fonctions étaient remplies, dans l'occasion, par les plus grands personnages de la monarchie; mais les mœurs changent avec le temps, et ce cérémonial n'était plus dans les mœurs [1]. En

---

[1]. Le Roi fut servi par M. de Chabrol, préfet de la Seine, assisté du secré

outre, en composant une table de trente-quatre femmes titrées, on exposa le Roi à l'inconvénient d'avoir à décider dans quelle proportion la nouvelle noblesse qui, d'après la Charte, conservait ses titres, et l'ancienne noblesse qui reprenait les siens, fourniraient les élues du banquet municipal, et dans quel rang elles s'assoiraient. Ce fut l'objet d'une lutte très-animée entre les deux noblesses, et la nouvelle se trouva profondément humiliée de la préférence et de la préséance que le Roi donna dans cette occasion aux anciennes familles, qui obtinrent vingt-six places sur trente-quatre [1]. Ces misères, dans les époques où il y a lutte entre les classes, deviennent des affaires d'État.

La fête de l'Hôtel de ville avec son banquet suivi d'un bal fut magnifique. Le poëte Millevoye, qui allait bientôt mourir, avait composé, pour être chantée devant le Roi, une cantate à laquelle Chérubini prêta d'harmonieux accords, et dans laquelle il célébrait le retour des lis, « ces fleurs du trône et de la France, rapportées des cieux par l'ange de l'espérance. » Madame de Chabrol, à la tête de douze dames représentant les douze arrondissements, adressa à madame la duchesse d'An-

---

taire général de la préfecture; Madame la duchesse d'Angoulême fut servie par madame de Chabrol; Monsieur, par MM. de Burogne, doyen des maires, et Lebeau, président du conseil général du département; Monseigneur le duc d'Angoulême, par M. Bellart, membre du conseil général, et M. Moreau, maire; M. le duc de Berry, par M. de Montaman, membre et secrétaire du conseil général, et par M. Rousseau, maire.

1. Citons comme une curiosité historique la liste de ces dames, telle qu'elle fut publiée au *Moniteur* : Duchesse de Fleury, duchesse de Duras, comtesse de Blacas, marquise d'Avaray, marquise de Boisgelin, comtesse d'Escars, marquise de Brézé, duchesse de Serent, comtesse de Damas, madame de Choisy, duchesse de la Vauguyon, princesse de Beaufremont, comtesse de Narbonne, vicomtesse de Narbonne, duchesse de Maillé, comtesse de Durfort, comtesse de Damas, comtesse de Nansouty, marquise de Lagrange, marquise de Larochejaquelein, duchesse de Coigny, duchesse de Mouchy, duchesse de Rohan, princesse de Solre, princesse de Wagram, comtesse de Bournonville, madame Ferrand, comtesse Maison, maréchale Suchet duchesse d'Albuféra, maréchale Oudinot duchesse de Reggio, princesse de Laval, duchesse d'Harcourt, marquise de Tourzel, baronne de Montboissier.

goulême de touchantes paroles, parmi lesquelles il y en eut qui allèrent au cœur de la fille de Louis XVI : « Notre mémoire nous rappelle encore, lui dit-elle, les larmes que nous versions dans notre enfance, au récit de votre noble constance et de vos longs malheurs. Nous pouvons le dire avec fierté, c'est dans le cœur des femmes que s'est conservé le plus vif et le plus pur, ce feu sacré de l'amour de nos rois. » Néanmoins, malgré les splendeurs de cette soirée, la fête de l'Hôtel de ville, qui semblait devoir exercer une influence favorable sur les esprits, devint le signal d'un conflit et d'une scission dont les conséquences morales furent beaucoup plus graves que la question ne l'était en elle-même.

Les femmes surtout, qui sont implacables quand leur amour-propre est en jeu, aggravèrent ces luttes intestines par ces paroles piquantes dont elles ont le secret. Quand les esprits sont une fois prévenus, tout est pris en mauvaise part. C'est ainsi que la duchesse d'Angoulême ayant voulu traiter madame la maréchale Ney, fille d'une ancienne femme de chambre de la Reine [1] qu'elle avait connue et aimée pendant son enfance, avec une familiarité bienveillante [2] à laquelle la haute situation des princes donne du prix, on conclut de ce qu'elle l'avait appelée par son nom de baptême, qu'elle lui refusait son titre de princesse de la Moskowa. Les hommes de l'Empire, qui avaient longtemps dominé dans la société comme dans les fonctions publiques, se montraient plus ardemment jaloux que les hommes d'autrefois de cette supériorité de convention

---

1. Madame Augnié, qui, folle de douleur, s'était jetée par une croisée en apprenant l'exécution de Marie-Antoinette.

2. Cette familiarité était si bien une distinction, que madame la marquise de Larochejaquelein, dans ses *Mémoires,* page 63, raconte avec reconnaissance que lorsque la Reine la revit après son mariage avec M. de Lescure, elle lui dit : « Victorine, vous nous restez. » La jeune marquise de Lescure, fille du marquis de Donnissan, et dont la mère était fille du duc de Civrac, appartenait à une de premières familles du royaume.

qui s'obtient, mais ne se commande pas. Ils portaient dans ces petites vanités la force de leurs passions, et ne pouvaient pardonner aux hommes de l'ancien régime l'avantage que leur donnaient la grâce et l'habitude des bonnes manières d'autrefois [1], et cette supériorité indéfinissable qui choqua si profondément madame Roland quand elle compara pour la première fois les députés de la droite à ses amis du côté gauche. Le salon de la duchesse de Saint-Leu, qui était devenu le rendez-vous de la noblesse impériale mécontente, recueillait toutes ces petites jalousies et en attisait les flammes.

Pour remuer les mauvais instincts qui se rencontrent dans la partie la plus grossière de la population des grandes capitales, d'autres incidents ne manquèrent pas. Les princes de la maison de Bourbon se plaisaient à donner à la religion catholique des marques de la piété héréditaire dans leur race. Le 15 août 1814, la procession du vœu de Louis XIII avait eu lieu, après tant d'années d'intervalle, et la famille royale l'avait suivie. Ce fut un sujet de moquerie pour les voltairiens attachés au bureau de l'esprit public de la police de Fouché, et un moyen de décréditer les Bourbons dans l'opinion de cette partie du peuple qui prenait la brutale incrédulité de l'ignorance pour une force d'esprit. Quelques mois plus tard, en janvier 1815, un autre incident fit éclater d'une manière plus marquée encore cette fâcheuse tendance : une actrice d'une grande réputation au théâtre, mademoiselle Raucourt, étant morte, le curé de Saint-Roch refusa à son corps l'entrée de l'église. Il agissait dans la limite de ses attributions spirituelles, et il ne devait compte de sa conduite qu'à ses supérieurs ecclésiastiques légitimes et

---

[1]. Nous empruntons textuellement cette remarque à madame de Staël. Elle ajoute : « Les généraux qu'illustraient les batailles gagnées voulaient être gentilshommes de la chambre, et que leurs femmes fussent dames du palais. Singulière ambition pour un guerrier qui se prétend le défenseur de la liberté! » (*Considérations sur la Révolution française*.)

à sa conscience. On cria à l'intolérance; la foule s'ameuta pour forcer les prêtres à introduire le corps dans l'église, au nom de la liberté religieuse qu'on violait dans la personne du curé, en voulant le contraindre à faire une chose qu'il jugeait contraire aux règles canoniques. Ce désordre prit les proportions d'une émeute : le cercueil fut introduit à force de bras dans l'église profanée; une foule considérable s'amassa dans la rue Saint-Honoré, et quelques patrouilles de la Maison-Rouge ne purent rétablir la circulation au milieu de la foule qui montrait une passion que l'excitation des esprits et peut-être aussi l'intervention de partis déjà organisés pouvaient seules expliquer. Le ministère, suivant sa funeste habitude, après avoir d'abord montré l'intention de faire respecter la liberté religieuse et l'ordre, s'alarma quand il vit le mouvement prendre un caractère plus grave. Louis XVIII, cédant aux perturbateurs, envoya, dit-on, un prêtre de sa chapelle prononcer quelques prières sur le cercueil de l'actrice. Ainsi force demeura à la multitude qui commandait à l'Église comme au gouvernement : la liberté religieuse et l'autorité civile s'inclinèrent devant un caprice de la foule. Tout concourait ainsi, dès la fin de 1814, à affaiblir le gouvernement royal à l'intérieur, et le sentiment de sa faiblesse et de son instabilité augmentait la confiance de ses adversaires.

V

CONGRÈS DE VIENNE.

Dans les derniers mois de cette année, le congrès de Vienne, réuni pour régler la situation de l'Europe et opérer entre les grandes puissances le partage des populations et des territoires conquis sur la France et ses alliés, avait commencé ses travaux. La France n'avait point d'intérêt direct à faire valoir dans ces négociations ; son sort avait été réglé par le traité de Paris signé le 30 mai 1814, qui la réduisait à son ancien territoire du 1er janvier 1792, accru du département du Mont-Blanc détaché de la Savoie, et de quelques annexes ; mais elle avait un intérêt indirect très-puissant à exercer, si cela lui était possible, une action sur l'organisation nouvelle de l'Europe. Les questions de frontières, d'équilibre et d'influence européenne qui devaient être résolues dans le congrès, ne pouvaient lui demeurer indifférentes. M. de Talleyrand, négociateur de la convention du 23 avril et du traité du 30 mai, était trop naturellement indiqué pour que Louis XVIII pût hésiter sur le choix de son plénipotentiaire. M. de Talleyrand fut donc envoyé à Vienne, où il emmena le duc Dalberg, le comte de Latour du Pin, le comte Alexis de Noailles et M. de la Bernardière, rédacteur habile de notes et de protocoles, au travail duquel il était habitué.

D'après une clause du traité du 30 mai, signé à Paris entre huit puissances de forces inégales, l'Autriche, l'Angleterre, la Prusse, la Russie, la France, l'Espagne, le Portugal, la Suède, le congrès devait se réunir le 1er août de la même année, mais diverses causes en avaient suspendu l'ouverture. Presque aussitôt après le traité de Paris, au commencement de juin 1814, l'empereur de Russie et le roi de Prusse, réunis à Londres avec le prince de Metternich et lord Castlereagh, convinrent de proroger jusqu'au 1er octobre l'ouverture du congrès. Lorsque le plénipotentiaire français arriva à Vienne, vers la fin du mois de septembre 1814, l'empereur de Russie et le roi de Prusse n'y étaient donc que depuis quelques jours.

L'histoire, aussi loin qu'on veuille remonter, n'avait jamais eu à constater un pareil concours de monarques, de princes souverains, d'hommes d'État, de plénipotentiaires et d'envoyés de toute espèce, réunis pour traiter des intérêts si nombreux, si compliqués, si importants et si divers. Les congrès de Westphalie et d'Utrecht n'avaient rien eu de comparable. L'empereur d'Autriche, l'empereur de Russie, le roi de Prusse, le roi de Bavière, le roi de Wurtemberg, le roi de Danemark, le duc de Brunswick, le duc de Saxe-Weimar, le duc de Saxe-Cobourg, l'électeur de Hesse, le grand-duc de Nassau, le grand-duc de Bade étaient à Vienne au commencement d'octobre 1814. Puis les plénipotentiaires : pour l'Autriche, le prince de Metternich et plusieurs diplomates habiles; pour la France, M. de Talleyrand et ses trois collègues; pour la Grande-Bretagne, lord Castlereagh; pour la Prusse, le prince de Hardemberg, le baron de Humboldt; pour le Saint-Siége, le cardinal Gonsalvi; pour la Russie, le prince de Razuumowski, le comte de Stackelberg, le comte de Nesselrode, le prince de Czartoriski, M. Capo-d'Istria; pour l'Espagne, le marquis de Labrador; pour le Portugal, le comte de Palmella. La Suède avait envoyé le comte de Lœwenhielm; le Danemark, le comte de Bernstorff; la Bavière, le prince de Wrede; les Pays-Bas, le baron de Spœn de Woorstonden et le baron de Gagern; la Sardaigne, le marquis de Saint-Marsan et le comte de Rossi. Tandis que les Bourbons de Sicile députaient au congrès le commandeur Ruffo et le duc de Serra-Capriola, Joachim Murat, comme roi de Naples, s'était fait représenter par le duc de Campo-Chiaro et le prince Cariati. La diète helvétique avait envoyé Jean de Rheinard, Jean de Montenach, et Wieland, bourgmestre de Bâle. En outre, chaque canton avait son représentant particulier; plusieurs avaient choisi Laharpe, ancien précepteur de l'empereur Alexandre. Tous les États souverains de l'Allemagne, au nombre de trente-deux; les villes libres, les communautés, de simples particuliers même, les juifs de Hambourg, de Brême, de Lubeck; les catholiques de Francfort, les juifs de Francfort, les libraires d'Allemagne, avaient des envoyés au congrès. Les ci-devant États et membres de l'Empire qui avaient perdu leur *immédiateté*, c'est-à-dire leur privilége de ne relever que de l'Empire, les États dont la souveraineté était contestée, comme Gênes et Venise, les puissances depuis quelque temps déjà déchues ou détruites, comme l'ordre de Malte, apportaient devant ce tribunal souverain leurs griefs, leurs doléances et leurs réclamations. Il semblait que le jour du redressement universel des abus se fût levé.

Outre tant de questions particulières d'un haut intérêt qui venaient solliciter une solution, le congrès de Vienne avait une œuvre générale à accomplir. Napoléon avait été comme un marteau se relevant sans cesse pour retomber toujours sur l'Europe, maniée et remaniée à coups de victoires. Son règne avait été un travail de démolition européenne destiné à lui fournir les matériaux avec lesquels il voulait bâtir son gigantesque empire. Le travail du congrès devait être une œuvre de reconstruction européenne. L'Allemagne surtout avait été complétement démantelée. Ses deux grandes monarchies, les pivots de son mouvement, au midi l'Autriche, au nord la Prusse, plus maltraitée encore que l'Autriche, car elle avait perdu la moitié de son territoire et de ses habitants, devaient être replacées sur leurs pôles. La tâche était ardue. L'Autriche, en effet, ne pouvait être satisfaite en Allemagne sans que la satisfaction donnée à ses prétentions vînt heurter celle d'une puissance qui avait rendu d'utiles services dans la dernière guerre, la Bavière. La reconstruction de la Prusse présentait des difficultés plus graves encore. La plus grande partie de son territoire, formée de ses acquisitions polonaises, était dans les mains d'un puissant voisin, la Russie, qui prétendait la garder. On ne pouvait dès lors reconstituer la monarchie prussienne qu'aux dépens de la Saxe, et avant même l'entrée des coalisés à Paris, une convention avait été signée entre la Russie et la Prusse pour assurer à cette dernière cette riche compensation. Dès lors, la question polonaise et la question saxonne se trouvaient indissolublement liées. Pour que la Russie gardât la Pologne, il fallait que la Prusse obtînt la Saxe comme indemnité. On ne pouvait donc disputer la Saxe à la Prusse sans contester à l'instant la possession de la Pologne à la Russie. Question hérissée de difficultés, grosse de discordes et de périls !

Il fallait établir le lien fédératif qui unirait entre elles les différentes souverainetés de l'Allemagne, régler leurs rapports, les rattacher toutes à une grande représentation où se centraliseraient les intérêts allemands. On avait encore à fixer le sort des provinces qui avaient composé le grand-duché de Francfort, fondé en 1806, et qui contenait, outre Francfort, Aschaffenbourg, Fulde et Hanau, celui des départements ci-devant français de la rive gauche du Rhin. La Bavière qui, d'après un traité particulier signé le 3 juin 1814, avait cédé des territoires importants à l'Autriche, réclamait l'indemnité contiguë à son territoire qui lui avait été promise par cette dernière.

Le congrès avait en outre à constituer la Suisse, tâche rendue difficile par les dissensions dont elle était agitée, et à consacrer l'inviolabilité de son territoire; car la neutralité helvétique faisait partie de l'équilibre de l'Europe, en élevant une barrière entre l'Allemagne et la France. Il fallait qu'il étendît encore sa sollicitude à l'Italie, qu'il y réglât la situation territoriale de l'Autriche, celle du Piémont agrandi, qui allait séparer de la France les possessions italiennes de l'Autriche, et qu'il décidât la contestation qui s'élevait entre Joachim Murat et Ferdinand. Il avait aussi à construire le royaume des Pays-Bas, destiné à rattacher la Belgique à la Hollande, en position d'être rapidement secourue par les flottes de l'Angleterre : précaution prise contre la France, comme l'agrandissement du Piémont et la reconstitution de la Suisse.

Plusieurs de ces questions n'arrivaient pas entières au congrès. Les articles secrets du traité de Paris en avaient tranché quelques-unes. Ainsi, l'érection d'un royaume hollando-belge, la réunion de l'État de Gênes au Piémont, étaient des faits convenus, comme la dévolution de l'île de Malte à l'Angleterre et la fédération générale des États allemands. Il y en avait d'autres qui résultaient d'arrangements particuliers, tacites ou écrits. La Bavière s'était engagée, par la convention du 3 juin, à lui céder le Tyrol, la principauté de Salzbourg, l'Innviertel et le cercle de Hausnick. Mais l'empereur François, de son côté, avait promis ses meilleurs efforts pour faire entrer dans le lot du roi de Bavière la ville et place de Mayence, et pour faire donner à sa monarchie le plus d'étendue possible sur la rive gauche du Rhin et lui assurer l'ancien Palatinat du Rhin. Il avait été également convenu entre les grandes puissances que l'Autriche rentrerait en possession de la Lombardie, c'est-à-dire des duchés de Milan et de Mantoue, et qu'on lui abandonnerait l'ancien territoire de la république de Venise. Enfin la Russie avait hautement parlé de conserver la Pologne, avant même les derniers succès de la coalition; depuis, en toute occasion elle avait manifesté cette détermination, avec l'acquiescement tacite ou exprimé des coalisés. Il y avait même, on l'a vu, un traité de garantie mutuelle entre elle et la Prusse, qui assurait à cette dernière la Saxe, comme une compensation des territoires polonais qu'elle consentait à perdre. L'Autriche et l'Angleterre n'avaient pas cru pouvoir refuser leur assentiment à cet arrangement, et c'est pour en préparer l'exécution qu'on retenait le roi de Saxe dans une sorte de captivité, et que l'occupation de son territoire par les troupes russes et prussiennes avait été maintenue.

Tel était l'état des choses, lorsqu'au commencement du mois d'octobre 1814, les souverains et les plénipotentiaires se trouvèrent réunis à Vienne. L'union des quatre grandes puissances coalisées était en apparence aussi entière que par le passé; elles avaient même signé, dans les premiers jours de juin 1814, à Londres, un traité par lequel, continuant la pensée du traité de Chaumont, elles s'engageaient à tenir chacune soixante-quinze mille hommes sur pied jusqu'à ce que la situation de l'Europe fût définitivement fixée. Elles demeuraient donc à l'état de coalition, malgré la signature du traité de Paris. Cependant, qui aurait étudié avec soin les dispositions de ces puissances, en apparence étroitement unies, aurait distingué deux courants d'intérêts qui pouvaient les partager en deux camps. D'un côté la Russie et la Prusse ; de l'autre l'Autriche et l'Angleterre, qui, une fois Napoléon tombé, commençaient, sans se l'avouer encore, à regarder d'un œil défiant la prépondérance de la Russie, rendue plus manifeste par ce rôle de roi des rois qu'Alexandre avait joué à Paris.

L'empereur Alexandre, toujours sous le charme des idées libérales que son séjour à Paris avait développées, était retourné dans ses États avec la résolution de donner une existence nationale à la Pologne réunie sous son sceptre ; c'était sa préoccupation continuelle, et, si l'on veut, son rêve. On a cherché dans ce rêve généreux un calcul d'adroite politique ; le czar ne songeait, dit-on, à reconstituer la Pologne que pour se l'approprier tout entière. Sans doute on se tromperait en expliquant toutes les actions humaines par des motifs généreux et élevés, mais on ne se tromperait guère moins en voulant les expliquer toutes par des motifs égoïstes et sordides. Les hommes sont un singulier mélange de bien et de mal, d'inspiration et de calcul, et jusque dans la politique, on retrouve l'homme avec l'intérêt qui le pousse, l'idéal qui l'entraîne. Pour se rendre compte des mobiles de la conduite d'Alexandre en 1814, il suffit de se rappeler quelles étaient alors les influences morales qui agissaient sur son esprit et sur son cœur. Les catastrophes qu'avait éprouvées la Russie en 1812, la prise et l'incendie de Moscou, puis le reflux de fortune qui avait emporté Napoléon, la retraite désastreuse de ses armées, la formation et le succès de la coalition européenne dont Alexandre avait été l'instigateur et le chef, le rôle prépondérant qu'il avait joué dans le renversement de la domination napoléonienne, rôle qui avait pris à ses yeux le caractère d'une mission, son entrée triomphale à Paris succédant de si près à l'entrée de Napoléon à Moscou, ce contraste des extrémités des choses humaines, l'admiration et la faveur qui avaient accueilli à Paris le chef de la coalition européenne, les flatteries des philosophes et des lettrés, tout avait contribué à exalter l'imagination naturellement ardente d'Alexandre. Il n'est pas étonnant que bientôt après l'illuminisme de madame Krudner se soit emparé de cette âme ainsi disposée, et l'ait élevée vers un idéal supérieur à celui des ambitieux ordinaires. Déjà en 1814 il se regardait comme l'instrument de la Providence, destiné par elle à améliorer le sort de l'humanité, à réparer les fautes et les torts du passé, à introduire la moralité dans la politique et à initier les peuples à la liberté.

Ce qu'il avait voulu faire pour la France, il aurait sincèrement voulu le faire pour la Pologne. L'acte par lequel cette grande et malheureuse nation avait été partagée, ainsi qu'un vil butin, pesait peut-être à l'héritier de Catherine comme un remords. Après la capitulation de Paris, il avait accueilli avec une faveur marquée les Polonais qui avaient servi la France, les avait autorisés à rentrer dans leur pays, en les plaçant sous le commandement de son frère le grand-duc Constantin, et en leur assurant la conservation des grades qu'ils avaient conquis sous un autre drapeau. Il n'avait laissé échapper aucune occasion de manifester ses intentions favorables à la nationalité polonaise. Aussi était-il devenu populaire en Pologne. Les espérances de la nation se tournaient vers ce tout-puissant arbitre des destinées européennes, et l'armée polonaise montrait hautement ses sympathies pour lui. Alexandre, à son retour de son voyage en Angleterre où il avait été environné d'admiration et d'hommages, traversa l'Allemagne qui lui témoigna les mêmes sentiments ; il occupait à cette époque dans l'imagination des peuples la place qu'y avait occupée si longtemps Napoléon ; seulement un sentiment de sympathique reconnaissance se mêlait pour lui à l'admiration et au respect. Il était quelque chose de plus à leurs yeux qu'un vainqueur, il était aussi un libérateur. On retrouve dans la lettre qu'il adressa au général Wiazmitenoff, gouverneur de Saint-Pétersbourg, pour refuser les honneurs que lui préparait cette ville, la trace de la tendance profondément religieuse de ses idées. Le saint synode voulait lui décerner le surnom de Béni, il s'agissait aussi d'un monument et d'une entrée triomphale. Il refusa tout avec le sentiment profond d'une chrétienne humilité : « Je démentirais mes principes, disait-il en terminant son ukase, si j'acceptais de pareils honneurs, et je donnerais à mes fidèles sujets un exemple contraire aux sentiments de modération que je m'efforce de leur inspirer. Élevez pour moi un monument éternel dans vos cœurs, comme l'est celui que je vous ai consacré dans le mien. Puisse mon peuple me bénir comme je le bénis ! Puisse la Russie être heureuse comme je le désire, et puisse la Providence veiller sans cesse sur elle et sur moi. »

Il n'y a rien d'étonnant à ce qu'un homme ainsi disposé ait fait entrer les sentiments dans la politique. Lorsqu'à son retour de Saint-Pétersbourg il traversa la Pologne pour se rendre au congrès, il dit à ceux qui approchèrent de sa personne que le moment était enfin venu pour lui de réaliser les intentions qu'il avait toujours eues à l'égard de la Pologne. « Patience et confiance, » répétait-il sans cesse. Ces paroles remplissaient les Polonais d'espoir. On savait qu'il avait le pouvoir de beaucoup faire pour la Pologne, et on ne doutait pas qu'il en eût la volonté. Pour reconstituer la Pologne, il fallait, on l'a vu, désintéresser la Prusse qui perdait toute la partie méridionale de son territoire. Il était donc nécessaire de lui donner un équivalent en Allemagne. Cet équivalent, Alexandre l'avait trouvé : c'était la Saxe. Le roi de Saxe avait encouru le cas de forfaiture posé dans les déclarations de la coalition. Jusqu'au dernier moment, il était resté attaché à la fortune de Napoléon, et si l'armée saxonne s'était séparée de l'Empereur à Leipsick, c'était par un mouvement spontané, indépendant de la volonté de son souverain. Alexandre croyait donc la coalition victorieuse légitimement autorisée à appliquer au roi de Saxe l'arrêt qu'elle avait prononcé au commencement de la campagne. La Saxe était à la portée et à la convenance de la Prusse. Elle lui donnait en Allemagne une solidité et une consistance territoriale qu'elle n'avait jamais eues. Aussi le roi Frédéric-Guillaume acceptait-il cette compensation, et marchait d'accord avec la Russie, à la politique de laquelle il était d'ailleurs étroitement lié par le souvenir du passé et l'espérance de l'avenir. Quant au roi de Saxe, Alexandre ne songeait pas à le déposséder sans indemnité. On lui aurait assigné des compensations en lui attribuant sur les bords du Rhin la partie catholique des territoires repris récemment à la France et qui formaient les départements de la Sarr, de Rhin-et-Moselle et de la Roër, et en lui maintenant pendant sa vie le titre de roi.

L'Autriche, appuyée sur l'Angleterre, son alliée naturelle, n'apportait pas au congrès des idées arrêtées sur ce point, mais elle craignait à la fois l'agrandissement de la Prusse, celui de la Russie et le voisinage que l'annexion complète des États saxons à la monarchie prussienne établirait entre la Prusse et l'Autriche. Elle suivait d'un regard défiant cette longue frontière qui de la Silésie à la Bohême côtoyait la sienne, et qui se prolongerait encore de la Silésie jusqu'aux États ottomans, par suite de l'alliance étroite des cabinets de Pétersbourg et de Berlin. Elle était instinctivement contraire à la réunion de la Pologne sous un sceptre russe. Elle eut donc dès le début des répugnances sourdes contre les plans d'Alexandre, avant d'avoir des objections exprimées. Il ne devait pas lui être difficile de communiquer ses craintes et ses méfiances à l'Angleterre, qui regardait déjà la Russie comme une rivale, à cause de ses prétentions sur l'Empire ottoman. L'entente préalable existant entre l'Autriche et l'Angleterre sur les affaires d'Italie les prédisposait à s'entendre sur l'organisation du nord de l'Europe. En Italie, l'Autriche désirait au début le maintien de Murat sur le trône de Naples, parce qu'elle prévoyait qu'un roi de si fraîche date, étranger au pays et si mal assis, ne pourrait opposer aucun obstacle à l'agrandissement de la puissance autrichienne dans le nord de la Péninsule italique. Aussi ambitieuse dans le Midi qu'elle accusait intérieurement la Russie de l'être dans le Nord, l'Autriche comptait étendre ses agrandissements. Les Légations, cette portion du domaine du saint-siége, n'étaient pas même à l'abri de ses convoitises. L'Angleterre était favorable à ses projets, parce que la séparation de Naples et de la Sicile servait sa politique, et que la diminution de la puissance temporelle du pape entre toujours dans ses projets. Elle comptait exploiter les craintes des Bourbons de Sicile, que le danger toujours imminent d'une expédition tentée par Murat devait livrer à la merci de sa politique et aux spéculations de son commerce.

Tels étaient les deux courants, presqu'imperceptibles encore, mais qui, pour les yeux clairvoyants, se dessinaient déjà dans les conversations intimes, dans les réticences encore plus que dans les paroles, lorsque M. de Talleyrand arriva à Vienne. Il y avait quelque chose de séduisant pour la politique française dans le plan de la Russie. La reconstitution de la Pologne, même sous un sceptre russe, était favorable à ses intérêts permanents; on pouvait prévoir que la Pologne ainsi reconstituée aurait bientôt ses vues et ses tendances propres, et que de deux choses l'une, ou les deux États se sépareraient, et l'Europe-occidentale recouvrerait ainsi son ancien boulevard, ou la Russie, obligée de prendre en considération les tendances de la Pologne, détournerait de l'Europe occidentale ses vues d'agrandissement, pour les reporter vers l'Orient. Dans l'une et l'autre hypothèse, il y avait un avantage évident pour la France. Il ne pouvait en outre lui être indifférent de voir la Pologne, son ancienne et récente alliée, recouvrer l'autonomie politique que comportaient les circonstances générales de l'Europe, et dont le partage de 1772, si souvent reproché à Louis XV coupable de l'avoir toléré, l'avait privée. Enfin, il était d'une bonne politique de marcher d'accord avec la Russie, autant que le permettraient nos intérêts. L'éloignement des deux pays qui n'avaient ni point de contact territorial ni occasion de dissidence et de choc, leur double situation de surveillance et d'antagonisme possible avec l'Autriche et l'Angleterre, semblaient les prédisposer à une alliance que les sentiments de sympathique bienveillance que l'empereur Alexandre venait de témoigner à la France rendaient facile.

La seconde partie du plan de l'empereur Alexandre ne convenait pas moins à la France, à ne considérer que les intérêts purement politiques. Éloigner la Prusse de la frontière de la France sur le Rhin; acquérir, au lieu d'un voisin puissant, hostile au moins momentanément par le souvenir récent des blessures cuisantes qu'il avait reçues de la France, et d'une manière plus durable par la crainte permanente que nous n'eussions encore des vues sur le Rhin, un voisin plus faible comme le roi de Saxe, sympathique à notre pays par ses souvenirs, et éprouvant le besoin de notre appui pour maintenir son indépendance vis-à-vis des grandes puissances allemandes, c'était une bonne fortune politique inespérée. Nous ne trouvions pas moins d'avantages à voir la Prusse se constituer d'une manière solide en Allemagne, du moment que les provinces du Rhin ne s'élèveraient pas entre elle et nous comme une pierre d'achoppement. Le seul moyen de l'affranchir de la tutelle de la Russie et de lui donner une politique propre, c'était de lui donner une existence forte et indépendante. Les États qui sont en voie de formation ont toujours dans leurs allures quelque chose de faible et d'inquiet. Il convenait en outre à nos intérêts de ne pas laisser prendre à l'Autriche une prépondérance exclusive en Allemagne, et le véritable moyen de balancer son influence était d'augmenter celle de la Prusse.

Malheureusement, il y avait des questions de principes et de sentiment qui, luttant avec la question politique, mettaient le gouvernement français en désaccord avec la Russie sur les moyens d'exécution de la seconde partie de son plan. Au moment où les Bourbons rentraient en France au nom du principe de la légitimité, il était naturel qu'ils défendissent, dans la personne du roi de Saxe, le principe qui les ramenait eux-mêmes. En outre, Louis XVIII, qui regardait les dettes de la France comme les siennes, ne pouvait oublier que ce qu'on reprochait au roi de Saxe, c'était d'être resté le dernier fidèle au drapeau qui était alors celui de la France, et que la cause de ce roi malheureux était populaire dans notre pays. Enfin, il y avait entre la maison de France et la maison de Saxe des alliances de famille. Nous nous trouvions ainsi empêchés par des raisons graves d'adhérer au plan de la Russie, parce que nous ne pouvions consentir à sacrifier le roi de Saxe pour attribuer ses États à la Prusse, seule compensation que pût accepter celle-ci en échange des provinces polonaises.

La France avait des sujets de dissentiment plus profonds encore avec l'Autriche et l'Angleterre, à l'occasion du plan qu'elles prétendaient réaliser en Italie. Ni l'intérêt de la France, ni la dignité de la maison de Bourbon, ne permettaient d'accepter l'établissement de la dynastie de Murat à Naples, qui livrait par contre la Sicile à l'Angleterre. Il y avait là une menace perpétuelle pour le gouvernement des Bourbons. Naples, en effet, devenait le point de ralliement et l'auxiliaire naturel de tous les mécontents de France, et pouvait servir d'intermédiaire entre eux et l'île d'Elbe. C'était en outre une diminution morale pour le chef de la maison de Bourbon que de laisser ainsi la plus belle partie du royaume d'un descendant de Louis XIV occupée par le beau-frère de Napoléon. S'il continuait à régner, la puissance fédérative de la France perdait d'ailleurs l'alliance de Naples qui lui devenait plus que jamais nécessaire pour balancer, dans une certaine mesure, la prépondérance que l'Autriche allait exercer en Italie. L'intérêt de la France comme le devoir du Roi très-chrétien devaient le porter également à défendre contre les convoitises de l'Autriche les Légations pontificales, encore occupées par les troupes de Murat, et que le cabinet de Vienne voulait s'approprier. Enfin la Sicile, placée sous le protectorat de l'Angleterre, devenait une cause d'affaiblissement considérable pour nous dans la Méditerranée. Quant à l'Allemagne, le cabinet de Vienne désirait naturellement l'organiser de manière à avoir les États secondaires et les petits États à sa merci, tandis que la politique traditionnelle de la France était de protéger leur indépendance. Le même cabinet souhaitait le morcellement de la Pologne pour en avoir sa part, et pour empêcher l'empereur Alexandre de la posséder tout entière. Nous étions au contraire engagés d'honneur comme d'intérêt à procurer, autant qu'il était en nous, à cette vaillante nation, sinon l'indépendance complète que les circonstances européennes ne comportaient pas, au moins son intégrité territoriale et ses institutions nationales sous le sceptre de la Russie.

M. de Talleyrand arrivait à Vienne avec des instructions spéciales très-sommaires et une grande latitude dans les instructions générales. Il lui était recommandé de tout faire pour obtenir l'éviction de Murat du trône de Naples et la reconstitution du royaume des Deux-Siciles en faveur de Ferdinand, et le maintien du roi de Saxe sur son trône ; il devait en outre appuyer tout ce qui se ferait en faveur de la Pologne, et, s'il était possible, travailler à éconduire Bernadotte du trône de Suède. Pour le reste, il agirait au mieux selon les intérêts de la France. Louis XVIII, si nouvellement rétabli dans son royaume et demeuré étranger aux affaires diplomatiques de l'Europe pendant ces dernières années, n'avait pas la prétention de donner des directions à l'homme qui passait pour connaître le mieux l'Europe, qui avait la pratique des grandes affaires et des intelligences nouées avec toutes les chancelleries. Le prince de Talleyrand allait donc être à Vienne le suprême régulateur de la politique française.

Malheureusement ses tendances étaient autrichiennes et anglaises, et comme il mettait ses intérêts et ses passions dans la politique, les derniers rapports qu'il avait eus avec l'empereur Alexandre qui, après lui avoir montré une grande bienveillance, avait conçu pour lui des sentiments tout différents sur la fin de son séjour en France, achevaient de le pousser dans cette voie.

Il eut en arrivant un premier obstacle à vaincre. Les quatre grandes puissances signataires du traité de Chaumont avaient décidé, à la majorité, par un protocole du 22 septembre 1814, qu'elles tiendraient des conférences préalables à quatre, savoir l'Angleterre, l'Autriche, la Prusse et la Russie, et que, dans ces conférences, elles feraient la distribution des territoires enlevés à la France ou à ses alliés ; qu'après un parfait accord à ce sujet, elles devaient entrer en conférence avec les plénipotentiaires de France, de Suède, de Portugal et d'Espagne. Elles motivaient cette résolution en alléguant qu'il y aurait de graves inconvénients à discuter chaque question avec un ministre qui favoriserait tel ou tel souverain d'après ses vues particulières, ce qui exciterait les petits princes d'Allemagne à recommencer ces manéges et ces intrigues qui avaient produit les malheurs des dernières années. Les anciens coalisés oubliaient deux choses : la première, c'est que depuis qu'il s'agissait de partager le butin de la victoire, au lieu d'être des alliés ils n'étaient plus que des compétiteurs en présence, et qu'il leur serait bien difficile de se mettre d'accord sans un tiers arbitre ; la seconde, c'est que la France, matériellement désintéressée dans les questions qui allaient s'agiter, puisque son sort était fixé par le traité du 30 mai, était parfaitement préparée à ce rôle. Lord Castlereagh n'avait point admis le principe du protocole du 22 septembre 1814, ce qui permit aux plénipotentiaires de France et d'Espagne, instruits de cette résolution par une communication clandestine, de protester contre cette détermination [1]. Ils objectèrent que la qualification de *puissances alliées*, restreinte aux quatre signataires du traité de Chaumont, avait cessé d'être applicable depuis le traité de Paris du 30 mai 1814. « La dénomination d'alliées que s'attribuent réciproquement et exclusivement quelques puissances, disait le prince de Talleyrand dans une première note, est tombée de plein droit par le seul fait de la paix générale ; elle est inutile, elle est surannée maintenant. Injurieuse au roi de France qui n'y était pas compris, elle ne saurait être reconnue par son ministre. Il n'existe aujourd'hui qu'un congrès européen auquel

---

[1]. Nous puisons ces détails dans un écrit publié en 1849 par M. le marquis de Labrador, à Paris, sous ce titre : *Mélanges sur la vie publique et privée du marquis de Labrador*. M. de Labrador était, on l'a vu, plénipotentiaire de l'Espagne au congrès de Vienne. « Les plénipotentiaires étaient réunis depuis fort peu de jours, dit-il, lorsque M. de Labrador découvrit que l'Angleterre, la Russie, la Prusse et l'Autriche avaient signé entre elles une convention amicale dans laquelle on stipulait que, pour ce qui avait rapport aux affaires générales, on ne ferait aucune attention aux réclamations de la France et de l'Espagne... M. de Talleyrand prétendit que la bonne foi de M. de Labrador avait été surprise, et que sans doute il avait payé fort cher une fausse communication qui ne méritait aucun crédit. Par un hasard singulier, M. de Labrador avait l'original de la convention signée par les chefs des quatre cabinets désignés. M. de Labrador fit voir à M. de Talleyrand cet étrange document et le laissa maître d'en prendre copie. » (Voir l'écrit ci-dessus indiqué, page 35.)

toutes les puissances sont appelées à concourir dans une même indépendance de tout lien particulier et dans un seul intérêt de justice et de paix. » Les coalisés s'étant appuyés sur le texte du traité de Chaumont, M. de Talleyrand s'arma de ses termes mêmes en montrant que c'était « un instrument de guerre, une convention comminatoire à l'usage des agresseurs et périmée par la paix. »

Après quelques notes échangées, on finit par faire droit, au moins dans la forme, à cette réclamation. Le 5 octobre, on tomba d'accord que les plénipotentiaires de France, d'Espagne, et aussi de Portugal et de Suède, en leur qualité de cosignataires du traité de Paris, prendraient part aux conférences préliminaires. On déclara le 8 octobre que l'ouverture des séances générales serait différée jusqu'au 1er novembre, pour laisser aux communications libres et confidentielles des plénipotentiaires de toutes les puissances le temps de conduire les questions à un degré de maturité qui en faciliterait la solution. Une conférence centrale et préparatoire se trouva donc formée de M. de Metternich pour l'Autriche, de lord Castlereagh pour l'Angleterre, du comte de Nesselrode pour la Russie, du prince de Hardemberg pour la Prusse, du prince de Talleyrand pour la France, du marquis de Labrador pour l'Espagne, du comte de Lœwenhielm pour la Suède et du comte de Palmella pour le Portugal. Cette première déclaration du congrès produisit une certaine émotion en Europe. On croyait généralement que les puissances arrivaient avec des décisions arrêtées, même avant leur entrée à Paris; on apprenait le contraire. On pensait que les souverains avaient obtenu de Louis XVIII la promesse de tout accepter sans discuter; cet espoir, malveillant pour la France, recevait un démenti.

Le prince de Talleyrand avait proposé dans les séances particulières des 3 et 5 octobre que les plénipotentiaires des huit puissances, signataires du traité de Paris, formassent une commission générale chargée de présenter à l'universalité du congrès des propositions sur lesquelles il aurait à statuer. Il avait demandé en outre que la commission générale nommât des comités spéciaux chargés de préparer ses travaux. La première partie de cette proposition, qui aurait changé le congrès en une assemblée délibérante devant laquelle les grandes Puissances auraient joué seulement le rôle de rapporteur, fut rejetée comme inacceptable, parce qu'elle subordonnait les principaux États à l'oligarchie des petits. La seconde partie fut adoptée. La réunion de tous les membres du congrès en une assemblée générale fut ajournée à un temps plus favorable qui ne vint jamais. Au lieu du congrès de tous les États de l'Europe, on vit donc le conseil des grandes puissances traiter toutes les questions, en invitant les puissances secondaires qui pouvaient y être intéressées à accéder à ses décisions, à mesure qu'elles étaient prononcées. Seulement on occupa les plénipotentiaires de ces puissances dans les comités spéciaux, ce qui leur donna une occupation réelle et une satisfaction relative, en créant en même temps une illusion d'optique pour l'opinion du dehors qui suivait les travaux du congrès.

Ces comités furent très-nombreux. Il y eut d'abord un comité de trois plénipotentiaires pour l'enregistrement des pouvoirs; puis vint le comité des huit puissances signataires du traité de Paris pour les affaires européennes, qu'on distingua des affaires d'Allemagne. Ce comité des huit se réduisait à cinq puissances pour les grandes affaires : l'Autriche, la France, la Grande-Bretagne, la Prusse et la Russie; l'Espagne, le Portugal et la Suède n'étaient appelés que dans les affaires où ils avaient un intérêt spécial. Toujours est-il que ce comité, formé tantôt de cinq, tantôt de huit personnes, fut réellement le congrès de Vienne. Il déféra la présidence de ses délibérations au prince de Metternich. Il y eut un comité allemand, formé d'abord de l'Autriche, de la Prusse, de la Bavière, du Wurtemberg et du

Hanovre, et dans lequel entrèrent sur la fin tous les princes souverains d'Allemagne; un comité des affaires de Suisse, formé des cinq grandes puissances européennes; une commission de statistique, chargée de déterminer d'une manière précise la valeur des territoires conquis sur Napoléon et ses alliés; une commission relative à la navigation des fleuves et des rivières; une commission pour les affaires du roi de Sardaigne, sans parler d'un assez grand nombre de comités constitués pour des affaires d'un intérêt moins général.

On commença par enregistrer les pouvoirs des hautes puissances signataires du traité de Paris, puis ceux des autres États. Les plénipotentiaires de Murat comme roi de Naples, ceux de Ferdinand comme roi de Sicile, ceux du roi de Saxe, de la république de Gênes, de la Suisse, de Venise, furent admis à cet enregistrement, comme pour marquer que les questions restaient entières jusqu'à la décision du congrès. Le cardinal Gonsalvi, plénipotentiaire du pape, dut surtout son admission dans le congrès, d'où l'Autriche, qui voulait conserver les Légations, avait intérêt à l'exclure, à l'appui persévérant du prince régent d'Angleterre, qui n'avait pas oublié que le prétexte des persécutions contre le pape Pie VII avait été le refus de celui-ci de déclarer la guerre à l'Angleterre, attendu, disait le saint Pontife, que l'Angleterre était une puissance chrétienne.

Le but spécial du congrès était, on l'a vu, de faire la distribution des territoires conquis sur Napoléon et ses alliés. Au lieu de compter par territoire, on compta par population, et c'est ainsi que la commission de statistique arriva à fixer le butin au chiffre de trente et un millions six cent quatre-vingt-onze mille deux cents âmes, à partager entre les vainqueurs. Mais à l'occasion du partage du butin, l'intitulé des commissions nommées suffit pour l'indiquer, les grandes questions de l'organisation nouvelle de l'Europe se trouvaient naturellement posées : Comment serait constituée l'Allemagne? comment serait constituée l'Italie? En remontant vers le nord, que ferait-on de la Pologne? Par quels principes et quelles garanties défendrait-on les États de second et de troisième ordre contre les abus de domination dont une expérience récente enseignait le danger? Enfin, comme il arrive quand de grandes assises européennes viennent à s'ouvrir, toutes les questions qui pouvaient ressortir de ce haut tribunal convoqué à Vienne y étaient apportées [1]. Lord Castlereagh ne perdit pas un moment pour le saisir de la question de l'abolition de la traite des noirs. Depuis 1787, époque de la première motion de Wilberforce au parlement, c'était une de ces grandes thèses d'humanité qui ont le privilége de passionner l'Angleterre. Le peuple anglais, c'est un des nobles côtés de sa nature, une fois sous le coup d'une de ces passions généreuses, impose à l'intérêt particulier les sacrifices nécessaires pour faire prévaloir la cause de la vérité et de la justice ; mais en même temps, par une conséquence du génie essentiellement pratique de l'Angleterre, l'intérêt particulier, se préparant d'avance à un sacrifice prévu, finit par trouver un avantage à le faire, pourvu que les autres nations soient obligées à suivre l'exemple donné par la Grande-Bretagne. Les choses en étaient à peu près arrivées à ce point, quand lord Castlereagh saisit le congrès de la question de l'abolition de la traite. L'Angleterre se préparait depuis

---

[1]. Il n'y eut pas jusqu'à la question du rétablissement de l'ordre de Malte qui fut introduite par le comte de Lœwenhielm, ministre plénipotentiaire de Suède, probablement à l'instigation de la Russie. Il invitait le congrès à demander à l'Espagne la cession de l'île Minorque pour y établir cet ordre. Le marquis de Labrador rappela que les chevaliers de Malte avaient livré leur île sans la défendre à Bonaparte, qui n'avait ni les moyens, ni le temps de la prendre. Il ajouta que si, malgré cela, l'on voulait rétablir l'ordre, il fallait le rétablir à Malte qui lui avait été cédé autrefois par l'empereur Charles-Quint, et que si l'Angleterre n'était pas d'humeur à rendre cette île, elle pouvait donner à l'ordre un bon port et un territoire en Irlande. Cette plaisanterie fit tomber la proposition.

vingt-sept ans à cet acte, et la France, l'Espagne et le Portugal, les trois seuls pays représentés au congrès qui eussent des esclaves dans leurs colonies, se trouvaient pris au dépourvu par la proposition de l'Angleterre. Pour satisfaire lord Castlereagh, qui mettait à la fois dans la solution de cette question toute la vivacité d'un point d'honneur national et toute l'ardeur d'un intérêt commercial, on convint d'une déclaration préalable de toutes les puissances, et elle fut rédigée par M. Gentz, premier secrétaire du congrès [1].

Quoique les quatre principales puissances coalisées contre Napoléon eussent admis la France à figurer comme elles dans la commission des cinq sur le pied de l'égalité, il est facile de comprendre que toutes les questions sur lesquelles l'Angleterre, l'Autriche, la Prusse et la Russie s'étaient mises préalablement d'accord se trouvaient par le fait résolues. Il y avait d'abord des populations qui rentraient sous le sceptre de leurs princes légitimes. La Savoie et le Piémont retournaient au roi de Sardaigne, auquel on donnait en outre l'État de Gênes. La Lombardie était replacée sous la domination de l'Autriche, qui acquérait Venise. Le Hanovre, agrandi de quelques annexes, était érigé en royaume en faveur de la maison royale d'Angleterre. La Norwége était réunie à la Suède, en vertu d'une promesse faite à Bernadotte et comme compensation de la Finlande et de la Bothnie, que gardait la Russie. Puis l'idée déjà ancienne de l'érection d'un royaume hollando-belge destiné à servir de barrière contre la France était adoptée. Nous n'avions rien à voir dans toutes ces dispositions, prises par les vainqueurs sans nous, quelques-unes contre nous.

Ce n'était que dans les questions où les quatre puissances

---

[1]. M. de Labrador, en donnant ces détails dans l'écrit plus haut cité, ajoute que lord Castlereagh « faisait tenir souvent deux séances par jour, pour développer son thème favori de l'abolition qu'il voulait faire prononcer immédiatement. » (Page 87.)

anciennement coalisées ne se trouvaient pas d'accord, que l'action du plénipotentiaire français pouvait s'exercer utilement.

Dès le premier abord, M. de Talleyrand, sans beaucoup s'inquiéter de ses précédents qui s'accordaient mal avec la thèse nouvelle qu'il développait, se posa, avec cette aisance de grand seigneur qu'il portait dans les congrès comme dans les salons, sur le terrain du principe de la légitimité, auquel le retour des Bourbons en France venait de donner une solennelle consécration. La force matérielle lui manquait; il s'empara de la force morale, qui joue toujours, quoi qu'on en dise, un grand rôle dans les affaires humaines. En s'établissant sur ce terrain pour protéger le roi de Saxe dont il prit la défense, il atteignait un double but, car il menaçait par là Murat sur le trône de Naples, et en même temps, considération qu'il n'avait garde de mettre en oubli, il se rendait agréable à Louis XVIII. « La légitimité, disait-il, était une condition suprême du pouvoir royal, qui n'avait pas eu de nom alors qu'elle existait par un fait continu, et qu'elle allait, pour ainsi dire, avec la nature, mais qu'il fallait bien maintenant nommer et définir après qu'elle avait été si fatalement interrompue. Le repos de l'Europe était à ce prix. Il fallait désormais reconnaître l'imprescriptibilité de la souveraineté, personnifiée pour chaque nation dans une famille. L'épreuve de la doctrine contraire avait été faite d'une manière assez dispendieuse pour l'humanité. Le principe de la transmission légitime devait être partout remis en honneur, pour l'inviolabilité des faibles, et même la sûreté des puissants, qui ne sont pas sûrs de l'être toujours [1]. »

Ce principe une fois posé dans une réunion de plénipotentiaires dont les souverains avaient trop d'intérêt à le reconnaître pour le contester ouvertement, M. de Talleyrand arri-

[1]. *Les Cent-Jours*, par M. Villemain, pages 55 et 63.

vait à la défense directe du roi de Saxe. « Un roi détrôné par des rois, disait-il, en représaille d'une défection, d'une alliance quelconque, lui semblait un exemple plus révolutionnaire, un plus grand ébranlement pour les trônes qu'un roi renversé par tout désordre législatif ou démocratique. Le vertige et le danger étaient pires en effet et devaient effrayer davantage, si la destruction s'opérait par les mains de ceux qui devaient la prévenir, et au moment même où le retour de la légitimité venait d'être inauguré en France pour le raffermissement de toutes les couronnes contre l'esprit de faction et d'anarchie. C'était par un seul acte, pour une passion irréfléchie, perdre toute la moralité de la guerre qu'on avait poursuivie avec tant d'efforts et de sacrifices. »

Le plénipotentiaire français posait la question de principe dans ses véritables termes, dans les termes où la posait à la même époque Joseph de Maistre; mais en face de cette question de principe s'agitaient de redoutables questions d'intérêt. Dès le traité de Châtillon, Alexandre avait annoncé son dessein de réunir les tronçons de la Pologne en royaume, et de lui donner une constitution. Il prétendait donc conserver à la fois la part de la Pologne prussienne que lui avait attribuée le traité de Tilsitt, et la part de la Pologne autrichienne qu'il devait au traité de Schœnbrunn. De fait, les armées russes occupaient le grand-duché de Varsovie, ce qui tranchait la question pour la plus grande partie du territoire polonais. L'Angleterre et l'Autriche avaient donné, avant l'ouverture du congrès, et dans un moment où Alexandre exerçait une espèce d'autocratie européenne, un demi-consentement à cette prétention, qu'il avait de nouveau exprimée de la manière la plus formelle [1]. La Prusse n'était ni en état, ni en humeur de refuser quelque chose à sa puissante alliée. Mais, à son tour,

---

1. « Alexandre avait déclaré qu'il voulait conserver non-seulement le cercle

elle revendiquait avec passion la cession de la Saxe, que la Russie lui avait garantie par des stipulations récentes. Privée, par le traité de Tilsitt, d'une partie de son territoire et d'une population de quatre millions d'hommes, elle mettait dans son âpre revendication l'ardeur de la convoitise et celle des représailles. Il n'y avait contre les prétentions de la Prusse, au commencement du mois d'octobre 1814, que la déclaration de principe du plénipotentiaire français, et les murmures et les protestations de la Saxe, attachée à son roi. Les principaux chefs de l'armée saxonne avaient en effet protesté par écrit, dès la fin du mois de septembre, contre cette prétention de la Prusse, en alléguant qu'en passant aux alliés et en les servant, leur intention avait été de servir les vrais intérêts de leur souverain. Mais le prince Volkonski-Repnin, qui gouvernait la Saxe au nom de la Russie, dont les troupes occupaient en ce moment le territoire saxon, fit enfermer les signataires de la protestation dans les forteresses de Torgau et de Wittemberg.

Tel était l'état des choses lorsque, dans ses notes des 9 et 10 octobre adressées à lord Castlereagh et au prince de Metternich, le prince de Hardemberg revendiqua la cession de toute la Saxe et son occupation préalable par les troupes prussiennes, comme une mesure nécessaire à la sûreté des frontières de la Prusse, et une compensation aux pertes qu'elle était obligée de souscrire. Cette revendication faite au nom de la Prusse était appuyée sur les textes précis des traités. Un des articles séparés du traité signé le 2 février 1813 à Kalich, entre la Russie et la Prusse, garantissait à cette dernière

---

de Bialystok, qui lui avait été cédé en 1807, mais aussi tout ce qui avait formé le duché de Varsovie ; ainsi le pays que, jusqu'en 1806, on avait nommé Prusse méridionale, nouvelle Prusse orientale et nouvelle Silésie, avec la partie de la Galicie qui avait été enlevée à l'Autriche en 1809, faisait partie de son lot. » (Schoël, *Histoire des Traités*, tome II.)

qu'elle serait reconstituée stratégiquement, géographiquement et financièrement d'une manière conforme à ce qu'elle était avant la guerre de 1806. Un article séparé du traité de Reichenbach, entre la Prusse et la Grande-Bretagne, disait que les proportions dans lesquelles on agrandirait la Prusse seraient au moins telles qu'elles étaient avant la guerre de 1806. Le premier article du traité de Tœplitz du 9 septembre 1813, entre l'Autriche et la Prusse, statuait que la reconstruction de la monarchie prussienne se ferait sur l'échelle la plus rapprochée de celle où elle se trouvait en 1805. Le moins favorable de ces traités, celui avec l'Autriche, supposait donc que la Prusse recouvrerait à peu de chose près l'étendue de son territoire de 1805. Le plus favorable, celui avec l'Angleterre, stipulait que s'il y avait une différence, ce serait une différence en sus de son territoire de 1806, que lui garantissait intégralement la Russie, et qui, en calculant la population, surpassait d'une population de six cent mille âmes son territoire de 1805 [1].

Lord Castlereagh répondit, le 11 octobre, que « si l'annexion de la Saxe à la Prusse était réclamée par le salut de l'Europe, il garantissait l'assentiment de l'Angleterre, quoique la ruine d'une aussi ancienne maison le pénétrât de douleur. Le roi de Saxe, il le savait, ne pouvait être mis sur la même ligne que ces princes allemands qui, après avoir failli, avaient réparé leurs

---

1. On offrait à la Prusse :

Le grand-duché de Berg.	299,877 âmes.
Celui de Westphalie. . .	131,888
Dormund et Correy. . .	19,500
La moitié de Teilde. . .	48,628
Sur la rive gauche du Rhin une étendue de pays de.	729,228
TOTAL. . .	1,229,121 âmes.

Il manquait deux millions d'habitants pour que la Prusse fût reconstruite sur le pied de 1805. La cession d'une lisière de la Pologne que proposait Alexandre ne suffisait pas à beaucoup près pour combler le déficit. Il fallait l'annexion totale de la Saxe pour parfaire les indemnités de la Prusse.

fautes par des services ultérieurs. La présente déclaration devait cependant être regardée comme non avenue, dans le cas où le sacrifice de la Saxe aurait pour objet de décider la Prusse à accepter des positions sans défense du côté de la Russie, vis-à-vis de laquelle elle serait dans un état de dépendance. »

Par une note verbale du 14 octobre 1814, lord Castlereagh justifiait la mesure proposée contre le roi de Saxe : « Quel moyen y aurait-il d'indemniser les alliés pour les risques courus et les pertes éprouvées, disait-il, si ces indemnités n'étaient pas données aux dépens des puissances naguère agrandies à cause de leur zèle pour l'ennemi commun? Si la Russie doit être indemnisée aux dépens d'un allié qui a rendu tant de services, pourquoi la Prusse ne le serait-elle pas aux dépens d'un ennemi? »

On voit percer dans ces deux notes la jalousie de l'Angleterre, qui, rassurée du côté de la France par la chute de Napoléon, commence à appréhender la Russie. Lord Castlereagh consent à ce que la Saxe agrandisse la Prusse, mais à condition que celle-ci ne transigera pas sur la frontière militaire qui lui est nécessaire pour rester indépendante du cabinet de Saint-Pétersbourg, la ligne de la Wartha. Il rappelle avec quelque amertume que les indemnités auxquelles prétend la Russie sont la dépouille d'un allié. La politique anglaise de l'avenir semble déjà se dégager de la politique du présent.

M. de Metternich, qui suspendit sa réponse jusqu'au 22 octobre, alléguait de son côté que, même en faisant abstraction des liens de famille existant entre les maisons d'Autriche et de Saxe, l'empereur verrait avec peine l'annexion en entier des États saxons à la monarchie prussienne, dont il désirait cependant l'agrandissement, parce que cette annexion deviendrait une source éternelle de défiances et de rivalités entre les deux grandes puissances allemandes ainsi rapprochées. Si la force des choses exigeait le sacrifice des États du roi de Saxe, il deviendrait nécessaire de prendre des arrangements sur la fixation des frontières, la fortification des places, les relations commerciales et la ligne de défense de l'Allemagne méridionale. M. de Metternich invitait en même temps instamment la Prusse à s'entendre avec l'Autriche, pour empêcher que la Russie, dont il voyait les empiétements avec une vive inquiétude, ne dépassât certaines limites en Pologne et ne devînt maîtresse des points de défense nécessaires aux deux monarchies.

Malgré les engagements antérieurs, l'Angleterre ne maintenait donc que d'une manière hypothétique son adhésion à l'incorporation de la Saxe à la Prusse, et l'Autriche commençait à retirer la sienne. Au fond, elle ne croyait pas pouvoir posséder sûrement la Galicie si elle n'y joignait pas Cracovie et le cercle de Zamosc, de manière à ce que la Wida formât sa frontière, et elle ne voyait pas de sécurité pour la Prusse si cette puissance ne possédait pas Thorn et la ligne de la Wartha. Frédéric-Auguste, retenu dans une demi-captivité à Friedrichofeld, protestait de son côté, dès le 4 novembre, contre l'occupation de son royaume, en déclarant que « la position de son pays l'avait seule empêché de se prononcer contre Napoléon ; que le but de la guerre ayant été le maintien des trônes légitimes, il avait dû s'attendre à la restitution de l'héritage de ses ancêtres, que jamais il ne consentirait à échanger ni à céder. »

Ainsi, dès l'ouverture même du congrès, la question des compensations à donner à la Prusse en Allemagne, pour faciliter l'érection d'un royaume polonais sous le sceptre de la Russie, se présentait comme une pierre d'achoppement entre les puissances. La Russie et la Prusse insistaient pour que la cession de la Saxe rendît cette combinaison possible ; l'Autriche et l'Angleterre faisaient des objections ; la France, par la voix de M. de Talleyrand, disait dès le 2 novembre, un mois après l'ouverture du congrès, que « le roi de Saxe n'avait été ni jugé, ni interrogé ; qu'il n'existait aucun tribunal compétent pour le juger; que la Saxe demandait son retour, que l'Allemagne réclamait l'intégrité des droits de tous compromis par le sacrifice de la Saxe; que le feu couvait sous la cendre, et que, s'il éclatait, la France ne pourrait demeurer spectatrice impassible de l'incendie[1]; que si l'annexion demandée s'effectuait, on verrait renaître la rivalité de la Prusse et de l'Autriche, et que la tranquillité de l'Europe se trouverait compromise. » Enfin, le plénipotentiaire français indiquait comme la seule base raisonnable de l'arrangement à intervenir, la cession de la Prusse méridionale jusqu'à la Vistule par la Russie. En même temps un mouvement très-vif d'opinion se manifestait en faveur du roi de Saxe en Allemagne; les publicistes de ce pays se prononçaient pour la plupart en sa faveur; il en était de même en France[2], et bientôt ce mouvement d'opinion gagna l'Angleterre et agit sur le ministère, qui commença par appuyer plus faiblement le roi de Prusse, et finit par l'abandonner tout à fait.

La Russie et la Prusse, inquiètes de ce mouvement, entreprirent de trancher la question par un coup de parti. Dans une proclamation datée du 8 novembre 1814, le prince Repnin, gouverneur militaire de la Saxe au nom de la Russie, annonça que, par suite d'une convention arrêtée entre la Russie et la Prusse, et du consentement de l'Autriche et de la Grande-Bretagne, il remettait provisoirement l'administration de ce

---

1. Précisément à cette époque, le 29 octobre, M. de Talleyrand écrivait au ministre de la guerre : « Envoyez-moi, comme par hasard, au travers d'autres choses, un état de nos troupes disponibles sur-le-champ, et disponibles plus tard; c'est une lettre que je voudrais pouvoir négligemment montrer. » (*Documents inédits* communiqués par madame la comtesse Dupont.)

2. Dans un écrit publié par le baron Bignon, en décembre 1814, sous ce titre : *Exposé comparatif de l'état financier de la France*, on lisait ce qui suit : « On aime à se persuader qu'il est impossible qu'un sénat de rois puisse jamais signer le détrônement du roi de Saxe. Ce serait un attentat contre la justice naturelle, qui n'est pas même autorisé par la justice politique, etc. » (Pages 240-246.)

royaume aux délégués chargés par le roi de Prusse de la recevoir. Un long murmure s'éleva en Allemagne; la sensation fut profonde dans l'Europe entière, et l'Autriche, affermie dans sa résistance, fit entendre des menaces. Le prince de Hardemberg, qui, pour apaiser cette résistance, avait en vain proposé, à la fin de novembre, à l'empereur Alexandre de céder la ligne de la Wida et de la Wartha, produisit une déclaration de lui portant « qu'en rétablissant la Pologne sous un sceptre russe, en lui donnant une existence propre et un gouverneur particulier, il avait cru donner des garanties suffisantes à ses voisins, et que son projet était par conséquent d'incorporer à son empire les villes de Cracovie et de Thorn; mais les craintes inspirées par ce dessein le décidaient à y renoncer, à condition que ces deux villes jouiraient de la même indépendance que les villes hanséatiques sous la protection des alliés, que la Prusse obtînt la Saxe entière, et que Mayence devînt une de ses forteresses fédérales dans la Confédération germanique. »

Le 1er décembre 1814, le prince de Metternich répondit en désapprouvant l'érection de Cracovie et de Thorn en villes libres, qui deviendraient des foyers de troubles, et demanda qu'elles fussent soumises à la Prusse et à l'Autriche. Pour la première fois, il s'opposa formellement à l'incorporation entière de la Saxe à la Prusse. Son refus, ajoutait-il, n'était pas motivé par la crainte de l'accroissement que l'annexion proposée donnerait à la Prusse, mais par d'autres considérations : cette annexion serait une pierre d'achoppement à l'union intime de l'Autriche et de la Prusse; les principes de l'Empire, les liens de famille les plus étroits, les rapports de voisinage et de position de l'Autriche protestaient contre cette combinaison. Enfin la France s'était prononcée contre cette prétention, comme les princes de l'Allemagne, et si l'Autriche et la Russie s'unissaient pour emporter de vive force l'annexion, elles courraient les risques de jeter ceux-ci dans les bras de la France et de rendre à cette dernière le protectorat qu'on venait avec tant de peine de lui arracher.

Cette fois, ce n'était plus un consentement dubitatif accompagné de restrictions, c'était un veto. L'Autriche, en s'opposant formellement à l'annexion totale de la Saxe à la Prusse, présentait un tableau des territoires dont la monarchie prussienne devait, selon elle, être composée. La Saxe ne figurait sur ce tableau que pour un tronçon de quatre cent trente-deux mille quatre cents habitants. Le reste se composait du district de la Pologne que l'empereur de Russie avait offert de céder, mais en y ajoutant la ligne de la Wartha, de Dantzig, d'une partie de la rive gauche du Rhin, du duché de Berg, du duché de Westphalie.

Deux motifs avaient encouragé le prince de Metternich à se prononcer avec cette fermeté, et l'encouragèrent à maintenir son veto. D'abord il s'était assuré de l'adhésion des princes allemands qui s'unirent à l'Autriche, les rois de Bavière et de Wurtemberg en tête, pour protester contre l'incorporation de la Saxe à la Prusse. Ensuite, et c'était pour lui la considération déterminante, il venait de jeter avec la France et l'Angleterre les bases d'une alliance offensive et défensive pour régler la question allemande, sinon dans les termes précis, au moins dans le sens de sa déclaration. La France n'avait mis à son concours dans cette circonstance qu'une condition, c'est que l'Autriche entrerait en négociation avec elle sur la question du rétablissement de la maison de Bourbon sur le trône de Naples. Mais cette question devait être traitée à Paris et non à Vienne.

La déclaration du prince de Metternich sembla un moment devoir dissoudre le congrès de Vienne, et l'on put croire que la guerre allait sortir de cette réunion destinée à assurer la paix du monde. L'empereur Alexandre refusa la ligne de la Wartha, parla hautement de faire marcher cinq cent mille hommes, et le grand-duc Constantin invita les Polonais à se réunir pour défendre leur existence politique, en leur présentant l'espoir de l'union de la Pologne russe avec la Pologne grand-ducale; M. de Nesselrode déclara au congrès que huit millions d'hommes s'armaient en Allemagne pour leur indépendance. L'Autriche, de son côté, concentrait des troupes en Moravie, et le gouvernement français, tenu au courant des progrès de la négociation par M. de Talleyrand, rappelait sous les drapeaux une partie des soldats congédiés. Louis XVIII voyait, dans les mouvements qui semblaient se préparer, un moyen de faire jouer un rôle important dans les affaires européennes à la France qui, deux mois auparavant, semblait n'être admise que par tolérance dans le congrès de Vienne. Il y avait peu de sympathie entre ce prince et l'empereur Alexandre, et l'occasion de secouer le joug d'une protection bienveillante mais hautaine lui paraissait devoir être saisie. Il espérait enfin que l'entente qui avait maintenu le roi de Saxe sur son trône replacerait Ferdinand sur le trône de Naples, et les deux principaux buts de sa politique semblaient se trouver ainsi atteints.

Pendant tout le mois de décembre et dans la première partie du mois de janvier 1815, les rapports entre les deux camps qui partageaient le congrès restèrent aussi aigres et aussi hostiles, quoique la Prusse, qui désirait passionnément l'acquisition de la Saxe, cherchât, en maintenant fermement ses prétentions, des compensations à offrir au roi Frédéric-Auguste et des satisfactions de nature à déterminer l'assentiment du prince de Metternich. Dans une note du 16 décembre, le prince de Hardenberg se plaignait amèrement de ce qu'après avoir adhéré, sous certaines conditions que le cabinet de Berlin offrait de remplir, à l'incorporation de la Saxe à la Prusse, par sa note du 22 octobre, l'Autriche ne lui offrît plus maintenant qu'une faible partie de ce pays. Après avoir contesté l'exactitude des évaluations du projet autrichien relativement aux territoires et aux populations que ce projet offrait à la Prusse, il proposait de former au roi Frédéric-Auguste, dont l'existence en Saxe présenterait de notables inconvénients, un établissement sur un autre point, soit en lui attribuant les Légations en Italie, soit en lui abandonnant Munster avec Paderborn et Corvey, ou en lui assignant une possession beaucoup plus considérable sur la rive gauche du Rhin.

Cette offre de la Prusse acheva d'aliéner au cabinet de Berlin la sympathie de l'Angleterre. Lord Liverpool écrivait à lord Castlereagh : « La proposition de la Prusse d'indemniser le roi de Saxe en lui donnant le pays, ou une partie du pays entre le Rhin et la Meuse, m'a rendu plus opposé que je ne l'étais auparavant au projet de réunir l'ensemble de la Saxe à la Prusse. Le roi de Saxe, dans cette hypothèse, serait probablement la créature de la France, et disposé par suite à seconder les vues du gouvernement français sur les Pays-Bas plutôt qu'à y résister [1]. »

Presqu'en même temps le prince de Talleyrand, entrant à son tour en lice, adressait une note remarquable dans laquelle il se ralliait complétement à la note autrichienne du 10 décembre 1814. « Le roi Louis XVIII, était-il dit dans la note française datée du 19 décembre, n'avait plus qu'un vœu à former, c'est que l'œuvre de la Restauration s'accomplît pour toute l'Europe comme pour la France, que partout et pour jamais l'esprit de révolution cessât, que tout droit légitime fût respecté, et que les territoires vacants fussent distribués selon les principes de l'équilibre politique. La disposition qu'on a voulu faire du royaume de Saxe, pernicieuse comme exemple, le serait encore par son influence sur l'équilibre général de l'Europe, 1° en créant contre la Bohême une force d'agression très-grande, et en menaçant ainsi la sûreté de l'Autriche en-

---

[1]. *Letters and dispatches* of lord Castlereagh, third serie. (Vol. II, page 239.)

tière, 2° en créant au sein du corps germanique et pour un de ses membres une force d'agression hors de proportion avec la force de résistance de tous les autres. L'opinion de la France est qu'une partie seulement de la Saxe doit être cédée, la note autrichienne du 10 décembre a indiqué la juste mesure de cette cession. »

Les positions se dessinaient d'une manière nette et précise. L'Angleterre, l'Autriche et la France arrivaient, par des motifs différents, à une entente menaçante pour la Prusse et la Russie.

Pour prévenir les suites de cette entente, le comte de Nesselrode communiqua, le 31 décembre 1814, aux plénipotentiaires de l'Autriche, de la Grande-Bretagne et de la France, quatorze articles contenant quelques idées fondamentales propres à fixer les rapports entre les diverses puissances. C'était un dernier effort pour empêcher une rupture. La Russie consentait à rétrocéder à l'Autriche le rayon de Podgoze, la moitié des salines de Wieliezka et du district de Tarnopol que celle-ci avait perdus par la paix de Schœnbrunn. Elle traçait entre la Prusse et la Russie la ligne de démarcation comme elle l'a été dans le traité définitif, sauf Thorn et Cracovie érigées en villes libres. Le reste du duché de Varsovie demeurait à la Russie. La liberté du cours de la Vistule était convenue. Alexandre demandait à ses alliés des institutions provinciales pour les Polonais, leurs sujets. Les parties contractantes se garantissaient réciproquement leurs possessions polonaises; la Saxe demeurait cédée à la Prusse, mais avec la condition que Dresde ne serait pas fortifiée. On formerait sur la rive gauche du Rhin un État séparé d'une population de sept cent mille âmes qui comprendrait le duché de Luxembourg, les villes de Trèves, etc., etc., pour être donné au roi de Saxe. Luxembourg et Mayence seraient places de la Confédération.

Ce projet russe, qui avait presque la forme d'un ultimatum, loin de calmer les dissentiments, ne fit que les accroître. Le bruit des discordes du congrès se répandait au dehors, et il n'était question dans toute l'Europe que de la rupture des Conférences. La guerre, si récemment éteinte, allait de nouveau se rallumer. Ces bruits n'étaient pas sans fondement. L'entente de l'Angleterre, de l'Autriche et de la France avait abouti à un traité d'alliance offensive et défensive, qui fut signé le 6 janvier 1815. Dans ce traité, les puissances contractantes s'engageaient à agir de concert pour effectuer les arrangements pris dans le traité de Paris, et à se regarder toutes trois comme solidaires si les possessions de l'une d'elles venaient à être attaquées. Si l'une des trois se voyait menacée, les deux autres interviendraient d'abord amicalement ; si cette intervention amicale restait insuffisante, l'apport militaire de chacun des coalisés serait de cent cinquante mille hommes. La paix ne serait conclue que d'un commun accord. Les trois puissances s'engageaient à regarder le traité de Paris comme ayant force pour régler l'étendue de leurs possessions respectives. Elles se réservaient la faculté d'inviter d'autres États à s'unir à elles, et s'engageaient mutuellement à repousser toute agression contre le territoire des souverains de Hanovre et des Pays-Bas. Ce traité devait être ratifié dans le délai de six semaines. Deux articles supplémentaires portaient ce qui suit : « Les souverains de Bavière, de Wurtemberg et des Pays-Bas seront invités à accéder au traité ci-dessus ; les conventions de ce jour ne devront être communiquées par aucune des puissances signataires sans le consentement de toutes les autres. »

Le traité clandestin du 6 janvier 1815 établissait une alliance séparée dans la grande alliance. Ce concert de l'Autriche, de l'Angleterre et de la France pour dominer les résolutions du congrès par le poids de leur vote si les questions se résolvaient pacifiquement, par le poids de leurs armes si les autres puissances ne voulaient point céder, était un acte d'hostilité contre la Russie et la Prusse. La France y trouvait un avantage moral, le maintien du roi de Saxe sur son trône, et un espoir, celui du renversement du trône de Murat. Mais les bénéfices les plus importants de ce traité revenaient à l'Autriche. En effet, elle acquérait le concours de l'Angleterre et de la France pour organiser l'Allemagne selon ses intérêts. Elle y diminuait l'influence de la Prusse; en remontant vers le nord, elle enlevait une partie de la Pologne à la Russie, et elle amoindrissait ainsi les deux puissances qui étaient ses adversaires naturels. Au moment où la France assurait à l'Autriche, en cas de guerre, le secours d'une armée de cent cinquante mille hommes pour faire prévaloir cette combinaison, et lui maintenir la possession des immenses territoires que le traité de Vienne lui livrait, le cabinet des Tuileries s'obligeait, de concert avec l'Angleterre, à souscrire la promesse de regarder le traité de Paris, qui avait ramené notre territoire jusqu'aux limites de l'ancienne France, comme réglant définitivement l'étendue de nos possessions, et à défendre le royaume des Pays-Bas, érigé contre nous. C'était promettre beaucoup, risquer beaucoup, pour obtenir peu. En outre, nous perdions notre position naturelle de médiateurs, et nous nous trouvions engagés dans une alliance intime avec les deux puissances qui ont toujours eu le plus d'objections contre nos accroissements, engagés non pas pour un objet défini et déterminé, mais d'une manière générale, contre la puissance avec laquelle il nous est le plus facile de nous entendre, parce que les deux États sont trop éloignés pour avoir des querelles de voisinage, que leurs intérêts sont distincts sans être contraires, sans compter que, presque partout, presque toujours, ils ont les mêmes ennemis.

Tel était le traité du 6 janvier, agréé par Louis XVIII dans la pensée honorable de hâter le moment où la France exercerait une action en Europe, d'émanciper sa diplomatie, et de maintenir sur le trône le roi de Saxe, l'ancien allié de sa famille, et le dernier et le plus persévérant allié de la France; signé par M. de Talleyrand, que la connaissance approfondie qu'il avait des affaires européennes aurait dû rendre plus attentif aux inconvénients du traité, ou tout au moins plus exigeant en le signant. Sans doute, il est beau de sauvegarder la civilisation de l'Occident contre une agression possible venant du Nord, mais il faudrait d'abord que cette agression fût probable, et l'immense développement du territoire de la Russie, le peu d'étendue de ses ressources financières, la rendent plus propre à la défensive qu'à l'offensive. Il ne faut pas se payer de grands mots quand on a affaire à des gens qui vont au fond des choses. Le traité du 6 janvier, outre les dangers immédiats qu'il entraînait en nous aliénant la Russie dans des circonstances où, comme l'événement le prouva, nous pouvions avoir sitôt besoin de son appui, avait donc des inconvénients intrinsèques et fondamentaux.

Ce traité connu ou soupçonné exerça une grande influence sur les délibérations du congrès. Si le texte même de cet instrument diplomatique restait caché à la Russie et à la Prusse, l'entente des trois puissances unies était visible, elle se retrouvait dans toutes les questions, et le ton confiant et décidé de l'Autriche aurait suffi pour révéler qu'elle se sentait appuyée. Peu à peu la résistance de la Russie et les prétentions de la Prusse fléchirent. Après un nouveau projet présenté par la Prusse le 12 janvier 1815, après un contre-projet autrichien qui suivit bientôt, vint une réponse conciliante du prince de Hardemberg, insérée au protocole du 8 février 1815 [1],

---

[1]. Le prince de Hardemberg acceptait le contre-projet autrichien, à la réserve de quelques points qui lui paraissaient indispensables à la reconstruction de la Prusse. Il consentait à ce que le roi de Saxe fût rétabli dans une partie de ses États, puisqu'on ne pouvait établir ce prince ni en Italie, ni en Westphalie, ni sur la rive gauche du Rhin, comme la Prusse l'avait successivement proposé. Voici les modifications qu'il demandait. Il faisait observer, quant à la Saxe, qu'on allouait, il est vrai, à la Prusse la moitié de ce pays en surface, mais la partie la moins fertile du

qui fit apercevoir l'espoir d'une solution ; la Russie consentait à se relâcher de ses prétentions sur la Pologne ; elle renonça à s'avancer jusqu'à l'Oder, et se contenta de la partie orientale du grand-duché de Varsovie, à laquelle elle s'engagea à donner une constitution. C'était la portion, à beaucoup près, la plus considérable de ce duché; et, dans ce démembrement, la partie principale conserva le nom qu'avait porté le tout. Alexandre semblait décidé à réunir à ce tronçon tout ce qu'il avait acquis de la Pologne dans les partages antérieurs, et les instances de l'Autriche et de la Prusse, qui craignaient que cette Pologne constitutionnelle n'attirât, comme un aimant invincible, les membres disjoints de la Pologne qu'elles avaient reçus en partage, ne réussirent qu'à demi à dissuader le Czar de son projet, bien que ses plus fidèles serviteurs lui représentassent qu'il courait de graves périls de la part de ses sujets, s'il détachait de son empire les plus belles conquêtes de Catherine. La portion occidentale du grand-duché de Varsovie, comprenant Dantzick, Thorn, Culm, Posen, un quart à peu près de la grande Pologne, fut rendue à la Prusse. Cette dernière puis-

---

royaume. Il réclamait Leipsick dont la possession était nécessaire à la Prusse sous le rapport de l'opinion, sous-celui de la défense militaire et sous celui du commerce. Il consentait à des stipulations protectrices du commerce de cette ville avec l'étranger. Il demandait que la part de la Saxe faite à la Prusse fût portée à 855,303 habitants. Le roi de Prusse ne se chargeait des pays qu'on lui offrait sur la rive gauche du Rhin que pour le bien général. L'empereur de Russie ayant déclaré ne pas vouloir se départir des limites adoptées dans le duché de Varsovie, excepté à l'égard de la ville de Thorn et de son rayon qu'il offrait à la Prusse, il ne pouvait être question d'une rétrocession du district de Tarnopol pour opérer une extension des limites prussiennes du côté de la Wartha. Le plénipotentiaire de la Grande-Bretagne, ayant proposé de porter le lot de la Prusse sur la rive gauche à 1,100,000 habitants, et de réduire l'acquisition à laquelle la Prusse avait accédé à 250,000, la Prusse acceptait ces deux modifications. Elle demandait la moitié du pays de Fulde comme lui étant nécessaire pour ses arrangements avec les maisons de Hesse et de Hanovre. La Prusse refusait les possessions des princes médiateurs de Westphalie offertes par le contre-projet autrichien; elle ne voulait pas opprimer ses co-États, et ne voulait entrer avec eux que dans les relations qui seraient établies par le pacte fédéral.

sance consentait pour la première fois à ne pas posséder la Saxe entière; comme complément, on lui assigna la moitié à peu près de la Saxe, notamment la totalité de la basse Lusace, et la plus grande partie de la haute. Enfin les pays situés à l'ouest du Wéser, et qu'elle proposait, de concert avec la Russie, d'assigner comme compensation au roi de Saxe, lui furent attribués à elle-même sous le nom de grand-duché du Bas-Rhin, selon la pensée favorite de l'Angleterre, qui voulait établir un voisinage sur le Rhin entre la Prusse et la France, pour créer entre ces deux États une hostilité. Ces arrangements, discutés pendant tout le mois de février, ne devaient aboutir à un traité définitif qu'au mois de mai suivant, par suite de la résistance du roi de Saxe, qui, affranchi de l'état de demi-captivité où il était retenu à Friederichfeld et invité, le 22 février, à se rapprocher de Vienne, arriva à Presbourg le 4 mars, et opposa longtemps d'inflexibles refus aux sacrifices qu'on lui demandait.

Tandis que cette négociation marchait péniblement en laissant dans les esprits des rancunes profondes et des germes de discordes, on élaborait la nouvelle organisation de l'Allemagne. La France se trouvait exclue de toute influence sur cette organisation, et M. de Talleyrand ne sut ou ne put pas profiter des rapports intimes qu'il avait noués avec l'Autriche, pour exercer du moins une action indirecte sur les travaux du congrès relativement à cette question si importante, en se faisant l'appui et l'interprète des puissances secondaires. M. de Metternich joua dans le congrès, vis-à-vis des États secondaires de l'Allemagne, le rôle prépondérant que M. de Talleyrand avait joué à l'époque des grands succès de Napoléon. Son plan était de diviser l'Allemagne en cercles, dont les chefs seraient réunis dans une diète fédérale, avec un conseil directeur formé de cinq membres, et dans lequel l'Autriche et la Prusse avaient chacune deux voix, la Bavière, le Wurtemberg et le Hanovre, chacun une; ces trois dernières puissances devaient comme les deux premières avoir le droit de guerre et de paix. Au-dessous de ce conseil fédéral venait se placer un conseil de princes et de villes, investis de la puissance législative, mais dépourvus du droit de faire la guerre et de conclure des alliances sans l'autorisation de la confédération. C'était placer la puissance directrice dans un conseil de sept, où l'Autriche et la Prusse unies faisaient seules la majorité, et la présidence de ce conseil, attribuée à l'Autriche, faisait d'elle la tête du corps germanique.

En Italie, les points arrêtés furent l'agrandissement de l'Autriche dans les plaines qui s'étendent entre les rives droites du Pô et les bouches du Cattaro, l'annexion de Venise aux États autrichiens, de la république de Gênes au Piémont, mesures que ne justifiait pas le droit, mais qu'expliquait l'intérêt et que consommait la force. Une des idées fixes du congrès de Vienne fut d'élever des barrières contre la France. Il est rare que les préoccupations du passé ne pèsent pas plus sur l'esprit des hommes que les préoccupations de l'avenir; et les hommes d'État, comme les autres hommes, n'échappent guère à cette illusion d'optique qui nous fait chercher des digues aux torrents écoulés. La reconstruction et l'agrandissement des deux grandes monarchies de l'Allemagne, l'érection du royaume des Pays-Bas, l'agrandissement du roi de Sardaigne en Italie, sous le nom de roi de Piémont, l'organisation plus forte des cantons suisses, trouvaient leurs motifs ou plutôt leurs prétextes dans cette sollicitude; car les intérêts politiques des puissances s'exerçaient à l'abri de ces considérations, et ceux qui avaient tant récriminé contre l'abus que Napoléon avait fait de la victoire et de la force en abusaient à leur tour.

Dans les États où la liberté de la presse permettait à l'opinion de se produire, comme en Angleterre et en France, elle se prononçait contre ce qu'elle savait déjà, et plus encore contre ce qu'elle soupçonnait des actes du congrès. L'idéal que le peuple s'était fait de cette grande assemblée se trouvait trompé. Cette espèce de partage des âmes réglé au gré des intérêts des grandes puissances, sans que les convenances des populations fussent consultées, ces violations de nationalité, faites malgré les réclamations des peuples, et souvent malgré des promesses antérieures; Venise, Gênes, Parme, une partie de la Saxe, enlevés à leurs souverains naturels, la Pologne encore une fois démembrée, ces amalgames qui rapprochaient dans un ensemble disparate des nationalités hétérogènes et des cultes ennemis, toutes ces mesures décréditaient le congrès dans l'opinion générale.

Rien n'était encore définitivement réglé pour Naples; mais on avait jeté sur cette question les bases d'une entente entre la France, l'Autriche et l'Angleterre, et c'était, à proprement parler, la part du cabinet des Tuileries dans le traité de la triple alliance. Cette négociation, dont les historiens n'ont pas jusqu'ici pénétré le secret, ne fut point suivie à Vienne, mais à Paris, par suite d'une méfiance profonde de M. de Metternich contre M. de Talleyrand, toutes les fois qu'il s'agissait des affaires d'Italie [1]. Une lettre de M. de Metternich accréditant M. de Bombelles à Paris, à la date du 13 janvier 1815, pour suivre une négociation à ce sujet, était adressée au comte de Blacas; elle était ainsi conçue : « Je charge M. de Bombelles de s'expliquer avec une entière confiance avec vous, monsieur le comte, au sujet des différentes communications dont il s'est trouvé chargé de

---

[1]. J'ai sous les yeux une lettre autographe du duc de Wellington datée de la fin du mois de décembre 1814, et adressée au comte de Blacas, dans laquelle il parle de cette méfiance et de cette répugnance de M. de Metternich à traiter les affaires d'Italie avec le prince de Talleyrand. Le duc de Wellington ajoute que M. de Metternich lui a montré les lettres par lesquelles il accrédite M. de Bombelles pour traiter cette affaire à Paris; il fera, quant à lui, tous ses efforts pour dissiper les préventions de M. de Metternich sur M. de Talleyrand. (*Documents inédits* communiqués par M. le duc de Blacas.)

votre part. La marche des événements aura prouvé au Roi que les principes de l'empereur, mon maître, sont irrévocables. Rien ne le fera départir de la ligne qu'il suit, et sur laquelle il sera heureux de rencontrer le Roi. Si nous différons sur plusieurs points dans notre attitude, le but auquel viseront nos efforts sera le même. » M. de Bombelles entrant en relation avec M. de Blacas, chargé par Louis XVIII de s'entendre avec lui sur les bases de la convention à intervenir, lui écrivait, après une conférence, le 2 février 1815 : « Votre Excellence m'a fait l'honneur de me dire que le Roi voyait avec un profond regret le trône de Naples occupé par Murat; qu'il croyait que si l'Europe entière prononçait sa déchéance, il serait abandonné par les Italiens; que le cabinet des Tuileries était dans la ferme intention de n'avoir ni cesse ni repos, tant qu'il ne parviendrait pas à lever un obstacle qu'il regardait comme impossible à concilier avec le repos de la France et de l'Europe. Vous avez ajouté que le Roi, animé du désir d'éviter, autant que possible, toute complication, ferait pour le moment parvenir à ses plénipotentiaires les ordres sollicités par mon entremise, à condition qu'une convention secrète serait passée entre Sa Majesté et l'empereur d'Autriche, et que cette convention aurait son effet six mois après la fin du congrès. »

Ce n'était pas entre la France et l'Autriche seulement que cette convention devait être signée. L'Angleterre, le troisième membre de la triple alliance, allait y adhérer un peu plus tard. Pour déterminer cette adhésion, le cabinet des Tuileries produisit, sur la demande du duc de Wellington, après avoir dépouillé les archives les plus récentes de l'Empire, des pièces[1]

---

[1]. Ces pièces étaient au nombre de neuf. Il y avait trois minutes de lettres dictées par l'empereur Napoléon et adressées, les deux premières à Murat, la troisième à sa sœur Élisa; des lettres de Fouché, du duc de Feltre et d'Eugène Beauharnais à Napoléon. (*Lettres* du prince de Castelcicala au comte de Blacas. — *Documents inédits* communiqués par le duc de Blacas.)

tendant à établir que, depuis qu'il avait signé la paix avec l'Autriche et l'Angleterre, Murat n'avait pas rompu tous ses rapports avec le gouvernement de Napoléon, et avait joué vis-à-vis de l'Europe un double jeu. Des copies certifiées de ces lettres furent remises au duc de Wellington et à lord Castlereagh, et le prince de Castelcicala, ambassadeur du roi des Deux-Siciles en Angleterre, reçut en dépôt les originaux, et fut chargé de les porter à Londres. Quelques copies de ces documents, restées dans les mains de M. de Blacas, devaient amener plus tard un incident diplomatique assez grave. Le 12 mars, l'Angleterre, convaincue de la perfidie de Murat, n'hésitait plus, et les puissances réunies à Vienne, après une communication des mêmes documents faite par le duc de Wellington, souscrivirent à la chute du roi Joachim [1]. Il faut ajouter que le bruit des menées du beau-frère de Napoléon en Italie venait continuellement éveiller la sollicitude et les appréhensions des puissances. On parlait de rapports noués avec les sociétés secrètes et de correspondances avec l'île d'Elbe, et le grand-duc de Toscane avait formellement demandé, au nom de la sûreté de ses États, la déchéance de ce voisin dangereux. Quoique dans l'arrangement négocié avec l'Angleterre et l'Autriche, cette dernière puissance se fût réservé le soin d'exécuter en Italie l'arrêt porté contre le beau-frère de Napoléon [2],

---

1. Le prince de Castelcicala écrivait plus tard au comte de Blacas : « Quand Murat est venu proposer à l'Europe, le 25 mars, de se réunir à elle, il ne savait pas ce qui s'était passé à Paris le 12 mars. » Il ajoute dans une autre lettre : « Lord Castlereagh m'a dit que le duc de Wellington lui avait écrit que sur la communication des pièces certifiées par vous, qu'il avait faite aux puissances, elles étaient restées convaincues de la perfidie de Murat. » (*Papiers politiques de M. de Blacas.*)

2. Dans des réflexions sur la note verbale relative à la convention secrète proposée entre l'Autriche, l'Angleterre et la France pour renverser Murat, M. de Blacas disait : « La France ne peut être privée d'un mode d'agression dans une alliance offensive, qu'en obtenant la certitude que la présence de ses troupes en Italie deviendra superflue, et que l'Autriche entreprendra cette guerre avec des

le cabinet des Tuileries, sous prétexte d'appuyer l'Autriche en cas qu'elle eût besoin de secours, échelonnait une armée dans la direction des Alpes pendant le mois de février 1815.

Ainsi dans les premiers mois de l'année 1815, Murat était sacrifié, et il ne restait plus qu'à exécuter l'arrêt. Quoiqu'on eût enregistré les pouvoirs de ses envoyés au début du congrès, aucun d'eux n'avait été admis dans les conférences. Suspect à l'Autriche par ses menées en Italie, peu à peu abandonné par l'Angleterre qui, on vient de le voir, avait seulement demandé des preuves de la duplicité de sa politique, résultat naturel de sa position ambiguë, condamné par Alexandre qui, entraînant la Prusse dans son mouvement, mettait une sorte d'orgueil à ce que, de tous les lieutenants de Napoléon, un seul restât sur le trône, Bernadotte, qui, dès 1812, avait fait au Czar sa soumission, et s'était confié à la fortune de la Russie, il succombait sous les attaques dirigées avec une persévérante habileté contre lui par le cabinet des Tuileries. La rumeur historique, souvent aussi trompeuse que la rumeur populaire, et non moins injuste dans ses critiques que dans ses louanges, a attribué l'honneur de la négociation napolitaine, comme de la négociation saxonne, à M. de Talleyrand, en ajoutant que, dans la première comme dans la seconde, il ne s'attacha pas moins à gagner les riches récompenses promises par les rois dépossédés qu'à suivre les instructions de Louis XVIII. La mauvaise renommée de M. de Talleyrand ne l'a pas mis au-dessus de cette rumeur, trop accréditée pour qu'on puisse la taire; cependant il est juste de faire observer que la négociation napolitaine ne fut pas conduite à Vienne mais à Paris, et qu'elle ne fut pas conduite par M. de Talleyrand, auquel les soup-

---

forces assez considérables pour assurer le succès. » (*Documents inédits* communiqués par M. le duc de Blacas.)

çons de M. de Metternich donnèrent l'exclusion, mais par M. de Blacas[1].

Tels étaient la situation des choses et l'état général des négociations vers la fin de 1814 et au commencement de 1815 : nous avons dû, en effet, franchir la limite du mois de décembre, pour ne pas interrompre l'exposé de ces négociations. La crainte de la guerre si récemment terminée, la nécessité de maintenir la paix si nouvellement rétablie, empêchaient les discordes qui s'étaient élevées dans le congrès d'aboutir à une rupture ouverte. Une entente forcée s'établissait avec peine, mais l'harmonie des volontés avait disparu ; les dissentiments, les incompatibilités d'intérêts, les ambitions déçues, les rancunes survivaient aux questions qui les avaient fait naître, et l'alliance européenne semblait épuisée par le congrès de Vienne qu'on croyait destiné à l'établir dans les idées comme dans les faits. Au moment (15 février 1815) où lord Castlereagh, rappelé à Londres par l'ouverture du parlement, quitta Vienne pour se rendre à son poste ministériel, en se faisant remplacer au congrès par lord Wellington, alors ambassadeur à Paris, M. Pozzo di Borgo définissait ainsi l'état du congrès : « Cela finit bien, nous n'avons perdu que les illusions du sentiment, nous en sommes maintenant à un mariage de raison sans amour et sans divorce possible. » Il n'y avait donc plus de conflit à craindre ; mais, comme il arrive dans l'ordre physique, le bruit des discordes

---

1. Ce fait demeure pour nous hors de doute depuis que nous avons dépouillé les volumineux dossiers des *Papiers politiques* de M. de Blacas. Non-seulement les documents que nous avons cités établissent ce fait, mais les correspondances de M. de Blacas lui donnent un caractère d'évidence. Ainsi, le prince de Castelcicala lui écrivait, après la chute de Murat, le 11 juin 1815 : « Je comprends la joie que vous fait éprouver le rétablissement de mon maître. L'homme qui seul, lorsque tout le monde l'abandonnait, a su, par la fermeté de sa conduite et l'habileté de ses négociations, préparer ce rétablissement d'une manière immanquable, ne pouvait qu'éprouver une grande joie en le voyant s'accomplir au moment où le bras puissant de son maître était paralysé. S. M. Sicilienne n'oubliera jamais ce qu'elle vous doit. »

du congrès survivait en Europe aux chocs d'intérêts qui l'avaient fait naître. On croyait à une dissolution prochaine des conférences, les rumeurs de guerre continuaient à se répandre.

Tous ces travaux du congrès s'étaient accomplis au milieu des plaisirs, des fêtes et des bals. Jamais la capitale de l'Autriche n'avait été aussi brillante et aussi animée. La plupart des monarques de l'Europe, tous les princes de l'Allemagne, les plénipotentiaires des grands et des petits États s'y trouvaient, on l'a vu, réunis. M. de Talleyrand portait avec aisance, au milieu des féeries des cours, ce sceptre de roi de la conversation, qu'aux jours d'une ancienne intimité Napoléon lui avait reconnu. Il était assisté par sa nièce d'alliance, madame la duchesse de Dino, issue de la grande famille des ducs de Courlande, alors dans tout l'éclat de sa beauté et déjà dans tout l'éclat de son esprit, capable de s'élever à l'intelligence des grandes affaires comme de descendre aux détails d'une fête. Une douce familiarité avait relâché les lois sévères de l'étiquette. Les salons de Vienne, souvent signalés par les voyageurs comme impénétrables, laissaient tomber leurs orgueilleuses barrières. Partout les étrangers trouvaient la prévenance, le bon goût et les grâces affables d'une hospitalité bienveillante jusqu'à la recherche, et magnifique jusqu'à la prodigalité. On s'amusait autour des grandes affaires, et la vie s'écoulait rapide au milieu des émotions, des nouvelles que chaque jour faisait naître, et des distractions charmantes d'une société élégante, spirituelle et polie. Les salons répétaient les bons mots du prince de Ligne qui, continuant les traditions légères de l'esprit du dix-huitième siècle, disait pour caractériser la vivacité des plaisirs et la lenteur des affaires : « Le congrès danse, mais il ne marche pas. » Les souverains eux-mêmes donnaient l'exemple du relâchement de l'étiquette; souvent ils passaient leurs soirées chez une dame israélite, madame Amstein, renommée par sa charité pour les infortunes de tous les cultes, et dont le salon était un des plus attrayants de Vienne par les bonnes grâces et les agréments de l'esprit de celle qui en faisait les honneurs. Mais de tous les salons, celui de M. de Talleyrand restait le premier. Ce rayon d'aristocratie qui lui venait de son origine, ces grandes manières qu'il avait conservées dans toutes ses fortunes, son esprit réel et la renommée de son esprit qui était encore au-dessus, le rôle prépondérant qu'il avait joué dans les transactions diplomatiques de l'Empire, la modération et la facilité de son caractère qui, adoucissant les rigueurs de son maître, n'avaient jamais refusé les ménagements possibles aux vaincus de la veille devenus les vainqueurs du jour; tout, jusqu'aux grâces de son jeune et charmant auxiliaire, la duchesse de Dino, qui, élevée sérieusement et nourrie de fortes lectures comme les femmes du Nord, avait, sous un vernis de grâces, la solidité, la fermeté, l'ardeur et l'énergie de volonté qui manquaient à son oncle, tout contribuait à lui assurer une prééminence personnelle, flatteuse pour lui-même, utile à son gouvernement. Ses lettres sur le congrès, sur ses négociations, ses intrigues et ses vicissitudes, ses plaisirs et ses fêtes, sans en excepter les mascarades, intéressaient nécessairement Louis XVIII. Cependant le Roi, passé maître en ce genre, ne perdait pas l'occasion d'une épigramme contre son ambassadeur, et celui-ci ayant décrit dans une lettre tous les costumes portés dans un grand bal de travestissement, le Roi fit observer malignement que M. de Talleyrand avait omis d'indiquer le sien, et que si l'on en jugeait par la multiplicité des rôles qu'il avait joués il devait en avoir de rechange dans sa garde-robe.

Toutes les péripéties du congrès de Vienne avaient été avidement suivies par les gouvernements et par les peuples qui en attendaient leur destinée, et par ceux-là mêmes qui, désintéressés dans les solutions, voyaient dans ces péripéties celles d'un drame émouvant. En Allemagne, en Angleterre, en

France, les publicistes s'étaient ardemment jetés dans la polémique pour faire peser sur les faits l'action des idées. La nationalité polonaise et la légitimité saxonne avaient surtout excité en France de vives sympathies. Le dernier peuple et le dernier roi alliés de la France dans sa lutte inégale contre l'Europe coalisée se recommandaient naturellement à l'intérêt d'un peuple généreux, qui n'a jamais argué de ses propres infortunes pour demeurer indifférent aux infortunes de ses amis. Parmi les spectateurs lointains qui suivaient du regard les vicissitudes du congrès de Vienne, il y en avait un qui, placé sur son rocher comme sur un observatoire, et en relation à la fois avec l'Italie, la France et l'Allemagne par des communications secrètes, sentait diminuer ses ennuis et grandir ses espérances à mesure que les bruits des mésintelligences européennes, grossis par la voix de la Renommée, arrivaient à son oreille, toujours ouverte pour les recevoir : c'était l'empereur Napoléon.

FIN DU TOME PREMIER.

PIÈCES JUSTIFICATIVES

CAPITULATION DE PARIS (31 mars 1814).

L'armistice de quatre heures, dont on est convenu pour traiter des conditions de l'occupation de la ville de Paris, et de la retraite des corps qui s'y trouvent, ayant conduit à un arrangement à cet égard, les soussignés, dûment autorisés par les commandants respectifs des forces opposées, ont arrêté et signé les articles suivants :

Article premier. — Les corps des maréchaux ducs de Trévise et de Raguse évacueront la ville de Paris à sept heures du matin.

Art. 2. — Ils emmèneront avec eux l'attirail de leur corps d'armée.

Art. 3. — Les hostilités ne pourront recommencer que deux heures après l'évacuation de la ville, c'est-à-dire le 31 mars à neuf heures du matin.

Art. 4. — Tous les arsenaux, ateliers, établissements et magasins militaires seront laissés dans le même état où ils se trouvaient avant qu'il fût question de la présente capitulation.

Art. 5. — La garde nationale ou urbaine est totalement séparée des troupes de ligne ; elle sera conservée, désarmée ou licenciée, selon les dispositions des cours alliées.

Art. 6. — Le corps de la gendarmerie municipale partagera entièrement le sort de la garde nationale.

Art. 7. — Les blessés et maraudeurs restés après sept heures à Paris seront prisonniers de guerre.

Art. 8. — La ville de Paris est recommandée à la générosité des hautes puissances alliées.

Fait à Paris, le 31 mars 1814, à deux heures du matin.

Signé : Le colonel ORLOFF, aide de camp de S. M. l'empereur de toutes les Russies.
Le colonel PARR, aide de camp de S. A. le maréchal prince de Schwarzenberg.
Le colonel baron FABVIER, attaché à l'état-major de S. E. le maréchal duc de Raguse.
Le colonel DENYS, premier aide de camp de S. E. le maréchal duc de Raguse.

TRAITÉ DU 11 AVRIL 1814

CONNU SOUS LE NOM DE TRAITÉ DE FONTAINEBLEAU.

S. M. l'empereur Napoléon d'une part, et LL. MM. l'empereur d'Autriche, roi de Hongrie et de Bohême, l'empereur de toutes les Russies et le roi de Prusse, stipulant tant en leur nom qu'en celui de tous les alliés de l'autre, ayant nommé pour leurs plénipotentiaires, savoir :

S. M. l'empereur Napoléon : les sieurs Armand-Augustin-Louis de Caulaincourt, duc de Vicence, son grand écuyer, sénateur, ministre des relations extérieures, grand-aigle de la Légion d'honneur, chevalier des ordres de Léopold d'Autriche, de Saint-André, de Saint-Alexandre-Newsky, de Sainte-Anne de Russie et de plusieurs autres ; Michel Ney, duc d'Elchingen et maréchal de l'Empire, grand-aigle de la Légion d'honneur, chevalier de la Couronne de fer et de l'ordre du Christ ; Jacques-Étienne-Alexandre Macdonald, duc de Tarente, maréchal de l'Empire, grand-aigle de la Légion d'honneur et chevalier de la Couronne de fer ;

Et S. M. l'empereur d'Autriche : le sieur Clément-Wenceslas-Lothaire, prince de Metternich, Winebourg-Sachsenhausen, chevalier de la Toison d'or, grand-croix de l'ordre royal de Saint-Étienne, grand-aigle de la Légion d'honneur, chevalier des ordres de Saint-André, de Saint-Alexandre-Newsky et de Sainte-Anne de Russie, de l'Aigle noir et de l'Aigle rouge de Prusse, grand-croix de l'ordre de Saint-Joseph de Wurtzbourg, chevalier de l'ordre de Saint-Jean de Jérusalem et de plusieurs autres, chancelier de l'ordre militaire de Marie-Thérèse, curateur de l'Académie impériale de S. M. impériale et royale apostolique, et son ministre d'État des conférences et des affaires étrangères.

(Dans le traité avec la Russie sont les titres du baron de Nesselrode, et dans le traité avec la Prusse sont les titres du baron de Hardemberg.)

Les plénipotentiaires ci-dessus nommés, après avoir procédé à l'échange de leurs pleins pouvoirs respectifs, sont convenus des articles suivants :

ARTICLE PREMIER. — S. M. l'empereur Napoléon renonce, pour lui et ses successeurs et descendants, ainsi que pour chacun des membres de sa famille, à tout droit de souveraineté et de domination, tant sur l'Empire français et le royaume d'Italie que sur tout autre pays.

ART. 2. — LL. MM. l'empereur Napoléon et l'impératrice Marie-Louise conserveront ces titres et qualités pour en jouir leur vie durant.

La mère, les frères, sœurs, neveux et nièces de l'Empereur conserveront également, partout où ils se trouveront, les titres de princes de sa famille.

ART. 3. — L'île d'Elbe, adoptée par S. M. l'empereur Napoléon pour lieu de son séjour, formera, sa vie durant, une principauté séparée qui sera possédée par lui en toute souveraineté et propriété.

Il sera donné en outre en toute propriété à l'empereur Napoléon un revenu annuel de 2 millions de francs en rentes sur le grand-livre de France, dont 1 million reversible à l'Impératrice.

Art. 4. — Toutes les puissances s'engagent à employer leurs bons offices pour faire respecter par les Barbaresques le pavillon et le territoire de l'île d'Elbe, et pour que dans ses rapports avec les Barbaresques elle soit assimilée à la France.

Art. 5. — Les duchés de Parme, de Plaisance et de Guastalla seront donnés en toute propriété et souveraineté à S. M. l'impératrice Marie-Louise.

Ils passeront à son fils et à sa descendance en ligne directe.

Le prince son fils prendra, dès ce moment, le titre de prince de Parme, de Plaisance et de Guastalla.

Art. 6. — Il sera réservé dans les pays auxquels Napoléon renonce, pour lui et sa famille, des domaines, ou donné des rentes sur le grand-livre de France, produisant un revenu annuel net, et déduction faite de toutes charges, de 2,500,000 francs ; ces domaines ou rentes appartiendront en toute propriété, et pour en disposer comme bon leur semblera, aux princes et princesses de sa famille, et seront répartis entre eux, de manière à ce que le revenu de chacun soit dans la proportion suivante :

A Madame mère, 300,000 francs ;
Au roi Joseph et à la reine, 500,000 francs ;
Au roi Louis, 200,000 francs ;
A la reine Hortense et à ses enfants, 400,000 francs ;
Au roi Jérôme et à la reine, 500,000 francs ;
A la princesse Élisa, 300,000 francs ;
A la princesse Pauline, 300,000 francs.

Les princes et princesses de la famille de l'empereur Napoléon conserveront en outre tous les biens meubles et immeubles, de quelque nature que ce soit, qu'ils possèdent à titre particulier, et notamment les rentes dont ils jouissent, également comme particuliers, sur le grand-livre de France ou le Monte-Napoleone de Milan.

Art. 7. — Le traitement annuel de l'impératrice Joséphine sera réduit à 1 million, en domaines ou en inscriptions sur le grand-livre de France. Elle continuera à jouir en toute propriété de tous ses biens meubles et immeubles particuliers, et pour en disposer conformément aux lois françaises.

Art. 8. — Il sera donné au prince Eugène, vice-roi d'Italie, un établissement convenable hors de France.

Art. 9. — Les propriétés que S. M. l'empereur Napoléon possède en France, soit comme domaine extraordinaire, soit comme domaine privé, resteront à la couronne.

Sur les fonds placés par l'empereur Napoléon, soit sur le grand-livre, soit sur la banque de France, soit sur les actions des canaux, soit de toute autre manière, et dont S. M. fait l'abandon à la couronne, il sera réservé un capital, qui n'excédera pas 2 millions, pour être employé en gratifications en faveur des personnes qui seront portées sur l'état que signera l'empereur Napoléon et qui sera remis au gouvernement français.

Art. 10. — Tous les diamants de la couronne resteront à la France.

Art. 11. — L'empereur Napoléon fera retourner au trésor et autres caisses publiques toutes les sommes et effets qui auraient été déplacés par ses ordres, à l'exception de ce qui provient de la liste civile.

Art. 12. — Les dettes de la maison de S. M. l'empereur Napoléon, telles qu'elles se trouvent au jour de la signature du présent traité, seront immédiatement acquittées sur les arrérages dus par le trésor public à la liste civile, d'après les états qui seront signés par un commissaire nommé à cet effet.

Art. 13. — Les obligations du Monte-Napoleone de Milan envers tous ses créanciers, soit français, soit étrangers, seront exactement remplies, sans qu'il soit fait aucun changement à cet égard.

Art. 14. — On donnera tous les sauf-conduits nécessaires pour le libre voyage de S. M. l'empereur Napoléon, de l'Impératrice, des princes et princesses, et de toutes les personnes de leur suite qui voudront les accompagner ou s'établir hors de France, ainsi que pour le passage de tous les équipages, chevaux et effets qui leur appartiennent.

Les puissances alliées donneront en conséquence des officiers et quelques hommes d'escorte.

Art. 15. — La garde impériale fournira un détachement de 12 à 1,500 hommes de toutes armes, pour servir d'escorte jusqu'à Saint-Tropez, lieu de l'embarquement.

Art. 16. — Il sera fourni une corvette armée et les bâtiments de transport nécessaires pour conduire au lieu de sa destination S. M. l'empereur Napoléon, ainsi que sa maison. La corvette demeurera en toute propriété à S. M.

Art. 17. — S. M. l'empereur Napoléon pourra emmener avec lui et conserver pour sa garde 400 hommes de bonne volonté, tant officiers que sous-officiers et soldats.

Art. 18. — Tous les Français qui auront suivi S. M. l'empereur Napoléon et sa famille seront tenus, s'ils ne veulent pas perdre leur qualité de Français, de rentrer en France dans le terme de trois ans, à moins qu'ils ne soient compris dans les exceptions que le gouvernement français se réserve d'accorder après l'expiration de ce terme.

Art. 19. — Les troupes polonaises de toutes armes qui sont au service de la France auront la liberté de retourner chez elles, en conservant armes et bagages, comme un témoignage de leurs services honorables. Les officiers, sous-officiers et soldats conserveront les décorations qui leur auront été accordées et les pensions affectées à ces décorations.

Art. 20. — Les hautes puissances alliées garantissent l'exécution de tous les articles du présent traité. Elles s'engagent à obtenir qu'ils soient adoptés et garantis par la France.

Art. 21. — Le présent traité sera ratifié et les ratifications en seront échangées à Paris dans le terme de deux jours, ou plus tôt si faire se peut.

Fait à Paris, le 11 avril 1814.

Signé : CAULAINCOURT, duc de Vicence ;
Le maréchal, duc de Tarente, MACDONALD ;
Le maréchal, duc d'Elchingen, NEY.

Signé : Le prince de METTERNICH.

Les mêmes articles ont été signés séparément, et sous la même date, de la part de la Russie par le comte de Nesselrode, et de la part de la Prusse par le baron de Hardenberg.

M. de Vaulabelle cite dans son *Histoire de la Restauration* les deux pièces suivantes, sans indiquer la source où il les a puisées. On remarquera que ces deux pièces, en admettant leur authenticité, ne spécifient pas la part qui sera à la charge de la France et celle qui restera à la charge de l'Europe dans les stipulations financières convenues en faveur de Napoléon :

I. Les puissances alliées ayant conclu un traité avec S. M. l'empereur Napoléon, et ce traité renfermant des dispositions à l'exécution desquelles le gouvernement français est dans le cas de prendre part, et des explications réciproques ayant eu lieu sur ce point, le gouvernement provisoire de France, dans la vue de concourir efficacement à toutes les mesures qui sont adoptées, se fait un devoir de déclarer qu'il y adhère autant que besoin est, et garantit, en tout ce qui concerne la France, l'exécution des stipulations renfermées dans ce traité, qui a été signé aujourd'hui entre messieurs les plénipotentiaires des hautes puissances alliées et ceux de S. M. l'empereur Napoléon.

Paris, le 11 avril 1814.

Signé : Le prince de BÉNÉVENT, DALBERG, JAUCOURT, BEURNONVILLE, MONTESQUIOU.

II. Le soussigné, ministre secrétaire d'État au département des affaires étrangères, ayant rendu compte au Roi de la demande que LL. EE. messieurs les plénipotentiaires des cours alliées ont reçu de leurs souverains l'ordre de faire, relativement au traité du 11 avril 1814, auquel le gouvernement provisoire a accédé, il a plu à Sa Majesté de l'autoriser à déclarer en son nom que les clauses du traité à la charge de la France seront fidèlement exécutées. Il a en conséquence l'honneur de le déclarer par la présente à Leurs Excellences.

Paris, le 31 mai 1814.

Signé : Le prince de BÉNÉVENT.

EXTRAIT

DES REGISTRES DU SÉNAT CONSERVATEUR DU MERCREDI 6 AVRIL 1814.

Le Sénat conservateur, délibérant sur le projet de constitution qui lui a été présenté par le gouvernement provisoire, en exécution de l'acte du Sénat du 1ᵉʳ de ce mois,

DÉCRÈTE CE QUI SUIT :

ARTICLE PREMIER. — Le gouvernement français est monarchique et héréditaire de mâle en mâle par ordre de primogéniture.

ART. 2. — Le peuple appelle librement au trône de France LOUIS-STANISLAS-XAVIER DE FRANCE, frère du dernier Roi, et après lui les autres membres de la maison de Bourbon, dans l'ordre ancien.

ART. 3. — La noblesse ancienne reprend ses titres. La nouvelle conserve les siens héréditairement. La Légion d'honneur est maintenue avec ses prérogatives. Le Roi déterminera la décoration.

ART. 4. — Le pouvoir exécutif appartient au Roi.

ART. 5. — Le Roi, le Sénat et le Corps législatif concourent à la formation des lois.

Les projets de lois peuvent être également proposés dans le Sénat et dans le Corps législatif.

Ceux relatifs aux contributions ne peuvent l'être que dans le Corps législatif.

Le Roi peut inviter également les deux Corps à s'occuper des objets qu'il juge convenable.

La sanction du Roi est nécessaire pour le complément de la loi.

ART. 6. — Il y a cent cinquante sénateurs au moins et deux cents au plus.

Leur dignité est inamovible et héréditaire de mâle en mâle par primogéniture. Ils sont nommés par le Roi.

Les sénateurs actuels, à l'exception de ceux qui renonceraient à la qualité de citoyen français, sont maintenus et font partie de ce nombre. La dotation actuelle du Sénat et des sénatoreries leur appartient. Les revenus en sont partagés également entre eux, et passent à leurs successeurs. Le cas échéant de la mort d'un sénateur sans postérité masculine directe, sa portion retourne au trésor public. Les sénateurs qui seront nommés à l'avenir ne peuvent avoir part à cette dotation.

ART. 7. — Les princes de la famille royale et les princes du sang sont de droit membres du Sénat.

On ne peut exercer les fonctions de sénateur qu'après avoir atteint l'âge de majorité.

Art. 8. — Le Sénat détermine les cas où la discussion des objets qu'il traite doit être publique ou secrète.

Art. 9. — Chaque département nommera au Corps législatif le même nombre de députés qu'il y envoyait.

Les députés qui siégeaient au Corps législatif, lors du dernier ajournement, continueront à y siéger jusqu'à leur remplacement. Tous conservent leur traitement.

A l'avenir ils seront choisis immédiatement par les colléges électoraux, lesquels sont conservés, sauf les changements qui pourraient être faits par une loi à leur organisation. La durée des fonctions des députés au Corps législatif est fixée à cinq années. Les nouvelles élections auront lieu pour la session de 1816.

Art. 10. — Le Corps législatif s'assemble de droit chaque année le 1er octobre.

Le Roi peut le convoquer extraordinairement; il peut l'ajourner, il peut aussi le dissoudre; mais dans ce dernier cas, un autre Corps législatif doit être formé au plus tard dans les trois mois par les colléges électoraux.

Art. 11. — Le Corps législatif a le droit de discussion. Les séances sont publiques, sauf le cas où il juge à propos de se former en comité général.

Art. 12. — Le Sénat, le Corps législatif, les colléges électoraux et les assemblées de canton élisent leur président dans leur sein.

Art. 13. — Aucun membre du Sénat ou du Corps législatif ne peut être arrêté sans une autorisation préalable du corps auquel il appartient.

Le jugement d'un membre du Sénat ou du Corps législatif accusé appartient exclusivement au Sénat.

Art. 14. — Les ministres peuvent être membres soit du Sénat, soit du Corps législatif.

Art. 15. — L'égalité de proportion dans l'impôt est de droit. Aucun impôt ne peut être établi ni perçu s'il n'a été librement consenti par le Corps législatif et par le Sénat. L'impôt foncier ne peut être établi que pour un an. Le budget de l'année suivante et les comptes de l'année précédente sont présentés chaque année au Corps législatif et au Sénat à l'ouverture de la session du Corps législatif.

Art. 16. — Le Roi déterminera le mode et la quotité du recrutement de l'armée.

Art. 17. — L'indépendance du pouvoir judiciaire est garantie. Nul ne peut être distrait de ses juges naturels.

L'institution des jurés est conservée, ainsi que la publicité des débats en matière criminelle.

La peine de la confiscation des biens est abolie.

Le Roi a le droit de faire grâce.

Art. 18. — Les cours et tribunaux ordinaires actuellement existants sont maintenus : leur nombre ne pourra être diminué ni augmenté qu'en vertu d'une loi. Les juges sont à vie et inamovibles, à l'exception des juges de paix et de commerce. Les commissions et les tribunaux extraordinaires sont supprimés et ne pourront être rétablis.

Art. 19. — La cour de cassation, les cours d'appel et les tribunaux de première instance proposent au Roi trois candidats pour chaque place de juge vacante dans leur sein. Le Roi choisit l'un des trois. Le Roi nomme les premiers présidents et le ministère public des cours et des tribunaux.

Art. 20. — Les militaires en activité, les officiers et soldats en retraite, les veuves et les officiers pensionnés conservent leurs grades, leurs honneurs et leurs pensions.

Art. 21. — La personne du Roi est inviolable et sacrée. Tous les actes du gouvernement sont signés par un ministre.

Les ministres sont responsables de tout ce que ces actes contiendraient d'attentatoire aux lois, à la liberté publique et individuelle, et aux droits des citoyens.

Art. 22. — La liberté des cultes et des consciences est garantie. Les ministres des cultes sont également traités et protégés.

Art. 23. — La liberté de la presse est entière, sauf la répression légale des délits qui pourraient résulter de l'abus de cette liberté. Les commissions sénatoriales de la liberté de la presse et de la liberté individuelle sont conservées.

Art. 24. — La dette publique est garantie.

Les ventes des domaines nationaux sont irrévocablement maintenues.

Art. 25. — Aucun Français ne peut être recherché pour les opinions ou les votes qu'il a pu émettre.

Art. 26. — Toutes personnes ont le droit d'adresser des pétitions individuelles à toute autorité constituée.

Art. 27. — Tous les Français sont également admissibles à tous les emplois civils et militaires.

Art. 28. — Toutes les lois actuellement existantes restent en vigueur jusqu'à ce qu'il y soit légalement dérogé. Le code des lois civiles sera intitulé : *Code civil des Français*.

Art. 29. — La présente Constitution sera soumise à l'acceptation du peuple français dans la forme qui sera réglée. Louis-Stanislas-Xavier sera proclamé Roi des Français aussitôt qu'il l'aura jurée et signée par un acte portant : « J'accepte la Constitution ; je jure de l'observer et de la faire observer. » Ce serment sera réitéré dans la solennité où il recevra le serment de fidélité des Français.

CHARTE CONSTITUTIONNELLE.

LOUIS, par la grâce de Dieu, roi de France et de Navarre, à tous ceux qui ces présentes verront : Salut.

La divine Providence, en nous rappelant dans nos États après une longue absence, nous a imposé de grandes obligations. La paix était le premier besoin de nos sujets, nous nous en sommes occupé sans relâche, et cette paix si nécessaire à la France comme au reste de l'Europe est signée. Une Charte constitutionnelle était sollicitée par l'état actuel du royaume; nous l'avons promise et nous la publions. Nous avons considéré que, bien que l'autorité tout entière résidât en France dans la personne du Roi, nos prédécesseurs n'avaient point hésité à en modifier l'exercice suivant la différence des temps; que c'est ainsi que les communes ont dû leur affranchissement à Louis le Gros, la confirmation et l'extension de leurs droits à saint Louis et à Philippe le Bel; que l'ordre judiciaire a été établi et développé par les lois de Louis XI, d'Henri II et de Charles IX; enfin que Louis XIV a réglé presque toutes les parties de l'administration publique par différentes ordonnances dont rien encore n'avait surpassé la sagesse. Nous avons dû, à l'exemple des rois nos prédécesseurs, apprécier les effets du progrès toujours croissant des lumières, les rapports nouveaux que ces progrès ont introduits dans la société, la direction imprimée aux esprits depuis un demi-siècle, et les graves altérations qui en sont résultées. Nous avons reconnu que le vœu de nos sujets pour une Charte constitutionnelle était l'expression d'un besoin réel; mais en cédant à ce vœu, nous avons pris toutes les précautions pour que cette Charte fût digne de nous et du peuple auquel nous sommes fier de commander. Des hommes sages, pris dans les premiers corps de l'État, se sont réunis à des commissaires de notre conseil pour travailler à cet important ouvrage.

En même temps que nous reconnaissions qu'une constitution libre et monarchique devait remplir l'attente de l'Europe éclairée, nous avons dû nous souvenir aussi que notre premier devoir envers nos peuples était de conserver, pour leur propre intérêt, les droits et les prérogatives de notre couronne. Nous avons espéré que, instruits par l'expérience, ils seraient convaincus que l'autorité suprême peut seule donner aux institutions qu'elle établit la force, la permanence et la majesté dont elle est elle-même revêtue; qu'ainsi, lorsque la sagesse des rois s'accorde librement avec le vœu des peuples, une Charte constitutionnelle peut être de longue durée; mais que quand la violence arrache des concessions à la faiblesse du gouvernement, la liberté publique n'est pas moins en danger que le trône même. Nous avons enfin cherché les principes de la Charte constitutionnelle dans le caractère français et dans les monuments vénérables des siècles passés. Ainsi, nous avons vu dans le renouvellement de la pairie une institution vraiment nationale, et qui doit lier tous les souvenirs à toutes les espérances, en réunissant les temps anciens et les temps modernes. Nous avons remplacé par la Chambre des députés ces anciennes assemblées des Champs de Mars et de Mai, et ces chambres du tiers état, qui ont si souvent donné tout à la fois des preuves de zèle pour les intérêts du peuple, de fidélité et de respect pour l'autorité des rois. En cherchant ainsi à renouer la chaîne des temps que de funestes écarts avaient interrompue, nous avons effacé de notre souvenir, comme nous voudrions qu'on pût les effacer de l'histoire, tous les maux qui ont affligé la patrie durant notre absence. Heureux de nous retrouver au sein de la grande famille, nous n'avons su répondre à l'amour dont nous recevons tant de témoignages qu'en prononçant des paroles de paix et de consolation. Le vœu le plus cher à notre cœur, c'est que tous les Français vivent en frères, et que jamais aucun souvenir amer ne trouble la sécurité qui doit suivre l'acte solennel que nous leur accordons aujourd'hui.

Sûr de nos intentions, fort de notre conscience, nous nous engageons, devant l'assemblée qui nous écoute, à être fidèle à cette Charte constitutionnelle, nous réservant d'en jurer le maintien avec une nouvelle solennité devant les autels de celui qui pèse dans la même balance les rois et les nations.

A ces causes, nous avons volontairement, et par le libre exercice de notre autorité royale, accordé et accordons, fait concession et octroi à nos sujets, tant pour nous que pour nos successeurs, et à toujours, de la Charte constitutionnelle qui suit :

DROITS PUBLICS DES FRANÇAIS.

ARTICLE PREMIER. — Les Français sont égaux devant la loi, quels que soient d'ailleurs leurs titres et leurs rangs.

ART. 2. — Ils contribuent indistinctement, dans la proportion de leur fortune, aux charges de l'État.

ART. 3. — Ils sont tous également admissibles aux emplois civils et militaires.

ART. 4. — Leur liberté individuelle est également garantie, personne ne pouvant être poursuivi ni arrêté que dans les cas prévus par la loi et dans la forme qu'elle prescrit.

ART. 5. — Chacun professe sa religion avec une égale liberté, et obtient pour son culte la même protection.

ART. 6. Cependant la religion catholique, apostolique et romaine, est la religion de l'État.

ART. 7. — Les ministres de la religion catholique, apostolique et romaine, et ceux des autres cultes chrétiens, reçoivent seuls des traitements du trésor royal.

ART. 8. — Les Français ont le droit de publier et de faire imprimer leurs opinions, en se conformant aux lois qui doivent réprimer les abus de cette liberté.

ART. 9. — Toutes les propriétés sont inviolables, sans aucune exception de celles qu'on appelle nationales, la loi ne mettant aucune différence entre elles.

ART. 10. — L'État peut exiger le sacrifice d'une propriété pour cause d'intérêt public légalement constaté; mais avec une indemnité préalable.

Art. 11. — Toutes recherches des opinions et votes émis jusqu'à la Restauration sont interdites. Le même oubli est commandé aux tribunaux et aux citoyens.

Art. 12. — La conscription est abolie. Le mode de recrutement de l'armée de terre et de mer est déterminé par une loi.

FORME DU GOUVERNEMENT DU ROI.

Art. 13. — La personne du Roi est inviolable et sacrée. Ses ministres sont responsables. Au Roi seul appartient la puissance exécutive.

Art. 14. — Le Roi est le chef suprême de l'État; il commande les forces de terre et de mer, déclare la guerre, fait les traités de paix, d'alliance et de commerce, nomme à tous les emplois de l'administration publique, et fait les règlements et ordonnances nécessaires pour l'exétion des lois et la sûreté de l'État.

Art. 15. — La puissance législative s'exerce collectivement par le Roi, la Chambre des pairs et la Chambre des députés des départements.

Art. 16. — Le Roi propose la loi.

Art. 17. — La proposition de la loi est portée, au gré du Roi, à la Chambre des pairs ou à celle des députés, excepté la loi de l'impôt, qui doit être adressée d'abord à la Chambre des députés.

Art. 18. — Toute loi doit être discutée et votée librement par la majorité de chacune des deux Chambres.

Art. 19. — Les Chambres ont la faculté de supplier le Roi de proposer une loi sur quelque objet que ce soit, et d'indiquer ce qu'il leur paraît convenable que la loi contienne.

Art. 20. — Cette demande pourra être faite par chacune des deux Chambres, mais après avoir été discutée en comité secret.

Elle ne sera envoyée à l'autre Chambre par celle qui l'aura proposée qu'après un délai de dix jours.

Art. 21. — Si la proposition est adoptée par l'autre Chambre, elle sera mise sous les yeux du Roi; si elle est rejetée, elle ne pourra être représentée dans la même session.

Art. 22. — Le Roi seul sanctionne et promulgue les lois.

Art. 23. — La liste civile est fixée, pour toute la durée du règne, par la première législature assemblée depuis l'avénement du Roi.

DE LA CHAMBRE DES PAIRS.

Art. 24. — La Chambre des pairs est une portion essentielle de la puissance législative.

Art. 25. — Elle est convoquée par le Roi en même temps que la

Chambre des députés des départements. La session de l'une commence et finit en même temps que celle de l'autre.

Art. 26. — Toute assemblée de la Chambre des pairs qui serait tenue hors du temps de la session de la Chambre des députés, ou qui ne serait pas ordonnée par le Roi, est illicite et nulle de plein droit.

Art. 27. — La nomination des pairs de France appartient au Roi. Leur nombre est illimité; il peut en varier les dignités, les nommer à vie ou les rendre héréditaires suivant sa volonté.

Art. 28. — Les pairs ont entrée dans la Chambre à vingt-cinq ans, et voix délibérative à trente seulement.

Art. 29. — La Chambre des pairs est présidée par le chancelier de France, et en son absence par un pair nommé par le Roi.

Art. 30. — Les membres de la famille royale et les princes du sang sont pairs par le droit de naissance; ils siégent immédiatement après le président, mais ils n'ont voix délibérative qu'à vingt-cinq ans.

Art. 31. — Les princes ne peuvent prendre séance à la Chambre que de l'ordre du Roi, exprimé pour chaque session par un message, à peine de nullité de tout ce qui aurait été fait en leur présence.

Art. 32. — Toutes les délibérations de la Chambre des pairs sont secrètes.

Art. 33. — La Chambre des pairs connaît des crimes de haute trahison et des attentats à la sûreté de l'État qui seront définis par la loi.

Art. 34. — Aucun pair ne peut être arrêté que de l'autorité de la Chambre, et jugé que par elle en matière criminelle.

DE LA CHAMBRE DES DÉPUTÉS DES DÉPARTEMENTS.

Art. 35. — La Chambre des députés sera composée des députés élus par les colléges électoraux, dont l'organisation sera déterminée par des lois.

Art. 36. — Chaque département aura le même nombre de députés qu'il a eu jusqu'à présent.

Art. 37. — Les députés seront élus pour cinq ans et de manière que la Chambre soit renouvelée chaque année par cinquième.

Art. 38. — Aucun député ne peut être admis dans la Chambre s'il n'est âgé de quarante ans et s'il ne paye une contribution directe de 1,000 francs.

Art. 39. — Si néanmoins il ne se trouvait pas dans le département cinquante personnes de l'âge indiqué payant au moins 1,000 francs de contributions directes, leur nombre sera complété par les plus imposés au-dessous de 1,000 francs, et ceux-ci ne pourront être élus concurremment avec les premiers.

Art. 40. — Les électeurs qui concourent à la nomination des députés ne peuvent avoir droit de suffrage s'ils ne payent une contribution directe de 300 francs, et s'ils ont moins de trente ans.

Art. 41. — Les présidents des colléges électoraux seront nommés par le Roi, et de droit membres du collége.

Art. 42. — La moitié au moins des députés sera choisie parmi les éligibles qui ont leur domicile politique dans le département.

Art. 43. — Le président de la Chambre des députés est nommé par le Roi, sur une liste de cinq membres présentée par la Chambre.

Art. 44. — Les séances de la Chambre sont publiques, mais la demande de cinq membres suffit pour qu'elle se forme en comité secret.

Art. 45. — La Chambre se partage en bureaux pour discuter les projets qui ont été présentés de la part du Roi.

Art. 46. — Aucun amendement ne peut être fait à une loi s'il n'a été proposé ou consenti par le Roi, et s'il n'a été renvoyé et discuté dans les bureaux.

Art. 47. — La Chambre des députés reçoit toutes les propositions d'impôts; ce n'est qu'après que ces propositions ont été admises qu'elles peuvent être portées à la Chambre des pairs.

Art. 48. — Aucun impôt ne peut être établi ni perçu s'il n'a été consenti par les deux Chambres et sanctionné par le Roi.

Art. 49. — L'impôt foncier n'est consenti que pour un an; les impositions indirectes peuvent l'être pour plusieurs années.

Art. 50. — Le Roi convoque chaque année les deux Chambres; il les proroge et peut dissoudre celle des députés des départements; mais, dans ce cas, il doit en convoquer une nouvelle dans le délai de trois mois.

Art. 51. — Aucune contrainte par corps ne peut être exercée contre un membre de la Chambre durant la session et pendant les six semaines qui l'auront précédée ou suivie.

Art. 52. — Aucun membre de la Chambre ne peut, pendant la durée de la session, être poursuivi ni arrêté en matière criminelle, sauf le cas de flagrant délit, qu'après que la Chambre a permis sa poursuite.

Art. 53. — Toute pétition à l'une ou à l'autre des Chambres ne peut être faite et présentée que par écrit. La loi interdit d'en apporter en personne et à la barre.

DES MINISTRES.

Art. 54. — Les ministres peuvent être membres de la Chambre des pairs ou de la Chambre des députés. Ils ont, en outre, leur entrée dans l'une ou l'autre Chambre, et doivent être entendus quand ils le demandent.

Art. 55. — La Chambre des députés a le droit d'accuser les ministres et de les traduire devant la Chambre des pairs, qui seule a celui de les juger.

Art. 56. — Ils ne peuvent être accusés que pour fait de trahison ou de concussion. Des lois particulières spécifieront cette nature de délits et en détermineront la poursuite.

DE L'ORDRE JUDICIAIRE.

Art. 57. — Toute justice émane du Roi; elle s'administre en son nom par des juges qu'il nomme et qu'il institue.

Art. 58. — Les juges nommés par le Roi sont inamovibles.

Art. 59. — Les cours et tribunaux ordinaires actuellement existants sont maintenus. Il n'y sera rien changé qu'en vertu d'une loi.

Art. 60. — L'institution actuelle des juges de commerce est conservée.

Art. 61. — La justice de paix est également conservée. Les juges de paix, quoique nommés par le Roi, ne sont point inamovibles.

Art. 62. — Nul ne pourra être distrait de ses juges naturels.

Art. 63. — Il ne pourra en conséquence être créé de commissions et tribunaux extraordinaires. Ne sont pas comprises sous cette dénomination les juridictions prévôtales, si leur établissement est jugé nécessaire.

Art. 64. — Les débats seront publics en matière criminelle, à moins que cette publicité ne soit dangereuse pour l'ordre et les mœurs; et, dans ce cas, le tribunal le déclare par un jugement.

Art. 65. — L'institution des jurés est conservée; les changements qu'une plus longue expérience ferait juger nécessaires ne peuvent être effectués que par une loi.

Art. 66. — La peine de la confiscation des biens est abolie et ne pourra pas être rétablie.

Art. 67. — Le Roi a le droit de faire grâce et celui de commuer les peines.

Art. 68. — Le Code civil et les lois actuellement existantes qui ne sont pas contraires à la présente Charte restent en vigueur jusqu'à ce qu'il y soit légalement dérogé.

DROITS PARTICULIERS GARANTIS PAR L'ÉTAT.

Art. 69. — Les militaires en activité de service, les officiers et soldats en retraite, les veuves, les officiers et soldats pensionnés conserveront leurs grades, honneurs et pensions.

Art. 70. — La dette publique est garantie; toute espèce d'engagement pris par l'État avec ses créanciers est inviolable.

Art. 71. — La noblesse ancienne reprend ses titres; la nouvelle conserve les siens. Le Roi fait des nobles à volonté, mais il ne leur accorde que des rangs et des honneurs, sans aucune exemption des charges et des devoirs de la société.

Art. 72. — La Légion d'honneur est maintenue. Le Roi déterminera les règlements intérieurs et la décoration.

Art. 73. — Les colonies seront régies par des lois et des règlements particuliers.

Art. 74. — Le Roi et ses successeurs jureront, dans la solennité de leur sacre, d'observer fidèlement la présente Charte constitutionnelle.

ARTICLES TRANSITOIRES.

Art. 75. — Les députés des départements de France qui siégeaient au Corps législatif lors du dernier ajournement continueront de siéger à la Chambre des députés jusqu'à remplacement.

Art. 76. — Le premier renouvellement d'un cinquième de la Chambre des députés aura lieu, au plus tard, en l'année 1816, suivant l'ordre établi entre les séries.

Nous ordonnons que la présente Charte constitutionnelle, mise sous les yeux du Sénat et du Corps législatif, conformément à notre proclamation du 2 mai, sera envoyée incontinent à la Chambre des pairs et à celle des députés.

Donné à Paris, l'an de grâce dix-huit-cent-quatorze, et de notre règne le dix-neuvième.

Signé : LOUIS.

Par le Roi :

Signé : L'abbé de MONTESQUIOU.

Le chancelier de France,
Visa signé DAMBRAY.

FIN DES PIÈCES JUSTIFICATIVES.

TABLE DES MATIÈRES

CONTENUES DANS CE VOLUME.

LIVRE PREMIER

CHUTE DE L'EMPIRE.

	Pages.
I. — Causes générales de la chute de Napoléon.	1
II. — Campagne de 1814. — Première phase.	26
III. — Halte de Napoléon à Reims. — Sa situation à la mi-mars 1814. — Mouvement de Bordeaux.	51
IV. — Suite de la campagne de France. — Marche des coalisés sur Paris.	71
V. — Bataille et capitulation de Paris.	90
VI. — Entrée des coalisés à Paris. — Déclaration du 31 mars. — Déchéance de Napoléon.	125
VII. — Les coalisés à Paris. — Napoléon à Fontainebleau.	162
VIII. — Abdication absolue. — Départ pour l'île d'Elbe.	193

LIVRE DEUXIÈME

RÉTABLISSEMENT DE LA MAISON DE BOURBON.

I. — Actes du gouvernement provisoire.	222
II. — Le comte d'Artois à Paris.	250
III. — Louis XVIII, ses précédents, ses idées, son caractère. — Négociations qui précèdent son retour.	289
IV. — Louis XVIII en France. — Calais. — Compiègne. — Saint-Ouen. — Paris.	309

TABLE DES MATIÈRES.

LIVRE TROISIÈME

CHARTE DE 1814.

	Pages.
I. — Louis XVIII aux Tuileries. — Les princes de sa famille. — Formation du ministère.	339
II. — Premières mesures : maison du Roi. — Armée. — Finances.	371
III. — Traité de Paris.	380
IV. — Discussion et rédaction de la Charte.	392
V. — Incident qui abrége la rédaction de la Charte. — Promulgation de l'Acte constitutionnel.	428
VI. — La Chambre des pairs. — La Chambre des députés. — Adresses. — L'opinion.	443

LIVRE QUATRIÈME

SESSION DE 1814. — CONGRÈS DE VIENNE.

I. — Premiers essais de gouvernement. — Ordonnance sur la célébration du dimanche. — Grades. — Décorations. — Session de 1814. — Premiers débats. — Loi sur la presse.	455
II. — Rapport sur la situation du royaume. — Budget de 1814 et de 1815. — Loi sur la restitution des biens nationaux non vendus.	485
III. — Progrès de l'esprit d'opposition dans la Chambre des députés. — Pétitions. — Propositions individuelles.	516
IV. — Affaiblissement du gouvernement. — Modification dans le ministère. — Le maréchal Soult. — Prorogation des Chambres. — État des esprits.	541
V. — Congrès de Vienne.	560

PIÈCES JUSTIFICATIVES

CAPITULATION DE PARIS (mars 1814).	607
TRAITÉ DU 11 AVRIL 1814, connu sous le nom de *Traité de Fontainebleau*.	608
EXTRAIT DES REGISTRES DU SÉNAT CONSERVATEUR du mercredi 6 avril 1814.	612
CHARTE CONSTITUTIONNELLE.	614

FIN DE LA TABLE DU PREMIER VOLUME.

Paris. — Typ. P.-A. BOURDIER et Cie, rue Mazarine, 30.

www.ingramcontent.com/pod-product-compliance
Lightning Source LLC
Chambersburg PA
CBHW071240240426
43668CB00033B/1006